CONTEMPORANEIDADE E TRABALHO

Aspectos Materiais e Processuais

Estudos em Homenagem aos 30 anos da Amatra 8

GABRIEL VELLOSO
NEY MARANHÃO

Coordenadores

CONTEMPORANEIDADE
E TRABALHO

Aspectos Materiais e Processuais

Estudos em Homenagem aos 30 anos da Amatra 8

LTr
EDITORA LTDA.
© Todos os direitos reservados

Rua Jaguaribe, 571
CEP 01224-001
São Paulo, SP — Brasil

Fone (11) 2167-1101
www.ltr.com.br

Produção Gráfica e Editoração Eletrônica: R. P. TIEZZI
Projeto de Capa: FÁBIO GIGLIO
Impressão: BARTIRA GRÁFICA E EDITORA
LTr 4363.4
Janeiro, 2011

Visite nosso site:
www.ltr.com.br

Dados Internacionais de Catalogação na Publicação (CIP)
(Câmara Brasileira do Livro, SP, Brasil)

Contemporaneidade e trabalho : aspectos materiais e processuais : estudos em homenagem aos 30 anos da Amatra 8 / Gabriel Velloso, Ney Maranhão, coordenadores. — São Paulo : LTr, 2011.

Bibliografia
ISBN 978-85-361-1640-2

1. AMATRAS — Associação dos Magistrados Trabalhistas da 8ª Região (PA/AP) — História 2. Direito material 3. Direito processual do trabalho 4. Processo (Direito) I. Velloso, Gabriel. II. Maranhão, Ney.

10-12505   CDU-347.9:331

Índices para catálogo sistemático:

1. Direito processual do trabalho 347.9:331

2. Processo trabalhista : Direito do trabalho 347.9:331

Sumário

Apresentação 9
Gabriel Velloso; Ney Maranhão

Prefácio 11
Haroldo da Gama Alves

Direito Material

Direito Social ao Lazer: Entretenimento e Desportos 17
Georgenor de Sousa Franco Filho

O Exercício da Magistratura: Ciência e Arte para a Concretização dos Direitos Sociais .. 24
Jorge Luiz Souto Maior

Pós-modernidade Versus Neoconstitucionalismo: um Debate Contemporâneo 43
Ney Stany Morais Maranhão

O Mundo do Trabalho na Contemporaneidade: Diretivas para um Debate Crítico Acerca da Dogmática Jurídica 78
José Affonso Dallegrave Neto

Dano Moral (Coletivo) Decorrente de Descumprimento da Legislação Trabalhista 103
Marcos Neves Fava

Arbitrabilidade de Conflitos Trabalhistas 116
Rodolfo Pamplona Filho; Bernardo Silva de Lima

Responsabilidade Civil e Violência Urbana: Considerações sobre a Responsabilização Objetiva e Solidária do Estado por Danos Decorrentes de Acidentes Laborais Diretamente Vinculados à Insegurança Pública 141
Francisco Milton Araújo Júnior; Ney Stany Morais Maranhão

Responsabilidade do Tomador de Serviços pela Prevenção e Reparação dos Acidentes de Trabalho ns Terceirizações 176
Raimundo Simão de Melo

CRISE ECONÔMICA E MIGRAÇÃO DE TRABALHADORES: O NOVO PAPEL DO BRASIL E A PREMÊNCIA DE MAIORES ESTUDOS SOBRE DIREITO INTERNACIONAL PRIVADO DO TRABALHO 188
Jorge Cavalcanti Boucinhas Filho

TRABALHO ESCRAVO — RESTRIÇÃO DE LOCOMOÇÃO POR DÍVIDA CONTRAÍDA: CARACTERIZAÇÃO JURÍDICA 200
José Cláudio Monteiro de Brito Filho

TRABALHO EM CONDIÇÃO ANÁLOGA À DE ESCRAVO: UM CONCEITO PARA OS TEMPOS PÓS--MODERNOS 213
Carina Rodrigues Bicalho

TRABALHO DA MULHER: IGUALDADE MODERNA 234
Xerxes Gusmão

DIREITO PROCESSUAL

EFETIVIDADE DA JUSTIÇA NAS RELAÇÕES INDIVIDUAIS E COLETIVAS DO TRABALHO 245
Mauricio Godinho Delgado

FUNDO DE GARANTIA DAS EXECUÇÕES TRABALHISTAS 255
Vicente José Malheiros da Fonseca

O SEGUNDO PROCESSO 260
Márcio Túlio Viana

O DIREITO PROCESSUAL DO TRABALHO NO CONTEXTO DA TEORIA GERAL DO PROCESSO E DO DIREITO PROCESSUAL CONSTITUCIONAL 270
Gustavo Filipe Barbosa Garcia

REVISITANDO A TEMÁTICA: BINÔMIO PROCESSO E DIREITO. INFLUÊNCIA NA SEARA TRABALHISTA 283
Gisele Santos Fernandes Góes

SOBRE A EFETIVIDADE DAS TUTELAS JURISDICIONAIS DO TRABALHO 292
Luciano Athaíde Chaves

CONTEMPT OF COURT NO PROCESSO DO TRABALHO: ALTERNATIVA PARA A EFETIVIDADE 306
Guilherme Guimarães Feliciano

A ASSUNÇÃO DE COMPETÊNCIA COMO MECANISMO EFETIVO DE UNIFORMIZAÇÃO DE JURISPRUDÊNCIA E DE ACESSO À JUSTIÇA 331
Carlos Henrique Bezerra Leite

O PROCESSO DO TRABALHO E O CONCURSO DE CREDORES 334
Raimundo Itamar Lemos Fernandes Júnior

ASPECTOS POLÊMICOS E ATUAIS DA PROVA NO PROCESSO DO TRABALHO À LUZ DA MODERNA
TEORIA GERAL DO PROCESSO 357
MAURO SCHIAVI

DA LEGITIMIDADE DOS SINDICATOS PARA AS AÇÕES COLETIVAS 373
THEREZA CHRISTINA NAHAS

EXECUÇÃO DE TÍTULO PROVISÓRIO: INSTRUMENTO DE EFETIVIDADE E TEMPESTIVIDADE PROCESSUAIS 387
JÚLIO CÉSAR BEBBER

Apresentação

Em meio às comemorações dos 30 (trinta) anos da Associação dos Magistrados Trabalhistas da 8ª Região (PA/AP), coube-nos o honroso mister de coordenar e apresentar à comunidade acadêmica juslaboralista esta rica coletânea de estudos que tem como linha central a corajosa abordagem de temáticas contemporâneas, diretamente ligadas ao complexo mundo do trabalho.

Eis, aqui, um seleto rol de estudiosos do Direito Material e Processual do Trabalho, cujas pesquisas, quase todas inéditas, expressam o amor pela evolução do conhecimento e o ímpeto por abrir frestas por entre a nebulosa ambiência pós-moderna, por vezes identificada como um perigoso fator de ameaça para a efetividade da legislação social.

Através desta ousada iniciativa, consignamos ainda nossa convicção de que a atividade associativa não se presta apenas para tanger assuntos *interna corporis*. Em verdade, nutrimos a certeza de que também compete à AMATRA 8, como ator reconhecidamente imerso na tessitura democrática, empenhar-se na busca de um valioso espaço público de afirmação social, enquanto partícipe direto na paulatina construção de uma sociedade mais livre, justa e solidária (CF, art. 3º, inciso I). E o enfrentamento desse desafio decerto envolve, dentre outras tantas medidas, o contínuo fomento a debates científicos seriamente comprometidos com a promoção da dignidade humana do trabalhador.

É dentro dessa elevada perspectiva que, em nome dos magistrados que integram a AMATRA 8, expressamos nosso sincero desejo de que esta obra coletiva logre êxito no propósito para o qual nasceu.

A todos, bons estudos!

Belém do Pará, 16 de setembro de 2010.

Gabriel Napoleão Velloso Filho
Presidente da AMATRA 8

Ney Stany Morais Maranhão
Secretário-Geral da AMATRA 8 (biênio 2007/2009)

Prefácio

O eminente Desembargador Gabriel Napoleão Velloso Filho, Presidente da Amatra 8, convidou-me a prefaciar a presente coletânea de artigos jurídicos intitulada *Contemporaneidade e Trabalho: Aspectos Materiais e Processuais — Estudos em Homenagem aos 30 Anos da Amatra 8* com trabalhos de vários magistrados desta e de outras regiões e de outros profissionais do Direito.

Não poderia de forma alguma deixar de aceitar o amável convite. Em primeiro lugar por conhecer o Presidente da Amatra 8 e saber de sua rara preocupação com a qualidade dos artigos que constam desta publicação, todos com excelente qualidade científica; sempre tive grande admiração pela produção intelectual dos colaboradores desta coletânea. Em segundo lugar porque renova-se em mim a emoção da lembrança de trinta anos atrás, quando foi fundada a nossa querida Amatra 8.

A ideia de se criar a associação não era tão recente. Durante alguns anos juízes e desembargadores discutiram a necessidade de fundar uma entidade que pudesse lutar pelos anseios da classe da magistratura trabalhista. Esse pensamento surgiu nos encontros semanais em que juízes titulares e substitutos se reuniam para conversar sobre a finalidade de uniformizar, na medida do possível, interpretações de regras procedimentais, rotinas de audiências ou de trabalhos de Secretaria de Vara. Naquela época, como a Corregedoria Regional era exercida pelo próprio Presidente do Tribunal, não atuava com a intensidade de agora nessas questões. Nasceu, então, a Amatra 8 formada por um grupo de juízes e juízas que, ainda que com pensamentos diferentes, passaram a lutar por um ideal comum: a valorização da magistratura, o reconhecimento de seu papel social por meio da efetiva prestação jurisdicional.

O movimento associativo presume o entendimento das ideias, ainda que divergentes, e a busca pelo convívio pacífico e harmonioso, respeitando as desigualdades existentes entre os membros da sociedade. O fortalecimento do movimento associativo deve passar, primeiramente, pela conscientização do grupo. Para tanto, no dia 6 de outubro de 1978 foi criada a Associação dos Magistrados da Justiça do Trabalho da 8ª Região agregando os magistrados dos Estados do Pará e Amapá, seguindo as diretrizes da Associação Nacional dos Magistrados da Justiça do Trabalho (ANAMATRA), em funcionamento desde 1976.

Com o objetivo de fortalecer a defesa dos direitos e prerrogativas da magistratura trabalhista, a primeira diretoria foi eleita com a seguinte composição: Haroldo da Gama Alves (Presidente), Lygia Simão Luiz Oliveira (Vice-Presidente), Vicente José Malheiros da Fonseca (Secretário) e Álvaro Elpídio Vieira Amazonas (Tesoureiro). No conselho fiscal, Roberto Araújo de Oliveira Santos, Pedro Thaumaturgo Soriano de Mello e Sulica Batista de Castro Menezes.

Tive a honra de ser o primeiro Presidente e, passados trinta anos, vislumbro que a semente plantada germinou e frutificou. Hoje nossa associação se destaca no cenário nacional, enobrece e orgulha a todos nós, juízes paraenses e amapaenses por nascimento ou adoção.

Durante os 30 anos de sua existência, a Amatra 8, que se iniciou tímida, evoluiu por momentos de grandes mudanças. Atuou combativa e insistentemente na defesa das prerrogativas da classe perante outras autoridades congêneres, promovendo e executando programas com o objetivo de melhorar as condições de trabalho e de vida de seus membros. Buscou também o aprimoramento cultural, procurando sempre a integração dos magistrados a ela vinculados mediante a promoção de eventos científicos e encontros de confraternização.

Grandes transformações têm ocorrido nos mais diversos âmbitos da sociedade e são consequências de uma série de fenômenos altamente inter-relacionados, tais como a reestruturação produtiva, a globalização e a mundialização das economias, o fim da experiência histórica dos países antes socialistas e os seus diversos elementos específicos. Cada país tem dinâmicas próprias, que filtram tais variáveis a depender de seus ambientes políticos, econômicos e sociais diversos, e sem dúvida alguma impactam de várias maneiras sobre suas relações sociais.

A implantação de novas tecnologias em diversas áreas e no processo produtivo impulsiona o surgimento de **novas formas de organização do trabalho,** com o consequente desdobramento em termos de diversificação de relações de trabalho. O cenário sobre o qual se desenvolvem essas transformações nas relações de trabalho envolve pontos de vista, emoções e interesses objetivos.

Essas mudanças são objeto de amplos debates na atualidade e daí surge a necessidade real de o direito do trabalho passar por uma profunda adequação à realidade para comprovar que não constitui um ramo estagnado, indiferente a essas questões. Muito ao contrário, o direito do trabalho, que é parte de um sistema de relações de trabalho, dentro do cenário econômico do país, deve seguir os passos da modernidade. As questões trazidas a debate no âmbito dos tribunais exigem que o profissional do direito, no exercício de suas atividades, enfrente situações em que apenas os seus conhecimentos teóricos acumulados não serão suficientes para a resolução das questões práticas a ele confiadas. Evidencia-se de fundamental importância para os profissionais do direito e do processo do trabalho o aperfeiçoamento diuturno, para haurir nos trabalhos doutrinários a inspiração para melhor exercer o seu mister.

É o caso dos artigos apresentados nesta coletânea que se constituem, sem dúvida, em obras de inegáveis interesses jurídico e cultural e em fonte indispensável de consulta a todos os que se devotam ao estudo do Direito e do Processo do Trabalho. São objeto de profunda reflexão, pesquisa e análise de seus autores com referência às mudanças ocorridas nas relações de trabalho nos últimos anos. O quilate dos articulistas e o conteúdo de seus artigos revelam o acerto da iniciativa da Amatra 8. Os trabalhos aqui apresentados terão reflexo necessário no aperfeiçoamento das normas do Direito do Trabalho e no mecanismo das soluções dos conflitos existentes nas relações de trabalho. Servirão certamente para o estudo de temas atuais, para o incentivo ao debate e à reflexão e como instrumento para a divulgação de novas ideias.

Esta coletânea é uma homenagem à Amatra 8 e, sobretudo, aos colegas que a iniciaram, que dela fazem parte ou passaram em sua gloriosa história.

Haroldo da Gama Alves

DIREITO MATERIAL

DIREITO SOCIAL AO LAZER:
ENTRETENIMENTO E DESPORTOS

Georgenor de Sousa Franco Filho[*]

1. OS DIREITOS SOCIAIS NA CONSTITUIÇÃO

Os direitos humanos, quando constitucionalizados, são chamados de direitos fundamentais. Deles, um segmento importantíssimo é o que reúne os direitos sociais. São considerados direitos de *segunda geração*, onde se exige uma postura ativa do Estado (*facere*, como escrevem os italianos), no sentido de que cabe primordialmente a este prover a necessidade da sociedade[1].

A Constituição de 1988 consagra, no art. 6º, os direitos sociais fundamentais. Seu teor é o seguinte:

> Art. 6º São direitos sociais a educação, a saúde, a alimentação, o trabalho, a moradia, o lazer, a segurança, a previdência social, a proteção à maternidade e à infância, a assistência aos desamparados, na forma desta Constituição.

A Emenda Constitucional n. 26, de 14.2.2000, acrescentou o direito à moradia aos outros direitos sociais contemplados, originalmente, desde 1988, estando o direito ao lazer consagrado desde o início da vigência da atual Carta. E a Emenda Constitucional n. 68, de 4.2.2010, ampliou esse elenco, com a inserção da *alimentação* também como direito social.

(*) Juiz Togado do TRT da 8ª Região, Doutor em Direito Internacional pela Faculdade de Direito da Universidade de São Paulo. Professor de Direito Internacional e do Trabalho da Universidade da Amazônia. Presidente Honorário da Academia Nacional de Direito do Trabalho. Membro da Academia Paraense de Letras, da Sociedade Brasileira de Direito Internacional, da *International Law Association* e do *Centro per la Cooperazione Giuridica Internazionale*.
(1) V. os meus artigos a respeito, nas obras coletivas em homenagem a BONAVIDES, Paulo. *Estudos de direito constitucional*. Coordenação dr. José Ronald Cavalcante Soares. São Paulo: LTr, 2001 e MATTOS, Adherbal Meira. *Direito internacional*. Coordenação Paulo Borba Casella e André de Carvalho Ramos. São Paulo: Quartier Latin, 2009.

O direito ao lazer, inserido no art. 6º acima, inclui também o direito ao entretenimento e o direito de praticar esportes, aquele certamente mais amplo que este, porquanto o abrange. Seriam como gênero e espécie.

O que vem a ser o direito ao lazer? Devemos entender como aquele que possui a pessoa humana de usar seu tempo livre em atividades e ações que lhe sejam prazerosas, não necessariamente relacionados com seu trabalho, porquanto deve ser aquele disponível para a convivência familiar, prática esportiva ou alguma atividade artística, intelectual ou simplesmente ócio.

Conforme Amauri Mascaro Nascimento, *o lazer atende à necessidade de libertação, de compensação da vida contemporânea e é uma resposta à violência que se instaurou na sociedade, ao isolamento, à necessidade do ser humano de encontrar-se consigo e com o próximo, sendo essas, entre outras, as causas que levam a legislação a disciplinar a duração do trabalho e os descansos obrigatórios*[2].

2. AS FORMAS MAIS USUAIS DE ENTRETENIMENTO

O entretenimento abrange, dentre outros, o turismo, que proporciona a circulação de muitos milhões de dólares e que é excelente fonte geradora de empregos; os espetáculos teatrais, em todos os seus gêneros, que promovem divulgação do trabalho de autores e atores; os bares e restaurantes, que incrementam a prestação de serviços e o consumo de alimentos e bebidas; e as atividades caseiras, tais como assistir televisão, ler, escrever, conversar em família, pequenas coisas simples que fazem bem e ajudam no dia a dia.

Quanto ao turismo, observo que, até novembro de 2009, foram registrados 50.549.798 passageiros em voos nacionais circulando pelo Brasil, e o registro do desembarque de 5.906.661 pessoas[3]. Além disso, cidades como São Paulo, Rio de Janeiro, Belo Horizonte, Curitiba e Fortaleza possuíam uma centena ou mais hotéis[4], donde resulta não somente as evidências do aumento do número de trabalhadores formais, como também o fluxo de turistas.

Dentro dessas atividades, inclui-se o surgimento, em escala ascendente, de centros de compras, denominados *shoppings centers*, tendo o Excelso Pretório decidido pela sua utilidade, também por proporcionar aumento das atividades comerciais e proporcionar maior segurança a seus frequentadores. Como consta da ementa do RE 119.258-SP, relatado pelo Min. Ilmar Galvão, a 30.6.92[5].

---

(2) NASCIMENTO, Amauri Mascaro. *Curso de direito do trabalho*. 24. ed. São Paulo: Saraiva, 2009. p. 488.
(3) Disponível em: <http://www.braziltour.com/site/br/dados_fatos/conteudo/desembarque_nac.php?in_secao=396> Acesso em: 14.4.2010.
(4) Disponível em: <http://200.189.169.141/site/br/dados_fatos/impacto_MH/downloads/Relatorio%20Executivo%20-%20Meios%20de%20Hospedagem%20-%20Estrutura%20de%20Consumo%20e%20Impactos%20na%20Economia.pdf> Acesso em: 14.2.2010.
(5) É a seguinte a ementa do julgado: ADMINISTRATIVO. LEIS NS. 4.798/80 E 5.424/84, DA MUNICIPALIDADE DE CAMPINAS, QUE INSTITUÍRAM, EM FAVOR DOS ESTABELECIMENTOS CONHECIDOS COMO "CENTROS DE COMPRAS", REGIME DE FUNCIONAMENTO DIVERSO DO PREVISTO PARA O COMÉRCIO TRADICIONAL.

3. A PRÁTICA DO DESPORTO

O constituinte brasileiro, inspirado pelo direito ao lazer, inseriu, no Título VIII, *Da Ordem Social*, o Capítulo III, tratando *Da educação, da cultura e do desporto*, destinando a este último a seção III, cujo art. 217 consagra, *verbis*:

Art. 217. É dever do Estado fomentar práticas desportivas formais e não formais, como direito de cada um, observados:

I — a autonomia das entidades desportivas dirigentes e associações, quanto a sua organização e funcionamento;

II — a destinação de recursos públicos para a promoção prioritária do desporto educacional e, em casos específicos, para a do desporto de alto rendimento;

III — o tratamento diferenciado para o desporto profissional e o não profissional;

IV — a proteção e o incentivo às manifestações desportivas de criação nacional.

§ 1º O Poder Judiciário só admitirá ações relativas à disciplina e às competições desportivas após esgotarem-se as instâncias da justiça desportiva, regulada em lei.

§ 2º A justiça desportiva terá o prazo máximo de sessenta dias, contados da instauração do processo, para proferir decisão final.

§ 3º O Poder Público incentivará o lazer, como forma de promoção social.

A outra vertente do direito ao lazer faz com que se constate a prática regular de atividades desportivas em geral, por meio de entidades regularmente constituídas, com apoio empresarial, ampla divulgação pela mídia, premiação dos vencedores, servindo, também, de meio lúdico para expressivo segmento da população.

Da mesma forma, as práticas aleatórias, realizadas sem nenhuma regra maior, de acordo com critérios pessoais de cada qual, desnecessários controles outros, se não a própria vontade. São aquelas realizadas em logradouros públicos, tipo praças e parques, sem conotação de disputa ou premiação, sem concorrência, mas apenas a sentido lúdico, e muita vez de tratamento de saúde, necessário ao ser humano.

Manuel Gonçalves Ferreira Filho escreve: *atribui-se ao Estado o dever de fomentar as práticas desportivas, formais ou não formais. Estas, com efeito, contribuem para a higidez do povo*[6]. Esse dever, contudo, não deve ser considerado exclusividade do Estado. Este possui um imenso leque de tarefas e atividades a desenvolver em prol da sociedade.

ALEGADA AFRONTA AO PRINCÍPIO DA ISONOMIA. Irrogação improcedente, tendo em vista as marcantes características que distinguem os dois regimes de exploração da atividade mercantil, bastando verificar que o comércio nos chamados *shopping centers*, diferentemente do tradicional, por situar-se em zonas periféricas das cidades, não contribui para a degradação das condições de vida das populações destas, já que não provoca excesso de concentração urbana, não acarreta o desconforto da poluição ambiental, nem congestiona o tráfego. Ademais, além de oferecer, sem ônus para o Poder Público, segurança a seus frequentadores, não se limita a uma opção confortável de compras, constituindo também uma atração especial para os interessados em lazer e recreações, comodidades que ficariam fora do alcance dos que trabalham, se houvesse coincidência de horários. Tratamento legal distinto para situações tão diferenciadas não configura afronta ao princípio da isonomia. Recurso não conhecido (DJ de 21.8.1992, p. 12786).

(6) FERREIRA FILHO, Manoel Gonçalves, *Curso de direito constitucional*. 18. ed. São Paulo: Saraiva, 1990. p. 313.

Logo, a missão pode e deve ser desenvolvida por toda a comunidade, não apenas na dependência de apoio estatal.

A rigor, fomentar, do latim *fomentare*, significa, gramaticalmente, incentivar, estimular, promover o desenvolvimento, o progresso de alguma atividade. Com efeito, adotando meios de facilitação da prática geral do desporto, o Estado, em todas as suas esferas, contribui para melhorar a condição de vida da população, inclusive, nesse aspecto, do trabalhador brasileiro.

A respeito desse direito ao desporto, Luiz Alberto David Araújo assinala que *sua regulamentação ... tem diversas facetas*[7], enumerando, dentre outras, as seguintes: 1) incentivo ao lazer e às práticas desportivas, formais e não formais; 2) prioridade na destinação de recursos públicos; e, 3) fomento e preservação de áreas verdes e institucionais para favorecimento da prática desportiva[8].

Esses três aspectos, a meu juízo, têm grande relevância. O incremento das atividades não formais, ou informais, é de grande importância porque aproxima as pessoas independentemente de qualquer outra condição, especialmente as práticas informais, em que se conjugam dois aspectos: este e o de estímulo a áreas verdes, como será apontado logo abaixo.

A destinação dos recursos públicos, conquanto prioritária, não deve ser entendida como *exclusiva* ou *preferencial*. Nesse particular, entendo que saúde e saneamento, ao lado da educação, são mais prioritárias.

As áreas verdes ganham especial cuidado porque sua existência envolve a conservação do meio ambiente, hoje tão vulnerado por um desenvolvimento descontrolado e apressado que tem causado danos muitas vezes irreversíveis para a vida no planeta. Nessas áreas verdes conservadas, práticas informais de desporto são incentivadas, individual e coletivamente, levando pessoas de todas as idades a lazer que lhes satisfaz e a uma aproximação muito mais efetiva com familiares e amigos, máxime em finais de semana, após a azáfama do labor dos outros dias.

Envolvendo esses três pontos, insere-se, no direito ao lazer, o direito à prática do esporte, tanto que deve ser incentivado pelo Estado (§ 3º do art. 217). E Zainaghi elucida que *o esporte, sem dúvida alguma, além de ter caráter competitivo e de proporcionar a prática de exercícios físicos, traz, ainda, funções higiênica, educativa, hedonítica, biológica, e de promoção social, constituindo-se, outrossim, numa conduta lúdica de forte alcance psicossomático*[9]. No particular, ressalte-se que, no mundo hodierno, conturbado, poluído e *apressado*, o *stress* toma conta das pessoas e atividades dessa natureza servem de paliativo para reduzir os desgastes naturais, inclusive ajudando na recuperação das pessoas para a labuta diária.

---

(7) ARAÚJO, Luiz Alberto David; NUNES JUNIOR, Vidal Serrano. *Curso de direito constitucional*. 5. ed. São Paulo: Saraiva, 2001. p. 407.
(8) ARAÚJO, L. A. D.; NUNES JÚNIOR, V. S. *Ibidem*, p. 407-8.
(9) ZAINAGHI, Domingos Sávio. *Os atletas profissionais de futebol no direito do trabalho*. São Paulo: LTr, 1998. p. 20-21.

3. Dois casos específicos: menores e idosos

Existem, no direito brasileiro, duas situações que ensejam um exame em separado.

Tratam-se de duas categorias que mereceram do legislador infraconstitucional um tratamento específico no que refere ao direito ao lazer: de um lado, os menores (as crianças e os adolescentes), de outro, os idosos, os que possuem mais de sessenta anos de idade.

No que diz respeito aos primeiros, a Lei n. 8.069, de 13.6.1990, que é o Estatuto da Criança e do Adolescente — ECA, refere, em seu art. 4º, que:

> Art. 4º É dever da família, da comunidade, da sociedade em geral e do poder público assegurar, com absoluta prioridade, a efetivação dos direitos referentes à vida, à saúde, à alimentação, à educação, ao esporte, ao lazer, à profissionalização, à cultura, à dignidade, ao respeito, à liberdade e à convivência familiar e comunitária.

O art. 59 do mesmo diploma, por sua vez, atribui a promoção do esporte e do lazer aos municípios, mediante repasse de recursos da União e dos Estados federados[10].

Interessante observar que, mesmo os menores infratores possuem essas garantias, conforme o art. 90 c/c art. 94, inciso XI, do ECA, mediante entidades governamentais e não governamentais que sofrem fiscalização do Estado (art. 95 e seguintes, do ECA).

Aliás, em caso de internação, que é medida privativa de liberdade (art. 121, *caput,* do ECA), ainda assim é garantido ao adolescente: *realizar atividades culturais, esportivas e de lazer* (art. 124, XII, do ECA). Note-se: apenas ao adolescente se aplica a medida privativa de liberdade, sendo este aquele que possui entre 12 e 18 anos de idade (art. 2º, *caput,* do ECA).

Finalmente, cabe à Justiça da Infância e da Adolescente, atuando por meio de varas especializadas, fornecer autorização para o menor frequentar locais de lazer ou participar de eventos similares (art. 149, incisos I e II, do ECA).

Por outro lado, a Lei n. 10.741, de 1º.10.2003, Estatuto do Idoso, consagra, no art. 3º, *verbis:*

> Art. 3º É obrigação da família, da comunidade, da sociedade e do Poder Público assegurar ao idoso, com absoluta prioridade, a efetivação do direito à vida, à saúde, à alimentação, à educação, à cultura, ao esporte, ao lazer, ao trabalho, à cidadania, à liberdade, à dignidade, ao respeito e à convivência familiar e comunitária.

Essa inserção do idoso é incentivada por meio de um desconto para assistir eventos de lazer em geral e de acesso preferencial nos locais de realização, proporcionando entretenimento a custo mais reduzido. Contempla o art. 23 do Estatuto:

> Art. 23. A participação dos idosos em atividades culturais e de lazer será proporcionada mediante descontos de pelo menos 50% (cinquenta por cento) nos ingressos para eventos

---

(10) Art. 59. Os municípios, com apoio dos Estados e da União, estimularão e facilitarão a destinação de recursos e espaços para programações culturais, esportivas e de lazer voltadas para a infância e a juventude.

artísticos, culturais, esportivos e de lazer, bem como o acesso preferencial aos respectivos locais.

Entidades governamentais e não governamentais poderão manter unidades de atendimento aos idosos, inclusive com a obrigação de promover atividades educacionais, esportivas, culturais e de lazer (art. 60, IX, do Estatuto).

Como se constata, menores e idosos ganharam proteção especial do legislador brasileiro o que, para um país jovem e onde o tempo de vida tem aumentado, é um bom sinal.

5. ARREMATE

O direito ao lazer é, certamente, necessário. Afinal, o homem nasceu para trabalhar, mas precisa de repouso e diversão para ganhar ânimo e superar as dificuldades do cotidiano.

A consagração constitucional do lazer, como direito fundamental social (art. 6º), aliada às previsões da própria Constituição e de inúmeros textos esparsos, especialmente aqueles dedicados aos menores e aos idosos, demonstram uma significativa preocupação com um aspecto de alta relevância: o fomento da convivência humana de modo salutar.

Dentro do gênero *lazer*, a importância do entretenimento, como força de aproximação de todos com todos, independentemente de condição social, idade, sexo, profissão, ou qualquer outra forma, ganha relevo, e deve ser sempre incentivado e incrementado em todas as suas formas, até mesmo como fonte de recursos para o crescente setor terciário da economia.

A espécie *desporto* fez consolidar, em 2007, o Direito Desportivo como o ramo do Direito que mais cresce no Brasil. Outras vertentes não tradicionais como o Direito Ambiental, Direito da Internet e Biotecnologia seguiram em alta, mas sem dúvida foi no Direito do Desporto que as atenções passaram a se centrar ainda mais[11], donde unem-se o interesse da sociedade e a preocupação do Estado para prover mais e melhor a população.

Alia-se a esse aspecto, também o do surgimento dos cursos superiores de educação física e os resultados dos estudos médicos indicando a necessidade de maior atividade desportiva para a saúde humana.

Essa higidez é garantida, também, com a gradual redução da jornada de trabalho, que vem ocorrendo sobretudo no Europa, e que já se anuncia para o Brasil, com provável diminuição da jornada semanal de 44 para 40 horas e acréscimo de 75% sobre o valor da hora normal para fazer jus à extraordinária[12].

---

(11) SANTORO, Luiz Felipe Guimarães. *Direito desportivo é o ramo que mais cresce no Brasil*. Disponível em: <http://www.conjur.com.br/2007-dez-22/direito desportivo ramo cresce brasil> Acesso em: 3.4.2010.
(12) N sent.: a PEC n. 231/95, em trâmite pelo Congresso Nacional. Existem outras PECs, com redução para 35 horas semanais (PEC n. 555/02) ou gradualmente até 40 horas semanais e outras questões (PEC n. 271/95).

Se for assim, o trabalhador terá mais tempo para conviver em família, e ambos terão mais oportunidades de praticar o lazer, em suas espécies principais: entretenimento e desportos. A sociedade toda, ao cabo, lucrará.

O Exercício da Magistratura:
Ciência e Arte para a Concretização dos Direitos Sociais

Jorge Luiz Souto Maior[*]

Participei, recentemente, de um grandioso evento jurídico, CONAMAT, organizado pela ANAMATRA, no painel em que os organizadores propuseram a seguinte indagação: "O juiz do trabalho concretiza direitos econômicos, sociais e culturais?"

Diante da pressão midiática e mesmo institucional que se tem instaurado sobre a magistratura acerca da produção, sem avaliação do conteúdo do serviço realizado, a pergunta, por certo, não poderia ser mais pertinente. E, pensemos bem, se existe a pergunta é porque pode haver alguma dúvida quanto à resposta. Sendo assim, penso que seja necessário fazer uma reflexão acerca do que constitui, efetivamente, a profissão, magistratura trabalhista.

A linha condutora dessa reflexão é a visão do poeta brasileiro, Ferreira Gullar, no sentido de que se a existência de cada ser humano é finita, o sentido da vida só pode ser o outro. Nestes termos, não se terá nunca uma completa noção do que significa o exercício da magistratura trabalhista se não for avaliada a sua dimensão social, pois o direito, objeto de aplicação do juiz, volta-se, necessariamente, à sociedade.

Sabendo que toda atividade tem suas dificuldades — e a do magistrado trabalhista não é diferente —, a própria satisfação do profissional do direito será sempre medida em conformidade com a dimensão do outro, sendo que este outro, no caso do direito do trabalho, necessariamente, como se verá a seguir, é a classe trabalhadora.

No belíssimo filme, Cinema Paradiso, do diretor Giuseppe Tornatore, é possível vislumbrar bem esse sentimento quando, Salvatore, o projecionista do único cinema de uma pequena cidade italiana, no período da 2ª Guerra Mundial, explica ao

---

[*] Juiz Federal do Trabalho (TRT da 15ª Região). Professor da Faculdade de Direito da Universidade de São Paulo (USP).

protagonista do filme, Totó, ainda criança, porque, apesar das dificuldades, ama o seu serviço:

Salvatore:

— Não deve trabalhar com isto. É como escravidão.

Você fica sempre sozinho...

Vê cem vezes o mesmo filme, só faz isso.

Conversa com Greta Garbo, Tyrone Power, como louco.

Trabalha como um burro, até nos feriados, na Páscoa e no Natal.

Só folga na Sexta-Feira Santa. E, se não tivessem crucificado Jesus Cristo... até nesse dia eu trabalharia!

Totó:

— E, então, por que não muda de emprego?

Salvatore:

— Porque sou um tonto. Quem mais na cidade pode ser projecionista? Ninguém. Só mesmo o cretino aqui.

E eu não tive sorte...

Então, quer ser um bobão como eu? Responda!

Totó:

— Não!

Salvatore:

— Bravo Totó. Bravo Totó!

Digo isso pelo seu bem. Aqui dentro morre-se de calor no verão e de frio no inverno. Respira fumaça e gás, e no final... ganha uma miséria.

Totó:

— Não gosta de nada neste serviço?

Salvatore:

— Com o tempo você se acostuma. E, quando ouve daqui o cinema cheio... e todos riem e se divertem, fica contente também. Dá prazer ouvi-los rir. É como se rissem graças a você. Faço-os esquecer as desgraças e a miséria. Disso eu gosto.

É importante essa perspectiva de que atuam os juízes para uma finalidade que está além do esforço físico, atingindo, consequente e necessariamente, a esfera do outro, pois, do contrário, correm o risco de ficarem executando um serviço sem sentido, burocratizado, que dá voltas em si mesmo, funcionando dentro da lógica de um modelo fordista, com tarefas repetitivas (audiências, despachos, sentenças, protestos...), explicando-se, unicamente, por um contexto interno de interpretação sistemática de artigos e parágrafos e cumprimento formal de metas, metas e mais metas, que refletem apenas dados estatísticos e que, mesmo se revestidas das melhores das intenções, não raro são postas sem qualquer avaliação das reais condições de trabalho de juízes e servidores, necessárias para sua execução. Confere-se um prazo para a execução de tarefas e pronto. É como se fosse aumentada a velocidade de uma esteira e se pretendesse que juízes e servidores se virassem para dar conta do consequente aumento do ritmo do trabalho, em plena desconsideração da condição humana dessas pessoas, tornando-as parte de uma grande engrenagem que se explica por si mesma, ou que não tem explicação alguma...

A visualização desse trabalho mecanizado, burocratizado, que separa a força de trabalho da condição humana do trabalhador, está muito bem evidenciada no filme Tempos Modernos, de Charles Chaplin, sobretudo na passagem em que o protagonista do filme, não conseguindo acompanhar o ritmo de trabalho da esteira, que fora acelerada pelo patrão para aumentar a produção, acaba sendo engolido pela máquina, tornando-se parte dela.

Assim, cumpre ao juiz, antes de tudo, compreender em que contexto social seus atos se inserem, ou, em outras palavras, a que servem as decisões que profere. Cada despacho, cada decisão, não é apenas um dado estatístico, representa uma forma de concretização, ou de negação, do direito, que repercute na vida social.

Um bom profissional, por óbvio, deve dominar os aspectos técnicos que envolvem a sua atividade. Deve compreender a lógica interna e ter as respostas adequadas, tecnicamente falando, para as situações que se lhe apresentam. Mas, isso não basta.

No filme inglês, Vestígios do Dia, de James Ivory, são contrapostos os amadores, figurados por representantes das principais nações do mundo, que discutem, sem rigores técnicos — e sim por aspectos de ordem pessoal —, o destino da humanidade no período pós-primeira guerra mundial, e um profissional, o mordomo da mansão, na qual os debates se realizam, que presta seu serviço com cuidados técnicos extremados. Há várias cenas que refletem essa dicotomia. Impressiona-me, particularmente, uma em que o mordomo mede, com régua, a posição dos talheres postos à mesa e outra em que prossegue seu serviço mesmo tendo acabado de presenciar a morte de seu pai — que também era empregado na mesma mansão, além de várias outras em que indagado sobre algum assunto ligado à sua atividade apresenta, sem titubear, uma resposta imediata e conclusiva. Enquanto isso, os debates sobre as relações diplomáticas se desenvolvem sem qualquer compromisso técnico ou científico.

Esse mesmo filme demonstra, no entanto, que não basta a um profissional saber onde os talheres devem ser postos à mesa... O filme sugere que mesmo os criados podem não estar totalmente isentos de responsabilidade em função da realização de um serviço, ainda que estritamente técnico, sem se indagarem a respeito do contexto em que sua atividade está inserida.

Impressiona neste sentido a cena em que o mordomo, anos depois do término da 2ª Guerra, que foi o resultado daqueles debates amadores, ao ser indagado por um sujeito que lhe dera uma carona, se ele, o mordomo, tinha a mesma opinião que o seu patrão, o dono da mansão, que, por aspectos sentimentais, acabou apoiando Hitler, diz: "Eu era o seu mordomo. Eu estava lá para servir. Não para concordar ou discordar."

O fato concreto é que um juiz não é um criado, pronto, para, a qualquer instante, quando solicitado, reproduzir, de forma automática, súmulas e OJs, sem que lhe seja dada a atribuição de concordar ou discordar. Para a execução de tal tarefa não seria preciso um magistrado. Aliás, nem mesmo um ser humano seria necessário.

Considerando a repercussão social de seus atos, é dever do juiz, no exercício de sua independência, abandonar a lógica da produção mecanizada e refletir sobre o contexto em que seus atos se inserem, visualizando a realidade que está à sua volta e assumindo a responsabilidade quanto aos atos que pratica.

No clássico italiano, A Classe Operária Vai ao Paraíso, do diretor Elio Petri, uma cena nos faz ver isso claramente. Na cena, o protagonista do filme, Lulu, um operário-padrão, no auge do conflito que vive, depois de ter perdido parte do dedo trabalhando, entre continuar sendo um modelo produtivo e apoiar a luta de seus companheiros por melhores condições de trabalho, vai a um sanatório visitar um antigo operário, Militina, que é considerado um mito da classe operária pela sua dedicação ao trabalho e sua atuação profissional. O diálogo que se segue é revelador:

Militina:

— Mas você gostaria de saber, o que fabricamos nós... na fábrica.

Lulu:

— Isso eu sei.

Militina:

Para quê servem as peças... que fabricam aos milhões?

Lulu:

— Não, não. Eu sei. Eu sei.

Eu faço peças... que servem para um motor. O motor... Esse motor depois é colocado em outra máquina... mas que não está lá.

Militina:

— Ah, não está lá?

Lulu:

— Não.

Militina:

— Imagine que eu, um dia, encontrei o engenheiro... e lhe perguntei: Vai me dizer o que se produz nesta fábrica... para que servem essas peças... senão eu te mato! Eu te mato!

Lulu:

— Vou chamar o enfermeiro!

— Militina:

Não.

Lulu:

— Então se acalme. Estamos conversando, para quê ficar nervoso assim?

Militina:

— Eu converso mas... se não o tivessem levado embora... eu o teria estrangulado mesmo, mas isso... isso não é loucura, porque um homem... um homem tem o direito de saber o que faz. A que coisa serve.

No caso dos juízes, mais que um direito, parece-me ser dever, para o real exercício da independência, saber ao que servem as decisões proferidas.

E as oportunidades para essa reflexão repetem-se, de forma até insistente, a cada dia. O despertador, toda manhã, nos chama para uma nova oportunidade de ver o que está à nossa volta...

No filme, Feitiço do Tempo, dirigido por Harold Ramis, um apresentador de TV, responsável pela previsão do tempo, em razão de um feitiço, fica preso no mesmo dia e é condenado a refletir sobre os seus atos. Mas, mais que isso, ela acaba percebendo que tem a oportunidade de enxergar as pessoas que estão à sua volta e mesmo de se ver nessas relações interpessoais. E o relógio, a cada manhã, marca o início de uma nova oportunidade...

Se pensarmos bem, no aspecto da atuação profissional, nossos dias se repetem como se fossem o mesmo. O cotidiano, assim, tanto pode servir para a reificação, ou seja, para a transformação de homens em coisas, com a consequente eliminação de seus cérebros, quanto pode se constituir uma oportunidade para que se compreenda melhor a realidade em que se está inserido, possibilitando aprimorar a relação do homem consigo mesmo, com seu trabalho e com os outros.

Pois bem, a pergunta que ora se impõe é: o que faz um juiz do trabalho? A que servem as peças que ele fabrica?

Um juiz do trabalho apenas limpa a sua mesa entulhada de processos de pesos e cores diversos, para ir mais cedo para casa ou para cumprir as metas que lhe foram estabelecidas? Sua atividade está a serviço, como se costuma dizer, da pacificação do conflito, atendendo o interesse das partes? Está condenado a acordar e a cada dia realizar os mesmo atos, convivendo com uma realidade renitente de injustiças praticadas pelos mesmos agressores da ordem jurídica? Sua atribuição é produzir números e mais números e mais números, uns sobre os outros, sem correlação com a realidade?

Não, absolutamente não!

Sem meias-palavras, o magistrado trabalhista é responsável pela concretização do direito do trabalho. E isso quer dizer que está sob os seus cuidados o instrumento jurídico criado ao longo de décadas para conferir à sociedade capitalista uma chance de conviver com a paz.

Como reconhecido, expressamente, no Tratado de Versalhes, a paz universal só pode subsistir tendo por base a **justiça social**.

Ou, como dito no mesmo documento de forma mais expressa: "o trabalho humano não deve ser considerado simplesmente como mercadoria ou artigo de comércio".

Resta nítido, pois, que nenhum desenvolvimento econômico está legitimado sem o respeito à condição humana daqueles que produzem as riquezas, quais sejam, os trabalhadores.

Essa convicção foi incorporada a diversos documentos internacionais e nas Constituições de diversos países, marcando uma atribuição primordial ao Estado de Direito, e, por conseguinte, aos profissionais do direito. O Direito, neste contexto, tem como função buscar a efetivação da justiça social, transcendendo as dicotomias político-ideológicas.

Em nosso ordenamento jurídico, por exemplo, essa ordem de valores está consagrada na Constituição de 1934 (art. 115); na Constituição de 1946 (art. 145); na Constituição de 1967 (art. 157); e na Constituição de 1988 (art. 170).

Seria cansativo, e impróprio, neste instante, enunciar todos os dispositivos normativos com este conteúdo.

A destacar, apenas, a reiterada importância que os Tratados internacionais de Direitos Humanos conferem aos Tribunais de cada país para a efetivação dos valores neles consignados, sobressaindo a independência dos juízes, entendida, então, não como uma garantia pessoal do juiz, mas como um pressuposto essencial da efetivação dos Direitos Humanos e como essência do Estado Democrático de Direito. A defesa da independência, desse modo, é antes um dever do magistrado, sendo essencial a compreensão de que na organização jurisdicional há divisão de competências e não uma ordem hierárquica. O juiz só está "subordinado" ao direito, o qual, paradoxalmente, lhe permite uma grande liberdade de atuação, pois, como lembra Márcio Túlio Viana, o juiz ao mesmo tempo aplica e recria o direito.

Como adverte Antônio Augusto Cançado Trindade, "Nos casos em que a atuação dos tribunais internos envolve a aplicação do direito internacional dos direitos humanos, assume importância crucial a autonomia do Judiciário, a sua independência de qualquer tipo de influência executiva" (Prefácio. In: *Instrumentos internacionais de proteção dos direitos humanos*. Procuradoria Geral do Estado de São Paulo, Centro de Estudos. Série documentos n. 14, ago. 1997. p. 32 e 25).

É inegável, a propósito, a integração do direito do trabalho nesta temática, sendo prova disso as mais de 180 convenções da OIT e, sobretudo, o fato de que a questão capital-trabalho constituiu o segundo ponto da pauta de discussões para elaboração do Tratado de Versalhes, já mencionado.

Alguém, de forma inadvertida, poderia rechaçar a essencialidade dos direitos sociais, advertindo para o aspecto de que o Pacto de 1966 trata dos direitos econômicos, sociais e culturais, e que, assim, os direitos econômicos estariam no mesmo plano dos direitos sociais. Não é nada disso, no entanto.

Trata-se, em verdade, de uma correlação consequencial. O que se procurou deixar claro, desde então, é que a atividade econômica tem sua legitimidade vinculada à concretização da justiça social.

Mas, como dito, em nossa reflexão neste momento, mais do que relatar dispositivos legais e fórmulas teóricas, que trazem a convicção em torno da sobrelevação dos direitos sociais, é importante recordar que toda essa obra grandiosa da humanidade se fez para banir de nossa realidade as injustiças verificadas no período de formação do capitalismo e que, sem um enfrentamento eficaz, tendem a persistir. Neste sentido, no caso de ineficácia do direito do trabalho corre-se o risco de ser atual um diálogo vivido no século XIX, como o que abaixo se reproduz, extraído do filme Germinal, baseado na obra de Émile Zola (de 1885), quando um homem, Etiènne, vai a uma mina à procura de emprego:

Etiènne:

— Há fábricas por aqui?

Boa Morte:

— Nas fábricas você não fica e as oficinas fecham uma após a outra, jogam todo mundo lá no Açougueiro Voton e na Cristaleira Garbois, ameaçam greves, falam em baixar os salários.

Etiènne:

— Sei. Venho de lá.

Boa Morte:

— Aqui a coisa, no momento se aguenta, não comemos carne todos os dias, mas não há problema. Você é da Bélgica?

Etiènne:

— Não, sou do sul.

Boa Morte:

— Eu sou de Montsou. Chamam-me Boa Morte. Boa Morte só de brincadeira.

Etiènne:

— É um apelido?

Boa Morte:

— Sim. Tiraram-me daí três vezes feito pó. Uma vez com todos os cabelos chamuscados. Outra, com a garganta cheia de terra e a terceira com o ventre inchado, cheio de água como uma rã.

Então perceberam que eu não queria morrer e me chamaram Boa Morte. Boa Morte só para tirar um sarro.

Etiènne:

— Faz muito tempo que trabalha na mina?

Boa Morte:

— Desci a primeira vez não tinha oito anos ainda, hoje tenho cinquenta e oito. Faça a conta.

Etiènne:

— Isso é sangue?

Boa Morte:

— Não, é carvão. Tenho tanto no meu corpo que poderia me esquentar até minha morte. Faz cinco anos que não desço e tinha isto armazenado sem saber. Ajuda a conservar.

— Vamos embora, Bonito. Se o senhor Hennebeau nos vê aqui conversando...

Etiènne:

— A mina é do senhor Hennebeau?

Boa Morte:

— Não, é o diretor. Recebe um salário como nós.

Etiènne:

— Então de quem é tudo isso?

Boa Morte:

— Tudo isso? Não se sabe. Deve ser de alguém.

Pois bem. A iniciativa primária a ser tomada pelos juízes para exercer sua independência em prol daquilo para o quê essa garantia foi instituída é a de recusar a inserção da atividade jurisdicional a uma lógica que banaliza a injustiça, considerando-a como algo alheio à preocupação do juiz, e que, consequentemente, torna sem sentido a própria profissão da magistratura. A atuação do magistrado trabalhista só tem sentido para fazer valer o direito do trabalho cuja função é corrigir as injustiças que naturalmente se instauram na relação capital-trabalho quando inseridas no contexto da livre concorrência econômica e da lei da oferta e da procura, que são as marcas do capitalismo.

Ciente de seu dever e de sua condição humana é essencial que o juiz não ceda à pressão da denominada produtividade, o que não significa, por óbvio, que esteja descompromissado com a busca da celeridade processual, apenas que o cumprimento das metas não se faça a qualquer custo e de forma a negar a própria razão da existência de uma magistratura voltada a um direito de cunho social.

Vale o registro, ainda, de que a democracia, como valor essencial do Estado de Direito, insere-se, por óbvio, na estrutura judiciária e, sendo assim, contra os ataques à sua independência é preciso que o juiz, operário da justiça, quando preciso, saiba dizer NÃO!

E o Diabo, levando-o a um alto monte, mostrou-lhe num momento de tempo todos os reinos do mundo. E disse-lhe o Diabo:

— Dar-te-ei todo este poder e a sua glória, porque a mim me foi entregue e dou-o a quem quero; portanto, se tu me adorares, tudo será teu.

E Jesus, respondendo, disse-lhe:

— Vai-te, Satanás; porque está escrito: adorarás o Senhor teu Deus e só a Ele servirás.

Lucas, cap. V, vs. 5-8.

Era ele que erguia casas
Onde antes só havia chão.
Como um pássaro sem asas
Ele subia com as casas
Que lhe brotavam da mão.
Mas tudo desconhecia
De sua grande missão:
Não sabia, por exemplo
Que a casa de um homem é um templo
Um templo sem religião
Como tampouco sabia
Que a casa que ele fazia

Sendo a sua liberdade
Era a sua escravidão.

De fato, como podia
Um operário em construção
Compreender por que um tijolo
Valia mais do que um pão?
Tijolos ele empilhava
Com pá, cimento e esquadria
Quanto ao pão, ele o comia...
Mas fosse comer tijolo!
E assim o operário ia
Com suor e com cimento
Erguendo uma casa aqui
Adiante um apartamento
Além uma igreja, à frente
Um quartel e uma prisão:
Prisão de que sofreria
Não fosse, eventualmente
Um operário em construção.

Mas ele desconhecia
Esse fato extraordinário:
Que o operário faz a coisa
E a coisa faz o operário.
De forma que, certo dia
À mesa, ao cortar o pão
O operário foi tomado
De uma súbita emoção
Ao constatar assombrado
Que tudo naquela mesa
— Garrafa, prato, facão —
Era ele quem os fazia
Ele, um humilde operário,
Um operário em construção.

Olhou em torno: gamela
Banco, enxerga, caldeirão

Vidro, parede, janela
Casa, cidade, nação!
Tudo, tudo o que existia
Era ele quem o fazia
Ele, um humilde operário
Um operário que sabia
Exercer a profissão.

Ah, homens de pensamento
Não sabereis nunca o quanto
Aquele humilde operário
Soube naquele momento!
Naquela casa vazia
Que ele mesmo levantara
Um mundo novo nascia
De que sequer suspeitava.

O operário emocionado
Olhou sua própria mão
Sua rude mão de operário
De operário em construção
E olhando bem para ela
Teve um segundo a impressão
De que não havia no mundo
Coisa que fosse mais bela.

Foi dentro da compreensão
Desse instante solitário
Que, tal sua construção
Cresceu também o operário.

Cresceu em alto e profundo
Em largo e no coração
E como tudo que cresce
Ele não cresceu em vão
Pois além do que sabia
— Exercer a profissão

> O operário adquiriu
> Uma nova dimensão:
> A dimensão da poesia.
>
> E um fato novo se viu
> Que a todos admirava:
> O que o operário dizia
> Outro operário escutava.
> E foi assim que o operário
> Do edifício em construção
> Que sempre dizia sim
> Começou a dizer não.
>
> *(Operário em Construção. Vinícius de Morais)*

Se perderem a noção de sua condição humana e o senso crítico que lhe é consequente os juízes correm o sério risco de serem transformados em soldados aos quais se impõe uma disciplina que, desprezando a essência dos direitos humanos, serve apenas para revigorar as bases de uma guerra, que é sempre um ato sempre sem razão...

Uma boa visualização da falta de sentido de uma marcha militar para a guerra foi consagrada em uma das belíssimas canções do filme Hair, de Millos Forman:

> Famintos, olhamos um para ou outro...
> Sem respirar.
> Marchando orgulhosos, com nossos casacos
> Cheirando a laboratório
> Vendo uma nação morrer
> Feita de fantasia
> Ouvindo as últimas mentiras
> Com visões de canções tristes
> Em algum lugar lá dentro
> Há um desejo de grandeza
> Quem sabe o que nos espera
> Eu escolho meu futuro, em filmes no espaço
> O silêncio me diz em segredo
> Tudo... Tudo...
> Manchester, Inglaterra

Do outro lado do Atlântico
E eu sou um gênio
Acredito em Deus
E acredito que Deus acredita em mim
Esse sou eu
O resto é silêncio.

Esse, jamais, pode ser o hino da magistratura... Por certo não faltarão atrativos de ordem pessoal carregados de retóricas destinadas a convencer o juiz de que toda essa preocupação com a realização da justiça é histérica e de que cabe mesmo ao juiz realizar o seu serviço sem maiores indagações quanto aos efeitos concretos de suas decisões, até porque uma atuação mais ativa pode não ser bem vista para efeito de uma progressão na carreira.

No filme, Eles não Usam Black Tie, baseado na peça de teatro escrita por Gianfrancesco Guarnieri e dirigido por Leon Hirzman, é sintomática dessa preocupação individualista, que serve à indiferença, a cena em que um personagem caricato, Jesuíno, tenta convencer a Tião, filho de um operário grevista, Otávio, que é preciso ficar do lado dos patrões, terminando a cena com o próprio Tião, conferindo a Jesuíno a retórica necessária para não se considerar um traidor:

Jesuíno:

— Tião! Bati um papão com os caras. A proposta é batata. Não tem "talvez não". Se a gente não conseguir emprego na gerência, vai para encarregado. E é sempre umas milhas a mais, falô? E a condição é só essa: ficar do lado deles. Vigiar o movimento do pessoal antes que estoure. Você me entendeu, ou não?

Tião:

— Espião, né?

Jesuíno:

— Espião não! Auxiliar de gerência...

Tião:

— Não me agrada.

Jesuíno:

— Ô Tião. O pessoal parece que não enxerga. A turma não fez greve o ano passado? E agora tá precisando de outra e vai precisar de mais outra. E mais outra... E é um nunca se acabar. Eles vivem com a corda no pescoço velho! Então: qual é o jeito? O jeito é ficar do lado de quem manda! Esses é que tão sabendo. Tião: não tem saída. Einh?

(...)

Jesuíno:

> — É velho sabe? Mas, tem um porém, sabe? Eu vou ser franco contigo viu Tião. É que o desprezo aí da turma me mete medo, sabe? Eles chamam logo a gente de traidor, de pelego, sabe como é que é né?

Tião:

> — Ué! Greve é o exercício de um direito. Se você não quer usar esse direito ninguém tem nada a ver com isso!

Jesuíno:

> — É. Eu acho que é isso aí. Cada um quebra os seus galhos do jeito que pode não é Tião?

Dentro de uma lógica dominante da produção de números, e sendo inequívoco que a magistratura, encarada como emprego, confere estabilidade e conforto, a reflexão a ser feita pelo magistrado é: qual é o preço que se paga pela tranquilidade!

No mesmo filme, Eles Não Usam Black Tie, a situação é bem refletida quando a namorada de Tião, Maria, engajada na luta dos trabalhadores, de forma indignada questiona o ato de Tião, que acabou entregando para o patrão o nome dos líderes da greve. E o seu desabafo permanece impregnando nas mentes de todos que assistem o filme:

> — Qual é o seu ideal na vida, hein? É um filhinho estudando num coleginho legal, tudo limpo? Eu também quero limpo e gostoso. Eu também quero uma vida decente. Mas, não a esse preço?

É importante destacar que a atitude de buscar a efetivação dos direitos sociais favorece também ao próprio desenvolvimento da condição humana do juiz porque uma concreta atitude neste sentido pressupõe o constante aprimoramento da capacidade de avaliar criticamente a realidade, de se indignar em face da injustiça e de lutar, para permitir que, concretamente, a humanidade persista em constante evolução.

Assim, em certo sentido, a busca pela efetivação do direito do trabalho constitui a medida da nossa capacidade de sermos humanos.

E, mais uma vez, o cotidiano é benéfico, vez que renova a oportunidade da compreensão em torno da essencialidade dos direitos humanos, permitindo que se tome cada vez mais consciência do contexto social em que a atividade judicante está inserida. Amanhã não será apenas mais um dia. Será o dia fruto das experiências vividas no dia anterior e assim sucessivamente.

O aprendizado e a busca renovada de soluções para os problemas que a vida em sociedade apresenta é o que dá sentido à condição humana. É o que nos diferencia das máquinas e dos demais animais irracionais.

É por isso que assumir as respostas inexoráveis, previamente estabelecidas, impostas pelos tais "limites econômicos", representam um ato que aniquila o raciocínio e a razão! Afinal, se tudo está justificado pelo fatalismo das leis econômicas, o homem perde a sua função. As máquinas dominam o homem, as estruturas regem por si as relações pessoais. O raciocínio atrofia e tudo se explica por si mesmo e com o tempo nada precisa ser explicado. A humanidade se esvai porque o homem deixa de existir sem ser extinto...

No filme *Eu Robô*, do diretor Alex Proyas, um robô com sentimentos, denominado Sonny, ao dialogar com o Detetive Sponner, o protagonista do filme, que não gosta de robôs, deixa no ar a questão em torno da função de cada homem na terra:

Sponner:

— Sonny! Outro dia você disse que tinha sonhos. Com o quê você sonha?

Sonny:

— Vejo que ainda suspeita de mim Sponner.

Sponner:

— Ah bom, é o que dizem sobre cachorros velhos.

Sonny:

— Não, não mesmo. Eu esperava que viesse a pensar em mim como seu amigo.

(começando a desenhar...) — Este é o meu sonho. Estava certo Sponner, não consigo criar uma obra de arte. É aqui que os robôs se encontram. Olha! Podem vê-los aqui como escravos da lógica. E este homem na colina vem libertá-los. Sabem quem é?

Srta. Susan, (uma médica que também participa da conversa):

— O homem do sonho é você.

Sonny:

— Por que diz isso? Isso é um sonho normal?

Sponer:

— Qualquer coisa é normal para alguém na sua posição!

Sonny:

— Obrigado Sponner. Você disse "alguém" e não "alguma coisa".

Srta. Susan:

— Sonny. Sabe por que o Dr. Lenning construiu você?

Sonny:

— Não. Mas, acredito que meu pai me fez para algum propósito. Todos temos um propósito. Não acha Sponner?

Assim, se as decisões dos juízes são capazes, efetivamente, de eliminar todas as injustiças do mundo é menos importante, para o próprio juiz, do que a concreta tentativa deste de buscar compreender a realidade e de perceber a injustiça, assumindo sua responsabilidade frente ao problema identificado, pois é isso que lhe distancia do robô.

Para instrumentalizar essa ação corretiva no aspecto restrito das relações de emprego, faz-se essencial resgatar a visão de que o direito do trabalho tem por princípios a proteção jurídica do trabalhador e a promoção da melhoria progressiva da sua condição social e econômica. E por que a visão deve ser a do trabalhador? Pelo simples motivo de que não se precisaria constituir uma ordem jurídica de natureza promocional, para que o interesse daquele que ostenta o poder econômico prevalecesse sobre aquele que necessita vender sua força de trabalho para sobreviver, sendo esta uma constatação que se incorporou ao patrimônio da humanidade em razão dos horrores vivenciados no período em que o capitalismo se desenvolveu sem qualquer limitação jurídica.

Lembre-se que é da distensão entre as gerações que se alimentam os retrocessos sociais. As experiências das gerações passadas não podem ser, simplesmente, reduzidas a pó sob os olhares indiferentes das novas gerações!

No filme já citado, Cinema Paradiso, a representação desse argumento está muito bem caracterizada pela cena em que o cinema da cidade, que durante anos foi a única atração da cidade, foi demolido sob olhares melancólicos dos antigos habitantes e a total indiferença dos novos moradores do local.

Em suma: não se pode ter nenhuma dúvida de que cumpre aos juízes procurar concretizar os direitos econômicos, sociais e culturais, o que requer, como dito, sentir a dor alheia, até porque se não tiverem essa atitude podem, simplesmente, se transformarem em instrumento de legitimação das injustiças. A visualização da realidade requer preparação e acúmulo de experiências não mecanizadas, sendo este um "poder" que se adquire naturalmente, como na já célebre cena do filme Matrix, quanto Neo, sem fazer esforço, paralisa as balas de revolver que foram desferidas em sua direção e começa a tirá-las, uma a uma, da frente...

Não é preciso dom especial, basta se permitir enxergar...

Registre-se que não estou falando de generalidades mirabolantes e sim de situações concretas muito simples.

A noção de justiça social referida é a da mera aplicação cotidiana do direito trabalhista consagrado na Constituição, nas leis e tratados, direito este que tem sido vilipendiado, atacado, desconsiderado, de forma deliberada e convicta por muitas pessoas na realidade brasileira.

Os exemplos, neste sentido, extraídos do cotidiano das Varas do Trabalho, são múltiplos, e nitidamente reveladores de uma realidade extremamente agressiva e indiferente aos direitos sociais, exigindo uma urgente atitude corretiva:

— verbas rescisórias não pagas;

— agressões reincidentes da ordem jurídica;

— horas extraordinárias ordinárias, a partir da lógica dos baixos salários;

— não limitação da jornada de trabalho de motoristas (de ônibus e de carretas) e seus respectivos ajudantes; vendedores; instaladores; reparadores; cabistas etc., sob alegação cômoda de que executam trabalho externo, embora se saiba, sem muito esforço, que a limitação da jornada, sendo um direito fundamental, é uma obrigação do empregador, que pode ser facilmente cumprida por métodos de trabalho e pela utilização de meios tecnológicos;

— negação da integralidade de direitos aos trabalhadores domésticos;

— trabalho sem registro;

— terceirização (cuja perversidade se explica por si);

— acidentes do trabalho, que judicialmente falando não têm sido reparados em função da utilização da tese do ato inseguro da vítima, ou encobertos pelo pronunciamento de prescrição bienal ou quinquenal, ou têm sido alvo de ínfimas indenizações;

— trabalho infantil sem efeito indenizatório específico;

— trabalho em condições análogas à de escravo, de forma "reincidente";

— exercício de um tal "direito potestativo de resilição contratual", sem qualquer negociação prévia, seguido de uma tentativa de se impor ao trabalhador o "espírito da paz", obrigando-o a passar por uma comissão de conciliação antes de acionar o Judiciário ou aceitar um acordo para recebimento de parte de seus direitos;

— recuperação judicial como institucionalização do "calote", sob supervisão jurisdicional; etc.

O direito do trabalho e o magistrado trabalhista consequentemente, não podem conviver com essas situações ou, pior, não podem legitimá-las, como se tem verificado em razão da difusão de uma pretensa impotência do direito frente à economia, da busca do cumprimento de metas estatísticas e da proliferação da lógica individualista.

Após a instituição do direito do trabalho a injustiça social nunca poderá ser vista como inexorável e incorrigível. Parafraseando John Lennon, aos juízes do trabalho cabe dizer: "A justiça social nas relações de trabalho pode existir: se você quiser!"

Esta é a "cola" que cada juiz do trabalho deve carregar no bolso e não as diretrizes das metas burocraticamente fixadas!

E por falar em Lennon, e lembrando, também, que a concretização dos direitos sociais se faz como forma de efetivação da paz, para finalizar essa reflexão, nada melhor que reproduzir a música que se tornou, para uma geração, um hino para a paz, Give Peace a Chance:

> Two, one, two, three, four
> Ev'rybody's talking about
> Bagism, Shagism, Dragism, Madism, Ragism, Tagism
> This-ism, that-ism, is-m, is-m, is-m.
> All we are saying is give peace a chance
> All we are saying is give peace a chance
> C'mon
> Ev'rybody's talking about Ministers,
> Sinisters, Banisters and canisters
> Bishops and Fishops and Rabbis and Pop eyes,
> And bye bye, bye byes.
> All we are saying is give peace a chance
> All we are saying is give peace a chance
> Let me tell you now
> Ev'rybody's talking about
> Revolution, evolution, masturbation,
> flagellation, regulation, integrations,
> meditations, United Nations,
> Congratulations.
> All we are saying is give peace a chance
> All we are saying is give peace a chance
> Ev'rybody's talking about
> John and Yoko, Timmy Leary, Rosemary,
> Tommy Smothers, Bobby Dylan, Tommy Cooper,
> Derek Taylor, Norman Mailer,
> Alan Ginsberg, Hare Krishna,
> Hare, Hare Krishna
> All we are saying is give peace a chance
> All we are saying is give peace a chance

Este hino, se transportado para a situação atual dos magistrados trabalhistas brasileiros, pressionados por metas, performance e disciplina, poderia assim ser "traduzido":

> Todos estão falando em
> formalismo, mecanismo, instrumentalismo,
> pós-positivismo, pós-modernismo,

esse-ismo, is-mo, is-mo, is-mo, is-mo
Poderia dizer, o que vale é o humanismo
Mas, tudo que eu estou dizendo é: deem uma chance à justiça social!

Estão impondo aos juízes,
estatística, disciplina, produção,
metas, metas, metas,
prescrição, conciliação
Poderia dizer, o que vale é a razão
Mas, tudo que eu estou dizendo é: deem uma chance à justiça social!

Alguns estão defendendo
liberdade sem igualdade,
igualdade mesmo em estado de necessidade,
e negando a injustiça que há na realidade
Poderia dizer, o que importa é concretizar a solidariedade
Mas, tudo que eu estou dizendo é: deem uma chance à justiça social!

A moda é falar em processo virtual,
Recuperação judicial,
Execução sem causar mal,
E prazo, prazo, prazo, prazo processual
Poderia dizer, não se deve ser banal
Mas, tudo que estou dizendo é: deem uma chance à justiça social!

Novas palavras de ordem na magistratura:
severidade, credibilidade,
austeridade, moralidade,
viver sob rigor, sem desmandos
e com compostura
Poderia dizer: para quê tanta amargura?
Mas, não!

Só o que estou dizendo é: deem uma chance à paz; deem uma chance à razão; deem uma chance ao amor ao próximo; deem uma chance à vida; deem uma chance aos direitos sociais e aos seus titulares; deem uma chance à magistratura; deem uma chance a si mesmos; deem uma chance a todos nós!

Pós-Modernidade *Versus* Neoconstitucionalismo: um Debate Contemporâneo

Ney Stany Morais Maranhão[*]

"E não vos conformeis com este mundo, mas transformai-vos pela renovação do vosso entendimento, para que experimenteis qual seja a boa, agradável e perfeita vontade de Deus."
Bíblia Sagrada, Romanos 12.2[1]

"A crença na Constituição e no constitucionalismo não deixa de ser uma espécie de fé: exige que se acredite em coisas que não são direta e imediatamente apreendidas pelos sentidos. Como nas religiões semíticas — judaísmo, cristianismo e islamismo — tem seu marco zero, seus profetas e acena com o paraíso: vida civilizada, justiça e talvez até felicidade."
Luís Roberto Barroso[2]

1. Considerações preliminares

Espiando pela janela, não há como deixar de perceber o intenso movimento das nuvens.

A vista descortina um panorama contundente: as profundas mudanças que marcam nosso atual contexto político, econômico, social e cultural. É uma época

---

[*] Juiz Federal do Trabalho Substituto do TRT da 8ª Região (PA/AP). Mestre em Direito pela Universidade Federal do Pará (UFPA). Professor Universitário. Professor Colaborador da Escola Judicial do TRT da 8ª Região (PA/AP). Membro do Instituto Brasileiro de Direito Social "Cesarino Júnior". Secretário-Geral da AMATRA 8 no biênio 2007--2009. Autor do livro: *Responsabilidade civil objetiva pelo risco da atividade: uma perspectiva civil-constitucional*. 7. obra da coleção professor Rubens Limongi França. São Paulo: Método, 2010. E-mail ney.maranhao@gmail.com.
[1] ALMEIDA, João Ferreira de (tradutor). *Bíblia sagrada*. Revista e corrigida. São Paulo: Sociedade Bíblica do Brasil, 1995. p. 131. Novo Testamento.
[2] BARROSO, Luís Roberto. *Interpretação e aplicação da Constituição*. 6. ed. São Paulo: Saraiva, 2004. p. 311.

cambiante, uma realidade informe, um cenário de transição. Noutro quadrante, agora olhando para dentro de si, percebemos ter se instalado, em cada um de nós, em maior ou menor grau, uma aflitiva sensação decorrente da necessidade de se encarar algo que ainda não tem rosto. É um momento de contradições, uma era de contrastes, um quadro de ambivalências[3].

Para muitos, sequer é possível concluir, com certa margem de segurança, se estamos diante da reformatação de algo reconhecidamente velho ou se estamos diante do debute de algo inteiramente novo. Para outros, também é ainda impossível prognosticar, com certa margem de racionalidade, para onde esses ventos hão de nos conduzir. Afinal, há continuidade ou descontinuidade? Estamos progredindo ou regredindo?...

De qualquer modo, com desprendimento e destemor, impõe-se que se adentre nesse terreno assaz confuso, de modo a instigar uma profícua reflexão sobre a complexa paisagem que está ao nosso derredor, proporcionando bons elementos para a escorreita contextualização da reflexão que se seguirá mais à frente. Na verdade, a análise desse cenário, ainda um tanto quanto obscuro e mesmo que por um breve voo de pássaro, revela-se mesmo imprescindível para que, atualmente, alcance-se certa qualidade conclusiva em *qualquer investigação jurídica*.

Assim se dá porque é preciso afastar a ideia simplista — vigorante há longa data — de refletir aspectos jurídicos à revelia de sua ambiência cultural, social, política ou filosófica. Por mais árduo que possa parecer, por mais antipático que possa significar, cremos que só através de uma visão macro se tornará viável o desfrute de uma avaliação verdadeiramente madura e coerente com a própria complexidade que é ínsita ao homem.

Nosso objetivo, aqui, será, antes de tudo, lançar luz sobre aquilo que se denominou de *modernidade*; quais seus *valores*, suas *premissas* — e suas *promessas*. Depois, a partir desse *locus*, tornar-se-á minimamente sensato *tentar* compreender o que se tem denominado, meio a contragosto, de *pós-modernidade*[4]. Em seguida, bem sedimentada essa conscientização acerca do especialíssimo ambiente sociocultural que nos circunda, partiremos para um confronto de ideias, à vista do fenômeno hoje cunhado de *neoconstitucionalismo*. Vejamos.

2. A FORMAÇÃO DA MODERNIDADE

Cogito ergo sum (*Penso, logo existo*) [5]

---

(3) A respeito dessa contemporânea transitividade e ambivalência, vale conferir, em específico: BAUMAN, Zygmunt. *Modernidade e ambivalência*. Rio de Janeiro: Jorge Zahar, 1999.
(4) Tem razão, pois, Krishan Kumar, quando afirma que a pós-modernidade é um "conceito de contrastes", já que "tira seu significado tanto do que exclui ou alega substituir quanto do que inclui ou afirma em qualquer sentido positivo" (KUMAR, Krishan. *Da sociedade pós-industrial à pós-moderna*: novas teorias sobre o mundo contemporâneo. 2. ed. Rio de Janeiro: Jorge Zahar, 2006. p. 105).
(5) DESCARTES, René. *Discurso do método*. Coleção "Os Pensadores". 3. ed. São Paulo: Nova Cultural, 1983. p. 46.

O termo *moderno* vem do latim *modernus*, que significa literalmente "atual" (de *modo* = agora). "Foi empregado pela escolástica a partir do século XIII para indicar a nova lógica terminista, designada como via *moderna* em comparação com a via *antiqua* da lógica aristotélica"[6].

Logo, bem ao contrário do que se possa inicialmente imaginar, a palavra *modernidade* nem sempre está atrelada à tão difundida noção iluminista. Na verdade, etimologicamente, o termo, em si, atrai a ideia geral de *ruptura*, *inovação*, *avanço* em relação ao passado, o que legitimaria sua aplicação, portanto, a toda e qualquer superação histórica evidenciada na trajetória humana. Aliás, e justamente por tal motivo, afirmam alguns que suas origens apontariam para um passado ainda mais distante, remontando mesmo ao longínquo Século V, para significar, àquela época, o *novo* (o *cristão*), em oposição ao *velho* (o *pagão*).

Desta forma, como um passo inicial, poderíamos firmar que, *a priori*, a palavra *modernidade* quer significar a *convicção de um novo tempo*, a *consciência de uma nova época*[7].

Entretanto, a noção de modernidade que se quer aqui trabalhar é de contorno mais estreito. Por *modernidade*, neste trabalho, há que se compreender, com Giddens, como os "modos de vida e de organização social que emergiram na Europa cerca do século XVII e que adquiriram, subsequentemente, uma influência mais ou menos universal"[8].

Nesse diapasão, Bittar, com autoridade, assevera, *in verbis*:

> Ora, a palavra revela, portanto, uma preocupação de designar o que está nascente, o que está associado ao *presente-que-deseja-o-futuro*, e, portanto, coube bem para designar um período histórico que haveria de ser plantado sob a insígnia da liberdade e da racionalidade. A modernidade, para designar o período histórico pós-renascentista, é a expressão do próprio espírito de um tempo ansioso pela superação dos dogmas e das limitações medievais. O século XVII é, portanto, o momento de eclosão de vários desses anseios, que, sob condições peculiares, permitiu o florescimento de uma nova dimensão social e econômica, especialmente na Europa, onde o espírito da modernidade vem associado à ideia de progresso (Bacon, Descartes).[9]

Modernidade, então, nessa concepção historicamente bem contextualizada, seria o resultado do amplo esforço intelectual do homem para se desvencilhar das "amarras" medievais. Para tanto, extirparam-se as *trevas*; acendeu-se a *luz*. Em lugar da *fé*, a *razão*. Sai a *tradição*, entra a *observação*. Despreza-se a *revelação*; valoriza-se a *ciência*. Prefere-se a *dominação* à *contemplação*. Da hermeticidade do *Cosmos*, passa-se à imensidão do *Universo*. Ao invés de *obediência*, *liberdade*.

---

(6) ABBAGNANO, Nicola. *Dicionário de filosofia*. 5. ed. São Paulo: Martins Fontes, 2007. p. 791.
(7) HABERMAS, Jürgen. *A constelação pós-nacional*: ensaios políticos. São Paulo: Littera-Mundi, 2001. p. 168.
(8) GIDDENS, Anthony. *As consequências da modernidade*. 3. ed. Oeiras: Celta, 1996. p. 1.
(9) BITTAR, Eduardo C. B. *O direito na pós-modernidade*. Rio de Janeiro: Forense Universitária, 2005. p. 34.

Esse afã proporciona a *secularização do mundo*. Passou-se a se conceber uma sociedade em grande parte alheia aos domínios da religião. O *poder*, por exemplo, à luz desse prisma, deixaria de ser sagrado, advindo de cima para baixo, gerido junto a um Ser Imortal e essencialmente preocupado com o mundo celestial, passando a ser secular, exsurgindo de baixo para cima, gerido junto a seres mortais e essencialmente preocupados com o mundo terreno[10].

Afirma-se a ideia de *subjetividade humana*. O homem, consciente de sua individualidade, deixou de ser apenas "mais uma peça do jogo", assumindo uma postura ativa na construção de sua própria história e identidade. Afasta-se uma concepção determinista de seu futuro e há o nítido abandono de qualquer traço de postura eminentemente contemplativa em face das coisas do mundo. Pelo contrário, surge o indivíduo centrado e plenamente senhor da natureza, subjugando-a em prol de seus interesses[11]. Implementa-se a *razão instrumental*[12].

A respeito, ressoa bastante esclarecedor o seguinte texto de Bittar:

> A natureza, na medida em que é testada, objetualmente colocada *sub foco* da ciência e dos saberes técnicos, se converte em algo de que se apropria, de que se usa, de que se pode fruir um proveito, desde que esteja a serviço do saber, da descoberta, do progresso da vida e da intensificação dos modos de dominação do meio pelo homem. A cosmovisão, ao tornar-se antropocêntrica com o Renascimento, inverte a polaridade da relação de Natureza-homem para Homem-natureza.[13]

Todo esse esforço libertador teve, óbvio, o enorme contributo da Renascença (séculos XV e XVI), que, servindo para preparar o desabrochar da modernidade, veio alicerçada em quatro linhas[14]: i) o *Humanismo*: reconhecimento do valor do homem e a crença de que a humanidade se realizou em sua forma mais perfeita na Antiguidade

---

(10) Interessante repercussão dessa ruptura recaiu sobre a concepção humana da história. É bem verdade que o cristianismo dera novo fôlego à questão ao superar a visão naturalista do mundo antigo, em que o tempo era apenas um reflexo direto e incontornável da mudança cíclica das estações. "Nessa perspectiva, o tempo humano era regular e repetitivo. Compartilhava do caráter cíclico de toda matéria criada. Havia mudança, mas não novidade" (KUMAR, Krishan. *Da sociedade pós-industrial à pós-moderna*: novas teorias sobre o mundo contemporâneo. 2. ed. Rio de Janeiro: Jorge Zahar, 2006. p. 107). Com o nascimento, a vida, a morte e a ressurreição de Jesus Cristo, insere-se sentido ao fator temporal. A história, de *cíclica*, torna-se *linear*. Percebe-se a concatenação dos eventos históricos em prol de um futuro divinamente revelado e meticulosamente arquitetado. Mas o tempo, embora linear, ainda é envolto pelo manto da espiritualidade, acabando por se acentuar, na Idade Média, a dimensão celestial desse futuro, já previamente estabelecido, com o consequente — e equivocado — desprezo pelas "coisas terrenas". Na modernidade, porém, a história, além de *linear*, torna-se também *secular*. A concretização da felicidade, segundo os arautos da modernidade, ocorrerá aqui mesmo, na própria terra.

(11) Surge "uma nova atitude humana em relação ao mundo e caracterizada por uma vontade de organizar o real segundo uma racionalidade totalmente independente de toda autoridade temporal ou religiosa. A liberdade define o homem" (JAPIASSU, Hilton. *Como nasceu a ciência moderna*: e as razões da filosofia. Rio de Janeiro: Imago, 2007. p. 14).

(12) "A razão instrumental — que os frankfurtianos, como Adorno, Marcuse e Horkheimer também designaram com a expressão razão iluminista — nasce quando o sujeito do conhecimento toma a decisão de que conhecer é dominar e controlar a natureza e os seres humanos" (CHAUI, Marilena. *Convite à filosofia*. 11. ed. São Paulo: Ática, 1999. p. 283).

(13) BITTAR, Eduardo C. B. *O direito na pós-modernidade*. Rio de Janeiro: Forense Universitária, 2005. p. 39.

(14) ABBAGNANO, Nicola. *Dicionário de filosofia*. 5. ed. São Paulo: Martins Fontes, 2007. p. 1006.

Clássica; ii) a *Renovação de Concepções Religiosas*: tentativa de reatar os laços com uma revelação originária, possível fonte de inspiração dos filósofos clássicos, ou o próprio estímulo à genuína vida cristã, ignorando a tradição medieval e se ancorando no acesso direto e pessoal ao texto das Escrituras Sagradas; iii) a *Renovação de Concepções Políticas*: reconhecimento da origem humana ou natural das sociedades e dos Estados ou retorno às formas históricas originárias ou à própria natureza das instituições sociais (jusnaturalismo); iv) o *Naturalismo*: reinteresse pela investigação direta da natureza. Cuida-se, com tais noções, como se infere, de um breve olhar para trás, tencionando, é claro, desprender-se do medievo.

A partir de então, efetivamente, "o sagrado se humaniza e o humano se diviniza"[15], aliando-se a tudo isso, ainda, a invenção da imprensa, o heliocentrismo copernicano, a passagem do feudalismo para o capitalismo, a formação dos Estados nacionais, o movimento da Reforma e o desenvolvimento da ciência natural, com a consequente multiplicação do conhecimento. Embora não sem alguma resistência — sobretudo à base de fogueiras em praça pública —, fato é que todos esses fatores, eficientemente congregados e integrados, acabaram por impulsionar mais ainda o já inevitável ocaso da Idade Média e preparar o terreno para a implementação da mentalidade racionalista, que, grosso modo, mostra-se "otimista em relação à capacidade da razão de intervir no mundo, organizar a sociedade e aperfeiçoar a vida humana"[16].

É preciso ter *racionalidade*. Um profícuo diálogo então se inicia. As coisas já não serão mais as mesmas:

O grande livro do mundo está aberto! — afirma Kepler.

Mas, como lê-lo? Através da linguagem matemática! — responde Galileu.

Certo. E com que instrumento? A razão! — declara Descartes[17].

Então, para fugir das influências artificiais da sociedade e da Igreja, retorna-se à natureza — aparentemente sem as indisfarçáveis "segundas intenções" típicas do homem. Inicia-se, assim, "a marcha triunfal da ciência europeia da natureza, que não tem paralelos. Ela assume agora as rédeas no terreno da ciência, e não as larga mais"[18]. Bacon, à vontade, filosofa: "A verdade é filha do tempo". Deveras, segundo a lógica da modernidade, com o fluir dos anos a ciência desvendaria mais verdades, proporcionaria mais conhecimento e alcançaria, como consequência inevitável, cada vez mais felicidade[19]. A razão parece ser a resposta para tudo. A universal panaceia para as

---

(15) COTRIM, Gilberto. *Fundamentos da filosofia* — história e grandes temas. 16. ed. São Paulo: Saraiva, 2006. p. 125.
(16) COTRIM, Gilberto. *Fundamentos da filosofia* — história e grandes temas. 16. ed. São Paulo: Saraiva, 2006. p. 126.
(17) "Inspirado pelas obras científicas de Galileu, ele [Descartes] tentou aplicar o método matemático a todas as áreas do entendimento humano, construindo assim um corpo de conhecimento sobre certas verdades obtidas através da pura razão. Ao fazê-lo, Descartes rompeu com o passado e pôs a ciência e a filosofia sobre um novo alicerce intelectual" (LAW, Stephen. *Guia ilustrado Zahar*: filosofia. Rio de Janeiro: Jorge Zahar, 2008. p. 36).
(18) STÖRIG, Hans Joachim. *História geral da filosofia*. Petrópolis: Vozes, 2008. p. 244.
(19) "A modernidade — o período da história social que se inicia com o Iluminismo no século XVIII — fundamenta-se em parte na crença de que será possível chegar à plena autoconsciência no que diz respeito à realidade social. A humanidade vai analisar o mundo, adquirir um conhecimento seguro e utilizá-lo para criar uma sociedade justa" (MORRISON, Wayne. *Filosofia do direito*: dos gregos ao pós-modernismo. São Paulo: Martins Fontes, 2006. p. 16).

moléstias da escuridão medieval. E a ciência é a mão que, carinhosamente, embala esse empolgante sonho[20].

Por oportuno, vale a pena transcrever trecho escrito por Morley, que bem clarifica esse quadro ora gizado:

> Então, a cosmovisão moderna substituiu a síntese medieval da fé e razão. Onde os medievais baseavam o conhecimento sobre deduções de uma tradição sobrenatural, o modernismo tratou de fundamentá-lo em um terreno tão neutro quanto possível. Eles acreditavam ser possível investigar um tema de um ponto de vista livre de todas as perspectivas, requerendo apenas suposições mínimas, aquelas com que qualquer pessoa concorda, mesmo havendo diferentes opiniões sobre o mesmo assunto. As investigações então deveriam começar num terreno intelectualmente neutro, comum a todas as perspectivas e abordagens de um assunto. Os modernistas achavam que a maneira ideal de se chegar a uma conclusão era raciocinar objetivamente sobre a observação; em outras palavras, cientificamente... Eles confiavam plenamente que a ciência poderia conduzir a uma vida melhor para cada indivíduo e para a sociedade como um todo. O modernismo seguiu Descartes no que se referia às pessoas como sendo autônomas e capazes de relacionar-se com a verdade de forma individual. Como indivíduos, podemos conhecer nosso próprio "eu" de forma clara e coerente. Podemos também descrever a verdade em uma linguagem que é conectada à realidade de maneira objetiva e não ambígua. Utilizando essa linguagem, podemos formular teorias que são universalmente verdadeiras e independentes de todas as perspectivas e situações sociais tais que refletem a própria realidade. Em toda parte verificava-se um otimismo de que a humanidade estava constantemente descobrindo a verdade, resolvendo seus problemas e progredindo para um futuro brilhante. [21]

Tão intenso fluxo de ideias faz nascer o Iluminismo[22]. Ciência e Política se flertam — e dão as mãos[23]. Bodin traz a ideia de soberania estatal. Locke defende o direito à propriedade. Adam Smith atrai a noção de liberdade de mercado. Maquiavel afasta a

---

(20) "... disseminou-se a crença de que a razão, a ciência e a tecnologia tinham condições de impulsionar o trem da história numa marcha contínua em direção à verdade e ao progresso humano" (COTRIM, Gilberto. *Fundamentos da filosofia* — história e grandes temas. 16. ed. São Paulo: Saraiva, 2006. p. 155).

(21) MORLEY, Brian K. Entendendo nosso mundo pós-moderno. In: MACARTHUR, John (coord.). *Pense biblicamente*: recuperando a visão cristã de mundo. São Paulo: Hagnos, 2005. p. 205-206.

(22) Movimento cultural do século XVIII que "enfatizou a capacidade humana de, através do uso da razão, conhecer a realidade e intervir nela, no sentido de organizá-la racionalmente, de modo a assegurar uma vida melhor para as pessoas" (COTRIM, Gilberto. *Fundamentos da filosofia* — história e grandes temas. 16. ed. São Paulo: Saraiva, 2006. p. 157).

(23) "No século XVIII, é a ideia de *Progresso* que vai inspirar mais profundamente uma nova relação entre a Ciência e o Poder político. [...] Assim como a reforma do corpo social passa pelo progresso do saber científico, da mesma forma compete à instituição científica fornecer o modelo da sociedade civil tal como deve realizar-se" (JAPIASSU, Hilton. *Como nasceu a ciência moderna*: e as razões da filosofia. Rio de Janeiro: Imago, 2007. p. 270-271).

ética. Hobbes enfatiza o poder. Montesquieu o divide. Rousseau o democratiza. Hegel vê no Estado o clímax da razão[24].

Comte inaugura o *positivismo*. O conhecimento científico, advindo da observância rigorosa dos fatos e erigido de modo refratário a quaisquer discussões metafísicas, traçará finalmente leis gerais e, assim, seremos capazes de prever — e, em última instância, preparar-nos — para os fenômenos futuros[25]. *Savoir pour prévoir!* (Saber para prever!): esse seria o sentido de toda ciência[26]. Ou seja, a base é a *ordem*; o objetivo é o *progresso*[27]. A ideia vingou e mais uma vez se capilarizou em todas as esferas, inclusive a humana — que o diga a bandeira brasileira. Agora deveria haver: *ordem física*, onde todas as coisas obedecem às leis da natureza; *ordem biológica*, onde todo indivíduo obedece à lei da sua espécie; *ordem social*, onde todo ser humano obedece à lei da sua cidade. *Ordem*, enfim, é a palavra-mestra da ciência clássica, reinando do átomo à Via Láctea[28].

E imprimir "ordem" significa, acima de tudo, reorganizar, acintosamente, a realidade concreta, adequando-a a uma outra realidade, *projetada* e *construída* à vista dos novos valores e interesses sedimentados no seio social. Para a concretização desse intento, o que quer que não se ajuste à nova configuração — a "sujeira", o "estranho", o "desarmonioso" — é colocado na lixeira. *Ordem* atrai, pois, também, necessariamente, a ideia de *pureza*.

Segundo Bauman:

> Isso aconteceu assim que o trabalho de purificação e 'colocação em ordem' se tornara uma atividade consciente e intencional, quando fora concebido

---

(24) "É odioso, mas mesmo assim útil, impor a essa complexa história algumas periodizações relativamente simples, ao menos para ajudar a compreender a que tipo de modernismo reagem os pós-modernistas. O projeto do Iluminismo, por exemplo, considerava axiomática a existência de uma única resposta possível a qualquer pergunta. Seguia-se disso que o mundo poderia ser controlado e organizado de modo racional se ao menos se pudesse apreendê-lo e representá-lo de maneira correta. Mas isso presumia a existência de um único modo correto de representação que, caso pudesse ser descoberto (e era para isso que todos os empreendimentos matemáticos e científicos estavam voltados), forneceria os meios para os fins iluministas" (HARVEY, David. *Condição pós-moderna*: uma pesquisa sobre as origens da mudança cultural. 15. ed. Tradução: Adail Ubirajara Sobral e Maria Stela Gonçalves. São Paulo: Loyola, 2006. p. 35-36).
(25) As teses fundamentais do positivismo são as seguintes: 1ª — O método científico é o único válido. O recurso a fatos não acessíveis à ciência não produz conhecimento. Logo, a metafísica, por exemplo, não recebe qualquer valia nesse processo cognitivo, porquanto lida com fatores inaptos à experimentação científica; 2ª — O método científico é puramente descritivo; 3ª — O método científico, por ser o único válido, deve ser estendido a todos os campos da indagação humana. Fonte: ABBAGNANO, Nicola. *Dicionário de filosofia*. 5. ed. São Paulo: Martins Fontes, 2007. p. 909.
(26) STÖRIG, Hans Joachim. *História geral da filosofia*. Petrópolis: Vozes, 2008. p. 407.
(27) "'Ordem' significa um meio regular e estável para os nossos atos; um mundo em que as probabilidades dos acontecimentos não estejam distribuídas ao acaso, mas arrumadas numa hierarquia estrita — de modo que certos acontecimentos sejam altamente prováveis, outros menos prováveis, alguns virtualmente impossíveis. Só um meio como esse nós realmente entendemos. Só nessas circunstâncias (segundo a definição de Wittgenstein de compreensão) podemos realmente "saber como prosseguir". Só aí podemos selecionar apropriadamente os nossos atos — isto é, como uma razoável esperança de que os resultados que temos em mente serão de fato atingidos. Só aí podemos confiar nos hábitos e expectativas que adquirimos no decorrer de nossa existência no mundo" (BAUMAN, Zygmunt. *O mal-estar da pós-modernidade*. Rio de Janeiro: Jorge Zahar, 1998. p. 15-16).
(28) MORIN, Edgar. *O método 1*: a natureza da natureza. 2. ed. Porto Alegre: Sulina, 2003. p. 51-52.

como uma *tarefa*, quando o objetivo de limpar, em vez de se manter intacta a maneira como as coisas existiam, tornou-se *mudar a maneira* como as coisas ontem costumavam ser, *criar* uma nova ordem que desafiasse a presente; quando, em outras palavras, o cuidado com a ordem significou a introdução de uma nova ordem, ainda por cima, artificial — constituindo, por assim dizer, um *novo começo*. Essa grave mudança no *status* da ordem coincidiu com o advento da *era moderna*.[29]

Sarmento, de sua parte, resume:

> A Modernidade corresponderá à aposta na razão secular e na ciência como meios para promoção do progresso e da emancipação do Homem. Tributária do Iluminismo, a Modernidade envolve um projeto civilizatório antropocêntrico, que valoriza acima de tudo a pessoa humana, considerada como um agente moral dotado de autonomia e capaz de ações racionais. O ideário moderno é universalista, pois visa a todos os seres humanos, independentemente de barreiras nacionais, étnicas e culturais. Na política, a Modernidade se identifica com os valores de liberdade, igualdade, solidariedade e democracia, em torno dos quais foi erigido o Estado Moderno. As duas grandes ideologias que dividiram o mundo no século XX, liberalismo e socialismo, realizaram leituras diferentes destes mesmos valores, mas deles não se afastaram. São ambas, portanto, essencialmente modernas, indiscutíveis legados do Iluminismo.[30]

Dessa maneira, o que se conclui é que toda essa novel estruturação é produto de uma série de relevantes *rupturas* que, em conjunto, apontaram mesmo para o surgir de uma nova sociedade. Suas características: *racionalidade, centralidade, neutralidade, uniformidade*. Seus pilares: *sujeito, razão, ciência, saber, Estado, controle, universalismo*. Suas promessas: *ordem, progresso, libertação, felicidade*[31].

Formata-se, enfim, uma nova cosmovisão, suficientemente apta a pautar a vida dos seres humanos. Desponta uma nova era, com um novo referencial axiológico. A transição, finalmente, é efetivada[32]. Finda-se o *medieval* e se manifesta o *moderno*.

---

(29) BAUMAN, Zygmunt. *O mal-estar da pós-modernidade*. Rio de Janeiro: Jorge Zahar, 1998. p. 15-16.
(30) SARMENTO, Daniel. *Direitos fundamentais e relações privadas*. 2. ed. Rio de Janeiro: Lumen Juris, 2006. p. 37.
(31) Eduardo Bittar também decidiu reunir, com sua natural competência, as notas básicas da sinfonia moderna, *in verbis*: "É permitido mesmo, ao termo modernidade, associar uma variedade de outros termos que, em seu conjunto, acabam por traçar as características semânticas que contornam as dificuldades de se definir modernidade. Estes termos são: progresso; ciência; razão; saber; técnica; sujeito; ordem; soberania; controle; unidade; Estado; indústria; centralização; economia; acumulação; negócio; individualismo; liberalismo; universalismo; competição" (BITTAR, Eduardo C. B. *O direito na pós-modernidade*. Rio de Janeiro: Forense Universitária, 2005. p. 34-35).
(32) "A transição significava a passagem de uma era pré-moderna (fragmentação dos centros de poder; pulverização das fontes jurídicas; dispersão do direito estatal; concorrência e superposição entre direito canônico, direito romano, direito estatal; costumes bárbaros) a uma era moderna (centralização do poder; estatização das responsabilidades sociais; unificação das fontes jurídicas; concentração do direito no Estado; positivação de todo o direito aplicável)" (BITTAR, Eduardo C. B. *O direito na pós-modernidade*. Rio de Janeiro: Forense Universitária, 2005. p. 68-69).

Diante de todas essas considerações, vale a pena, neste instante, transcrever trecho de Bauman que nos oferece, com a inspiração que lhe é peculiar, interessantíssimo cotejo entre as mentalidades medieval e moderna, como segue:

> Podemos dizer que, se a postura pré-moderna em relação ao mundo era próxima de um guarda-caça, a atitude do jardineiro é que serviria melhor como metáfora da prática e da visão de mundo modernas. A principal tarefa de um guarda-caça é defender a terra sob sua guarda contra toda interferência humana, a fim de proteger e preservar, por assim dizer, seu 'equilíbrio natural', a encarnação da infinita sabedoria de Deus ou da Natureza. [...] O trabalho do guarda-caça se baseia na crença de que as coisas andam melhor quando não as consertamos. [...] Com o jardineiro não é assim. Ele presume que não haveria nenhuma espécie de ordem no mundo (ou pelo menos na pequena parte do mundo sob sua guarda), não fosse por sua atenção e esforço constantes. O jardineiro sabe que tipos de plantas devem e não devem crescer no lote sob seus cuidados. Ele primeiro desenvolve em sua cabeça o arranjo desejável, depois cuida para que essa imagem seja gravada no terreno. Ele impõe esse projeto pré-concebido ao terreno estimulando o crescimento dos tipos certos de plantas (principalmente aquelas que ele mesmo semeou ou plantou) e extirpando e destruindo todas as outras, agora rebatizadas de "ervas daninhas", cuja presença sem convite e indesejada, indesejada *porque* sem convite, não pode se enquadrar na harmonia geral do projeto.[33]

Cumpre registrar, afinal, que em nenhum momento nos atrevemos aqui a apontar, com precisão cirúrgica, *quando* — ou *quem* — efetivamente iniciou a modernidade — tema que, a propósito, é bastante controvertido[34]. Em verdade, é mais que evidente que o *start* da modernidade imbricou, em sua formatação, simultaneamente, aspectos intelectuais (científico e filosófico), econômicos (Revolução Industrial e ascensão da burguesia) e políticos (soberania, governo central, legislação). Assim, sua gestação foi lenta e intrincada, junto a um cenário bem mais complexo que o aqui delineado, pois[35].

De qualquer sorte, nosso desejo, por intermédio do despretensioso escorço histórico-filosófico acima alinhavado, foi tão somente o de expor algo acerca das características *básicas* da modernidade[36], de tal sorte que, agora, pudéssemos lançar

---

(33) BAUMAN, Zygmunt. *Tempos líquidos*. Tradução: Carlos Alberto Medeiros. Rio de Janeiro: Jorge Zahar, 2007. p. 103-104.
(34) Prova dessa polêmica é que, para alguns, a modernidade surgiu com Descartes. Já para Habermas, a modernidade nasceu com Hegel; para Foucault, com Kant (BITTAR, Eduardo C. B. *O direito na pós-modernidade*. Rio de Janeiro: Forense Universitária, 2005. p. 43-44).
(35) BITTAR, Eduardo C. B. *O direito na pós-modernidade*. Rio de Janeiro: Forense Universitária, 2005. p. 42-43.
(36) Não se há confundir "modernidade", "modernismo" e "modernização". *Modernidade*, como já mencionamos, é toda aquela reformulação social, política e cultural que, entre os séculos XVII e XVIII, substituiu a era medieval. *Modernismo*, a seu turno, foi uma crítica cultural da modernidade fervilhada ao final do século XIX, notadamente no campo das artes. Segundo Kumar, "ocorreu uma cisão na alma da modernidade, entre seu caráter de projeto social e político e como conceito estético. De um lado, a ciência, a razão, o progresso, o industrialismo; do outro,

mão de uma contraposição que oportunizasse uma razoável compreensão daquilo que, hoje, recebe o enigmático rótulo de *pós-modernidade*. E esse é o nosso próximo desafio.

3. A DESCRIÇÃO DA PÓS-MODERNIDADE

E a terra era sem forma e vazia; e havia trevas sobre a face do abismo.[37]

Planeta Terra. Início do século XXI. Ainda sem contato com outros mundos habitados. Entre luz e sombra, descortina-se a *pós-modernidade*. O rótulo genérico abriga a mistura de estilos, a descrença no poder absoluto da razão, o desprestígio do Estado. A era da velocidade. A imagem acima do conteúdo. O efêmero e o volátil parecem derrotar o permanente e o essencial. Vive-se a angústia do que não pôde ser e a perplexidade de um tempo sem verdades seguras. Uma época aparentemente *pós-tudo*: pós-marxista, pós--kelseniana, pós-freudiana.[38]

Não fosse pela evidente discrepância temporal no que toca ao momento da escrita, ousaríamos concluir que sagrado e secular parecem descrever o mesmo cenário. De qualquer forma — e independentemente de qualquer ilação —, se *sombra* e *vazio* foi o que se viu no início de tudo, então, ao que parece, as coisas, de lá para cá, não mudaram tanto...

Espiritualidade à parte, o fato é que não há mais como negar: a Pós-Modernidade é o tema do momento. Tão logo percebida[39], tornou-se objeto de intensa reflexão, passando a ocupar a pauta de debates em praticamente todas as áreas, das Artes à Pedagogia, da Filosofia à Sociologia, da Política ao Direito, da Psicologia à Economia. Os grandes estudiosos da atualidade, tal qual Luís Roberto Barroso, de uma forma ou de outra, conscientes ou não, têm se debruçado sobre esse tão nebuloso panorama ou pelo menos têm refletido, ainda que indiretamente, sobre algumas de suas relevantes consequências.

---

a refutação e rejeição apaixonadas dos mesmos, em favor do sentimento, da intuição e do uso livre da imaginação. Por um lado a modernidade 'burguesa'; por outro, a modernidade cultural" (KUMAR, Krishan. *Da sociedade pós--industrial à pós-moderna*: novas teorias sobre o mundo contemporâneo. 2. ed. Rio de Janeiro: Jorge Zahar, 2006. p. 123-124). Por fim, *modernização* quer dizer com evoluções tecnológicas e científicas. Em resumo: *modernidade* traduz um prisma eminentemente *histórico*; *modernismo* traduz um prisma eminentemente *cultural*; *modernização*, de sua parte, traduz um prisma eminentemente *tecnológico*.

(37) ALMEIDA, João Ferreira de (tradutor). *Bíblia sagrada*. Revista e corrigida. São Paulo: Sociedade Bíblica do Brasil, 1995. Velho Testamento (Gênesis, capítulo 1, versículo 2, primeira parte). p. 3.

(38) BARROSO, Luís Roberto. Fundamentos teóricos e filosóficos do novo direito constitucional brasileiro (pós--modernidade, teoria crítica e pós-positivismo). In: BARROSO, Luís Roberto (org.). *A nova interpretação Constitucional*: ponderação, direitos fundamentais e relações privadas. 2. ed. Rio de Janeiro: Renovar, 2006. p. 2.

(39) "Simbolicamente, o pós-modernismo nasceu às 8 horas e 15 minutos do dia 6 de agosto de 1945, quando a bomba atômica fez boooom sobre Hiroshima. Ali a modernidade — equivalente à civilização industrial — encerrou seu capítulo no livro da História, ao superar seu poder criador pela sua força destrutora. Desde então, o apocalipse ficou mais próximo. Historicamente, o pós-modernismo foi gerado por volta de 1955, para vir à luz lá pelos anos 60. Nesse período, realizações decisivas irromperam na arte, na ciência e na sociedade. Perplexos, sociólogos americanos batizaram a época de pós-moderna, usando termo empregado pelo historiador Toynbee em 1947" (SANTOS, Jair Ferreira dos. *O que é pós-moderno*. Coleção Primeiros Passos: 165. São Paulo: Brasiliense, 2006. p. 20).

Isso tem uma razão lógica. Basta abrir bem os olhos e ver que o mundo já não é mais o mesmo.

Ruiu o *socialismo*[40]. Em 9 de novembro de 1989 foi ao chão o muro de Berlim, ocasionando a reunificação das duas Alemanhas. No baixar da poeira, viu-se morto o comunismo, que, ao longo do século XX, digladiara ferozmente com o capitalismo, enquanto sistema socioeconômico. É dizer: o capitalismo, aparentemente, agora, ficou sem "concorrentes".

Há crise na *ciência*. A cada momento são feitas novas descobertas, que, por sua vez, fazem irromper novos problemas: ameaças nucleares, armas biológicas, destruição do meio ambiente. A "modernização" não trouxe apenas o microondas e o controle remoto; trouxe também o perigo das tsunamis, do aquecimento global, dos alimentos transgênicos, do mal da vaca louca e da gripe suína[41]. Problemáticas atuais como o desgelo dos polos, a diluição da camada de ozônio, o extermínio das florestas, dentre outros, despertaram a seriedade da consciência ecológica e suscitaram incômodas dúvidas quanto à eficiência científica em cumprir sua promessa de construção de um mundo melhor[42].

De mais a mais, tornou-se vergonhosamente explícito o já antigo e promíscuo relacionamento entre ciência e política, conhecimento e poder, à moda baconiana. Suspeita-se — e muitos já têm certeza — que altos investimentos em ciência e tecnologia são injetados não para os interesses de todos, mas para os interesses de alguns, bem poucos mesmo. A crença na neutralidade — ou na sinceridade — das atitudes humanas chega às raias da mais lídima inocência...

Dilacerou-se a *soberania estatal*. A velocidade das informações e a planetarização da economia acarretaram um inevitável e perigoso enlace integrativo entre todas as nações, fragilizando-se aquela capacidade que cada ente estatal outrora possuía de, individualmente, gerir, com ordem e segurança, a seus próprios problemas internos[43].

---

(40) Muito embora a doutrina do socialismo real tenha soçobrado na transição entre as décadas de 80 e 90, não poderíamos deixar de registrar que a bandeira socialista, ainda que como símbolo meramente ideológico, permanece hasteada ainda hoje no solo de alguns países, tais como o boliviano e o venezuelano.

(41) "... o que foi durante muito tempo ignorado é que o chamado desempenho racional gerou um vasto rol de problemas imprevistos ou indesejados, que frequentemente desafiam a própria capacidade das empresas de monitorar e controlar seus efeitos. Um bom exemplo disso é a observação de que, na indústria química, a multiplicação dos materiais e compostos químicos desenvolve-se numa velocidade muito maior do que o conhecimento sobre os reais efeitos desses produtos ou poluentes sobre os indivíduos e o meio ambiente, como ficou demonstrado com os problemas decorrentes do uso abusivo dos agrotóxicos. A questão se agrava quando se considera que muitos dos atuais problemas de degradação ambiental não são resultantes da ação de poluentes individuais, mas de uma combinação de diversos agentes cujos efeitos sinérgicos são totalmente desconhecidos" (DEMAJOROVIC, Jacques. *Sociedade de risco e responsabilidade socioambiental*: perspectivas para a educação corporativa. São Paulo: Senac, 2003. p. 61).

(42) Nesse sentido, afirma Kumar que "... a ecologia lança uma mortalha sombria sobre as teorias de progresso que têm por base maior industrialização. A crise de confiança estendeu-se aos próprios cientistas. Eles não só questionam agora a aplicação em massa da ciência ao mundo, mas postulam também perguntas inquietantes sobre o próprio *status* da ciência como método privilegiado de compreensão" (KUMAR, Krishan. *Da sociedade pós-industrial à pós-moderna*: novas teorias sobre o mundo contemporâneo. 2. ed. Rio de Janeiro: Jorge Zahar, 2006. p. 171).

(43) "No cabaré da globalização, o Estado passa por um *strip-tease* e no final do espetáculo é deixado apenas com as necessidades básicas: seu poder de repressão. Com sua base material destruída, sua soberania e independência

Partidos políticos cedem lugar a "novos movimentos sociais", baseados em sexo, idade, raça, religião, localização geográfica etc.[44] A *democracia* deixa de ser centrada em uma concepção unitária e universalista, tendo que aceitar o estilo pós-moderno de respeito/tolerância à pluralidade de perspectivas e de identidades minoritárias, em reconhecimento à profunda complexidade que recai sobre a sociedade hodierna[45].

Há crise na *identidade humana*. O homem moderno, abstrato e de apenas uma identidade, recria-se em uma pluralidade de identidades, forjada diante de uma miríade de informações diariamente despejadas em nossas mentes. O computador, sem sairmos de casa, conduz-nos para qualquer lugar, em qualquer hora, criando, assim, um mundo à parte, onde somos *quem* quisermos e *o que* quisermos. Nessa sala de espelhos, o *virtual* se torna mais real que o próprio *real*. As propagandas nos seduzem: mais vale a *aparência* que a *essência*, a *forma* que o *conteúdo*, o *estético* ao *ético*[46]. Não há mais verdades absolutas[47]. Não há mais limites de *espaço* — hoje é possível visitar qualquer cidade do mundo pelas ondas da internet —, nem de *tempo* — a divulgação da informação é instantânea, *on line*, e trinta minutos sem acessar nossa caixa de mensagens eletrônicas já é tempo o bastante para que o adjetivo "desatualizado" recaia pertinentemente sobre nós[48].

---

anuladas, sua classe política apagada, a nação-estado torna-se um mero serviço de segurança para as megaempresas... Os novos senhores do mundo não têm necessidade de governar diretamente. Os governos nacionais são encarregados da tarefa de administrar os negócios em nome deles" (o texto é parte de um artigo subscrito pelo "Subcomandante Marcos" e é proveniente do território de rebelião rural em Chiapas, México. Encontra-se transcrito em: BAUMAN, Zygmunt. *Globalização:* as consequências humanas. Rio de Janeiro: Jorge Zahar, 1999. p. 74).

(44) KUMAR, Krishan. *Da sociedade pós-industrial à pós-moderna:* novas teorias sobre o mundo contemporâneo. 2. ed. Rio de Janeiro: Jorge Zahar, 2006. p. 159.

(45) "A democracia terá que se adaptar a esse pluralismo irredutível — abandonando a ideia de política consensual, no mínimo, ou a opinião de que o Estado nacional 'soberano' é a única arena da política. Esse conceito de democracia deve ser, e foi, atraente para vários grupos interessados na política da identidade e da diferença — feministas, especialmente, mas também outros indivíduos ativos em defesa de grupos étnicos marginalizados e povos pós--coloniais" (KUMAR, Krishan. *Da sociedade pós-industrial à pós-moderna:* novas teorias sobre o mundo contemporâneo. 2. ed. Rio de Janeiro: Jorge Zahar, 2006. p. 170).

(46) "A propaganda manipula os homens; onde ela grita liberdade, ela se contradiz a si mesma. A falsidade é inseparável dela. É na comunidade da mentira que os líderes (Führer) e seus liderados se reúnem graças à propaganda, mesmo quando os conteúdos enquanto tais são corretos. A própria verdade torna-se para ela um simples meio de conquistar adeptos para sua causa, ela já a falsifica quando a coloca em sua boca. Por isso, a verdadeira resistência não conhece nenhuma propaganda. A propaganda é inimiga dos homens. Ela pressupõe que o princípio segundo o qual a política deve resultar de um discernimento em comum não passa de uma *façon de parler* [maneira de falar]" (ADORNO, Theodore W.; HORKHEIMER, Max. *Dialética do esclarecimento:* fragmentos filosóficos. Rio de Janeiro: Jorge Zahar, 1985 [reimpressão de 2006]. p. 209).

(47) "Sem cânones absolutos de verdade objetiva, o racional é substituído pelo estético. Cremos naquilo que *gostamos*. [...] Com quase qualquer pessoa que se converse sobre algum assunto controvertido, o problema do pós-modernismo vem à tona. Para a mente contemporânea, tanto a da torre de marfim do mundo acadêmico como a da lanchonete local, não existem absolutos. As pessoas não aceitam as mesmas autoridades, metodologias ou critérios. E se cada um existe num mundo autossuficiente, falando uma linguagem incompreensível aos de fora, a persuasão torna-se impossível" (VEITH JR., Gene Edward. *Tempos pós-modernos:* uma avaliação crítica do pensamento e da cultura da nossa época. Tradução: Hope Gordon Silva. São Paulo: Cultura Cristã, 1999. p. 170).

(48) Mark Poster registra que "no [novo estágio] do modo de informação, o sujeito não está mais localizado em um ponto no tempo/espaço absoluto, desfrutando de um ponto de observação físico, fixo, do qual possa racionalmente calcular suas opções. Em vez disso, é multiplicado por bancos de dados, dispersado por mensagens e conferências em computador, descontextualizado e reidentificado por anúncios de TV, dissolvido e materializado continuamente na transmissão eletrônica de símbolos... O corpo não é mais um limite eficaz da posição do sujeito. Ou talvez seja

Os problemas, agora, são *globais*. Decisões pessoais, inseridas em nosso "pequeno mundo", têm proporções planetárias — agora, usar ou não saco plástico ao sair da padaria é uma decisão que pode afetar toda a humanidade — e eventos econômicos, ocorridos nos grandes centros mundiais, afetam sobremaneira nosso singelo cotidiano — a queda da bolsa de valores em Nova Iorque pode significar uma demissão no final do mês.

O entrevero não mais se circunscreve a uma determinada camada social, ou a uma cidade apenas, ou tão somente a uma região. Ao final do século XX, os principais debates, pois, "não mais têm a ver com situações setoriais, não mais têm a ver com conflitos entre dois Estados, e não afetam somente um grupo determinado de pessoas. Até mesmo os problemas são globalizados, exportados..."[49].

Nada obstante, existe, *in latere* a isso, uma paradoxal revitalização de certos valores e culturas regionais, associando-se, assim, o local e o global, com expresso fomento a uma visão *multicultural* do mundo[50]. O pós-modernismo destaca "sociedades multiculturais e multiétnicas. Promove a 'política da diferença'. A identidade não é unitária nem essencial, mas fluida e mutável, alimentada por fontes múltiplas e assumindo formas múltiplas"[51].

Conhecidas dicotomias entraram em vertiginosa decadência: *global/local, estado/sociedade, ocidente/oriente, nacional/internacional, público/privado, homem/mulher...* A família se esfacelou. Casamento agora é *démodé*[52]. O *slogan* "Não se reprima!" saiu das caixas de som e invadiu as calçadas da vida. Não mais se busca a densidade do *conhecimento*; almeja-se a efemeridade da *informação*[53]. O *racional* é posto em xeque; ganha cada vez mais importância na vida das pessoas a *intuição* e o *espiritualismo*[54].

---

melhor dizer que os meios de comunicação estendem o sistema nervoso por toda a Terra, até o ponto em que ele envolve o planeta em uma noosfera de linguagem, para usar o termo de Teilhard de Chardin... [...] então onde estou e quem sou eu? Nessas circunstâncias, não posso me considerar centrado em uma subjetividade racional, autônoma, ou limitado por um ego definido, mas sou despedaçado, subvertido e dispersado pelo espaço social" (Apud KUMAR, Krishan. *Da sociedade pós-industrial à pós-moderna*: novas teorias sobre o mundo contemporâneo. 2. ed. Rio de Janeiro: Jorge Zahar, 2006. p. 165-166).

(49) BITTAR, Eduardo C. B. *O direito na pós-modernidade*. Rio de Janeiro: Forense Universitária, 2005. p. 167.

(50) Para uma interessante visão política da temática dos direitos humanos enquanto inseridos na atual e complexa realidade multicultural: confira-se: ALVES, José Augusto Lindgren. *Os direitos humanos na pós-modernidade* São Paulo: Perspectiva, 2005.

(51) KUMAR, Krishan. *Da sociedade pós-industrial à pós-moderna*: novas teorias sobre o mundo contemporâneo. 2. ed. Rio de Janeiro: Jorge Zahar, 2006. p. 159.

(52) Sobre os efeitos específicos da pós-modernidade no campo da família, vale conferir: RENOVATO, Elinaldo. *Perigos da pós-modernidade*. Rio de Janeiro: CPAD, 2007.

(53) "... existe uma diferença entre 'conhecimento' e 'informação'. O conhecimento é substantivo e evidente. A informação é efêmera e muda sempre. O pré-moderno e o moderno valorizam o conhecimento; o pós-moderno é obcecado por dados, informações" (VEITH JR., Gene Edward. *Tempos pós-modernos*: uma avaliação crítica do pensamento e da cultura da nossa época. Tradução: Hope Gordon Silva. São Paulo: Cultura Cristã, 1999. p. 172).

(54) "O pessimismo geral, a percepção do fracasso das grandes utopias e a falta de perspectivas em relação ao futuro pavimentaram o caminho para a crítica radical à razão iluminista. Daí a valorização da intuição, do misticismo, das culturas orientais e a afirmação do advento de uma "Nova Era" (*New Age*)" (SARMENTO, Daniel. *Direitos fundamentais e relações privadas*. 2. ed. Rio de Janeiro: Lumen Juris, 2006. p. 39).

Os relacionamentos são superficiais; os compromissos, tênues[55]. Impera uma verdadeira porosidade relacional: nada é substancioso, robusto; ao revés, tudo é meio volátil, fluido, líquido[56]. A participação social se concentra em pequenos objetivos isolados, pragmáticos, despersonalizados. Um sujeito pós-moderno pode ser ao mesmo tempo "programador, andrógino, zen-budista, vegetariano, integracionista, antinuclearista. São participações brandas, frouxas, sem estilo militante, com metas a curto prazo..."[57]

Vive-se um estado de *ceticismo* com relação às metanarrativas da modernidade[58]. Todos aqueles grandes ideais, aqueles empolgantes referenciais universais, aquelas entusiasmantes narrativas, enfim, todo aquele belo quadro pintado na valiosa tela da modernidade, a retratar a propalada perfectibilidade do progresso humano, agora estão irremediavelmente desbotados[59].

Não sem razão: Nietzsche lançou o gérmen do ceticismo total. Freud derrubou o mito da atuação humana sempre consciente. Marx denunciou as verdadeiras intenções capitalistas. Foucault escancarou o verdadeiro poder até então praticado: o controle do homem sobre o próprio homem. Einstein balançou as aspirações modernas de certeza e centralidade com sua notável teoria da relatividade. Com suas pilastras de

---

(55) Veja-se, por exemplo, as últimas novidades legislativas no que respeita à dissolução do vínculo matrimonial. Na doutrina, confira-se: GAGLIANO, Pablo Stolze; PAMPLONA FILHO, Rodolfo. *O novo divórcio*. São Paulo: Saraiva, 2010.
(56) BAUMAN, Zygmunt. *Tempos líquidos*. Tradução: Carlos Alberto Medeiros. Rio de Janeiro: Jorge Zahar, 2007.
(57) SANTOS, Jair Ferreira dos. *O que é pós-moderno*. Coleção Primeiros Passos: 165. São Paulo: Brasiliense, 2006. p. 29. Como diz Zygmunt Bauman: "O engajamento ativo na vida das populações subordinadas não é mais necessário (ao contrário, é fortemente evitado como desnecessariamente custoso e ineficaz) — e, portanto, o 'maior' não só é mais o 'melhor', mas carece de significado racional. Agora é o menor, mais leve e mais portátil que significa melhoria e 'progresso'. Mover-se leve, e não mais aferrar-se a coisas vistas como atraentes por sua confiabilidade e solidez — isto é, por seu peso, substancialidade e capacidade de resistência — é hoje recurso de poder. Fixar-se ao solo não é tão importante se o solo pode ser alcançado e abandonado à vontade, imediatamente ou em pouquíssimo tempo. Por outro lado, fixar-se muito fortemente, sobrecarregando os laços com compromissos mutuamente vinculantes, pode ser positivamente prejudicial, dadas as oportunidades que surgem em outros lugares" (BAUMAN, Zygmunt. *Modernidade líquida*. Rio de Janeiro: Jorge Zahar, 2001. p. 21). Em outra obra, o mesmo sociólogo afirma: "Velocidade, e não duração, é o que importa. Com a velocidade certa, pode-se consumir toda a eternidade do presente contínuo da vida eterna. Ou pelo menos é isso que o 'lumpen-proletariado espiritual' tenta, e espera, alcançar. O truque é comprimir a eternidade de modo a poder ajustá-la, inteira, à duração de uma existência individual. A incerteza de uma vida mortal em um universo imortal foi finalmente resolvida: agora é possível parar de se preocupar com as coisas eternas sem perder as maravilhas da eternidade" (BAUMAN, Zygmunt. *Vida líquida*. Rio de Janeiro: Jorge Zahar, 2007. p. 15).
(58) A respeito: LYOTARD, Jean-François. *A condição pós-moderna*. Tradução: Ricardo Corrêa Barbosa. 10. ed. Rio de Janeiro: José Olympio, 2008.
(59) Tangente a essas "metanarrativas", ensina Abbagnano que este "é um termo adotado por Lyotard para indicar as grandes sínteses teóricas por meio das quais a modernidade procurou conferir legitimação filosófico-política ao saber. As metanarrativas modernas (o *meta* alude ao seu caráter universal e reflexo) podem ser reduzidas a dois arquétipos fundamentais: o modelo *iluminista* (segundo o qual o saber é legítimo desde que favoreça a emancipação e a liberdade dos povos) e o *idealista* (segundo o qual o saber é legítimo desde que não persiga finalidades específicas, mas se configure como o conhecimento desinteressado ou especulativo que o espírito tem de si mesmo). [...] O declínio dessas metanarrativas, às quais Lyotard acrescentará a *cristã*, de salvação das criaturas por meio do amor crístico, e a *capitalista*, da emancipação da pobreza por meio do desenvolvimento técnico industrial, coincide com o advento do *pós-modernismo* e de sua concepção antitotalizadora do saber" (ABBAGNANO, Nicola. *Dicionário de filosofia*. 5. ed. São Paulo: Martins Fontes, 2007. p. 779).

sustentação atingidas bem em cheio, o resultado foi óbvio: o edifício iluminista começou a ruir...

Há uma sensação de *frustração* com respeito às promessas da modernidade: duas guerras mundiais afundaram a promessa de *paz*; o holocausto solapou a promessa de *progresso*; o enfraquecimento da camada de ozônio sepultou a promessa de *ordem*[60]. E, ao que tudo indica, já encontramos a culpada de tudo: descortina-se o eclipse da razão[61]. Popper desabafa: "Nada sabemos; supomos"[62]. São tempos de desconfiança e incredulidade. Longe de qualquer envolvimento ético sério, o século XX, em verdade, serviu mesmo foi para demonstrar que o ousado projeto modernista acabou por falhar no que tange ao tão almejado desiderato que lhe fora originariamente atribuído[63].

Com a palavra, uma vez mais, Bauman:

> ... a imagem do "progresso" parece ter saído do discurso do *aperfeiçoamento compartilhado* para o da *sobrevivência individual*. O progresso não é mais imaginado no contexto de um impulso para uma arrancada à frente, mas em conexão com um esforço desesperado para permanecer na corrida. [...] O tempo flui, e o truque é se manter no ritmo das ondas. Se você não quer afundar, continue surfando, e isso significa mudar o guarda-roupa, a mobília, o papel de parede, a aparência, os hábitos — em suma, você mesmo — tão frequentemente quanto consiga. [...] Você já não espera seriamente fazer do mundo um lugar melhor para se viver; não consegue sequer tornar realmente seguro aquele melhor *lugar* do mundo que resolveu construir para

---

[60] "Esta nossa vida tem se mostrado diferente do tipo de vida que os sábios do Iluminismo e seus herdeiros e discípulos avistaram e procuraram planejar. Na nova vida que eles vislumbraram e resolveram criar, esperava-se que a proeza de domar os medos e refrear as ameaças que estes causavam fosse um assunto a ser decidido de uma vez por todas. No ambiente líquido-moderno, contudo, a luta contra os medos se tornou tarefa para a vida inteira, enquanto os perigos que os deflagram — ainda que nenhum deles seja percebido como *inadministrável* — passaram a ser considerados companhias permanentes e *indissociáveis* da vida humana" (BAUMAN, Zygmunt. *Medo líquido*. Tradução: Carlos Alberto Medeiros. Rio de Janeiro: Jorge Zahar, 2008. p. 15).

[61] "Se por evolução científica e progresso intelectual queremos significar a libertação do homem da crença supersticiosa em forças do mal, demônios e fadas, e no destino cego — em suma, a emancipação do medo então — a denúncia daquilo que atualmente se chama de razão é o maior serviço que a razão pode prestar" (HORKHEIMER, Max. *Eclipse da razão*. São Paulo: Centauro, 2002. p. 192).

[62] Frase atribuída a Karl Popper em: VASCONCELOS. Arnaldo. *Direito, humanismo e democracia*. 2. ed. São Paulo: Malheiros, 2006. p. 44.

[63] Aqui, vale conferir as palavras de Boaventura de Sousa Santos, *in verbis*: "A promessa da dominação da natureza, e de seu uso para o benefício comum da humanidade, conduziu a uma exploração excessiva e despreocupada dos recursos naturais, à catástrofe ecológica, à ameaça nuclear, à destruição da camada de ozônio, e à emergência da biotecnologia, da engenharia genética e da consequente conversão do corpo humano em mercadoria última. A promessa de uma paz perpétua, baseada no comércio, na racionalização científica dos processos de decisão e das instituições, levou ao desenvolvimento tecnológico da guerra e ao aumento sem precedentes de seu poder destrutivo. A promessa de uma sociedade mais justa e livre, assente na criação da riqueza tornada possível pela conversão da ciência em força produtiva, conduziu à espoliação do chamado Terceiro Mundo e a um abismo cada vez maior entre o Norte e o Sul. Neste século morreu mais gente de fome do que em qualquer dos séculos anteriores, e mesmo nos países mais desenvolvidos continua a subir a percentagem dos socialmente excluídos, aqueles que vivem abaixo do nível de pobreza (o chamado 'Terceiro Mundo interior')" (SANTOS, Boaventura de Sousa. *A crítica da razão indolente*: contra o desperdício da experiência. 6. ed. São Paulo: Cortez, 2007. p. 56).

si mesmo. A insegurança veio para ficar, não importa o que aconteça. Mais que tudo, 'boa sorte' significa manter longe a "má-sorte".[64]

Todos reconhecem, agora, que a modernidade, no fundo, quando surgiu, revelou-se como outra modalidade de fé. Noutras palavras: na passagem do medievo para a modernidade, o culto da religião foi apenas substituído por outra espécie de culto: o culto da razão, um "ponto extremo em que os positivistas do século XIX inauguram um templo onde a deusa da razão é louvada com os mesmos rituais e a mesma pompa das atribuições de fé..."[65]

Também não se pode deixar de fazer um marcante paralelo entre *sociedade industrial/modernidade* e *sociedade pós-industrial/pós-modernidade*. A tênue camada de soberania estatal, a crise na identidade humana e a profunda revolução tecnológica são relevantes fatores que viabilizaram o acesso da cultura consumista a todas as casas — e a todos os corações. A queda do comunismo abriu um espaçoso caminho para que os tentáculos do capitalismo invadissem novos territórios e alcançassem novas pessoas[66]. "A pós-modernidade talvez seja capitalista, mas é um capitalismo com uma nova face, uma face que mostra muitos aspectos peculiares e inesperados"[67].

Como se viu nas linhas transatas, decididamente o mundo moderno passa por profundas alterações. Um *novo milênio* se iniciou — e, para alguns, uma *nova era* também. Outros, menos entusiásticos, negam essa assertiva: é apenas o velho vestindo roupas novas. Para alguns, estamos no fundo do poço; para outros, no auge. Muitas vozes assumem o púlpito. Fala-se em "pós-modernidade", "pós-fordismo", "sociedade pós-industrial", "sociedade de risco", "sociedade da informação", "sociedade líquida", "supermodernidade", "hipermodernidade", "modernidade reflexiva", "modernidade tardia", "modernidade desorganizada", "modernidade radicalizada", "neomodernidade" etc.[68]

---

(64) BAUMAN, Zygmunt. *Tempos líquidos*. Tradução: Carlos Alberto Medeiros. Rio de Janeiro: Jorge Zahar, 2007. p. 108-109.
(65) BITTAR, Eduardo C. B. *O direito na pós-modernidade*. Rio de Janeiro: Forense Universitária, 2005. p. 36-37.
(66) "Nestes tempos, o que fala mais alto não é a soberania, não é a política estatal, não é a força policial, não é o carisma de um governante, mas sim o mercado, este novo ditador da era digital, sem cara e sem bandeira, sem identidade e sem lugar para se manifestar, porém mais cruel e infinitamente mais imprevisível que qualquer ser humano. No lugar de um projeto para a humanidade, que poderia ter clara inspiração kantiana, tem-se uma internacionalização da concorrência, da competição, da empresarialidade, da lucratividade, do empreendedorismo mercantil" (BITTAR, Eduardo C. B. *O direito na pós-modernidade*. Rio de Janeiro: Forense Universitária, 2005. p. 323-324).
(67) KUMAR, Krishan. *Da sociedade pós-industrial à pós-moderna:* novas teorias sobre o mundo contemporâneo. 2. ed. Rio de Janeiro: Jorge Zahar, 2006. p. 231.
(68) Teria tudo isso alguma ligação com a trágica psicologia dos fins de século? Realmente, viradas de século sempre nos deixam desconsertados. No cardápio dos *fins-de-siècle*, misturam-se, sem qualquer cerimônia, doce e amargo, esperança e desolação. Previsões de fracasso e desilusão brotam em meio a discursos eufóricos de avanço e progresso. Mas algo diferente ocorreu na virada do último século: a sensação de fim se recrudesceu. Afinal, não se enfrentou apenas o simples término de mais um século; tratava-se mesmo do encerramento de todo um milênio. Tudo indica, porém, estarmos à vista tão somente de uma interessante coincidência histórica. Nesse curioso particular, afirma Kumar: "A aproximação do fim do século presenciou um dos fenômenos mais notáveis da história contemporânea, talvez da história moderna como um todo. Referimo-nos à derrocada e ao eclipse do comunismo na Europa Central e Oriental e ao declínio do marxismo como ideologia em todo o mundo. Talvez haja, tem de haver, um aspecto de puro acidente histórico nessa coincidência, o fim do comunismo e o fim do século... O fim do

Nessa babel intelectual, há pelo menos uma palavra em comum: a iniludível *transitividade* do mundo atual[69].

Tais alterações, fácil captar, não são meramente superficiais. Cuida-se de um fenômeno mais profundo, reconhecidamente visceral, porquanto tem suscitado questionamentos cujas respostas desafiam as próprias bases do mundo moderno[70]. Ou seja: chama a atenção não apenas a notória transitividade do mundo atual; também nos inquieta a intensa *profundidade* dessa transitividade visualizada: põe-se em xeque os próprios alicerces do projeto modernista[71]. Os ventos são realmente fortes. O mundo parece sem referências, sem rumo, à deriva[72]. *El Niño*? *Katrina*? Não. Pós--Modernidade!

De fato, o significado inicial desse fenômeno é justamente esse: *a crença de que a modernidade acabou* — fazendo jus, com isso, ao prefixo "pós" que lhe está atrelado. Pós-modernidade, nessa linha, seria, então, *a íntima convicção de que restaram superados os paradigmas erigidos pela modernidade*[73].

Mas o tema é deveras polêmico. Afinal, a modernidade é um projeto *falido* ou um projeto *inacabado*?[74] Estamos, de fato, no limiar de uma nova era? Seria a pós--modernidade uma leve briza ou uma tormentosa tempestade? "É decadência fatal ou renascimento hesitante, agonia ou êxtase? Ambiente? Estilo? Modismo? Charme? Para

---

século, o fim do comunismo, e o fim — digamos — da modernidade, parecem ter pelo menos uma 'afinidade eletiva' entre si, mesmo que tivéssemos muito trabalho para especificar elos causais entre elas" (KUMAR, Krishan. *Da sociedade pós-industrial à pós-moderna*: novas teorias sobre o mundo contemporâneo. 2. ed. Rio de Janeiro: Jorge Zahar, 2006. p. 188).

(69) "... quer nos consideremos neomodernistas ou pós-modernistas, quer pensemos que vivemos na pós--modernidade ou, como querem Giddens e Beck, na modernidade 'tardia' ou 'radicalizada', o importante é reconhecer a novidade dos nossos tempos" (KUMAR, Krishan. *Da sociedade pós-industrial à pós-moderna*: novas teorias sobre o mundo contemporâneo. 2. ed. Rio de Janeiro: Jorge Zahar, 2006. p. 236).

(70) "... aqui começa uma ruptura, um conflito no interior da modernidade sobre as bases da racionalidade e o autoconceito da sociedade industrial, e isto está ocorrendo bem no centro da própria modernização industrial (e não em suas zonas marginais ou naquelas que se sobrepõem ao âmbito da vida privada)" (BECK, Ulrich. A reinvenção da política: rumo a uma teoria da modernização reflexiva. In: BECK, Ulrich; GIDDENS, Anthony; LASH, Scott. *Modernização reflexiva*: política, tradição e estética na ordem social moderna. São Paulo: Universidade Estadual Paulista, 1997. p. 21).

(71) "A pós-modernidade é discutida menos como um anseio teórico ou um fetiche acadêmico e mais como um estado de coisas assumido, pois inevitável, presente e fortemente sentido pela sociedade, como um conjunto de mutações que vêm sendo provocadas em diversas dimensões, projetando-se em abalos marcantes sobre os conceitos modernos, sob o manto dos quais se conduzia a vida." (BITTAR, Eduardo C. B. *O direito na pós-modernidade*. Rio de Janeiro: Forense Universitária, 2005. p. 1-2).

(72) Hobsbawm, ao encerrar uma de suas mais conhecidas obras, afirma: "Não sabemos para onde estamos indo. Só sabemos que a história nos trouxe até esse ponto e — se os leitores partilham da tese deste livro — porquê. Contudo, uma coisa é clara. Se a humanidade quer ter um futuro reconhecível, não pode ser pelo prolongamento do passado ou do presente. Se tentarmos construir o terceiro milênio nessa base, vamos fracassar. E o preço do fracasso, ou seja, a alternativa para uma mudança da sociedade, é a escuridão" (HOBSBAWM, Eric. *Era dos extremos*: o breve século XX: 1914-1991. São Paulo: Companhia das Letras, 1995. p. 562).

(73) BITTAR, Eduardo C. B. *O direito na pós-modernidade*. Rio de Janeiro: Forense Universitária, 2005. p. 97.

(74) Segundo Habermas, a modernidade é um projeto meramente *inacabado*, acreditando ser ainda possível haver um consenso racional por meio de um diálogo entre atores livres e iguais, de modo a se possibilitar a concretização das promessas modernas ainda não vingadas. Fonte: KUMAR, Krishan. *Da sociedade pós-industrial à pós-moderna*: novas teorias sobre o mundo contemporâneo. 2. ed. Rio de Janeiro: Jorge Zahar, 2006. p. 173 e 234.

dor dos corações dogmáticos, o pós-modernismo por enquanto flutua no indecidível"[75]. O quadro, realmente, ainda é turvo[76].

Boaventura de Sousa Santos chama esse contexto enigmático de *transição paradigmática*, e explica, com o estilo que lhe é peculiar:

> A transição paradigmática é um período histórico e uma mentalidade. É um período histórico que não se sabe bem quando começa e muito menos quando acaba. É uma mentalidade fraturada entre lealdades inconsistentes e aspirações desproporcionadas entre saudosismos anacrônicos e voluntarismos excessivos. Se, por um lado, as raízes ainda pesam, mas já não sustentam, por outro, as opções parecem simultaneamente infinitas e nulas. A transição paradigmática é, assim, um ambiente de incerteza, de complexidade e de caos que se repercute nas estruturas e nas práticas sociais, nas instituições e nas ideologias, nas representações sociais e nas inteligibilidades, na vida vivida e na personalidade.[77]

E vale registrar: na pós-modernidade, esse estado caótico, essa complexidade, ao invés de incomodar, em verdade dá prazer... Incrivelmente, enfrenta-se esse vazio — quanto a planejamentos futuros — sem qualquer desespero. Pelo contrário, tudo é encarado "com riso ou frieza"[78]. Esse estado de *leniência* se soma ao de *rebeldia*, outra palavra também em alta na pós-modernidade. Nada de limites, nada de paradigmas, nada de modelos. "É proibido proibir" — canta Caetano. É vedado impedir. O lema é ser diferente. Que caiam os padrões![79]

Jair Ferreira dos Santos, com precisão, assere:

> Nestes anos 80 o pós-modernismo chegou aos jornais e revistas, caiu na boca da massa. Um novo estilo de vida com modismos e ideias, gostos e atitudes nunca dantes badalados, em geral coloridos pela extravagância e o humor (vide o *Planeta Diário*), brota por toda a parte. Micro, videogame, vídeo-bar, FM, moda eclética, maquilagem pesada, *new wave*, ecologia, pacifismo, esportismo, pornô, astrologia, terapias, apatia social e sentimento de vazio — estes elementos povoam a galáxia cotidiana pós-moderna, que gira em torno de um só eixo: o indivíduo em suas três apoteoses — consumista, hedonista, narcisista.[80]

---

(75) SANTOS, Jair Ferreira dos. *O que é pós-moderno*. Coleção Primeiros Passos: 165. São Paulo: Brasiliense, 2006. p. 19.
(76) Não sem razão Eros Grau afirma que a expressão "pós-moderno", "a um só tempo, tudo e nada pode significar" (GRAU, Eros. *O direito posto e o direito pressuposto*. 6. ed. São Paulo: Malheiros, 2005. p. 100).
(77) SANTOS, Boaventura de Sousa. *A crítica da razão indolente*: contra o desperdício da experiência. 6. ed. São Paulo: Cortez, 2007. p. 257.
(78) SANTOS, Jair Ferreira dos. *O que é pós-moderno*. Coleção Primeiros Passos: 165. São Paulo: Brasiliense, 2006. p. 58.
(79) "O retrato mais exato da pós-modernidade pode ser dado ao dizer-se que inexiste uma ontologia, uma bandeira ou uma identidade pós-modernas, tendo-se em vista sua rebeldia aos paradigmas existentes" (BITTAR, Eduardo C. B. *O direito na pós-modernidade*. Rio de Janeiro: Forense Universitária, 2005. p. 154).
(80) SANTOS, Jair Ferreira dos. *O que é pós-moderno*. Coleção Primeiros Passos: 165. São Paulo: Brasiliense, 2006. p. 86.

De qualquer forma, é possível, ainda que por alto, fixar algumas características básicas da pós-modernidade, a saber: *irracionalidade, policentralidade/acentralidade, complexidade, relatividade, incredulidade, fragmentação, descompromisso, desordem, caos, individualismo, antimessianismo, antiutopismo*.

Se para o medievo a metáfora criada é a do *guarda-caça*. Se para a modernidade a figura do *jardineiro* foi apontada como a mais pertinente. Agora, para os tempos pós--modernos, Bauman usa a imagem do *caçador*. Deixemos o inspirado sociólogo polonês explicar o porquê:

> Se hoje se ouvem expressões como "a morte da utopia", "o fim da utopia" ou "o desvanecimento da imaginação utópica", borrifadas sobre debates contemporâneos de forma suficientemente densa para se enraizarem no senso comum e assim serem tomadas como autoevidentes, é porque hoje a postura do jardineiro está cedendo vez à do *caçador*. Diferentemente dos dois tipos que prevaleceram antes do início de seu mandato, o caçador não dá a menor importância ao "equilíbrio" geral "das coisas", seja ele 'natural' ou planejado e maquinado. A única tarefa que os caçadores buscam é outra "matança", suficientemente grande para encherem totalmente suas bolsas. Com toda a certeza, eles não considerariam seu dever assegurar que o suprimento de animais que habitam a floresta seja recomposto depois (e apesar) de sua caçada. Se os bosques ficarem vazios de caça devido a uma aventura particularmente proveitosa, os caçadores podem mudar-se para outra mata relativamente incólume, ainda fértil em potenciais troféus de caça. [...] É evidente que, num mundo povoado principalmente por caça-dores, há pouco espaço para devaneios utópicos, se é que existe algum...[81]

Eis aí, então, um pouco da pós-modernidade, com toda a sua corrosividade, com toda a sua polifonia. De fato — como já dissemos alhures —, se *sombra* e *vazio* foi o que se viu no início de tudo, então, ao que parece, as coisas, realmente, de lá para cá, não mudaram tanto...

4. O NEOCONSTITUCIONALISMO

A locução *neoconstitucionalismo* tem sido utilizada para denotar o atual estado do constitucionalismo contemporâneo, profundamente acolhedor de valores substanciais e opções políticas (gerais e específicas) relevantes. A teoria neoconstitucionalista repre-senta o desejo de superação de uma visão fria e pálida do Direito, tornando-o, a partir de uma requintada dogmática substantiva, um poderoso instrumento ético e técnico de alteração da realidade e melhoria das condições da sociedade como um todo[82].

---

(81) BAUMAN, Zygmunt. *Tempos líquidos*. Tradução: Carlos Alberto Medeiros. Rio de Janeiro: Jorge Zahar, 2007. p. 104-106.
(82) Segundo Ricardo Maurício Freire Soares, "o modelo jurídico do neoconstitucionalismo não parece coadunar--se com a perspectiva positivista, que se mostra tanto antiquada, por haver surgido no contexto do Estado Liberal,

Agrega-se, pois, ao cientificismo jurídico, uma dimensão transformadora, conformadora, de modo a fazer valer *in concreto* os comandos exarados no estuário constitucional[83].

Seu surgimento se deu após a reunião dos seguintes fenômenos: i) *supremacia constitucional* (um dos pilares do modelo constitucional contemporâneo, porquanto, com a promulgação da Constituição, a soberania popular se convola em supremacia constitucional[84]); ii) *normatividade constitucional* (a malha constitucional se transmuda de uma simples *carta política* para uma potente *norma jurídica*[85]); iii) *jurisdição constitucional* (ênfase na ideia medular de que se deve reler todo o direito infraconstitucional à luz da Constituição[86]); e iv) *rigidez constitucional* (maior

---

quanto inadequada, por não incorporar os *standards* de moralidade ao estudo do Direito. O paradigma de ciência jurídica que exige o neoconstitucionalismo contrasta também com aquele defendido pelo positivismo jurídico. Rejeitam-se, assim, as noções de distanciamento, neutralidade valorativa e função descritiva da ciência jurídica, para incorporar-se as ideias de compromisso, intervenção axiológica, prioridade prática e caráter político do conhecimento científico do Direito" (SOARES, Ricardo Maurício Freire. As teses fundamentais do neoconstitucionalismo. In: *Estado de Direito*, Porto Alegre (RS), ano II, edição de fev./mar. 2008. p. 16).

(83) Como preceitua Luís Roberto Barroso: "A efetividade foi o rito de passagem do velho para o novo direito constitucional, fazendo com que a Constituição deixasse de ser uma miragem, com as honras de uma falsa supremacia, que não se traduzia em proveito para a cidadania" (BARROSO, Luís Roberto. Vinte anos da Constituição brasileira de 1988: o estado a que chegamos. In: AGRA, Walber de Moura (coord.). *Retrospectiva dos 20 anos da Constituição federal*. São Paulo: Saraiva, 2009. p. 380). Esse contraste entre o velho e o novo, entre a dogmática tradicional e a contemporânea, é muito bem gizado por SCHIER, *in verbis*: "Viveu-se no Direito, por longos anos, sob o quarto escuro e empoeirado do positivismo jurídico. Sob a ditadura dos esquemas lógico-subsuntivos de interpretação, da separação quase absoluta entre direito e moral, da ideia do juiz neutro e passivo, da redução do direito a enunciados linguísticos, da repulsa aos fatos e à vida em relação a tudo que se dissesse jurídico, da separação metodológica e cognitiva entre sujeito e objeto de interpretação, da prevalência sempre inafastável das opções do legislador em detrimento das opções da Constituição e da criatividade hermenêutica do juiz, da negação de normatividade aos princípios e, assim, em grande parte, à própria Constituição. Precisou o neoconstitucionalismo trazer a luz e as águas reparadoras ao mundo do Direito. Agora, fala-se do pós-positivismo, da inevitável intervenção da moral na solução dos casos difíceis, da técnica da ponderação na aplicação do direito, no ingresso dos fatos e da realidade na própria estrutura da norma jurídica, reconhece-se certa liberdade interpretativa criativa aos magistrados, a intervenção de sua esfera de pré-compreensão no processo decisório, a união linguística entre sujeito e objeto e, dentre outras conquistas, a afirmação da especial normatividade dos princípios" (SCHIER, Paulo Ricardo. Novos desafios da filtragem constitucional no momento do neoconstitucionalismo. In: NETO, Cláudio Pereira de Souza; SARMENTO, Daniel (coords.). *A constitucionalização do direito* — fundamentos teóricos e aplicações específicas. Rio de Janeiro: Lumen Juris, 2007. p. 253-254).

(84) BARROSO, Luís Roberto. *Curso de direito constitucional contemporâneo*: os conceitos fundamentais e a construção do novo modelo. São Paulo: Saraiva, 2009. p. 299.

(85) "... de acordo com certas posições doutrinárias, uma Constituição não consiste em mais do que um 'manifesto' político, cuja concretização é tarefa exclusiva do legislador, de maneira que os tribunais não devem aplicar as normas constitucionais — carentes de qualquer efeito imediato -, mas somente as normas que se extraem das lei. Assim, um dos elementos essenciais do processo de constitucionalização consiste precisamente na difusão, no seio da cultura jurídica, da ideia oposta, qual seja, a de que cada norma constitucional — independentemente de sua estrutura ou do seu conteúdo normativo — seja uma norma jurídica genuína, vinculante e suscetível de produzir efeitos jurídicos" (GUASTINI, Riccardo. A "constitucionalização" do ordenamento jurídico e a experiência italiana. In: NETO, Cláudio Pereira de Souza; SARMENTO, Daniel (coords.). *A constitucionalização do direito* — fundamentos teóricos e aplicações específicas. Rio de Janeiro: Lumen Juris, 2007. p. 275-276).

(86) Processo que tem recebido na doutrina o nome de *filtragem constitucional*. A respeito, vale verificar: SCHIER, Paulo Ricardo. *Filtragem Constitucional*. Porto Alegre: Sergio Antonio Fabris, 1999; SCHIER, Paulo Ricardo. Novos desafios da filtragem constitucional no momento do neoconstitucionalismo. In: NETO, Cláudio Pereira de Souza; SARMENTO, Daniel (coords.). *A constitucionalização do direito* — fundamentos teóricos e aplicações específicas. Rio de Janeiro: Lumen Juris, 2007. p. 251-269; TEPEDINO, Gustavo. *Temas de direito civil*. 3. ed. Rio de Janeiro: Renovar, 2004. p. 1-22. No particular, ganha especial relevo, também, a técnica da *interpretação conforme a Constituição*,

dificuldade para sua modificação do que para a alteração das demais normas jurídicas da ordenação estatal[87]).

Percebe-se que essa contextura acabou conduzindo a Constituição ao *centro* do ordenamento jurídico, ao *trono* do sistema normativo, locais que até então, nos países de formação romano-germânica, sempre foram ocupados pelo *Código Civil*. Seu cetro são os *princípios*, cuja densidade axiológica lhe admite dialogar com a sociedade e cuja plasticidade técnica lhe permite se imiscuir nos mais profundos meandros da outrora cerrada floresta infraconstitucional, a fim de que seja talhada ao seu perfil.

Com tal nomenclatura, também geralmente se procura destacar a mudança de paradigmas ocorrida com a transição do Estado *Legislativo* de Direito para o Estado *Constitucional* de Direito, o que significa "a passagem da Lei e do Princípio da Legalidade para a *periferia* do sistema jurídico e o trânsito da Constituição e do Princípio da Constitucionalidade para o *centro* de todo o sistema"[88]. A Constituição passa a ser um privilegiado instrumento para a busca daquelas dignificantes aspirações emanadas da soberania popular e democraticamente alojadas no próprio texto constitucional, entendido no seu todo dirigente-valorativo-principiológico[89].

De fato, o Estado Legislativo de Direito — conforme afirma Ferrajoli — designa qualquer ordenamento constitucional em que os poderes públicos são conferidos por lei e exercidos de acordo com os procedimentos também legalmente estabelecidos, enquanto o chamado Estado Constitucional de Direito designa aqueles ordenamentos em que a vinculação dos poderes públicos abrange não apenas aspectos formais, mas também materiais[90]. Frise-se, de pronto, que a Carta Constitucional brasileira se amolda perfeitamente a esse novo modelo, porquanto agasalha a dignidade da pessoa humana como fundamento da República Federativa do Brasil (art. 1º, inciso I) e traça sérias políticas públicas destinadas a fazer alcançar o bem-estar social (art. 3º).

---

muito utilizada, inclusive no âmbito do Poder Judiciário brasileiro. A respeito, confira-se, dentre muitos: MENDES, Gilmar Ferreira. As decisões no controle de constitucionalidade de normas e seus efeitos. *Revista da Escola Nacional da Magistratura*, Brasília: Escola Nacional da Magistratura — ENM, ano II, n. 3, abr. 2007. p. 21-88.

(87) "Se o neoconstitucionalismo busca a transformação, ele também se assenta na vedação ao retrocesso, e, com isso, a rigidez constitucional ganha novas considerações resultantes desse processo. (...) Os limites de reforma não são somente aqueles previstos, mas são também os implícitos que são guiados pela vedação ao retrocesso, a qual impede que a situação garantida pela Constituição volte a um estágio antecedente e indesejado. A própria rigidez constitucional é alvo dessa operação entre a força de transformação e a vedação ao retrocesso — resultante do marco histórico do neoconstitucionalismo —, pois o próprio processo de rigidez constitucional pode ser alterado ou renovado, desde que apresente um avanço, isto é, desde que se torne mais dificultoso e proteja mais a Constituição" (MOREIRA, Eduardo Ribeiro. *Neoconstitucionalismo*: a invasão da Constituição. 7. obra da coleção professor Gilmar Mendes. São Paulo: Método, 2008. p. 75).

(88) CUNHA JÚNIOR. Dirley da. Neoconstitucionalismo e o novo paradigma do estado constitucional de direito: um suporte axiológico para a efetividade dos direitos fundamentais sociais. In: CUNHA JÚNIOR, Dirley da; PAMPLONA FILHO, Rodolfo (orgs.). *Temas de teoria da Constituição e direitos fundamentais*. Salvador: Juspodivm, 2007. p. 72.

(89) MOREIRA, Nelson Camatta. *Dignidade humana na Constituição dirigente de 1988*. Disponível em: <http://www.direitodoestado.com/revista/RERE-12-DEZEMBRO-2007-NELSON%20CAMATTA.pdf> Acesso em: 18.5.09.

(90) *Apud* MOREIRA NETO, Diogo de Figueiredo. Direitos humanos, legitimidade e constitucionalismo. In: SARMENTO, Daniel; GALDINO, Flávio (orgs.). *Direitos fundamentais*: estudos em homenagem ao professor Ricardo Lobo Torres. Rio de Janeiro: Renovar, 2006. p. 342.

Noutro quadrante, agora trabalhando com os conceitos de Estado Liberal, Social e Democrático de Direito, aduz com precisão Montez:

> Importante ressaltar que enquanto no Estado Liberal se sobressaía a figura do Poder Legislativo, no Estado Social é o Poder Executivo que ganha importante relevo, tendo em vista a necessidade de uma intervenção estatal. Por fim, após a segunda grande guerra mundial, sobreveio a instituição de uma terceira forma de Estado de Direito — Estado Democrático de Direito, que no Brasil se materializou, ao menos formalmente, na Constituição de 1988. Mas afinal, o que é o Estado Democrático de Direito? O Estado Democrático de Direito é concebido com base em dois fundamentos: respeito aos direitos fundamentais/sociais e democracia. O Estado Democrático de Direito é, portanto, um *plus* em relação ao Estado Social, na medida em que o Direito é visto como instrumento necessário à implantação das promessas de modernidade não cumpridas pelo Estado Social. Desta forma, há um inevitável deslocamento do centro de tensão/decisão dos Poderes Legislativo e Executivo para o Poder Judiciário (Jurisdição Constitucional).[91]

Destarte, amparados em abalizada doutrina, temos, pois, que são hoje objetivos últimos do chamado Estado Constitucional de Direito: i) institucionalizar um Estado democrático de direito, fundado na soberania popular e na limitação do poder; ii) assegurar o respeito aos direitos fundamentais, inclusive e especialmente os das minorias políticas; iii) contribuir para o desenvolvimento econômico e para a justiça social; e iv) prover mecanismos que garantam a boa administração, com racionalidade e transparência nos processos de tomada de decisão, de modo a propiciar governos eficientes e probos[92].

---

(91) MONTEZ, Marcus Vinícius Lopes. *A Constituição dirigente realmente morreu?* Disponível em: <http://www.viajuridica.com.br/download/158_file.doc> Acesso em: 18.5.09. Lenio Luiz Streck, nesse mesmo sentido, afirma: "... é preciso compreender que o direito — neste momento histórico — não é mais ordenador, como na fase liberal; tampouco é (apenas) promovedor, como era na fase conhecida por 'direito do Estado Social' (*que nem sequer ocorreu na América Latina*); na verdade, o direito, na era do Estado Democrático de Direito, é um plus normativo/qualitativo em relação às fases anteriores, porque agora é um auxiliar no processo de transformação da realidade" (STRECK, Lenio Luiz. A resposta hermenêutica à discricionariedade positivista em tempos de pós-positivismo. In: DIMOULIS, Dimitri; DUARTE, Écio Oto (coords.). *Teoria do direito neoconstitucional:* superação ou reconstrução do positivismo jurídico? São Paulo: Método, 2008. p. 289). Noutra obra, afirma ainda o referido autor: "O Estado Democrático de Direito representa, assim, a vontade constitucional de realização do Estado Social. É nesse sentido que ele é um *plus* normativo em relação ao direito promovedor-intervencionista próprio do Estado Social de Direito. (...) Desse modo, se na Constituição se coloca o modo, é dizer, os instrumentos para buscar/resgatar os direitos de segunda e terceira gerações, (...) é porque no contrato social — do qual a Constituição é a explicitação — há uma confissão de que as promessas da realização da função social do Estado não foram (ainda) cumpridas. (...) A noção de Estado Democrático de Direito está, pois, indissociavelmente ligada à realização dos direitos fundamentais. É desse liame indissolúvel que exsurge aquilo que se pode denominar de *plus* normativo do Estado Democrático de Direito. (...) A essa noção de Estado se acopla o conteúdo das Constituições, através dos valores substantivos que apontam para uma mudança no *status quo* da sociedade" (STRECK, Lenio Luiz. *Hermenêutica jurídica e(m) crise:* uma exploração hermenêutica da construção do direito. 6. ed. Porto Alegre: Livraria do Advogado, 2005. p. 38-40).

(92) BARROSO, Luís Roberto. *Curso de direito constitucional contemporâneo:* os conceitos fundamentais e a construção do novo modelo. São Paulo: Saraiva, 2009. p. 90-91.

Daí a importância do atual Estado *Democrático* de Direito ou, como registramos, Estado *Constitucional* de Direito[93]. Eis a razão do prefixo *neo*, pois. É algo de novo que surge. Uma espécie de *recomeço* — com novas e profundas reformulações intelectivas. Tudo novo, não porque se quer esquecer o passado, mas porque se aprendeu com ele. Depois do holocausto, é como que um fio de esperança, enxergando no Direito, com essa novel faceta, um importante instrumental capaz de conduzir a humanidade a uma realidade diferente, que assegure respeito aos direitos fundamentais — em especial à dignidade da pessoa humana — e absorva os valiosos vetores de solidariedade recentemente forjados no bojo das mais variadas cartas constitucionais.

5. PÓS-MODERNIDADE E NEOCONSTITUCIONALISMO: CONCEITOS EM CHOQUE

"Claro que navegar é preciso. E viver, muito mais ainda. Mas se não navegarmos com uma bússola na mão e um sonho na cabeça, ficaremos condenados à rotina do sexo, da droga e do cartão de crédito."[94]

Naturalmente, já é tempo de cruzar os temas. Urge, agora, então, realizar o necessário *link* entre Pós-Modernidade e Direito. E essa tarefa é bem praticada por Sarmento, valendo a pena transcrever suas percucientes considerações, como segue:

> As projeções do pós-modernismo sobre o Direito são ainda controvertidas e incertas, mas alguns pontos podem ser destacados... [...] Em primeiro lugar, desponta a aversão às construções e valores jurídicos universais, apontados como etnocêntricos, o que se aplica, por exemplo, aos direitos do homem. Prefere-se o relativismo ao universalismo, destacando a importância das tradições locais na identidade humana e revalorizando as experiências jurídicas das culturas não ocidentais. Ademais, o Direito pós-moderno é refratário à abstração conceitual e à axiomatização: prefere o concreto ao abstrato, o pragmático ao teórico, e rejeita as grandes categorias conceituais do Direito moderno ('direito subjetivo', 'interesse público' etc.). O Direito não vai mais ser concebido como ciência, mas como prudência, num retorno a ideias pré-modernas sobre o *jus*. São revigoradas certas concepções antigas sobre o Direito e a Justiça, com o retorno da tópica e da retórica jurídicas. Por outro lado, o monismo jurídico, fundado no monopólio da produção de normas pelo Poder Público, abre espaço para o pluralismo, através do reconhecimento das fontes não estatais do Direito, cujo campo de regulação tende a ser ampliado com a crise do Estado, catalisada pelo processo de globalização. Abandona-se a ideia de ordenamento

---

(93) Como frisa Luís Roberto Barroso: "A aproximação das ideias de constitucionalismo e democracia produziu uma nova forma de organização política, que atende por nomes diversos: Estado democrático de direito, Estado constitucional de direito, Estado constitucional democrático. Seria mau investimento de tempo e energia especular sobre sutilezas semânticas da matéria" (BARROSO, Luís Roberto. *Curso de direito constitucional contemporâneo*: os conceitos fundamentais e a construção do novo modelo. São Paulo: Saraiva, 2009. p. 245).

(94) JAPIASSU, Hilton. *Como nasceu a ciência moderna*: e as razões da filosofia. Rio de Janeiro: Imago, 2007. p. 314.

jurídico completo e coerente, estruturado sob a forma de uma pirâmide, que teria no vértice a Constituição. A imagem que melhor corresponde ao ordenamento é a de rede, em razão da presença de inúmeras cadeias normativas, emanadas das mais variadas fontes, que se entrelaçam numa trama complexa, a qual reflete a caoticidade do quadro jurídico-político envolvente. O Direito pós-moderno pretende-se também mais flexível e adaptável às contingências do que o coercitivo e sancionatório, próprio da Modernidade. No novo modelo, ao invés de impor ou proibir condutas, o Estado prefere negociar, induzir, incitar, comportamentos, tornando-se mais "suave" o seu direito (*soft law*). Fala-se em desregulamentação, deslegalização, partindo-se da premissa de que a intervenção normativa excessiva do Estado é perturbadora da harmonia nos subsistemas sociais. Prefere-se autorregulamentação de mercado à heterorregulamentação estatal. Na resolução de conflitos, avultam instrumentos substitutivos da Justiça, como a arbitragem e a mediação. A separação entre Estado e sociedade, neste contexto, torna-se mais tênue e nebulosa do que nunca. [...] No que respeita ao Direito Constitucional, o pós-modernismo vai se revelar francamente incompatível com o projeto da Constituição dirigente, que, sob sua ótica, encarnaria uma visão totalitária... [...] Nota-se, portanto, uma rejeição às dimensões substantivas da Constituição, que passa a ser concebida preferencialmente como estatuto procedimental.[95]

Ora, a leitura atenta desse texto bem demonstra que o impacto da pós-modernidade no Direito é multiforme, já que se espraia por diferentes focos, alguns deles até interessantes. A preocupação com os efeitos concretos do arcabouço jurídico em detrimento daquela clássica visão moderna de fria cientificidade da lei e a ideia de reaproximação entre Estado e Sociedade são bons exemplos de algumas repercussões saudáveis da atual e inescapável tensão travada entre pós-modernidade e Direito.

Todavia — isso não há como olvidar —, a pós-modernidade, em seu âmago, tal qual aqui delineado, é um fenômeno que se revela essencialmente avesso a ideais universalistas e radicalmente hostil com relação a grandes promessas agregadoras, propondo-se a nutrir, pois, uma visão de mundo exasperadamente *individualista* e *descompromissada*. A sociedade, nessa ótica, é *locus* de *competição*, não de *cooperação*[96].

Ora, esse tipo de cosmovisão, convenhamos, ao fim e ao cabo, erige-se como um preocupante fator de desestímulo e fragilização a toda e qualquer meta institucional que detenha base solidarista e que exija profundo comprometimento social[97]. Afinal,

---

(95) SARMENTO, Daniel. *Direitos fundamentais e relações privadas*. 2. ed. Rio de Janeiro: Lumen Juris, 2006. p. 40-43.
(96) SARMENTO. Daniel. Colisões entre direitos fundamentais e interesses públicos. In: SARMENTO, Daniel; GALDINO, Flávio (orgs.). *Direitos fundamentais*: estudos em homenagem ao professor Ricardo Lobo Torres. Rio de Janeiro: Renovar, 2006. p. 283.
(97) "... a retração ou redução gradual, embora consistente, da segurança comunal, endossada pelo Estado, contra o fracasso e o infortúnio individuais retira da ação coletiva grande parte da atração que esta exercia no passado e solapa os alicerces da solidariedade social. [...] Os laços inter-humanos [...] se tornam cada vez mais frágeis e

à luz de uma pauta desse jaez, marcada pelo *individualismo exacerbado* e pela *porosidade relacional*, como intentaremos construir uma sociedade livre, justa e solidária?[98] Seria essa uma linha adaptável à realidade jurídica brasileira? Tal nível de ideias seria coerente com a constelação axiológica que ocupa o céu de nossa Constituição? Seria esse um paradigma minimamente harmonioso com as chamas da solidariedade e da eticidade que agora aquecem as fundações do Direito como um todo?

Cuida-se, pois, da constatação de um cenário inquietante, em que o próprio Direito — em especial o ramo constitucional —, à vista dos abalos que sofre em razão dessa reconfiguração fática pós-moderna, acaba se vendo imerso em uma contundente crise de eficácia, de cariz estrutural mesmo, marcada principalmente pela falta de adesão social à pauta axiológica que advoga e às promessas de transformação social que defende[99].

De qualquer modo, ainda que enfrentando essa desordem pós-moderna, pelo menos em uma coisa parece haver relativa concordância: *a necessidade de valorização da dignidade do homem*. Realmente, um dos poucos consensos teóricos do mundo contemporâneo diz respeito exatamente ao valor essencial do ser humano[100]. Isso é bom, porquanto a base de nossa Magna Carta é centrada justamente no respeito à dignidade da pessoa humana (art. 1º, inciso III)[101].

À luz desse complexo ambiente, a importância do Direito, longe de ser desprezada, deve mesmo é ganhar maior relevo, exsurgindo o neoconstitucionalismo como elemento

---

reconhecidamente temporários. A exposição dos indivíduos aos caprichos dos mercados de mão de obra e de mercadorias inspira e promove a divisão e não a unidade. [...] A 'sociedade' é cada vez mais vista e tratada como uma 'rede' em vez de uma 'estrutura' (para não falar em uma 'totalidade sólida'): ela é percebida e encarada como uma matriz de conexões e desconexões aleatórias e de um volume essencialmente infinito de permutações possíveis. [...] Uma visão assim fragmentada estimula orientações 'laterais', mais do que 'verticais'. [...] A virtude que se proclama servir melhor aos interesses do indivíduo não é a *conformidade* às regras (as quais, em todo caso, são poucas e contraditórias), mas a *flexibilidade*, a prontidão em mudar repentinamente de táticas e de estilo, abandonar compromissos e lealdades sem arrependimento" (BAUMAN, Zygmunt. *Tempos líquidos*. Tradução: Carlos Alberto Medeiros. Rio de Janeiro: Jorge Zahar, 2007. p. 08-10).

(98) Constituição Federal, art. 3º, inciso I.

(99) "Quando se está a falar de crise de eficácia do sistema jurídico, deixou-se de pensar no microuniverso da norma, pois não se está a falar de mera crise pontual de certas normas do sistema jurídico. Quando se tematiza a crise de eficácia se está a falar dos modos pelos quais o sistema como um todo está sendo incapaz de responder às necessidades sociais, e, mais do que isto, se está a discutir o quanto o comprometimento do sistema jurídico não é representativo e significativo no contexto da pós-modernidade" (BITTAR, Eduardo C. B. *O direito na pós-modernidade*. Rio de Janeiro: Forense Universitária, 2005. p. 210).

(100) BARCELLOS, Ana Paula de. *A eficácia jurídica dos princípios constitucionais*: o princípio da dignidade da pessoa humana. 2. ed. Rio de Janeiro: Renovar, 2008. p. 121.

(101) Nesse particular, destaca BITTAR: "O Discurso pós-moderno, dentro ou fora das ciências jurídicas, e mesmo dentro delas, desde o direito civil ao direito constitucional e à teoria do Estado, parece falar a língua da proteção irrestrita à dignidade da pessoa humana, à defesa das liberdades fundamentais e às expressões da personalidade humana, preocupações estas demonstradas com o crescimento da publicização do direito privado, bem como com o crescimento da discussão e do debate da importância dos movimentos teóricos em torno de direitos fundamentais individuais, sociais, coletivos e difusos. Desprovida de universalismos, a palavra dignidade (*dignitas* — latim) parece corresponder a um importante foco, e, portanto, a um importante centro convergente de ideias e preocupações sociais, em meio às dispersões pós-modernas, onde o destaque dado reitera a importância da conquista histórica dos direitos fundamentais" (BITTAR, Eduardo C. B. *O direito na pós-modernidade*. Rio de Janeiro: Forense Universitária, 2005. p. 298-299).

de valor ímpar, a nosso ver imprescindível para que os projetos constitucionais saiam do papel e se tornem realidade na vida de cada cidadão brasileiro[102].

Erige-se, portanto, na figura de um necessário contraponto, um dique a conter a devastadora enxurrada pós-modernista. Isso porque a Constituição Federal brasileira prima pelo interesse *coletivo* e pela vinculaç**o** *eticamente compromissada*, tendo por alvo o alcance de uma tão sonhada — quiçá sabiamente utópica — sociedade livre, justa e solidária, sempre com olhos postos na máxima valorização da dignidade humana[103].

Realmente, como acentua com propriedade Silva:

> A Pós-modernidade surge como fruto da revolta frente às derrotas modernas. Seu caráter fragmentado, iconoclasta, constata as complexidades e contradições das sociedades contemporâneas e é áspero na crítica às relações de poder vigentes. Contudo, peca o discurso pós-moderno no momento em que reconhece fixações de controle arbitrárias, mas não aponta soluções para este quadro. Ainda que a zetética inerente à Pós-Modernidade seja primordial para certos esclarecimentos quanto a focos problemáticos das conjunturas atuais, apenas problematizar não basta. A panaceia dos males que afligem a humanidade envolve a consecução perene e otimista de projetos audaciosos, que acreditem no potencial libertário do homem e na resolução consensual de suas cizânias.[104]

Ainda quando digitávamos estas linhas, uma profunda crise econômica se instalou em todo o mundo, exigindo, de muitos países, uma incisiva intervenção estatal — ainda sem resultados — tencionando reequilibrar os horizontes. Com a eleição do novo Presidente dos Estados Unidos da América, revigorou-se a fala baseada em grandes projetos, retornando redivivos à arena pública clássicos conceitos modernistas, tais

---

(102) Não esquecemos, aqui, a válida crítica de que, na verdade, em alguns lugares do Brasil sequer se chegou ainda a vivenciar os frutos da modernidade, de modo que se autorizasse a falar que, hoje, exista uma mesma abrangência do pensar pós-moderno na totalidade do solo brasileiro. Com relação a isso, Bittar leciona: "O Brasil vive, a um só tempo, pré-modernidade (pense-se nas comunidades de pescadores da Amazônia), modernidade (pense-se no crescimento e no desenvolvimento tecnológicos que agora aportam em certas cidades brasileiras) e pós-modernidade (pense-se em metropolizações e conturbações urbanas dos grandes centros populacionais brasileiros). Ao se falar do impacto de fenômenos pós-modernos [...] na realidade brasileira deve-se também ter em consideração que a pós-modernidade não é um fenômeno homogêneo nas dimensões continentais brasileiras" (BITTAR, Eduardo C. B. *O direito na pós-modernidade*. Rio de Janeiro: Forense Universitária, 2005. p. 219). Luís Roberto Barroso, sempre com extrema lucidez, arremata: "A constatação inevitável, desconcertante, é que o Brasil chega à pós-modernidade sem ter conseguido ser liberal nem moderno. Herdeiros de uma tradição autoritária e populista, elitizada e excludente, seletiva entre amigos e inimigos — e não entre certo e errado, justo ou injusto —, mansa com os ricos e dura com os pobres, chegamos ao terceiro milênio atrasados e com pressa" (BARROSO, Luís Roberto. Fundamentos teóricos e filosóficos do novo direito constitucional brasileiro (pós-modernidade, teoria crítica e pós-positivismo). In: BARROSO, Luís Roberto (org.). *A nova interpretação constitucional*: ponderação, direitos fundamentais e relações privadas. 2. ed. Rio de Janeiro: Renovar, 2006. p. 05).

(103) "Toda sociedade tem um fim a realizar: a paz, a ordem, a solidariedade e a harmonia da coletividade — enfim, o bem comum. E o Direito é o instrumento de organização social para atingir essa finalidade" (CAVALIERI FILHO, Sergio. *Programa de responsabilidade civil*. 6. ed. 3. tir. São Paulo: Malheiros, 2006. p. 178).

(104) SILVA, João Fernando Vieira da. *O resgate da ideia de Constituição dirigente no constitucionalismo pátrio*. Disponível em: <http://www.mundojuridico.adv.br/cgi-bin/upload/texto978(1).rtf> Acesso em: 18.5.09.

como "justiça", "tradição", "união", "compromisso", "nação", "ideais", "esperança" etc. Também ressurgiram, no seio político, com Obama, postulados baseados nas searas da ética, do solidarismo e da fé[105].

Em seu discurso de posse, o Presidente Barack Obama, dirigindo-se não apenas ao povo norte-americano, mas a todos do planeta, afirmou:

> Nossos desafios podem ser novos. Os instrumentos com os quais os enfrentamos podem ser novos. Mas os valores dos quais nosso sucesso depende — trabalho árduo e honestidade, coragem e *fair play*, tolerância e curiosidade, lealdade e patriotismo —, essas cosias são antigas. Essas coisas são verdadeiras. Elas foram a força silenciosa do progresso ao longo de nossa história. O que é exigido então é um retorno a essas verdades. O que é pedido a nós agora é uma nova era de responsabilidade — um reconhecimento por parte de todo americano, de que temos deveres para com nós mesmos, nossa nação e o mundo, deveres que não aceitamos rancorosamente, mas que, pelo contrário, abraçamos com alegria, firmes na certeza de que não há nada tão satisfatório para o espírito e que defina tanto nosso caráter do que dar tudo de nós mesmos numa tarefa difícil.[106]

Também cremos na necessidade de uma bússola para nos nortear e de um bom plano para nos motivar. E viver em um Estado Democrático de Direito exige tais elementos, assertiva que se traduz, juridicamente, na ideia de pleno respeito aos valores constitucionais. Péguy acertou: "Quando a poesia está em crise, a solução não consiste em decapitar os poetas, mas em renovar as fontes de inspiração"[107]. Isso porque estamos totalmente seguros que mais que da *pós-modernidade* — na essência do que propõe —, precisamos do *neoconstitucionalismo*.

É claro que esse panorama contemporâneo não poderia passar imperceptido pelo perspicaz Bonavides, que, briosamente, encoraja-nos a manter o foco naquela luz que teima em brilhar lá no fim do túnel, *verbis*:

> ... no âmbito exclusivo da realidade pura de nosso tempo, os obstáculos para concretizar direitos fundamentais de natureza social aumentaram consideravelmente por efeito do neoliberalismo e da globalização. Da Sociedade mesma, onde atuam esses fatores novos, partem ameaças que se poderão tornar letais à liberdade enquanto direito fundamental. A moderna e

---

(105) Sobre o pensamento de Barack Obama, vale a pena conferir: OBAMA, Barack. *A audácia da esperança*: reflexões sobre a reconquista do sonho americano. Tradução Candombá. São Paulo: Larousse do Brasil, 2007; MANSFIELD, Stephen. *O deus de Barack Obama*: porque não existe liderança sem fé. Tradução de Nathalia Molina. Rio de Janeiro: Thomas Nelson Brasil, 2008.
(106) Disponível em: <http://g1.globo.com/Sites/Especiais/Noticias/0,,MUL964157-16108,00-LEIA+A+INTEGRA+DO+DISCURSO+DE+POSSE+DE+BARACK+OBAMA.html> Acesso em: 21.1.09. Perguntamos: retorno às metanarrativas?!...
(107) *Apud* JAPIASSU, Hilton. *Como nasceu a ciência moderna*: e as razões da filosofia. Rio de Janeiro: Imago, 2007. p. 308.

complexa sociedade de massas, como Sociedade pós-industrial, desde muito tem feito crescer esse risco. Em rigor, diante dos novos perfis empresariais do sistema capitalista, das ofensas ao meio ambiente, da expansão incontrolada de meios informáticos e principalmente da *mídia* posta a serviço do Estado e das cúpulas hegemônicas da economia, tais ameaças tendem a se tornar cada vez mais sérias e delicadas, obstaculizando a sobredita concretização. Tocante à equação dos direitos fundamentais, urge assinalar que, assim como o problema da economia, em termos contemporâneos, é, para o capitalismo, um problema de produtividade, o problema das Constituições é, para o Estado de Direito, mais do que nunca, um problema de normatividade, e a normatividade só se adquire com a legitimidade. Esta, por sua vez, vem a ser o estuário de todo o processo de concretização das regras contidas na Lei Maior. **Para fazer eficaz a norma da Constituição, e, por extensão, o direito fundamental, força é criar os pressupostos de uma consciência social, tendo por sustentáculo a crença inabalável nos mandamentos constitucionais.**[108] (grifamos)

Conclusão

O advento da Constituição Federal de 1988 inaugurou uma nova página em nossa história constitucional[109]. Como afirma Sarmento, "do ponto de vista simbólico, ela quis mesmo representar a superação de um modelo autoritário e excludente de Estado e sociedade e selar um novo começo na trajetória político-institucional do país"[110]. Por tal motivo, **nossa atual carta constitucional detém conteúdo altamente comprometido com os ideais democráticos, com a promoção da dignidade humana**

---

(108) BONAVIDES, Paulo. *Curso de direito constitucional*. 19. ed. São Paulo: Malheiros, 2006. p. 599-600. Em específico quanto ao atual papel da teoria constitucional à luz desse ambiente pós-moderno, Cecilia Caballero Lois leciona: "A Teoria Constitucional encontra-se, portanto, numa encruzilhada política e num momento de esgotamento teórico ocasionado pela falência dos pressupostos que a constituíram e, principalmente, pelo fato de jamais ter conseguido cumprir seus compromissos democráticos. Busca-se, assim, apresentar uma opção original de aproximação e superação dos modelos existentes. Sem romper com o liberalismo, deseja-se, no entanto, que essa opção represente uma modalidade mais aberta, permeável à necessária atualização, de modo que atenda às demandas atuais e possibilite o resgate da 'vontade da Constituição'" (LOIS, Cecilia Caballero. Teoria constitucional e neoconstitucionalismo no limiar do século XXI: mudança política e aceitabilidade racional no exercício da função jurisdicional. In: LOIS, Cecilia Caballero; BASTOS JÚNIOR, Luiz Magno Pinto; LEITE, Roberto Basilone [coords.]. *A Constituição como espelho da realidade*: interpretação e jurisdição constitucional em debate: homenagem a Silvio Dobrowolski. São Paulo: LTr, 2007, 239).

(109) Sobre as cartas constitucionais brasileiras, confira-se: BARROSO, Luís Roberto. *O direito constitucional e a efetividade de suas normas*. 8. ed. Rio de Janeiro: Renovar, 2006. Sobre um relato detalhado acerca da formação da Constituição de 1988, confira-se: BARROSO, Luís Roberto. Vinte anos da Constituição brasileira de 1988: o estado a que chegamos. In: AGRA, Walber de Moura (coord.). *Retrospectiva dos 20 anos da Constituição federal*. São Paulo: Saraiva, 2009.

(110) SARMENTO, Daniel. Ubiquidade constitucional: os dois lados da moeda. In: NETO, Cláudio Pereira de Souza; SARMENTO, Daniel (coords.). *A constitucionalização do direito* — fundamentos teóricos e aplicações específicas. Rio de Janeiro: Lumen Juris, 2007. p. 123.

e com uma destemida proposta de resgate ético do Direito como um todo, capitaneado pelo direito constitucional[111]. Noutros termos: nossa atual Carta Magna decididamente abraçou o neoconstitucionalismo[112].

De fato, juridicamente, a República Federativa do Brasil possui uma Constituição reconhecidamente prenhe de valores substanciais, repleta de objetivos idealistas e marcada, acima de tudo, por uma densa carga de promessas, com estímulo ao travamento de um saudável intercâmbio ético-solidário entre seus cidadãos[113]. Além disso, em um país como o Brasil, ainda apontado como de terceiro mundo, geograficamente extenso e socialmente diversificado, as alvissareiras promessas da Carta da República se apresentam como uma verdadeira "luz no fim do túnel", não havendo como, agora, abortar-se ideais tão nobres e anseios tão dignificantes, mercê de uma visão constitucional gélida e tacanha[114].

É preciso sufocar aquela atuação descompromissada que tem sido imanente à cultura pós-moderna. Para tanto, ganha relevo o ousado projeto neoconstitucionalista. Um constitucionalismo compromissório, dirigente[115], na medida em que vocacionado à implementação da eficácia irradiante dos valores constitucionais, de cunho humanístico e de cariz solidarístico, em relação à prática estatal, em todos os seus níveis, e à prática particular, em todas suas nuanças, corrigindo desigualdades sociais e contribuindo substancialmente para a melhoria das condições de vida de *todos* os membros da sociedade. Portanto, um constitucionalismo portador de uma interessante "dimensão de resistência"[116].

Diante dessa perspectiva, forçoso é reconhecer que **o neoconstitucionalismo representa instrumental jurídico diferenciado, imprescindível mesmo para o**

---

(111) MOREIRA, Nelson Camatta. *Dignidade humana na Constituição dirigente de 1988*. Disponível em: <http://www.direitodoestado.com/revista/RERE-12-DEZEMBRO-2007-NELSON%20CAMATTA.pdf> Acesso em: 18.5.09.
(112) Nesse sentido, afirma Tereza Aparecida Asta Gemignani: "O neoconstitucionalismo trazido pela Constituição Federal de 1988 veio conferir ao sistema normativo um conteúdo civilizatório, consolidando a importância das instituições para garantir a dimensão ética, que considerou inerente ao princípio da legalidade substantiva" (GEMIGNANI, Tereza Aparecida Asta. A Constituição federal de 1988 vinte anos depois, o choque de brasilidade e o protótipo de Macunaíma. In: MONTESSO, Cláudio José; FREITAS, Marco Antonio de; STERN, Maria de Fátima Coelho Borges (coords.). *Direitos sociais na Constituição de 1988*: uma análise crítica vinte anos depois. São Paulo: LTr, 2008. p. 418).
(113) Basta verificar, por exemplo, que constituem objetivos da República Federativa do Brasil: i) a construção de uma sociedade livre, justa e solidária; ii) a garantia do desenvolvimento nacional; iii) a erradicação da pobreza e da marginalização; iv) a redução das desigualdades sociais e regionais; e v) a promoção do bem de todos, sem preconceitos de origem, raça, sexo, cor, idade e quaisquer outras formas de discriminação (Constituição Federal, art. 3º).
(114) "A comemoração merecida dos vinte anos da Constituição brasileira não precisa do falseamento da verdade. Na conta aberta do atraso político e da dívida social, ainda há incontáveis débitos. Subsiste no país um abismo de desigualdade, com recordes mundiais de concentração de renda e déficits traumáticos em moradia, educação, saúde, saneamento" (BARROSO, Luís Roberto. Vinte anos da Constituição brasileira de 1988: o estado a que chegamos. In: AGRA, Walber de Moura (coord.). *Retrospectiva dos 20 anos da Constituição federal*. São Paulo: Saraiva, 2009. p. 384-385).
(115) STRECK, Lenio Luiz. A crise paradigmática do direito no contexto da resistência positivista ao (neo)constitucionalismo. In: *Revista do Tribunal Regional do Trabalho da 8ª Região*, Suplemento Especial Comemorativo, Belém, v. 41, n. 81, jul./dez. 2008. p. 308.
(116) DANTAS, Miguel Calmon. *Constitucionalismo dirigente e pós-modernidade*. São Paulo: Saraiva, 2009. p. 355.

alcance dos objetivos de um legítimo Estado Constitucional de Direito (ou Estado Democrático de Direito). Em suma, há uma estreita ligação entre a proposta neoconstitucionalista e o dirigismo constitucional, de cuja junção deriva o anseio de se firmar uma teorização constitucional que invada a prática, que promova um substrato jurídico comprometido com a mudança social e que oferte ao intérprete do direito um programa de ação profundamente empenhado na efetiva alteração da sociedade[117]. Ainda que em meio à desesperança pós-moderna, é preciso reafirmar: **a utopia constitucionalista continua de pé...**[118]

Entretanto, nesses mais de 20 anos, muita coisa ainda há por fazer. E a principal delas talvez seja justamente a conscientização de todos da sociedade — principalmente daqueles que diuturnamente lidam com o Direito — acerca do próprio papel da Constituição de 1988. **Muitos falam da Constituição, ensinam sobre a Constituição, lidam com a Constituição. Poucos, porém, conhecem a alma da Constituição, a sua essência, a sua vocação, o seu propósito de vida. Vai aqui um pouco da porosidade pós-moderna: nosso vínculo com a Constituição tem sido muitas vezes tíbio, indolente, superficial, líquido. A Constituição está em nossas mesas, mas não ocupou ainda a nossa pauta de prioridades. Seus inúmeros artigos, gravados em nossa mente; seus elevados propósitos, todavia, continuam longe do nosso coração**[119].

Eis um quadro que invoca mudança. Como bem lembra Ayres Brito, o juiz, enquanto um dos próceres do cenário jurídico, tem um "vínculo orgânico com a Constituição e vínculo subjetivo com os direitos fundamentais da população"[120]. O neoconstitucionalismo, nesse prisma, representa um enérgico brado para que a Constituição seja vista e (re)conhecida no que tem de mais belo e importante: um novo olhar, uma nova postura, humana e solidária.

---

(117) BERCOVICI, Gilberto. A Constituição de 1988 e a teoria da Constituição. In: *Constituição federal:* 15 anos — mutação e evolução: comentários e perspectivas. São Paulo: Método, 2003. p. 27.

(118) BINENBOJM, Gustavo. *A nova jurisdição constitucional brasileira:* legitimidade democrática e instrumentos de realização. 2. ed. Rio de Janeiro: Renovar, 2004. p. 1.

(119) "Parece óbvio dizer que, vivendo sob a égide de uma Constituição democrática, compromissória e quiçá, dirigente, o que se esperaria dos juristas, no que se relaciona ao processo de aplicação do direito, é que tivéssemos construído, nestes vinte anos, um sentimento constitucional-concretizante, imbuídos de um labor avassalador, pelo qual as leis infraconstitucionais seriam simplesmente devassadas/atravessadas a partir de uma implacável hermenêutica constitucional. Se novas leis não foram feitas (a contento), pareceria pensar que os juristas tomariam para si essa tarefa de realizar uma verdadeira filtragem hermenêutico-constitucional. Mas não foi exatamente isso que ocorreu" (STRECK, Lenio Luiz. Nos vinte anos de Constituição, entre verdade e consenso, o dilema contemporâneo: há respostas corretas em direito? In: AGRA, Walber de Moura (coord.). *Retrospectiva dos 20 anos da Constituição federal.* São Paulo: Saraiva, 2009. p. 321).

(120) *Apud* ARAÚJO, Francisco Rossal de; VARGAS, Luiz Alberto de; MALLMAN, Maria Helena; FRAGA, Ricardo Carvalho. Direito como signo — vinte anos. In: MONTESSO, Cláudio José; FREITAS, Marco Antonio de; STERN, Maria de Fátima Coelho Borges (coords.). *Direitos sociais na Constituição de 1988:* uma análise crítica vinte anos depois. São Paulo: LTr, 2008. p. 315. Segundo Rogério Gesta Leal, "no atual Estado Constitucional Brasileiro, o juiz deixa de ser um funcionário estatal, submetido às hierarquias e ânimos da administração, para tornar-se uma expressão originária do Poder Estatal. A função do Judiciário e dos operadores do Direito, portanto, é decisiva no que tange à concretização dos Direitos Humanos e Fundamentais no Brasil..." (LEAL, Rogério Gesta. *Perspectivas hermenêuticas dos direitos humanos e fundamentais no Brasil.* Porto Alegre: Livraria do Advogado, 2000. p. 206).

Nesse novo cenário, a Constituição ocupa o centro do ordenamento jurídico. Os direitos fundamentais vicejam como o coração da Constituição. A dignidade da pessoa humana é o precioso líquido carmesim que circula por todas as células do corpo jurídico. Essa novel disposição alinha o sistema, dispondo-o em um lindo arranjo constitucional dotado de perfeita sincronia humanista e vocacionado a homenagear, em alta dosagem, o *ser* ao invés do *ter*, as *pessoas* ao invés das *coisas*, o *existencial* ao invés do *patrimonial*. Razão e sentimento se unem para conduzir, tudo e todos, ao mais glorioso de nossos anseios constitucionais: a paulatina construção de uma sociedade efetivamente *livre*, realmente *justa* e verdadeiramente *solidária*[121].

Ao espiar novamente pela janela, eis que surge uma sólida referência debruçada no horizonte.

Se podes olhar, vê. Se podes ver, repara.[122]

Sigamos, pois, essa luz...

REFERÊNCIAS BIBLIOGRÁFICAS

ABBAGNANO, Nicola. *Dicionário de filosofia*. 5. ed. São Paulo: Martins Fontes, 2007.

ADORNO, Theodore W.; HORKHEIMER, Max. *Dialética do esclarecimento*: fragmentos filosóficos. Rio de Janeiro: Jorge Zahar, 1985 (reimpressão de 2006).

ALMEIDA, João Ferreira de (tradutor). *Bíblia sagrada*. Revista e corrigida. São Paulo: Sociedade Bíblica do Brasil, 1995. Novo Testamento.

ALVES, José Augusto Lindgren. *Os direitos humanos na pós-modernidade*. São Paulo: Perspectiva, 2005.

ARAÚJO, Francisco Rossal de; VARGAS, Luiz Alberto de; MALLMAN, Maria Helena; FRAGA, Ricardo Carvalho. Direito como signo — vinte anos. In: MONTESSO, Cláudio José; FREITAS, Marco Antonio de; STERN, Maria de Fátima Coelho Borges (coords.). *Direitos sociais na Constituição de 1988*: uma análise crítica vinte anos depois. São Paulo: LTr, 2008.

BARCELLOS, Ana Paula de. *A eficácia jurídica dos princípios constitucionais*: o princípio da dignidade da pessoa humana. 2. ed. Rio de Janeiro: Renovar, 2008.

BARROSO, Luís Roberto. *Interpretação e aplicação da Constituição*. 6. ed. São Paulo: Saraiva, 2004.

_____. *O direito constitucional e a efetividade de suas normas*. 8. ed. Rio de Janeiro: Renovar, 2006.

_____. Fundamentos teóricos e filosóficos do novo direito constitucional brasileiro (pós-modernidade, teoria crítica e pós-positivismo). In: BARROSO, Luís Roberto (org.). *A nova interpretação constitucional*: ponderação, direitos fundamentais e relações privadas. 2. ed. Rio de Janeiro: Renovar, 2006.

---

(121) Constituição Federal, art. 3º, inciso I.
(122) Epígrafe da obra: SARAMAGO, José. *Ensaio sobre a cegueira*. São Paulo: Companhia das Letras, 1995.

_____. Vinte Anos da Constituição brasileira de 1988: o estado a que chegamos. In: AGRA, Walber de Moura (coord.). *Retrospectiva dos 20 anos da Constituição federal*. São Paulo: Saraiva, 2009.

_____. *Curso de direito constitucional contemporâneo*: os conceitos fundamentais e a construção do novo modelo. São Paulo: Saraiva, 2009.

BAUMAN, Zygmunt. *O mal-estar da pós-modernidade*. Rio de Janeiro: Jorge Zahar, 1998.

_____. *Modernidade e ambivalência*. Rio de Janeiro: Jorge Zahar, 1999.

_____. *Globalização*: as consequências humanas. Rio de Janeiro: Jorge Zahar, 1999.

_____. *Modernidade líquida*. Rio de Janeiro: Jorge Zahar, 2001.

_____. *Vida líquida*. Rio de Janeiro: Jorge Zahar, 2007.

_____. *Tempos líquidos*. Tradução: Carlos Alberto Medeiros. Rio de Janeiro: Jorge Zahar, 2007.

_____. *Medo líquido*. Tradução: Carlos Alberto Medeiros. Rio de Janeiro: Jorge Zahar, 2008.

BECK, Ulrich; GIDDENS, Anthony; LASH, Scott. A reinvenção da política: rumo a uma teoria da modernização reflexiva. In: *Modernização reflexiva*: política, tradição e estética na ordem social moderna. São Paulo: Universidade Estadual Paulista, 1997.

BERCOVICI, Gilberto. A Constituição de 1988 e a teoria da Constituição. In: *Constituição Federal*: 15 anos — mutação e evolução: comentários e perspectivas. São Paulo: Método, 2003.

BINENBOJM, Gustavo. *A nova jurisdição constitucional brasileira*: legitimidade democrática e instrumentos de realização. 2. ed. Rio de Janeiro: Renovar, 2004.

BITTAR, Eduardo C. B. *O direito na pós-modernidade*. Rio de Janeiro: Forense Universitária, 2005.

BONAVIDES, Paulo. *Curso de direito constitucional*. 19. ed. São Paulo: Malheiros, 2006.

CAVALIERI FILHO, Sergio. *Programa de responsabilidade civil*. 6. ed. 3. tir. São Paulo: Malheiros, 2006.

CHAUI, Marilena. *Convite à filosofia*. 11. ed. São Paulo: Ática, 1999.

COTRIM, Gilberto. *Fundamentos da filosofia* — história e grandes temas. 16. ed. São Paulo: Saraiva, 2006.

CUNHA JÚNIOR, Dirley da. Neoconstitucionalismo e o novo paradigma do estado constitucional de direito: um suporte axiológico para a efetividade dos direitos fundamentais sociais. In: CUNHA JÚNIOR, Dirley da; PAMPLONA FILHO, Rodolfo (orgs.). *Temas de teoria da Constituição e direitos fundamentais*. Salvador: Juspodivm, 2007.

DANTAS, Miguel Calmon. *Constitucionalismo dirigente e pós-modernidade*. São Paulo: Saraiva, 2009.

DEMAJOROVIC, Jacques. *Sociedade de risco e responsabilidade socioambiental*: perspectivas para a educação corporativa. São Paulo: Senac, 2003.

DESCARTES, René. *Discurso do método*. 3. ed. Coleção "Os Pensadores". São Paulo: Nova Cultural, 1983.

GAGLIANO, Pablo Stolze; PAMPLONA FILHO, Rodolfo. *O novo divórcio*. São Paulo: Saraiva, 2010.

GEMIGNANI, Tereza Aparecida Asta. A Constituição federal de 1988 vinte anos depois, o choque de brasilidade e o protótipo de Macunaíma. In: MONTESSO, Cláudio José; FREITAS, Marco Antonio de; STERN, Maria de Fátima Coelho Borges (coords.). *Direitos sociais na Constituição de 1988:* uma análise crítica vinte anos depois. São Paulo: LTr, 2008.

GIDDENS, Anthony. *As consequências da modernidade.* 3. ed. Oeiras: Celta, 1996.

GRAU, Eros. *O direito posto e o direito pressuposto.* 6. ed. São Paulo: Malheiros, 2005.

GUASTINI, Riccardo. A "constitucionalização" do ordenamento jurídico e a experiência italiana. In: NETO, Cláudio Pereira de Souza; SARMENTO, Daniel (coords.). *A constitucionalização do direito — fundamentos teóricos e aplicações específicas.* Rio de Janeiro: Lumen Juris, 2007.

HABERMAS, Jürgen. *A constelação pós-nacional:* ensaios políticos. São Paulo: Littera-Mundi, 2001.

HARVEY, David. *Condição pós-moderna:* uma pesquisa sobre as origens da mudança cultural. 15. ed. Tradução: Adail Ubirajara Sobral e Maria Stela Gonçalves. São Paulo: Loyola, 2006.

HOBSBAWM, Eric. *Era dos extremos:* o breve século XX: 1914-1991. São Paulo: Companhia das Letras, 1995.

HORKHEIMER, Max. *Eclipse da razão.* São Paulo: Centauro, 2002.

JAPIASSU, Hilton. *Como nasceu a ciência moderna:* e as razões da filosofia. Rio de Janeiro: Imago, 2007.

KUMAR, Krishan. *Da sociedade pós-industrial à pós-moderna:* novas teorias sobre o mundo contemporâneo. 2. ed. Rio de Janeiro: Jorge Zahar, 2006.

LAW, Stephen. *Guia ilustrado Zahar:* filosofia. Rio de Janeiro: Jorge Zahar, 2008.

LEAL, Rogério Gesta. *Perspectivas hermenêuticas dos direitos humanos e fundamentais no Brasil.* Porto Alegre: Livraria do Advogado, 2000.

LOIS, Cecilia Caballero. Teoria constitucional e neoconstitucionalismo no limiar do século XXI: mudança política e aceitabilidade racional no exercício da função jurisdicional. In: LOIS, Cecilia Caballero; BASTOS JÚNIOR, Luiz Magno Pinto; LEITE, Roberto Basilone (coords.). *A Constituição como espelho da realidade:* interpretação e jurisdição constitucional em debate: homenagem a Silvio Dobrowolski. São Paulo: LTr, 2007.

LYOTARD, Jean-François. *A condição pós-moderna.* 10. ed. Tradução: Ricardo Corrêa Barbosa. Rio de Janeiro: José Olympio, 2008.

MANSFIELD, Stephen. *O deus de Barack Obama:* porque não existe liderança sem fé. Tradução de Nathalia Molina. Rio de Janeiro: Thomas Nelson Brasil, 2008.

MENDES, Gilmar Ferreira. As decisões no controle de constitucionalidade de normas e seus efeitos. *Revista da Escola Nacional da Magistratura,* Brasília: Escola Nacional da Magistratura — ENM, ano II, n. 3, abr. 2007.

MONTEZ, Marcus Vinícius Lopes. *A Constituição dirigente realmente morreu?* Disponível em: <http://www.viajuridica.com.br/download/158_file.doc> Acesso em: 18.5.09.

MOREIRA, Eduardo Ribeiro. *Neoconstitucionalismo:* a invasão da Constituição. 7. Obra da Coleção professor Gilmar Mendes. São Paulo: Método, 2008.

MOREIRA, Nelson Camatta. *Dignidade humana na Constituição dirigente de 1988.* Disponível em: <http://www.direitodoestado.com/revista/RERE-12-DEZEMBRO-2007-NELSON%20CAMATTA.pdf> Acesso em: 18.5.09.

MOREIRA NETO, Diogo de Figueiredo. Direitos humanos, legitimidade e constitucionalismo. In: SARMENTO, Daniel; GALDINO, Flávio (orgs.). *Direitos fundamentais*: estudos em homenagem ao professor Ricardo Lobo Torres. Rio de Janeiro: Renovar, 2006.

MORIN, Edgar. *O método 1*: a natureza da natureza. 2. ed. Porto Alegre: Sulina, 2003.

MORLEY, Brian K. Entendendo nosso mundo pós-moderno. In: MACARTHUR, John (coord.). *Pense biblicamente:* recuperando a visão cristã de mundo. São Paulo: Hagnos, 2005.

MORRISON, Wayne. *Filosofia do direito:* dos gregos ao pós-modernismo. São Paulo: Martins Fontes, 2006.

OBAMA, Barack. *A audácia da esperança*: reflexões sobre a reconquista do sonho americano. Tradução Candombá. São Paulo: Larousse do Brasil, 2007.

RENOVATO, Elinaldo. *Perigos da pós-modernidade*. Rio de Janeiro: CPAD, 2007.

SANTOS, Boaventura de Sousa. *A crítica da razão indolente:* contra o desperdício da experiência. 6. ed. São Paulo: Cortez, 2007.

SANTOS, Jair Ferreira dos. *O que é pós-moderno*. Coleção Primeiros Passos: 165. São Paulo: Brasiliense, 2006.

SARAMAGO, José. *Ensaio sobre a cegueira*. São Paulo: Companhia das Letras, 1995.

SARMENTO, Daniel. *Direitos fundamentais e relações privadas*. 2. ed. Rio de Janeiro: Lumen Juris, 2006.

_____. Colisões entre direitos fundamentais e interesses públicos. In: SARMENTO, Daniel; GALDINO, Flávio (orgs.). *Direitos fundamentais:* estudos em homenagem ao professor Ricardo Lobo Torres. Rio de Janeiro: Renovar, 2006.

_____. *Ubiquidade constitucional: os dois lados da moeda*. In: NETO, Cláudio Pereira de Souza; SARMENTO, Daniel (coords.). *A constitucionalização do direito* — fundamentos teóricos e aplicações específicas. Rio de Janeiro: Lumen Juris, 2007.

SCHIER, Paulo Ricardo. *Filtragem constitucional*. Porto Alegre: Sergio Antonio Fabris, 1999.

_____. Novos desafios da filtragem constitucional no momento do neoconstitucionalismo. In: NETO, Cláudio Pereira de Souza; SARMENTO, Daniel (coords.). *A constitucionalização do direito* — fundamentos teóricos e aplicações específicas. Rio de Janeiro: Lumen Juris, 2007.

SILVA, João Fernando Vieira da. *O resgate da ideia de Constituição dirigente no constitucionalismo pátrio*. Disponível em: <http://www.mundojuridico.adv.br/cgi-bin/upload/texto978(1).rtf> Acesso em: 18.5.09.

SOARES, Ricardo Maurício Freire. As teses fundamentais do neoconstitucionalismo. In: *Estado de Direito*, Porto Alegre, ano II, edição de fev./mar. 2008.

STÖRIG, Hans Joachim. *História geral da filosofia*. Petrópolis: Vozes, 2008.

STRECK, Lenio Luiz. *Hermenêutica jurídica e(m) crise:* uma exploração hermenêutica da construção do direito. 6. ed. Porto Alegre: Livraria do Advogado, 2005.

_____. A resposta hermenêutica à discricionariedade positivista em tempos de pós-positivismo. In: DIMOULIS, Dimitri; DUARTE, Écio Oto (coords.). *Teoria do direito neoconstitucional:* superação ou reconstrução do positivismo jurídico? São Paulo: Método, 2008.

_____. A crise paradigmática do direito no contexto da resistência positivista ao (neo)constitucionalismo. In: *Revista do Tribunal Regional do Trabalho da 8ª Região,* Suplemento Especial Comemorativo, Belém, v. 41, n. 81, jul./dez. 2008.

_____. Nos vinte anos de Constituição, entre verdade e consenso, o dilema contemporâneo: há respostas corretas em direito? In: AGRA, Walber de Moura (coord.). *Retrospectiva dos 20 anos da Constituição federal.* São Paulo: Saraiva, 2009.

TEPEDINO, Gustavo. *Temas de direito civil.* 3. ed. Rio de Janeiro: Renovar, 2004.

VASCONCELOS. Arnaldo. *Direito, humanismo e democracia.* 2. ed. São Paulo: Malheiros, 2006.

VEITH JR., Gene Edward. *Tempos pós-modernos*: uma avaliação crítica do pensamento e da cultura da nossa época. Tradução: Hope Gordon Silva. São Paulo: Cultura Cristã, 1999.

O Mundo do Trabalho na Contemporaneidade
Diretivas para um Debate Crítico
Acerca da Dogmática Jurídica

José Affonso Dallegrave Neto[(*)]

1. Flexibilização ou socialidade contratual?

Ainda que, para alguns, a expressão "trabalhador hipossuficiente" ecoe como um *ranço anacrônico*, a realidade comprova que nunca o trabalhador brasileiro esteve tão debilitado economicamente, justificando, pois, uma adequada tutela jurídica compensatória, quando da realização do contrato de trabalho. E, assim, quanto maior a debilidade econômica, maior deve ser o amparo jurídico. Na mesma esteira, quando o contratado é um alto empregado, com elevado padrão salarial e exercente de cargo de confiança, o hermeneuta há que mitigar a proteção jurídica.

Oportunas as críticas trazidas por Grijalbo Coutinho, ao esquadrinhar o aludido cenário de preconceito:

> Lamentavelmente, o Direito do Trabalho, na prática, tornou-se mais flexível, seja pela ação do legislador, seja pelo ato de interpretar conferido aos operadores do referido ramo, no período pós-fordista.
>
> A classe dominante propagou a ideia de que o Direito do Trabalho engessa as relações de trabalho e atrapalha o desenvolvimento do País. Essa concepção foi assimilada pelos mais diversos segmentos da sociedade brasileira, inclusive pelos juízes e tribunais do trabalho.
>
> Para se ter uma ideia dessa nefasta influência, entre os anos 1980 e 1990, não foram poucas as vozes que gritaram contra o princípio basilar do Direito

---

(*) Mestre e Doutor em Direito das Relações Sociais pela Universidade Federal do Paraná. Advogado membro do Instituto dos Advogados Brasileiros. Membro da Academia Nacional de Direito do Trabalho e da Associação Luso--brasileira de Juristas do Trabalho. Disponível em: <www.twitter.com/DallegraveNeto>.

do Trabalho, o da proteção, no sentido do que o referido mandamento seria parte de um passado e de um mundo do trabalho totalmente distintos.

Tal como a estatização, o princípio em debate passou a figurar no rol das práticas "jurássicas" da nação. A partir de tal equívoco, o caminho ficou aberto para a precarização ainda mais selvagem das frágeis relações de trabalho no Brasil.[1]

De outro lado, a doutrina mais atenta acentua que o princípio da tutela ao contratante que se encontra em posição de inferioridade na relação contratual ganha relevo na nova teoria geral do contrato[2]. Tal princípio decorre da regra constitucional (art. 5º), que assegura igualdade das pessoas, não mais em sua concepção liberal de igualdade apenas e meramente formal, mas numa dimensão solidária, capaz de reconhecer o valor do outro, assegurando-lhe, *in concreto*, uma vida digna como tradução da igualdade material[3].

Não se pode perder de vista que a função social do contrato tem por fim restringir a liberdade contratual, direcionando-a contra as iniquidades atentatórias do valor de *justiça*, que, de igualmente, tem peso social[4]. Neste sentido é o art. 421 do novo Código Civil, *verbis*: "A liberdade de contratar será exercida em razão e nos limites da função social do contrato". Tal cláusula geral é legítima e escorada pelo solidarismo cons-titucional.

Enzo Roppo bem lembra que todo conceito jurídico — o conceito de contrato principalmente — reflete sempre a realidade exterior a si próprio, uma realidade de interesses, de situações econômico-sociais, relativas àquelas que cumprem uma função instrumental. Daí que, para conhecer o contrato, faz-se mister sabermos a realidade econômica que lhe é subjacente e a qual ele representa, mormente se considerarmos o contrato como a veste jurídico-formal das operações econômicas[5].

A partir desta ilação, a função social do contrato de trabalho encerra um aspecto positivo e outro negativo.

O primeiro se manifesta nos programas públicos de abertura de novos empregos, quotas de contratação de deficientes, legislação atinente à política do primeiro emprego ou mesmo a prevenção de dispensa coletiva, como, por exemplo, a Lei n. 9.956/00, que inibe a implementação das bombas *self-service* em postos de gasolina, como forma

---

(1) COUTINHO, Grijalbo Fernandes. *O direito do trabalho flexibilizado por FHC e Lula*. São Paulo: LTr, maio 2009. p. 39.

(2) NOVAIS, Alinne Arquette Leite. Os novos paradigmas da teoria contratual: o princípio da boa-fé objetiva e o princípio da tutela do hiposufissiente. In: TEPEDINO, Gustavo (coord.). *Problemas de direito civil-constitucional*. Rio de Janeiro: Renovar, 2000. p. 36.

(3) Registre-se que uma das manifestações concretas do constituinte em relação à igualdade material, lembrada por Robson Flores Pinto, é aquela prevista no art. 5º, LXXIV, da CF/98, que confere "aos desvalidos da fortuna, de receberem do Estado, 'assistência jurídica integral e gratuita', de tal modo a tutelar-se o efetivo exercício desta igualdade perante a justiça". In: *A assistência jurídica aos hipossuficientes na Constituição*. São Paulo: LTr, 1997. p. 24.

(4) NORONHA, Fernando. *O direito dos contratos e seus princípios fundamentais*: autonomia privada, boa-fé, justiça contratual. São Paulo: Saraiva, 1994. p. 82.

(5) ROPPO, Enzo. *O contrato*. Tradução de Ana Coimbra e M. Januário C. Gomes. Coimbra: Almedina, 1988. p. 7.

de proteção ao trabalho em face da automação, na esteira do art. 7º, XXVII, da Constituição Federal.

O segundo aspecto da função social do contrato de trabalho se opera como uma espécie de dique à livre iniciativa, adequando-o aos valores sociais estampados na Carta da República, declarando nulos os atos abusivos que refogem ao seu quadro axiológico, v. g.: as declarações de fraude dos contratos de trabalho travestidos de falsas cooperativas ou pseudo-estágios ou mesmo a fixação de cláusula de não indenizar os eventuais danos sofridos pelo empregado.

Conforme adverte Pietro Perlingieri[6]:

> A função social predeterminada para a propriedade privada não diz respeito exclusivamente aos seus limites (...o que) representaria uma noção somente de tipo negativo voltada a comprimir os poderes proprietários, os quais sem os limites, ficariam íntegros e livres. Este resultado está próximo à perspectiva tradicional. Em um sistema inspirado na solidariedade política, econômica e social e ao pleno desenvolvimento da pessoa, o conteúdo da função social assume um papel de tipo promocional, no sentido de que a disciplina das formas de propriedade e as suas interpretações deveriam ser atuadas para garantir e para promover os valores sobre os quais se funda o ordenamento.

Num modelo capitalista como o nosso, que valoriza a geração de riqueza e a reprodução do seu valor, o sujeito (o homem) que a produz fica sempre relegado a um segundo plano. Vale dizer: a satisfação das necessidades humanas subjaz à *rentabilidade*, elemento supremo do mercado e que é aferida pelos valores de troca, bens e serviços contratados[7].

Robert W. McChesney, ao prefaciar a obra de Noam Chomsky, observa que a democracia neoliberal, com sua ideia de *über alles*, nunca tem em mira o setor social; em vez de cidadãos, ela produz consumidores; em vez de comunidades, produz *shopping centers*; o que sobra é uma sociedade atomizada, de pessoas sem compromisso, desmoralizadas e socialmente impotentes[8].

---

(6) PERLINGIRERI, Pietro. *Op. cit.*, p. 226. A observação entre parênteses foi feita por nós, a fim de facilitar a compreensão do texto partilhado. O autor acrescenta: "E isso não se realiza somente finalizando a disciplina dos limites à função social. Esta deve ser estendida não como intervenção "e ódio" à propriedade privada, mas torna-se "a própria razão pela qual o direito de propriedade foi atribuído a um determinado sujeito", um critério de ação para o legislador, e um critério de individualização da normativa a ser aplicada para o intérprete chamado a avaliar as situações conexas à realização de atos e de atividades do titular".
(7) SILVA FILHO, José Carlos Moreira da. *Filosofia jurídica da alternidade...*, p. 246. O autor faz questão de lembrar a denúncia de Marx acerca da "injustiça ética da desvinculação do trabalho vivo com relação ao ser humano que produz o que necessita. A miséria resulta da separação entre o sujeito do trabalho e o seu produto. Baseado na totalidade capitalista, o ordenamento jurídico acaba por justificar a prevalência do capital sobre a pessoa sem sua corporalidade e capacidade de trabalho encobrindo um direto básico de toda a pessoa, que procede da exterioridade, de sua subjetividade concreta: o direito ao trabalho."
(8) McCHESNEY, Robert W. Prefácio. CHOMSKY, Noam. *O lucro ou as pessoas? Neoliberalismo e ordem global*. Tradução Pedro Jorgensen Jr. Rio de Janeiro: Bertrand Brasil, p. 11/12.

De forma arguta e realística, Luiz Fernando Veríssimo descreve o estratagema da ideologia neoliberal em matéria veiculada e epigrafada como *Os braços de Mike Tyson*:

> Na recente reunião dos sete de ouro para tratar do custo social da nova ordem econômica, os países mais ricos do mundo chegaram a uma conclusão sobre como combater o desemprego. Surpresa! Deve-se continuar enfatizando e receitando aos pobres austeridade fiscal sobre qualquer política de desenvolvimento e pedindo ao trabalhador que coopere trocando a proteção social que tem pela possibilidade de mais empregos. Algo como continuar batendo no supercílio que já está sangrando. Chama-se isso não de cruel ou chantagem, mas de *flexibilização do mercado de trabalho*. Podia se chamar de Maria Helena, não faria diferença — o neoliberalismo triunfante conquistou o direito de por os rótulos que quiser nos seus bíceps. Quem chama a volta do capitalismo do século dezenove de "modernidade" e consegue vendê-lo merece o privilégio.[9]

2. A ordem econômica na Constituição da República

A atual problemática do desemprego estrutural não pode ser vista de forma singela como querem alguns economistas: "menor custo do trabalho, menor desemprego". Tal lógica representa um engodo, não elimina o problema original e, em razão da precarização das relações do trabalho, gera outro problema, qual seja "o aumento do fosso entre ricos e pobres, acrescentando a cada dia o número de pobres"[10].

Com efeito, encontram-se vivos e profícuos os valores e princípios constitucionais da atual Constituição-Dirigente. Nunca o Brasil precisou tanto que sua Carta Política saísse do papel e fosse efetivamente cumprida. Os princípios constitucionais de proteção ao trabalhador e do primado ao trabalho, bem como a cláusula geral da função social do contrato, devem ser abundantemente utilizados pelo operador jurídico.

Diante desse quadro, ganha relevância o enunciado geral que condiciona o exercício da liberdade contratual ao limite de sua função social, a exemplo da declaração de nulidade de eventual cláusula em que o empregado aceita concorrer com os riscos da atividade econômica. Cite-se, ainda, o caso emblemático e amiúde das revistas íntimas que o empregador faz sobre o empregado, ao final do expediente, em manifesto abuso do poder diretivo e violação à dignidade humana (arts. 170 e 1º, III, ambos da CF)[11]:

---

(9) VERÍSSIMO, Luiz Fernando. *Jornal do Brasil*, coluna Opinião, set. 96, Rio de Janeiro, p. 9.
(10) MAIOR, Jorge Luiz Souto. *O direito do trabalho como instrumento de justiça social*. São Paulo: LTr, 2000. p. 181.
(11) Sobre o tema, registre-se, ainda, o acertado aresto que vincula o procedimento da revista íntima à suspeita de furto de bens, o que equivale à leviana acusação de ato de improbidade: "Dano moral. CF, art. 5º, inciso X. Revista íntima à saída do serviço. Atende ao bom senso e à equidade a fixação de um salário para cada ano de trabalho, quando a mulher, à saída do serviço, for submetida a revista íntima, com suspeita infundada de furto de mercadorias, o que equivale à acusação de improbidade (art. 482, letra *a*, da CLT). Se o constrangimento for continuado, mês a mês, também é razoável a fixação de um salário para cada ato do empregador, a critério do juiz." (TRT, 2ª Região, Ac. n. 20010669773 — Rel. Luiz Edgar Ferraz, 2000. p. 181.)

Não se insere no poder diretivo do empregador a possibilidade de submeter o empregado a revistas vexatórias, cujo constrangimento viola a dignidade e a intimidade da pessoa, restando nitidamente caracterizado o dano moral, independente da publicidade. (TRT — 9ª R. — 4ª T. — Ac. n. 12467/98 — Relator Dirceu Pinto Junior — DJPR 19.6.98 — p. 67)

A opção hermenêutica que se faz nesse caso jurisprudencial é elucidativa, na medida em que envolve um confronto axiológico. De um lado, temos a velha e liberal concepção proprietista do empresário, tão ampla que é capaz de dispor livremente de seus empregados, ainda que de maneira constrangedora. De outro lado, temos uma visão estribada no solidarismo constitucional, a qual inibe atos abusivos do empregador, quando em flagrante lesão à dignidade do empregado, visto não mais como mero sujeito de direito de um contrato de feição apenas mercantil, mas antes como *gente* e cidadão tutelado pela Constituição Federal de modo proeminente (art. 1º, III, CF).

Sobre esta visão ambivalente entre a ideologia econômica do mercado e a de inclusão social da Carta democrática de 1988, registre-se o comentário atento de Sérgio Alves Gomes:

> Ao contrário da mentalidade egoísta e mercantilista que domina o cenário econômico-financeiro internacional, a democracia, conforme aqui defendida, quer promover a *dignidade de todos*. Se, para o mercado, o que importa é o lucro, para a democracia, o que há de mais importante são as *pessoas*. Por isso, busca a salvaguarda dos direitos humanos e fundamentais. É esta a compreensão que a hermenêutica constitucional quer construir. Por isso, ela não é neutra em face dos valores constitucionais. Ao contrário: busca contribuir com a concretização destes valores, no âmbito das relações sociais, a fim de que sejam estas balizadas pela justiça.[12]

Dessume-se daqui a importância do art. 170 da Carta Constitucional, que autentica a ordem econômica fundamentada na livre iniciativa, porém com limites na função social da propriedade e no respeito à dignidade do trabalhador.

Esse *solidarismo constitucional* é capaz de conjugar e infundir a função social do contrato na função da propriedade. Nas palavras de Luiz Edson Fachin: "a valorização da solidariedade traz a socialização do Direito, sendo que esse processo carrega em si a ideia de função social inerente à estrutura das instituições jurídicas"[13].

Nessa esteira da função social da propriedade, registre-se o aparecimento da chamada *economia solidária* que propõe "a recuperação do significado do trabalho desvinculado do salário de produção, permitindo quebrar a sedução do discurso do tempo livre, admitindo uma sociedade dual sem, no entanto, abdicar da luta pelo trabalho não alienado com uma dimensão fundamental de cidadania"[14].

---

(12) GOMES, Sérgio Alves. *Hermenêutica constitucional. Um contributo à construção do estado democrático de direito.* Curitiba: Juruá, 2008. p. 348.
(13) FACHIN, Luiz Edson. *Estado jurídico do patrimônio mínimo.* Rio de Janeiro: Renovar, 2000. p. 46.
(14) NICOLADELI, Sandro Lunard. *A solidariedade e a economia solidária:* uma perspectiva sociojurídica. Biblioteca da UFPR. Dissertação de Mestrado. Curitiba, 2004. p. 45.

Nas palavras de um de seus panegiristas, Armando de Melo Lisboa, a economia solidária aponta um caminho para construir uma economia reintegrada na sociedade e na biosfera, voltada para a provisão da vida das pessoas, possibilitando superar o corrosivo economicismo da vida moderna[15]. O professor catarinense arremata sua argumentação mencionando a necessidade de integrar a competitividade do mercado com a ética (ethos):

> Podemos distinguir dois tipos de competição: os jogos tipo tênis (em que o objetivo é derrotar o adversário) e os tipo frescobol (não existe adversário, pois não há ninguém para ser derrotado). A competição, quando integrada num *ethos* não utilitarista, combinada com a dimensão da responsabilidade ecológica-social, tem efeitos positivos, pois estimula a inovação, proporciona qualidade e multiplica as energias produtivas (estas são as virtudes clássicas do mercado) sem os maléficos efeitos dos jogos de soma zero (mercado tipo "ganha-perde") da economia cassino hoje predominante. A economia solidária é a afirmação da possibilidade de uma economia jogada com regras em que todos ganhem através de uma simbiose entre cooperação e competição.[16]

Não se perca de vista, contudo, que a novel economia solidária encontra-se imbricada com o fomento ao associativismo e ao cooperativismo, em flagrante avivamento à Recomendação n. 193 da OIT e aos arts. 5º, XVIII e 174, § 2º, ambos da Constituição Federal. Ocorre que, historicamente, as cooperativas, sobretudo as de mão de obra, constituem-se, na maioria das vezes, manobras ardilosas para burlar a legislação trabalhista e sonegar direitos sociais. O velho art. 9º da CLT em conjunto com o art. 170, VIII, da Constituição (busca do pleno emprego) deverão, nessas ocasiões, servir de diretriz hermenêutica entre a realidade e a simulação fraudulenta.

3. O PODER PATRONAL SOBRE A PESSOA DO EMPREGADO

Considerando o contrato de trabalho simplesmente como um acordo de vontade das partes, o empregado e o empregador são vistos como meros sujeitos de direitos, ou seja, elementos subjetivos da relação de emprego. Nessa medida abstrata e sem compromisso com os valores constitucionais, a relação jurídica deixa de ponderar os direitos fundamentais de *pessoa-gente* e de *cidadão*, e assim o trabalhador é considerado apenas na medida da sua força de trabalho, confundindo-se com o próprio objeto do contrato[17].

Ao revés, se olharmos o contrato de emprego como uma relação jurídica complexa, dinâmica, social e solidária, iremos, então, repersonalizar o sujeito, vendo o empregado

---
(15) LISBOA, Armando de Melo. Mercado e economia solidária. In: *Transformações sociais e dilemas da globalização:* um diálogo Brasil-Portugal. São Paulo: Cortez, 2002. p. 132.
(16) *Ibidem*, p. 136.
(17) COUTINHO, Aldacy Rachid. *Op. cit. (Função social ...)*, p. 45.

não apenas como sujeito abstrato de direito, mas também um cidadão que detém valor e uma pletora de direitos fundamentais.

Com base na concepção solidarista da ordem constitucional (art. 1º, III e 3º, I da CF), pode-se repersonalizar o sujeito do contrato, admitindo que patrimônio e pessoas integram realidades distintas, realidades que não se integram[18]. Mais que isso: podemos proceder à correta inversão do foco de interesse do direito: o patrimônio deve servir à pessoa, e, portanto, as situações subjetivas patrimoniais devem ser funcionalizadas à dignidade da pessoa[19].

Nesse compasso, faz-se mister examinar o próprio conceito de subordinação jurídica que mantém o empregado sob o comando do empresário-empregador. Com outras palavras: o trabalho subsumido ao capital.

Ricardo Marcelo Fonseca traça profícua análise, histórica e crítica, acerca da origem da subordinação jurídica e sua função legalmente legitimadora da sujeição do empregado ao poder do empregador:

> As relações de trabalho historicamente sedimentadas no Brasil (onde o instituto da escravidão vigorou até o final do século XIX) sempre foram marcadas pelo controle, pela vigilância, pelo enquadramento, pelo encarceramento, pela violência e pela presença de todas as formas de punições (morais e físicas). Com a República e a crescente urbanização brasileira (com o consequente aumento da pressão reivindicatória dos trabalhadores), a legislação trabalhista foi se implementando, até ser consolidada pelo Estado Novo de Getúlio Vargas.[20]

O autor arremata a sua observação, aproximando o conceito de subordinação jurídica com o conceito de subordinação pura e simples, vista esta no sentido de um contínuo poder sobre o trabalhador:

> Pois bem: parece que o trabalhador, mesmo com a legislação trabalhista, permaneceu como alguém enquadrado, vigiado e controlado. Melhor dizendo: foi também através do direito (mas não somente a partir dele) que o trabalhador pôde continuar sendo disciplinado e normalizado sob os olhos atentos do empregador. Com efeito, a ideia de "subordinação jurídica", que tentou parecer algo como que controlado pelo direito, algo como que completamente diverso da subordinação pura e simples (afinal, ela é 'jurídica'...), mostra-se, todavia, como um *poder contínuo sobre o trabalhador.*[21]

---

[18] FACHIN, Luiz Edson. *Teoria crítica do direito civil.* Rio de Janeiro: Renovar, 2000. p. 93-113, 154-190.
[19] COUTINHO, Aldacy Rachid. *Op. cit.,* p. 50.
[20] FONSECA, Ricardo Marcelo. *Modernidade e contrato de trabalho:* do sujeito de direito à sujeição jurídica. São Paulo: LTr, 2002. p. 166/167. A tese de Fonseca tem como esteio o método arqueogenealógico de Michel Foucault.
[21] *Idem.* O autor, em outra parte da obra (p. 138), aduz: "O que se deve compreender é que não foi o direito que inventou a relação de trabalho subordinado e o requisito da *subordinação jurídica,* traçando depois a linha divisória do que seria o limite de uma subordinação jurídica e uma subordinação não jurídica. O que de fato ocorreu é que a subordinação do trabalhador preexistia à regulamentação do contrato de trabalho, e o direito positivo, confron-

Nesta medida, é imprescindível, então, que a subordinação se ajuste à função social do contrato de trabalho, revelando-se não como um poder sobre a pessoa do empregado, mas apenas um comando sobre o objeto do contrato, e ainda assim, sem deixar de respeitar a dignidade do trabalhador[22].

Como ação estratégica para mitigar a sujeição do trabalhador, enquanto agente com maior autonomia, liberdade e dignidade, Ricardo Fonseca faz duas sugestões[23]:

a) Primeira: procedendo à revisão do poder disciplinar, revogando ou deixando de considerar determinadas formas de justa causa, como v. g.: embriaguez ou prática de jogos de azar, as quais constituem mais um problema patológico do que contratual, conforme aos poucos a doutrina e a jurisprudência vêm se posicionando.

b) Segunda: reduzindo a amplitude do campo da discricionariedade do empregador no exercício de seu poder, tanto na definição precisa das faltas graves, evitando aquelas demasiadamente amplas como v. g.: *o mau procedimento*, previsto no art. 482, *b,* da CLT[24]; quanto na definição de limites e do uso funcionalizado do *jus variandi*, o qual requer um exercício hermenêutico *restritivo* que exclua todos os modos de controle sobre a própria pessoa ou o próprio corpo do trabalhador, devendo ser considerado legítimo apenas o controle das condutas do empregado que afetem diretamente a empresa.

Formulando proposição radical (no sentido de extirpar a raiz do problema), Aldacy Coutinho defende o fim do poder patronal punitivo, admitindo tão somente o poder de direção. É que, diz ela, "ao contratar, aceita o empregado que sua força de trabalho seja dirigida; mas não a sua pessoa. Aceita a direção, mas não a punição"[25].

Observa-se que as propostas trazidas pelos dois juristas da UFPR[26] têm em comum a funcionalização dos conceitos e a observância dos valores constitucionais, sobretudo o do solidarismo e suas imbricações: função social do contrato e da empresa, dignidade do trabalho e do trabalhador.

Em tempos de globalização econômica e desemprego estrutural, a subordinação jurídica adquire eficácia ainda maior, em face do temor do empregado em relação à

---

tando-se com uma situação de subordinação já existente, traçou os limites formais para definir até onde essa subordinação poderia ser exercida licitamente (e denominou-se subordinação jurídica)".
(22) COUTINHO, Aldacy Rachid. *Op. cit. (Função social...),* p. 46.
(23) FONSECA, Ricardo Marcelo. *Op. cit.,* p. 172/175.
(24) Segundo Fonseca, esta modalidade de justa causa acaba desempenhando "uma via aberta que possibilita que todas as possíveis condutas faltosas não exatamente tipificadas nas demais hipóteses legais possam ser aqui enquadradas. As hipóteses de justa causa — que em tese são *numerus clausus* — acabam sendo abertas pela própria lei como uma gama vasta e indeterminada de variáveis de condutas em que o patrão poderá entender, a seu juízo, que haja 'mau procedimento'". *Op. cit.,* p. 173.
(25) COUTINHO, Aldacy Rachid. *Poder punitivo trabalhista.* São Paulo: LTr, 1999. p. 202.
(26) Ricardo Marcelo Fonseca e Aldacy Rachid Coutinho são professores do Programa de Mestrado da Universidade Federal do Paraná.

possibilidade de perda do emprego, sobretudo num modelo como o nosso em que não há vedação à dispensa arbitrária, existindo alta rotatividade da mão de obra.

Tal cenário propicia uma situação cômoda de boa parte das empresas, que acaba por explorar a mão de obra, sem escrúpulos, já sabendo de antemão que o trabalhador assim irá se resignar, sendo temente à perda do emprego e a fácil substituição de sua vaga por outro colega. Logo, se é certo que devemos evitar o modelo norte-americano — exageradamente sensível à responsabilidade civil em manifesto fomento à "indústria do dano moral" — de outro lado, não se pode ignorar a atual realidade brasileira, estigmatizada por uma alta taxa de desemprego e baixo valor salarial.

Sobre o tema, cabe consignar caso marcante que envolveu um operário que trabalhava numa fábrica de cerveja e que foi despedido pelo simples fato de ter ingerido bebida da marca concorrente, ainda que em seu horário livre.

O TRT de Santa Catarina examinou e julgou com acerto a matéria, conforme se vê da transcrição da ementa e excerto do voto:

DANO MORAL. "Demonstrada a alegada violação à honra, à dignidade, ao decoro, à integridade moral, à imagem, à intimidade ou a qualquer atributo relativo à personalidade humana, e por isso protegido juridicamente, se tem configurada a ocorrência de danos morais". (TRT, 12ª Região, 1ª Turma, Acórdão RO 02780-2008-001-12-00-9, Redator desig. José Ernesto Manzi, julgado em 8.5.09.)

Do voto constou:

No caso, não discordo do entendimento de 1º grau, pois tenho que a ré abusou de seu poder diretivo e, assim, mantenho a decisão de primeiro grau por seus próprios e jurídicos fundamentos no qual passo a transcrever:

O procedimento de ingerir bebida alcoólica pelos empregados da ré, fora do horário de serviço, no pátio do estacionamento, enquanto aguardavam o ônibus que o levariam a uma convenção em Porto Alegre/RS, não foi tido como irregular pela ré, sendo, portanto, considerado um comportamento normal. A partir daí, passo a analisar o restante dos fatos.

A questão, então, resume-se em saber se a ingestão de bebida produzida pela concorrência foi a real causa da demissão do autor.

Friso que os depoimentos prestados em audiência esclarecem que não havia regras na empresa ré expressa quanto à proibição de ingerir produtos da concorrência, não obstante a própria testemunha do autor confirmar que por questão de respeito profissional não é correto tal procedimento (resposta 0).

Logo, por estar o autor em horário livre e no pátio da ré, aguardando uma condução que os levaria para uma convenção em Porto Alegre/RS, entendo que a ingestão de bebida da concorrência, junto com demais empregados, não extrapolou os limites do razoável, configurando mero exercício do direito de liberdade de escolha e opção.

Ademais, a primeira testemunha do(a) autor(a) comprova que o autor foi prudente ao envolver as suas duas latas de cerveja com um papel para ocultar a marca da concorrência, esclarecendo que só começaram a ingerir cerveja da concorrência em razão de não mais haver cerveja produzida pela ré no estabelecimento onde estavam comprando o produto (resposta 2).

A segunda testemunha do(a) autor(a) comprova, ainda, que o autor foi repreendido tanto pelo Sr. Adriano quanto pela supervisora Mônica em razão de estar ingerindo cerveja da marca concorrente (respostas 3 e 4).

A primeira testemunha do autor, seu superior imediato, comprova que o autor foi demitido em razão do "episódio da lata de cerveja" (respostas 3 e 4), sendo forjada uma demissão sem justa causa sob o fundamento de mau desempenho (resposta 4).

Assim, concluo que o autor foi demitido em razão do livre exercício do direito de liberdade de escolha e opção, mais precisamente por ingerir cerveja da marca concorrente, procedimento que no mínimo desrespeitou as regras básicas implícitas ao contrato de trabalho, no sentido de que a relação entre as partes que o integram devem ser fundadas no respeito mútuo, atingindo, ainda, ao direito à liberdade previsto na Constituição Federal, art. 5º, *caput* e inciso II. Do ato praticado resultou o dano moral.

Assim, considerando as circunstâncias do caso, fixo a indenização por danos morais em R$ 13.262,55 (17 vezes a remuneração do autor utilizada para fins rescisórios — R$ 780,15). Desta forma, nego provimento ao apelo no particular.

Como se vê, a subordinação típica da sociedade capitalista pós-industrial é marcante e intensa, seja porque rompe definitivamente os limites entre a privacidade e o profissional[27], seja porque até mesmo o conhecimento técnico é refém do capital, conforme se verifica da regra estampada no art. 88, da Lei n. 9.279/96, que regula direitos e obrigações relativos à propriedade industrial[28].

4. Tutela à personalidade do empregado

Em tempos de pós-modernidade, jamais se viu tanta interferência patronal na vida íntima e privada do empregado, o qual já no seu exame admissional, submete-se a testes de caligrafia e de DNA[29]. Isso sem falar na investigação de seu passado

---

(27) MELHADO, Reginaldo. Mundialização, neoliberalismo e novos marcos conceituais da subordinação. In: *Transformações do direito do trabalho. Estudos em homenagem ao professor João Régis Fassbender Teixeira*. Curitiba: Juruá, 2000. p. 93.

(28) Nesse sentido, transcreva-se o artigo 88 e seus parágrafos: Art. 88. A invenção e o modelo de utilidade pertencem exclusivamente ao empregador quando decorrerem de contrato de trabalho cuja execução ocorra no Brasil e que tenha por objeto a pesquisa ou a atividade inventiva, ou resulte esta da natureza dos serviços para os quais foi o empregado contratado. § 1º Salvo expressa disposição contratual em contrário, a retribuição pelo trabalho a que se refere este artigo limita-se ao salário ajustado. § 2º Salvo prova em contrário, consideram-se desenvolvidos na vigência do contrato a invenção ou o modelo de utilidade, cuja patente seja requerida pelo empregado até 1 (um) ano após a extinção do vínculo empregatício.

(29) Jasiel Ivo sustenta com acerto que "o genoma humano requer absoluta confidencialidade, não podendo ser exigido como requisito de identificação para obtenção ou manutenção de trabalho ou emprego, seleção e recrutamento de recursos humanos, muito menos por empresas de medicina privada, seguradoras etc., como se fosse uma carteira de identidade, de trabalho ou registro da pessoa no cadastro geral de contribuintes. A finalidade do mapeamento genético deverá ser preventiva, de diagnóstico, limitando-se às práticas terapêuticas, assegurando-se

creditício[30] ou na averiguação de que figurou, outrora, como reclamante em ação trabalhista. Alice Monteiro de Barros relaciona a profusão de métodos utilizados na seleção de pessoal:

   a) A entrevista pessoal e questionário;

   b) O teste psicotécnico;

   c) O exame médico;

   d) A astrologia empresarial;

   e) O detector de mentiras (polígrafo);

   f) A prova de honradez[31].

Diante deste quadro de imiscuição e invasão de privacidade, o operador jurídico precisa estar atento não só à lesão aos direitos trabalhistas, mas também aos direitos de personalidade e todos aqueles atinentes à dignidade do trabalhador.

Para tanto, é preciso repersonalizar o sujeito de direito, reconhecendo o trabalhador como ser humano e, nessa dimensão, vendo-o como elemento principal e nuclear da nova ordem constitucional, a qual lhe assegura dignidade, bem-estar e justiça social (art. 1º, III, arts. 170 e 193, da CF).

Na atual fase de transição do Direito do Trabalho, a repersonalização do sujeito é uma via dupla de sentido único, na medida em que valoriza a dignidade do trabalhador e, ao mesmo tempo, a funcionalização do conceito social de empresa.

Na escorreita menção de Pietro Perlingieri, os institutos não são imutáveis, apesar de, algumas vezes, serem atropelados pela sua incompatibilidade com os princípios constitucionais e, outras vezes, serem integrados pela legislação especial e internacional, porém sempre inclinados a adequar-se aos novos "valores" advindos do traspasse de uma jurisprudência civil de interesses patrimoniais a uma mais atenta aos valores existenciais[32].

Nessa quadra, conclui o jurista italiano, a essência da relação pode se alterar, a exemplo da própria relação de emprego, a qual, longe de perder a sua natureza patrimonial, hoje encontra-se ligada às exigências pessoais e familiares do trabalhador, identificando-se o direito do trabalho como "um estatuto mais propriamente normativo e de tutela a favor da personalidade do trabalhador"[33].

---

sempre ao sujeito seu consentimento livre e esclarecido, priorizando a dignidade humana como valor universal e irrenunciável". IVO, Jasiel. O genoma humano e o direito do trabalho. *Revista LTr*, n. 65, p. 786, jul. 2001.

(30) Em matéria veiculada pela internet, através do Comunicado ABRAT n. 27/02, em 4.3.02, o jornalista Vitor Nuzzi afirma: "em um mercado cada vez mais competitivo, alguns trabalhadores enfrentam dificuldade adicional. Empresas têm recorrido ao Serasa para verificar se o candidato tem algum tipo de problema na praça. Hoje, de 20% a 30% das empresas estão olhando isso. As do setor financeiro, na quase totalidade".

(31) BARROS, Alice Monteiro de. *Proteção à intimidade do empregado*. 2. ed. São Paulo: LTr, 2009. p. 62.

(32) PERLINGIERI, Pietro. *Perfis ...*, p. 33.

(33) *Ibidem*, p. 37.

Oportuno trazer o conceito de direito de personalidade como sendo o conjunto unitário de direitos subjetivos, primordiais e essenciais da pessoa em seu aspecto físico, moral e intelectual. Em face de sua característica ínsita ao homem, eventual silêncio do legislador na enumeração dos direitos de personalidade não tem o condão de inibir a afirmação de sua existência, conquanto a expressa regulamentação torne mais simples a sua aplicação[34].

Ainda que seja um ramo recente do direito, sua sistematização de princípios já nasceu em posição de proeminência, vez que catalogada no bojo da Carta Constitucional. Francisco Amaral, com apoio em Marc Frangi, assinala que "por terem guarida no texto constitucional, pode reconhecer-se que os direitos da personalidade são o terreno de encontro privilegiado ente o direito privado, a liberdade pública e o direito constitucional"[35]. Nas palavras de Fernando Noronha, os direitos de personalidade constituem a versão civil dos direitos fundamentais da pessoa humana[36].

Nesse diapasão, verifica-se que o Direito Civil vem avançando e se posicionando de acordo com os valores sociais e solidários da Constituição Federal, ao ponto de hoje ser alcunhado *Direito Civil-Constitucional*. Já o Direito do Trabalho, infelizmente, é hesitante em sua atual postura ideológica, muitas vezes, tendendo para uma hermenêutica de flexibilização em relação às normas tutelares, inclusive aquelas de cunho fundamental e constitucional.

Não se ignore, por outro lado, a tensão existente nos dias atuais:

> De um lado, a proposta neoliberal de flexibilizar as condições de trabalho, em vista de uma maior lucratividade da empresa e precariedade do trabalho. É, pois, a triste imagem de um contrato que se depara com "um semblante cansado da luta e que hoje cede às críticas dos que nela identificam uma fala ultrapassada e inadequada às exigências da modernidade, apregoando o retorno de uma autonomia da vontade"[37] e a abolição do princípio de proteção ao trabalhador.

De outro lado, a proposta de uma hermenêutica que enalteça o solidarismo constitucional e sua expressão *despatrimonializante* das obrigações civis, reformulando a técnica de tutela dos direitos de personalidade a partir de uma proteção ampla e casuística de direitos subjetivos. Acima de tudo: uma postura que enfatize a função social da empresa, a efetividade dos direitos fundamentais e a promoção de tutela aos direitos de personalidade, capaz de ultrapassar o binômio dano-reparação[38].

---

(34) MALLET, Estevão. Direitos de personalidade e direito do trabalho. In: *Revista LTr*, n. 68-11, nov. 04. p. 1309.
(35) AMARAL, Francisco. *Direito civil*. Introdução. 3. ed. Rio de Janeiro: Renovar, 2000.
(36) NORONHA, Fernando. *Direito das obrigações*. São Paulo: Saraiva, 2003. v. 1, p. 444.
(37) COUTINHO, Aldacy Rachid. *Função social* ..., p. 33.
(38) TEPEDINO, Gustavo. A tutela da personalidade no ordenamento civil-constitucional brasileiro. In: *Temas de direito civil*. Rio de Janeiro: Renovar, 1999. p. 53-54.

Conforme lamenta a magistrada Dinaura Gomes, a despeito dos direitos sociais constituírem o núcleo normativo do Estado Democrático de Direito, tal como estabelece o preâmbulo da Constituição Federal, "até hoje falta a implementação da igualdade material, da justiça social, de garantia e efetividade dos direitos fundamentais. Todos esses preceitos de modernidade, proclamados pela Lei Maior, não foram materializados de forma satisfatória, principalmente, em face dos nefastos efeitos da globalização econômica".[39]

5. Função social da empresa como princípio constitucional

Quando o constituinte estabeleceu que a ordem econômica deve se atentar para o princípio da função social da propriedade[40] (art. 170, III), atingiu a *empresa* que é uma das unidades econômicas mais importantes no hodierno sistema capitalista. Nessa direção, Enzo Roppo observa, com acerto, que o atual processo econômico é determinado e impulsionado pela empresa, e já não pela propriedade em sua acepção clássica.[41]

Ao esquadrinhar a dicção do mencionado dispositivo constitucional, Eros Grau sublinha:

> O que mais releva enfatizar, entretanto, é o fato de que o princípio da *função social da propriedade* impõe ao proprietário — ou a quem detém o poder de controle, na *empresa* — o dever de *exercê-lo* em benefício de outrem e não, apenas, de *não o exercer* em prejuízo de outrem. Isso significa que a função social da propriedade atua como fonte da imposição de comportamentos positivos — *prestação de fazer,* portanto, e não, meramente, de *não fazer* — ao detentor do poder que deflui da propriedade.[42]

Indubitavelmente, essa imposição de comportamento positivo ao titular da empresa, quando manifestada na esfera trabalhista, significa um atuar em favor dos empregados, o que, na prática, é representado pela valorização do trabalhador, por meio de um ambiente hígido, salário justo e, acima de tudo, por um tratamento que enalteça a sua dignidade enquanto ser humano (arts. 1º, 3º; 6º; 7º, 170 e 193, todos da CF).

---

(39) GOMES, Dinaura Godinho Pimentel. Direitos fundamentais sociais: uma visão crítica da realidade brasileira. *Revista de Direito Constitucional e Internacional.* São Paulo: Instituto Brasileiro de Direito Constitucional — IBDC, n. 53, p. 40-54, out./dez. 2005.

(40) Sobre este tema perante a legislação italiana, assinale: "Falar hoje de 'função social' em relação à propriedade e de 'utilidade social' em relação à iniciativa econômica privada significa falar de alguma coisa especial. Se, de fato, estrutura e função, representam, de um ponto de vista metodológico, a natureza de qualquer noção, para a propriedade assim como para a iniciativa econômica, o problema não é apenas metodológico e meramente classificatório, mas se configura como interpretativo e atuativo de fórmulas contidas em normas (arts. 42 e 41) de nível constitucional". PERLINGIERI, Pietro. *Pefis...,* p. 226.

(41) ROPPO, Enzo. *O contrato.* Tradução de Ana Coimbra e M. Januário C. Gomes. Coimbra: Almedina, 1988. p. 67.

(42) GRAU, Eros Roberto. *A ordem econômica na Constituição de 1988.* 6. ed. São Paulo: Malheiros, 2001. p. 269.

A partir desta concepção solidarista — reconhecimento do outro (*alteridade*) — e não numa visão isolada — mas relacionada — o trabalho há que ser tutelado como valor supremo. Aqui, válido afirmar, em concreto, que se a empresa vai mal, então, que prefira diminuir a margem de lucro, do que implementar, por exemplo, o *downsize* e a dispensa em massa. Ainda, nesse compasso, a empresa deve partilhar seus lucros (art. 7º, XI, da CF) com todos empregados que para eles concorreram, assegurando um ambiente de trabalho seguro e digno ao trabalhador, mesmo que isso possa implicar decréscimo (imediato) da sua rentabilidade.

Em tempos de desemprego estrutural, a função social da empresa é, também, representada pelo cumprimento integral dos direitos trabalhistas (art. 7º, da CF) e pela política de geração de pleno emprego (art. 170, VIII, da CF), procurando evitar, na medida do possível, a substituição do trabalhador pelos agentes de automação (art. 7º, XXVII, da CF).

Prestigiando a tese até aqui exposta, registre-se ementa do TST que aplicou esse quadro axiológico para tutelar empregada gestante abruptamente dispensada do trabalho:

"(...) A proteção constitucional à maternidade deve ser suportada por toda a sociedade e se manifesta também na função social da empresa. Quando o constituinte estabeleceu que a ordem econômica deve se atentar para o princípio da função social da propriedade (art. 170, III), atingiu a empresa que é uma das unidades econômicas mais importantes no hodierno sistema capitalista. Nessa direção Enzo Roppo observa, com acerto, que o atual processo econômico é determinado e impulsionado pela empresa, e já não pela propriedade em sua acepção clássica. Ao esquadrinhar a dicção do mencionado dispositivo constitucional, Eros Grau sublinha: 'o que mais releva enfatizar, entretanto, é o fato de que o princípio da função social da propriedade impõe ao proprietário — ou a quem detém o poder de controle, na empresa — o dever de exercê-lo em benefício de outrem e não, apenas, de não o exercer em prejuízo de outrem. Isso significa que a função social da propriedade atua como fonte da imposição de comportamentos positivos — prestação de fazer, portanto, e não, meramente, de não fazer — ao detentor do poder que deflui da propriedade'. Indubitavelmente, essa imposição de comportamento positivo ao titular da empresa, quando manifestada na esfera trabalhista, significa um atuar em favor dos empregados, o que, na prática, é representado pela valorização do trabalhador, por meio de um ambiente hígido, salário justo e, acima de tudo, por um tratamento que enalteça a sua dignidade enquanto ser humano (arts. 1º, 3º, 6º, 170 e 193, todos da CF)" (DALLEGRAVE NETO, José Affonso. *Responsabilidade civil no direito do trabalho*. 2. ed. São Paulo: LTr, 2007. p. 335). "(...) Tem-se por incabível exegese restritiva de norma constitucional que garante, de forma ampla, às empregadas gestantes a manutenção do emprego e a respectiva licença, quando o bem tutelado, em última análise, é a própria vida do nascituro. Apesar de a gravidez não ser patologia, trabalhadora grávida ostenta a mesma fragilidade laboral que se evidencia nos empregados acometidos por doença, sendo mínimas as chances de obter novo emprego enquanto perdurar o estado gravídico e o período de amamentação inicial — Que, não por acaso, coincide com o tempo da garantia de emprego. Recurso de revista conhecido, por divergência jurisprudencial, e não provido". (TST, RR 2211/2007-202-04-00.9, Terceira Turma, Rel. Min. Rosa Maria Weber, DEJT 27.11.09, p. 786.)

No campo da reparação do dano trabalhista, deve-se imperar a teoria objetiva, não só devido à *assunção do risco* da atividade econômica pelo empregador (art. 2º, *caput*, da CLT), mas, sobretudo, naquelas situações em que a atividade normalmente desenvolvida pela empresa implicar, por sua natureza, riscos para os direitos de outrem (parágrafo único do art. 927 do CCB). Tais posturas concretas e axiológicas encontram-se em estreita sintonia com o solidarismo constitucional, o qual pressupõe uma ordem econômica fundada na valorização do trabalho, na tutela do empregado e, conforme visto agora, na função social da empresa.

6. O MODERNO CONCEITO DE EMPRESA

Observa-se que o conceito de empregador, previsto na CLT, apresenta-se como "a empresa que assume os riscos da atividade econômica". Como se vê o empregador é a *empresa* por excelência, sendo os demais entes que contratam empregados, mas que não exerçam atividade econômica, considerados pelo legislador como "empregadores por equiparação". Tal consideração da empresa como empregador típico não se constituiu descuido do legislador, vez que, assim, ele também se referiu quanto à *sucessão,* ao preferir a expressão "sucessão de empresas" (arts. 10 e 448 da CLT), como assim também o fez quando aludiu à "extinção da empresa", no art. 502, da CLT.

Impend frisar que a característica da assunção do risco concerne a todos os empregadores e não apenas aqueles que exerçam atividade econômica, consoante observa Mauricio Godinho Delgado:

> Ao se referir à ideia de riscos, o que pretende a ordem justrabalhista é traduzir a ideia de responsabilização do empregador pelos custos e resultados do trabalho prestado, além da responsabilização pela sorte de seu próprio empreendimento. Desse modo, o princípio da assunção dos riscos efetivamente aplica-se mesmo àqueles empregadores que não exerçam atividade de natureza econômica, para os quais o trabalho não emerge como fator de produção (empregador doméstico; empregador público; entidades beneficentes, etc.).[43]

A propósito dessa inferência, invoque-se o § 1º do art. 2º da CLT, o qual *equipara* ao empregador os profissionais liberais, as instituições de beneficência, as associações recreativas ou outras *sem fins lucrativos.*

A identidade do empregador com a figura da *empresa* atrai, de forma sintomática, todo o arcabouço constitucional do art. 170, mormente para a esfera dos contratos de trabalho, reforçando, pois, nesta seara, a aplicação do solidarismo constitucional e seu quadro axiológico, máxime a função social da propriedade (art. 170, III).

---

(43) DELGADO, Mauricio Godinho. *Curso de direito do trabalho.* São Paulo: LTr, 2002. p. 383 e 384.

Parece-nos emblemático lembrar o movimento iniciado na Itália e desembocado no novo Código Civil que altera o sujeito da relação econômica, substituindo a figura do comerciante pela do *empresário*.

Para Francesco Galgano, enquanto as relações de comércio pressupõem um modo de operar do sujeito individual em relação a outro sujeito individual, o conceito de empresa revela a relação entre indivíduo e sociedade.

Cristiane Waldraff lembra que, no Brasil, o instituto da propriedade sofreu importante impacto da noção de função social, a partir da Constituição de 1988. A transposição da noção clássica de gozo e disposição, quase absoluta, para uma visão socialmente engajada e relativizada implicou uma ruptura conceitual (da propriedade)[44].

Ao produzir riqueza, a empresa está trazendo um resultado útil a toda a coletividade e, nessa medida, quanto maior sua função de agente criador de prosperidade econômica para a coletividade, mais se justifica um tratamento vantajoso por parte do ordenamento jurídico.

Com efeito, a prosperidade coletiva (*v. g.*: geração de empregos e riquezas) deve ser identificada como resultado natural da atividade do empresário[45]. Nesse sentido o novo Código Civil brasileiro, por inspiração do Código Civil italiano[46], conceitua a figura do empresário:

Art. 966. Considera-se empresário quem exerce profissionalmente atividade econômica organizada para a produção ou a circulação de bens ou de serviços.

Observa-se que o conceito de empresa propriamente dito foi omitido pelo novo Código Civil, podendo ser encontrado, contudo, na Lei n. 4.137/62 que trata da repressão ao abuso do poder econômico. O seu art. 6º reza: "considera-se empresa toda a organização de natureza civil ou mercantil destinada à exploração por pessoa física ou jurídica de qualquer atividade com fins lucrativos". A doutrina se aproxima desse conceito legal ao estabelecer que a empresa é a "unidade organizada e organizadora de um conjunto de meios materiais e humanos tendentes à obtenção de um fim", nas palavras de Camps Ruíz[47].

Como se vê, o papel do empresário é o de estruturar a produção ou circulação de bens ou serviços para oferecê-los ao mercado consumidor com preços competitivos e qualidade comprovada. Neste contexto, verifica-se nova exigência do consumidor consciente, a de que o empresário fornecedor pratique e ostente responsabilidade social. Para tanto, é preciso bem articular os quatro fatores de produção: capital, insumos, tecnologia e mão de obra[48].

---

(44) WALDRAFF, Cristiane Budel. *Contrato de trabalho e crise econômica da empresa*. Curitiba: Juruá, 2009. p. 29.
(45) GALGANO. Francesco. Diritto commerciale: l'imprenditore. 5. ed. Bologna: Zarichelli, 1996. p. 105. *Apud* RIBEIRO, Márcia Carla Pereira. *Op. cit.*, p. 172.
(46) O art. 2.082 do Código Civil Italiano enuncia que empresário é quem exercita profissionalmente atividade econômica organizada com o fim de produção ou de troca de bens ou de serviços.
(47) RUÍZ, Camps. *Régimen laboral de la transmisión de empresa*. Valencia: Tirant Lo Blach, 1993. p. 23/24.
(48) COELHO, Fábio Ulhoa. *Manual de direito comercial*. 14. ed. São Paulo: Saraiva, 2003. p. 3/4.

Insta observar que o conceito liberal e proprietista de empresa, como o meio pelo qual o empresário obtém lucro em manifestação de um direito absoluto de propriedade, também se modifica diante dos novos princípios trazidos pela Constituição Federal de 1988 e pelo Código Civil[49] de 2002.

Hodiernamente, a verdadeira e lídima empresa é vista como uma instituição social, sendo inelutável sua função social e de valorização do trabalho, conforme se depreende da aplicação do art. 170, e incisos, da Carta Constitucional, sobretudo porque é nela que se aloca a maior parte da mão de obra produtiva do país, porque é ela a fornecedora de bens e serviços necessários à sociedade e ela que arrecada os tributos que compõem o patrimônio do Estado[50].

Assim, na mesma medida em que a empresa colabora diretamente para a prosperidade coletiva, ela deve ser protegida pelo sistema jurídico, seja na forma de políticas fiscais, seja como sujeito de direito que merece tratamento digno, máxime quando vista como instrumento de realização de cidadania a todos os seus integrantes, colaboradores e parceiros.

Sobre o tema observa Gustavo Tepedino:

> As lesões atinentes às pessoas jurídicas, quando não atingem, diretamente, as pessoas dos sócios ou acionistas, repercutem exclusivamente no desenvolvimento de suas atividades econômicas, estando a merecer, por isso mesmo, técnicas de reparação específicas e eficazes, não se confundindo, contudo, com os bens juridicamente traduzidos na personalidade humana.
>
> (...) A empresa privada, na esteira de tal perspectiva, deve ser protegida não já pelas cifras que movimenta ou pelos índices de rendimento econômico por si só considerados, mas na medida em que se torna instrumento de promoção dos valores sociais e não patrimoniais.[51]

Na mesma proporção que se defende a diminuição do tamanho do Estado e o alargamento da iniciativa privada, como quer a ideologia Neoliberal, deve-se, também, pugnar pela maior responsabilidade social da empresa e pelo fomento do Terceiro Setor como formas de redução da tensão social provocada pelo hiato estatal. E isso não é apenas uma questão de lógica, mas de coerência científica (se é que existe coerência na ideologia e na racionalidade do mercado).

Nessa esteira funcional, justifica-se a postura do legislador em impor limitações na atuação do empresário, tais como a *disregard doctrine* e a *ultra vires societatis*; vedação

---

(49) Nesse sentido é o art. 1.228 do Código Civil: "O proprietário tem a faculdade de usar, gozar e dispor da coisa, e o direito de reavê-la do poder de quem quer que injustamente a possua ou detenha. § 1º O direito de propriedade deve ser exercido em consonância com as suas finalidades econômicas e sociais e de modo que sejam preservados, de conformidade com o estabelecido em lei especial, a flora, a fauna, as belezas naturais, o equilíbrio ecológico e o patrimônio histórico e artístico, bem como evitada a poluição do ar e das águas".
(50) RIBEIRO, Márcia Carla Pereira. *Sociedade de economia mista e empresa privada*: estrutura e função. Curitiba: Juruá, 1999. p. 171.
(51) TEPEDINO, Gustavo. A tutela da personalidade no ordenamento civil-constitucional brasileiro. In: *Temas de direito civil*. Rio de Janeiro, Renovar, 1999. p. 52 e 53.

à concorrência desleal prevista na lei antitruste[52]; coibição de propaganda enganosa e controle de qualidade dos produtos e serviços, conforme previsão do Código de Defesa do Consumidor.

Na órbita dos contratos de trabalho, o empresário deve dar efetividade ao cumprimento da legislação trabalhista, não podendo praticar atos atentatórios à dignidade do trabalhador, tais como o *mobbing*, o assédio sexual, as dispensas discriminatórias ou mesmo os abusos decorrentes de seu poder de direção (*jus variandi*).

Arion Mazurkevic lamenta o fato de a doutrina e a jurisprudência trabalhista, de uma maneira geral, não estarem atentas para este novo paradigma constitucional:

> O Direito do Trabalho continua a ser interpretado exclusivamente com base na legislação ordinária, olvidando-se que desde 1988 vigora em nosso país uma nova ordem constitucional, fundada nos princípios do Estado Democrático de Direito, comprometido com a efetividade da igualdade material. Ao contrário, verifica-se uma tendência justificada mais no fenômeno denominado de 'globalização', sustentada na política capitalista denominada "neoliberalismo" e que tem como meta a flexibilização e a desregulamentação da legislação trabalhista, como se no âmbito das relações de trabalho tivesse deixado de existir a desigualdade material e a opressão do economicamente mais forte sobre a parte mais fraca da relação.[53]

Américo Plá Rodriguez, em sua clássica obra *Princípios de direito do trabalho*, 3. ed. publicada no ano 2000, observou a atual fase de tensão vivida pelo Jus Laboral: "reconhecida a existência da globalização, convém assinalar que a linha de argumentação, a que muita gente costuma recorrer, é muito esquemática e por demais simplificada: a globalização gera competitividade e esta conduz à flexibilidade trabalhista"[54]. O referido argumento simplista (competitividade da empresa = flexibilização de direitos trabalhistas) deve ser posto em xeque ante três razões aduzidas pelo jurista uruguaio:

A *primeira* é a inexistência adequada de uma pesquisa sobre o impacto que o fator trabalho exerce sobre o custo final do produto, haja vista a presença de outros

---

(52) A Lei Antitruste, n. 8884/94, visa coibir a concorrência desleal resultante da combinação ardilosa de empresas para controle de preços. Caso emblemático foi registrado pela imprensa (*Gazeta do Povo*, 7.10.04 — Jornalista Audrey Possebom e Agências), quando o CADE — Conselho Administrativo de Defesa Econômica manteve a decisão de vetar a compra da empresa Chocolates Garoto pela empresa Nestlé. Em decisão tumultuada, no dia 5.10.04, o CADE negou por 3 votos a 2, o pedido de reapreciação do processo de compra feito pela Nestlé, vez que as duas juntas detêm mais da metade do mercado total de chocolates, evitando assim a alta concentração do mercado (concorrência desleal).

(53) MAZURKEVIC, Arion. A boa-fé objetiva: uma proposta para reaproximação do direito do trabalho ao direito civil. In: DALLEGRAVE NETO, José Affonso; GUNTHER, Luiz Eduardo (coords.). *O impacto do novo Código Civil no direito do trabalho*. São Paulo: LTr, 2003. p. 358.

(54) RODRIGUEZ, Américo Plá. *Princípios de direito do trabalho*. Tradução de Wagner Giglio. 3. ed. 2000, 2. tir. 2002. p. 72. Registre-se que a 1. ed. foi escrita em 1978.

elementos, como a matéria-prima, estrutura industrial, influência de uma boa-organização empresarial, gastos financeiros, impostos e lucro do empresário[55].

A *segunda* razão consiste na repercussão sobre o bom rendimento do trabalhador, de seu estado de espírito, de seu grau de contentamento com o salário e demais condições de trabalho, não se podendo ignorar que a plena satisfação do trabalhador implica resultado mais benéfico à produção e à empresa.

Finalmente, a *terceira* razão levantada por Rodriguez é de que o aprimoramento da empresa para um mercado competitivo não deve ser feito em detrimento da proteção do trabalhador[56]. É que o trabalho humano não deve ser tratado como mercadoria, nem estar sujeito às leis do mercado. Sendo um ser humano, o trabalhador é portador de uma *dignidade essencial* que deve ser respeitada em qualquer circunstância[57].

Eis, pois, a ideação que retrata o perfeito alcance do art. 170, *caput* e inciso III, da Carta Constitucional Brasileira, na parte que propugna por uma ordem econômica fundada na valorização do trabalho humano aliada à função social da propriedade.

7. ÉTICA, SUSTENTABILIDADE E RESPONSABILIDADE SOCIAL

Na atual conjuntura socioeconômica, verifica-se o aparecimento de um importante segmento empresarial que se preocupa em aplicar a Ética nas empresas e nos negócios (*business*). Consoante observa Francis Aguilar, a empresa ética é definida como aquela que conquistou o respeito e a confiança de seus empregados, clientes, fornecedores e investidores, ao estabelecer um equilíbrio aceitável entre seus interesses econômicos e os interesses de todas as partes afetadas, quando toma decisões ou empreende ações[58].

Hoje é comum dizer que a moderna empresa ética se pauta na tripla linha de fundo (*triple bottom line*) que pressupõem a conciliação do desempenho econômico, ambiental e social. Com outras palavras é a ênfase nos três "Ps": *people, planet and profit* (pessoas, planeta e lucro).

Em igual sentido, Joaquim Manhães Moreira assevera que o agir ético se configura quando a empresa age em conformidade com os princípios morais e as regras do bem proceder aceitas pela coletividade, sendo o cumprimento da lei um de seus principais deveres éticos[59].

---

(55) Idem.
(56) Ibidem, p. 73.
(57) Idem. Américo Plá Rodriguez completa sua ideia, assim: "A competitividade deve ser canalizada para a melhoria da qualidade do produto, do aperfeiçoamento do sistema e do processo produtivo, da oportunidade da entrega, da adaptação às necessidade e às preferências do *mercado*, da eficácia do sistema de comercialização. Em vez de descarregar o peso dessa competitividade nos ombros do pessoal, deve-se reclamar dos empresários esforços de criatividade, busca de informação, espírito de risco que conduza à melhoria das condições de luta no mercado". *Op. cit.*, p. 74.
(58) AGUILAR, Francis J. *A ética nas empresas*. Tradução de Ruy Jungmann. Rio de Janeiro: Jorge Zahar, 1996. p. 26.
(59) MOREIRA, Joaquim Manhães. *A ética empresarial no Brasil*. São Paulo: Pioneira Thomson Learning, 2002. p. 28 e 39.

Somente assim podemos dizer que a empresa terá sustentabilidade plena, a qual envolve não apenas a sua suportabilidade material (recursos e insumos), mas, acima de tudo, compromisso social perante seus parceiros internos (empregados e empresas terceirizadas) e segurança para com os parceiros externos (fornecedores e investidores). Aliado a tudo isso, o produto e o serviço apresentados pela empresa devem ser resultado, de tecnologia capaz de ser constantemente aprimorada. Ao preencher tais pressupostos (suportabilidade material, compromisso social, segurança e tecnologia evolutiva), a empresa ostentará credibilidade ao cliente-consumidor, fechando o ciclo da sustentabilidade plena.

Marta Tonin bem descreve que a sustentabilidade é o resultado das ações humanas fundadas na ética e tem por base a transversalidade das políticas públicas. Assim, complementa a professora, "há que se fomentar parcerias entre o público e o privado, isto é, entre as empresas e o terceiro setor, entre o Estado (nos três níveis de atuação) e as empresas, independentemente do patamar de crescimento em que estas se encontram (pequeno, médio ou grande porte), porque o fundamental é subsidiar o social"[60].

Em tempos atuais de pós-modernidade e de niilismo, não há mais verdade absoluta ou eterna. Nada mais é universal, tudo é relativo, plural e aceitável. Sobre o tema, Stanley Grenz observa:

> A obra de Derrida, Foucault e Rorty reflete o que parece ter se tornado o axioma central da filosofia pós-moderna: "Tudo se resume à diferença". Essa visão bane o "uni" de "universo" que buscava o projeto do Iluminismo. Ela abandona a procura por um significado unificado da realidade objetiva. Segundo essa visão, o mundo não possui centro algum, somente pontos de vista e perspectivas distintas.[61]

Nessa esteira, até mesmo o conceito de ética se esvai e o que se vê, hoje, é um "vazio ético" em plano universal e alguns arremedos de *éticas aplicadas* e *setoriais*: bioética, ética na mídia, na política e na empresa. A propósito dessa nova fase de conceitos fragmentados, a pensadora francesa, Jacqueline Russ, observa[62]:

> (As éticas aplicadas) exprimem, de maneira frequentemente confusa, a desordem de um tempo que, na ausência de referências fixas, esforça-se em tomar o futuro a seu encargo. Às vezes submetidas às modas do

---

(60) TONIN, Marta Marília. Ética empresarial, cidadania e sustentabilidade. In: *Anais do XV Encontro Preparatório para o Congresso Nacional do CONPEDI*. Florianópolis: Boiteux, 2006. p. 211 (anexo do texto em CD-Rom que acompanha a revista).

(61) STANLEY, Grenz J. *Pós-modernismo*. Um guia para entender a filosofia de nosso tempo. São Paulo: Vida Nova, 2008. p. 20.

(62) RUSS, Jacqueline. *Pensamento ético contemporâneo*. Tradução: Constança Marcondes César. São Paulo: Paulus, 1999. p. 168. Acrescenta a pensadora francesa: "numa palavra, comunicação, responsabilidade e imperativo hipotético (bem mais que categórico) regem nossa moderna ética da empresa".

momento, supõem, contudo, um certo *retorno da moral*, numa época nutrida por inquietudes difusas e por angústias, concernentes ao *ad-vir* distante do homem.

Desse cenário advém uma inquietação: tais movimentos segmentados constituem-se "éticas autênticas" ou serão meros "códigos deontológicos", também chamados de "teoria (*logos*) do que se deve fazer (*deon*)"?

Especificamente quanto à ética da empresa, Russ constata que ela também obedece à busca do interesse global, esforçando-se em conciliar as necessidades do produtor com a do consumidor[63].

Não há como negar que o conceito de ética empresarial está intimamente relacionado ao conceito de responsabilidade social e transparência no cumprimento das obrigações.

Nesse sentido, adverte Fernanda Borba:

> No Brasil e no Mercosul, no momento em que as empresas em suas campanhas de *marketing* fazem referência expressa à "responsabilidade social", é fundamental que a sociedade — em especial o referido coletivo de consumidores e os sujeitos da relação de trabalho —, conscientize-se de que ser socialmente responsável não é apenas cumprir a lei e fazer filantropia. Mais que isso, é sim ser fator de não degradação e de promoção do *plus* social voluntário, características da RSE (Responsabilidade Social Empresarial).[64]

Não se ignore que a questão ética perpassa a questão da confiança negocial. Assim, a empresa não pode pautar suas condutas na desconfiança ou na presunção de que seus parceiros e empregados são ímprobos. A presunção ética, moral e legal é e deve ser a de que todos são inocentes e agem de boa-fé, até que se prove o contrário.

A propósito dessa assertiva, registre-se a notícia veiculada pelo *site* do TST, em junho de 2004, informando que a 3ª Turma manteve a condenação imposta por danos morais causados a um ex-empregado submetido a castigos físicos por um gerente[65]. No caso particular, o reclamante, um vendedor, era colocado em situação vexatória nas dependências da empresa, na presença de outros colegas, como *v. g.*: esforço físico de braços com apoio sobre o solo ou corridas com a roupa de trabalho quando as metas de vendas não eram cumpridas.

Na mesma edição[66], o TST publicou outra notícia informando que uma empresa foi condenada pela 1ª Turma do TST a pagar a uma ex-empregada indenização decor-

---

(63) *Ibidem*, p. 161.
(64) BORBA, Fernanda. Acerca da responsabilidade social da empresa. In: *RDT — Revista de Direito do Trabalho*, Brasília: Consulex, 14-5/23, 31.5.08.
(65) Notícias do TST. 15 de junho de 2004. Disponível em: <www.tst.gov.br>. A matéria veio assim intitulada *Antártica é condenada por impor castigo a funcionário*. Processo AIRR 2680/2002-921-21-00.6.
(66) Notícias do TST. 15 de junho de 2004. Disponível em: <www.tst.gov.br>. A matéria foi assim epigrafada: *TST condena empresa por realizar revista visual em empregada*. Trata-se da empresa Reydrogas Comercial Ltda.

rente de dano moral por compelir a vítima a duas vistorias diárias, tendo que levantar a blusa e baixar a calça diante de uma supervisora. Conforme bem asseverou o Relator, Ministro João Oreste Dalazen, "nem em nome da defesa do patrimônio, tampouco por interesse supostamente público pode-se desrespeitar a dignidade humana".

O movimento *ética na empresa* é válido quando o seu propósito de agir-virtuoso for real e não dissimulado.

A expressão "agir-virtuoso" decorre da concepção ética de Aristóteles, em seu clássico "Ética a Nicômaco". Nessa obra, o pensador sustenta que a virtude "é um meio-termo entre dois vícios, um por excesso e outro por falta, pois nos vícios ou há falta ou há excesso daquilo que é conveniente no que concerne às ações e às paixões, ao passo que a virtude encontra e escolhe o meio termo". Assim, arremata Aristóteles, "em relação ao medo e à temeridade, a coragem é um meio-termo"[67].

Em estudo realizado por Marcos Piccini da consultoria Hay Group, em 185 empresas brasileiras, constatou-se que o lucro das 35 empresas que melhor tratavam seus funcionários era 38% maior que o da média[68].

Enquanto a ética é um valor que inspira o agir virtuoso da empresa, a responsabilidade social é um compromisso assumido e ostentado por ela. Assim, os dividendos oriundos da "boa imagem ética da empresa" devem ser sempre uma consequência e não um fim em si mesmo. Do contrário, teremos uma situação grosseira em que legitimaremos a conhecida e insidiosa estratégia "do lobo que se traveste de cordeiro", o que é inadmissível:

AÇÕES DE RESPONSABILIDADE SOCIAL. PARTICIPAÇÃO DOS EMPREGADOS. REMUNERAÇÃO. A participação de empregados em festas e eventos beneficentes reverte, sem dúvida, em bons resultados para a empresa, em termos de imagem no mercado. A atenção especial dedicada pelas empresas às ações voltadas à responsabilidade social não deve ser creditada apenas à sua benemerência, mas, antes, ao desejo de ter o nome da empresa associado às boas ações, com inegáveis reflexos nos resultados do empreendimento. Assim, quando "convida" seus empregados a participar dos eventos, com certeza "recomenda" que usem crachás, camisetas, ou qualquer outra espécie de acessório que permita a visualização do logotipo da empresa. Dessa forma, assegura que os créditos pela boa ação não sejam atribuídos apenas ao empregado, mas também, e principalmente, ao empregador que está ali representado. A divulgação do nome do patrocinador ou doador, como forma de reforçar sua imagem ou marca, é característica da chamada "era do *marketing* cultural", sob a conotação de responsabilidade social empresarial. As iniciativas, conquanto elogiáveis por fazerem com que a propriedade e a empresa cumpram a função social que lhes destina a Constituição Federal, não podem resultar em vantagem indevida ao empresário, consistente na obtenção de mão deobra gratuita. Recurso provido, no particular, para acrescer à condenação horas extras pelo trabalho em festas e eventos beneficentes (TRT/9ª Região, 2ª Turma, 01268.2002.023.09.00.3, ACO. 18856.2005. Rel. Marlene T. Fuverki Suguimatsu, DJPR 26.7.05).

---

(67) ARISTÓTELES. *Ética a Nicômaco*. São Paulo: Martin Claret, 2001. p. 49 e 50.
(68) BEGUOCI, Leandro. Pressão cotidiana ou humilhação continuada? *Folha Sinapse*, n. 37, p. 14 , 26 jul. 2005.

Como se vê, seja pelo viés ético ou jurídico, são inadmissíveis os abusos de poder do empregador, tais como revistas íntimas ao final do expediente, castigos por descumprimento de metas, assédio no ambiente de trabalho ou qualquer outro constrangimento infligido ao trabalhador que possam molestar a sua honra e dignidade.

Ao invés de exaurir toda a energia do trabalhador contratado, a empresa ética busca o bem-estar de todos os seus parceiros, propiciando e estimulando o lazer, a cultura e os valores metamateriais (espirituais) que dignificam o homem. Não por acaso que a Constituição Federal impõe à ordem social e econômica do nosso país o primado da valorização do trabalho humano, do bem-estar e da justiça social (arts. 170 e 193). A empresa ética aplica esses princípios em seus estabelecimentos.

Não se negue que a figura do presidente, diretor, gerente, CEO, enfim, de quem tem o compromisso de conduzir os destinos da empresa, também precisa estar imbuído da boa maneira de agir com os empregados (desde o trato comunicativo até a garantia aos mais elementares direitos como o respeito, a dignidade, a liberdade com responsabilidade, até aqueles constantes nas leis trabalhistas); é o mote para configurar a existência de posturas éticas no seio da atividade empresarial[69].

8. Código de conduta ética nas empresas

Hoje já é comum, em grandes corporações, a contratação do deontologista, profissional incumbido de implementar e manter um código de conduta ética capaz de imprimir transparência em relação aos compromissos assumidos pela empresa e, em especial, aos deveres éticos dela e de seus colaboradores. Fernanda Borba observa que tais práticas são, na maioria da vezes, estratégias de *marketing*, em especial, porque surgem "como resposta de alguma publicidade negativa em razão de descumprimento das obrigações sociais"[70].

Contudo, não dá para generalizar essa ideia pessimista. Um caso que ficou famoso no mundo inteiro ocorreu em 1982 quando um psicopata envenenou várias cápsulas do remédio Tylenol, campeão de vendas da Johnson & Johnson.

Oito pessoas morreram em Chicago por causa disso. Ao tomar conhecimento do fato a bordo de um avião de carreira, o CEO da empresa, James Burke, ao descer da aeronave ordena o recolhimento de todos os produtos da marca, onde quer que estivessem e independente da data de fabricação. Aliado a isso, prestou informação transparente ao público. Sua decisão trouxe prejuízo enorme aos acionistas, além dos transtornos das centenas de ordens e contraordens perturbadoras, contudo, o que motivou a decisão de Burke foi prestigiar e cumprir o Código de Conduta Ética da

---

(69) TONIN, Marta Marília. Ética empresarial, cidadania e sustentabilidade. In: *Anais do XV Encontro Preparatório para o Congresso Nacional do CONPEDI*, Florianópolis: Fundação Boiteux, 2006. p. 211 (anexo do texto em CD--Rom que acompanha a revista).
(70) BORBA, Fernanda. Acerca da responsabilidade social da empresa. In: *RDT — Revista de Direito do Trabalho*, Brasília: Consulex, 14-05/23, 31.5.08.

empresa na parte que diz: "priorizar os seus clientes: médicos, enfermeiras e pacientes... pais e mães e todos os que utilizam nossos produtos e serviços". Entre priorizar os acionistas ou os clientes; entre o interesse econômico e o ético, Burke prestigiou o ético e defendeu os clientes. A atitude trouxe repercussão positiva e credibilidade da marca Johnson & Johnson.

Um exemplo brasileiro de agir ético envolve o banqueiro Fábio Barbosa do antigo Banco Real, hoje Santander. A imprensa divulgou que, sob o comando de Barbosa, o Real lançou uma carteira de produtos socioambientais que inclui de financiamento para projetos de energia alternativa a fundos de investimento em empresas comprovadamente éticas e microcrédito. O banco também se orgulha de negar financiamento a companhias e projetos potencialmente danosos ao meio ambiente, como madeireiras não certificadas[71].

Registre-se também a existência de casos negativos, como aquele que envolveu a empresa Becton Dickinson. Após divulgar aparente compromisso ético na mídia, acabou descumprindo o prometido em flagrante ofensa à boa-fé e confiança negocial. Vamos aos fatos e à decisão judicial.

A empresa fez publicar na mídia (*Jornal Gazeta do Povo*, 18.8.03) a seguinte matéria:

> Empresas demitem para ajustar quadro ao mercado.
>
> A Becton Dickinson demitiu 57 dos 453 empregados de sua fábrica na Cidade Industrial de Curitiba. Para amenizar o problema dos funcionários demitidos a empresa pagou, além das verbas rescisórias normais, mais um salário por ano trabalhado e estendeu por um mês a vigência do plano de saúde.

A partir dessa declaração que visava passar a ideia de empresa com responsabilidade social, os empregados despedidos criaram uma expectativa plausível de que iriam receber as benesses prometidas (um salário por ano e mais um mês de plano de saúde). Contudo, não foi o que ocorreu. A empresa não fez jus a palavra empenhada ensejando o ajuizamento de Ação Trabalhista[72], cujo Acórdão se transcreve:

> Boa-fé. Responsabilidade Social. Promessa veiculada na imprensa. Indenização devida.
>
> Quando propaga a informação de que indenizará trabalhadores que se vê obrigada a dispensar, a empresa tem o claro objetivo de elevar seu conceito em termos de responsabilidade social, aspecto que inclui a promoção do emprego e a proteção contra o desemprego, nos termos da Convenção n. 168, da OIT. Não é legítimo que apenas exiba esse aparente compromisso ético e, mais tarde, recuse-se a indenizar com o argumento de que a notícia foi distorcida pelo órgão de imprensa. Se a matéria contém algum dado inverídico, a empresa deve manejar os instrumentos legais para obter a correção ou

---

(71) *Revista Época*, Seção Negócios. Fevereiro de 2008. Data de publicação: 25.2.08. Disponível em: <http://epocanegocios.globo.com/Revista/Epocanegocios/0,,EDG81963-9560-12,00.html>.

(72) *Esta ação trabalhista foi patrocinada pelo nosso escritório.* Disponível em: <www.dallegrave.com.br>.

retratação. O que não se admite é a alegação, absolutamente despida de boa-fé, de que jamais autorizou a publicação de matéria jornalística em que é nítida a intenção de aprimorar a imagem de empresa socialmente responsável. Recurso a que se dá provimento para condenar a ré ao pagamento de indenização, nos termos noticiados. (TRT--PR 17050-2004-009-09-00-6-ACO-26.767-2007, 2ª Turma, Marlene T. F. Suguimatsu, DJPR 21.9.07.)

Como se vê, as declarações constantes dos códigos de conduta ética vinculam a empresa, mormente em face do princípio da boa-fé que deve nortear todas as relações obrigacionais (art. 422, CC). Assim, eventual descumprimento do declarante ensejará a interposição de ação reparatória por partes das vítimas.

Conforme assinala Adela Cortina, se de um lado não há como precisar (ou regulamentar) com exatidão como se dará, nos casos concretos a articulação da racionalidade comunicativa com a racionalidade estratégica, de outro lado, é possível concluir que a tarefa deontológica consiste na elucidação do sentido e do fim da atividade empresarial, além de propor orientações e valores morais específicos para alcançá-los[73].

---

(73) CORTINA, Adela. *Ética de la empresa*. Claves para una nueva cultura empresarial. Madrid: Trotta, 2005. p. 78-80.

DANO MORAL (COLETIVO) DECORRENTE DE DESCUMPRIMENTO DA LEGISLAÇÃO TRABALHISTA

Marcos Neves Fava[(*)]

> *"O vilipêndio às leis e direitos trabalhistas não atinge a coletividade, cabendo aos órgãos públicos as providências legais para apuração de irregularidades."*
> Desembargadora Lilian Ligia Ortega Mazzeu[(1)]

> *"Como é óbvio, não se pretende dizer que o juiz deve pensar o processo civil segundo seus próprios critérios. O que se deseja evidenciar é que o juiz tem o dever de interpretar a legislação processual à luz dos valores da Constituição Federal"*
> Luiz Guilherme Marinoni[(2)]

1. DELIMITAÇÃO DO TEMA

A descoberta de que o trabalhador tem honra é relativamente recente, no panorama jurisprudencial brasileiro.

Há uma década, não se cogitava, no quotidiano do foro, a ideia de pedidos de reparação de danos morais. E não se está, aqui, a referir os que decorrem de doenças e acidentes profissionais, que, por força de interpretação equivocada, corriam sob a competência da justiça comum estadual. Fala-se do enorme rol de hipóteses de violação à honra pessoal do trabalhador, a urgir conserto.

(*) Juiz do Trabalho titular da 89ª Vara de São Paulo. Mestre e doutor em direito do trabalho pela Faculdade de Direito da Universidade de São Paulo (USP). Professor de Direito Processual do Trabalho na Faculdade de Direito da Fundação Armando Álvares Penteado (FAAP). Membro do Instituto Brasileiro de Direito Processual.
(1) Relatora do recurso ordinário no processo 00282200805502008, voto que foi acolhido por unanimidade pela 8ª Turma do Tribunal Regional do Trabalho da Segunda Região, sessão de 23 de setembro de 2009.
(2) *Técnica processual e tutela de direitos*. 3. ed. rev. e atual. São Paulo: Revista dos Tribunais, 2010. p. 171.

Como toda inovação, no campo judiciário, tende a ampliar-se, com o passar do tempo, chegando-se a um cume de exagero, para, pela prudência — *jurisprudência* — estabilizar-se. Famoso exemplo do direito norte-americano consumeirista é o do proprietário de um automóvel caro, que se viu indenizado em mais de dois milhões e meio de dólares, porque sua honra fora vilipendiada, ao descobrir que o carro comprado como novo havia sofrido um *arranhão* na pintura, mascarado pelo vendedor concessionário.

Ocorre que, no plano das relações do trabalho, mal nasceu o instituto e já estão a propagandear a data de seu velório. Retira-se de julgado do Tribunal Regional do Trabalho de São Paulo[3]:

> Importante salientar nesta oportunidade que a partir de meados do ano passado (isto é, 2008) este Regional vem sendo assolado por inúmeros processos pleiteando a reparação por dano moral originários de situações corriqueiras, que de fato não geraram qualquer consequência palpável que a justificasse, as quais outrora passariam totalmente despercebidas, correndo-se o risco de haver a total banalização deste, que deve ser coibida por este Colegiado.

Isto que "outrora passaria totalmente" despercebido converte-se, hodiernamente, em tema de recorrente repetição, presente em quase todas as reclamações trabalhistas. Os motivos são variados: despedimento sem pagamento de rescisórias, quebra da isonomia, acidente ou doença profissionais, justa causa infundada, menoscabo, xingamentos, assédio moral etc.

Não é tempo, *venia concessa* ao pensamento expressado pelo julgamento agora transcrito, de coibir o exercício desta exigência de reparação dos danos morais, recém--aceitos (recém-descobertos) em seara trabalhista. Pelo contrário, o primeiro influxo contempla, mesmo, abusos e excessos, que se adequam com o assentamento da jurisprudência. Coibir, não.

Estas abreviadas linhas pretendem apreender em que medida os ilícitos trabalhistas, de per si, implicam dano moral, quer contra o indivíduo que teve seus direitos vilipendiados, quer contra a sociedade.

2. RELAÇÃO DE TRABALHO E LITÍGIO

Já escrevi que o direito do trabalho não foi feito para ser cumprido[4], com o que não delimitei qualquer novidade no panorama da construção do direito de resistência, que configura este ramo das ciências jurídicas.

---

(3) Do voto prevalente, no recurso ordinário no processo 00282200805502008, da 8ª Turma do Tribunal Regional do Trabalho da Segunda Região, sessão de 23 de setembro de 2009.
(4) Em minha tese de doutoramento, apresentada à Faculdade de Direito da USP em junho de 2009, publicada pela LTr, com o título *Execução trabalhista efetiva*, no mesmo ano.

A legislação trabalhista não resultou da descrição dos fenômenos jurígenos desse campo de atuação do direito, como ocorreu com outros ramos do direito, mas, a partir de uma concepção de mudança do patamar civilizatório da sociedade, criou novas condições — não o ser, mas o dever-ser — de trabalho, impondo-as aos sistemas produtivos. Restringiu o poder de contratar, imiscuiu-se na intimidade das avenças entre empregado e empregador. Limitou o *jus variandi*. Impôs parâmetros que as partes não podem negociar. Com este perfil, torna-se frequentemente vítima da omissão de seus destinatários a seu cumprimento.

O direito do trabalho não pode constituir força simbólica, mas deve ser efetivado. Não há espaço para promessas vazias e expectativas, para programas e intenções. Isto porque o trabalho é o homem, dele não se dissocia, não se afasta; dele faz parte, na medida em que a força (braçal, intelectual) cedida no contrato não desintegra o homem, vende-se parte dele, à disposição do comando empregatício. Trabalho subordinado, por alteridade, constitui-se justamente pela disponibilidade *do trabalhador* às ordens do empreendedor. Não se pode deixar à disposição a força, o pensamento, a capacidade profissional, sem disponibilizar-se, de igual modo, o próprio homem.

Ao reverso dos contratos em geral, que se baseiam na aproximação de interesses, na comunhão de objetivos, o contrato de trabalho aproxima os opostos. De um lado, o capital, cuja existência depende de aprimoramento constante do binômio *custo--benefício*, o que o leva a desejar, dos meios da produção, maior e mais barata efetividade possíveis; de outro, o trabalho, buscando proteger-se de toda e qualquer exploração que se torne insuportável e inadmissível. A um interessa pagar o menos, para obter o mais, ao outro, fazer o mínimo, para ganhar o máximo.

A proximidade dos antagônicos converte o contrato de trabalho num palco de conflitos constantes, imanentes e não acidentais. Ocorre, dispensável demonstrar, que a desigualdade dos contratantes expõe a riscos muito maiores o trabalho do que o capital, porquanto a parte *hipossuficiente*, por *depender* dos meios da produção que são de titularidade da outra (hiperssuficiente), subordina-se, simplesmente. A disponibilidade de mão de obra em número superior à demanda dos empreendimentos, a que Marx identificou como o 'exército de disponíveis', o que decorre do acirramento das crises econômicas, da evolução tecnológica e do desemprego estrutural, piora esta precária situação do contratado.

Cesarino Júnior definia o direito do trabalho, a que chamava "direito social" como sendo

> a ciência dos princípios e leis geralmente imperativas, cujo objetivo imediato é, tendo em vista o bem comum, auxiliar as pessoas físicas, dependentes do produto de seu trabalho para subsistência própria e de suas famílias, a satisfazerem convenientemente suas necessidades vitais e a ter acesso à propriedade privada.[5]

---

(5) *Direito social*. São Paulo: LTr/EDUSP, 1980. p. 48/49.

Repita-se: auxiliar a satisfazerem convenientemente as necessidades vitais e ter acesso à propriedade privada.

O *caput* do art. 7º da Carta Política democrática de 1988 identifica o rol primário dos direitos sociais do trabalhador, cuja finalidade, segundo a letra da Constituição, é a melhoria de sua condição social. Não há *melhora da condição social* sem garantia de acesso à propriedade privada, aos bens da vida. Não por outra que Mário Garmendia Arigón[6] enfatiza:

> A grande contribuição que dá o direito do trabalho para a evolução do pensamento jurídico é precisamente a de questionar o sentido e os conteúdos que a escola liberal havia atribuído à noção de ordem pública e postular sua redefinição a partir de premissas e finalidades substancialmente distintas das anteriores. É o surgimento do que haveria de se denominar a *ordem pública social*.

Expressivas, pois, duas características para esta relação contratual, o contrato de emprego, cuja morte vem, desde sua criação, sendo anunciada insistentemente, mas que não mitiga, enquanto preponderar o regime de organização capitalista da economia, a perene litigiosidade e sua dimensão social.

Não há paz, no contrato de emprego, pois que, como conclui Márcio Túlio Viana, "mesmo as mais tranquilas florestas escondem terríveis batalhas"[7], para quem "a harmonia parece nutrir-se do conflito".

Para Orlando Gomes[8] "a intervenção do Estado nos negócios particulares é uma necessidade", e os limites de tal funcionamento abrangem o direito à propriedade, para que se busque "usar o direito no sentido mais proveitoso para o **interesse social**, proibindo os contratos vexatórios" (sem o grifo, no original).

Pontue-se, à guisa de primeira conclusão: o contrato de emprego é nuclearmente conflituoso e seus embates desbordam a relação intersubjetiva, atingindo, sempre, o tecido social.

3. Dignidade como parâmetro de organização da sociedade e importância da intervenção judicial

A Constituição da República estabeleceu, como fundamentos do Estado, duas importantes premissas, para a análise dos efeitos do direito do trabalho: a dignidade da pessoa humana e o valor social do trabalho (art. 1º, III e IV). E, "a partir da segunda metade do século XX", como lembra Ana Paula de Barcellos[9], "as normas constitu-

---

(6) AGIRÓN, Mario Garmendia. *Ordem pública e direito do trabalho*. São Paulo: LTr, 2003. p. 73.
(7) VIANA, Márcio Túlio. Da greve ao boicote: os vários significados e as novas possibilidades das lutas operárias. In: *Revista de Direito do Trabalho*, São Paulo: RT, ano 33, v. 127, p. 102, jul./set. 2007.
(8) *A crise do direito*. São Paulo: Max Limonad, 1955. p. 28.
(9) *A eficácia jurídica dos princípios constitucionais* — o princípio da dignidade da pessoa humana. Rio de Janeiro: Renovar, 2008. p. 17.

cionais são normas jurídicas, e mais do que isto, normas dotadas de superioridade hierárquica".

Pico de Mirândola[10], ainda no curso da Idade Média, buscando identificar o que seja a dignidade, na célebre *oratio omnis dignitate*, destacou:

> Não te dei, ó Adão, nem rosto, nem lugar que te seja próprio, nem qualquer dom particular, para que teu rosto, teu lugar e teus dons os desejes, os conquistes e sejas tu mesmo a possuí-los. Encerra a natureza outras espécies, por mim estabelecidas. Mas tu, que **não conheces qualquer limite, só mercê de teu arbítrio**, em cujas mãos te coloquei, te defines a ti próprio. Coloquei-te no centro do mundo, para que melhor pudesses contemplar o que o mundo contém. Não te fiz nele celeste nem terrestre, nem mortal nem imortal, para que tu, livremente, tal como um bom pintor ou um hábil escultor, dês acabamento à forma que te é própria. (Pico de Mirândola, 1480, sem grifo, no original).

O arbítrio, o direito de livremente decidir os desígnios de sua realização, constitui o cerne da qualificação da dignidade do homem.

A escolha, desimpedida, dos quereres, dos objetivos e dos meios para os atingir desenha o grau de dignidade do ser. Carmen Lúcia Antunes Rocha[11]

> O direito à existência digna abrange o direito de **viver com dignidade**, de ter todas as condições para uma vida que se possa **experimentar segundo os próprios ideais e vocação**, de não ter a vida atingida ou desrespeitada por **comportamentos públicos ou privados**, de fazer as opções na vida que melhor asseguram à pessoa a **sua escolha para a a realização plena**.

Dizer central, no ordenamento constitucional, a dignidade do homem e o valor social do trabalho significa, deve significar, alterações concretas, não puro e raso exercício de retórica. Devem, tais pressupostos, constituir-se no norte das ações de governo e das políticas públicas, diretriz para a construção legislativa infraconstitucional, foco na proteção do cidadão, motivo da criação de direitos, base de sua aplicação, regra de hermenêutica constante e razão de ser da jurisdição.

Neste passo, encontra-se vigente a ideia de um *devido processo jusfundamental*, como supõe Robert Alexy[12], ao advertir que "en la actual discusión sobre los derechos fundamentales, ninguna idea ha despertado tanto interés como la conexión entre derechos fundamentales, organización y procedimiento". E, mencionando Hesse, aponta para o processo como um meio — senão o único — para produzir um resultado acorde com os direitos fundamentais. Há, então, falar em direito fundamental ao processo, como arremata Alexy[13]:

---

(10) Disponível, no original, donde se extrai o excerto, em: <http://www.brown.edu/Departments/Italian_Studies/pico/oratio.html> Acesso em: 6.10.
(11) ROCHA, C. L. A. (coord.). *O direito à vida digna*. Belo Horizonte: Fórum, 2004.
(12) *Teoria de los derechos fundamentales*. Madri: Centro de Estudios políticos y constitucionales, 2001. p. 455.
(13) *Teoria de los derechos fundamentales*. Madri: Centro de Estudios políticos y constitucionales, 2001. p. 460.

Hoy puede dicirse que, de acuerdo con la jurisprudencia del Tribunal Constitucional (*Alemão*) a todo derecho fundamental material le están adscriptos derechos procedimentales. Pero, si los derechos materiales son derechos subjetivos, por qué no han de serlo también los derechos procedimentales?

A adequada prestação jurisdicional ao cidadão decorre do princípio constitucional do devido processo legal, como ensina Luiz Guillherme Marinoni[14]:

> Ora, se o Estado tem o dever de prestar a "devida tutela jurisdicional", entendida esta como a tutela apta a tornar efetivo o direito material, o cidadão tem o direito à "adequada tutela jurisdicional", que é elemento indissociável do *due process of law*. Direito à adequada tutela jurisdicional quer dizer direito a um processo efetivo, próprio às peculiaridades da pretensão de direito material de que se diz titular aquele que busca a tutela jurisdicional.

Isto porque "a juridicização constitucional atribui eficácia jurídica, e portanto alguma forma de sindicabilidade judicial, aos efeitos que esses princípios, dotados de superioridade hierárquica, possam produzir"[15].

O espaço do processo nesta construção é notório e notável, estabelecendo-se, na tutela de direitos fundamentais, dentre os quais estampam com elevada importância os direitos sociais do trabalho, como premissa de realização. Sua efetividade imbrica-se com a efetividade dos próprios direitos sociais, tornando-se indispensável.

Mas tal indispensabilidade não se pode desviar de uma jurisdição criativa, já que os direitos fundamentais têm eficácia irradiante, no sentido de que "fornecem impulsos e diretrizes para a aplicação e a interpretação do direito infraconstitucional"[16]. Um processo, jusfundamental, atribuirá efetividade ao direito material, sendo-lhe proibido desviar-se de sua concretização completa, ainda que as formas disponíveis no ordenamento impliquem cerceio, aparente, a este objetivo.

O avanço da importância do respeito à dignidade, traçado pela Constituição da República, está a exigir a modificação da perspectiva dos atores do processo judicial, como sintetiza Luiz Guilherme Marinoni[17]:

> se as normas jurídicas assumiram funções diferentes daquelas que anteriormente eram realizadas pelo direito material, é lógico que o processo também deve mudar sua feição, e *assim passar a corresponder à necessidade da instituição da própria regra de direito* material, evitando sua violação ou proporcionando a remoção dos efeitos concretos do ato que a violou.

---

(14) *A efetividade do processo e tutela de urgência*. Porto Alegre: Sergio Antonio Fabris, 1994. p. 66.
(15) BARCELLOS, Ana Paula. *A eficácia jurídica dos princípios constitucionais* — o princípio da dignidade da pessoa humana. Rio de Janeiro: Renovar, 2008. p. 32.
(16) SARLET, Ingo Wolfgang. *A eficácia dos direitos fundamentais*. Porto Alegre: Livraria do Advogado, 2001. p. 148.
(17) *Técnica processual e tutela de direitos*. 3. ed. rev. e atual. São Paulo: Revista dos Tribunais, 2010. p. 177.

Em segunda síntese conclusiva, afirma-se que a tutela da dignidade do homem trabalhador, com vistas a dar efetividade aos dois princípios constitucionais, de respeito à dignidade do homem e de supremacia do valor social do trabalho, deve operar-se por meio de um processo judicial que se mostre *justo, realizado em tempo socialmente aceitável* e *tributário do direito* material *a que dá validade*.

4. DANO MORAL E TRABALHO

Retomem-se, aqui, as linhas de abertura deste texto. O homem não se dissocia de seu trabalho, porque a força (intelectual ou braçal) é-lhe imanente, faz dele parte, integra-o. Ceder a força, é ceder-se, entregar-se ao trabalho, deixando no fruto da prestação dos serviços partes de si[18].

Inserto no ambiente de trabalho, não se despe o trabalhador de suas prerrogativas de cidadão, nem das garantias constitucionais — e infraconstitucionais — que delineiam sua personalidade.

Caio Mário conceitua que "a ideia de *personalidade* está intimamente ligada à de pessoa, pois exprime a aptidão genérica de adquirir direitos e contrair obrigações"[19], fazendo referência a Clóvis Bevilacqua, muito embora sustente que "não constitui esta 'um direito', de sorte que seria erro dizer-se que o homem tem direito à personalidade. Dela, porém, irradiam-se direitos, sendo certa a afirmativa de que a personalidade é o ponto de apoio de todos os direitos e obrigações".[20]

Em estudo específico sobre o tema, em coautoria com Eliane Pedroso[21], já singularizei as características dos direitos da personalidade, nestes termos: "os direitos da personalidade envolvem seus atributos, que são: liberdade (de pensamento, filosófica, religiosa, política, de expressão, sexual etc.), saúde, honra, respeito, nome, *status* individual, social e familiar, domicílio, corpo, fama, privacidade e imagem".

Destes direitos, que constituem o alicerce do que será o perfil da dignidade do homem, não se desfaz o trabalhador, quando inserido nas obrigações decorrentes de seu contrato de emprego. A ofuscação, o menoscabo, o desrespeito e o vilipêndio de qualquer destes marcantes traços estarão a afirmar, contra o indivíduo, dano pessoal, ou dano moral, na expressão corrente.

Sob esta perspectiva, (a) a quebra da isonomia, pagando-se salários menores a um do que a outro, em franca violação aos limites do art. 461 da Consolidação das Leis do Trabalho; (b) a perseguição, por meio de atribuição de tarefas inatingíveis ou muito difíceis a uns, do que a outros; (c) o isolamento, proibindo o contato do

---

(18) Esta última expressão, nalguns graves acidentes de trabalho não fica nos limites da metáfora, desgraçadamente.
(19) PEREIRA, Caio Mário da Silva. *Instituições de direito civil*. Rio de Janeiro: Forense, 1989. v. I, p. 153.
(20) PEREIRA, Caio Mário da Silva. *Instituições de direito civil*. Rio de Janeiro: Forense, 1989. v. I, p. 155.
(21) Direitos da personalidade. Novo Código Civil e repercussões no direito do trabalho. *Revista de Direito da FAAP*, São Paulo: Fundação Armando Álvares Penteado, ano 2, n. 2, p 129 a 140, 2006.

trabalhador com seus pares; (d) o esvaziamento das funções do cargo, para forçar o pedido de demissão; (e) a atribuição de codinome, apelido ou vulgo pejorativos; (f) o uso indevido da imagem; (g) a cobrança de favores sexuais, em troca da manutenção do emprego; (h) a perpetração de descontos indevidos no pagamento salarial; (i) a redução aleatória de benefícios já incorporados ao contrato; (j) a troca de postos ou de turnos, intencional e operacionalmente desnecessária; (l) o atraso ou a omissão na entrega do vale transporte; (m) o uso da coação, para atingimento de objetivos da operação comercial; (n) a supressão do intervalo de refeição; (o) o descaso com as normas de segurança e medicina do trabalho; (p) a "compra" das férias, para que não sejam gozadas em descanso; (q) o pagamento por fora dos holerites, sonegando-se contribuições sociais e fundo de garantia por tempo de serviço; (r) o pagamento irregular ou o não pagamento de horas extraordinárias; (s) tornar ordinárias, as horas "extraordinárias", mantendo-se o trabalhador em regime constante de trabalho além dos limites constitucionais; (t) o atraso no pagamento de salários; (u) a falta de registro do contrato de emprego em carteira de trabalho e previdência social, desde o início da avença; (v) o registro de função diversa ou salário inferior ao realmente pago; (x) a exposição do nome ou da imagem do trabalhador a situação vexatória, diante de colegas ou clientes; e (z) o inadimplemento tempestivo das verbas rescisórias, para ficarmos apenas com uma vez o alfabeto[22], constituem violações que, ao lado de exigirem reparação material, gritam por indenização pelo prejuízo pessoal, ou moral.

Tome-se apenas a última delas, quotidianamente repetida no foro trabalhista: apregoa-se que o direito de despedir é "potestativo do empregador" (o que se repete sem a precaução de uma leitura mais efetiva do art. 7º, I da Constituição da República, que, embora não regulamentado por lei complementar, já vigora, há mais de 20 anos) e ao o exercer, está livre de quaisquer amarras. Ocorre que o pagamento das verbas rescisórias é o preço dessa liberdade, eis que não se imaginaria o gozo de uma faculdade — repito, se existisse com a amplitude com que é reconhecida comumente — sem a contrapartida dos deveres que desse exercício decorrem. Não recebe, pois, o trabalhador suas rescisórias, que são, dos títulos salariais, os mais relevantes, já que últimos, antes de uma presumível temporada do trabalhador fora do mercado, enfrentando as agruras da recolocação. Há um notório prejuízo material, que pode ser compensado pela aplicação dos juros, da correção monetária e das multas dos arts. 467 e 477 da Consolidação das Leis do Trabalho. Mas outra espécie de dano, impingida à personalidade do trabalhador, também se mostra inequívoca. O abandono e a angústia da perda do emprego agigantam-se, quando o ato é nu de quitação. A fragilidade do homem que dispõe apenas de sua força de trabalho para sobreviver fica gizada com veemência, destacando-se sua pequenez, diante do contratante, senhor dos meios da produção. O descumprimento de obrigações assumidas com base na renda mensal

---

(22) A lista é tão extensa quanto a proteção do direito do trabalho ao trabalhador. A propósito, deixei de lado a situação mais frequente, porque já assentado seu reconhecimento pela jurisprudência maciça, que é a indenização decorrente de acidente ou doença do trabalho.

garantida pelo emprego expõe, ainda, a imagem do trabalhador à pecha de caloteiro, perante seus credores. Reforça-se a ideia de menoscabo, grifa-se a de irrelevância, acentuam-se as diferenças sociais. O dano pessoal é inegável.

Se apanhássemos outra das violações, também quotidianamente encontrada no foro, o descumprimento das normas de jornada de trabalho, igual consequência seria encontrável. Quem trabalha ordinariamente em turnos que deveriam ser extraordinários, com excedimentos de 2, 3, 4 ou mais horas por dia — veja-se o rasteiro turno de 12 horas dos vigilantes e dos empregados da saúde — tem sua vida social e pessoal prejudicada, porque não convive com os seus, não descansa adequadamente, não goza do fruto de seu trabalho, não pode nutrir planos de estudar ou exercer outras atividades, numa palavra: escraviza-se pela conexão constante ao trabalho. E isto se faz tanto na clássica prestação de serviços à indústria, com a fixação do operário na linha, por horas e horas a fio, quanto nas modernas modalidades de prestação a distância, conectando-se a força de trabalho pelas correntes da internet, do telefone celular, do rádio. As horas trabalhadas, acrescidas do adicional legal, não pagam o sofrimento pessoal, a desunião familiar, o emburrecimento de quem não se atualiza, a frustração de apenas trabalhar e trabalhar, sem o gozo de qualquer fruição dos resultados desse esforço. Necessária, de novo, a reparação de prejuízo pessoal, ou moral.

Há, pois, uma terceira síntese conclusiva, que se expressa pela constatação de que os direitos trabalhistas, por dizerem respeito à pessoa do homem, atrelam-se aos direito fundamentais da personalidade, incidindo em malferimento destes, a quebra do respeito àqueles. Os prejuízos causados pelo vilipêndio às normas trabalhistas transbordam os limites da materialidade, impingindo-se à pessoa do trabalhador (dano moral).

5. COLETIVIZAÇÃO DOS EFEITOS DANOSOS

As relações de trabalho refletem a forma de organização da sociedade. Nesta, em que vivemos, capitalista há séculos, tal ordenação divide os homens em classes, uma de detentores dos meios da produção, outra de dependentes de sua inserção, por venda da própria força de trabalho, no mercado, para sobrevivência. Reginaldo Melhado, em percuciente análise sobre o tema[23], reaviva a manutenção desse modelo de estamentos sociais, identificados a partir do delineamento do trabalho por alteridade, ou subordinado, como também por outras vias de expropriação da força laboral.

A noção de pertencimento a uma das classes é reforçada pelos atos quotidianos, pelo comportamento em sociedade e pelo comportamento da sociedade. Grupos, igrejas, tribos, sindicatos, parceiros, partidos, organizações não governamentais, torcidas organizadas. A voz do homem, na pós-modernidade, ouve-se apenas por

---

(23) MELHADO, Reginaldo. *Metamorfoses do capital e do trabalho* — relações de poder, reforma do Judiciário e competência da justiça laboral. São Paulo: LTr, 2006.

meio de seus coletivos, não mais por manifestações individuais. Isto decorre das características do momento histórico, reconhecido como *pós-moderno*, que se resumem pela lógica avassaladora globalmente estabelecida[24], que se baseia em inovação das formas de organização econômica, alteração dos padrões de acumulação, aumento da mobilidade ilimitada dos capitais e crescente poder dos administradores privados de ativo, em detrimento da centralidade do Estado.

Este quadro acentua-se dramaticamente, quando o tema é direito do trabalho, eis que as decisões, cada vez mais autônomas e menos infensas à intervenção externa (oficial, do Estado) dos empregadores não têm por destinatário um único trabalhador, mas o conjunto dos subordinados ao processo produtivo que conduz. Em dada fábrica do ABC paulista, reclamava-se, no início dos anos 2000, do registro de ponto anterior ao início do turno, em cerca de 30 minutos, sem a contraprestação salarial. Na ocasião, prestavam serviços ali cerca de 6.800 empregados por turno, o que significa dizer, confirmada a denúncia, que o empreendedor economizava 3.400 horas de trabalho sem pagamento, por turno de labor. Perde, completamente, o sentido, qualquer reação que se faça, desta prática, individualmente. O diálogo contemporâneo, pois, estabelece--se entre *coletivos*.

No plano das violações, então, do direito material do trabalho, o desrespeito às normas contra um trabalhador, malfere, em regra, ainda que em silêncio, direitos de *todos* os envolvidos no processo.

Este é, no entanto, um aspecto da coletivização das consequências em análise, porque o menoscabo das regras do direito do trabalho implica diminuição da qualidade pessoal do trabalhador, do que emerge sensível piora do respeito a sua dignidade e, consequentemente, constrói-se uma sociedade pior. Para utilizar os termos da Constituição da República, uma sociedade menos justa, livre e solidária.

Diante de vilipêndio mais grave, como a exploração do trabalho escravo, já se erigiu jurisprudência que compreende nitidamente o caráter transindividual do desrespeito às normas trabalhistas, como se lê:

PROCESSO DO TRABALHO — AÇÃO CIVIL PÚBLICA — REPARAÇÃO DE DANO COLETIVO — AFRONTA À LEGISLAÇÃO DE HIGIENE, MEDICINA E SEGURANÇA DO TRABALHO — TRABALHO FORÇADO — POSSIBILIDADE JURÍDICA DO PEDIDO — CONFIGURAÇÃO — CABIMENTO — LEGITIMIDADE DO MINISTÉRIO PÚBLICO DO TRABALHO — POSSIBILIDADE — INTERESSES COLETIVOS E DIFUSOS DOS TRABALHADORES — OCORRÊNCIA. Inexistindo dúvida razoável sobre o fato de o réu utilizar-se abusivamente de mão de obra obtida de forma ilegal, aviltante e de maneira degradante, com base nos Relatórios de Inspeção do Grupo de Fiscalização Móvel, emitidos pelos Auditores Fiscais do MTe, tal ato é suficiente e necessário a gerar a possibilidade jurídica de concessão de reparação por dano moral coletivo contra o infrator de normas protetivas de higiene, segurança e saúde do trabalho. Dizer que tal conduta não gera

---

(24) Por todos, FARIA, José Eduardo Campos de Oliveira. Pluralismo jurídico e regulação (oito tendências do direito contemporâneo). In: *Revista da Escola da Magistratura do Tribunal Regional do Trabalho da 2ª Região*, São Paulo, set. 2007, v. 2, p. 179/190.

dano, impõe chancela judicial a todo tipo de desmando e inobservância da legislação trabalhista, que põe em risco, coletivamente, trabalhadores indefinidamente considerados. Os empregadores rurais, que se utilizam de práticas ilícitas, dessas natureza e magnitude, devem ser responsabilizados pecuniariamente, com a reparação do dano em questão, em atenção às expressas imposições constitucionais, insculpidas nos arts. 1º, III; 4º, II; 5º, III, que, minimamente, estabelecem parâmetros, em que se fundam o Estado Brasileiro e as Garantias de seus cidadãos. Desse modo, o pedido do autor, tem natureza nitidamente coletiva, o que autoriza a atuação do Ministério Público do Trabalho, de acordo com sua competência constitucional, podendo ser acatado, sem rebuços de natureza legal ou acadêmica, pois a atividade produtiva impõe responsabilidade social (art. 1º, IV, da CF/88) e o direito de propriedade tem função de mesma natureza, a ele ligado por substrato constitucional, insculpido no art. 5º, XXIII, pois de nada adianta a existência de Leis justas, se estas não forem observadas, ainda que por imposição coercitiva, punitiva e reparadora, que a presente Ação visa compor. REPARAÇÃO POR DANO MORAL COLETIVO JULGADA PROCEDENTE. (Ação Civil Pública n. 218/02, vara do trabalho de Parauapebas, Juiz prolator Jorge Antônio Ramos Vieira, em 30.4.03)

A figura do *dano moral coletivo* toma espaço nessa modalidade de reclamação, muitas vezes patrocinada pelo Ministério Público do Trabalho, com vistas a mitigar os deletérios efeitos causados à sociedade pela prática antijurígena dos agentes empreendedores. Na I Jornada de Direito e Processo, organizada pelo Tribunal Superior do Trabalho e pela ANAMATRA, assentou-se enunciado sobre o tema, procurando preservar a legitimação ativa do *parquet* para este tipo de postulação:

76. AÇÃO CIVIL PÚBLICA. REPARAÇÃO DE DANO MORAL COLETIVO. TRABALHO FORÇADO OU EM CONDIÇÕES DEGRADANTES. LEGITIMIDADE DO MINISTÉRIO PÚBLICO DO TRABALHO. I — Alegada a utilização de mão de obra obtida de forma ilegal e aviltante, sujeitando o trabalhador a condições degradantes de trabalho, a trabalho forçado ou a jornada exaustiva, cabe Ação Civil Pública de reparação por dano moral coletivo. II — Legitimidade do Ministério Público do Trabalho para o ajuizamento da ação civil pública na tutela de interesses coletivos e difusos, uma vez que a referida prática põe em risco, coletivamente, trabalhadores indefinidamente considerados.

Há, no entanto, situações que não se aproximam das bordas da civilidade, como é o caso do trabalho escravo, mas que significam notória afronta ao patamar civilizatório a que chegamos.

Tome-se, pelo exemplo, apenas um tema, o da jornada de trabalho, para três categorias: bancários, empregados da saúde e motoristas do transporte público local. Será possível afirmar que a sistemática exploração dos trabalhadores — os números apurados em reclamações trabalhistas do quotidiano do foro revelam incidência e reincidência de constatação de violação aos limites constitucionais de jornada nestas categorias — afeta apenas e tão somente a cada indivíduo vitimado pelo trabalho em excesso? Quer parecer que não. De um lado, por haver, em virtude do completo abandono à premissa do art. 7º, I, da Constituição da República, sem regulamentação há mais de vinte anos de sua promulgação, um sem-número de trabalhadores vitimados pelo mesmo fato, que não reclamam, no curso de seus contratos. De outro, porque o destinatário dos serviços encontra um trabalhador pressionado, cansado, despreparado para responder às necessidades das tarefas, sempre que necessita socorrer-se desses préstimos. E, finalmente, porque o tempo do trabalho exagerado rouba tempo socialmente aproveitável, quer no convívio entre o trabalhador e o seu meio social, quer no consumo (importante para a circulação de riquezas), quer na qualidade da cidadania que pode exercer alguém que tem os mais comezinhos direitos — o controle de jornada tem a idade do direito do trabalho — desrespeitados.

Inegável, pois, que o desacato às normas trabalhistas, ainda que sua denúncia se dê em sede de reclamação individual, implique menoscabo de direito social, coletivo, transindividual.

Há mecanismos disponíveis no sistema para reação contra esta qualidade coletiva dos efeitos da violação aos direitos trabalhistas.

De primeiro, a ágil e pronta denúncia à fiscalização, pela Superintendência Regional do Trabalho, sempre que se constata a evidência de utilização da quebra da normatividade como providência intrínseca a determinado negócio (empregador).

Depois, pela participação ativa — tanto espontânea, quanto provocada pelo juiz do trabalho — do Ministério Público do Trabalho, na busca de soluções por meio de termos de ajuste de conduta ou, impossíveis por esta via, por meio de ações coletivas.

Ainda, nos casos mais dramáticos, na condenação do devedor à indenização por danos morais coletivos, com o retorno de parcela de seus ganhos ilegais à própria sociedade, via dos fundos coletivos de tutela de direitos difusos.

Finalmente, na condenação do empregador, sempre que incida em vilipêndio às normas trabalhistas, a indenizar o trabalhador por suas perdas imateriais.

CONCLUSÕES

A presente reflexão iniciou-se por perseguir a questão sobre a medida em que os ilícitos trabalhistas, de per si, implicam dano moral, quer contra o indivíduo que teve seus direitos vilipendiados, quer contra a sociedade.

Encontrou-se a conclusão inicial de que o contrato de emprego é nuclearmente conflituoso e seus embates desbordam a relação intersubjetiva, atingindo, sempre, o tecido social, o que lhe outorga perene sentido de coletivização.

No tempo atual, a tutela da dignidade do homem trabalhador, com vistas a dar efetividade aos dois princípios constitucionais, de respeito à dignidade do homem e de supremacia do valor social do trabalho, deve operar-se por meio de um processo judicial que se mostre *justo, realizado em tempo socialmente aceitável* e *tributário do direito* material *a que dá validade*.

Insuperável que a constatação de que os direitos trabalhistas, por dizerem respeito à pessoa do homem, atrelam-se aos direito fundamentais da personalidade, incidindo em malferimento destes, a quebra do respeito àqueles. Os prejuízos causados pelo vilipêndio às normas trabalhistas transbordam os limites da materialidade, impingindo-se à pessoa do trabalhador (dano moral).

De se ver que o desacato às normas trabalhistas, ainda que sua denúncia se dê em sede de reclamação individual, implique menoscabo de direito social, coletivo, transindividual.

A atuação do processo do trabalho deve perseguir, antes de limitar, nos tempos hodiernos, a efetividade na coibição dos ataques ao direito material do trabalho, vislumbrando os efeitos deletérios que tais desrespeitos impõem à sociedade, na intenção de que o objetivo constitucional do Estado em construir-se uma sociedade mais justa, livre e solidária ultrapasse as linhas do mero efeito retórico.

ARBITRABILIDADE DE CONFLITOS TRABALHISTAS

Rodolfo Pamplona Filho[*]
Bernardo Silva de Lima[**]

INTRODUÇÃO

É inegável que a utilização da arbitragem, no Brasil, ganhou muito mais força com a publicação da Lei n. 9.307, de 23 de setembro de 1996, quando, pela primeira vez no ordenamento jurídico brasileiro, se dispensava a homologação judicial do laudo arbitral, emprestando-lhe efeitos jurídicos idênticos à decisão judicial[1]. Renascia[2], no país, mais um instrumento à disposição da sociedade para solucionar conflitos.

A despeito da notável evolução do instituto no âmbito nacional somente após o advento da Lei n. 9.307/96, internacionalmente a arbitragem já foi há mais tempo difundida, inclusive na área de solução de conflitos entre Estados[3]. Historicamente,

---

(*) Juiz Titular da 1ª Vara do Trabalho de Salvador/BA (TRT da 5ª Região). Professor Titular de Direito Civil e Direito Processual do Trabalho da Universidade Salvador — UNIFACS. Professor (licenciado) do Programa de Pós--graduação em Direito da UCSAL — Universidade Católica de Salvador. Professor Adjunto da Faculdade de Direito da UFBA — Universidade Federal da Bahia. Professor da Pós-graduação em Direito (Mestrado e Doutorado) da UFBA. Coordenador do Curso de Especialização em Direito e Processo do Trabalho do JusPodivm/BA. Mestre e Doutor em Direito do Trabalho pela Pontifícia Universidade Católica de São Paulo. Especialista em Direito Civil pela Fundação Faculdade de Direito da Bahia. Membro da Academia Nacional de Direito do Trabalho (Cadeira 58) e da Academia de Letras Jurídicas da Bahia (Cadeira 27). Autor de diversas Obras Jurídicas.
(**) Mestre em Direito Público pela Universidade Federal da Bahia. Doutorando em Ciências Jurídico-civis pela Universidade de Lisboa. Advogado-sócio do Ferreira, Lima, Krull, Ventin e Azevedo.
(1) CARMONA, Carlos Alberto. *Arbitragem e Processo* — um comentário à Lei n. 9.307/96. 2. ed. São Paulo: Atlas, 2004. p. 22. A Lei n. 9.307/96, ao emprestar eficácia jurídica à decisão arbitral, correlata à decisão judicial, abandonou a terminologia "laudo arbitral", para batizar o ato processual referido de "sentença arbitral".
(2) É importante registrar, embora a evolução histórica do instituto não seja objeto de nosso trabalho, que a arbitragem é instituto muito antigo, discutido, inclusive, por Platão, no seu *De Legibus*, livros 6 e 12. Pontes de Miranda é um dos que referem a utilização da arbitragem no direito grego e no direito romano (*Comentários ao Código de Processo Civil*. 1. ed. Rio de Janeiro: Forense, 1977. t. XV, p. 226). Pedro Batista Martins destaca a tradição brasileira na arbitragem, nomeadamente no século XIX e nas primeiras décadas do século XX (O poder judiciário e a arbitragem — 4 anos da Lei n. 9.307/96. 3ª parte. *Revista de Direito Bancário, do mercado de capitais e da arbitrgem*, ano 4, n. 12, abr./jul. 2001, p. 319).
(3) GARCEZ, José Maria Rossani. *Arbitragem nacional e internacional*: progressos recentes. 1. ed. Belo Horizonte: Del Rey, 2007. p. 17.

a arbitragem foi importante em discussão envolvendo matéria de caráter comercial, fenômeno, aliás, que foi também observado em outras culturas jurídicas[4].

Não é com exagero que se afirma atualmente que a arbitragem ocupa posição de destaque no país, que possui aspirações de se firmar como "escolha natural" de partes latino-americanas para a solução de controvérsias[5].

Nada obstante o desenvolvimento notável do instituto no Brasil, a sua utilização voltada à solução de conflitos trabalhistas parece ainda ser vista com alguma desconfiança pelos atores da Justiça; pelo menos uma importante recente decisão dá conta de confirmar o que se diz, proferida pela SDI-1 do TST no RR n. 79500--61.2006.5.05.0028, em 30.03.2010, em que se julgou inválida a utilização da arbitragem para homologar rescisão de contrato de trabalho. Por outro lado, ação civil pública ajuizada pelo Ministério Público do Trabalho contra uma instituição de arbitragem requer seja esta obstada de levar à frente arbitragens cuja matéria verse sobre litígios trabalhistas individuais e/ou rescisão contratual trabalhista[6].

Entretanto, a arbitragem em matéria coletiva[7] trabalhista foi erigida ao patamar constitucional, no Brasil, a partir da entrada em vigor da Emenda Constitucional n. 45/04, que tratou de remodelar o art. 114 da Constituição Federal. Na ocasião, o Poder Constituinte delegado definiu, no § 1º do mencionado dispositivo, que "frustrada a negociação coletiva, as partes poderão eleger árbitros".

Se juntássemos as informações dos dois parágrafos precedentes, teríamos indícios que apontam para a admissibilidade da utilização da arbitragem para a resolução de conflitos trabalhistas coletivos e a inadmissibilidade da utilização da arbitragem para a resolução de conflitos trabalhistas individuais. Mas apenas com indícios nossa conclusão teria um lastro muito pobre e, com isso, correríamos o risco de construirmos um resultado sem solidez. Será preciso, por isso, ir mais fundo.

Se o TST decidiu que "não se compatibiliza com o direito individual do trabalho a arbitragem"[8], é preciso saber quais motivos o levaram a essa conclusão, que contraria,

---

(4) Maria Clara Albino refere que "Na Idade Média a arbitragem adquiriu relevo sobretudo em mercados e feiras, bem como nos tribunais marítimos instalados nos portos. O desenvolvimento do comércio era facilitado por este meio expedito de realização da justiça. Os soberanos europeus da época favoreceram a organização de arbitragem, também como meio de utilização do poder real, do que é exemplo o édito de Francisco II de França, publicado em Agosto de 1560, que prescrevia a obrigação de sujeição a árbitros dos litígios entre comerciantes, resultantes do exercício do seu comércio, a eficácia das convenções arbitrais independentemente da estipulação de cláusula penal e a restrição do recurso das sentenças arbitrais" (*Arbitralidade objectiva*. Relatório (Mestrado em Administração Pública). Faculdade de Direito. Lisboa: Universidade de Lisboa, 2007. p. 4).
(5) LEE, João Bosco. *Brasil*: place of arbitration. Disponível em: <www.kluerarbitrationblog.com> Acesso em: 15.9.09.
(6) A informação provém de notícia veiculada disponível em: <http://www.pgt.mpt.gov.br/noticias/noticias-das-prts/ptm-de-mogi-das-cruzes-combate-arbitragem-ilegal.html>.
(7) Mesmo antes da entrada em vigor da alteração constitucional, a matéria já tinha algum espaço no ordenamento jurídico brasileiro, quando o legislador ordinário, ainda em 1989, previu aos trabalhadores o direito de greve, desde que superadas as etapas de solução de controvérsias (negociação e "recursos da via arbitral"), nos arts. 3º e 7º da Lei n. 7.783.
(8) É um trecho da ementa da mesma decisão a que se fez referência anteriormente.

inclusive, pretérito entendimento do próprio Tribunal[9]. Afinal, não desfrutamos de um sistema de arbitrabilidade fluido, maleável ao gosto do decisor. Os critérios foram bem definidos por Lei; conhecendo-os bem, saberemos responder quais conflitos podem e quais conflitos não podem ser resolvidos por meio de um processo arbitral.

Para responder ao final se o sistema admite a arbitragem como meio de resolução de conflitos trabalhistas individuais, teremos de percorrer um determinado caminho: primeiro, investiremos na identificação dos critérios de arbitrabilidade dispostos na legislação brasileira, estabelecidos no art. 1º da Lei n. 9.307/96; a seguir, faremos uma incursão nas referências que a legislação trabalhista brasileira faz à arbitragem; identificaremos, então, os argumentos trazidos pelo TST na decisão; o passo a seguir será analítico: refletiremos os argumentos expendidos nessa ocasião, considerando o conteúdo do art. 1º da Lei de arbitragem. Mais, far-se-á notícia sobre o PL n. 5.930/96, analisando os fundamentos de sua justificativa. Eventualmente, também se dará notícia a respeito da evolução da arbitrabilidade no âmbito do direito trabalhista no Direito Comparado.

Eis a nossa proposta.

1. CRITÉRIOS DE ARBITRABILIDADE: O ART. 1º DA LEI N. 9.307/96

Art. 1º As pessoas capazes de contratar poderão valer-se da arbitragem para dirimir litígios relativos a direitos patrimoniais disponíveis.

É esse o regime de arbitrabilidade escolhido pelo legislador brasileiro. A redação oferece uma dificuldade preliminar: o que vem a ser "litígios *relativos* a direitos"? Trata-se da matéria objeto de decisão — ou seja, restrita ao pedido — ou também os limites de arbitrabilidade alcançariam a causa de pedir, é dizer, os fundamentos que sustentam o pedido contido na demanda, incluindo-se os pressupostos lógicos da resolução da questão principal?

Toda demanda implica a afirmação de uma situação jurídica — ativa ou passiva — que consubstancia a exigibilidade de conformação da conduta do demandado. A expressão "relativa a direitos" seria, então, uma referência à afirmação dessa situação jurídica, no sentido de que, sempre que essa afirmação, presente na inicial, pudesse ser qualificada como indisponível ou extrapatrimonial, afastar-se-ia a arbitrabilidade do litígio?

"Litígios relativos a direitos patrimoniais disponíveis" são aqueles em cujo processo, como questão principal ou prévia, se discutem "direitos patrimoniais disponíveis" ou a expressão admite a discussão de direitos extrapatrimoniais

---

(9) No AIRR n. 2547/2002-077-02-40, publicado em 8.2.08, a 7ª Turma do Tribunal decidiu, com relatório do Min. Ives Gandra Martins, que "A arbitragem (Lei n. 9.307/96) é passível de utilização para solução dos conflitos trabalhistas, constituindo, com as comissões de conciliação prévia (CLT, arts. 625-A a 625-H), meios alternativos de composição de conflitos, que desafogam o Judiciário e podem proporcionar soluções mais satisfatórias do que as impostas pelo Estado-juiz".

indisponíveis no âmbito do procedimento arbitral, desde que o pedido endereçado ao tribunal não permita que os árbitros invadam o núcleo indisponível da *res in iudicium deducta*, é dizer, a título de apreciação de questão prejudicial?

Scavone Jr. parece se inclinar por responder a esse questionamento mediante a escolha da segunda opção:

> [...] Ninguém pode transacionar, abrindo mão do seu direito à honra, que é um direito da personalidade.

Todavia, a afronta à honra da pessoa gera o direito de receber indenização por danos morais.

Assim, diante da afronta ao seu direito, nada obsta que, por meio de compromisso arbitral com o ofensor, o valor da reparação seja arbitrado nos termos da Lei n. 9.307/96.

Nesse contexto, o árbitro não pode decidir se a pessoa tem ou não o direito à honra, vez que este direito é indisponível.

Todavia, nada obsta que decida acerca do fato que enseja a afronta ao direito à honra e quanto à liquidação dessa afronta.[10]

De fato, o que orienta a arbitrabilidade é a esfera de intervenção do decisor, cujos limites são estabelecidos pelo autor no momento da propositura da demanda. Assim, se a pretensão levada ao juízo envolve, única e exclusivamente, a percepção de indenização por prejuízos sofridos a partir de lesão provocada a direitos indisponíveis de que é titular o demandante, fica garantida a validade da sentença arbitral. Sobre o assunto a doutrina italiana[11] se manifesta em voz uníssona, para admitir a arbitrabilidade de pleito indenizatório decorrente de violação de direitos indisponíveis, inclusive aquele decorrente de conduta criminosa[12].

Dito isto, interessa saber se Scavone Jr., ao afirmar que o árbitro pode decidir sobre o fato que desencadeia a violação do direito indisponível, está com a razão. A questão perpassa pela norma que trata da necessidade de remessa dos autos ao juízo estatal, nos casos em que o árbitro se depara com "controvérsia acerca de direitos indisponíveis" de caráter prejudicial à resolução do mérito. A observar o problema do ângulo do direito positivo, as diferentes situações que podem advir da hipótese enfrentam os mesmos obstáculos.

Há controvérsia acerca de direitos indisponíveis quando o autor afirma o fato desencadeador da violação à honra e o nega o réu? Evidentemente, uma controvérsia

---

(10) *Manual de arbitragem*. 2. tir. São Paulo: RT, 2008. p. 27.
(11) Entre tantos, Zucconi Galli Fonseca (Riforma del diritto arbitrale. *Le nuove leggi civili comentate*, Milano, n. 6, anno XXX, p. 1050-1170, nov./dic. 2007. p. 24), Ruffini (Art. 806. controversie arbitrabili. In: CONSOLO, Claudio. *Codice di procedura civile commentato*. 3. ed. Milano: IPSOA, 2008. p. 5670), La China (*L'arbitrato* — il sistema e l'esperienza. 3. ed. Milano: Giuffrè, 2007. p. 45).
(12) Art. 806. controversie arbitrabili. In: CONSOLO, Claudio. *Codice di procedura civile commentato*. 3. ed. Milano: IPSOA, 2008. p. 5670.

sobre fato não é controvérsia sobre direito. Nesse caso, poder-se-ia pensar que o tribunal arbitral não teria a obrigação de enviar os autos ao juízo estatal, para que o magistrado se pronunciasse sobre a questão; afinal, estaria o tribunal arbitral discutindo o fato, não o direito. Contudo, é de se reconhecer que a resolução pelo tribunal arbitral, relacionada com a controvérsia sobre um fato se endereçaria a dar provimento ou não a uma pretensão indenizatória, a qual, automaticamente, atingiria os obstáculos impostos pela Lei. O conhecimento sobre a controvérsia acerca de um fato não se extingue na declaração (da existência ou inexistência do fato, por exemplo), diante do caso analisado: se presta a definir — pois é seu pressuposto lógico — se a pretensão indenizatória merece acolhimento. No final das contas, ainda que solucionando uma questão de fato, o árbitro se pronunciaria, da mesma forma, sobre a violação de um direito de caráter indisponível, hipótese vedada pelo art. 1º da Lei n. 9.307/96. Por isso, discordamos de Scavone Jr., quando assevera que "nada obsta que decida acerca do fato que enseja a afronta ao direito à honra"[13].

Não há dúvidas sobre a necessidade de remessa dos autos a juízo estatal do pleito indenizatório, igualmente, quando há controvérsia acerca de direitos indispo-níveis em que é incontroverso o fato, mas discute-se se o acontecimento implica a violação de direito indisponível. Aqui, novamente, o árbitro estará diante de questão prejudicial cujo conteúdo refere uma situação jurídica indisponível e o seu conhe-cimento, ainda que *incidenter tantum*, é vedado pelo ordenamento jurídico pátrio.

Em realidade, essa interpretação, embora fundada na letra da legislação, é contraproducente. Quando a hipótese tratada se refere à tutela ressarcitória de danos a direitos indisponíveis, a meta do autor é alcançar a satisfação de um direito disponível. Entretanto, no intuito de perseguir uma conclusão a respeito do direito alegado, o decisor terá, necessariamente, de analisar uma questão prejudicial de direito. A remessa dos autos à justiça estatal, nesse caso, é absolutamente infrutífera, para todos os lados: para as partes será um tormento, já que o procedimento arbitral tardará tanto quanto o fizer a análise da questão prejudicial pelo juiz togado, sem falar na insegurança que a sua decisão, produzida por um julgador sem especialização, poderá trazer às relações jurídicas estabelecidas; para o juiz e para os seus jurisdicionados, a entrada de processos advindos de tribunais arbitrais gera mais atraso nos processos originários do serviço estatal. Ninguém ganha, todos perdem. A isto se deve adicionar que as questões prejudiciais "constituem antecedente lógico para o conhecimento da pretensão do autor, mas [...] não são *decididas* pelo juiz da causa, e sim, incidentalmente, *resolvidas* por ele, porque sobre elas ninguém *pede* decisão específica do magistrado"[14]. Uma vez que a questão não integra o *decisum*, não será contemplada pelos efeitos da coisa julgada. Se esta não a alcança, certamente a resolução da questão prejudicial não terá a aptidão de pôr em risco a integridade do direito indisponível, salvo quando a parte propuser uma ação declaratória incidental (arts. 5º e 325 do Código de Processo Civil brasileiro).

---

(13) *Op. cit.*, p. 27.
(14) MARINONI, Luiz Guilherme. *Curso de processo civil* — processo de conhecimento. São Paulo: RT, 2005. v. 2, p. 155.

Não há, portanto, fundamento decente que sustente a manutenção da regra de remessa dos autos ao juízo estatal, quanto o árbitro se depara com uma questão prejudicial que remete a uma situação jurídica indisponível.

Mas, infelizmente, consoante adverte Carmona[15], "a Lei fez uma opção[16], que seguramente não é a melhor, mas há de ser respeitada".

A conclusão a que se chega — o árbitro está impedido de apreciar a questão prejudicial, devendo remeter os autos ao Poder Judiciário para que desempenhe a tarefa — não deve servir para que se conclua pela inarbitrabilidade do litígio. Ao contrário: sempre que houver questão prejudicial que implique o reconhecimento da existência ou inexistência da situação jurídica indisponível/extrapatrimonial afirmada, o efeito não será a invalidade da convenção de arbitragem, mas a remessa dos autos ao juízo estatal para que aprecie a referida questão. "Litígio relativo a direito", assim, será aquele cuja questão principal implique o pronunciamento, em caráter definitivo, pelo árbitro. Com efeito, a questão principal, no processo, é delimitada pelo pedido delineado na petição inicial. Todos os pressupostos lógicos que implicam a apreciação do pedido estão fora do alcance dos limites de arbitrabilidade.

O próximo desafio que se coloca é saber o que se deve entender pelas expressões "direitos patrimoniais disponíveis".

Em primeiro lugar, deve-se atentar para o fato de que a expressão "direito" é utilizada no texto da Lei de forma genérica; nem todos os litígios pressupõem a afirmação de direito subjetivo; antes, outras categorias podem constituir pretensões aptas a compor o núcleo substantivo de uma demanda, a exemplo dos interesses e dos deveres genéricos, não situados no âmbito de situações jurídicas relacionais.

"Disponíveis" e "patrimoniais" são qualificações atribuídas às situações jurídicas afirmadas na demanda. É preciso compreender o seu real sentido.

Disponibilidade é conceito de difícil determinação, já o denunciou a doutrina[17]. Mesmo assim, tem-se feito esforços no intuito de precisá-lo. Por exemplo, Luísa Neto afirma que "a faculdade de dispor é a possibilidade jurídica que tem o titular de um direito de realizar actos que afetam radicalmente a substância desse direito"[18]. Por sua vez, Giovanni Verde estabelece que "é indisponível o direito a respeito do qual existe um impedimento expresso ou implícito (ou seja, derivante da natureza intrínseca do mesmo), de renúncia ou perda (ou de conformação de maneira diversa daquela prevista por lei)"[19]. Ou ainda, como faz crer Castro Mendes, a disponibilidade é a

---

(15) *Arbitragem e processo* — um comentário à Lei n. 9.307/96. 2. ed. São Paulo: Atlas, 2004, p. 291.
(16) A recente reforma do sistema italiano fez uma opção que certamente o Autor consideraria melhor: o art. 819 do Código de Processo Civil abriu a possibilidade para que os árbitros conheçam de questões envolvendo direitos indisponíveis *incidenter tantum*.
(17) CASTRO MENDES, João de. *Direito processual civil*. rev. atual. Lisboa: AAFDL, 1986. p. 210.
(18) *O direito fundamental à disposição sobre o próprio corpo* — a relevância da vontade na configuração do seu regime. Coimbra: Coimbra, 2004. p. 455.
(19) *Diritto dell'arbitrato*. 3. ed. Torino: Giappichelli, 2005. p. 93.

determinabilidade de efeitos jurídicos pelo titular da situação jurídica[20]. Nessa mesma linha, Punzi refere que "a indisponibilidade dos direitos decorre de uma disposição de Lei — mais ou menos explícita — que expressamente preveja o impedimento do exercício para o titular de um poder autônomo, em função do tipo do interesse tutelado ou da natureza do direito"[21].

O problema da precisão do conceito encontra-se no campo de liberdade dado ao titular da situação jurídica para determinar o seu destino. Por isso que, quando se fala em disponibilidade, se remete imediatamente aos aspectos que a configuram, a saber, a *transmissibilidade* e a *renunciabilidade*. Podemos, assim, propor um conceito de disponibilidade[22], cujos contornos se traduzem na *faculdade (conjunto de poderes) de modificar ou extinguir situações jurídicas*.

Ainda quanto à disponibilidade, é preciso ter em conta um relevante aspecto. Não existem apenas dois grupos de situações jurídicas: as disponíveis e as indisponíveis. As situações jurídicas, de modo geral, são relativamente indisponíveis, ou relativamente disponíveis[23]. Nesse sentido, a muito bem formulada advertência de Henrique Damiano:

> A indisponibilidade, contudo, comporta graus. Assim, pode ser absoluta ou relativa. A primeira envolve situações excepcionalíssimas, tais como o direito à vida, à personalidade e ao trabalho livre. A indisponibilidade relativa atinge a uma gama significativa de direitos e garantias: alimentos, registro do contrato de emprego na CTPS, salários, estabilidade e garantia no emprego, depósitos do FGTS, horas extras, adicional de insalubridade, de periculosidade e noturno, férias, repouso semanal remunerado, aviso prévio e intervalo para descanso. Na indisponibilidade relativa, ao contrário do que se passa na absoluta, a renúncia e a transação têm lugar, conquanto sujeitas a restrições e limitações. Mas não se pode negar que o salário, o aviso prévio, as férias, os adicionais, a garantia de emprego e outros direitos "indisponíveis e irrenunciáveis", ordinariamente, encontram no judiciário trabalhista sede para transações, acordos e conciliações que denotam a relatividade da indisponibilidade.[24]

---

(20) *Direito processual civil. Op. cit.*, p. 206.
(21) *Il processo civile* — sistema e problematiche. Torino: Giappichelli, 2008. p. 173.
(22) A proposta não tem nenhuma pretensão de que o conceito seja perfeito ou acabado, mas serve apenas para fixar uma premissa razoável voltada ao desenvolvimento analítico do problema que se propõe a enfrentar — a arbitrabilidade dos conflitos trabalhistas.
(23) MENDES, João de Castro. *Direito processual civil.* rev. atual. Lisboa: AAFDL, 1986. p. 210.
(24) Formas extrajudiciais de solução dos conflitos individuais do trabalho. *Revista do Tribunal Regional do Trabalho da 15ª Região,* Campinas, n. 21, 2002. Disponível em: <http://trt15.gov.br/escola_da_magistratura/Rev21Art11.pdf> Acesso em: 8.4.10, p. 18. Especificamente sobre a disponibilidade relativa dos direitos da personalidade, Roxana Cardoso Brasileiro Borges adverte que "o direito da personalidade, em si, não é disponível *stricto sensu*, ou seja: não é transmissível nem renunciável. [...] Mas expressões do uso do direito da personalidade podem ser cedidas, de forma limitada, com especificações quanto à duração da cessão e quanto à finalidade do uso. Há, portanto, certa esfera de disponibilidade em alguns direitos de personalidade" (*Disponibilidade dos direitos de personalidade e autonomia privada.* São Paulo: Saraiva, 2005. p. 119-120). Nessa mesma linha, MATTOS NETO, Antônio José de. Direitos

Como se vê, mesmo nas situações jurídicas classificadas pela doutrina de "indisponíveis", é possível identificar um núcleo de disponibilidade[25].

Patrimonialidade é outro conceito que revela uma outra qualidade da situação jurídica e que integra os limites de arbitrabilidade impostos pelo art. 1º da Lei n. 9.307/96. Está normalmente referenciado pelos manuais de teoria geral do direito civil que apresentam classificação dos direitos subjetivos, dividindo-os em patrimoniais e extrapatrimoniais[26]. A ideia é que a situação jurídica, conforme seja suscetível de apreciação pecuniária, será patrimonial ou extrapatrimonial[27]. Enquadram-se nos direitos patrimoniais os direitos reais, de crédito e intelectuais, ao passo que pertencem à categoria de direitos extrapatrimoniais os direitos da personalidade[28]. A importância da classificação, segundo Orlando Gomes, reside na ideia de que os direitos patrimoniais são transmissíveis[29]. Mas Francisco Amaral cuidou de fazer ressalva à assertiva, identificando direitos patrimoniais intransmissíveis, a exemplo do usufruto, do uso e da habitação[30].

Essas constatações nos permitem preencher o conteúdo do art. 1º da Lei n. 9.307/96: para que a convenção de deslocamento de competência (a convenção de arbitragem) seja válida, é fundamental que a situação jurídica afirmada pelo autor seja suscetível de apreciação pecuniária e, ao mesmo tempo, haja permissão do ordenamento jurídico para que seu titular a modifique ou extinga.

Do que se investigou até aqui, temos os seguintes resultados: a) a expressão "litígios relativos a direitos" quer significar a questão principal posta no processo para decisão; portanto, o pedido contido na inicial estabelece a matéria *sub iudice* referida no art. 1º da Lei n. 9.307/96; b) "direito" é expressão utilizada pelo legislador para abranger todas as situações jurídicas aptas a compor a pretensão material levada à apreciação do árbitro; c) "disponível" é a situação jurídica que dá ao titular a *faculdade (conjunto de poderes) de a modificar ou extinguir*; d) a disponibilidade é gradual e e)"patrimonial" é a situação jurídica suscetível de apreciação pecuniária.

2. ARBITRAGEM EM MATÉRIA TRABALHISTA NO DIREITO POSITIVO

Feitas as considerações iniciais sobre o âmbito de aplicação do art. 1º da Lei n. 9.307/96, é chegado o momento de conhecer como a legislação trabalhista brasileira tem desenvolvido o tratamento da arbitragem.

Patrimoniais disponíveis e indisponíveis à luz da Lei n. da arbitragem. *Revista de Processo*, São Paulo, n. 122, p. 151--66, abr. 2005. p. 153 e CARAMELO, António Sampaio. disponibilidade do direito como critério de arbitrabilidade do litígio. *Revista da Ordem dos Advogados*, Lisboa, n. 3, ano 66, dez. 2006. p. 1244-1245.
(25) A expressão é de Ada Pellegrini Grinover (GRINOVER, Ada Pellegrini; GONÇALVES, Eduardo Damião. Conferência sobre arbitragem na tutela dos interesses difusos e coletivos. *Revista de Processo*, São Paulo, ano 31, n. 136, p. 249-267, jun. 2006. p. 252).
(26) Assim, GOMES, Orlando. *Introdução ao direito civil*. 3. ed. Rio de Janeiro: Forense, 1971. p. 109.
(27) *Ibidem*, p. 110.
(28) AMARAL, Francisco. *Direito civil — introdução*. Rio de Janeiro: Renovar, 2000. p. 194.
(29) *Introdução...*, *op. cit.*, p. 110.
(30) *Direito civil...*, *op. cit.*, p. 194.

Diversos dispositivos normativos fazem referência expressa à possibilidade da incidência da arbitragem no Direito do Trabalho.

2.1. A Lei de greve

A Lei de Greve (Lei n. 7.783/89), por exemplo, em seu art. 7º, preceitua que "Observadas as condições previstas nesta Lei, a participação em greve suspende o contrato de trabalho, devendo as relações obrigacionais durante o período ser regidas pelo acordo, convenção, **laudo arbitral** ou decisão da Justiça do Trabalho". (grifos nossos)

Cumpre anotar, no que diz respeito ao dispositivo da Lei de Greve, que o legislador não buscou distinguir as demandas coletivas das individuais. Assim, embora o exercício do direito de greve seja coletivo — não se faz greve individualmente, como é óbvio —, a suspensão do contrato de trabalho produz eficácia *inter partes*, é dizer, entre empregador, de um lado, e empregado, de outro. Não se descura que a tutela processual das demandas oriundas da suspensão do contrato de trabalho em virtude do exercício do direito de greve poderia se dar de modo coletivizado, com a utilização dos instrumentos do microssistema de processo coletivo. Entretanto, também poder-se-ia pensar, diante da redação do dispositivo, que a instância arbitral fosse escolhida para resolver conflito individual entre empregado e empregador, relacionado à suspensão do contrato em virtude do exercício do direito de greve. Como se vê, a interpretação do texto não permite restringir a utilização da arbitragem às demandas coletivas, cabendo, se for possível, o enquadramento da específica demanda no art. 1º da Lei n. 9.307/96 e se for essa a vontade das partes, a devolução de matéria controvérsia ao árbitro.

2.2. A lei de participação nos lucros ou resultados

Já a Lei n. 10.101 de 19 de dezembro de 2000 (Lei de Participação dos Trabalhadores nos Lucros ou Resultados), traz previsão expressa de uma *Arbitragem de Ofertas Finais*, nos seguintes termos:

> Art. 4º Caso a negociação visando à participação nos lucros ou resultados da empresa resulte em impasse, as partes poderão utilizar-se dos seguintes mecanismos de solução do litígio:
>
> I — mediação;
>
> II — arbitragem de ofertas finais.
>
> § 1º Considera-se arbitragem de ofertas finais aquela em que o árbitro deve restringir-se a optar pela proposta apresentada, em caráter definitivo, por uma das partes.
>
> § 2º O mediador ou o árbitro será escolhido de comum acordo entre as partes.
>
> § 3º Firmado o compromisso arbitral, não será admitida a desistência unilateral de qualquer das partes.
>
> § 4º O laudo arbitral terá força normativa, independentemente de homologação judicial.

A norma em comento é de grande interesse. Aqui, diferentemente de uma arbitragem convencional, fala-se em "arbitragem de ofertas finais". Nessa modalidade, há restrição à atividade do árbitro, a quem não compete julgar uma demanda, mas "optar", "escolher" pela proposta apresentada por uma das partes. Esse regime decorre essencialmente do âmbito de regulação do diploma, que pretende estabelecer uma saída ao impasse nas negociações voltadas à participação nos lucros pelo empregado.

Para verificar se a hipótese ventilada na norma corresponde à arbitragem a que se refere a Lei n. 9.307/96, é importante saber se a participação nos lucros é um direito subjetivo do empregado, ou se a instituição do plano é uma faculdade do empregador. A não ser que a participação nos lucros seja instituída em convenção coletiva, ou seja objeto de sentença normativa, não há que se falar em direito subjetivo do empregado. Sendo assim, há que se concluir que a instituição do plano de participação nos lucros é uma faculdade do empregador.

O próximo passo será precisar o momento exato em que uma arbitragem, nos moldes propostos pelo diploma, poderia ser implementada. A arbitragem — como também a mediação, segundo redação do dispositivo — conforma-se como um sucedâneo à frustração das negociações entre empregados e empregador para a instituição de um plano de participação nos lucros. Mas deve-se levar em conta que, no momento em que o empregador se propõe a abrir negociações a respeito da instituição de um plano de participação nos lucros, de imediato se deve supor o fato de que está de acordo em promover referida participação. As negociações se prestam exclusivamente a fixar os moldes da participação (o conteúdo e a forma).

Iniciadas as negociações, mais uma dúvida se coloca: se, nesse caso, o comportamento do empregador é uma manifestação tácita de vontade no sentido de instituir o plano, significa dizer que a existência de um plano de participação passa a ser direito dos empregados? Ou o dever jurídico do empregador de instituir o plano nasce apenas quando todas as suas cláusulas forem subscritas por ambas as partes?

Essas perguntas têm um norte específico: a configuração de uma lide, a cuja resolução se presta a arbitragem. A lide pressupõe o conflito de interesses (litígio) e uma pretensão resistida[31]. Diante de uma negociação frustrada, pode-se razoavelmente falar em conflito de interesses (é exatamente esse conflito que causa o "impasse" do *caput* do art. 4º da Lei n. 10.101/00), mas poder-se-ia falar em uma "pretensão"? A resposta estaria em uma outra indagação: os empregados seriam titulares, nesse contexto, de um poder de exigir a instituição de um plano de participação? Em uma negociação, de modo geral, as partes não titularizam o poder de concretizá-la. Nesse momento, investigam se há interesse da operação jurídica que pretendem produzir. Não há nenhum elemento na Lei n. 10.101/00 que nos permita crer existir, no âmbito das negociações que conduzem à instituição de um plano de participação nos lucros, uma exceção. Se não há pretensão, não há lide.

---

(31) CARNELUTTI, Francesco. *Instituições do processo civil*. Tradução de Adrián Sotero de Witt Batista. Campinas: Servanda, 1999. v. 1, p. 78.

Toda demanda pressupõe a afirmação de um fato jurídico[32]. Os fatos jurídicos que decorrem de uma negociação frustrada podem ter origem na violação de deveres objetivos de conduta, regulados pela cláusula geral de boa-fé objetiva disposta no art. 422 do Código Civil. Mas não é esse o objeto que se põe a efeito pelo art. 4º da Lei n. 10.101/00. Ali, "o árbitro deve restringir-se a optar pela proposta apresentada, em caráter definitivo, por uma das partes".

O árbitro não é mandatário da parte. Não exerce, em nome dela, a sua vontade, por mais que tenha sido por ela nomeado. O árbitro não pode "optar por propostas". O árbitro pode decidir um litígio. Aprecia uma demanda, observando o princípio do contraditório. Não há apreciação de demanda no ato de "escolher proposta". Não é trabalho que se integre na competência do árbitro. Não há que se falar que corresponde a "arbtiragem de ofertas finais" à arbitragem da Lei n. 9.307/96.

Já se disse onde não se enquadra a arbitragem de ofertas finais. É hora de dizer onde se enquadra. Se na arbitragem de ofertas finais não há discussão sobre situações jurídicas, devendo o árbitro optar por uma proposta de plano de participação ou outra, teremos de enquadrá-la na figura do arbitramento, que, consoante Pontes de Miranda, é "atividade de solução de puras questões de fato"[33]. O problema é que, tecnicamente, o conflito de interesses a que se refere o art. 4º nem sequer constitui uma questão: "Questão é qualquer ponto de fato ou de direito controvertido, de que dependa o pronunciamento judicial"[34]. Um ponto de fato controvertido é aquele em que a parte afirma a ocorrência de um fato e a outra o nega (a presença de uma pessoa em determinado lugar, a publicação de uma Lei); um ponto controvertido de direito é aquele em que se discute a incidência normativa do fato e os seus efeitos. Na arbitragem de ofertas finais, não se discute a ocorrência das propostas ou a incidência das normas sobre as propostas; simplesmente se decide qual proposta é a melhor. A figura criada pela Lei n. 10.101/02 assemelha-se, assim, a um mandato celebrado pelas partes negociadoras em impasse: escolhe-se um terceiro para que ele exerça em nome delas a vontade e assim ponha fim ao impasse na negociação. Diferentemente do que ocorre com o mediador, cujo trabalho é conduzir as partes ao acordo, o mandatário escolheria pelas partes. Disso é de se concluir que não se trata propriamente de arbitragem o inc. II do art. 4º da Lei n. 10.101/00.

2.3. A LEI DOS PORTUÁRIOS

Da mesma forma, a Lei n. 8.630, de 25 de fevereiro de 1993, que dispõe sobre o regime jurídico da exploração dos portos organizados e das instalação portuárias (a chamada "Lei dos Portuários"), também estabelece uma Comissão Arbitral para resolver divergências, *in verbis*:

---

(32) DIDIER JR., Fredie. *Direito processual civil* — teoria geral do processo e processo de conhecimento. 11. ed. Salvador: Juspodivm, 2009. v. 1, p. 177.
(33) MIRANDA, Pontes de. *Comentários ao Código de Processo Civil*. 1. ed. Rio de Janeiro: Forense, 1977. t. XV, p. 228.
(34) DIDIER JR., Fredie. *Direito processual civil...*, *op. cit.*, p. 293.

Art. 23. Deve ser constituída, no âmbito do órgão de gestão de mão de obra, Comissão Paritária para solucionar litígios decorrentes da aplicação das normas a que se referem os arts. 18, 19 e 21 desta Lei.

§ 1º Em caso de impasse, as partes devem recorrer à arbitragem de ofertas finais.

§ 2º Firmado o compromisso arbitral, não será admitida a desistência de qualquer das partes.

§ 3º Os árbitros devem ser escolhidos de comum acordo entre as partes e o laudo arbitral proferido para solução da pendência possui força normativa, independentemente de homologação judicial.

Em 1990, o legislador já fazia uso da expressão "arbitragem de ofertas finais". Mas, nesse diploma, a mesma expressão parece ter conteúdo distinto da ocorrência na Lei n. 10.101/00. É que a arbitragem, nessa oportunidade, se presta a solucionar os litígios a que se referem os arts. 18, 19 e 21 da mesma Lei. Está claro que se vislumbra a hipótese de uma demanda individual a ser apreciada pelo tribunal arbitral. Por exemplo, veja-se o § 2º do art. 19: "O órgão responde, solidariamente com os operadores portuários, pela remuneração devida ao trabalhador portuário avulso". Aqui, o decisor não entra em cena apenas para fazer opção de propostas. Entra para decidir questões: a ocorrência de fatos e a incidência normativa; e para determinar os efeitos práticos dessa incidência. Trata-se, portanto, de verdadeira arbitragem, nos moldes estabelecidos pela Lei n. 9.307/96.

2.4. O CÓDIGO DO TRABALHO PORTUGUÊS

Em Portugal, o Código do Trabalho faz expressa menção à admissibilidade da solução de conflitos trabalhistas via arbitragem. Estabelece o art. 506 daquele diploma que "A todo o tempo, as partes podem acordar em submeter à arbitragem as questões laborais resultantes, nomeadamente, da interpretação, integração, celebração ou revisão da convenção coletiva".

Embora o texto que regula a utilização da arbitragem para a solução de conflitos trabalhistas mencione recorrentemente a expressão "convenção coletiva", o que poderia levar o intérprete a crer na admissibilidade por aquele sistema apenas da arbitragem trabalhista de natureza coletiva, os comentaristas do diploma se inclinam por orientação diversa:

> todas as questões laborais que resultem de uma convenção colectiva — ou mesmo da ausência dela, pois pode estar em causa a sua celebração *ex novo*, como claramente refere o preceito a contrapor "...celebração ou revisão..." — podem ser dirimidas pela arbitragem, ainda que não constituam um verdadeiro conflito coletivo[35].

Embora seja aberto também aos conflitos individuais, o sistema de arbitrabilidade laboral português impõe maior controle ao procedimento. O § 3º do art. 507 determina

---

(35) MARTINEZ, Pedro Romano *et al*. *Código do trabalho anotado*. 8. ed. Coimbra: Coimbra, 2009. p. 1223.

que "as partes informam o serviço competente do ministério responsável pela área laboral do início e do termo do procedimento", dever que, não observado, constituirá contraordenação (instituto português que se aproxima à nossa infração administrativa), com suas consequências de praxe.

Em outras palavras, a atividade arbitral voltada à solução de conflitos fica sob a observação do Executivo, que verifica se as soluções dadas pelos árbitros aos conflitos trabalhistas produzem resultados positivos, provavelmente levando-se em consideração a posição priviliegiada do empregador em face do empregado.

Essa regra é de grande importância. É que o árbitro, ao sentenciar, e admitindo-se à sentença arbitral os mesmos efeitos da sentença prolatada por juiz estatal, administra justiça[36]. Entretanto, como a administração da justiça trabalhista é de suma importância para o trabalhador — e, consequentemente, para toda a sociedade — normalmente ocupante da posição mais fraca, dá-se ao Executivo o poder de supervisionar a administração de justiça desempenhada pelos árbitros.

Vale dizer que esse controle, no âmbito do exercício da competência jurisdicional pelo magistrado, é também exercido. A diferença, aqui, é que ele não será levado a efeito pelo Executivo. Em seu lugar, atuará a competência de revisão dos tribunais superiores, por meio do sistema recursal disponibilizado às partes, normalmente ausente no âmbito do procedimento arbitral[37].

O legislador português, atentando-se para a necessidade de algum controle sobre a administração de justiça trabalhista levada a efeito pelo árbitro, se motivou a legislar especificamente a matéria laboral. Ao fazê-lo, por outro lado, mostrou-se sensível à necessidade de manter os meios alternativos de solução de controvérsias fortes, na medida em que representam à comunidade jurídica — e, por que não dizer, também ao trabalhador — uma saída ao congestionamento dos tribunais.

No Brasil, uma legislação arbitral específica talvez faça falta, exatamente para tranquilizar aqueles que desconfiam do árbitro como administrador de justiça[38]. Um dos autores deste ensaio alertou, em ocasião pretérita, a necessidade de uma regulação específica para a utilização da arbitragem em matéria trabalhista, chamando atenção para a "alta carga de eletricidade social do vínculo empregatício"[39]. Na verdade, o que talvez esteja em causa é exatamente esse fator, de natureza sociológica, que

---

(36) Veja-se, nesse sentido, ainda que implicitamente, SILVA, Paula Costa e. A execução em Portugal das decisões arbitrais. *Revista da Ordem dos Advogados*, n. 67, 2007. p. 636/637.
(37) Segundo a Lei n. 9.307/96, as partes podem convencionar a admissibilidade de recurso no procedimento arbitral, mas, havendo silêncio, a instância se encerra com o depósito da sentença arbitral. Em Portugal, ao revés, a regra é que a sentença arbitral seja objeto de nova discussão nos Tribunais da Relação.
(38) Os §§ 1º e 2º do art. 114 da Constituição Federal fazem referência expressa à arbitragem como método de solução de controvérsias de natureza trabalhista, mas a regra parece ser direcionada às situações jurídicas coletivas. Entretanto, não se deve concluir que, porque o legislador constitucional se referiu exclusivamente às situações coletivas, implicitamente proibiu o uso da arbitragem para situações jurídicas individuais. A resposta a esse problema não se encontra no art. 114 da Constituição, mas no art. 1º da Lei n. 9.307/96.
(39) PAMPLONA FILHO, Rodolfo. Arbitragem trabalhista: visão didática. In: *Revista Trabalho & Doutrina*, São Paulo: Saraiva, n. 22, p. 137/152, set. 1999.

informaria a política legislativa em formação, contrária à arbitrabilidade de conflitos trabalhistas de natureza individual.

3. A RECENTE DECISÃO DO TST (DSI-1) NOS AUTOS DO PROCESSO N. *79500-61.2006. 5.05.0028* E OS SEUS FUNDAMENTOS

Como até agora ficou demonstrado, a legislação brasileira vigente específica autoriza a interpretação favorável à arbitrabilidade de conflitos trabalhistas de natureza individual. Também a interpretação do art. 1º da Lei n. 9.307/96 direciona o intérprete a essa conclusão. Entretanto, o Tribunal Superior do Trabalho, em recente decisão colegiada, houve por bem estatuir que "não se compatibiliza com o direito individual do trabalho a arbitragem".

Terá o Tribunal decidido bem? Terá o Tribunal utilizado fundamentos suficientemente sólidos para que a sua decisão seja aceita pela comunidade jurídica? São essas as perguntas que se pretende responder a partir de agora.

A decisão, logo na ementa, estabelece que "em razão do princípio protetivo que informa o direito individual do trabalho, bem como em razão da ausência de equilíbrio entre as partes, são os direitos trabalhistas indisponíveis e irrenunciáveis"[40] e que os §§1º e 2º do art. 114 da Constituição Federal restringem a utilização da arbitragem em matéria trabalhista aos conflitos de natureza individual, tudo isso para, ao final, determinar "ser inválida a utilização do instituto da arbitragem como supedâneo da homologação da rescisão do contrato de trabalho".

A seguir, estatui que "os partícipes da relação de emprego, empregados e empregadores, em regra, não dispõem de igual poder para a manifestação da própria vontade, exsurgindo a hipossuficiência do trabalhador". Para o Tribunal, o sistema nem sequer confere ao trabalhador o poder de escolher entre a instância arbitral e a judicial, considerando que panorama diverso divergiria do inc. XXXV do art. 5º da Constituição Federal.

Para o Tribunal, constitui óbice ao manejo da arbitragem no Direito Individual do Trabalho o art. 1º da Lei n. 9.307/96, fazendo crer que todas as situações jurídicas afirmadas no bojo de uma reclamação trabalhista se reportam necessariamente a hipóteses de indisponibilidade e extrapatrimonialidade.

A fundamentação da decisão sob análise colaciona, no próprio bojo da decisão, ainda, um aresto que sustenta não ser o ato de vontade do empregado "concreto na sua plenitude"[41].

Em resumo, pode-se de dizer que a fundamentação da decisão construída pelo Tribunal Superior do Trabalho elenca os seguintes argumentos a orientar a inarbi-

---

(40) É essa a posição, também, de DELGADO, Mauricio Godinho. *Curso de direito do trabalho*. 4. ed. São Paulo: LTr, 2005. p. 1451.

(41) RR 225300-85.2003.5.05.0009, Ac. 6ª Turma, Rel. Min. Aloysio Correia da Veiga, DJ 15.5.09.

trabilidade de litígios individuais: (a) a hipossuficiência do empregado; (b) irrenunciabilidade e indisponibilidade dos direitos individuais; (c) ausência de exercício pleno de vontade quando da celebração da convenção de arbitragem.

Não há dúvida que o direito do trabalho no Brasil estabeleceu um sistema protetivo ao trabalhador. Também é uma constatação de caráter sociológico, informador da política legislativa que construiu o sistema vigente, que o trabalhador, no momento da celebração do contrato, se coloca em posição de desvantagem. Em grande parte dos casos, o empregador possui à sua disposição o "exército de reserva" de Marx, composto por sujeitos que cumprirão a atividade desejada de modo equivalente. É natural, então, que aquele que *precisa contratar* — o trabalhador — se submeta a certas condições que não enfrentaria se tivesse outra opção. É nesse momento que o Direito intervirá para reequilibrar as forças e impedir que a "seleção natural" provoque no trabalhador a assunção de compromissos que se lhe mostrem excessivamente onerosos.

Mas, a pergunta que se impõe é: esse panorama é suficiente para que concluamos que todas as hipóteses de conflitos individuais contêm situações jurídicas indisponíveis, irrenunciáveis? E mais: a partir de quais índices é possível considerar que a vontade de submeter eventual conflito a um tribunal arbitral não foi exercida de forma plena?

3.1. A INDISPONIBILIDADE RELATIVA DAS SITUAÇÕES JURÍDICAS DECORRENTES DO DIREITO INDIVIDUAL DO TRABALHO

No início deste ensaio dissemos que a indisponibilidade é matéria que envolve uma gradação. As situações jurídicas comportam um núcleo maior ou menor de indisponibilidade ou disponibilidade. No âmbito do Direito Individual do Trabalho, essa constatação também é válida.

Para Henrique Damiano, as situações jurídicas advindas da relação de trabalho, em sua grande maioria, são relativamente indisponíveis, ou seja, comportam um núcleo de disponibilidade, do que resulta que essas questões poderiam ser submetidas à arbitragem[42].

Mais vanguardista é o entendimento de José Celso Martins, para quem a indisponibilidade das situações jurídicas decorrentes dos direitos do trabalho se dissolve com o encerramento do contrato de trabalho, considerando que "toda e qualquer lesão ao direito anteriormente indisponível e protegido com características de interesse público, será transformada em indenização de natureza patrimonial"[43].

---

(42) Formas extrajudiciais de solução dos conflitos individuais do trabalho. *Revista do Tribunal Regional do Trabalho da 15ª Região,* Campinas, n. 21, 2002. Disponível em: <http://trt15.gov.br/escola_da_magistratura/Rev21Art11.pdf> Acesso em: 8.6.10.

(43) MARTINS, José Celso. A transação na reclamação trabalhista. *Revista Justilex,* ano V, n. 51, p. 58, mar. 2006. No mesmo sentido, PINHEIRO, Luís de Lima. *Arbitragem transnacional.* Coimbra: Almedina, 2005, p. 107. Comentando a questão na França, HANOTIAU, Bernard. L'arbitrabilité. *Recueil des cours de la Académie de Droit International de La Haye,* Haye: Kluwer Law International, p. 226, 2002.

De fato, nota-se que o legislador da matéria processual do trabalho, no Brasil, deu várias[44] oportunidades[45] para que as partes cheguem a um entendimento "por mútuas concessões". Se é possível transigir[46], mesmo fora dos juízos estatais, sobre questões trabalhistas, não há motivos para que a jurisprudência vede o acesso à arbitragem. Decisão do próprio Tribunal Superior do Trabalho, em 2005[47], vem respaldar a assertiva:

> [...] O juízo arbitral tem plena aplicabilidade na esfera trabalhista porque há direitos patrimoniais disponíveis no âmbito do direito do trabalho. É que, ao se afirmar, genericamente, que os direitos trabalhistas constituem direitos patrimoniais indisponíveis, não se leva em conta que o princípio da irrenunciabilidade de tais direitos foi, em diversas situações, mitigado pelo legislador. Isso porque, apenas no ato da contratação ou na vigência de um contrato de trabalho considera-se perfeitamente válida a tese da indisponibilidade dos direitos trabalhistas, posto que é de se reconhecer que a desvantagem em que uma das partes se encontra, pode impedi-lo de manifestar livremente vontade. Após a dissolução do pacto, no entanto, não há que se falar em vulnerabilidade, hipossuficiência, irrenunciabilidade ou indisponibilidade, na medida em que empregado não mais está dependente do empregador[48].

Aparentemente, as vozes que se impõem pela utilização da arbitragem em litígios individuais trabalhistas já desempenham um papel importante no panorama do Direito brasileiro[49]. Como se viu, a tese da disponibilidade do *quantum* indenizatório requerido *a posteriori* vinha sendo acolhida pelo Tribunal Superior do Trabalho, garantindo ao pleiteante o acesso livre aos juízos arbitrais. Portanto, não há que se inferir, na constitucionalização da arbitragem em matéria coletiva, um comando constitucional

---

(44) Cf. arts. 514, *c*; 625-D; 764; 831; 846; 850; 852-E, todos da Consolidação das Leis do Trabalho.
(45) Em decisão liminar recentíssima, nas ADIs ns. 2139 e 2160, o Supremo Tribunal Federal determinou a possibilidade de o demandante prescindir da Comissão de Conciliação para se dirigir diretamente à Justiça do Trabalho.
(46) O raciocínio não tem por fundamento a equiparação entre transigibilidade e arbitrabilidade, o que seria um equívoco; entretanto, reconhece-se que, na tradição civilística brasileira, a transação pressupõe "mútuas concessões", e, portanto, disposição de situações jurídicas.
(47) Em 2008, a corte havia confirmado o entendimento, em voto de lavra do Ministro Ives Gandra Martins: "ARBITRAGEM POSSIBILIDADE DE UTILIZAÇÃO PARA SOLUÇÃO DE CONFLITOS TRABALHISTAS HIPÓTESE FÁTICA DE PRESSÃO PARA RECURSO AO JUÍZO ARBITRAL INTERPRETAÇÃO DA LEI N. 9.307/96 À LUZ DOS FATOS SÚMULAS NS. 126 E 221 DO TST. 1. A arbitragem (Lei n. 9.307/96) é passível de utilização para solução dos conflitos trabalhistas, constituindo, com as comissões de conciliação prévia (CLT, arts. 625-A a 625-H), meios alternativos de composição de conflitos, que desafogam o Judiciário e podem proporcionar soluções mais satisfatórias do que as impostas pelo Estado-juiz" (AIRR — 2547/2002-077-02-40 Publicação: DJ 8.2.08).
(48) RR — 1650/1999-003-15-00, 4ª Turma, Rel. Juíza Convocada Maria Doralice Novaes, publicado no DJ de 30.9.05.
(49) Cassio Telles Ferreira Neto divulga estatística do Conselho Arbitral do Estado de São Paulo — CAESP, em artigo publicado em 2003, a qual aponta que 20% dos litígios levados àquela instituição tinham origem no direito civil, 14% no direito comercial, 5% no direito do consumidor, 1% no direito internacional, ao passo que a matéria trabalhista respondia por 60% das causas levadas ao tribunal (Arbitragem: uma tecnologia jurídica de ponta. *Revista de Direito Bancário, do mercado de capitais e da arbitragem*, ano 6, n. 22, out./dez. 2003. p. 377).

negativo implícito, dirigido a obstar a arbitrabilidade dos litígios trabalhistas individuais, visto que tal interpretação não encontra nenhum fundamento jurídico em todo o sistema.

É importante que se esclareça alguns pontos. Em primeiro lugar, a situação jurídica coletiva não é, obviamente, equivalente à situação jurídica individual, podendo a qualificação quanto à disponibilidade variar, conforme a vontade do legislador, sem que isso configure nenhuma incongruência. De um lado, tenho o direito individual à não redução salarial, irrenunciável, inegociável. De outro, tenho o direito coletivo de negociar a redução de salário de toda a categoria.

Em segundo lugar, não é a mesma situação jurídica o direito à percepção de horas extras no momento em que se faz vigente o contrato de trabalho e o seu correspondente indenizatório pecuniário, quando o contrato se encerrou. Trata-se de hipótese de indisponibilidade relativa. No primeiro caso, a situação jurídica é o direito à percepção de horas extras durante o vínculo de emprego. Não é facultado ao seu titular dele abrir mão no intuito, por exemplo, de ser mantido no cargo em detrimento de seus colegas. Na segunda hipótese, a situação jurídica é o direito à indenização em virtude da violação de seu direito à não percepção de horas extras. O titular já não mantém relação jurídica de natureza trabalhista com o empregador. A relação jurídica agora tem natureza civil (embora originária de relação jurídica trabalhista), relativamente à exigibilidade do cumprimento de obrigação contratual, bem como os prejuízos decorrentes de sua injusta privação. O direito à percepção de hora extra pelo empregado é situação jurídica indisponível; o direito à indenização pela não percepção das horas extras no momento devido é uma situação jurídica disponível. Ali, o legislador precisa proteger o vínculo de emprego, impedindo que o exército de reserva que se candidata à sua vaga prejudique suas condições de trabalho. Aqui, o credor do montante indenizatório já não necessita de tanta proteção, sendo, por vezes, de seu próprio interesse dispor de parte do montante indenizatório a que faz jus, para fruí-lo imediatamente.

3.2. O problema do exercício da vontade no ato da contratação

Acórdão lavrado nos autos do processo RR 225300-85.2003.5.05.0009, no TST, traz argumento importante para a discussão que ora se trava: é inadmissível a arbitrabilidade de conflitos individuais trabalhistas, considerando que o empregado não exerce, no ato de contratação, a sua vontade com plenitude, pelo que uma cláusula arbitral inserida no contrato de trabalho não implica os efeitos desejados pelo contratante hipossuficiente.

O raciocínio do decisor é interessante: como o contratante *precisa* do emprego, a cláusula arbitral, naquele exato momento, representa para ele um mero detalhe, já que o objetivo a ser alcançado, daquele polo contratual, é a remuneração pelo desempenho de uma função laboral: é o que existe de relevante para que o contrato seja celebrado.

Mas, como se disse anteriormente, a vocação protetiva do Direito do Trabalho surge exatamente para evitar que o trabalhador pactue avenças que lhe imponham posteriores desvantagens. Até aí o raciocínio parece ser coerente.

O passo seguinte é que se desconecta da realidade: partindo da premissa colocada, **é de se considerar que todas as situações em que se celebra Contrato de Trabalho a vontade do trabalhador de submeter eventuais conflitos à apreciação de um tribunal arbitral é viciada?**

A solução apriorística parece ser inconstitucional. A arbitragem é mais do que um meio alternativo de solução de controvérsias; é, afinal, uma via de acesso à Justiça e, consequentemente, uma via de acesso aos direitos. Diante das circunstâncias em que o Poder Judiciário trabalha (carência de profissionais, verbas orçamentárias, relação n. de processos/juízes defasada), impedir que o trabalhador opte por um método por vezes mais célere e eficiente é obstar efetivamente o seu acesso à Justiça.

Assim, teremos que começar raciocinando pelo caminho inverso: **é lícito obstar ao litigante uma via de acesso à Justiça que constitui sua legítima opção?** A motivação por responder afirmativamente a essa pergunta, por mais nobre que seja, não encontrará suporte jurídico. O sistema de arbitragem, no Brasil, não oferece obstáculos para que a opção do trabalhador pela apreciação de conflitos emergentes do contrato de trabalho seja validada pelo ordenamento.

É certo que o sistema — e aqui fazemos uso das normas gerais do regime do negócio jurídico — repele a validação de qualquer contrato em que se faça presente vício de consentimento. Se ficar provado que a cláusula arbitral não resultou da vontade legítima do trabalhador, é bastante razoável que seja nulificada — pode-se estudar, nesse sentido, inclusive, a aplicação de um sistema de inversão de ônus da prova. Mas daí percorrer o caminho contrário, de modo a, aprioristicamente, verificar, a partir da hipossuficiência do trabalhador um pressuposto de vício de vontade é raciocínio que não encontra suporte normativo no sistema.

Paula Costa e Silva atenta para a "arbitragem putativamente voluntária", quando aborda os conflitos que eclodem entre jogadores profissionais de futebol e os clubes[50]. Pergunta-se a Autora sobre a validade de uma cláusula arbitral nessas circunstâncias, já que a renúncia à jurisdição estatal nem sempre configurar-se-ia uma verdadeira escolha: "Isto porque, se não quiser renunciar a tal jurisdição, poderá não se inscrever na associação que impõe a jurisdição arbitral específica? Que alternativa tem o jogador? Vai jogar em que clubes?"[51].

Os resultados da reflexão da Autora sobre o problema resultam na seguinte conclusão: "para que uma jurisdição arbitral se possa considerar legítima tem de fundar a sua competência num ato de autonomia das partes. Se uma das partes é constrangida

---

(50) *A nova face da justiça* — os meios extrajudiciais de resolução de controvérsias. Coimbra: Coimbra, 2009. p. 115/116.
(51) *Ibidem*, p. 115/116.

a aceitar essa jurisdição, não pode dizer-se que esta funde a sua competência num ato autônomo daquela"[52].

A regra proposta, portanto, para admitir-se a arbitragem é que a vontade exercida no sentido de devolver ao árbitro a solução do conflito seja livre. Se a convenção de arbitragem for uma condição de acesso à celebração do contrato de trabalho (é o que ocorre, no caso ventilado por Paula Costa e Silva, com o jogador de futebol) e não a tradução da vontade da parte em buscar a solução alternativa do litígio, a sua validade restará prejudicada[53].

Mas não se deve supor, das conclusões apresentadas pela Autora, o constrangimento em todos os contratos de trabalho. Haverá hipóteses em que a vontade de submeter conflito trabalhista à arbitragem será legítima. Nesse caso, o sistema não oferecerá elementos que permitam obstaculizar o acesso à arbitragem.

Diante desse panorama, é possível apresentar duas conclusões: as situações jurídicas afirmadas nas demandas trabalhistas nem sempre possuem caráter indisponível; não se pode pressupor vício de consentimento na celebração de convenção de arbitragem pelo trabalhador.

4. A RECENTE DECISÃO NOS AUTOS DO RO 01770-2009-037-03-00-6, TRT 3: INAPLICABILIDADE DO PRAZO DO § 1º DO ART. 33 DA LEI N. 9.307/96

Achou por bem a Turma Recursal de Juiz de Fora afastar a incidência do prazo decadencial estabelecido no § 1º do art. 33 da Lei n. 9.307/96. Se o assunto não toca diretamente o problema por nós enfrentado neste trabalho, considerando que não está frontalmente em causa o problema da arbitrabilidade dos conflitos trabalhistas, a decisão releva porque um dos fundamentos utilizados pelo decisor para afastar a incidência do mencionado dispositivo da Lei de Arbitragem dialoga com uma perspectiva desfavorável à arbitrabilidade dos conflitos trabalhistas de natureza individual.

A sentença recorrida julga improcedente a demanda de primeiro grau sob o fundamento de que a o direito de promover a anulatória teria decaído, em face do § 1º do art. 33 da Lei n. 9.307/96. Contudo, nessa mesma anulatória a reclamada não ofereceu defesa, pelo que foram aplicadas as regras da revelia. Na hipótese, o reclamante argu-mentava que a sua vontade na celebração do compromisso arbitral foi viciada, na medida em que a escassez de recursos financeiros necessários à mantença própria e de sua família o impeliram a celebrar mencionado negócio jurídico e, a seguir, a transação em audiência arbitral. A configuração do vício da vontade dependeria, portanto, da prova do vício de consentimento, que, diante dos efeitos da revelia, restava por se mostrar desnecessária.

---

(52) *Ibidem*, p. 116.
(53) Nesse sentido, recentemente, HASS, Ulrich. International sports arbitration and the European convention on human rights. *Revista de Processo*, n. 173, jul. 2009.

Com os demais elementos do processo conspirando a favor do pleito do reclamante, o Recurso Ordinário se mostrou uma alternativa interessante. Argumentou, nessa ocasião, a impertinência da aplicação do prazo do art. 33, § 1º, da Lei n. 9.307/96, tendo em vista que a demanda versava sobre direitos indisponíveis. Mais, que o confronto do dispositivo com o inc. XXIX do art. 7º, da Constituição Federal implicaria o afastamento da incidência de seus efeitos.

A Turma Recursal acolheu exatamente essa tese. E o fez, de nossa perspectiva, de forma muito equivocada.

A demanda não versava sobre direitos indisponíveis. O reclamante pleiteava, na demanda arbitral, a indenização devida de parcelas rescisórias: em outras palavras, *dinheiro*. Tanto é assim que esse *dinheiro* foi objeto de negociação entre as partes no âmbito do procedimento arbitral.

Se a celebração do compromisso arbitral conteve vício de consentimento, é questão a ser apreciada pelo magistrado, no prazo decadencial determinado por Lei. De fato, na espécie, o reclamante teria grandes chances de ver anulada a sentença, já que os fatos configuradores da coação seriam tidos por verdadeiros pelo Juízo.

Mas o argumento posterior, de incompatibilidade entre a regra do § 1º, do art. 33 da Lei de Arbitragem e a regra do inc. XXIX do art. 7º da Constituição, é ainda mais criticável. O julgador *ad quem* argumenta que "a prescrição ou decadência, *in casu*, não pode ser considerada *a priori*, sem adentrar efetivamente no mérito da demanda, avaliando a existência ou não da pleiteada relação de emprego, porque somente depois de analisada essa premissa, poder-se-ia cogitar em decadência, nos moldes da Lei de Arbitragem".

Sob o nosso entendimento, sem nenhuma razão. O prazo decadencial (estamos diante de uma demanda constitutiva negativa) a que se refere o § 1º, do art. 33 da Lei de Arbragem tem como *dies a quo* a data de notificação da sentença arbitral; não tem qualquer conexão com os fatos que eventualmente configurariam uma relação de emprego ou de trabalho. Por outro lado, o inc. XXIX do art. 7º da Constituição Federal diz respeito ao prazo prescricional (estamos diante de uma demanda condenatória) para oferecimento da demanda *quanto aos créditos resultantes das relações de trabalho*. Esse sim depende da penetração pelo julgador nos fatos que orientam a incidência do art. 3º da CLT e seus respectivos efeitos. É dizer, "cogitar a decadência" a que se refere o § 1º, do art. 33 da Lei de Arbitragem não impõe a análise da existência da relação de emprego, mas tão somente a notificação da sentença arbitral.

Isso quer dizer que o art. 7º não se aplica às demandas trabalhistas propostas perante o tribunal arbitral? Negativo. Sempre que o reclamante questionar créditos resultantes da relação de trabalho perante o tribunal arbitral, o réu, defendendo-se, invocará o referido dispositivo constitucional que será então apreciado pelo árbitro. Verificará se a demanda versa sobre direitos adquiridos nos últimos cinco anos e se foi proposta no prazo bienal.

Não há que se falar, assim, de qualquer incompatibilidade entre as duas regras.

5. O Projeto de Lei n. 5.930/96

Começa a ser discutido o Projeto de Lei n. 5.930/96, de cuja elaboração é responsável o Deputado Carlos Bezerra. A proposta é incluir no art. 1º da Lei n. 9.307/96 um parágrafo único, de modo a afastar da arbitragem a apreciação de conflitos individuais oriundos de relações de trabalho.

Notícia divulgada no *site* da Câmara dá conta de que o apoio da Presidência da ANAMATRA ao PL é fundado na ideia de que os tribunais arbitrais têm realizado homologação de rescisão contratual com consequências prejudiciais ao trabalhador[54].

Coincidentemente, os fundamentos da decisão comentada no item anterior se orientam no sentido de coibir a arbitragem que se preste a homologar rescisão contratual.

Os críticos dizem que a rescisão contratual homologada pelo árbitro tem trazido problemas ao trabalhador. Mas não indicam quais. Nos resta investigar se demanda que requeira a homologação de rescisão contratual se enquadraria nos obstáculos previstos pelo art. 1º da Lei n. 9.307/96.

Por rescisão contratual deve ser entendida a extinção do contrato por inexecução culposa, por uma, ou ambas as partes[55]. Uma demanda que pretenda a declaração pelo decisor da rescisão impõe a apreciação da existência de um fato que a desencadeie. Mas que fato é esse? A ocorrência de uma conduta culposa do trabalhador — ou da empresa — configuradora da rescisão. Essas condutas encontram-se descritas nos arts. 482 e 483, ambos da CLT. Disso resulta que o trabalho do tribunal é meramente declaratório. O tribunal declara a rescisão porque reconhece o fato que a desencadeia. Declara a ocorrência do fato e, por consequência, a extinção do contrato.

Dito isso, resta saber se a situação jurídica que permite à parte demandar em face da outra com o objetivo de ver declarada a rescisão pode ser qualificada por indisponível. É dizer, se o empregador estiver diante de uma das hipóteses do art. 482 ou se o trabalhador estiver diante de uma das hipóteses do art. 483, significa dizer que podem optar por rescindir ou não rescindir o contrato? A resposta é dada pelo *caput* do art. 483 da CLT quando diz que o "empregado *poderá* considerar rescindido o contrato". Quanto ao art. 482, seria absurdo defender que, porque não está lá conjugado o verbo "poder", não se aplicaria raciocínio equivalente. Afinal, por mais enquadrável nas hipóteses do art. 482 que seja a conduta do trabalhador, é interesse da coletividade que as pessoas se mantenham empregadas, produzindo e colaborando para o crescimento econômico. Diríamos, então, que a situação jurídica é disponível: o seu titular exerce sua vontade na determinação dos efeitos da conduta da contraparte. A parte titulariza o poder de rescindir o contrato mediante conduta culposa da outra, mas exercerá tal poder conforme sua vontade.

---

(54) SOUZA, Murilo. *Debatedores divergem sobre arbitragem em causa trabalhista individual*. Disponível em: <www. <http://www2.camara.gov.br/agencia/noticias/DIREITO-E-JUSTICA/148770-DEBATEDORES-DIVERGEM-SOBRE-ARBITRAGEM-EM-CAUSA-TRABALHISTA-INDIVIDUAL.html> Acesso em: 15.6.10.
(55) AZEVEDO, Álvaro Vilaça de. *Teoria geral dos contratos típicos e atípicos*. São Paulo: Atlas, 2002. p. 111.

É disponível a situação jurídica que decorre dos arts. 482 e 483 da CLT. Mas não é essa a única qualificação exigida pelo art. 1º da Lei n. 9.307/96. O texto normativo também diz que a situação jurídica a ser discutida no âmbito do procedimento arbitral deve ser patrimonial, ou seja, o objeto do processo deve ser passível de apreciação pecuniária. Não será esse o nosso caso. Se o objeto do processo for efetivamente a apreciação de ocorrência de conduta prevista nos arts.482 ou 483 da CLT, não teremos elementos para qualificar a situação jurídica afirmada no ato postulatório de patrimonial. Nesse caso, concluiríamos a inarbitrabilidade de litígios — de natureza individual ou coletiva — que tivessem como objeto a homologação de rescisão contratual.

Mas o problema aparece mais complexo do que isso. Se o trabalhador identifica na conduta do empregador uma das hipóteses do art. 483, o seu pedido será condenatório. Pedirá, de plano, o pagamento das parcelas rescisórias a que se refere o art. 477 da CLT. O decisor, entretanto, no intuito de apreciar o pedido condenatório, deverá verificar se houve a rescisão contratual que dá ensejo à obrigação de indenizar. A rescisão contratual, na reclamação trabalhista com objeto indenizatório é um antecedente lógico que será apreciado pelo juiz. A presença de questão prejudicial que não se enquadra na qualificação do art. 1º da Lei n. 9.307/96, como vimos anteriormente, não implica a inarbitrabilidade da controvérsia, mas a remessa dos autos para que o juiz estatal a resolva. Resolvida, retorna ao tribunal arbitral para a apreciação da questão subordinada, essa, sim, necessariamente enquadrada no art. 1º da Lei de Arbitragem.

Do raciocínio resulta que a demanda de caráter indenizatório poderia correr perante os tribunais arbitrais, desde que a resolução da questão sobre a rescisão contratual fosse apreciada pelo juízo estatal, não por ser indisponível, mas essencialmente por ser extrapatrimonial.

Se os tribunais arbitrais têm apreciado pleito que objetiva a declaração da rescisão contratual, é conduta passível de nulidade da sentença arbitral, nos termos do art. 32, IV, da Lei n. 9.307/96. Não é necessário promover uma alteração legislativa para coibir tal prática. Basta utilizar as ferramentas que a própria Lei de arbitragem oferece que estará sanado o problema.

Não fosse suficiente essa constatação para defender o arquivamento do PL n. 5.930/96, é fundamental pontuar que a redação proposta é desastrosa. A justificação do projeto não oferece nenhum argumento técnico; se resume a afirmar que as forças de empregado e empregador são desequilbradas. Entretanto, como se viu, é equivocado pressupor que há vício de consentimento sempre que o trabalhador manifesta vontade de submeter litígio à arbitragem. Mais do que isso, chega a ser presunçoso: é como se as respostas para todos os problemas do trabalhador estivessem sob a batuta exclusiva do Poder Judiciário. Apenas a Justiça é capaz de compreender o desequilíbrio de forças que existe entre empregado e empregador; jamais o farão árbitros bem formados. É razoável esse raciocínio? Acreditamos que não.

Atente-se para a redação proposta ao parágrafo único do art. 1º da Lei n. 9.307/96: "Para os fins do disposto nesta lei, consideram-se indisponíveis os direitos decorrentes das relações individuais de trabalho".

Disponibilidade é um conceito lógico-jurídico. Não é atribuição do legislador definir disponibilidade. Não dizemos que é essa a tentativa do PL sob comento. Mas é necessário partir desse alerta para que possamos dizer que o legislador também não pode qualificar "para efeito" de uma Lei determinadas situações jurídicas de indisponíveis e para todos os demais efeitos, disponíveis. Qualifica-se a situação jurídica quanto à gradação de sua disponibilidade. Se for disponível, relativamente indisponível ou indisponível absolutamente, o será para efeito de todas as Leis.

Se o que se pretende é vedar o acesso do trabalhador à arbitragem, é preciso escolher um meio mais técnico para fazê-lo. Enquanto as parcelas rescisórias puderem ser fruto de transação (no âmbito da conciliação do procedimento trabalhista), tratar-se-ão sempre de direitos disponíveis. O legislador atento, ainda que deseje o indesejável — vedar o acesso do trabalhador à Justiça —, deverá, se assim entender, revisar toda a legislação trabalhista para dar o efeito que o PL quis. Com essa redação, a norma corre o risco de nascer morta.

Considerações Finais

Este trabalho pretendeu contribuir com o debate acerca da arbitrabilidade dos conflitos trabalhistas de natureza individual.

Viu-se aqui que a generalização que tem sido feita pelos integrantes da corrente proibitiva é falsa. Nem todas as situações jurídicas individuais decorrentes das relações de trabalho são indisponíveis. Ao contrário, a maior parte dos conflitos trabalhistas contém a afirmação de situações jurídicas disponíveis e patrimoniais.

O argumento da hipossuficiência do trabalhador também não é suficiente para vedar o acesso à arbitragem aos envolvidos em conflitos trabalhistas de caráter individual. O vício de consentimento deve ser aferido caso a caso: o magistrado especializado já possui instrumentos suficientes para investigar se a celebração da convenção arbitral se deu de modo legítimo ou não.

A proposta legislativa de vedação apriorística da arbitrabilidade de conflitos trabalhistas de natureza individual é temerária e coloca o país numa posição de retrocesso quanto à utilização de mecanismos alternativos de resolução de controvérsias. Felizmente, o Brasil ganhou posição de destaque no cenário internacional no que diz respeito ao sistema de arbitragem. O cenário arbitral é cada vez mais favorável ao desenvolvimento econômico e à geração de empregos formais. O país não pode prescindir desses benefícios por puro preconceito.

Vedar acesso à arbitragem é também vedar acesso à Justiça. É preciso trazer argumentos mais consistentes ao debate para que se alcance esse objetivo do que a hipossuficiência do trabalhador e a suposição generalizada de indisponibilidade das situações jurídicas afirmadas em demandas trabalhistas de caráter individual.

Referências

ALBINO, Maria Clara. *Arbitralidade objectiva*. Relatório de Mestrado em Administração Pública-Faculdade de Direito. Lisboa: Universidade de Lisboa, 2007.

AMARAL, Francisco. *Direito civil* — introdução. Rio de Janeiro: Renovar, 2000.

AZEVEDO, Álvaro Vilaça de. *Teoria geral dos contratos típicos e atípicos*. São Paulo: Atlas, 2002.

BORGES, Roxana Cardoso Brasileiro. *Disponibilidade dos direitos de personalidade e autonomia privada*. São Paulo: Saraiva, 2005.

CARAMELO, António Sampaio. Disponibilidade do direito como critério de arbitrabilidade do litígio. *Revista da Ordem dos Advogados*, Lisboa, n. 3, ano 66, dez. 2006.

CARMONA, Carlos Alberto. *Arbitragem e processo* — um comentário à Lei n. 9.307/96. 2. ed. São Paulo: Atlas, 2004.

CARNELUTTI, Francesco. *Instituições do processo civil*. Tradução de Adrián Sotero de Witt Batista. Campinas: Servanda, 1999. v. 1.

CHINA, Sergio La. *L'arbitrato* — il sistema e l'esperienza. 3. ed. Milano: Giuffrè, 2007.

LEE, João Bosco. *Brasil*: place of arbitration. Disponível em: <www.kluerarbitrationblog.com> Acesso em: 15.6.10.

DAMIANO, Henrique. Formas extrajudiciais de solução dos conflitos individuais do trabalho. *Revista do Tribunal Regional do Trabalho da 15ª Região*, Campinas, n. 21, 2002. Disponível em: <http://trt15.gov.br/escola_da_magistratura/Rev21Art11.pdf> Acesso em: 8.4.10.

DELGADO, Mauricio Godinho. *Curso de direito do trabalho*. 4. ed. São Paulo: LTr, 2005.

DIDIER JR., Fredie. *Direito processual civil* — teoria geral do processo e processo de conhecimento. 11. ed. Salvador: Juspodivm, 2009. v. 1.

FERREIRA NETO, Cássio Telles. Arbitragem: uma tecnologia jurídica de ponta. *Revista de Direito Bancário, do mercado de capitais e da arbitragem*, ano 6, n. 22, out./dez. 2003.

FONSECA, Elena Zucconi Galli. Riforma del diritto arbitrale. *Le nuove leggi civili comentate*. Milano, n. 6, anno XXX, p. 1050-1170, nov./dic. 2007.

GARCEZ, José Maria Rossani. *Arbitragem nacional e internacional*: progressos recentes. 1. ed. Belo Horizonte: Del Rey, 2007.

GOMES, Orlando. *Introdução ao direito civil*. 3. ed. Rio de Janeiro: Forense, 1971.

GRINOVER, Ada Pellegrini; GONÇALVES, Eduardo Damião. Conferência sobre arbitragem na tutela dos interesses difusos e coletivos. *Revista de Processo*, São Paulo, ano 31, n. 136, p. 249--267, jun. 2006.

HAAS, Ulrich. International sports arbitration and the European Convention on Human Rights. *Revista de Processo*, n. 173, jul. 2009.

HANOTIAU, Bernard. *L'arbitrabilité*. Recueil des cours de la Académie de Droit International de La Haye. Haye: Kluwer Law International, 2002.

MARINONI, Luiz Guilherme. *Curso de processo civil* — processo de conhecimento. São Paulo: RT, 2005. v. 2.

MARTINEZ, Pedro Romano et al. *Código do Trabalho anotado.* 8. ed. Coimbra: Coimbra, 2009.

MARTINS, José Celso. A transação na reclamação trabalhista. *Revista Justilex*, ano V, n. 51, mar. 2006.

MARTINS, Pedro Batista. O poder judiciário e a arbitragem — 4 anos da Lei n. 9.307/96. 3. parte. *Revista de direito bancário, do mercado de capitais e da arbitrgem*, ano 4, n. 12, abr./jul. 2001.

MENDES, João de Castro. *Direito processual civil.* rev. atual. Lisboa: AAFDL, 1986.

MIRANDA, Francisco Cavalcanti Pontes de. *Comentários ao Código de Processo Civil.* 1. ed. Rio de Janeiro: Forense, 1977. t. XV.

NETO, Luísa. *O direito fundamental à disposição sobre o próprio corpo* — a relevância da vontade na configuração do seu regime. Coimbra: Coimbra, 2004.

PAMPLONA FILHO, Rodolfo. Arbitragem trabalhista: visão didática. In: *Revista Trabalho & Doutrina*, São Paulo: Saraiva, n. 22, p.137/152, set. 1999.

PINHEIRO, Luís de Lima. *Arbitragem transnacional.* Coimbra: Almedina, 2005.

PUNZI, Carmine. *Il processo civile* — sistema e problematiche. Torino: Giappichelli, 2008.

RUFFINI, Giuseppe. Art. 806. Controversie arbitrabili. In: CONSOLO, Claudio. *Codice di procedura civile commentado.* 3. ed. Milano: IPSOA, 2008.

SCAVONE JR., Luiz Antonio. *Manual de arbitragem.* 2. tir. São Paulo: RT, 2008.

SILVA, Paula Costa e. *A nova face da justiça* — os meios extrajudiciais de resolução de controvérsias. Coimbra: Coimbra, 2009.

_____. A execução em Portugal das decisões arbitrais. *Revista da Ordem dos Advogados*, n. 67, 2007.

SOUZA, Murilo. *Debatedores divergem sobre arbitragem em causa trabalhista individual.* Disponível em: <www. http://www2.camara.gov.br/agencia/noticias/DIREITO-E-JUSTICA/148770-DEBATEDORES-DIVERGEM-SOBRE-ARBITRAGEM-EM-CAUSA-TRABALHISTA-INDIVIDUAL.html> Acesso em: 15.6.10.

VERDE, Giovanni. *Diritto dell'arbitrato.* 3. ed. Torino: Giapichelli, 2005.

Responsabilidade Civil e Violência Urbana:
Considerações sobre a Responsabilização Objetiva e Solidária do Estado por Danos Decorrentes de Acidentes Laborais Diretamente Vinculados à Insegurança Pública

Francisco Milton Araújo Júnior(*)
Ney Stany Morais Maranhão(**)

"Estas coisas vos tenho dito para que tenhais paz em mim. No mundo, passais por aflições; mas tende bom ânimo; eu venci o mundo."
Jesus Cristo(***)

1. Introdução

Já há algum tempo, percebemos, nos átrios forenses, um considerável crescimento de pleitos judiciais centrados na apreciação de acidentes de trabalho diretamente ligados à violência urbana. É o que se dá, por exemplo, quando determinados trabalhadores,

---

(*) Juiz Federal do Trabalho do TRT da 8ª Região (PA/AP). Titular da 2ª Vara Federal do Trabalho de Marabá/PA. Mestre em Direito pela Universidade Federal do Pará (UFPA). Especialista em Higiene Ocupacional pela Universidade de São Paulo (USP). Professor Colaborador da Escola Judicial do TRT da 8ª Região (PA/AP). Membro do Instituto Brasileiro de Direito Social "Cesarino Júnior". Autor do livro: *Doença ocupacional e acidente de trabalho: análise multidisciplinar*. São Paulo: LTr, 2009.

(**) Juiz Federal do Trabalho Substituto do TRT da 8ª Região (PA/AP). Mestre em Direito pela Universidade Federal do Pará (UFPA). Professor Universitário. Professor Colaborador da Escola Judicial do TRT da 8ª Região (PA/AP). Membro do Instituto Brasileiro de Direito Social "Cesarino Júnior". Secretário-Geral da AMATRA 8 no biênio 2007--2009. Autor do livro: *Responsabilidade civil objetiva pelo risco da atividade: uma perspectiva civil-constitucional*. 7. obra da coleção professor Rubens Limongi França. São Paulo: Método, 2010. E-mail ney.maranhao@gmail.com.

(***) ALMEIDA, João Ferreira de (tradução). *Bíblia sagrada*. 2. ed. rev. e atual. Barueri: Sociedade Bíblica do Brasil (SBB), 2007. Evangelho de João, Capítulo 16, Versículo 33.

no desempenho de suas atividades profissionais, tornam-se vítimas de ações criminosas. São inúmeras situações de assaltos e sequestros, dentro de empresas ou em plena via pública, que têm trazido nocivas repercussões no meio ambiente de trabalho[1].

Essa realidade tem suscitado relevantes questionamentos. Ora, em face desse perverso quadro, porventura haveria amparo jurídico para a fixação de responsabilização do Estado, em ações indenizatórias trabalhistas cujos danos inequivocamente decorrem da incúria estatal no cumprimento de seu dever de garantir uma segurança pública efetiva? Nesse tipo de causa, até que ponto o Estado desponta como responsável pela reparação dos prejuízos, materiais e morais, perpetrados ao trabalhador? São esses os questionamentos que servirão de norte para o alavancar desta nossa singela reflexão.

Antes de invadir o cerne da questão, reputamos relevante pontuar, ainda que em apertada síntese, algumas das premissas jurídicas que dão lastro ao nosso raciocínio. Vejamos.

2. RUMOS CONTEMPORÂNEOS DO DIREITO: AMPLA PROTEÇÃO DA PESSOA HUMANA E GARANTIA DE MÁXIMA TUTELA DA VÍTIMA

Atualmente, diante do paradigma do Estado Democrático de Direito, a dignidade da pessoa humana tem ocupado não mais uma simples posição de destaque. Muito além disso, tem sido alcandorada mesmo a um *status* jurídico privilegiadíssimo, de sorte a figurar como o epicentro axiológico da ordem constitucional brasileira[2] e a

---

(1) A respeito, dentre inúmeras outras, destacamos as seguintes notícias: "**TST condena Bradesco a pagar por dano moral funcionária que sofreu 4 assaltos.** A Primeira Turma do Tribunal Superior do Trabalho (TST) manteve decisão da Justiça do Trabalho do Maranhão que reduziu de R$ 1 milhão para 260 salários mínimos o valor da indenização por dano moral a ser paga pelo Bradesco S/A (na qualidade de sucessor do BEM — Banco do Estado do Maranhão) a uma empregada lotada na agência de Imperatriz (MA) que sofreu quatro assaltos. (...) O acórdão do TRT/MA afirmou não restarem dúvidas de que a bancária foi gravemente afetada em sua saúde pelos fatos ocorridos nas dependências do banco e necessitou de tratamento psiquiátrico, acompanhamento psicossocial por tempo indeterminado e medidas socioterápicas, como terapia ocupacional e desenvolvimento de habilidades sociais com vistas a sua recuperação médica e psicossocial, conforme recomendado no parecer médico anexado aos autos. Mas, para o Regional, a condenação em danos morais não pode ser nem em valor ínfimo, a ponto de parecer desprezível ao ofensor, nem tão elevada, a ponto de comprometer a saúde financeira da empresa. Na ação na qual pediu a indenização de R$ 1 milhão, a bancária contou que nos três primeiros assaltos exercia a função de caixa (em 1995, 1997 e 1998) e foi abordada diretamente por bandidos armados. No quarto assalto (em 2000), na condição de supervisora de posto (PAB) em Vila Nova dos Martírios (MA), foi abordada em sua residência e levada ao posto pelos ladrões. Em nenhuma das quatro oportunidades havia porta giratória nos locais de trabalho. Em um dos assaltos, ocorrido no PAB do BEM na Prefeitura de Imperatriz, não havia sequer vigilante próprio do banco, mas tão somente o vigia da Prefeitura. Ela relatou que, após os assaltos, não houve qualquer alteração na estrutura de vigilância das agências, de modo a evitar os crimes (RR 2999/2005-012-16-00.7)" (Disponível em: <www.tst.jus.br> Acesso em: 22.8.09); "**Danos Morais: Banco é condenado em R$ 100 mil por não adotar medidas de segurança.** Ao reconhecer a negligência do Banco ABN Amro Real S/A, por não adotar medidas de segurança na agência em que um bancário sofreu dois assaltos e uma tentativa de sequestro, e em consequência desenvolveu síndrome do pânico, a Segunda Turma do Tribunal Superior do Trabalho arbitrou o valor de R$ 100 mil de indenização por danos morais." (Disponível em: <www.tst.jus.br> Acesso em: 19.7.10).

(2) SARMENTO, Daniel. *A ponderação de interesses na Constituição federal.* 1. ed. 3. tir. Rio de Janeiro: Lumen Juris, 2003. p. 59.

base central de fundamentação da ordem jurídica internacional. Em verdade, a dignidade da pessoa humana é hoje considerada o pressuposto filosófico de qualquer regime jurídico civilizado e das sociedades democráticas em geral[3].

No concernente ao direito constitucional pátrio, vale o destaque de que a dignidade da pessoa humana é verdadeiramente a pedra angular do ordenamento jurídico brasileiro, porquanto erigida à honrosa qualidade de *fundamento* de nossa República Federativa (CF, art. 1º, inciso III). Demais disso, nossa Constituição também expressamente: **(i)** adotou o postulado da igualdade substancial (CF, art. 3º[4]), **(ii)** firmou que os direitos e garantias nela expressos não excluem outros decorrentes do regime e dos princípios por ela adotados, ou dos tratados internacionais em que a República Federativa do Brasil seja parte (CF, art. 5º, § 2º), **(iii)** sublinhou que as normas definidoras dos direitos e garantias fundamentais têm aplicação imediata (CF, art. 5º, § 1º) e, ainda, **(iv)** asseverou que a proteção dos direitos há de se dar não apenas quando da lesão, senão que também quando da simples *ameaça* de lesão (CF, art. 5º, inciso XXXV[5]).

Ora, tais dispositivos devem ser focados à luz de uma interpretação sistêmica, partindo-se do pressuposto inarredável de que a principiologia que neles se encarna representa um genuíno mandado de otimização (Alexy), ou seja, *uma incontornável diretriz normativa de promoção e defesa da dignidade humana, na maior amplitude fática possível*[6]. Somente assim, na perspectiva desse esmerado constructo, será factível a edificação de um *espaço público de plena e genuína afirmação da dignidade humana*[7].

---

(3) BARCELLOS, Ana Paula de. *A eficácia jurídica dos princípios constitucionais*: o princípio da dignidade da pessoa humana. 2. ed. Rio de Janeiro: Renovar, 2008. p. 235.

(4) Constituição Federal, art. 3º: "Constituem objetivos fundamentais da República Federativa do Brasil: I — construir uma sociedade livre, justa e solidária; II — garantir o desenvolvimento nacional; III — erradicar a pobreza e a marginalização e reduzir as desigualdades sociais e regionais; IV — promover o bem de todos, sem preconceitos de origem, raça, sexo, cor, idade e quaisquer outras formas de discriminação".

(5) Constituição Federal, art. 5º, inciso XXXV: "a lei não excluirá da apreciação do Poder Judiciário lesão ou ameaça a direito".

(6) A expressão "mandado de otimização" está diretamente ligada à atribuição de força normativa aos princípios, constituindo um relevante contributo teórico de Robert Alexy. Com esse termo, o afamado jusfilósofo alemão quer dizer que os princípios "são normas que ordenam que algo seja realizado na maior medida possível dentro das possibilidades jurídicas e fáticas existentes" (ALEXY, Robert. *Teoria dos direitos fundamentais*. Tradução de Virgílio Afonso da Silva. São Paulo: Malheiros, 2008. p. 90).

(7) LÔBO, Paulo. A Constitucionalização do direito civil brasileiro. In: TEPEDINO, Gustavo (org.). *Direito civil contemporâneo*: novos problemas à luz da legalidade constitucional: anais do congresso internacional de direito civil-constitucional da cidade do Rio de Janeiro. São Paulo: Atlas, 2008. p. 21. Como se percebe, nosso ordenamento jurídico, sob esse prisma, consagra uma verdadeira **cláusula geral de tutela e promoção da pessoa humana**. Com a palavra Gustavo Tepedino, o paladino dessa visão, *verbis*: "... A tutela da pessoa humana, além de superar a perspectiva setorial (direito público e direito privado), não se satisfaz com as técnicas ressarcitória e repressiva (binômio lesão-sanção), exigindo, ao reverso, instrumentos de proteção do homem, considerado em qualquer situação jurídica de que participe, contratual ou extracontratual, de direito público ou de direito privado. Assim é que, no caso brasileiro, em respeito ao texto constitucional, parece lícito considerar a personalidade não como um novo reduto de poder do indivíduo, no âmbito do qual seria exercido a sua titularidade, mas como valor máximo do ordenamento, modelador da autonomia privada, capaz de submeter toda a atividade econômica a novos critérios de validade. Nesta direção, não se trataria de enunciar um único direito subjetivo ou classificar múltiplos direitos da personalidade, **senão, mais tecnicamente, de salvaguardar a pessoa humana em qualquer momento da atividade econômica, quer mediante os específicos direitos subjetivos** (previstos pela Constituição e pelo

Como corolário, assoma o **princípio da solidariedade social**, extraído basicamente da ousada previsão constitucional atinente à paulatina construção de uma sociedade livre, justa e solidária (**art. 3º, inciso I**). Dentro dessa perspectiva, o Direito — como ensina Francisco Amaral — se desvencilha de sua tradicional função repressiva e se encaminha para funções de natureza organizatória e promocional, traçando novos padrões de conduta e promovendo a intensa cooperação entre os indivíduos na realização dos objetivos da sociedade contemporânea[8].

Através dessa visão, impõe-se um novo paradigma na ciência do Direito, no que refere, mais precisamente, ao comportamento das pessoas em geral. Se antes vigorava a *autonomia da vontade* nua e crua, na esteira do Estado Liberal, depois passando à *autonomia privada*, com alguma influência de justiça material, na esteira do Estado Social, contemporaneamente viceja o *solidarismo constitucional*, ligado à essência do Estado Constitucional de Direito, onde o foco se volta não ao mero *sujeito* de direito, abstratamente considerado, senão que ao *cidadão*, historicamente centrado e concretamente situado, de modo a, abrindo mão da então clássica visão individualista, passar a enxergar na solidariedade um destacado *valor* que considera os direitos individuais não mais debaixo de uma perspectiva egoísta, mas à luz dos interesses de toda a comunidade[9].

O resultado do alinhamento dessas perspectivas é que a defesa da pessoa humana passa a ser o centro da atenção, a ponto desses **novos pilares axiológicos** de nosso Estado Democrático de Direito exigirem uma profunda revisão, reconsideração e reestruturação do sistema como um todo, à luz dos princípios constitucionais da **dignidade humana** e da **solidariedade social**[10].

---

legislador especial – saúde, imagem, nome etc.), quer como inibidor de tutela jurídica de qualquer ato jurídico patrimonial ou extrapatrimonial que não atenda à realização da personalidade. (...) Com efeito, a escolha da dignidade da pessoa humana como fundamento da República, associada ao objetivo fundamental de erradicação da pobreza e da marginalização, e de redução das desigualdades sociais, juntamente com a previsão do § 2º do art. 5º, no sentido de não exclusão de quaisquer direitos e garantias, mesmo que não expressos, desde que decorrentes dos princípios adotados pelo texto maior, configuram uma verdadeira **cláusula geral de tutela e promoção da pessoa humana**, tomada como valor máximo pelo ordenamento" (grifamos). (TEPEDINO, Gustavo. *Temas de direito civil*. 3. ed. Rio de Janeiro: Renovar, 2004. p. 47-50). Essa extraordinária formulação teórica já está devidamente sedimentada na doutrina pátria. É o que se vê do **Enunciado n. 74 da IV Jornada de Direito Civil (2006)**, assim gravado: "Os direitos da personalidade, regulados de maneira não exaustiva pelo Código Civil, são expressões da cláusula geral de tutela da pessoa humana, contida no art. 1º, inc. III, da Constituição (princípio da dignidade da pessoa humana). Em caso de colisão entre eles, como nenhum pode sobrelevar os demais, deve-se aplicar a técnica da ponderação".

(8) *Apud* HIRONAKA, Giselda Maria Fernandes Novaes. *Responsabilidade pressuposta*. Belo Horizonte: Del Rey, 2005. p. 121. Daniel Sarmento, com acerto, afirma que "quando a Constituição estabelece como um dos objetivos fundamentais da República brasileira 'construir uma sociedade justa, livre e solidária', ela não apenas está enunciando uma diretriz política desvestida de qualquer eficácia normativa. Pelo contrário, ela expressa um princípio jurídico, que, apesar de sua abertura e indeterminação semântica, é dotado de algum grau de eficácia imediata e que pode atuar, no mínimo, como vetor interpretativo da ordem jurídica como um todo" (SARMENTO, Daniel. *Direitos fundamentais e relações privadas*. 2. ed. Rio de Janeiro: Lumen Juris, 2008. p. 295).
(9) DALLEGRAVE NETO, José Affonso. *Responsabilidade civil no direito do trabalho*. 4. ed. São Paulo: LTr, 2010. p. 540-541.
(10) HIRONAKA, Giselda Maria Fernandes Novaes. *Responsabilidade pressuposta*. Belo Horizonte: Del Rey, 2005. p. 116-117.

Exatamente para se adequar a esse amplo movimento constitucional tendente a salvaguardar a dignidade da pessoa humana, o Direito Civil tem fugido de seu clássico viés patrimonial, passando a abrigar conceitos e valores essencialmente existenciais. Exsurge, com isso, o chamado *Direito Civil-Constitucional*[11], que, no âmbito específico da responsabilidade civil, tem favorecido a assimilação da irresistível tendência contemporânea de se pautar pela busca da **efetiva tutela da vítima** e pela **garantia da real reparação de todo e qualquer dano injusto** que porventura lhe tenha recaído[12].

Como exemplos concretos desse fluir humanista no específico campo da reparação de danos, podemos apontar, dentre outros, a **crescente objetivação da responsabilidade civil,** intimamente ligada ao ocaso científico da culpa, enquanto *único* fundamento da responsabilidade civil. Nesse quadro, ganha fôlego, em paralelo ao paradigma da *culpa*, a teoria do *risco*, sendo evidente, nessa nova fase, "o objetivo de superar o *individualismo*, que marca a noção de culpa, em favor de uma visão mais *solidarista* da responsabilidade civil"[13]. O efeito direto dessa nova forma de ver as

---

(11) A nosso ver, a expressão "Direito Civil-Constitucional" quer se referir ao fato de que, atualmente, todo o Direito Civil, desde suas estruturas mais clássicas, há de ser analisado, sem prejuízo de sua autonomia científica, com uma postura hermenêutica fiel à Constituição. Ou seja: não há como manusear e pensar o Direito Civil sem previamente ajustá-lo ao foco constitucional. Logo, a locução não é usada sob um prisma *formal* (alcançando apenas algumas regras e institutos), senão que *material* (alcançando a própria inteligência de todo o ramo cível, em si mesmo considerado). Não se cuida de apenas aceitar a chegada da Constituição ao Direito Civil (ou a partes dele), mas, acima de tudo, reconhecer que o próprio Direito Civil, em si, hodiernamente, reformulou-se, ajustou-se, transformou-se, de modo a não mais se poder sequer raciocinar um Direito Civil alheio à prévia incidência axiológica constitucional, pena de afronta à soberania popular legitimamente cristalizada na Carta de 1988. E, nisso, por certo, também está inserida a teoria da responsabilidade civil.

(12) Nesse sentido, pela clareza e precisão das colocações, são valiosas as palavras de Eugênio Facchini Neto, *in verbis*: "Até o final do século XIX, o sistema da culpa funcionara satisfatoriamente. Os efeitos da revolução industrial e a introdução do maquinismo na vida cotidiana romperam o equilíbrio. A máquina trouxe consigo o aumento do número de acidentes, tornando cada vez mais difícil para a vítima identificar uma 'culpa' na origem do dano e, por vezes, era difícil identificar o próprio causador do dano. Surgiu, então, o impasse: condenar uma pessoa não culpada a reparar os danos causados por sua atividade ou deixar-se a vítima, ela também sem culpa, sem nenhuma indenização. Para resolver os casos em que não havia culpa de nenhum dos protagonistas, lançou-se a ideia do risco, descartando-se a necessidade de uma culpa subjetiva. Afastou-se, então, a pesquisa psicológica, do íntimo do agente, ou da possibilidade de previsão ou de diligência, para colocar a questão sob um aspecto até então não encarado devidamente, isto é, sob o ponto de vista exclusivo da reparação do dano. Percebe-se que o fim por atingir é exterior, objetivo, de simples reparação e não interior e subjetivo, como na imposição da pena. (...) Destarte, o foco atual da responsabilidade civil, pelo que se percebe de sua evolução histórica e tendências doutrinárias, reside cada vez mais no imperativo de indenizar ou compensar dano injustamente sofrido, abandonando-se a preocupação com a censura do seu responsável. Cabe ao direito penal preocupar-se com o agente, disciplinando os casos em que deve ser criminalmente responsabilizado. Ao direito civil, contrariamente, compete inquietar-se com a vítima. (...) Houve a participação do legislador neste movimento renovador, como indicam as leis sobre acidentes de trabalho e sobre acidentes ferroviários que foram então sucessivamente promulgadas, nas quais a teoria da responsabilidade objetiva encontrou guarida. Mas foi sobretudo a jurisprudência, mormente a francesa, que desempenhou ativo papel no alargamento dos limites da responsabilidade civil, no intuito de, cada vez mais, proteger as vítimas" (FACCHINI NETO, Eugênio. Da responsabilidade civil no novo Código. In: SARLET, Ingo Wolfgang (org.). *O novo Código Civil e a Constituição*. 2. ed. Porto Alegre: Livraria do Advogado, 2006. p. 177-178 e 181).

(13) CALIXTO, Marcelo Junqueira. *A culpa na responsabilidade civil*: estrutura e função. Rio de Janeiro: Renovar, 2008. p. 154. José Jairo Gomes bem sintetiza essa questão quando assevera que ""a concepção que ganhou força e pavimentou a nova estrada foi a teoria da responsabilidade sem culpa, objetiva, fundada na ideia de risco. Note-se, porém, que não se quis alijar a *culpa* do cenário jurídico, a despeito da extrema vagueza desse termo, sendo reconhecidamente impossível fixar-lhe conteúdo certo. O que se pôs em foco, antes, foi a sua insuficiência para reger as situações trazidas pela nova realidade social que despontava. Combatia-se, na verdade, pelo reconhecimento

coisas é uma incisiva mudança de ângulo na responsabilidade civil, cujo giro conceitual vai, agora, do *ato ilícito* para o *dano injusto*[14], do *lesante* para a *vítima*[15].

Outra tendência está na crescente **flexibilização técnica do nexo causal**. O passar dos tempos tem sido acompanhado por um profícuo aprimoramento das teorias que versam sobre a causalidade, cuja fluidez decorre do constante confronto com circunstâncias que ousam desafiar o senso de justiça que reside em cada coração humano, em especial no coração do julgador, desembocando em uma abordagem doutrinária e jurisprudencial que tem buscado *flexibilizar*, por assim dizer, o nexo de causalidade, de modo a garantir, na prática, a efetiva reparação das vítimas de danos[16].

Já a **potencialização fática da efetiva reparação** do lesionado é outra característica verificada defronte dessa sadia ambiência constitucional que introduziu a dignidade da pessoa humana como fundamento da República Federativa do Brasil (art. 1º, inciso III) e viu no princípio da solidariedade uma noção objetiva conformadora das instituições jurídicas (art. 3º, inciso I). A preocupação, hoje, é evitar ao extremo as fatídicas ocasiões de ausência de reparação, sobressaindo, dessa vigorosa tendência, a crescente autorização quanto à fixação de um precioso vínculo de *solidariedade* entre os responsáveis pela reparação, elo esse que, sabe-se, reduz sobremaneira as possibilidades da vítima sair irressarcida do infortúnio, em face da maior amplitude de acervo patrimonial reservado ao cumprimento de uma possível tutela ressarcitória de dano. É o que se vê, por exemplo, do disposto no art. 942, *caput*, *in fine*, do Código Civil de 2002, quando reza que se a ofensa tiver mais de um autor, todos responderão solidariamente pela reparação.

Como se vê, a ideia vigorante, no campo da responsabilidade civil, é justamente o de contínuo fomento a construções jurídicas que busquem proteger, ao máximo, a vítima de danos. O foco saiu do *ofensor* (e sua *culpa*, com ênfase na proteção de seu *patrimônio*) e passou para a *vítima* (e seu *dano*, com ênfase na reparação de seu *prejuízo*), mergulhando a responsabilidade civil, por inteiro, na valiosa axiologia constitucional, traçando uma linha intelectiva altamente comprometida com valores existenciais[17].

---

de uma outra base para a responsabilização dos autores de danos, que, para fugirem do dever de indenizar, no mais das vezes se abrigavam sob a velha bandeira da culpa. Assim, pretendia-se que culpa e risco fossem os polos da nova teoria da responsabilidade civil" (GOMES, José Jairo. *Responsabilidade civil e eticidade*. Belo Horizonte: Del Rey, 2005. p. 230).

(14) Registre-se, a propósito, que por *dano injusto* há de se entender como aquele assim qualificado "tanto por haver sido injustamente causado como pelo fato de ser injusto que o suporte quem o sofreu" (HIRONAKA, Giselda Maria Fernandes Novaes. *Responsabilidade pressuposta*. Belo Horizonte: Del Rey, 2005. p. 354).

(15) GOMES, Orlando. Tendências modernas na teoria da responsabilidade civil. In: *Estudos em homenagem ao professor Silvio Rodrigues*. São Paulo: Saraiva, 1980. p. 293.

(16) Não sem razão Anderson Schreiber afirma que "a postura eclética das cortes no que tange à aferição da relação de causalidade revela, de fato, que os magistrados têm se preocupado mais com os resultados concretos a serem alcançados, que com a técnica empregada em seus julgamentos" (SCHREIBER, Anderson. *Novos paradigmas da responsabilidade civil*: da erosão dos filtros da reparação à diluição dos danos. 2. ed. São Paulo: Atlas, 2009. p. 242-243)

(17) Como bem destaca Roger Silva Aguiar, "a responsabilidade civil (...) permaneceu como a última trincheira do patrimonialismo, amarrada à preservação econômica do ofensor, muitas vezes em detrimento da dignidade da

Fácil perceber que o eixo gravitacional dessa mudança tem como epicentro o **princípio da dignidade da pessoa humana**, fundamento da República Federativa do Brasil (art. 1º, inciso III), cujo maior reflexo, no estuário civilista, tem sido a constante humanização de todos os seus institutos, incluindo, como se denota, a própria teoria da responsabilidade civil, cujas características atuais apontam para o desiderato de **maximizar a plena reparação da vítima**[18].

3. Aspectos contemporâneos da vivência humana: a delicada questão da insegurança pública

Considera-se como **segurança pública** a garantia, promovida pelo Estado, de uma convivência social isenta de ameaças de violência, de modo a resguardar que todo e qualquer cidadão goze plenamente dos direitos assegurados na Constituição Federal[19]. Todavia, diante da hodierna realidade brasileira, a certeza que fica é a de que o Estado, decididamente, tem sido assaz ineficiente no cumprimento desse seu dever de prover segurança pública, nada obstante seja essa uma incumbência que lhe recai por força de inexorável imperativo constitucional (CF, art. 144).

Vivemos momentos difíceis. Assustadores índices de violência nos enclausuram em nossas próprias residências. O sentimento de vulnerabilidade não se desvanece, onde quer que nos encontremos. Zygmunt Bauman, com inteira razão, relata que essa incômoda "ubiquidade do medo" faz com que a sensação de insegurança seja hoje tão profunda e rotineira que, ainda quando ausente qualquer ameaça concreta, nossas reações continuam sendo típicas de quem está mortalmente de frente com o perigo[20].

O recrudescimento da violência urbana e da criminalidade, em especial nas grandes cidades brasileiras, é uma triste característica do século XXI, marcada pela ocorrência de um desemprego de matiz estrutural, com a maciça presença de tráfico de drogas e de armas, negócios clandestinos, grandes aglomerados populacionais e rígidas autoridades informais, cuja atuação, no mais das vezes, anula o gozo de direitos civis dos mais comezinhos[21].

---

pessoa humana da vítima, e cega à realidade social". E arremata o insigne autor: "... a responsabilidade civil ultrapassa definitivamente sua verve patrimonialista, para adotar um modelo no qual os valores existenciais possuem primazia." (AGUIAR, Roger Silva. *Responsabilidade civil objetiva:* do risco à solidariedade. São Paulo: Atlas, 2007. p. 72-73).

(18) Para um estudo mais aprofundado dessas e de outras tendências contemporâneas da responsabilidade civil, confira-se: MARANHÃO, Ney Stany Morais. *Responsabilidade civil objetiva pelo risco da atividade:* uma perspectiva civil-constitucional. Coleção em homenagem ao professor Rubens Limongi França (7ª Obra). São Paulo: Método, 2010. p. 178-212.

(19) CAMPOS, Wlamir Leandro Mota. *Os números da violência urbana no Brasil no século XXI.* Disponível em: <http://www.direitonet.com.br/artigos/exibir/1663/Os-numeros-da-violencia-urbana-no-Brasil-no-seculo-XXI> Acesso em: 14.7.10.

(20) BAUMAN, Zygmunt. *Medo líquido.* Tradução de Carlos Alberto Medeiros. Rio de Janeiro: Jorge Zahar, 2008. p. 9.

(21) MOTA, Mauricio. *Questões de direito divil contemporâneo.* Rio de Janeiro: Elsevier, 2008. p. 511.

Os efeitos desse horrendo cenário atingem em cheio nosso cotidiano. Há alguns dias, apenas em um bairro da capital paraense, no espaço de pouco mais de duas horas foram efetuados quatro assaltos a ônibus urbanos, nos quais sete homens conseguiram levar a renda dos veículos, aproveitando a pouca movimentação de pessoas nas ruas da Grande Belém, no feriado de *Corpus Christi*[22]. Notícias como "800 assassinatos foram registrados, este ano, na Região Metropolitana de Belém. No ano passado, houve 772 homicídios. Em 2009, 831 pessoas perderam a vida até setembro. Ou seja, ocorreram noventa e duas mortes a cada mês, ou três por dia (uma a cada oito horas)"[23] ou "os crimes contra o patrimônio na capital paulista aumentaram nos três trimestres deste ano em comparação com igual período de 2008. Os roubos de veículos lideraram o *ranking* e cresceram 19,84%. Já o latrocínio (roubo seguido de morte), crime contra a vida, com 79 ocorrências, subiu 54,9% e superou os 69 casos de 2008. (...) houve aumento de 11,03% nos roubos registrados na capital paulista de janeiro a setembro deste ano, em relação a igual período de 2008. O roubo de carga cresceu 19,74% e o furto, 10,39%"[24] tornaram-se extremamente comuns em todo território nacional, constituindo um fenômeno que a sociedade tem acompanhado um tanto quanto consternada.

O pior é que em algumas regiões os índices de violência são ainda mais elevados, em razão de concentrar grandes bolsões de miséria, como é o caso das áreas atingidas pelos portentosos projetos de exploração mineral na Amazônia, que não apenas atrai vultosos investimentos, como também numeroso contingente populacional com expectativa de oportunidade de trabalho. Entretanto, como nem todos têm essa expectativa atendida, surge um sem número de pessoas desempregadas que, pelas circunstâncias, buscam meios de sobrevivência no trabalho informal, na prostituição ou mesmo na criminalidade[25].

4. (IN)SEGURANÇA PÚBLICA: (IN)EFICIÊNCIA ESTATAL E REPARAÇÃO DE DANOS

Essa vexatória discrepância entre as previsões normativas e a realidade cotidiana já tem suscitado diversos questionamentos judiciais onde o debate, expressamente, gira em torno da ineficiência estatal na garantia da segurança pública, invocando-se,

---

(22) Disponível em: <http://www.orm.com.br/amazoniajornal/interna/default.asp?modulo=831&codigo=474202> Acesso em: 14.7.10.
(23) Disponível em: <http://www.orm.com.br/projetos/oliberal/interna/default.asp?codigo=443225&modulo=247> Acesso em: 17.11.09.
(24) Disponível em: <http://www.estadao.com.br/estadaodehoje/20091031/not_imp459221,0.php> Acesso em: 17.11.09.
(25) Nesse sentido, confira-se a seguinte notícia: "(...) registros mostram que na área de influência da Vale, no sudeste paraense (municípios de Marabá, Parauapebas, Canaã dos Carajás, Eldorado dos Carajás, Curionópolis, Ourilândia do Norte e Tucumã), as mortes por causas violentas aumentaram em 23% de 2007 para 2008, considerando os corpos que passaram pelo Instituto Médico Legal (IML) de Marabá. No ano de 2008, os municípios de Marabá e Parauapebas foram os que mais registraram mortes por assassinato. Marabá saltou de 187 assassinatos, em 2007, para 266, em 2008, e Parauapebas, saltou de 62, em 2007, para 94, em 2008". Disponível em: <http://www.cptnac.com.br/?system=news&action=read&id=3161&eid=277> Acesso em: 17.7.09.

dentre outros argumentos, a escrachada ofensa ao **princípio da eficiência** (CF, art. 37, *caput*, com redação conferida pela EC n. 19/98). Tais demandas detêm o manifesto propósito de buscar, a favor do autor, a efetiva reparação civil por danos diretamente ligados à incúria do poder público no cumprimento desse importante dever constitucional.

Como é cediço, as pessoas jurídicas de direito público e as de direito privado prestadoras de serviços públicos responderão pelos danos que seus agentes, nessa qualidade, causarem a terceiros, assegurado o direito de regresso contra o responsável nos casos de dolo ou culpa (CF, art. 37, § 6º).

A doutrina é praticamente uníssona em afirmar que, diante do texto constitucional, a responsabilidade do Estado é claramente *objetiva*, baseada apenas no *risco administrativo*[26], ou seja, prescinde de qualquer aferição do elemento subjetivo culpa por parte do agente estatal para que se fixe a obrigação de indenizar. Essa linha tem se repetido desde a Constituição Federal de 1946[27], demonstrando que, quanto à reparação de danos, pelo menos no que tange à arena estatal, há longa data a discussão saiu da ótica individualista da culpa e passou a ser encarada como genuína temática de direito público, merecendo solução, pois, por meio da aplicação de prodigiosos critérios materiais de **justiça distributiva** e **solidariedade social**[28].

De todo modo, sempre foi prevalecente entre os estudiosos a proposição de que a simples competência genérica de garantidor da segurança pública não implicaria, por si só, a responsabilização do Estado por todo e qualquer dano, o que representa assertiva razoável, porquanto, nada obstante a segurança pública seja dever do Estado e direito de todos (CF, art. 144), essa atividade estatal, como de resto acontece com qualquer outra, há de ser exigida dentro de padrões normais de conduta da autoridade pública[29].

Outrossim, campeia nos sítios doutrinários verdadeira polêmica quanto a se saber se tal espécie de responsabilidade (objetiva) também seria aplicada para as hipóteses de *omissão* estatal. Nesse campo, vigora como tese majoritária o entendimento de que, em casos de omissão estatal, a responsabilidade seria *subjetiva*, por falta do

---

(26) Registramos que partimos do pressuposto teórico de que a teoria do *risco administrativo* não se confunde com a teoria do *risco integral*, já que esta é tão abrangente que sequer admite hipóteses excludentes do dever de indenizar. A respeito da distinção, confira-se, por todos: MEIRELLES, Hely Lopes. *Direito administrativo brasileiro*. 28. ed. São Paulo: Malheiros, 2003. p. 623-624.
(27) CF/46. Art. 194. "As pessoas jurídicas de direito público interno são civilmente responsáveis pelos danos que os seus funcionários, nessa qualidade, causem a terceiros. Parágrafo Único. Caber-lhes-á ação regressiva contra os funcionários causadores do dano, quando tiver havido culpa destes".
(28) MEIRELLES, Hely Lopes. *Direito administrativo brasileiro*. 28. ed. São Paulo: Malheiros, 2003, p. 623-624. José dos Santos Carvalho Filho assere que a adoção da teoria da responsabilidade objetiva no direito público foi assentada no maior poder jurídico, político e econômico do Estado em relação ao administrado, tendo que arcar com um risco natural decorrente de suas numerosas atividades, de tal sorte que "os postulados que geraram a responsabilidade objetiva do Estado buscaram seus fundamentos na justiça social, atenuando as dificuldades e impedimentos que o indivíduo teria que suportar quando prejudicado por condutas de agentes estatais" (CARVALHO FILHO, José dos Santos. *Manual de direito administrativo*. 15. ed. Rio de Janeiro: Lumen Juris, 2006, p. 452).
(29) MOTA, Mauricio. *Questões de direito civil contemporâneo*. Rio de Janeiro: Elsevier, 2008. p. 517.

serviço público (*faute du service public* — o serviço não funcionou, funcionou tarde ou foi ineficiente)[30]. Entendemos, porém, que o art. 37, § 6º, da Constituição Federal, foi taxativo ao pontuar a responsabilidade **objetiva** para os danos praticados pelo Estado, em nenhum momento fazendo qualquer distinção entre ato *comissivo* ou *omissivo*[31], mesmo porque a *omissão* também é uma modalidade de conduta humana plenamente passível de provocar danos[32] — por vezes, aliás, em intensidade até bem maior que o próprio ato positivo em si.

Ainda assim, impõe-se verificar se essa omissão estatal não seria meramente *genérica*, ou seja, dentro de uma postura pública inserida em um patamar razoável de conduta, já que, em se concluindo de outra forma, o Estado surgiria como uma espécie de "segurador universal"[33], o que decerto inviabilizaria o funcionamento do Poder Público. Quer dizer: a responsabilidade estatal por ato omissivo só se imporia naqueles casos de omissões *específicas*, ou seja, reiteradas, verdadeiramente desarrazoadas e socialmente indesculpáveis.

Ora, não temos qualquer dúvida em afirmar que a **segurança pública**, no Brasil, em determinadas localidades, atingiu níveis de total desrespeito a padrões mínimos de cidadania. Em determinadas regiões, a contumaz omissão do Estado em garantir um mínimo de segurança à população constitui fato que chega às raias da irresponsabilidade, ao cúmulo do absurdo, proporcionando, além de direta afronta ao texto da Constituição Federal (art. 37, *caput* [princípio da eficiência], e art. 144), também dura agressão a normas internacionais cujo núcleo axiológico foi reconhecidamente abraçado pelo Brasil, tais como: **i)** a *Declaração Universal dos Direitos do Homem*, que em seu artigo III garante a toda pessoa, como membro da sociedade, o "direito à vida, à liberdade e à segurança pessoal"; **ii)** a *Declaração Americana de Direitos*, que em seu art. 1º estabelece que "todo ser humano tem direito à vida, à liberdade e à segurança de sua pessoa"; **iii)** e a *Convenção Americana sobre Direitos Humanos*, que reza em seu art. 4º que "toda pessoa tem o direito de que se respeite sua vida".

---

(30) "Tratando-se de ato omissivo do Poder Público, a responsabilidade civil por tal ato é subjetiva, pelo que exige dolo ou culpa, esta numa de suas três vertentes, a negligência, a imperícia ou a imprudência, não sendo, entretanto, necessário individualizá-la, dado que pode ser atribuída ao serviço público, de forma genérica, a falta do serviço" (STF, RE 369.820, Relator: Ministro Carlos Velloso, DJ 27.2.04).
(31) CAVALIERI FILHO, Sergio. *Programa de responsabilidade civil*. 9. ed. São Paulo: Atlas, 2010. p. 251.
(32) GAGLIANO, Pablo Stolze; PAMPLONA FILHO, Rodolfo. *Novo curso de direito civil*. 4. ed. São Paulo: Saraiva, 2006. p. 29. v. III: Responsabilidade civil.
(33) MELLO, Celso Antonio Bandeira de. *Curso de direito administrativo*. 17. ed. São Paulo: Malheiros, 2004, p. 898. A respeito, confira-se a seguinte ementa: "Responsabilidade civil do Estado. Lesão em vítima causada por bala perdida. Dever de segurança do poder público. Omissão genérica. 1) Não se pode, com arrimo no art. 37, § 6º, da CRFB, conferir ao Estado a qualidade de segurador universal, uma vez que o referido dispositivo constitucional não consagrou a teoria do risco integral. 2) Somente restaria caracterizado o nexo de causalidade entre o dano e a inação estatal na hipótese de omissão específica do Poder Público, a qual pressupõe ter sido este chamado a intervir, ou se o disparo tivesse ocorrido por ocasião de confronto entre agentes estatais e bandidos, o que não restou comprovado na hipótese. 3) Ainda que se perfilhasse o entendimento de que no caso de omissão a responsabilidade do Estado é subjetiva, não se tem por caracterizada a culpa, se não comprovada a ausência do serviço ou sua prestação ineficiente, vez que não se pode esperar que o Estado seja onipresente. 4) Provimento do primeiro recurso. Prejudicada a segunda apelação" (TJE-RJ. Apelação Cível n. 2007.001.63327. 2ª Câmara Cível. Relator: Desembargador Heleno Nunes. Julgamento em 19.12.07).

Aliás, é justamente aqui, na seara da segurança pública, nomeadamente em suas repercussões penais, o campo que mais tem propiciado ao Poder Judiciário momentos de intensa reflexão sobre os contornos da responsabilidade estatal por omissão, a ponto de insuflar, nos últimos tempos, uma importante revisão crítica de pensamento. É o caso das malfadadas "balas perdidas", cuja discussão perdura intensamente acesa, sendo que os julgados, no particular, têm se portado ora premiando a gritante ineficiência estatal[34], ora tutelando a vítima do injusto prejuízo que lhe acometeu[35].

Com a profundidade de sempre, leciona Daniel Sarmento, *in verbis*:

... não basta que os Poderes Públicos se abstenham de violar tais direitos, exigindo-se que eles os **protejam ativamente contra agressões e ameaças provindas de terceiros. Além disso, caberá também ao Estado assegurar no mundo da vida as condições materiais mínimas para o exercício efetivo das liberdades constitucionais, sem as quais tais direitos, para os despossuídos, não passariam de promessas vãs**. Ademais, o Estado tem o dever de formatar seus órgãos e os respectivos procedimentos de um modo que propicie a proteção e efetivação mais ampla aos direitos fundamentais . (...) o seu direito à vida, ameaçado por constantes tiroteios e balas perdidas, exigem não uma abstenção, mas um **comportamento ativo dos Poderes Públicos, que têm obrigação de intervir para proteger os direitos humanos destes sofridos cidadãos**. (...) a alusão à segurança, como direito fundamental social (art. 6º da CF), induz à ideia de que **o Estado tem não apenas a missão política, mas também o dever jurídico de agir no plano social para proteger os indivíduos da violação de seus direitos fundamentais por atos de terceiros**.[36] (grifamos).

---

(34) "Embargos infringentes. Responsabilidade Civil. Ação Policial. Bala perdida. Nexo causal incomprovado. Improcedência do Pedido. Provimento do Recurso. A responsabilidade do Estado, ainda que objetiva em razão do disposto no art. 37, § 6º, da Constituição Federal, exige a comprovação do nexo de causalidade entre a ação ou omissão atribuída a seus agentes e o dano. Não havendo nos autos prova de que o ferimento causado à vítima tenha sido provocado por disparo de uma das armas utilizadas pelos Policiais Militares envolvidos no tiroteio, por improcedente se mostra o pedido indenizatório (...), por mais trágico que tenha sido o ocorrido na vida do autor postulante. Recurso Provido." (TJE-RJ. Embargos Infringentes. n. 2006.005.00292, 1ª Câmara Cível. Relator: Desembargador Maldonado de Carvalho. Julgado em 30.1.07).

(35) "O art. 5º, X, da Lei Maior positivou o princípio impositivo do dever de cuidado ("neminem laedere") como norma de conduta, assegurando proteção à integridade patrimonial e extrapatrimonial de pessoa inocente, e estabelece como sanção a obrigação de reparar os danos, sem falar em culpa. A CRFB/1988, em seu art. 37, § 6º, prestigiou a Teoria do Risco Administrativo como fundamento para a responsabilidade civil do Estado, seja por ato ilícito da Administração Pública, seja por ato lícito. A troca de disparos de arma de fogo efetuada entre policiais e bandidos, conforme prova dos autos, impõe à Administração Pública o dever de indenizar, sendo irrelevante a proveniência da bala." (TJE-RJ. Apelação Cível n. 2007.001.32436, 9ª Câmara Cível. Relator: Desembargador Roberto de Abreu e Silva. Julgado em 4.9.07). Registre-se que essa preocupação com a tutela da vítima de danos injustos está ganhando contorno tão acentuado que já há caso em que a própria Administração Pública, "sensibilizada" com a situação, tomou a iniciativa de ofertar indenização a familiares de vítima de bala perdida, independentemente de qualquer deliberação judicial e mesmo ficando demonstrado, por perícia, que o fatídico projétil não partiu de quaisquer das armas usadas por Policiais Militares no momento da operação. Foi o que ocorreu recentemente com o Estado do Rio de Janeiro, com relação ao caso do menino Wesley Andrade, de 11 anos, morto ao ser atingido por uma bala perdida quando se encontrava em plena sala de aula... A respeito, confira-se: <www.jusbrasil.com.br> Acesso em: 27.8.10.

(36) SARMENTO, Daniel. *Direitos fundamentais e relações privadas*. 2. ed. Rio de Janeiro: Lumen Juris, 2008. p. 107/136.

Quanto ao detalhe da **omissão específica e reiterada no terreno da segurança pública**, cuida-se de parâmetro relevante e que a jurisprudência, paulatinamente, vem sedimentando no campo da responsabilização do poder público por danos injustos perpetrados à vítima. Merece transcrição trecho de acórdão onde essa nuança é enfatizada:

> No caso em julgamento, restou comprovado que o autor foi atingido por "bala perdida" oriunda de guerra entre traficantes, quando conduzia seu veículo pela Estrada Grajaú-Jacarepaguá, do que resultou a paralisia dos seus membros inferiores. Ora, é sabido que a aludida via é reputada de alta periculosidade, eis que cercada por favelas dominadas pelo tráfico de entorpecentes, sendo certo que, na ocasião do disparo, restou apurada a existência de tiroteio entre bandidos dos morros Cotios e Cachoeirinha, objetivando o controle dos pontos de venda de drogas (fl. 20). **De fato, a omissão específica quanto ao policiamento na referida região é fato público e notório, tratando-se de zona de alto risco, na qual é frequente tanto o confronto entre traficantes, como falsas blitz, revelando a insuficiência de medidas administrativas eficientes capazes de evitar danos como o sofrido pelo autor.** Com efeito, tal situação somente confirma a responsabilidade do réu, pela falha no dever de prestar uma segurança pública minimamente eficiente (...). **A frequência com que tais fatos ocorrem na cidade, em especial no local em que o autor foi atingido, torna específica e abusiva a omissão estatal, no que pertine à prestação de segurança pública, afastando a imprevisibilidade e a inevitabilidade que, em regra, serve para justificar a ausência de responsabilidade e afastar a sua obrigação de indenizar.** Neste sentido, vale observar que, **de forma análoga, a jurisprudência evoluiu, em dado momento, para admitir a responsabilização das empresas de ônibus, por assaltos ocorridos em certos trechos, cuja frequência pressupõe a previsibilidade e evitabilidade do fato**[37] (grifamos).

Na doutrina, Flávio Tartuce, dentre muitos outros nomes de relevo, também já percebeu que o campo da segurança pública reclama imediata atenção especial, no que refere à teoria da reparação civil. Segue seu desabafo, *in verbis*:

> Ora, se a responsabilidade civil tem um intuito pedagógico — ou punitivo, como querem alguns —, deve trazer impacto àquele que não está fazendo a *lição de casa*. E pode-se dizer que, no quesito segurança — como também em outros —, o Estado não vem cumprindo as suas obrigações assumidas perante a sociedade. A sua conduta, nessa área, pode ser tida como

---

(37) Rio de Janeiro. 5ª Vara da Fazenda Pública. Ação Ordinária n. 2003.001.008532-9, Autor: Otacílio Carvalho França. Réu: Estado do Rio de Janeiro. Juiz: Gustavo Bandeira. Sentença prolatada em 18.3.05. MOTA, Mauricio. *Questões de direito civil contemporâneo*. Rio de Janeiro: Elsevier, 2008. p. 546.

socialmente reprovável. **Desse modo, deve ser imediatamente revista e repensada a aplicação da tese da responsabilidade civil do Estado por omissão, e, portanto, subjetiva e dependente de culpa, nos casos de falta de segurança**.[38] (grifamos)

Finalmente, no recente ano de **2008**, decisão da mais alta Corte de Justiça do país, o **Supremo Tribunal Federal — STF**, inflamou os debates, lançando luzes de justiça social em tão polêmico assunto. No julgamento, ficou assentado, como baliza teórica, que **a omissão estatal, quando permanente e reiterada, em relação à determinada região geográfica, de modo a configurar grave ineficiência do poder público no seu dever de prover segurança pública, impõe o ressarcimento da vítima de dano injusto, independentemente de culpa do ente estatal**. Sem delongas, vejamos os principais trechos desse histórico *decisum*:

O Tribunal, por maioria, deu provimento a agravo regimental interposto em suspensão de tutela antecipada para manter decisão interlocutória proferida por desembargador do Tribunal de Justiça do Estado de Pernambuco, que concedera parcialmente pedido formulado em ação de indenização por perdas e danos morais e materiais para determinar que o mencionado Estado-membro pagasse todas as despesas necessárias à realização de cirurgia de implante de Marcapasso Diafragmático Muscular — MDM no agravante, com o profissional por este requerido. Na espécie, o agravante, que teria ficado tetraplégico em decorrência de assalto ocorrido em via pública, ajuizara a ação indenizatória, em que objetiva a responsabilização do Estado de Pernambuco pelo custo decorrente da referida cirurgia, "que devolverá ao autor a condição de respirar sem a dependência de respirador mecânico". (...) **Entendeu-se que restou configurada uma grave omissão, permanente e reiterada, por parte do Estado de Pernambuco, por intermédio de suas corporações militares, notadamente por parte da polícia militar, em prestar o adequado serviço de policiamento ostensivo, nos locais notoriamente passíveis de práticas criminosas violentas, o que também ocorreria em diversos outros Estados da Federação**. Em razão disso, o cidadão teria o direito de exigir do Estado, o qual não poderia se demitir das consequências que resultariam do cumprimento de seu dever constitucional de prover segurança pública, a contraprestação da falta desse serviço. Ressaltou-se que situações configuradoras de falta de serviço podem acarretar a responsabilidade civil objetiva do Poder Público, considerado o dever de prestação pelo Estado, a necessária exigência de causa e efeito, ou seja, a omissão administrativa e o dano sofrido pela vítima, e que, no caso, estariam presentes todos os elementos que compõem a estrutura da responsabilidade. Além disso, **aduziu-se que entre reconhecer o interesse secundário do Estado, em matéria de finanças públicas, e o interesse fundamental da pessoa, que é o direito à vida, não haveria opção possível para o Judiciário, senão de dar primazia ao último**. Concluiu-se que a realidade da vida tão pulsante na espécie imporia o provimento do recurso, a fim de reconhecer ao agravante, que inclusive poderia correr risco de morte, o direito de buscar autonomia existencial, desvinculando-se de um respirador artificial que o mantém ligado a um leito hospitalar depois de meses em estado de coma, **implemen-**

---

(38) TARTUCE, Flávio. *Direito civil*. 5. ed. São Paulo: Método, 2010. p. 310 e 477. v. 2: Direito das obrigações e responsabilidade civil.

tando-se, com isso, o direito à busca da felicidade, que é um consectário do princípio da dignidade da pessoa humana.⁽³⁹⁾ (grifamos)

Como se percebe, vingou o compromisso com a elevada carga axiológica que irradia da Constituição Federal. **Vida**, **solidariedade**, **eficiência**, **dignidade humana** e **felicidade** são as palavras-chave do acórdão — e, também, as palavras-chave do Direito contemporâneo. Não se cuida de presumir *culpa*, mas de presumir *responsabilidade*, sendo esse — o caso da responsabilidade civil estatal — um bom exemplo de aplicação prática da famosa teoria da *responsabilidade pressuposta*, construída pela insigne Professora Giselda Hironaka⁽⁴⁰⁾. A ênfase migra — reiteramos — do *ofensor* para o *lesionado*, notabilizando-se o profundo desejo hodierno de reduzir ao máximo o número de vítimas irressarcidas afetadas por danos injustos, prestando-se, com isso, efetiva tutela à dignidade da pessoa humana (CF, art. 1º, III) e lançando mais um contributo para o lento processo de construção de uma sociedade efetivamente solidária (CF, art. 3º, I)⁽⁴¹⁾.

5. VIOLÊNCIA URBANA E ACIDENTE DE TRABALHO: UMA PERIGOSA SIMBIOSE

Dados da Organização Internacional do Trabalho — OIT mostram que cerca de dois milhões de trabalhadores morrem, por ano, vítimas de acidentes e doenças do trabalho, número que ultrapassa a média anual de mortes em acidentes de trânsito, guerras e doenças infecto-contagiosas⁽⁴²⁾. O Brasil figura entre os recordistas mundiais em infortúnios laborais. Segundo informações do Ministério da Previdência e Assistência Social, no ano de 2000 foram concedidos 2.949.149 (dois milhões, novecentos e

---

(39) STA 223, AgR/PE. Relatora originária: Ministra Ellen Gracie. Relator para o acórdão: Ministro Celso de Mello. Julgado em 14.4.08 (Informativo n. 502 do STF).

(40) "Para essa nova forma de pensar a responsabilidade civil do Estado, entra em cena o conceito de *responsabilidade pressuposta*, tão bem desenvolvido por Giselda Maria Fernandes Novaes Hironaka. É preciso visualizar novos horizontes para a responsabilidade civil, muito além da discussão da culpa (responsabilidade subjetiva) ou da existência de riscos (responsabilidade objetiva). Nesse contexto, deve-se pensar, antes de qualquer coisa e em primeiro lugar, em indenizar as vítimas, para depois verificar, em segundo plano, quem foi o culpado ou quem assumiu os riscos de sua atividade. Em algumas situações a exposição de outrem ao risco ou ao perigo pressupõe a responsabilidade, como no caso da atividade de *ser Estado*. Essa é a essência, em nossa opinião, da responsabilidade pressuposta. A partir dessa ideia, os danos assumem o papel fundamental na teoria geral da responsabilidade civil. Do ponto de vista das categorias jurídicas, anteriormente, poder-se-ia pensar ser inviável que a existência de danos pudesse gerar a responsabilidade civil sem que tivesse muito clara a existência do nexo de causalidade. A tese não mais prospera na realidade contemporânea com base na ideia de *responsabilidade pressuposta*." (TARTUCE, Flávio. *Direito civil*. 5. ed. São Paulo: Método, 2010. p. 477. v. 2: Direito das obrigações e responsabilidade civil.) (grifos no original). Para mergulhar nessa belíssima tese, confira-se a valiosa obra já muitas vezes aqui citada: HIRONAKA, Giselda Maria Fernandes Novaes. *Responsabilidade pressuposta*. Belo Horizonte: Del Rey, 2005.

(41) Daniel Sarmento, com acerto, afirma que "quando a Constituição estabelece como um dos objetivos fundamentais da República brasileira 'construir uma sociedade justa, livre e solidária', ela não apenas está enunciando uma diretriz política desvestida de qualquer eficácia normativa. Pelo contrário, ela expressa um princípio jurídico, que, apesar de sua abertura e indeterminação semântica, é dotado de algum grau de eficácia imediata e que pode atuar, no mínimo, como vetor interpretativo da ordem jurídica como um todo" (SARMENTO, Daniel. *Direitos fundamentais e relações privadas*. 2. ed. Rio de Janeiro: Lumen Juris, 2008, p. 295).

(42) Disponível em: <http://www.issa.in/Resources/Conference-Reports/Seoul-Declaration-on-Safety-and-Health-at-Work> Acesso em: 23.9.08.

quarenta e nove mil e cento e quarenta e nove) benefícios previdenciários e no ano de 2007 foram concedidos 4.173.350 (quatro milhões, cento e setenta e três mil e trezentos e cinquenta), o que corresponde a um aumento de **141,51%**, ressaltando que 53,33% (cinquenta e três vírgula trinta e três por cento) desses benefícios se referem à aposentadoria por invalidez, pensão por morte, auxílio-doença e auxílio acidente, o que equivale a **2.225.648** (dois milhões, duzentos e vinte e cinco mil e seiscentos e quarenta e oito) ocorrências apenas no ano de 2007[43].

Estatísticas do Ministério da Previdência e Assistência Social de 2008 demonstram que as ocorrências dos infortúnios laborais **continuam crescendo no país**, com o aumento de **13,4%** (treze vírgula quatro por cento) em relação aos dados de 2007, elevando os custos do INSS em 14,1% (quatorze vírgula um por cento) com as concessões de auxílio-doença e em 23,1% (vinte e três vírgula um por cento) com as concessões de auxílio-acidente[44].

Mas o que assusta não é só a *quantidade* de acidentes de trabalho. Também causa espanto a *qualidade* de alguns desses eventos lesivos, cuja complexidade fática e confluência de fatores têm demandado do julgador uma requintada apreciação crítica, impondo-lhe a sensibilidade para perceber **novos componentes** que, até bem pouco tempo, passavam facilmente despercebidos da vista judicante.

Nessa esteira, o que temos notado, muito claramente, nesse cenário de assombrosa evolução de acidentes do trabalho, é que um específico fator externo e qualitativo tem alcançado gradual destaque no campo do meio ambiente laboral: a **violência urbana**. Cremos que chegou mesmo o tempo dessa vertiginosa elevação dos índices de violência urbana, para além de ser encarada como simples dado comprometedor do nível da expectativa de vida nacional[45], também passar a merecer especial atenção científica dos juslaboralistas, desta feita enquanto inserida no patamar de **novo fator de afetação da integridade física e mental do trabalhador**.

Veja-se que são elementos nocivos à integridade do trabalhador alguns agentes *físicos* (*v. g.*, ruídos, calor, umidade), agentes *químicos* (substâncias químicas e poeiras minerais) e agentes *biológicos* (micro-organismos, vírus e bactérias), consoante o disposto

---

(43) Disponível em: <http://www.previdenciasocial.gov.br/pg_secundarias/previdencia_social_13.asp> Acesso em: 21.9.08. Estatísticas do Ministério da Previdência e Assistência Social de 2008 demonstram que as ocorrências dos infortúnios laborais continuam crescendo no país, com o aumento de 13,4% (treze vírgula quatro por cento) em relação aos dados de 2007, elevando os custos do INSS em 14,1% (quatorze vírgula um por cento) com as concessões de auxílio-doença e em 23,1% (vinte e três vírgula um por cento) com as concessões de auxílio-acidente. Disponível em: <http://www.mpas.gov.br/arquivos/office/3_091028-191015-957.pdf> Acesso em: 27.12.09.
(44) Disponível em: <http://www.mpas.gov.br/arquivos/office/3_091028-191015-957.pdf > Acesso em: 27.12.09.
(45) O desempenho do Brasil no *ranking* do Programa das Nações Unidas para Desenvolvimento Humano — Pnud é empurrado para baixo pelo índice relacionado à expectativa de vida. O País alcançou no último relatório, divulgado em 4 de outubro de 2009, a 75ª colocação de desenvolvimento humano entre um grupo de 182 países. Mas, quando se analisa apenas a expectativa de vida, essa colocação cai para 81ª. De acordo com dados do Instituto Brasileiro de Geografia e Estatística — IBGE, a expectativa de vida do brasileiro é 72,57 anos, sendo bastante inferior à de países como a Argentina (75,2 anos), Chile (78,5 anos), Costa Rica (78,7 anos) e até do que a do Vietnã (74,3 anos) em razão dos altos níveis de violência no Brasil. Disponível em: <http://www.estadao.com.br/estadaodehoje/20091006/not_imp446394,0.php> Acesso em: 13.11.09.

na Norma Regulamentadora n. 15 (Portaria n. 3.214/78). Da mesma forma, também já são considerados como tais alguns agentes *ergonômicos* (utilização de ferramentas, máquinas e dispositivos inadequados, inseguros ou desconfortáveis) e mesmo *psíquicos* (*v. g.*, circunstâncias relativas às condições de trabalho, pressão mental, temores relacionados com o *status* profissional), nestes incluídos eventos traumáticos ocorridos no ambiente laboral, como **assaltos no trabalho**. É o que constatamos da leitura do Anexo II do Regulamento da Previdência Social, mais particularmente no Grupo V da CID-10 (Transtornos Mentais e do Comportamento Relacionados com o Trabalho), Item VIII (Reações ao "Stress" Grave e Transtornos de Adaptação [F43.-]: Estado de "Stress" Pós-Traumático [F43.1])[46].

Todavia, nada obstante essa última previsão — assaltos no trabalho —, propugnamos que a *violência urbana* passe a integrar, expressamente, o quadro de agentes psíquicos, não apenas, de forma implícita, como fator acarretador de estresse pós-traumático, como se viu alhures, mas, expressamente mesmo, enquanto fator prévio, independente da ocorrência de assalto, intrinsecamente gerador — por se incorporar às próprias condições em que determinados serviços são prestados — de um nível de pressão tal que, em algumas hipóteses, desponta reconhecidamente agressivo do meio ambiente laboral e da saúde e segurança do trabalhador[47].

Com efeito, ressoa inconteste que essa flagrante incúria estatal em prover segurança pública eficiente tem assolado mais diretamente algumas categorias profis-sionais específicas, tais como aquelas que, de alguma forma, exercem suas atividades laborais em âmbito externo ou realizam sua prestação de serviços em atividades empresariais altamente visadas por meliantes, podendo ser citados os frentistas de postos de gasolina, motoristas, vigilantes, bancários, dentre muitos outros[48].

---

(46) GARCIA, Gustavo Filipe Barbosa. *Acidentes do trabalho*: doenças ocupacionais e nexo técnico epidemiológico. 3. ed. São Paulo: Método, 2010, p. 136. Nesse mesmo viés de ampla proteção da dignidade humana do trabalhador, ampliando o leque de fatores de risco ligados a abalos emocionais, destaque-se o Projeto de Lei n. 7.202, de 2010, que tenciona equiparar a acidente de trabalho "a doença decorrente de ofensa moral ao empregado no exercício de sua atividade". Disponível em: <http://www.camara.gov.br/sileg/integras/781622.pdf> Acesso em: 29.7.10.

(47) A respeito das principais psicopatologias do trabalho, incluindo o *estresse* como agente causador de danos ao obreiro, confira-se: ARAÚJO JUNIOR, Francisco Milton. *Doença ocupacional e acidente de trabalho*: análise multidisciplinar. São Paulo: LTr, 2009. p. 98-135.

(48) A Federação Nacional dos empregados em postos de combustíveis e derivados de petróleo já tem manifestado preocupação com assaltos em postos de gasolina. De acordo com um dos diretores do sindicato, "tanto os frentistas quanto os proprietários de postos e os clientes, sentem-se inseguros quanto ao risco de assaltos, por isso, é este o momento de fazermos algo de benéfico para a categoria". Disponível em: <http://www.fecombustiveis.org.br/index.php?option=com_clipping&task=nota&notaid=7824> Acesso em 14.7.10. Já o vice-presidente para assuntos jurídicos e institucionais da Federação Nacional das Empresas de Segurança e Transporte de Valores (Fenavist), Sr. Salmen Kamal Guazale, afirma que a falta de segurança pública compromete o trabalho das empresas de segurança privada, asseverando que "não podemos ser ingênuos e esquecer o caos que está a segurança pública". Na avaliação do presidente da Confederação Nacional dos Vigilantes (CNTV), os vigilantes de bancos não têm condições dignas de trabalho, já que "o trabalhador não conta com a ajuda das empresas de vigilância quando passa por situações de estresse e distúrbios emocionais". Disponível em: <http://www.jusbrasil.com.br/noticias/2262010/representantes-de-empresas-e-bancos-criticam-seguranca-publica> Acesso em: 14.7.10. O Jornal *O Liberal*, de Belém do Pará, recentemente trouxe como matéria de capa a seguinte notícia: "Assalto semeia trauma em bancos. Onda de ataques provoca transtornos psicológicos em dezenas de bancários". Ao destacar as repercussões negativas provocadas por

Observe-se o caso do trabalhador de uma instituição bancária que desempenha funções administrativas no escritório jurídico da empresa, localizado no bairro dos Jardins, na capital paulista, ou aquele motorista que realiza entrega de produtos alimentícios nas áreas centrais das capitais brasileiras, de modo geral, exercem atividade laboral compatível com o grau de risco aceitável pelo senso comum. Porém, algumas circunstâncias especiais proporcionam aos respectivos trabalhadores o exercício do labor com elevado grau de risco quando, por exemplo, em razão da necessidade do serviço, o bancário do setor administrativo passa a desempenhar suas atividades na área interna da agência bancária que é comumente alvo de **assalto** ou o motorista passa a entregar mercadorias em áreas urbanas com elevados índices de **latrocínio** ou a utilizar rodovias com grande fluxo de **roubo de carga**. A respeito de exemplos concretos, colacionamos, por amostragem, os seguintes julgados:

Frentista. Vítima de assalto. Negligência da empregadora na adoção de medidas de segurança. Dano moral configurado. É notório que postos de gasolina são alvos frequentes de assaltos, pela vulnerabilidade e facilidade de abordagem aos frentistas, que normalmente carregam razoável quantidade de numerário para viabilizar o desempenho de suas atividades, sendo que ações criminosas deste porte ocorrem em maior número no período noturno, devido à pouca movimentação e o número reduzido de empregados. Portanto, compete ao empregador, sabendo dos riscos que envolvem o seu empreendimento, adotar a diligência necessária e razoável para evitar ou reduzir os riscos inerentes ao trabalho, nos termos do art. 7º, inciso XXI, da Constituição Federal de 1988, sendo insuficiente a tese de que a Segurança Pública compete ao Estado. Conforme essas premissas, a inobservância da reclamada no que tange ao seu poder geral de cautela, submetendo seu empregado a trabalhar sozinho como frentista durante jornada noturna em posto de gasolina sem a iluminação necessária, caracteriza a ilicitude de sua conduta, ensejando a indenização por dano moral, mormente quando constatado nos autos que o reclamante foi baleado na cabeça em decorrência de assalto ocorrido durante a sua jornada de trabalho, sendo sequer necessária a prova da repercussão do dano na órbita subjetiva do autor, que está implícito na própria gravidade da ofensa (dano in re ipsa). Inteligência dos arts. 186 e 927 do Código Civil em conjunto com o art. 7º, inciso XXII, da CF/88. (TRT 3ª Região, 2ª Turma, RO 00013-2009-045-03, Relator: Desembargador Sebastião Geraldo de Oliveira, Data de Publicação: 20.5.09).

Responsabilidade do empregador. Morte do empregado. Assalto à mão armada. É responsável o empregador por danos morais no caso de assalto à mão armada, a ônibus da empresa, que resultou na morte do empregado. A falta de uma política interna de segurança na empresa desatende ao art. 7º, XXII da Magna Carta e configura negligência como elemento de culpa no dano sofrido pelo empregado (art. 7º, XXVIII, CF). (TRT 8ª Região, 2ª Turma, Relator: Desembargador Luiz Albano Mendonça de Lima, RO 1369--2008-016-08-00-7, Julgamento: 26.8.09).

Dano moral. Assalto à mão armada. Agência bancária. Comprovou-se nos autos o assalto à mão armada, na agência bancária do reclamado, ficando o reclamante refém dos

---

essas intermináveis ondas de violência, a reportagem noticia que "desde 2008, 50 funcionários foram encaminhados pelo Sindicato dos Bancários do Pará e Amapá para tratamento psicológico. Todos por apresentarem transtornos pós-assalto". Jornal *O Liberal*, Caderno Atualidades, Belém, edição de 22 de ago. 2010. p.15.

assaltantes, sob agressão e ameaça de morte. O direito de indenizar no campo do Direito do Trabalho é aplicado em razão da subordinação jurídica, isto é, o dano moral decorre do constrangimento sofrido em razão de estar em serviço por conta alheia e sofrer prejuízo em lugar e em defesa do patrimônio do empregador. (TRT 8ª Região, 2ª Turma, Relator designado: Desembargador Luiz Albano Mendonça de Lima, RO 0099300-64-2009-003--08-00-3, Julgamento: 30.6.10).

Recorde-se, por oportuno, que a intrínseca amplitude legal que cuida da matéria tem servido como importante elemento facilitador da configuração do *acidente de trabalho*, ainda que nesses casos em que o evento lesivo guarde ligação direta com a violência urbana. Aliás, como se sabe, para a ocorrência do acidente laboral sequer mesmo é necessário que o trabalhador esteja rigorosamente laborando ou efetivamente esteja nas dependências da empresa, bastando que o obreiro, de alguma forma, encontre-se, direta ou indiretamente, inserido no **contexto empregatício**[49].

A segura conclusão que se extrai é que, nas delicadas hipóteses de assalto a trabalhador, quando imerso em suas atividades laborais, tais eventos, à luz dessas disposições normativas e em ocorrendo a incapacidade laboral[50], certamente configuram genuíno *acidente de trabalho*, com todas as repercussões legais pertinentes. Não resta dúvida, portanto, que **é plenamente possível o reconhecimento jurídico de acidente de trabalho decorrente da** *insegurança pública*.

Outra coisa, porém, é a possibilidade de se exigir do empregador a reparação de possíveis danos decorrentes desses eventos, ainda quando diretamente ligados à violência urbana e à insegurança pública. De qualquer modo, vale dizer que, aqui, não há de se exigir que o fato se configure acidente de trabalho, tecnicamente falando, bastando que haja tão somente alguma espécie de *prejuízo* (CF, art. 5º, incisos V e X[51]), não importando a qualidade (material ou imaterial) ou a extensão (atingindo a capacidade laborativa ou não), e desde que, óbvio, este dano esteja de alguma forma

---

(49) Note-se, por exemplo, que a lei toma como acidente de trabalho aquele evento sofrido pelo trabalhador, ainda que fora do local e horário de trabalho, quando em viagem a serviço da empresa ou quando do percurso da residência para o local de trabalho ou deste para aquela, qualquer que seja o meio de locomoção, inclusive veículo de propriedade do segurado (Lei n. 8.213/91, art. 21, inciso IV, alíneas *c* e *d*). Da mesma forma, também considera acidente laboral aquele sofrido pelo trabalhador no local e horário de trabalho, em consequência de ato de agressão, sabotagem ou terrorismo praticado por terceiro ou companheiro de trabalho, ou mesmo quando decorrente de ato de pessoa privada do uso da razão (Lei n. 8.213/91, art. 21, inciso II, alíneas *a* e *d*). Essa importante facilitação ofertada pela lei, no que respeita à configuração técnica de eventos como acidente de trabalho, é legitimada pelos nefastos efeitos geralmente desencadeados por um acidente laboral, cujo fatídico raio de alcance não se restringe ao mero âmbito pessoal e profissional da vítima, senão que também invade seu âmbito familiar e, não raro, atrai péssimas repercussões para a sociedade como um todo, que, no mínimo, terá um de seus integrantes vivenciando estado não harmônico, a demandar intenso apoio e proteção.
(50) Lei n. 8.213/91. Art. 19, *caput*: "Acidente do trabalho é o que ocorre pelo exercício do trabalho a serviço da empresa ou pelo exercício do trabalho dos segurados referidos no inciso VII do art. 11 desta Lei, provocando lesão corporal ou perturbação funcional que cause a morte ou a perda ou redução, permanente ou temporária, da capacidade para o trabalho".
(51) CF/88. Art. 5º, inciso V: "é assegurado o direito de resposta, proporcional ao agravo, além da indenização por dano material, moral ou à imagem". Inciso X: "são invioláveis a intimidade, a vida privada, a honra e a imagem das pessoas, assegurado o direito a indenização pelo dano material ou moral decorrente de sua violação".

ligado à tomadora dos serviços, seja por *culpa* (*lato sensu*) (CF, art. 7º, inciso XXVIII[52]) (responsabilidade civil *subjetiva*), seja pelo *risco* induzido pela atividade praticada (CC, art. 927, parágrafo único) (responsabilidade civil *objetiva*)[53].

Entretanto, o reconhecimento de responsabilidade do empregador pela reparação de danos (materiais e morais) diretamente jungidos à violência urbana ainda é assunto pouco debatido na doutrina, circunstância que se reflete no campo jurisprudencial, no qual vigora acirrada polêmica. Não raro essa responsabilidade sequer é reconhecida, regra geral enxergando o evento como uma hipótese excludente do nexo de causalidade (força maior, caso fortuito, fato da vítima ou fato de terceiro)[54]. Noutros, a obrigação patronal de indenizar acaba se fundando, em algum ponto, no fator *culpa*[55]. Já para alguns julgados, cada vez mais comuns, a responsabilização é reconhecida simplesmente com lastro nos *riscos* ligados à atividade laboral[56].

---

(52) CF/88. Art. 7º Inciso XXVIII: "seguro contra acidentes de trabalho, a cargo do empregador, sem excluir a indenização a que este está obrigado, quando incorrer em dolo ou culpa".

(53) CC/02. Art. 927. Parágrafo Único: "Haverá obrigação de reparar o dano, independentemente de culpa, nos casos especificados em lei, ou quando a atividade normalmente desenvolvida pelo autor do dano implicar, por sua natureza, risco para os direitos de outrem".

(54) "**Assalto. Indenização por danos morais e materiais. Exposição do empregado a risco. Alegada negligência do empregador quanto à adoção de medidas de segurança. Improcedência do pleito.** A culpa por assaltos em postos de gasolina ou em qualquer outro estabelecimento, ainda que resulte em violência ao trabalhador pela ação de bandidos, não pode simploriamente ser imputada aos empregadores, visto que não são responsáveis por políticas públicas necessárias para impedir ou amenizar a ensandecida escalada de violência no país. Este deletério mal, dada a complexidade e gravidade do problema, aliás, de nível mundial, resulta de antigas e acumuladas causas, em cujo contexto todos nós somos vítimas e não agentes, obviamente" (TRT 3ª Região, 9ª Turma, RO 0065700-2009--046-03, Relator Convocado: Juiz João Bosco Pinto Lara, Data de Publicação: 25.11.09).

(55) "**Gerente. Assalto à agência bancária. Dano moral.** Os assaltos praticados nas agências bancárias não constituem fatos imprevisíveis, principalmente porque acontecem com certa habitualidade. As provas testemunhais, colhidas nestes autos, confirmam a frequência desses assaltos na agência de Jacundá (Pa). A segurança proporcionada aos empregados é somente um resquício de todo o aparato dispensado à proteção de seu patrimônio material. Os empregados se beneficiam de certa proteção, na medida em que se encontram inseridos na esfera de proteção do patrimônio financeiro (no caso, dentro da agência). Fora desse contexto não usufruem de qualquer espécie de segurança. Nessa quadra, o Banco Bradesco foi negligente ao não garantir uma maior e melhor segurança, culpando somente o Poder Público por um risco que também deveria assumir por ser inerente aos riscos do negócio, nos termos do art. 2º da CLT. Não demonstra que, pelo menos, se empenhou em minimizar esse tipo de violência ao qual estavam sujeitos seus empregados, principalmente aqueles que desempenham funções de confiança e responsabilidade, como a exercida pelo reclamante que era o gerente da agência" (TRT da 8ª Região, 1ª Turma, Relatora: Desembargadora Rosita de Nazaré Sidrim Nassar. RO 00452-2008-107-08-00.6. Julgamento em 14.7.09).

(56) "**Dano moral. Assalto. Funcionária de posto de gasolina mantida sob a mira de arma de fogo. Responsabilidade objetiva do empregador.** A competência institucional do Estado de garantir a segurança pública (art. 144, da CF) e a circunstância de o assalto ser alheio à vontade do empregador, não elidem a responsabilidade objetiva prevista no art. 2º, § 2º, da CLT e art. 927, parágrafo único, do CC. A atividade desenvolvida pelos postos de gasolina atrai a cobiça dos meliantes, em razão do alto volume de dinheiro gerado diariamente nesse tipo de empreendimento e pela exposição e facilidade de acesso a esse numerário, exigindo do empregador a garantia da integridade física e psíquica dos seus funcionários e da própria clientela. Os danos psicológicos a que é submetido o refém mantido como escudo humano sob a mira de arma de fogo são inegáveis. A violência do ato em si reside em retirar da pessoa a ideia, mesmo que infundada, de segurança dantes existente. A instauração do pânico naqueles minutos cruciais decorre da exposição do trabalhador a riscos para os quais não concorreu. Parte integrante dos custos do negócio, as providências tendentes a reduzir os riscos no ambiente de trabalho devem ser geridas não só com mira no fator financeiro, mas, sobretudo, na preservação do bem maior das pessoas que transitam e laboram no local. Dano moral reconhecido." (TRT da 2ª Região, 8ª Turma, Relator: Desembargador Rovirso Aparecido Boldo, RO 01563200840202005 (Ac. 8ª T., 20091104143), Julgamento em 23.2.10).

Particularmente, no nosso sentir, a ocorrência do infortúnio nas circunstâncias de risco laboral, em razão da natureza do trabalho ou das condições especiais da prestação do serviço ocasionadas pela insegurança pública, suscita o implacável reconhecimento da responsabilidade objetiva fixada no art. 927, parágrafo único, do Código Civil, sendo que a existência do nexo de causalidade entre o risco da atividade e o evento lesivo é suficiente para originar o dever reparatório do empregador pelo dano sofrido pelo obreiro, de modo a ter que emitir a CAT (Comunicação de Acidente do Trabalho), como também reparar civilmente o empregado, independente da natureza da conduta (lícita ou ilícita)[57].

Mas o que pretendemos sublinhar, com toda essa exposição, não é a discordância doutrinária e jurisprudencial a respeito da responsabilidade do empregador para aqueles casos de acidentes de trabalho propiciados pela insegurança pública. Nosso foco, aqui, não está no que se vê de *diferente*, mas sim o que todos (doutrina e jurisprudência) parecem ter de *comum* em seus arrazoados: a premissa, quase sempre explícita, que reconhece o total descaso estatal com a segurança pública, tangente a determinadas localidades e regiões. De fato, muito embora cada julgado destoe entre si, por exemplo, quanto à tese da responsabilização ou não do **empregador** pelos prejuízos porventura advindos aos seus empregados em casos que tais, por outro lado, não há como negar que, em essência, **todas as decisões partem do mesmo reconhecimento da absurda leniência estatal em prover segurança pública minimamente eficiente.**

Percebamos bem: se já se está ao ponto de reconhecer a responsabilidade do empregador cujas atividades empresariais colocam seus empregados em situação de risco, para fazer frente com as lesões a eles perpetradas, **por que motivo também não se autorizaria demandar o próprio Estado, com vistas a garantir o reconhecimento**

---

(57) Como é fácil perceber, malgrado não seja o tema central deste artigo, não pudemos deixar de consignar essa nossa firme convicção no sentido de que o art. 927, parágrafo único, do Código Civil, é, de fato, plenamente aplicável nos casos de acidente do trabalho e doença ocupacional. Estamos com Gustavo Filipe Barbosa Garcia, para quem "a incidência da responsabilidade objetiva também é uma forma legítima e válida de *melhoria da condição social do trabalhador*" (GARCIA, Gustavo Filipe Barbosa. *Acidentes do trabalho*: doenças ocupacionais e nexo técnico epidemiológico. 3. ed. São Paulo: Método, 2010. p. 84) (grifo no original). Dentro dessa perspectiva, segue o conteúdo do **Enunciado n. 377** da IV Jornada de Direito Civil (2006), que dispõe: "O art. 7º, XXVIII, da Constituição Federal não é impedimento para a aplicação do disposto no art. 927, parágrafo único, do Código Civil quando se tratar de atividade de risco". O mesmo se dá no que respeita às reflexões levadas a efeito durante a 1ª Jornada de Direito Material e Processual na Justiça do Trabalho (2007), cujo **Enunciado n. 37** reza: "Responsabilidade Civil Objetiva no Acidente de Trabalho. Atividade de Risco. Aplica-se o art. 927, parágrafo único, do Código Civil nos acidentes do trabalho. O art. 7º, XXVIII, da Constituição da República, não constitui óbice à aplicação desse dispositivo legal, visto que seu *caput* garante a inclusão de outros direitos que visem à melhoria da condição social dos trabalhadores". Registre-se, também, que a mesma doutrina tem destacado, com inteira pertinência, que caso o acidente de trabalho ou a doença ocupacional decorra de danos ao meio ambiente do trabalho — como pensamos ser a hipótese da omissão específica e reiterada do Estado no cumprimento do seu dever de prover segurança pública minimamente eficiente, que constitui fator de considerável afetação do meio ambiente laboral —, a responsabilidade patronal seria também *objetiva*, mas desta feita não por força de interpretação construtiva, senão que por decorrência direta de expressa previsão constitucional (arts. 200, VIII, e 225, § 3º). Nessa vereda, confira-se o **Enunciado n. 38** da 1ª Jornada de Direito Material e Processual na Justiça do Trabalho (2007), assim redigido: "Responsabilidade Civil. Doenças ocupacionais decorrentes dos danos ao meio ambiente do trabalho. Nas doenças ocupacionais decorrentes dos danos ao meio ambiente do trabalho, a responsabilidade do empregador é objetiva. Interpretação sistemática dos arts. 7º, XXVIII, 200, VIII, 225, § 3º, da Constituição Federal e do art. 14, § 1º, da Lei n. 6.938/81".

da mesma responsabilidade, diante da sua incúria no resguardo da segurança pública, quando tal omissão se revelar específica, reiterada e inadmissível, e constituir causa necessária e eficiente de acidente laboral suscitado na ambiência da violência urbana? Não seria essa uma construção intimamente relacionada com aqueles vetores axiológicos que têm exigido a máxima proteção da vítima, para que, ao fim e ao cabo, a própria dignidade humana reste preservada? Não podemos olvidar que, à vista dessa contextura, quase sempre o patrimônio de uma empresa pode ser recomposto, todavia, os abalos físicos e psicológicos perpetrados não raro acompanham o trabalhador ao longo de todo o restante de sua trajetória existencial... É coisa gravíssima.

Perceba-se, por oportuno, que qualquer cidadão, enquanto consumidor, tem para si o resguardo de uma reparabilidade plena em suas relações *consumeristas*, por meio da responsabilização solidária de todos aqueles que participem da cadeia de consumo (**CDC, art. 7º, parágrafo único**)[58]. Da mesma forma, na esfera *cível* há semelhante alinhamento protetivo, quando reza que se a ofensa tiver mais de um autor, todos responderão solidariamente pela reparação (**CC, art. 942**, *caput, in fine*).

Ora, a dignidade humana não se destina ao *trabalhador*, ao *consumidor* ou ao *contratante*. Destina-se, na verdade, a todo e qualquer ser humano, **pouco importando que papel esteja exercendo na tessitura social.** Se for assim, então por que cargas d'água esse mesmo cidadão, enquanto trabalhador, não tem para si o mesmo direito de ver enlaçados, através de uma responsabilidade também solidária, todos aqueles que participam da cadeia trabalhista diretamente propiciadora do evento lesivo (o empregador, por *culpa* ou pelo *risco*, e o Estado pela *omissão reiterada e irresponsável* em garantir segurança pública com um mínimo de eficiência)? Trata-se, portanto, de apenas ver aplicada, no campo *juslaboral*, mais uma diretriz contemporânea da teoria da responsabilidade civil, inclusive já plenamente consagrada no direito brasileiro: **a potencialização fática da efetiva reparação, materializada, aqui, na responsabilização solidária de todos aqueles que propiciaram a lesão injusta.** Nada há de surreal nisso. Afinal, se os pressupostos da reparação agora se assentam em valores solidaristas, então que o dever de reparar também seja solidarizado...[59]

---

(58) CDC, art. 7º, parágrafo único: "Tendo mais de um autor a ofensa, todos responderão solidariamente pela reparação dos danos previstos nas normas de consumo". No bojo do mesmo diploma, podemos citar, como outros exemplos dessa assertiva, os seguintes artigos: CDC, 12: "O fabricante, o produtor, o construtor, nacional ou estrangeiro, e o importador respondem, independentemente da existência de culpa, pela reparação dos danos causados aos consumidores por defeitos decorrentes de projeto, fabricação, construção, montagem, fórmulas, manipulação, apresentação ou acondicionamento de seus produtos, bem como por informações insuficientes ou inadequadas sobre sua utilização e riscos"; CDC, 25, § 1º: "Havendo mais de um responsável pela causação do dano, todos responderão solidariamente pela reparação prevista nesta e nas seções anteriores"; CDC, 25, § 2º: "Sendo o dano causado por componente ou peça incorporada ao produto ou serviço, são responsáveis solidários seu fabricante, construtor ou importador e o que realizou a incorporação". Esse código é tão avançado que Jorge Pinheiro Castelo o denomina de "direito comum da pós-modernidade". CASTELO, Jorge Pinheiro. *O direito material e processual do trabalho e a pós-modernidade*: a CLT, o CDC e as repercussões do novo Código Civil. São Paulo: LTr, 2003. p. 213.

(59) SCHREIBER, Anderson. *Novos paradigmas da responsabilidade civil*: da erosão dos filtros da reparação à diluição dos danos. 2. ed. São Paulo: Atlas, 2009. p. 248.

Ora, os altos índices de insolvência na esfera dos créditos trabalhistas, a triste facilidade com que determinadas empresas se "esvaem" do palco jurídico-obrigacional, bem assim diante da magnitude dos bens jurídicos aqui tutelados — de regra, *vida e saúde emocional* —, compõem um cenário que demanda a plena garantia de reparação desses danos injustos, **desta feita por intermédio do reconhecimento da responsabilidade civil do máximo de pessoas possíveis, dentre aquelas que efetivamente tenham participado do evento lesivo — seja por ação, seja por omissão —, a serem envolvidas por um vínculo obrigacional de necessário matiz** *solidário*.

Nem se diga que essa espécie de responsabilidade é algo novo no campo do Direito do Trabalho. Para bem mais que a aplicação das já conhecidas previsões legais amparando a responsabilidade solidária dos pertencentes a grupos econômicos (CLT, art. 2º, § 2º[60]; Lei n. 5.889/73, art. 3º, § 2º[61]), a doutrina juslaboral já vem invocando essa modalidade de responsabilização para outro recanto onde a fragilidade do trabalhador tem se revelado não menos absurda: na *terceirização* de serviços, ainda quanto reputada como *lícita* (terceirização de *atividade-meio*)[62]. Nesse campo, não são poucas as abalizadas vozes que têm propalado a urgência na mudança do contido na Súmula n. 331 do TST[63], que, ao fixar a responsabilidade meramente *subsidiária* para o tomador dos serviços terceirizados, segue na contramão de uma das mais contundentes tendências da teoria da reparação de danos, consagrada em campos outros

---

(60) CLT, art. 2º, § 2º: "Sempre que uma ou mais empresas, tendo, embora, cada uma delas, personalidade jurídica própria, estiverem sob a direção, controle ou administração de outra, constituindo grupo industrial, comercial ou de qualquer outra atividade econômica, serão, para os efeitos da relação de emprego, **solidariamente responsáveis** a empresa principal e cada uma das subordinadas" (grifamos).

(61) Lei n. 5.889/73, art. 3º, § 2º: "Sempre que uma ou mais empresas, embora tendo cada uma delas personalidade jurídica própria, estiverem sob direção, controle ou administração de outra, ou ainda quando, mesmo guardando cada uma sua autonomia, integrem grupo econômico ou financeiro rural, serão **responsáveis solidariamente** nas obrigações decorrentes da relação de emprego" (grifamos).

(62) "A prática tem demonstrado que os serviços terceirizados são os que mais expõem os trabalhadores a riscos e, por consequência, a acidentes ou doenças, pois se referem a empregos de baixo nível remuneratório e pouca especialização, que dispensam experiência e treinamento. Por outro lado, as empresas de prestação de serviços são criadas com relativa facilidade, sem necessidade de investimento ou capital, porque atuam simplesmente intermediando mão de obra de pouca qualificação e de alta rotatividade. Como ficam na inteira dependência das empresas tomadoras de serviços e enfrentam a concorrência, nem sempre leal, de outras empresas do ramo, dificilmente experimentam crescimento próprio ou solidez econômica, sendo frequentes as insolvências no setor. Com isso, acabam aceitando margens de lucro reduzidas, sacrificando, para sobreviver, as despesas necessárias para garantia da segurança, higiene e saúde dos trabalhadores" (OLIVEIRA, Sebastião Geraldo de. *Indenizações por acidente do trabalho ou doença ocupacional*. 5. ed. São Paulo: LTr, 2009. p. 92).

(63) TST/Súmula n. 331: "**Contrato de Prestação de Serviços. Legalidade.** I — A contratação de trabalhadores por empresa interposta é ilegal, formando-se o vínculo diretamente com o tomador dos serviços, salvo no caso de trabalho temporário (Lei n. 6.019, de 3 de janeiro de 1974). II — A contratação irregular de trabalhador, mediante empresa interposta, não gera vínculo de emprego com os órgãos da administração pública direta, indireta ou fundacional (art. 37, II, da CF/88). III — Não forma vínculo de emprego com o tomador a contratação de serviços de vigilância (Lei n. 7.102, de 20 de junho de 1983) e de conservação e limpeza, bem como a de serviços especializados ligados à atividade-meio do tomador, desde que inexistente a pessoalidade e a subordinação direta. IV — O inadimplemento das obrigações trabalhistas, por parte do empregador, implica a **responsabilidade subsidiária** do tomador dos serviços, quanto àquelas obrigações, inclusive quanto aos órgãos da administração direta, das autarquias, das fundações públicas, das empresas públicas e das sociedades de economia mista, desde que hajam participado da relação processual e constem também do título executivo judicial (art. 71 da Lei n. 8.666, de 21 de junho de 1993)" (grifamos).

do direito, mas incrivelmente ainda repelida, sem qualquer justificativa, na seara do Direito do Trabalho[64].

Estamos certos que é por este caminho que precisamos trilhar. A máxima concretização da dignidade humana vai requerer do operador do Direito que abandone seu estado de letargia intelectual, passando a exercitar construções jurídicas plenamente fiéis aos caros valores existenciais fixados na Constituição Federal de 1988. Mais particularmente no caso do juslaboralista, cuida-se de se prestigiar uma postura tendente a conferir, por via de consequência, a máxima efetividade do próprio Direito do Trabalho, em seu núcleo principiológico mais basilar: **a proteção do trabalhador**[65].

---

[64] "No caso da terceirização lícita, parece interessante tornar solidária a responsabilidade. (...) A nosso ver, a opção por uma responsabilidade solidária, e não apenas subsidiária, teria dois aspectos positivos. De um lado, inibiria a terceirização, ou pelo menos levaria a empresa cliente a escolher com mais cuidado o fornecedor. De outro, como pondera Souto Maior, poderia simplificar e agilizar as execuções" (VIANA, Márcio Túlio. As várias faces da terceirização. In: MARTINS FILHO, Ives Gandra da Silva; DELGADO, Mauricio Godinho; PRADO, Ney; ARAÚJO, Carlos (coords.). *A efetividade do direito e do processo do trabalho*. Rio de Janeiro: Elsevier, 2010. p. 83 e 84.)

[65] Como um bom exemplo de apreciação judicante que leva a sério a Constituição Federal, primando por uma análise sensível à principiologia do Direito do Trabalho e permeada pelo desejo de promover a dignidade humana do trabalhador, confira-se o seguinte julgado: "**Responsabilidade socioambiental-trabalhista** *lato sensu*. **Meio ambiente do trabalho equilibrado e art. 225 da Constituição Federal. Dispositivo constitucional que vai além do capítulo V, do Título II, da CLT, que trata das normas de segurança e de medicina do trabalho. Expansão conceitual. Sequestro de empregado de banco e de sua esposa para facilitar a prática de crime de roubo em agência. Indenização por dano moral.** A Constituição é o mais importante conjunto harmônico de princípios, de normas e de institutos, no universo do Direito, porque institui a nação e o seu povo, ao mesmo tempo em que constitui o respectivo Estado, estabelecendo as suas bases fundamentais, a sua organização político-administrativa, assim como os seus poderes. Não bastam as comemorações do vigésimo aniversário da Constituição, que parece serão muitas, sem que se otimize a sua efetividade, sob pena de patrocínio, ainda que indireto, da sua desconstituição. O art. 225 da C.F. estatui que todos têm direito ao meio ambiente equilibrado, pouco importando que se trate do meio ambiente ecológico, *stricto sensu*, ou *lato sensu*, e no qual se inclui o meio ambiente do trabalho, local onde a maioria das pessoas passa grande parte de suas vidas. A leitura interior e exterior, bem como a compreensão da norma constitucional devem ter em mira a sua maior efetividade possível, a fim de que os cidadãos possam realmente sentir os efeitos do Estado Democrático de Direito, destinado a assegurar o exercício dos direitos sociais, e individuais, a liberdade, a segurança, e o bem-estar, sendo certo que, em sede constitucional, um dispositivo não despotencializa nenhum outro aprioristicamente. (...) Não é tolerável que o direito à cidadania, à dignidade, à integridade física e mental, à segurança, seja violado de forma tão contundente, sem que se impute responsabilidade a quem explora a atividade econômica e nenhuma medida adotou para reduzir os riscos a esse tipo de violência, mormente se se levar em consideração a teoria do risco, prevista no art. 927, parágrafo único, do Código Civil, pouco importando a natureza desse risco, isto é, se à saúde ou à integridade física e psíquica do empregado. Garantir a segurança, a integridade física e mental do empregado, é obrigação da empregadora, constituindo-se cláusula contratual implícita, pois, se ela se cerca do cuidado de manter o cofre onde é depositado o dinheiro fechado sob sete chaves, além de pesada guarda, deveria também se preocupar um pouco com a segurança dos trabalhadores, que vêm a cada dia sendo mais e mais alvo de criminosos, quando detêm algum segredo da empresa. O lucro e o homem estão em polos opostos na sociedade pós-moderna, mas o direito proporciona instrumentos aptos à aproximação deles, estabelecendo inclusive a teoria do risco, meio caminho entre a responsabilidade subjetiva e objetiva, por intermédio da qual aquele que almeja o lucro do exercício de determinada atividade econômica com o concurso de empregados deve indenizar os danos físicos e psíquicos que estes sofrem em virtude do cargo que ocupam. (...) O desespero do Reclamante, a sua dor, a sua insegurança e a sua humilhação, foram mais profundos por saber que a sua esposa também estava sequestrada e sofrendo o mesmo tipo de constrangimento físico e psíquico. Cada pessoa é ímpar. Algumas são mais fortes, emocionalmente mais firmes do que outras, mas isso não exclui a lesão. O dano decorreu do sequestro em si e do pavor que acometeu o Reclamante, da sua angústia, por si próprio e pelo fato de saber que também a sua esposa havia sido sequestrada, sem com ela ter o menor contacto durante o período em que o crime foi cometido. Assim, a lesão do reclamante projetou-se para além do receio de perder a própria vida, atingindo-o, no íntimo, com maior intensidade pelo medo de que sua esposa sofresse alguma outra agressão mais forte e contundente. Exigir-se que o Autor revelasse grandes transtornos de ordem psicológica, para que somente com essas anomalias pudesse aflorar a indenização a título de dano moral, seria negligenciar a proteção conferida a

Não sem razão foi justamente esse mesmo ardente desejo, consistente na busca de obrigações jurídicas mais justas, no tocante à prevenção e reparação de acidentes laborais, um dos principais fatores de impulso para a formação do Direito Social e do seu consequente Estado Social[66].

A realidade atual das relações laborais, caracterizada principalmente pela elevação na complexidade das atividades profissionais, pelo frequente desrespeito das condições mínimas de segurança, saúde e higiene pelos empregadores e, ainda, pelo risco causado pelos elevados índices de violência urbana, vem propiciando o aumento dos infortúnios trabalhistas e da insegurança no meio ambiente laboral, o que impulsiona cada vez mais a busca de mecanismos jurídicos que possibilitem a efetiva proteção e/ou reparação dos bens jurídicos (patrimonial, moral e estético) do trabalhador. Como vimos, uma valiosa alternativa, nessa ótica, seria a responsabilização do Estado, dentro da própria demanda trabalhista, em casos que envolvam danos reconhecidamente provindos de intoleráveis índices de violência urbana praticados em determinadas localidades.

Vejamos, agora, uma situação real onde essa tese foi efetivamente aplicada.

6. VIOLÊNCIA URBANA, AÇÃO INDENIZATÓRIA TRABALHISTA E RESPONSABILIZAÇÃO DO ESTADO: ABORDAGEM DE CASO CONCRETO

A título de exemplo de infortúnio laboral decorrente da insegurança pública, podemos citar o caso real estampado em processo que tramita na MM. 2ª Vara Federal do Trabalho de Marabá/PA, sob o n. 1467-2009-117-8-3, em que o trabalhador, no desempenho regular da atividade de entrega de produtos alimentícios para determinada empresa na região sudeste do Estado do Pará, foi abordado por assaltantes na estrada e, em razão do pouco dinheiro encontrado, os criminosos o trancaram no veículo e incendiaram o caminhão, vindo o trabalhador a morrer carbonizado. Nesse processo, o Estado foi indicado no polo passivo, como corresponsável pelos tristes danos praticados, mercê de sua inércia em garantir um mínimo de segurança pública nas estradas do sul e sudeste do Pará.

É certo que o Estado, antes de discutir se tinha ou não responsabilidade pelas lesões aqui esposadas, fez desde logo um ataque frontal ao próprio *processo*, enquanto instrumento público de resolução de conflitos, consubstanciado por meio da alegação da **incompetência material** da Justiça do Trabalho para processar e julgar esse tipo de causa. A ventilação, todavia, claramente não procede.

---

todos os cidadãos nos termos já assinalados, fazendo dele verdadeiro super-homem. Aliás, a pós-modernidade insiste em querer tornar as pessoas mais fortes do que elas realmente são, principalmente quando se trata de colaboração com os fatores da produção. Responsabilidade socioambiental-trabalhista que se reconhece para deferir a reparação por dano moral, oriundo do contrato de trabalho." (TRT 3ª Região, 4ª Turma, RO 00285-2007--045-03-00-8, Relator: Desembargador Luiz Otávio Linhares Renault, Data de Publicação: 19.7.08).

(66) MAIOR, Jorge Luiz Souto. Os princípios do direito do trabalho e sua negação por alguns posicionamentos jurisprudenciais. In: COUTINHO, Grijalbo Fernandes; MELO FILHO, Hugo Cavalcanti; MAIOR, Jorge Luiz Souto; FAVA, Marcos Neves (coords.). *O mundo do trabalho*. São Paulo: LTr, 2009. p. 227. v. 1: Leituras críticas da jurisprudência do TST: em defesa do direito do trabalho.

É que, conforme resta cediço, a competência material, como toda e qualquer temática de ordem *processual* — no caso, pressuposto processual objetivo —, há de ser medida à luz do articulado na petição inicial (CPC, art. 87, *ab initio*[67]), mais precisamente por meio da *causa de pedir* e do *pedido* ali expostos[68]. Ou seja, como, segundo a tese aqui defendida, o que se pretende é a responsabilização do Estado por danos decorrentes da *relação de trabalho*, mais precisamente decorrentes de um *acidente de trabalho*, não há dúvidas da competência da Justiça Obreira para enfrentar a questão, seja em face de clara disposição constitucional (art. 114, VI[69]), seja em face de incontornável diretriz jurisprudencial (STF/Súmula Vinculante n. 22[70]), pouco importando, no caso, que esse contexto laborativo seja qualificado pelo circunstancial da *violência urbana*.

Aqui, convém fazer um importante registro: ao mencionar que a competência da Justiça do Trabalho dar-se-ia quando envolvendo lide entre empregado e empregador, pretendeu o Supremo Tribunal Federal apenas diferençar o caso daquelas ações acidentárias movidas pelo empregado (enquanto segurado) em face do INSS (enquanto segurador), cuja competência permanece com a Justiça Comum Estadual. Com isso, queremos acentuar o fato de que em momento algum a súmula proíbe que na ação indenizatória, fundada em danos decorrentes de acidente do trabalho, além do empregador, também seja chamada ao cenário processual outra pessoa, estranha à relação contratual trabalhista — no caso, o Estado —, quando tomada por corresponsável pela reparação dos prejuízos.

Perceba-se, a propósito, que o art. 114, inciso I, da Carta Magna, com a redação impressa pela EC n. 45/04, já não mais restringe os limites competenciais da Justiça Especializada Obreira a um debate que necessariamente deva envolver os dois principais atores da relação de emprego ("trabalhadores e empregadores"), como sempre firmara a tradição constitucional brasileira (foco nos *integrantes* da relação jurídica — matiz *subjetivo*), mas, de forma bem mais ampla, exige agora que tais ações sejam simplesmente "oriundas da relação de trabalho", sem qualquer restrição, pois, quanto aos sujeitos envolvidos (foco na *natureza* da relação jurídica — matiz *objetivo*)[71].

---

(67) CPC, art. 87, primeira parte: "Determina-se a competência no momento em que a ação é proposta (...)".
(68) STF, CC n. 7.165, Relator: Ministro Eros Grau, DJU 22.09.2004; STJ, CC 15566/RJ, Relator: Ministro Salvio de Figueiredo Teixeira, Julgamento: 13.3.96. Confira-se, também, a seguinte ementa: "**Competência. Aferição. Elementos da Demanda.** A competência do órgão jurisdicional é determinada a partir dos elementos da demanda concretamente concebida, partes, causa de pedir e pedido. Estes elementos devem ser analisados na mesma medida da proposição, não importando se o demandante o fez com correção ou não, mas simplesmente tendo-se em vista a maneira que dispôs ao órgão, uma vez que a falta de acuidade na combinação dos elementos com que acionou o Poder Judiciário pode implicar improcedência dos pedidos, mas não o deslocamento da competência". (TRT da 5ª Região (BA), 1ª Turma, RO 0165100-48.2009.5.05.0221, Relator: Desembargador Edilton Meireles. DJ/BA de 7.7.10).
(69) CF, art. 114, inciso VI: "Compete à Justiça do Trabalho processar e julgar: (...) VI — as ações de indenização por dano moral ou patrimonial, decorrentes da relação de trabalho".
(70) STF, Súmula Vinculante n. 22: "A Justiça do Trabalho é competente para processar e julgar as ações de indenização por danos morais e patrimoniais decorrentes de acidente de trabalho propostas por empregado contra empregador, inclusive aquelas que ainda não possuíam sentença de mérito em primeiro grau quando da promulgação da Emenda Constitucional n. 45/04".
(71) "(...) o novo Texto Constitucional preenche uma omissão de que se ressentia a disciplina da competência material da Justiça do Trabalho: os litígios da **relação de emprego** e que **não** envolvam os seus sujeitos" (DALAZEN, João

O Estado, na demanda em análise, também fez duro ataque à *ação*, trazendo à baila controvérsia sobre sua **legitimidade** de ser parte (*legitimatio ad causam* passiva). Mas, cuidando-se de mera questão processual — ligada a uma das condições da ação —, a aferição da pertinência ou não da composição do polo passivo vai depender tão só da análise do conteúdo da petição inicial, ou seja, tendo em conta, simplesmente, as próprias alegações nela contidas. Neste terreno, o que importa é a *afirmação* do autor, e não a correspondência entre essa afirmação e a realidade, o que já constitui problema de mérito[72].

Ora, se a petição inicial trabalhista traz em seu bojo toda uma densa articulação que, ao fim, expressamente, denuncia a responsabilização do Estado pelos danos decorrentes de acidente de trabalho diretamente afeto a um desarrazoado grau de violência urbana, não há como reputar o Estado parte ilegítima na demanda, residindo justamente nessas linhas o fator suficiente para legitimar sua presença no debate processual.

Como é fácil inferir, a apreciação da legitimidade para agir, aqui, não deve tocar em aspectos nucleares da pretensão, cingindo-se apenas a perscrutar se, em tese, processualmente falando, a ação tem condições de receber um exame de fundo. Logo, debates como o eventual sucesso probatório das alegações ou mesmo a eventual pertinência da tese devem ficar, neste momento, fora de cogitação, porquanto discussões umbilicalmente jungidas ao mérito da demanda.

No que tange ao mérito, mais precisamente quanto à responsabilidade estatal em si, também é terreno comum a alegação de existência de **fatores de elisão do nexo de causalidade**, apontando o assalto, por exemplo, como uma hipótese de força maior/caso fortuito ou fato exclusivo de terceiro, figuras que, acaso reconhecidas, a rigor importariam em necessário afastamento do dever de reparação[73]. Entretanto, como vimos em linhas transatas, a tônica jurídica hoje está centrada no pleno resguardo da dignidade humana, pelo que, mesmo esses fatores, classicamente reputados como excludentes do liame de causalidade, têm sido cada vez mais flexibilizados com o claro fito de se conferir **máxima tutela da vítima**.

Oreste. a reforma do judiciário e os novos marcos da competência material da Justiça do Trabalho no Brasil. In: COUTINHO, Grijalbo Fernandes; FAVA, Marcos Neves (coords.). *Nova competência da Justiça do Trabalho*. São Paulo: LTr, 2005. p. 153) (grifos no original).

(72) MARINONI, Luiz Guilherme. *Curso de processo civil*. São Paulo: Revista dos Tribunais, 2006. p. 181. v. 1: Teoria geral do processo. Vale o registro de que essa concepção, lastreada na chamada teoria da asserção, teoria da *prospettazione* ou teoria da verificação *in statu assertioni*, é prestigiada pela maioria esmagadora dos processualistas, tais como Alexandre Câmara, Kazuo Watanabe, Flávio Luiz Yarshell, Leonardo Greco, José Carlos Barbosa Moreira, José Roberto dos Santos Bedaque, Sérgio Cruz Arenhart, Leonardo José Carneiro da Cunha, Araken de Assis, Marcelo Abelha Rodrigues, dentre outros. A exceção está com Cândido Rangel Dinamarco. A respeito, confira-se: DIDIER JR., Fredie. *Curso de direito processual civil*. 11. ed. Salvador: Juspodivm, 2009. p. 181-184. v. 1: Teoria geral do processo e processo de conhecimento.

(73) Consoante clássica doutrina, são apontados como fatores que rompem o nexo causal o fato exclusivo da vítima, o fato exclusivo de terceiro, o caso fortuito e a força maior. A respeito, confira-se, por todos: TARTUCE, Flávio. *Direito civil*. 4. ed. São Paulo: Método, 2009. p. 365-374. v. 2: Direito das obrigações e responsabilidade civil.

Perceba-se, a respeito do **caso fortuito**, que, inspirados na especialidade da relação consumerista, doutrina e jurisprudência vêm tecendo nos últimos anos sutil distinção entre *fortuito externo* e *fortuito interno*[74]. A respeito, leciona Schreiber:

> **Por consistir em risco ligado à atividade do sujeito responsável**, o fortuito interno tem sido considerado insuficiente para o afastamento da relação de causalidade entre a atividade desenvolvida e o dano, mesmo quando imprevisível e irresistível. Em outros termos: aos tradicionais requisitos da imprevisibilidade e irresistibilidade do caso fortuito, tem-se acrescentado esta terceira exigência — a **externalidade** ou **externidade** do caso fortuito, sem a qual se conserva a responsabilidade.[75]

---

(74) Quando trata da responsabilidade do transportador, ensina Sergio Cavalieri Filho: "Entende-se por *fortuito interno* o fato imprevisível, e, por isso, inevitável, que se liga à organização da empresa, que se liga com os riscos da atividade desenvolvida pelo transportador. O estouro de um pneu do ônibus, o incêndio do veículo, o mal súbito do motorista etc. são exemplos do fortuito interno, por isso que, não obstante acontecimentos imprevisíveis, estão ligados à organização do negócio explorado pelo transportador. (...) O *fortuito externo* é também fato imprevisível e inevitável, mas estranho à organização do negócio. É o fato que não guarda nenhuma ligação com a empresa, como fenômenos da Natureza – tempestades, enchentes etc." (CAVALIERI FILHO, Sergio. *Programa de responsabilidade civil*. 6. ed. 3. tir. São Paulo: Malheiros, 2006. p. 322). Sobre o tema, Mauricio Mora ensina que "a noção de fortuito interno aplica-se ao dano causado por fato inerente ao risco que determinada atividade, pelas características que lhe são próprias, deva suportar. Desta forma, o fortuito interno surge como exceção que não exclui a responsabilidade por fugir à regra da inevitabilidade. O fortuito interno diferencia-se do externo no prisma subjetivo: o que é razoavelmente inesperado para o homem comum, o acaso, deve ser previsto por determinados agentes, pois sua ocorrência gera danos que deveriam ter sido evitados. Já o fortuito externo englobaria os caso que têm em comum a característica da inevitabilidade" (MOTA, Mauricio. *Questões de direito civil contemporâneo*. Rio de Janeiro: Elsevier, 2008. p. 521).

(75) SCHREIBER, Anderson. *Novos paradigmas da responsabilidade civil*: da erosão dos filtros da reparação à diluição dos danos. 2. ed. São Paulo: Atlas, 2009. p. 66-67. A respeito, confira-se o teor da **Súmula n. 94 do Tribunal de Justiça do Estado do Rio de Janeiro**: "Cuidando-se de fortuito interno, o fato de terceiro não exclui o dever do fornecedor de indenizar". Seguem alguns julgados que tratam do tema: "**Direito processual civil e do consumidor. Recurso especial. Roubo de talonário de cheques durante transporte. Empresa terceirizada. Uso indevido dos cheques por terceiros posteriormente. Inscrição do correntista nos registros de proteção ao crédito. Responsabilidade do banco. Teoria do risco profissional. Excludentes da responsabilidade do fornecedor de serviços. Art. 14, § 3º, do CDC. Ônus da prova.** Segundo a doutrina e a jurisprudência do STJ, o fato de terceiro só atua como excludente da responsabilidade quando tal fato for inevitável e imprevisível. O roubo do talonário de cheques durante o transporte por empresa contratada pelo banco não constituiu causa excludente da sua responsabilidade, pois trata-se de caso **fortuito interno**. Se o banco envia talões de cheques para seus clientes, por intermédio de empresa terceirizada, deve assumir todos os riscos com tal atividade. O ônus da prova das excludentes da responsabilidade do fornecedor de serviços, previstas no art. 14, § 3º, do CDC, é do fornecedor, por força do art. 12, § 3º, também do CDC. Recurso especial provido" (Resp 685662/RJ, Recurso Especial 2004/0122983-6. 3ª Turma. Data do Julgamento: 10.11.05. Relatora: Ministra Nancy Andrighi. Publicação: DJ de 5.12.05, p. 232); "**Recurso especial. Dano moral. Inclusão indevida em cadastro restritivo de crédito. Abertura de conta corrente e fornecimento de cheques mediante fraude. Falha administrativa da instituição bancária. Risco da atividade econômica. Ilícito praticado por terceiro. Caso fortuito interno. Revisão do valor. Violação dos princípios da razoabilidade e da proporcionalidade. Recurso parcialmente provido.** 1. Inescondível a responsabilidade da instituição bancária, atrelada ao risco da própria atividade econômica que exerce, pela entrega de talão de cheques a terceiro, que mediante fraude, abriu conta bancária em nome do recorrido, dando causa, com isso e com a devolução do cheque emitido, por falta de fundos, à indevida inclusão do nome do autor em órgão de restrição ao crédito. 2. Irrelevante, na espécie, para configuração do dano, que os fatos tenham se desenrolado a partir de conduta ilícita praticada por terceiro, circunstância que não elide, por si só, a responsabilidade da instituição recorrente, tendo em vista que o panorama fático descrito no acórdão objurgado revela a ocorrência do chamado caso fortuito interno. 3. A verificação da suficiência da conduta do banco no procedimento adotado para abertura de contas, além de dispensável, na espécie, demandaria reexame do conjunto fático-probatório, o que é vedado no âmbito do recurso especial, à luz do Enunciado n. 7 da Súmula desta Corte. 4. O entendimento deste Superior

Nota-se, pois, que a distinção entre *fortuito interno* e *fortuito externo*, considerada em si mesma, veio para injetar mais equidade e justiça ao tema, pois responsabiliza o agente naqueles casos em que, embora imprevisível e inevitável, **o fato lesivo,** *a priori*, **pode ser perfeitamente visualizado dentro daquele natural grau de risco ínsito à sua própria atividade.** No caso aqui destacado, o argumento serve não apenas para imputar à empresa reclamada a responsabilização pelos danos ocorridos, enquanto agente que se beneficia dos riscos que sua atividade naturalmente impõe ao obreiro (CC, art. 927, parágrafo único), como também ao Estado, que, quase sempre sonolento, da mesma forma expõe o mesmo cidadão-trabalhador a um diferenciado grau de vulnerabilidade, porquanto se vê forçado a enfrentar, cotidianamente, as temidas estradas do sul do Pará, cuja reiterada omissão estatal em garantir segurança por certo há de ser considerada como causa necessária e eficiente para a ocorrência do evento lesivo e para a reparação do dano perpetrado (CF, art. 37, § 6º). Afinal de contas, como bem destaca Mauricio Mota, "se a sociedade pós-moderna é uma sociedade de riscos, incumbe aos agentes o controle do gerenciamento do risco. **Agravado este além do limite aceitável pela comunidade, a conduta se torna passível de ser atribuída como causadora do dano pela agravação do risco**" (grifamos) [76].

Com relação ao **fato ou culpa exclusiva de terceiro**, já há mesmo expressa disposição legal mencionando, no caso dos *contratos de transporte*, que a responsabilidade contratual do transportador por acidente com o passageiro não é elidida na hipótese de culpa de terceiro (**CC, art. 735**[77]). Isso quer dizer, por exemplo, que caso o acidente entre um ônibus e um caminhão tenha decorrido diretamente por imprudência deste último, por ter invadido a contramão de direção, as vítimas que estavam no coletivo deverão se voltar contra a empresa transportadora. Assim se tem entendido porque "o fato culposo de terceiro se liga ao risco do transportador, relaciona-se com a organização de seu negócio, caracterizando o *fortuito interno*, que não afasta a sua responsabilidade"[78].

Dentro dessa perspectiva, cai por terra a tese de que a ação do meliante constituiria fato exclusivo de terceiro, vez que, ao se injetar um grau de risco diferenciado à dinâmica laborativa do trabalhador, seja porque essa dose especial de adrenalina é imanente ao exercício de suas atividades (risco da atividade — CC, art. 927, parágrafo único), seja porque essa acentuada vulnerabilidade decorre de uma funesta apatia estatal (CF, art. 37, § 6º), decerto a ação criminosa se insere dentro dos riscos naturais ao desenvolvimento do negócio e/ou dentro dos riscos administrativos propiciados pela

---

Tribunal de Justiça é firme no sentido de que evidente exagero ou manifesta irrisão na fixação, pelas instâncias ordinárias, viola os princípios da razoabilidade e da proporcionalidade, tornando possível, assim, a revisão da aludida quantificação. 5. Recurso conhecido em parte e, no ponto, provido, para reduzir a indenização a R$ 12.000,00 (doze mil reais), no limite da pretensão recursal" (REsp 774640/SP, Recurso Especial 2005/0136304-0. 4ª Turma. Data do Julgamento: 12.12.06. Relator: Ministro Hélio Quaglia Barbosa. Publicação: DJ de 5.2.07, p. 247).
(76) MOTA, Mauricio. *Questões de direito civil contemporâneo*. Rio de Janeiro: Elsevier, 2008. p. 537-538.
(77) CC, art. 735: "A responsabilidade contratual do transportador por acidente com o passageiro não é elidida por culpa de terceiro, contra o qual tem ação regressiva".
(78) CAVALIERI FILHO, Sergio. *Programa de responsabilidade civil*. 6. ed. 3. tir. São Paulo: Malheiros, 2006. p. 325.

negligência estatal, de tal sorte que os eventuais prejuízos (morais e materiais) causados ao obreiro de modo algum devem ficar irressarcidos, havendo de ser necessariamente repassados para quem lucra com o empreendimento empresarial e/ou se omite no cumprimento de seu mister institucional.

Vale consignar, ainda, que a **força maior**, na esfera trabalhista, é objeto de disciplina própria, bem específica mesmo. Veja-se que a temática do contrato de trabalho é tão especial, por envolver crédito de feição alimentar, que, mesmo na hipótese de força maior, a Consolidação das Leis do Trabalho, destoando frontalmente do que é clássico em outros campos do Direito — onde de regra essa figura é tomada como fator excludente de causalidade —, longe de afastar, *impõe responsabilidade* pelo pagamento de verbas, apenas fixando, em contrapartida, como medida de equidade, que essa obrigação só alcança *metade* dos valores então devidos (**CLT, art. 502**[79]). Ora, não seria razoável crer na flexibilidade do nexo causal ao ponto de, mesmo nas extremadas hipóteses de típica força maior, ainda assim impor o dever de reparar, com modulação equitativa do *quantum* indenizatório de acordo com o caso concreto (CC, art. 944, parágrafo único[80]), aplicando, por analogia, essa preciosidade legislativa, de há muito impregnada pelo ardente desejo hodierno de conferir máxima tutela à vítima de danos injustos?...[81]

Como é fácil inferir, a flexibilização do nexo causal representa um engenhoso desdobramento técnico do sentimento constitucional de proteção da dignidade humana, no caso bem refletido naquelas situações em que a vítima se vê lesada em circunstâncias que, de uma forma ou de outra, têm alguma ligação com a atividade (ação ou omissão) do agente causador do dano[82].

---

(79) CLT, art. 502. "Ocorrendo motivo de **força maior** que determine a extinção da empresa, ou de um dos estabelecimentos em que trabalhe o empregado, é assegurada a este, quando despedido, uma indenização na forma seguinte: I — sendo estável, nos termos dos arts. 477 e 478; II — não tendo direito à estabilidade, **metade** da que seria devida em caso de rescisão sem justa causa; III — havendo contrato por prazo determinado, aquela a que se refere o art. 479 desta Lei, reduzida igualmente à **metade**" (grifamos).

(80) CC, art. 944, parágrafo único: "Se houver excessiva desproporção entre a gravidade da culpa e o dano, poderá o juiz reduzir, equitativamente, a indenização".

(81) A respeito, vale conferir a percuciente argumentação de José Affonso Dallegrave Neto, *in verbis*: "... na esfera do direito do trabalho, em face de seu conteúdo tutelar e mais social do que os contratos civilistas, o dano do empregado ocorrido no ambiente do trabalho, ainda que decorrente de força maior ou caso fortuito, não exime, por completo, o empregador. Assim, ao nosso crivo, por aplicação analógica dos arts. 501 e 502, II, da CLT, a indenização deverá ser fixada pela metade. (...) se de um lado o empregador não concorreu para o dano motivado por um evento inevitável e imprevisível, de outro lado está o empregado que foi vítima de um dano manifestado durante a execução do contrato de trabalho e que merece ser reparado, máxime porque o empregador, quando decide explorar alguma atividade econômica, assume os riscos dela decorrentes, nos termos do art. 2º da CLT. Com efeito, diante desse conflito axiológico, aplica-se o princípio da proporcionalidade, reduzindo-se pela metade a indenização a ser paga pelo agente empregador, conforme já havia previsto o legislador trabalhista em situação similar envolvendo rescisão do contrato por força maior, *ex vi* do art. 502 da CLT" (DALLEGRAVE NETO, José Affonso. *Responsabilidade civil no direito do trabalho*. 4. ed. São Paulo: LTr, 2010. p. 401). Segundo Sebastião Geraldo de Oliveira, "o raciocínio, sem dúvida, merece consideração, especialmente porque está em sintonia com a tendência da objetivização da responsabilidade civil do empregador ou mesmo da responsabilidade sem culpa" (OLIVEIRA, Sebastião Geraldo de. *Indenizações por acidente do trabalho ou doença ocupacional*. 5. ed. São Paulo: LTr, 2009. p. 155).

(82) Aqui, costuma-se sempre citar a advertência de Silvio Rodrigues, *in verbis*: "A excessiva severidade dos tribunais, na admissão do caso fortuito como exonerador de responsabilidade, principalmente em um país como o nosso

Finalmente, nos autos em foco, **quanto à demonstração da omissão específica e reiterada do Estado do Pará**, no que toca ao seu dever de prover segurança pública minimamente eficiente nas estradas do sul e sudeste do Pará, a ex-empregadora, por meio do depoimento de seu representante legal, desde logo reconheceu que o obreiro desempenhava suas atividades em rodovia com grande incidência de roubos de cargas e que o veículo utilizado possuía cofre interno onde eram armazenados documentos e cheques recebidos de clientes, restando incontroverso, portanto, que a empresa realizava a exposição da vida do trabalhador ao perigo da violência.

Veja-se, a propósito do *ranking* nacional da violência, que estatísticas apontam a região sudeste do Estado do Pará como um dos locais de maior prática de violência do país, com destaque para o município de Marabá, indicado como o 11º município mais violento do Brasil, principalmente em razão da grande ocorrência de homicídios dolosos[83]. Aliás, a grave situação de violência no sudeste do Estado do Pará também foi atestada em recente pesquisa sobre os Índices de Homicídios na Adolescência, publicada no jornal *O Estado de S. Paulo*, onde se vê que "na região Norte, o município de Marabá (Pa) registra a situação mais grave pela pesquisa em termos de vidas perdidas na adolescência, com o Índice de Homicídios na Adolescência de 5,2 mortes em cada grupo de mil. A cidade foi a única da região a registrar média superior a cinco".[84]

---

em que o seguro de responsabilidade é pouco difundido, pode aumentar enormemente o número de casos em que o agente, embora agindo sem culpa, causa dano a outrem e é obrigado a indenizar. Tal solução, como já foi apontado, em muitos casos apenas transferirá a desgraça da pessoa da vítima para a pessoa do agente, este também inocente e desmerecedor de tão pesada punição" (RODRIGUES, Silvio. *Direito civil*. São Paulo: Saraiva, 2003. p. 176. v. 4: Responsabilidade civil). A crítica, porém, precisa ser encarada *cum grano salis*, à luz de cada hipótese concreta. Ainda com relação à flexibilização do nexo causal, em atenção aos interesses da vítima, importa também trazer à ribalta, para o enriquecimento da discussão, o que Giselda Maria Fernandes Novaes Hironaka, ao focar o direito italiano, chama de **apreciação** *ex post* **das medidas assecuratórias de minoração de perigos e riscos**, nas atividades caracterizadas pela exposição natural a perigo, destacando a ilustre autora que, quanto à necessidade de se demonstrar a causalidade entre o dano e a atividade perigosa, também aqui por mais das vezes "a carga probatória permanece em elevado grau de dificuldade de ser realizada, tendo em vista a diversidade e a complexidade das *mise en danger*. Em auxílio das vítimas, e por conta destas dificuldades apontadas, a jurisprudência, então, tem admitido a produção da prova por meio de constatação *ex post* da periculosidade, realizada de tempo em tempo, e sob a ótica da simples intensidade do dano ocorrido, na espécie. Esta apreciação *ex post* (...) não favorece, pois, a concretização de prova liberatória ou exoneratória do dever de indenizar. Quando este é o percurso seguido pelo julgador, a responsabilidade é assim reconhecida não porque o demandado não tenha adotado as medidas, mas sim pela só circunstância de que o exercício da atividade se revela perigoso, estabelecendo, assim, um elo causal com o dano. O caráter diligente das medidas preventivas adotadas não é levado em plena consideração... (...) Não é incomum, portanto, que a jurisprudência constate, primeiro, a produção do dano intenso, e, depois, o caráter perigoso da atividade, construindo a ponte causal necessária *a posteriori* e realizando o imprescindível nexo, de trás para frente. A reparação não será justificada, em casos assim, por uma verdadeira *mise en danger*, mas talvez mais pela expectativa de se obter uma reparação ao direito prejudicado da vítima" (HIRONAKA, Giselda Maria Fernandes Novaes. *Responsabilidade pressuposta*. Belo Horizonte: Del Rey, 2005. p. 311).

(83) Disponível em: <http://www.orm.com.br/oliberal/interna/default.asp?modulo=2518codigo=323183> Acesso em: 23.7.2009.

(84) Disponível em: <http://www.estadao.com.br/noticias/cidades,cidades-mais-violentas-para-jovens-estao-no-sudeste,406095,0.htm> Acesso em: 23.7.09. Ressalte-se que nessa pesquisa os Índices de Homicídios na Adolescência de cidades como a região metropolitana de Belo Horizonte (MG) é de 4,0 mortes em cada grupo de mil, no entorno de Vitória (ES) é de 4,3 mortes em cada grupo de mil e na região metropolitana do Rio de Janeiro (RJ) é de 4,9 mortes em cada grupo de mil, o que demonstra que os números de violência na cidade de Marabá e região são superiores àqueles verificados nos grandes centros urbanos do Brasil.

Verifica-se, desse modo, uma crescente nos índices de violência no sul e sudeste do Estado do Pará, nacionalmente reconhecida em estudos e estatísticas, demonstrando, às claras, que na região em que o trabalhador foi assassinado vigora escandalosa ineficiência do Poder Público no combate a ações criminosas, o que proporciona inadmissível violação do texto da Constituição Federal (art. 37, *caput* [princípio da eficiência], e art. 144) e do texto da Constituição Estadual (art. 193), dentre muitas outras diretrizes normativas já aqui mencionadas.

Exsurgiu patente, pois, nesse caso concreto, não só a responsabilização *patronal*, em face dos riscos da atividade, mas também a responsabilização *estatal*, decorrente da omissão específica e reiterada em cumprir seu dever constitucional de garantir segurança pública minimamente eficiente, no que refere às estradas da região sul e sudeste do Pará, cuja incúria, infelizmente, vem ceifando a vida ou maculando a saúde mental de inúmeros trabalhadores, em pleno *habitat* laboral[85].

CONSIDERAÇÕES FINAIS

> *"O direito não é apenas uma técnica; é uma ciência e é uma arte; é a virtude na perseguição do justo."*
> João Baptista Villela[86]

Roger Silva Aguiar acertou em cheio: a responsabilidade civil é um diamante que os juristas não se cansam de lapidar[87]. Verdadeiramente, esse é um campo jurídico em permanente construção, de modo a nos fazer crer que o alcance de uma justa dogmática da reparação de danos sempre representará, no fundo, uma silenciosa luta cotidiana... Nessa sutil labuta, a motivação que nos compele reside na hoje (re)vigorante ideia de um contínuo fomento a construções jurídicas que busquem proteger, ao máximo, a vítima de danos. Justamente à luz dessa premissa, propugnamos a responsabilização *objetiva* e *solidária* do Estado por danos decorrentes de acidentes laborais diretamente vinculados à insegurança pública.

---

(85) Naquele caso concreto, segue o específico trecho da sentença que reconheceu a responsabilização do Estado do Pará: "Assim, por restar demonstrado nos autos que os crescentes aumentos da violência no sul e sudeste do Estado do Pará e o respectivo assassinato do *de cujus* encontram-se diretamente relacionados com a omissão e a deficiência do serviço de segurança pública nas rodovias estaduais, bem como considerando a violação pelo terceiro reclamado, Estado do Pará, das determinações legais fixadas no art. 1º, inciso III, e art. 144, da Constituição Federal, art. 193, da Constituição do Estado do Pará, art. 1º, da Declaração Americana de Direitos, e art. 4º, da Convenção Americana sobre Direitos Humanos, o MM Juízo reconhece que o terceiro reclamado, Estado do Pará, responde subsidiariamente pela condenação pecuniária atribuída, no presente processo, a primeira reclamada, Souza e Nascimento Ltda — ME" (2ª Vara Federal do Trabalho de Marabá/PA [TRT da 8ª Região], Processo n. 1467.2009.117.08.00.3, decisão prolatada e publicada em 30.7.09, pelo Exmo. Juiz Titular daquela unidade jurisdicional, Dr. Francisco Milton Araújo Junior). Registre-se que, no caso judicial ora destacado, a responsabilidade reconhecida a desfavor do Estado foi de caráter meramente *subsidiário* apenas por força dos vinculantes limites da exordial (CPC, arts. 128 e 460).

(86) *Apud* HIRONAKA, Giselda Maria Fernandes Novaes. *Responsabilidade pressuposta*. Belo Horizonte: Del Rey, 2005. p. 125.

(87) AGUIAR, Roger Silva. *Responsabilidade civil objetiva*: do risco à solidariedade. São Paulo: Atlas, 2007. p. 32.

Como a população, em determinados temas, já não mais se reconhece no aparelho estatal que a governa, irrompe uma oportuna "brecha de legitimação" (Paul Ricouer)[88], bastante para, no nosso sentir, viabilizar uma excepcional interferência judicial no sistema, tendente a pressionar a que o agente estatal volte a níveis básicos de eficiência, em prol do bem comum.

Logo, no terreno da segurança pública, impõe-se que o Poder Judiciário assuma postura diferenciada, essencialmente pró-ativa, na árdua defesa do direito social à segurança pública, mais particularmente, em nosso contexto, na busca de sua máxima concretização no âmbito da realidade juslaboral. Não se pretende, com isso, que o Judiciário assuma a função de protagonista absoluto, "mas sim que seja um efetivo contrapeso à função desempenhada pelos demais poderes, considerando os direitos fundamentais que os cidadãos possuem"[89].

No tocante a essa específica discussão, pensamos que é preciso ter coragem para avançar. A proteção dos direitos fundamentais de segunda geração, dentre os quais está inserido o direito à segurança, impõe atuação do Judiciário em mares nunca dantes navegados. E nem se venha com a velha cantilena da dita ofensa ao dogma da separação de poderes, pois esse direcionamento jurídico-político está plenamente legitimado pela avassaladora força normativa que subjaz na Constituição Federal, comprometida que está com a máxima efetividade dos direitos fundamentais[90].

É tempo de ousar. Afinal de contas, ao constranger o Estado a garantir uma segurança pública minimamente eficiente, estaremos, na verdade mesmo, em essência, pavimentando terreno para a eficácia não apenas do *direito à segurança*, mas da própria *segurança do Direito*, considerado como um todo[91].

REFERÊNCIAS BIBLIOGRÁFICAS

AGUIAR, Roger Silva. *Responsabilidade civil objetiva*: do risco à solidariedade. São Paulo: Atlas, 2007.

ALEXY, Robert. *Teoria dos direitos fundamentais*. Tradução de Virgílio Afonso da Silva. São Paulo: Malheiros, 2008.

ALMEIDA, João Ferreira de (tradução). *Bíblia sagrada*. Revista e Atualizada. 2. ed. Barueri: Sociedade Bíblica do Brasil (SBB), 2007. Evangelho de João, Capítulo 16, Versículo 33.

ARAÚJO JUNIOR, Francisco Milton. *doença ocupacional e acidente de trabalho*: análise multidisciplinar. São Paulo: LTr, 2009.

---

(88) GOYARD-FABRE, Simone. *O que é democracia?* São Paulo: Martins Fontes, 2003. p. 282.
(89) DIAS, Jean Carlos. *O Controle judicial de políticas públicas*. Coleção professor Gilmar Mendes. São Paulo: Método, 2007. v. 4, p. 135.
(90) JORGE NETO, Nagibe de Melo. *O controle jurisdicional das políticas públicas*: concretizando a democracia e os direitos fundamentais. Salvador: Juspodivm, 2008. p. 97.
(91) VIANA, Emílio de Medeiros. Políticas públicas de combate à violência urbana. Direito à segurança pública e a possibilidade de controle judicial. In: MATIAS, João Luis Nogueira (coord.). *Neoconstitucionalismo e direitos fundamentais*. São Paulo: Atlas, 2009. p. 173.

BARCELLOS, Ana Paula de. *A eficácia jurídica dos princípios constitucionais*: o princípio da dignidade da pessoa humana. 2. ed. Rio de Janeiro: Renovar, 2008.

BAUMAN, Zygmunt. *Medo líquido*. Tradução de Carlos Alberto Medeiros. Rio de Janeiro: Jorge Zahar, 2008.

CALIXTO, Marcelo Junqueira. *A culpa na responsabilidade civil*: estrutura e função. Rio de Janeiro: Renovar, 2008.

CAMPOS, Wlamir Leandro Mota. *Os números da violência urbana no Brasil no século XXI*. Disponível em: <http://www.direitonet.com.br/artigos/exibir/1663/Os-numeros-da-violencia-urbana-no-Brasil-no-seculo-XXI> Acesso em: 14.7.10.

CARVALHO FILHO, José dos Santos. *Manual de direito administrativo*. 15. ed. Rio de Janeiro: Lumen Juris, 2006.

CASTELO, Jorge Pinheiro. *O direito material e processual do trabalho e a pós-modernidade*: a CLT, o CDC e as repercussões do novo Código Civil. São Paulo: LTr, 2003.

CAVALIERI FILHO, Sergio. *Programa de responsabilidade civil*. 9. ed. São Paulo: Atlas, 2010.

DALAZEN, João Oreste. A reforma do judiciário e os novos marcos da competência material da Justiça do Trabalho no Brasil. In: COUTINHO, Grijalbo Fernandes; FAVA, Marcos Neves (coords.). *Nova competência da Justiça do Trabalho*. São Paulo: LTr, 2005.

DALLEGRAVE NETO, José Affonso. *Responsabilidade civil no direito do trabalho*. 4. ed. São Paulo: LTr, 2010.

DIAS, Jean Carlos. *O controle judicial de políticas públicas*. Coleção professor Gilmar Mendes. São Paulo: Método, 2007. v. 4.

DIDIER JR., Fredie. *Curso de direito processual civil*. 11. ed. Salvador: Juspodivm, 2009. v. 1: Teoria geral do processo e processo de conhecimento.

FACCHINI NETO, Eugênio. Da responsabilidade civil no novo Código. In: SARLET, Ingo Wolfgang (org.). *O novo Código Civil e a Constituição*. 2. ed. Porto Alegre: Livraria do Advogado, 2006.

GAGLIANO, Pablo Stolze; PAMPLONA FILHO, Rodolfo. *Novo curso de direito civil*. 4. ed. São Paulo: Saraiva, 2006. v. III: Responsabilidade civil.

GARCIA, Gustavo Filipe Barbosa. *Acidentes do trabalho*: doenças ocupacionais e nexo técnico epidemiológico. 3. ed. São Paulo: Método, 2010.

GOMES, José Jairo. *Responsabilidade civil e eticidade*. Belo Horizonte: Del Rey, 2005.

GOMES, Orlando. Tendências modernas na teoria da responsabilidade civil. In: *Estudos em homenagem ao professor Silvio Rodrigues*. São Paulo: Saraiva, 1980.

GOYARD-FABRE, Simone. *O que é democracia?* São Paulo: Martins Fontes, 2003.

HIRONAKA, Giselda Maria Fernandes Novaes. *Responsabilidade pressuposta*. Belo Horizonte: Del Rey, 2005.

JORNAL *O Liberal*, Caderno Atualidades, Belém, edição de 22 de agosto de 2010.

JORGE NETO, Nagibe de Melo. *O controle jurisdicional das políticas públicas*: concretizando a democracia e os direitos fundamentais. Salvador: Juspodivm, 2008.

LÔBO, Paulo. A constitucionalização do direito civil brasileiro. In: TEPEDINO, Gustavo (org.). *Direito civil contemporâneo:* novos problemas à luz da legalidade constitucional: anais do Congresso Internacional de Direito Civil-constitucional da Cidade do Rio de Janeiro. São Paulo: Atlas, 2008.

MAIOR, Jorge Luiz Souto. Os princípios do direito do trabalho e sua negação por alguns posicionamentos jurisprudenciais. In: COUTINHO, Grijalbo Fernandes; MELO FILHO, Hugo Cavalcanti; MAIOR, Jorge Luiz Souto; FAVA, Marcos Neves (coords.). *O mundo do trabalho.* São Paulo: LTr, 2009. v. 1: Leituras críticas da jurisprudência do TST: em defesa do direito do trabalho.

MARANHÃO, Ney Stany Morais. *Responsabilidade civil objetiva pelo risco da atividade:* uma perspectiva civil-constitucional. Coleção em homenagem ao Professor Rubens Limongi França (7ª Obra). São Paulo: Método, 2010.

MARINONI, Luiz Guilherme. *Curso de processo civil.* São Paulo: Revista dos Tribunais, 2006. v. 1: Teoria geral do processo.

MEIRELLES, Hely Lopes. *Direito administrativo brasileiro.* 28. ed. São Paulo: Malheiros, 2003.

MELLO, Celso Antonio Bandeira de. *Curso de direito administrativo.* 17. ed. São Paulo: Malheiros, 2004.

MOTA, Mauricio. *Questões de direito civil contemporâneo.* Rio de Janeiro: Elsevier, 2008.

OLIVEIRA, Sebastião Geraldo de. *Indenizações por acidente do trabalho ou doença ocupacional.* 5. ed. São Paulo: LTr, 2009.

RODRIGUES, Silvio. *Direito civil.* São Paulo: Saraiva, 2003. v. 4: Responsabilidade civil.

SARMENTO, Daniel. *A ponderação de interesses na Constituição federal.* Rio de Janeiro: Lumen Juris, 2003.

_____ . *Direitos fundamentais e relações privadas.* 2. ed. Rio de Janeiro: Lumen Juris, 2008.

SCHREIBER, Anderson. *Novos paradigmas da responsabilidade civil:* da erosão dos filtros da reparação à diluição dos danos. 2. ed. São Paulo: Atlas, 2009.

TARTUCE, Flávio. *Direito civil.* 5. ed. São Paulo: Método, 2010. v. 2: Direito das obrigações e responsabilidade civil.

TEPEDINO, Gustavo. *Temas de direito civil.* 3. ed. Rio de Janeiro: Renovar, 2004.

VIANA, Emílio de Medeiros. Políticas públicas de combate à violência urbana. Direito à segurança pública e a possibilidade de controle judicial. In: MATIAS, João Luis Nogueira (coord.). *Neoconstitucionalismo e direitos fundamentais.* São Paulo: Atlas, 2009.

VIANA, Márcio Túlio. As várias faces da terceirização. In: MARTINS FILHO, Ives Gandra da Silva; DELGADO, Mauricio Godinho; PRADO, Ney; ARAÚJO, Carlos (coords.). *A efetividade do direito e do processo do trabalho.* Rio de Janeiro: Elsevier, 2010.

Sites consultados

<http://www.tst.jus.br>

<http://www.orm.com.br/amazoniajornal/interna/default.asp?modulo=831&codigo=474202>

<http://www.orm.com.br/projetos/oliberal/interna/default.asp?codigo=443225&modulo=247>

<http://www.estadao.com.br/estadaodehoje/20091031/not_imp459221,0.php>

<http://www.cptnac.com.br/?system=news&action=read&id=3161&eid=277>

<http://www.issa.in/Resources/Conference-Reports/Seoul-Declaration-on-Safety-and-Health-at-Work>

<http://www.previdenciasocial.gov.br/pg_secundarias/previdencia_social_13.asp>

<http://www.mpas.gov.br/arquivos/office/3_091028-191015-957.pdf>

<http://www.estadao.com.br/estadaodehoje/20091006/not_imp446394,0.php>

<http://www.fecombustiveis.org.br/index.php?option=com_clipping&task=nota&notaid=7824>

<http://www.jusbrasil.com.br >

<http://www.orm.com.br/oliberal/interna/default.asp?modulo=2518codigo=323183>

<http://www.estadao.com.br/noticias/cidades,cidades-mais-violentas-para-jovens-estao-no-sudeste,406095,0.htm>

<http://www.camara.gov.br/sileg/integras/781622.pdf>

Responsabilidade do Tomador de Serviços pela Prevenção e Reparação dos Acidentes de Trabalho nas Terceirizações

Raimundo Simão de Melo[*]

1. O DEVER PATRONAL DE PREVENIR E REPARAR OS ACIDENTES DE TRABALHO

Estabelecem o art. 7º e incisos XXII e XXVIII da Constituição Federal a obrigação patronal sobre a prevenção e reparação dos acidentes de trabalho, nos seguintes termos:

São direitos dos trabalhadores urbanos e rurais, além de outros que visem à melhoria de sua condição social: ... XXII — redução dos riscos inerentes ao trabalho, por meio de normas de saúde, higiene e segurança... XXVIII — seguro contra acidentes de trabalho, a cargo do empregador, sem excluir a indenização a que este está obrigado, quando incorrer em dolo ou culpa.

Na legislação infraconstitucional consta a obrigação empresarial pelo cumprimento das normas sobre saúde, higiene e segurança do trabalho da seguinte forma:

Art. 156 da CLT — Compete especialmente às Delegacias Regionais do Trabalho, nos limites de sua jurisdição:

I — promover a fiscalização do cumprimento das normas de segurança e medicina do trabalho;

II — adotar as medidas que se tornem exigíveis, em virtude das disposições deste Capítulo, determinando as obras e reparos que, em qualquer local de trabalho, se façam necessárias;

III — impor as penalidades cabíveis por descumprimento das normas constantes deste Capítulo, nos termos do art. 201.

A Lei n. 8.213/91, que cuida do plano de benefícios previdenciários, estabelece nos §§ 1º, 2º e 3º do art. 19 que:

---

[*] Procurador Regional do Trabalho. Mestre e Doutor em Direito pela PUC/SP. Professor de Direito e de Processo do Trabalho. Membro da Academia Nacional de Direito do Trabalho. Autor de obras jurídicas, tal como *Direito ambiental do trabalho e a saúde do trabalhador* — responsabilidades... 4. ed. São Paulo: LTr.

§ 1º "A empresa é responsável pela adoção e uso das medidas coletivas e individuais de proteção e segurança da saúde do trabalhador".

§ 2º "Constitui contravenção penal, punível com multa, deixar a empresa de cumprir as normas de segurança e higiene do trabalho".

§ 3º "É dever da empresa prestar informações pormenorizadas sobre os riscos da operação a executar e do produto a manipular".

De forma resumida, diz a NR-17, item 1.7 da Portaria n. 3.214/77:

Cabe ao empregador:

a) cumprir e fazer cumprir as disposições legais e regulamentares sobre segurança e medicina do trabalho;

b) elaborar ordens de serviço sobre segurança e saúde no trabalho, dando ciência aos empregados por comunicados, cartazes ou meios eletrônicos;

c) informar aos trabalhadores:

I — os riscos profissionais que possam originar-se nos locais de trabalho;

II — os meios para prevenir e limitar tais riscos e as medidas adotadas pela empresa;

III — os resultados dos exames médicos e de exames complementares de diagnóstico aos quais os próprios trabalhadores forem submetidos;

IV — os resultados das avaliações ambientais realizadas nos locais de trabalho.

d) permitir que representantes dos trabalhadores acompanhem a fiscalização dos preceitos legais e regulamentares sobre segurança e medicina do trabalho.

e) determinar os procedimentos que devem ser adotados em caso de acidente ou doença relacionada ao trabalho.

Das disposições legais citadas e de outras esparsas decorre que ao empregador ou tomador de serviços cabe adotar todas as medidas coletivas e individuais, com o objetivo de evitar acidentes e doenças do trabalho, prevalecendo as primeiras, que têm maior efetividade em relação às providências individuais.

Assim, na ocorrência de um acidente de trabalho, cabe ao empregador e ao tomador de serviços provarem que cumpriram todas as obrigações que lhes incumbia, na forma da lei. Caso não se desincumbam desse ônus, deverão arcar solidariamente com todas as consequências reparatórias decorrentes do infortúnio.

De outra parte, o trabalhador também tem obrigações na preservação da sua integridade física e mental, pois a CLT (art. 158) estabelece que:

Cabe aos empregados:

I — observar as normas de segurança e medicina do trabalho, inclusive as instruções de que trata o item II do artigo anterior;

II — colaborar com a empresa na aplicação dos dispositivos deste Capítulo. Parágrafo único. Constitui ato faltoso do empregado a recusa injustificada: a) à observância das instruções expedidas pelo empregador na forma do item II do artigo anterior; b) ao uso dos equipamentos de proteção individual fornecidos pela empresa.

Antes da Revolução Industrial não havia qualquer preocupação com o homem que se acidentava no trabalho, ficava inválido ou morria. Foi somente a partir deste grande evento mundial, quando o homem passou a trabalhar com máquinas, muitas vezes perigosas, que, em razão dos acidentes ocorridos, passou a existir preocupação no que diz respeito à reparação dos danos causados aos empregados pelos infortúnios do trabalho. Isto porque, antes das grandes indústrias, o trabalho era normalmente de pequeno risco e realizado, na maioria das vezes, manualmente.

Com o aumento dos acidentes e das doenças do trabalho, frequentes se tornaram as reivindicações obreiras por segurança e proteção no trabalho. Como assevera Sebastião Geraldo de Oliveira[1], "o avanço da industrialização, a partir do século XIX, aumentou o número de mortos e mutilados provenientes das precárias condições de trabalho. Os reflexos sociais do problema influenciaram o advento de normas jurídicas para proteger o acidentado e seus dependentes de modo a, pelo menos, remediar a situação. Foi a Alemanha que, em 1884, instituiu a primeira lei específica a respeito dos acidentes de trabalho, cujo modelo logo se espalhou em toda a Europa".

A partir de então surgiram várias teorias para justificar o dever de reparação dos danos decorrentes dos acidentes de trabalho para, assim, se fazer justiça às vítimas.

O que justifica a reparação é a necessidade de compensar a vítima pelo prejuízo sofrido em razão de danos causados por outrem. O motivo de se assegurar a obtenção das reparações repousa nos princípios de justiça, moral, solidariedade e respeito à dignidade humana do trabalhador.

2. Responsabilidade nas terceirizações

Em direito existem a responsabilidade direta e a responsabilidade indireta, sendo mais comum a primeira, decorrente de ato próprio (arts. 186 e 927 do Código Civil). Com efeito, estabelece a lei casos em que alguém deve suportar as consequências decorrentes do fato ou ato de terceiro com quem mantenha alguma relação jurídica e, excepcionalmente, até mesmo em casos em que inexista relação jurídica entre o autor do ato e aquele a ser chamado a responder pelos danos causados a outrem. Essa responsa-bilidade pode ser subsidiária ou solidária, dependendo da previsão legal.

Com relação à prevenção e reparação dos danos ao meio ambiente do trabalho, além da responsabilidade objetiva na forma do § 3º do art. 225 da Constituição Federal e § 1º do art. 14 da Lei n. 6.938/81, também se aplica a responsabilidade solidária de todos aqueles que, pela sua atividade, causem danos ao meio ambiente ou potencializem a criação de risco para o mesmo.

Assim, responde solidariamente quem se omitir de um dever de tutela e prevenção ambientais, pois o meio ambiente sadio, pleno e global é um direito de todos e dever do Estado e da sociedade, como preconiza o art. 225 da Constituição Federal, *verbis*:

---

(1) *Proteção jurídica à saúde do trabalhador*, p. 206.

Todos têm direito ao meio ambiente ecologicamente equilibrado, bem de uso comum do povo e essencial à sadia qualidade de vida, *impondo-se ao Poder Público e à coletividade o dever de defendê-lo e preservá-lo* para as presentes e futuras gerações. (grifados)

Nas terceirizações de atividades e de serviços e nas intermediações de mão de obra o entendimento majoritário assegura a responsabilidade subsidiária do tomador de serviços (inc. IV da Súmula n. 331 do C. TST). Mas há quem entenda que nesses casos, todos aqueles que compõem a rede produtiva e de benefícios da atividade final devem responder solidariamente pelos prejuízos causados ao meio ambiente do trabalho e à saúde do trabalhador. O fundamento é o novo Código Civil, que deu tratamento diferente e mais abrangente à questão da responsabilidade por ato de terceiro em relação ao anterior, assim dizendo:

Art. 932. "São também responsáveis pela reparação civil: ... III — o *empregador* ou comitente, por seus *empregados*, serviçais e *prepostos*, no exercício do trabalho que lhes competir, ou em razão dele" (grifados).

Art. 933. "As pessoas indicadas nos incisos I a V do artigo antecedente, *ainda que não haja culpa de sua parte*, responderão pelos atos praticados pelos terceiros ali referidos" (grifados).

Art. 942. "Os bens do responsável pela ofensa ou violação do direito de outrem ficam sujeitos à reparação do dano causado; e, se a ofensa tiver mais de um autor, todos responderão solidariamente pela reparação. Parágrafo único. *São solidariamente responsáveis com os autores os coautores e as pessoas designadas no art. 932*". (grifados)

Dos dispositivos legais acima transcritos decorre que alguém, mesmo não tendo praticado diretamente um ato danoso para outrem, pode ter que responder pelas consequências advindas.

A responsabilidade em relação ao terceiro e aquele chamado a responder é objetiva (art. 933). No Código Civil anterior (art. 1.523), para se responsabilizar alguém por um ato de terceiro, era preciso saber se houve culpa daquele na relação estabelecida com o terceiro, a qual, depois de algum tempo, passou a ser presumida pela jurisprudência para facilitar a obtenção da reparação e não deixar desamparada a vítima que sofreu um dano injusto.

Na área trabalhista, o caso mais comum de ato de terceiro é o das terceirizações de serviços, em que existe um contrato entre o tomador e a empresa prestadora, pelo qual esta recebe ordens da contratante para a realização dos serviços objeto do contrato, na direção do interesse objetivado pela tomadora, que determina à contratada o modo como devem aqueles ser realizados.

As hipóteses mais comuns em que o tomador de serviços poderá ser chamado a responder pelos danos decorrentes de um acidente de trabalho oriundo de ato de terceiro são:

    a) ato de outro empregado;

    b) ato de um preposto (terceirizações);

    c) ato de pessoas estranhas ao empregador.

Neste artigo vamos tratar apenas da segunda hipótese, qual seja, das terceirizações, nas quais ocorre uma relação de preposição entre o prestador de serviços e o tomador, em que aquele é um preposto deste.

São requisitos para a preposição, a existência de um liame entre o empregador e o preposto e um vínculo de subordinação, que, evidentemente, não é aquela subordinação existente entre empregado e empregador, nos termos dos arts. 2º e 3º da CLT.

Na preposição, como afirma Sílvio de Salvo Venosa[2], "o vínculo de subordinação é mais tênue". Mesmo que o comitente não exerça o direito de dar ordem, ou o poder de direção, o poder não desaparece. Assim, basta que o poder possa ser exercido potencialmente, ou seja, a possibilidade de o comitente exercer a sua autoridade já possibilita a sua responsabilização, sendo suficiente que os danos causados decorram da execução das cláusulas do contrato que une comitente e preposto, pois, ao contrário disso, muitas situações de danos causados por terceiros na execução de tarefas em benefício do comitente ficariam sem a proteção da lei, deixando-se a vítima, em consequência, sem reparação.

A complexidade moderna das relações sociais, humanas e comerciais é muito mais ampla do que se possa imaginar, pelo que o conceito de preposto não pode resultar taxativamente, especialmente porque a subordinação, que é um dos seus requisitos, varia em relação a cada tipo de contrato ou liame jurídico que une aquele ao comitente ou patrão[3]. Assim, ao invés do conceito taxativo de subordinação para caracterizar a preposição para os efeitos da responsabilidade por ato ou fato de terceiro, a jurisprudência do STJ reconhece a responsabilidade solidária do proprietário do veículo por acidente em que o carro é guiado por terceiros sob o fundamento do *consentimento* (Recurso Especial n. 343.649).

O tema ora em estudo coaduna-se com a figura do comitente e do preposto, sendo a empresa tomadora o comitente e a empresa prestadora o preposto. É o que ocorre na relação entre tomador e fornecedor de serviços por meio das chamadas terceirizações de serviços, que já constituem fenômeno bastante conhecido nos meios trabalhistas e que, em razão das consequências advindas, já recebeu tratamento especial da jurisprudência (Súmula n. 331 do TST).

No TST é pacífico o acolhimento da responsabilidade direta do tomador de serviços quando a terceirização for irregular e, subsidiária, quando, em legítimo contrato

---

(2) *Direito civil:* responsabilidade civil, p. 69.
(3) Comentando o inciso III do art. 932 do Código Civil, dizem Carlos Alberto Menezes Direito e Sérgio Cavalieri Filho que "o que é essencial, para caracterizar a preposição, é que o serviço seja executado sob a direção de outrem, que a atividade seja realizada no seu interesse, ainda que, em termos estritos, essa relação não resultasse perfeitamente caracterizada. De se ressaltar que o conceito de preposição vem sendo ampliado pelos tribunais, principalmente pelo Superior Tribunal de Justiça, de modo a permitir a responsabilização do dono do veículo que permite o seu uso por terceiro, seja a título de locação (Súmula n. 492), seja a título de empréstimo, ainda que apenas para agradar um filho, um amigo ou conhecido. Apresenta-se como justificativa para essa ampliação o enorme número de acidentes no trânsito e a solidificação da ideia de que o eixo da responsabilidade civil não gira mais em torno do ato ilícito, mas do dano injusto sofrido pela vítima" (*Comentários ao novo Código Civil*, p. 214-215).

de prestação de serviços, a empresa prestadora não tiver idoneidade econômico-financeira para satisfazer as obrigações para com os seus empregados.

Cabe lembrar que a responsabilidade por ato ou fato de terceiro vem passando por grande evolução no sistema jurídico brasileiro. No Código Civil de 1916 (art. 1.523[4]) ela foi baseada na culpa *in eligendo* e *in vigilando*, depois na presunção relativa de culpa e, finalmente, na presunção absoluta de culpa, conforme Súmula n. 341 do STF:

> É presumida a culpa do patrão ou comitente pelo ato culposo do empregado ou preposto.

Com efeito, no Código Civil de 2002 (art. 933), o legislador acolheu a responsabilidade objetiva no de terceiro, nos seguintes e expressos termos:

> As pessoas indicadas nos incisos I a V do artigo antecedente, *ainda que não haja culpa de sua parte*, responderão pelos atos praticados pelos terceiros ali referidos. (grifados)

Desse modo, no caso das terceirizações, em que há o ato de terceiro, o tomador de serviços somente se exonerará da obrigação de reparar os danos causados pelo preposto (empresa terceirizada), se provar haver tomado todos os cuidados reclamados pela circunstância.

A orientação jurisprudencial do STF na Súmula n. 341 restou superada pelo novo Código Civil, que prevê claramente a responsabilidade objetiva em relação ao ato de terceiro, como ressalta Carlos Roberto Gonçalves[5], dizendo que "o novo Código Civil, como já se afirmou, consagrou a responsabilidade objetiva, independente da ideia de culpa, dos empregadores e comitentes pelos atos de seus empregados, serviçais e prepostos (art. 933), afastando qualquer dúvida que ainda pudesse existir sobre o assunto e tornando prejudicada a Súmula n. 341 do Supremo Tribunal Federal, que se referia ainda à 'culpa presumida' dos referidos responsáveis. Resta ao empregador somente a comprovação de que o causador do dano não é seu empregado ou preposto, ou que o dano não foi causado no exercício do trabalho que lhe competia, ou em razão dele".

Analisando o projeto de Código Civil de 1975, que deu origem ao atual, manifestou-se Caio Mário da Silva Pereira[6], ponderando que: "Todo aquele (pessoa física ou jurídica) que empreende uma atividade que, por si mesma, cria um risco para outrem, responde pelas suas consequências danosas a terceiros. Não haverá cogitar se houve um procedimento do comitente na escolha ou na vigilância do preposto, isto é, faz-se abstração da culpa *in eligendo* ou *in vigilando*".

Trata-se de uma das mais importantes alterações trazidas pelo Código Civil de 2002 em matéria de responsabilidade por ato de terceiro. Substituiu-se a culpa presumida e o ônus probatório invertido pela responsabilidade civil objetiva pura.

---

(4) Art. 1.523. Excetuadas as do art. 1.521, V, só serão responsáveis as pessoas enumeradas nesse e no art. 1.522, provando-se que elas concorreram para o dano por culpa ou negligência de sua parte.
(5) *Responsabilidade civil*, p. 148.
(6) *Responsabilidade civil*, p. 289.

Assim, para a espécie "dano acidentário", a responsabilidade por ato de terceiro é de duas naturezas: objetiva e solidária do tomador de serviços em relação ao empregado ou preposto (terceirizado) e, subjetiva, como regra, a do empregado ou preposto, ressalvadas as hipóteses de responsabilidade objetiva e inversão do ônus da prova para os empregadores em geral. Assim, a vítima não terá mais de provar que o empregador ou comitente agiu com culpa pelo ato de seu empregado, serviçal ou preposto.

De acordo com o Código Civil de 2002, a responsabilidade do tomador de serviços (comitente) pelos atos das empresas terceirizadas (prepostas) que causem danos aos trabalhadores é objetiva em relação ao empregado, serviçal ou preposto (art. 932 — III) e solidária com estes, na forma do que dispõe o art. 942, *verbis*:

> Os bens do responsável pela ofensa ou violação do direito de outrem ficam sujeitos à reparação do dano causado; e, se a ofensa tiver mais de um autor, todos responderão solidariamente pela reparação. Parágrafo único. São solidariamente responsáveis com os autores os coautores e as pessoas designadas no art. 932.

Neste aspecto, tratando-se de responsabilidade civil, como na espécie, não tem mais aplicação a orientação do C. TST pela Súmula n. 331, inc. IV, que fala de responsabilidade subsidiária nos seguintes termos:

> O inadimplemento das obrigações trabalhistas, por parte do empregador, implica a responsabilidade subsidiária do tomador dos serviços, quanto àquelas obrigações, inclusive quanto aos órgãos da administração direta, das autarquias, das fundações públicas, das empresas públicas e das sociedades de economia mista, desde que hajam participado da relação processual e constem também do título executivo judicial. (art. 71 da Lei n. 8.666, de 21 de junho de 1993).

Essa orientação jurisprudencial, como se vê, precisa ser adaptada aos novos comandos dos arts. 932, 933 e 942 do Código Civil de 2002.

Essas duas responsabilidades, que constam da lei, fundamentam-se na teoria do risco-proveito do empregador ou tomador de serviços pela atividade que desenvolve, isto porque o empregador em relação às empresas terceirizadas vive em função do lucro, pelo que, como adverte Antônio Elias Queiroga[7], deve a responsabilidade civil do patrão ou comitente ser examinada com maior rigor do que a responsabilidade civil dos pais, também objetiva, porque estes não tiram nenhum proveito da atividade dos filhos menores, ao contrário do patrão ou comitente que utiliza os seus empregados para fins lucrativos.

Nos acidentes de trabalho tem sido extremamente danosa a terceirização de serviços porque as atividades perigosas e insalubres das grandes empresas são transferidas para uma micro ou pequena empresa, que não possui a mesma tecnologia e recursos financeiros para manter idêntico padrão de segurança da empresa tomadora dos serviços em relação aos trabalhadores. A obrigação de adotar medidas preventivas que visem a proteger a saúde e a segurança dos trabalhadores não é apenas da prestadora de serviços, mas também da tomadora.

---

(7) *Responsabilidade civil e o novo Código Civil*, p. 228.

Dessa forma, havendo omissão ou imperícia na execução da atividade por parte do terceiro, responde o tomador pelo acidente de trabalho em relação ao terceirizado.

A liberdade de contratar será exercida em razão e nos limites da função social do contrato (art. 421 do novo CC), não podendo o tomador simplesmente lavar as mãos em relação a um terceirizado que venha a se acidentar no serviço prestado em proveito dele.

No aspecto previdenciário-fiscal, estabelece a Lei n. 8.212/91 (art. 31) a responsabilidade solidária do tomador de serviços, o que não pode ser diferente no tocante à reparação civil do acidente de trabalho.

Por analogia, é o que já consta nas relações de consumo, em que a responsabilidade é objetiva e solidária do fabricante, do produtor, do construtor, do importador e do fornecedor de serviços (CDC, arts. 12 e 14) e subsidiária do comerciante (CDC, art. 13).

Assim, todos aqueles que fazem parte da rede produtiva-distributiva/lucrativa, devem responder pelos danos causados ao consumidor, cuja razão é a proteção deste, parte mais fraca na relação, como igualmente ocorre com os trabalhadores na relação trabalho-capital.

A tendência jurisprudencial vem avançando no sentido de acolher a responsabilidade solidária do tomador de serviços nas ações acidentárias, como se vê das decisões a seguir ementadas:

EMENTA: "RESPONSABILIDADE CIVIL — Acidente do trabalho — Direito comum — Legitimidade passiva — Tomadora de serviços. Possui legitimidade passiva *ad causam* a empresa tomadora de serviços, devendo responder pelos prejuízos causados, se provada a culpa ou dolo, ainda que inexista vínculo empregatício com a vítima" (2º TACivSP — AI n. 538.896 — 6ª Câm. — Rel. Juiz Carlos Stroppa — J. 15.9.98).

EMENTA: "INDENIZAÇÃO — Responsabilidade civil — Empregado afastado do trabalho por iniciativa da empregadora, por intoxicação por agente químico (benzeno), recebendo auxílio-doença acidentário — Situação persistente há muitos anos. Renda mensal da prestação securitária inferior ao salário que o empregado receberia caso não fosse afastado — Situação existente por culpa das rés — Atividade perigosa — Indenização devida — Recurso provido para se julgar procedente a demanda. Empregado afastado do trabalho por iniciativa da empregadora para gozar de auxílio-doença acidentário, como medida profilática e preventiva por causa de intoxicação por gases de benzeno vazado de instalações onde prestava serviços, deve ser indenizado pela perda de renda nesse período de afastamento já que o valor do seguro acidentário ficou muito aquém da evolução do salário. A culpa das acionadas é inafastável: da Cosipa, porque não adotou as cautelas e medidas necessárias para evitar o vazamento do benzeno; da Tenenge, a empregadora, porque não forneceu equipamento necessário para evitar o dano que esse gás pudesse acarretar à saúde do empregado. De qualquer modo, é sabido que a Cosipa possui usinas de processamento de produtos químicos derivados de naftaleno, alcatrão e benzol, atividade que exige rígido controle ambiental, por se tratar de atividade de grande risco, e ainda que ela tivesse adotado todas as providências e medidas necessárias para evitá-lo, em sobrevindo não pode, por causa das medidas adotadas, ser desonerada da obrigação de reparar o dano. E a Tenenge, empregadora do autor, não desconhecia tal risco" (TJESP; Apelação Cível n. 257.636-1 — Cubatão — 9ª Câmara de Direito Privado; Relator: Ruiter Oliva — 15.10.96 — v.u.).

EMENTA: "ACIDENTE DE TRABALHO — DANOS MORAIS E MATERIAIS — MOTORISTA DE CAMINHÃO-TANQUE — COMBUSTÍVEL AQUECIDO A 150 GRAUS CENTÍGRADOS — VAZAMENTO SOBRE O CORPO DO TRABALHADOR — RESPONSABILIDADE SOLIDÁRIA DAS TRANSPORTADORAS E DA PRODUTORA E DISTRIBUIDORA DE DERIVADOS DE PETRÓLEO — LEI DO PETRÓLEO — REGULAMENTO DO TRANSPORTE DE PRODUTOS PERIGOSOS — DECRETO N. 96.044/98 — FUNÇÃO SOCIAL DO CONTRATO. Empresa que explora petróleo nas bacias sedimentares brasileiras e distribui seus derivados responde solidariamente com as respectivas transportadoras e com os destinatários, seja pela rigorosa legislação que rege a espécie, seja pela função social do contrato. Pela concreção que lhe têm dado os doutos, observa-se que a função social do contrato tem até maior aplicação no direito do trabalho do que no próprio direito civil. Demonstra-se isso pela história de ambos os ramos do direito. Aquele se desprendeu deste, à medida que normas sociais específicas tornaram-se necessárias. O direito do trabalho é, assim, originariamente, a parte social do direito civil. Se assim é, somando-se a isso a gama contratual moderna tendente a prejudicar os direitos dos trabalhadores, com terceirizações, quarteirizações, cooperativismos meramente formais, fugas da tipologia do contrato de emprego, o direito do trabalho é o terreno mais fértil para a frutificação da função social do contrato. Na espécie dos autos, as sucessivas contratações e subcontratações de transportadoras, com a participação da fornecedora, para a consecução do trabalho de apenas uma pessoa, o motorista, não sofrem qualquer cisão para fins de exclusão da responsabilidade de qualquer dos partícipes da cadeia contratual iniciada na distribuidora de derivados de petróleo. Ao trabalho uno, às responsabilidades unas do motorista corresponde a responsabilidade também una de todos os beneficiários de seu labor, mormente as transportadoras e a distribuidora, em relação às quais as normas legais não deixam qualquer dúvida acerca da responsabilidade solidária" (TRT 3ª Região — Processo 00365-2005-068-03-00-5 RO; Juiz Relator Desembargador Júlio Bernardo do Carmo; Quarta Turma; Publicado em 18.11.2006).

A segunda Turma do Tribunal Superior do Trabalho manteve a condenação imposta pela Justiça do Trabalho de Minas Gerais à Companhia Vale do Rio Doce, na qualidade de responsável solidária, pelas indenizações por danos morais e materiais que deverão ser pagas a um empregado terceirizado, cuja ementa ficou assim vazada.

EMENTA: "RESPONSABILIDADE SOLIDÁRIA. ACIDENTE DO TRABALHO DANO MORAL E MATERIAL INDENIZAÇÃO. Nega-se provimento a agravo de instrumento que visa liberar recurso despido dos pressupostos de cabimento. Agravo desprovido" (TST — AIRR — 1212/2005-060-03-40; Segunda Turma; DOJ de 27.3.09; Rel. Min. Renato de Lacerda Paiva).

Na fundamentação desse acórdão disse o C. TST que ainda que se atribua a responsabilidade pela implantação e fiscalização de meios adequados ao desenvolvimento da atividade do empregado somente a seu empregador (prestador de serviços), que é quem assume os riscos do empreendimento (art. 2º da CLT), compete ao tomador de serviços exigir deste o efetivo cumprimento desta obrigação. Afinal, como beneficiário da mão de obra obreira, está obrigado, por força constitucional, a verificar se a segurança e saúde do trabalhador estão garantidas. Por outro lado, sendo a atividade realizada nas dependências da tomadora de serviços, compete a esta garantir que o ambiente de trabalho não seja nocivo, nem apresente risco à integridade física ou mental dos trabalhadores. Portanto, por qualquer ângulo que se analise a questão, resta evidente que ambas as empresas integrantes da terceirização, são responsáveis, solidariamente (art. 942, CC/02), pelo cumprimento das normas de saúde, higiene e segurança do trabalho.

Na I Jornada de Direito e Processo do Trabalho, promovida pela ANAMATRA e TST, em novembro de 2007, foi acolhida a responsabilidade solidária da empresa tomadora de serviços, nos seguintes termos:

> ENUNCIADO N. 44: "RESPONSABILIDADE CIVIL. ACIDENTE DO TRABALHO. TERCEIRIZAÇÃO. SOLIDARIEDADE. Em caso de terceirização de serviços, o tomador e o prestador respondem solidariamente pelos danos causados à saúde dos trabalhadores. Inteligência dos arts. 932, III, 933 e 942, parágrafo único, do Código Civil e da Norma Regulamentadora n. 4 (Portaria n. 3.214/77 do Ministério do Trabalho e Emprego)".

É certo que pode o tomador de serviços que arcar com o pagamento de indenizações por acidente de trabalho de um terceirizado, agir regressivamente contra o prestador de serviços para reaver o que pagou ao autor da ação, como assegura o art. 934 do Código Civil, *in verbis*:

> Aquele que ressarcir o dano causado por outrem pode reaver o que houver pago daquele por quem pagou, salvo se o causador do dano for descendente seu, absoluta ou relativamente incapaz.

No caso da ação de regresso ajuizada em face de um prestador de serviços, a competência jurisdicional é da Justiça Comum, pois a relação se dá entre duas pessoas jurídicas de direito privado com base em um contrato de natureza civil.

Na prática pouco é utilizada a ação de regresso, uma vez que o prestador de serviços, regra geral, não tem condições financeiras para arcar com as condenações, pelo que a melhor solução é agir preventivamente no sentido de fazer com que sejam adotadas as medidas coletivas e individuais para eliminar os riscos para a saúde dos trabalhadores. Cabe-lhe, também, adotar os devidos cuidados quando da contratação do prestador de serviços e na rigorosa fiscalização da execução do contrato, devendo estabelecer cláusulas explícitas sobre essa fiscalização e a possibilidade de retenção de parte dos pagamentos para arcar com eventuais condenações em favor das vítimas de acidentes de trabalho.

CONCLUSÕES

Na nova ordem constitucional e legal vigente, a responsabilidade nas hipóteses de terceirização e demais formas de intermediação de mão de obra é solidária e objetiva, facultando-se ao autor da demanda escolher entre os corresponsáveis, aquele que tiver melhores condições financeiras para arcar com as reparações buscadas em juízo.

Sendo o tomador de serviços condenado a responder solidariamente pelos atos da empresa terceirizada, pode ajuizar ação regressiva em face daquela na Justiça comum Estadual.

O objetivo da responsabilidade civil por acidente de trabalho é compensar a vítima, para que não fique, além de inválida, sem uma cobertura financeira para sobreviver com as consequências do acidente.

Ademais, não se pode esquecer da função social do contrato (art. 421 do novo Código Civil brasileiro), da qual decorre que o objetivo de um empreendimento não é somente obter lucro, mas também cumprir a sua função social em respeito ao princípio da dignidade humana (CF, arts. 1º e 170).

Portanto, com base na Constituição Federal e no novo Código Civil, a responsabilidade do tomador de serviços pelos atos dos seus prepostos (empresas terceirizadas etc.), que causem acidentes de trabalho é objetiva e solidária.

Ao contrário da orientação da Súmula n. 331 do TST, não importa que se trate de terceirização lícita ou ilícita, pois os arts. 932 — III, 933 e 942 e parágrafo único do Código Civil não fazem qualquer diferenciação nesse sentido. Desse modo, nas terceirizações devem os tomadores de serviços não somente escolher bem os seus parceiros e fiscalizar a execução do contrato, como também, e, especialmente, preocupar-se em cuidar das condições de trabalho envolvendo os terceirizados, para, assim, evitar acidentes de trabalho e o pagamento das indenizações devidas.

BIBLIOGRAFIA

DIREITO, Carlos Alberto Menezes; CAVALIERI FILHO, Sérgio. *Comentários ao novo Código Civil*. Coordenador Sálvio de Figueiredo Teixeira. Rio de Janeiro: Forense, 2004. v. XIII.

CAIRO JÚNIOR, José. *O acidente do trabalho e a responsabilidade civil do empregador*. São Paulo: LTr, 2003.

GAGLIANO, Pablo Stolze; POMPLONA FILHO, Rodolfo. *Novo curso de direito civil*: responsabilidade civil. São Paulo: Saraiva, 2003. v. III.

GONÇALVES, Carlos Roberto. *Responsabilidade civil*. 8. ed. São Paulo: Saraiva, 2003.

LIMA, Alvino. *Culpa e risco*. Ovídio Rocha Barros Sandoval (atualizador). 2. ed. São Paulo: RT, 1999.

_____. *A responsabilidade civil pelo fato de outrem*. 2. ed. Nelson Nery Junior (atualizador). São Paulo: RT, 2000.

MELO, Raimundo Simão. *Direito ambiental do trabalho e a saúde do trabalhador* — responsabilidades — danos material, moral e estético. 4. ed. São Paulo: LTr, 2010.

OLIVEIRA, Sebastião Geraldo de. *Proteção jurídica à saúde do trabalhador*. 2. ed. São Paulo: LTr, 1998.

_____. *Indenizações por acidente de trabalho ou doença ocupacional*. 2. ed. São Paulo: LTr, 2006.

PEREIRA, Caio Mário da Silva. *Responsabilidade civil*. 9. ed. Rio de Janeiro: Forense, 2002.

QUEIROGA, Antônio Elias de. *Responsabilidade civil e o novo Código Civil*. 2. ed. Rio de Janeiro: Renovar, 2003. v. 4.

VENOSA, Sílvio de Salvo. *Direito civil*: responsabilidade civil. 3. ed. São Paulo: Atlas, 2003.

CRISE ECONÔMICA E MIGRAÇÃO DE TRABALHADORES: O NOVO PAPEL DO BRASIL E A PREMÊNCIA DE MAIORES ESTUDOS SOBRE DIREITO INTERNACIONAL PRIVADO DO TRABALHO

Jorge Cavalcanti Boucinhas Filho[*]

INTRODUÇÃO

Os trabalhadores imigrantes estão sempre entre os mais atingidos pelas mudanças econômicas e sociais provocadas pelas grandes viradas na economia global. A crise econômica que ainda afeta os Estados Unidos da América, embora com menor intensidade, e que agora se alastra pela Europa, resultou em uma queda no fluxo de imigrantes da ordem de 6% em 2008, para 4,4 milhões, e continuou a cair em 2009, revertendo cinco anos de crescimento anual médio de 11%[1].

A redução no número de migrantes não foi, contudo, a única modificação verificada em decorrência desta última crise econômica. Observou-se também uma flagrante alteração do fluxo migratório de trabalhadores para os países mais desenvolvidos e a partir deles para países em desenvolvimento. Se antes a América do Norte e o Velho Mundo eram, juntamente com o Japão, os destinos mais procurados pelos trabalhadores migrantes, hoje se vê o fenômeno contrário: um verdadeiro êxodo destes centros para outros países. Com a crise, trabalhadores que antes eram atraídos pela oferta de emprego nestes centros econômicos passaram a retornar para os seus países de origem, ao mesmo tempo em que cada vez mais os trabalhadores qualificados destes países passaram a buscar oportunidades nos chamados BRICs, grupo formado por Brasil, Rússia, Índia e China, hoje vistos como polos de prosperidade.

(*) Mestre e doutorando em Direito do Trabalho pela USP. Professor de Direito do Trabalho e Processo do Trabalho em diversos cursos de graduação e pós-graduação. Membro pesquisador do Instituto Brasileiro de Direito Social Cesarino Júnior. Advogado militante. Autor de obras e artigos jurídicos.
(1) Dados da OCDE divulgados no Jornal *Valor Econômico* da terça-feira, 13 de julho de 2010, A7.

A realidade brasileira merece um estudo particular. O Ministério do Trabalho e Emprego — MTE registrou, no início deste ano, um aumento de 16% no número de autorizações de trabalho a estrangeiros. O setor que lidera as solicitações deste tipo de visto é o de petróleo e gás. Os dados do MTE apontam que os registros neste setor passaram de 33% em 2009 para 45,5 % neste ano, seguramente impulsionados pelo aquecimento deste mercado a partir das novas perspectivas criadas pela descoberta do Pré-Sal. Outros setores que registraram aumento expressivo de pedidos de registro são o eletroeletrônico, o automotivo, o siderúrgico e o de telefonia.

Não são estes, porém, os únicos dados que confirmam a mudança no fluxo migratório para o Brasil. Segundo Maria Fernanda Diaz Cascallar, diretora do centro de orientação de carreira do IE Business School, houve aumento no interesse dos alunos em buscar trabalho no Brasil porque juntamente com Índia, China e Rússia, o país é uma das poucas economias que vem crescendo[2]. O professor norte-americano Riordan Roett, da Universidade John Hopkins nos Estados Unidos, que desde 1962 se especializou em estudar o Brasil, também vê uma maior disposição dos estudantes ibéricos e latino-americanos em relação ao país que, em sua opinião, é, entre os BRICs, o que mais chama a atenção[3].

Esta tendência é refletida no fato de profissionais espanhóis estarem se dedicando a estudar português com o objetivo de turbinar o currículo e abrir possibilidade de empregos em terras brasileiras. Segundo pesquisa do Centro de Investigaciones Sociologicas — CIS[4], mais de 1 milhão de espanhóis estão estudando o idioma na esperança de encontrar uma alternativa no exterior para a crise que assola o seu país. A Casa do Brasil, entidade fundada pelo Governo Brasileiro em Madrid, em 1960, como um colégio maior dedicado ao ensino da língua portuguesa e da cultura brasileira, vem registrando desde o ano passado aumento em torno de 30% nas matrículas.

Por fim, confirmando esta tendência, o Instituto Nacional de Pesquisas Educacionais Anísio Teixeira — Inep, que pertence ao MEC, informou que, em 2009, 3 mil estrangeiros tentaram conseguir o Certificado de Proficiência em Língua Portuguesa para Estrangeiros — Celpe-Bras. Não é esse, contudo, o único fluxo migratório afetado pela recente crise econômica. Os trabalhadores que migraram de países pouco afetados pela crise, como é o caso do Brasil, para nações mais desenvolvidas estão retornando aos seus países de origem em decorrência de fatores como o aperto da política de imigração nos países desenvolvidos, desemprego em alta, salários em baixa e enfraquecimento do câmbio, que torna desvantajoso enviar dinheiro para ajudar familiares na terra natal ou simplesmente poupar. O bom momento da economia brasileira, os recordes de criação de emprego e a valorização do real frente ao dólar, ao euro e à libra fez com que 13,5% dos mais de 3 milhões de brasileiros que viviam e trabalhavam fora do país voltassem para suas origens nos últimos anos[5].

---

(2) *Valor Econômico*, em 24 de maio de 2010. p. D10.
(3) Idem.
(4) Idem.
(5) *Valor econômico*, 24 de maio de 2010. p. A14.

Percebe-se, a partir destes dados, que a tendência é que o Brasil, no decorrer dos próximos anos, deixe a sua tradicional condição de país exportador de mão de obra pouco qualificada para assumir o papel de importador de mão de obra qualificada. Também se espera o retorno de que parcela expressiva dos trabalhadores que deixaram o país em busca de melhores oportunidades no exterior. Esta tendência, caso confirmada, trará consequências para o mercado interno de trabalho. Não obstante a chegada de profissionais estrangeiros com alta escolaridade e *know-how* específico seja positiva em razão de eles repassarem conhecimentos à equipe brasileira, há que se reconhecer que os brasileiros que ocupam postos de trabalho qualificado passarão, cada vez mais, a enfrentar a concorrência deles. É preciso bastante tato para lidar com essa situação. A adoção de reservas de quotas de trabalhadores nacionais por empresa, como se fez nos anos 30 e 40, para conter o fluxo migratório de trabalhadores pouco qualificados oriundos, sobretudo, da Itália e do Japão, não é admissível em um mundo globalizado. A única alternativa é, efetivamente, investir na qualificação profissional dos trabalhadores brasileiros capacitando-os a competir, em condições de igualdade, com os estrangeiros que aqui aportam.

É preciso ainda que se aprofundem os estudos sobre o Direito Internacional Privado do Trabalho, em particular os atinentes à definição da Lei aplicável aos contratos internacionais de trabalho e as novas figuras contratuais trabalhistas surgidas com a globalização, tais quais o fracionamento do contrato de trabalho e a repartição do salário, e a sua aplicação no contexto do direito brasileiro. O presente texto dedica-se justamente a análise destas três questões.

1. Direito Internacional Privado do Trabalho

A globalização impactou consideravelmente os mais diversos aspectos das relações sociais. Não obstante ela consista, em sua origem, em fenômeno econômico, não há como não reconhecer seus reflexos nos mais diversos aspectos da convivência humana, em particular, nas relações de trabalho. A globalização econômica permitiu às empresas escolher com relativa facilidade os países em que pretendem produzir e aumentou a mobilidade de trabalhadores entre Estados soberanos, particularmente após a criação dos "blocos econômicos", como o NAFTA, a União Europeia e o Mercosul.

O crescimento das relações internacionais de trabalho, como salienta Amauri Mascaro Nascimento, "apresenta problemas específicos decorrentes da mobilidade da força de trabalho entre as fronteiras à procura de novo emprego ou em sequência do mesmo emprego, pondo-se o trabalhador, em outro País, na situação de estrangeiro submetido, até mesmo e conforme o caso, a três ordenamentos jurídicos, o do País em que está prestando o serviço, o de seu País de origem e o ordenamento internacional, em alguns casos, comunitário. A mobilidade do capital tem atuado no sentido de provocar a ampliação desses ordenamentos e a necessidade de estabelecer regras que serão aplicáveis"[6].

---

(6) NASCIMENTO, Amauri. *Curso de direito do trabalho*. São Paulo: Saraiva, 2003. p. 14.

Ganhou importância neste ínterim o Direito Internacional Privado do Trabalho, cuja função precípua consiste em resolver o conflito de leis no espaço pela determinação da *Lex fori* (lei do foro) quando for possível a incidência de duas ou mais ordens jurídicas. Em outras palavras, a disciplina referida cuida justamente de apontar e definir a lei aplicável a determinada relação internacional. Tarefa que não é tão simples quanto se poderia imaginar a partir de uma análise sumária, como se demonstrará a seguir.

2. DEFINIÇÃO DA LEGISLAÇÃO APLICÁVEL AO CONTRATO INTERNACIONAL DE TRABALHO

Não há um único método de solução de conflitos de leis no espaço. O chamado sistema europeu tradicional é bilateral. Utiliza-se do chamado elemento de conexão como fator de vinculação, de ligação a determinado sistema jurídico, apontando de maneira objetiva, o direito aplicável a determinada relação jurídica, sem se preocupar com o resultado concreto da operação. Foi o sistema adotado na Convenção de Roma de 1980 e na Convenção da Cidade do México de 1994. A este sistema, opõe-se o método americano, considerado unilateral, que não pretende indicar de maneira objetiva a lei aplicável, mas os mecanismos para encontrar a melhor norma material para solucionar o litígio. Nesse último, a solução deve ser vista a partir de seu resultado e definida de acordo com o conteúdo do problema em questão.

O Brasil adota o método europeu clássico segundo o qual a partir de um elemento de conexão define-se qual a norma aplicável ao caso concreto. A Lei de introdução ao Código Civil (LICC) estatui, em seu art. 9º que "para qualificar e reger as obrigações, aplicar-se-á a lei do país em que se constituírem". O elemento de conexão neste caso é a *lex loci contractus*.

Firmou-se, contudo, o entendimento de que a norma em questão seria aplicável aos diversos negócios jurídicos celebrados no Brasil, mas não aos contratos de trabalho. Segundo Sérgio Pinto Martins "a atual Lei de Introdução ao Código Civil não teria revogado o art. 198 do Código Bustamante, pois a lei geral não revoga a especial (§ 2º, do art. 2º da Lei de Introdução ao Código Civil). Assim, prevalece a regra contida no art. 198 do Código Bustamante para efeito de solução de conflitos de leis no espaço, aplicando-se a lei do local da prestação de serviços"[7]. O Tribunal Superior do Trabalho consagrou este entendimento ao editar a Súmula n. 207 com o seguinte teor:

Conflitos de leis trabalhistas no espaço. Princípio da *Lex loci executionis*. A relação jurídica trabalhista é regida pelas leis vigentes no país da prestação de serviço e não por aqueles do local da contratação.

Contudo, como muito bem observado pelo eminente professor Ari Possidônio Beltran, o verbete em questão, por remontar a julho de 1985, aparenta estar desa-

---

(7) MARTINS, Sergio Pinto. Conflitos de leis trabalhistas no espaço e a circulação de trabalhadores. *Revista da Faculdade de Direito da USP*, São Paulo, v. 94, p. 184-185).

tualizado, já que elaborado em período que antecedeu ao grande incremento da globalização e frente ao qual poderá mostrar-se inadequado para a solução de novas pendências[8].

A diretriz indicada, contudo, constitui apenas a regra geral, estando sujeita a diversas exceções[9]. A primeira digna de menção é a hipótese de prestação de serviços apenas em caráter esporádico no exterior. Neste caso, não faria sentido algum aplicar a lei do local da execução do contrato para reger os curtos intervalos de tempo nos quais o serviço foi prestado no exterior. Segundo diretriz esculpida na Convenção de Roma, neste caso deverá prevalecer a lei da sede da empresa[10]. No mesmo sentido foi o entendimento consagrado no II Congresso Internacional de Direito do Trabalho, realizado em Genebra, no ano de 1957. Nele restou consignado que a submissão do contrato de trabalho à lei da sede da empresa na hipótese de prestação de serviços apenas "ocasionais ou temporários em outro país ou, interinamente, nos dois territórios"[11].

Outra exceção de grande relevo é a hipótese de contratação de trabalhador domiciliado no país por empresa nacional, para prestação de serviço no exterior. Nesse caso, devem ser observadas, durante a vigência do contrato, também as garantias mínimas decorrentes da lei do país das partes contratantes, sem prejuízo da aplicação das condições de trabalho mais favoráveis do país de prestação de serviço. Essa solução restou acolhida no direito brasileiro, por força da Lei n. 7.064/82, cujos preceitos eram dirigidos originariamente aos empregados de empresas prestadoras de serviços de engenharia, mas que em junho de 2009 foram estendidos aos empregados de todas as empresas que contratem ou transfiram trabalhadores para prestar serviço no exterior pela Lei n. 11.962/09.

Em consequência, sujeitam-se às condições mínimas impostas pela citada lei os contratos de empregados que, domiciliados no Brasil, sejam transferidos para o exterior ou lá contratados, por empresas brasileiras, para prestar serviço fora do país[12]. Vale registrar, de todo modo, que o mencionado texto legal não se aplica apenas aos empregados contratados no Brasil e posteriormente transferidos para o exterior. Regula

---

(8) BELTRAN, Ari Possidônio. *Os impactos da integração econômica no direito do trabalho:* globalização e direitos sociais. São Paulo: LTr, 1998. p. 195.
(9) MALLET, Estêvão. *Temas de direito do trabalho.* São Paulo, LTr. 1998. p. 44.
(10) *Apud* MAGANO, Octavio Bueno. Conflito de leis trabalhistas no espaço, *Revista LTr,* 51-8/917.
(11) *Apud* SÜSSEKIND, Arnaldo. *Comentários à consolidação das leis do trabalho e à legislação complementar.* Rio de Janeiro: Freitas Bastos, 1960. v. I, p. 46/47.
(12) No mesmo sentido era a antiga Lei de Introdução ao Código Civil, revogada em 1942, que preceituava, em seu art. 13, parágrafo único: "...sempre se regerão pela lei brasileira: ... II — as obrigações contraídas entre brasileiros, em país estrangeiro". Essa regra foi censurada por se entender que a imposição da lei nacional, sem espaço para a adoção da *lex loci contractus,* não "se harmoniza com a pureza da doutrina do direito internacional... em matéria de contratos" (BEVILAQUA, Clóvis. *Código civil.* São Paulo: Francisco Alves, 1944. v. I, p. 145; no mesmo sentido crítico, cf. SANTOS, J. M. de Carvalho. *Código civil brasileiro interpretado.* Rio de Janeiro: Freitas Bastos, 1937. v. I, p. 165). Diante da limitação a liberdade contratual em matéria trabalhista, no entanto, perde a crítica seu valor, revitalizando-se a antiga regra da Lei de Introdução.

também a situação dos empregados contratados no exterior, "por empresa sediada no Brasil para trabalhar a seu serviço no exterior"[13].

3. NOVAS FIGURAS CONTRATUAIS SURGIDAS A PARTIR DA GLOBALIZAÇÃO

A globalização fez surgir também novas figuras contratuais destinadas a contraprestacionar pecuniariamente as relações internacionais de emprego e a disciplinar as suas consequências particulares. Como salienta Carlos Roberto Husek: "O trânsito internacional em todas as áreas já nomeadas, haja vista a pujança da indústria e do comércio, em especial, o trânsito de capitais numa economia globalizada, o nascimento de uma forma complexa de empresas multinacionais ou transnacionais, as empresas globalizadas, as consequências, por vezes nefastas, que essa realidade engendra para os diversos países e suas economias, principalmente para aqueles em desenvolvimento — grande maioria — que até hoje viveram na periferia das economias dominadoras, importa em criação de novas figuras jurídicas e na implementação de velhas figuras jurídicas com novas roupagens"[14].

O presente estudo dedica-se à análise de duas novas figuras que se tornaram comuns nos tempos da proclamada "aldeia global", o fracionamento do contrato internacional de trabalho, também chamado pela expressão francesa *dépeçage*, e a repartição do salário, conhecido como *split salary*.

4. FRACIONAMENTO OU SUSPENSÃO DO CONTRATO DE TRABALHO DO TRABALHADOR EXPATRIADO

A relação de emprego, nas clássicas lições de Mário de La Cueva, consiste em contrato realidade. Ele se verificará sempre que houver prestação pessoal de serviços por pessoa física de forma não eventual e com onerosidade, subordinação e alteridade. O que importa para a sua caracterização não é a existência de um ajuste escrito estipulando obrigações e direitos para ambas as partes, mas a presença dos elementos da relação de trabalho. Tanto assim que a legislação brasileira admite expressamente que o contrato de trabalho seja ajustado de forma tácita (art. 442 da CLT).

Não haverá, por conseguinte, contrato de trabalho sem que haja prestação de serviços. Não é correto concluir que a transferência do empregado para o Brasil permitiria a subsistência de um contrato no exterior, como formalmente registram determinadas empresas. Ainda que a empregadora pague parte do salário em um país e parte em outro, ambas parcelas visam contraprestacionar o mesmo serviço, não autorizando conclusão acerca da existência de dois contratos de trabalho.

---

(13) Art. 2º, inciso III.
(14) HUSEK, Carlos Roberto. *Curso básico de direito internacional público e privado do trabalho*. São Paulo: LTr, 2009. p. 151.

A circunstância de o empregado, enviado para gerir projetos e negócios em outros países, trabalhar tanto em favor do estabelecimento do qual fora transferido para aquele para onde fora enviado tampouco gera, por si só, dualidade de contratos de trabalho. Haverá apenas um contrato de trabalho do qual se beneficiarão dois estabelecimentos sediados em países distintos.

Não é correto afirmar que o contrato de trabalho ficaria suspenso no país da contratação para que outro fosse executado no país para onde fora transferido. Esta conclusão violaria o princípio da continuidade da relação de emprego, segundo o qual havendo continuidade na prestação de serviços para um mesmo empregador, ainda que em estabelecimento diverso ou em outra empresa do mesmo grupo econômico, que para todos os efeitos vem sendo considerado empregador único, estar-se-á diante do mesmo contrato de trabalho. Não se pode suspender contrato de trabalho em determinado país para que novo pacto, com o mesmo objeto e com as mesmas partes, seja celebrado em outro.

Ademais, a suspensão do contrato de trabalho somente se verifica quando houver a paralisação temporária da obrigação do empregado de prestar serviços e da obrigação do empregador de remunerá-lo pelos serviços prestados. Se subsistir qualquer forma de pagamento no país de origem, não se estará diante de uma suspensão do contrato de trabalho.

Diante destas premissas, há que se concluir que o trabalhador expatriado não mantém seu contrato de trabalho no país de origem e assina um novo no local de destino. O pacto laboral é o mesmo. Não há dualidade. Eventual obrigação que o empregado mantenha junto aos estabelecimentos onde anteriormente trabalhara (como reportes e relatórios) será decorrente do mesmo contrato de trabalho executado no novo local de trabalho.

Há que se refletir, todavia, sobre a possibilidade de fracionamento do contrato de trabalho, conhecida pela expressão francesa *dépeçage*. Segundo Antonio Galvão Peres, "os contratos internacionais, inclusive os de trabalho, podem ser, em tese, fracionados para efeitos de determinação da lei de regência. Pode uma determinada parte do contrato submeter-se à legislação de um país e outra à lei de um segundo Estado"[15]. O *dépeçage* está consagrado em dois dos mais modernos diplomas sobre contratos internacionais, a Convenção de Roma de 1980 (art. 3º.1) e a Convenção do México de 1994 (art. 7º) que assim dipõe:

Art. 3º

Liberdade de escolha

1. O contrato de trabalho rege-se pela lei escolhida pelas Partes. Esta escolha deve ser expressa ou resultar de modo inequívoco das disposições do contrato ou das circunstâncias da causa. Mediante esta escolha, as Partes podem designar a lei aplicável à totalidade ou apenas a uma parte do contrato (...).

---

(15) PERES, Antonio Galvão. *Contrato internacional de trabalho*. São Paulo: LTr, 2004. p. 140.

Art. 7º

O contrato rege-se pelo direito escolhido pelas partes. O acordo das partes sobre esta escolha deve ser expresso ou, em caso de inexistência de acordo expresso, depreender-se de forma evidente da conduta das partes e das cláusulas contratuais, consideradas em seu conjunto. Essa escolha poderá referir-se à totalidade ou a uma parte do mesmo.

A eleição de determinado foro pelas partes não implica necessariamente a escolha do direito aplicável.

O Brasil, contudo, não ratificou nenhuma das referidas normas internacionais. E não poderia, vez que elas não se lhe são destinadas. As regras lá esculpidas, por conseguinte, nos são úteis para fins de análise e estudo, mas não para solução de casos concretos. Não se há de concordar neste ponto com o entendimento de Antonio Galvão Peres, segundo quem em se admitindo a autonomia da vontade poder-se-ia adotar no Brasil o *depeçage*, ainda que sem amparo legal, a exemplo do que ocorria na Espanha antes da vigência da Convenção de Roma[16].

Ainda que assim não fosse, mesmo nos países que adotam o *dépeçage,* uma coisa é certa, ele não se opera em relação às normas de ordem pública. Como salienta Galvão Peres, "é difícil imaginar razão para, por exemplo, submeter a duração do trabalho a uma determinada lei e o regime jurídico do salário a outra"[17]. Outrossim, não há falar em fracionamento do contrato de trabalho para fins de incidência da legislação no tocante à incidência de encargos sociais. Quanto a estes aplicar-se-á integralmente a norma do país onde houver a prestação de serviços. Admitir o contrário implicaria em possibilitar fraudes e redução de impostos e contribuições sociais.

Não há óbice à opção pelo *dépeçage* "para resguardar obrigações secundárias que adiram ao contrato individual de trabalho, mas que mantenham sua unidade, como, por exemplo, as relativas a *stock option plans*, cláusulas de não concorrência e cláusulas de permanência mínima"[18]. A falta de lei expressa admitindo esta possibilidade, não constitui obstáculo à adoção desta prática no Brasil. Em se tratando de cláusulas não referentes à questões de ordem pública, é plenamente possível a fixação desta regra apenas por norma contratual.

5. REPARTIÇÃO DO SALÁRIO (SPLIT SALARY)

Uma importante decorrência da repartição do salário é o chamado *Split salary*. Segundo Carlos Henrique Oliveira Zangrando, o estrangeirismo em questão denota uma prática empresarial que consiste em dividir a remuneração do empregado transferido para laborar em outro país de forma que parte de sua contraprestação seja paga no país de destino e parte no país de origem[19]. Referido autor destaca ainda que

---

(16) *Idem*.
(17) *Ibidem*, p. 142.
(18) *Idem*.
(19) ZANGRANDO, Carlos Henrique Oliveira. *Curso de direito do trabalho*. São Paulo: LTr, 2008. p. 682. v. II: Direito individual do trabalho.

esta maneira de remunerar fora viabilizada e incentivada a partir de alguns tratados destinados a evitar bitributação entre países da comunidade europeia onde restou determinado que o salário seja tributável no país onde a atividade está sendo exercida. Referidos pactos internacionais, dos quais são exemplos o formalizado entre Bélgica e Holanda e o subscrito entre França e Alemanha, possibilitam a divisão do trabalho em porções separadas, cada uma tributável em um país separado, não apenas no caso de trabalho presencial de expatriado, como também no caso de trabalhador que trabalha em sua própria residência prestando serviços para empresa situada em outro país[20].

O Brasil não dispõe de acordos deste gênero, o que impossibilita a utilização desta prática para reduzir o impacto tributário. Antonio Galvão Peres, após destacar que a repartição, no mais das vezes, favorece o empregado por permitir o sustento da família e o adimplemento de obrigações que ainda mantenha no exterior, assevera que a repartição do salário não pode ser vedada no ordenamento jurídico pátrio. Destaca, todavia, que o salário pago no estrangeiro "pode, contudo, compor a base salarial para o cálculo de obrigações como férias remuneradas, décimo terceiro salário etc."[21].

Regina Duarte, por sua vez, destaca que a contratação do expatriado no Brasil pode gerar maiores riscos do que a do empregado local em razão de muitos tribunais considerarem que a remuneração paga no exterior deve ser somada à remuneração paga no Brasil para fins de incidência de diversos encargos. Em outras palavras, se a pedido do empregado 80% da remuneração é paga no exterior, junto à empregadora originária, a jurisprudência obriga a considerar toda a remuneração para efeito de incidências, o que permitiria concluir que a rescisão do contrato no Brasil pode levar a encargos mais elevados do que os devidos na contratação do empregado local[22].

Em sentido oposto, Carlos Henrique de Oliveira Zangrando entende que a aplicação da regra da divisão do salário em porções separadas, cada uma tributável num país separado, pode ser aplicável no caso dos estrangeiros que venham a laborar no Brasil. Destaca, porém, que esta prática pode acabar gerando mais custos que benefícios na medida em que esse pagamento demanda maior atividade administrativa[23].

Analisando minuciosamente a questão, não há como não admitir a possibilidade de repartição do salário com pagamento de parte dele no Brasil e parte no exterior. Não há vedação para que isto ocorra. É preciso, contudo, ressaltar que o pagamento efetuado no exterior deverá, efetivamente, ser somado ao pago no Brasil para fins de incidência dos diversos encargos sociais, inclusive o FGTS, tema objeto do próximo item.

---

(20) Idem.
(21) Op. cit., p. 146.
(22) DUARTE, Regina. Contratação de expatriados exige regime específico. Disponível em: <http://www.conjur.com.br/2004-fev-26/contratacao_expatriados_gerar_encargos_maiores> Acesso em: 20.11.09.
(23) Op. cit., p. 683.

6. CONTRIBUIÇÃO FUNDIÁRIA EM CASO DE REPARTIÇÃO DO SALÁRIO

O art. 15 da Lei n. 8.036 obriga todos os empregadores a depositar, até o dia 7 (sete) de cada mês, em conta bancária vinculada, a importância correspondente a 8% (oito por cento) da remuneração paga ou devida, no mês anterior, a cada trabalhador, sem ressalvar se a contraprestação foi formalizada no Brasil ou no exterior. Amauri Mascaro Nascimento é enfático ao afirmar que "todas as parcelas componentes da remuneração devem ser consideradas para efeito de cálculo"[24]. Ele destaca ainda que nem a CLT, em seu art. 457, nem a Lei do FGTS são taxativas, havendo outros componentes da remuneração, não mencionados expressamente, sobre os quais deve o empregador efetuar os recolhimentos[25].

Ora, se a prestação de serviços é efetuada no Brasil, o contrato de trabalho está sendo cumprido aqui e se sujeita, por conseguinte, às regras da nossa legislação nacional. Embora parte do pagamento esteja sendo efetuado no exterior, certo é que ele contraprestaciona uma relação que se desenvolve no Brasil. A remuneração paga ou devida no exterior remunera a prestação de serviços realizada aqui. Logo, incide sobre ela a contribuição fundiária.

Este entendimento restou consagrado pela edição da Orientação Jurisprudencial n. 232 do Tribunal Superior do Trabalho com os seguintes dizeres: "FGTS. INCIDÊNCIA. EMPREGADO TRANSFERIDO PARA O EXTERIOR. REMUNERAÇÃO. O FGTS incide sobre todas as parcelas de natureza salarial pagas ao empregado em virtude de prestação de serviços no exterior". Raymundo Antonio Carneiro Pinto e Cláudio Mascarenhas Brandão ressaltam o acerto deste entendimento ao asseverar que "A Lei n. 8.036, de 11.5.90, que atualmente regula o FGTS, dispõe no art. 15 que 'todos' os empregados ficam obrigados a depositar, até o dia 7 de cada mês, em conta vinculada, a quantia equivalente a 8% da remuneração paga ou devida, no mês anterior, a cada trabalhador. Note-se que não acrescentou nenhuma exceção. Em princípio, portanto, razão assiste ao TST quando entende que o percentual em favor do FGTS também incide sobre as importâncias recebidas pelo empregado, de natureza salarial, que remunerem serviços prestados no exterior"[26].

Ora, a mesma razão que justifica a incidência da contribuição fundiária sobre as parcelas salariais pagas por trabalho efetuado no exterior, justifica com muito mais veemência a incidência desta sobre a parcela salarial paga no exterior por trabalho efetuado no Brasil. Afinal, ao trabalho efetuado no Brasil se aplica, como já visto, a legislação brasileira no tocante aos seus direitos, obrigações e encargos sociais. Desta feita, há que se reconhecer o acerto do entendimento adotado na nota técnica 2/CGIg/GM/MTE da Coordenação Geral de Imigração do MTE quanto ao recolhimento da contribuição para o FGTS incidente sobre a parcela paga no exterior por empresa do

---

(24) NASCIMENTO, Amauri Mascaro. *Comentários às leis trabalhistas*. 2. ed. São Paulo: LTr, 1992. v. 1, p.368.
(25) *Ibidem*, p. 369.
(26) PINTO, Raymundo Antonio Carneiro; BRANDÃO, Cláudio Mascarenhas. *Orientações jurisprudenciais do TST*: comentadas. São Paulo: LTr, p.124.

mesmo grupo econômico para expatriados que prestam serviços no Brasil, a partir de uma interpretação extensiva do art. 15, da Lei n. 8.036/90, que prevê que a base de incidência do FGTS, é a remuneração paga ou devida, sem fazer qualquer referência se o valor é pago no Brasil ou no exterior; e da aplicação da lei trabalhista brasileira, visto que a prestação de serviços ocorre no Brasil. O Tribunal Superior do Trabalho há muito adota o entendimento de que o FGTS incide mesmo sobre parcelas pagas no exterior, como se depreende do seguinte julgado:

I — FGTS. EMPREGADO TRANSFERIDO PARA O EXTERIOR. A jurisprudência desta egrégia Corte tem-se orientado no sentido de ser devido o recolhimento do FGTS sobre a totalidade da remuneração do empregado, inclusive sobre a parcela percebida no exterior. II — FGTS. NATUREZA. ART. 467 DA CLT. Não há dúvida que o FGTS possui natureza salarial, entretanto para efeitos da aplicação do art. 467 da CLT, apenas as parcelas salariais estrito senso são consideradas, o que não é caso do Fundo de Garantia do Tempo de Serviço. III — HONORÁRIOS ADVOCATÍCIOS. "Na Justiça do Trabalho, a condenação em honorários advocatícios, nunca superiores a 15%, não decorre pura e simplesmente da sucumbência, devendo a parte estar assistida por sindicato da categoria profissional e comprovar a percepção de salário inferior ao dobro do mínimo legal, ou encontrar-se em situação econômica que não lhe permita demandar sem prejuízo do próprio sustento ou da respectiva família". Incidência do Enunciado n. 219, do TST. Revista conhecida e parcialmente provida (TST, 5ª Turma, RR n. 369220/97. DECISÃO proferida em 22.11.00 e publicada no DJ em 7.12.00, p. 841. Relator: Juiz Convocado Guedes de Amorim) (destaques inseridos).

O TST também vem adotando o entendimento de que as contribuições fundiárias incidem sobre a remuneração efetivamente percebida pelo obreiro, independentemente de o pagamento ser efetuado no Brasil ou no exterior. É o que denota o seguinte acórdão:

(...) DIFERENÇAS DE FGTS. EMPREGADO TRANSFERIDO PARA O EXTERIOR. Consoante se extrai das Leis ns. 5.107/66 e 8.036/90, é devida a incidência do FGTS sobre a remuneração efetivamente percebida pelo obreiro, na qual se incluem as parcelas discriminadas nos arts. 457 e 458 da CLT. Assim, no caso de transferência do empregado, o FGTS tem repercussão em todas as parcelas devidas em virtude da prestação de serviços no exterior. Recurso de revista a que se conhece e nega provimento. (TST, 1ª Turma, RR 549050/1999. DECISÃO proferida em 20.6.01 e publicada no DJ em 24.8.01, p. 779. Relator Juiz Convocado Vieira de Mello Filho.)

A tributação de rendimentos de natureza salarial recebidos de fontes situadas no exterior, por pessoa física residente no Brasil pela Receita Federal, reforça a conclusão da nota técnica antes referida na medida que restou consagrado o entendimento de que o FGTS possui natureza de contribuição. Como salienta Sergio Pinto Martins: "Com a determinação do art. 217 do CTN, evidencia-se que o FGTS é uma contribuição, pois o Código apenas determinou o nome correto ao instituto em estudo". O princípio da universalidade receita tributa quaisquer vencimentos[27]. Embora o princípio da universalidade de rendimentos não seja próprio do Direito do Trabalho, ele deve ser

---

(27) MARTINS, Sergio Pinto. *Manual do FGTS*. 2. ed. São Paulo: Atlas, 2000. p. 67/68.

aplicado no tocante aos recolhimentos fundiários, com as devidas adaptações, haja vista a natureza tributária destes.

Embora a Nota Técnica não tenha força de lei, não podendo, por conseguinte, impor obrigação não prevista em norma imperativa estatal, ela consagra uma interpretação que tende a ser observada de forma coercitiva por todos os funcionários do respectivo órgão estatal. Pode-se afirmar que a incidência do depósito fundiário não decorre da Nota Técnica, mas da própria lei por ela interpretada.

Considerações finais

Dados estatísticos diversos demonstram uma inversão no fluxo migratório de trabalhadores. A partir do número de registros de trabalhadores estrangeiros, do aumento da procura por cursos de português e de outros dados, pode-se constatar que o Brasil, país tradicionalmente caracterizado como exportador de mão de obra barata, vem assumindo, paulatinamente, o papel de país importador de mão de obra qualificada. Em decorrência deste novo cenário, os operadores do direito do trabalho precisam, cada vez mais, dedicar atenção às questões afetas ao direito internacional privado do trabalho.

A globalização tem impactado, de forma bastante substancial, as relações de emprego. A proliferação dos contratos internacionais de trabalho tem evidenciado a insuficiência da legislação brasileira para tratar de todas as questões inerentes a elas e a importância do desenvolvimento do chamado Direito Internacional Privado do Trabalho. Tem ainda ocasionado o surgimento de novas figuras contratuais como o fracionamento do contrato de trabalho e a repartição do salário. Não se pode, sob o pretexto de querer interpretar literalmente a legislação vigente, negar validade a estas cláusulas. É preciso, contudo, buscar meio de aplicá-las sem dar vazão à proliferação de fraudes e de sonegação de encargos sociais.

Sob este prisma, é forçoso concluir pela impossibilidade de fracionamento do contrato de trabalho para fins de escolha da legislação no tocante à incidência de encargos sociais. Eles serão regidos sempre pela norma do país onde houver a prestação de serviços. No tocante, as chamadas obrigações secundárias que adiram ao contrato individual de trabalho, mas que mantenham sua unidade, como, por exemplo, as relativas a *stock option plans*, cláusulas de não concorrência e cláusulas de permanência mínima, a solução é diferente. A *dépeçage* mostra-se possível neste caso, podendo as partes do contrato de trabalho optar pela aplicação da lei do país de origem e não a do local da prestação de sérvios.

A repartição do salário com pagamento de parte dele no Brasil e parte no exterior, é perfeitamente possível. É preciso, contudo, ressaltar que os encargos sociais, em especial o FGTS, incidem sobre a soma do valor pago no Brasil e do valor pago no exterior.

Trabalho Escravo — Restrição de Locomoção por Dívida Contraída: Caracterização Jurídica

José Claudio Monteiro de Brito Filho[(*)]

1. Contextualizando a discussão

Temos nos preocupado, nos últimos tempos, em discutir o ilícito penal, com repercussões na esfera trabalhista, definido como "trabalho em condições análogas à de escravo" de uma forma mais abrangente. É que, basta uma leitura nos textos a respeito para verificar que os penalistas tratam da questão de uma forma, e os juslaboralistas de outra completamente diversa.

É como se estivéssemos diante de dois fenômenos distintos, quando os fatos que dão origem ao enquadramento do ponto de vista penal e trabalhista são rigorosamente os mesmos.

É certo que, na perspectiva da repressão pela via judicial, os focos são distintos: na esfera penal a preocupação principal é com o autor do delito; na esfera trabalhista, de outra banda, a preocupação é com as vítimas, reduzidas à condição análoga à de escravo.

Ainda assim, tudo gira em torno dos mesmos fatos, e não há motivos que justifiquem, do ponto de vista do Direito, enquadramentos diversos, salvo quando as diferentes preocupações levam a olhares também distintos, em razão de concepções jurídicas diferentes, o que vem ocorrendo.

Assim, é que, em textos ainda em via de publicação, procuramos discutir a nova sistemática jurídica do trabalho escravo no Brasil, assim como a caracterização jurídica

---

(*) Doutor em Direito das Relações Sociais pela Pontifícia Universidade Católica de São Paulo (PUC/SP). E-mail: jclaudiobritofilho@gmail.com.

de dois de seus principais modos de execução: a jornada excessiva e o trabalho em condições degradantes[1].

Nossa ideia é ajudar a construir doutrina que reconheça o ilícito como único, caracterizando-o dessa forma, e permitindo sua repressão em diferentes esferas, a partir da mesma investigação e do mesmo enquadramento.

É que, isto é certo, a repressão inicial ao trabalho em condições análogas à de escravo continuará a ser feita a partir das fiscalizações empreendidas pelos auditores fiscais do trabalho, com a presença de membro do Ministério Público do Trabalho e da Polícia Federal.

É desse ato de fiscalização que deverão surgir tanto as ações trabalhistas para reparar os direitos lesados dos trabalhadores como as ações penais para a responsabilização dos autores do delito.

Para isso, é preciso que a caracterização jurídica dos fatos atenda às peculiaridades das duas esferas, levando em conta que o enquadramento deverá servir, de uma só vez, para a repressão nas esferas penal e trabalhista.

Neste texto, dando continuidade aos nossos esforços, procuraremos, depois de apresentarmos alguns elementos essenciais para a compreensão genérica do ilícito, caracterizar, no plano do Direito, um dos modos típicos de execução do trabalho escravo: a restrição de locomoção do trabalhador, por qualquer meio, em razão de dívida contraída.

2. BREVES CONSIDERAÇÕES A RESPEITO DO TIPO DESCRITO NO ART. 149 DO CÓDIGO PENAL

Para isso, é preciso compreender a profunda mudança que ocorreu com o art. 149 do Código Penal Brasileiro — CP por força da Lei n. 10.803, de 11 de dezembro de 2003[2]. O art. 149 dispunha, na redação anterior, o seguinte: "Art. 149. Reduzir alguém à condição análoga à de escravo. Pena — reclusão, de 2 (dois) a 8 (oito) anos".

Alterado, passou a dispor da seguinte forma:

Art. 149. Reduzir alguém a condição análoga à de escravo, quer submetendo-o a trabalhos forçados ou a jornada exaustiva, quer sujeitando-o a condições degradantes de trabalho, quer restringindo, por qualquer meio, sua locomoção em razão de dívida contraída com o empregador ou preposto:

---

(1) Isso será visto na 2ª edição do nosso livro *Trabalho decente* (São Paulo: LTr), no item 1 do capítulo 5; em texto denominado *Trabalho escravo:* elementos para a caracterização jurídica, que será publicado a partir das discussões travadas na III Reunião Científica — Trabalho Escravo Contemporâneo e Questões Correlatas, organizado pelo GPTEC-NEPP-DH/UFRJ, ocorrida em setembro de 2009, e sob a organização dos Professores Adonia Antunes Prado e Ricardo Rezende Figueira; e em texto denominado *Jornada exaustiva e condições degradantes de trabalho*: caracterização, que será publicado em livro organizado pelos professores Marcus Alan de Melo Gomes e Ana Cláudia Pinho. Todos os textos devem ser publicados em breve.

(2) O que temos procurado fazer sempre que há uma oportunidade, como agora, até porque é preciso fazer essa exposição inicial para a exata compreensão do modo de execução em estudo.

Pena — reclusão, de dois a oito anos, e multa, além da pena correspondente à violência.

§ 1º Nas mesmas penas incorre quem:

I — cerceia o uso de qualquer meio de transporte por parte do trabalhador, com o fim de retê-lo no local de trabalho;

II — mantém vigilância ostensiva no local de trabalho ou se apodera de documentos ou objetos pessoais do trabalhador, com o fim de retê-lo no local de trabalho.

§ 2º A pena é aumentada de metade, se o crime é cometido:

I — contra criança ou adolescente;

II — por motivo de preconceito de raça, cor, etnia, religião ou origem.

O que era tipo penal apresentado de forma sintética passou a ser definido de forma analítica. No caso do art. 149 do CP, isso, para alguns, representou ampliação do tipo penal[3], pela também ampliação do bem jurídico protegido; mas, para outros, representou restrição, capaz até de transformar o crime de comum para especial quanto ao sujeito passivo, como entende Bitencourt. Da mesma forma, para esse autor, o que continha um modo ou forma de execução livre, agora só pode ser praticado nos termos estritos do disciplinado rigidamente na lei[4], com o que forçosamente temos de concordar.

Nesse sentido, o tipo penal, que na forma sintética não indicava os modos de execução, na nova versão elencou modos que fogem à visão tradicional a respeito do trabalho em condições análogas à de escravo, exigindo da doutrina uma caracterização desses modos, o que ainda não ocorreu, em sua totalidade, até porque também pairam dúvidas até em relação ao tipo, genericamente falando.

Por esse último motivo, antes de discutirmos a caracterização dos modos de execução, precisamos antes fazer considerações a respeito do tipo penal, como já fizemos em textos anteriores, conforme informado na nota 2.

Situando o art. 149 no Código Penal, esse dispositivo está inserto na Parte Especial, que trata dos crimes em espécie, no Título I, relativo aos crimes contra a pessoa. Nesse Título, encontra-se no Capítulo VI — dos crimes contra a liberdade individual, na Seção I, que trata dos crimes contra a liberdade pessoal, e que reúne, além da redução de alguém à condição análoga à de escravo, os crimes de constrangimento ilegal e de sequestro e cárcere privado.

Essa localização é importante para que se discuta qual(is) o(s) bem(ns) jurídico(s) principalmente protegido(s), e contra o(s) qual(is) se atenta, no caso da redução de alguém à condição análoga à de escravo.

---

(3) Ver, por exemplo, José Henrique Pierangeli (*Manual de direito penal brasileiro*. 2. ed. São Paulo: Revista dos Tribunais, 2007, p. 158 v. 2: parte especial).

(4) BITENCOURT, Cezar Roberto. *Tratado de direito penal*. 9 ed. São Paulo: Saraiva, 2009. p. 405. 2: Parte especial: dos crimes contra a pessoa.

Uma leitura superficial daria a impressão de que o bem maior é a liberdade do indivíduo e, cumpre reconhecer, até a alteração do art. 149 do CP pela Lei n. 10.803/03, essa era a concepção dominante, para não dizer pacífica.

Ocorre que a alteração feita não deixa dúvidas de que não há o crime de redução à condição análoga à de escravo somente quando a liberdade da pessoa é, diretamente, estritamente, suprimida. Pelo contrário, há hipóteses em que não se discute de forma direta — talvez se deva dizer, de forma principal — a supressão da liberdade do ser humano, como na jornada exaustiva e nas condições degradantes de trabalho, pois há bem maior a proteger, nesses casos, que a liberdade[5].

Não que a liberdade não seja considerada, também nessas hipóteses, e é assim que se deve ler, por exemplo, os ensinamentos de Capez, que afirma: "Protege a lei penal, aqui, o *status libertatis*, ou seja, a liberdade no conjunto de suas manifestações"[6].

Não é só ela, todavia, que está em discussão, como bem entende Rogério Greco. Este autor, após indicar que o bem juridicamente protegido é a liberdade da vítima, ensina que, quando a lei penal refere-se a condições degradantes de trabalho, existem outros bens juridicamente protegidos: "a vida, a saúde, bem como a segurança do trabalhador, além de sua liberdade"[7].

Ainda assim, a proteção da liberdade está presente sempre, de forma ampla, pois, como se irá defender mais adiante, o tipo penal exige, para sua caracterização, a partir de qualquer das condutas nele descritas, uma relação de sujeição que direta ou indiretamente atinge, fere a liberdade da pessoa.

De qualquer sorte, como defende Bitencourt, a conduta descrita no tipo penal "fere, acima de tudo, o *princípio da dignidade humana*, despojando-o de todos os seus valores ético-sociais, transformando-o em *res*, no sentido concebido pelos romanos"[8].

É o que temos defendido, desde algum tempo, no sentido de que a alteração do art. 149 do Código Penal produziu mudança significativa a respeito do bem jurídico principalmente protegido, que passou da liberdade para o atributo maior do homem, que é a sua dignidade[9], na versão contemporânea, e que é baseada na visão e fundamentação que lhe emprestou Kant[10].

---

(5) Na verdade, como será visto, em todos os casos.
(6) CAPEZ, Fernando. *Curso de direito penal*. 9 ed. São Paulo: Saraiva, 2009. p: 345. 2: Parte especial.
(7) GRECO, Rogério. *Curso de direito penal*: parte especial. 5 ed. Niterói: Impetus, 2008. v. 2, p. 545.
(8) BITENCOURT, Cezar Roberto. *Tratado de direito penal*. 9 ed. São Paulo: Saraiva, 2009. p. 398. 2: Parte especial: dos crimes contra a pessoa.
(9) Não vou entrar aqui na discussão a respeito de ser a dignidade um bem que independe, para seu reconhecimento, do Direito. O que quero enfatizar aqui é que a dignidade é um bem reconhecido pelo Direito, como, por exemplo, do art. 1º, III, da Constituição da República, que a elege como um dos fundamentos da República.
(10) Não obstante se possa observar a influência Kantiana em autores diversos, e que constituem figuras de expressão na Filosofia e na Teoria do Direito, como Habermas e Dworkin, Kant sempre é alvo de constantes críticas. Uma delas diz respeito ao fato de não ter apresentado uma definição concreta de dignidade. A esse respeito é possível — e de forma singela, pois é o que comporta este ensaio — dizer que Kant estabeleceu o parâmetro necessário para a compreensão da dignidade, ao distingui-la de preço, como veremos adiante, no texto, além de ter fixado fundamento também concreto para esse atributo do ser humano: a razão.

Kant, fazendo uma divisão entre os seres, em reino ideal por ele concebido, e que denomina "reino dos fins", afirma:

> No reino dos fins tudo tem ou um **preço** ou uma **dignidade**. Quando uma coisa tem preço, pode-se pôr em vez dela qualquer outra coisa como *equivalente*; mas quando uma coisa está acima de todo o preço, e portanto não permite equivalente, então ela tem dignidade[11].

A dignidade, dessa feita, deve ser considerada como atributo do ser humano, algo que dele faz parte e, portanto, o faz merecedor de um mínimo de direitos, e é ela que, principalmente, é violada quando tipificado o crime de redução à condição análoga à de escravo, pois o que ocorre é o não respeito a esse atributo do ser humano, que é tratado como coisa, qualquer que seja o modo de execução, com a negação de sua dignidade e, por consequência, de sua condição de ser humano[12].

Note-se que essa conclusão já podia ser encontrada antes da alteração do art. 149, quando o tipo penal era apresentado de forma lacônica. É que, não se pode considerar que alguém seja reduzido à condição análoga à de escravo somente quando ocorre, na forma tradicional que conhecemos, a perda de sua liberdade, pois, para que o crime se tipifique, o que importa e basta é que a relação de prestação de serviços entre os sujeitos ativo e passivo seja de tal ordem que o primeiro passe a ter domínio sobre o segundo, de forma que a vontade desse segundo seja anulada, ou porque a vontade desse segundo foi anulada.

Como diz Bitencourt, "a liberdade protegida pelo art. 149 não se limita à autolocomoção, mas principalmente procura impedir o estado de sujeição da vítima ao pleno domínio de alguém"[13], pouco importando os modos ou meios de execução que, como também ensina o autor citado, "são os mais variados possíveis".[14]

Isso seguramente não está distante da concepção que se deve ter do delito de plágio, como também se denomina o tipo do art. 149 do Código Penal.

Veja-se, a respeito, o § 6º do item 51 da Exposição de Motivos da Parte Especial do Código Penal, assinada por Francisco Campos, então Ministro da Justiça e Negócios Interiores, em 4 de novembro de 1940:

> No art. 149, é prevista uma entidade ignorada do Código Vigente: o fato de reduzir alguém, por qualquer meio, à condição análoga à de escravo, isto é, suprimir-lhe, de fato, o *status libertatis*, sujeitando-o o agente ao seu completo

---

(11) KANT, Immanuel. *Fundamentação da metafísica dos costumes*. Traduzida do alemão por Paulo Quintela. Lisboa: Edições 70, p. 77.
(12) Ver a respeito o nosso "Trabalho com redução à condição análoga à de escravo: análise a partir do trabalho decente e de seu fundamento, a dignidade da pessoa humana" (In: VELLOSO, Gabriel; FAVA, Marcos Neves. *Trabalho escravo contemporâneo: o desafio de superar a negação*. São Paulo: LTr, 2006), especialmente na p. 135. Ver também, a respeito da concepção Kantiana, os ensinamentos de Eduardo Ramalho Rabenhorst (*Dignidade humana e moralidade democrática*. Brasília: Brasília Jurídica, 2001. p. 32-34).
(13) BITENCOURT, Cezar Roberto. *Tratado de direito penal*. 9 ed. São Paulo: Saraiva, 2009. p. 400. 2: Parte especial: dos crimes contra a pessoa.
(14) *Idem*.

e discricionário poder. É o crime que os antigos chamavam *plagium*. Não é desconhecida a sua prática entre nós, notadamente em certos pontos remotos de nosso *hinterland*[15].

A propósito, Bitencourt, indicando que há uma grande diferença entre o tipo penal do art. 149 e o crime de plágio, dos romanos, explica esse último delito, da seguinte forma:

> Quando o Direito Romano proibia a condução da vítima, indevidamente, ao estado de escravidão, cujo *nomen iuris* era *plagium*, o bem jurídico tutelado não era propriamente a liberdade do indivíduo, mas o direito de domínio que alguém poderia ter ou perder por meio dessa escravidão indevida[16].

Ainda a respeito do plágio, Pierangeli afirma que "A palavra *plagium*, etimologicamente, vem do verbo *plagiare*, que na Roma antiga significava a compra de um homem livre sabendo que o era, e retê-lo em servidão ou utilizá-lo como próprio servo".[17]

Voltando à forma de ver o tipo do art. 149, essa ampliação na consideração a respeito do bem juridicamente protegido, todavia, não significa só considerar a dignidade, mas sim considerá-la o bem maior a proteger. Por outro lado, não significa desconsiderar a liberdade, retomando a conclusão antes apresentada, e como veremos.

Para isso, conveniente verificar as hipóteses em que, atualmente, pelo art. 149, tem-se o crime de redução à condição análoga à de escravo.

Rogério Greco, tratando do que chama de "maneiras que, analogamente, fazem com que o trabalho seja comparado a um regime de escravidão", indica que isso ocorre quando alguém: obriga outrem a trabalhos forçados; impõe jornada exaustiva de trabalho; sujeita alguém a condições degradantes de trabalho; e, restringe, por qualquer meio, a locomoção de alguém em razão de dívida contraída[18].

De forma mais esquemática, as hipóteses em que isso pode ocorrer, caso se deseje classificá-las, podem ser divididas em:

a) trabalho escravo típico, que contempla o trabalho forçado ou em jornada exaustiva, o trabalho em condições degradantes, o trabalho com restrição de locomoção, em razão de dívida contraída (chamado comumente de servidão por dívida); e,

b) trabalho escravo por equiparação, que se verifica nas hipóteses de retenção no local de trabalho, por cerceamento do uso de qualquer meio de transporte, e de manutenção de vigilância ostensiva ou retenção de documentos ou objetos de uso pessoal do trabalhador.

---

(15) Ver, por exemplo, no *Código Penal e Constituição federal*. 15. ed. São Paulo: Saraiva, 2009. p. 32.
(16) BITENCOURT, Cezar Roberto. *Tratado de direito penal*. 9. ed. São Paulo: Saraiva, 2009. p. 397-398. 2: Parte especial: dos crimes contra a pessoa.
(17) PIERANGELI, José Henrique. *Manual de direito penal brasileiro*. 2 ed. São Paulo: Revista dos Tribunais, 2007. p. 156. v. 2: Parte especial.
(18) *Curso de direito penal*: parte especial. 5 ed. Niterói: Impetus, 2008. v. 2, p. 542.

Essa classificação, que resultou de disposição legal mais analítica, como vimos, trouxe duas vantagens.

Primeiro, ampliou o rol de hipóteses que caracterizam o trabalho escravo, dando feição mais consentânea com o objetivo de proteger o que, de fato, é o mais importante, que é a dignidade da pessoa humana. Segundo, tornou mais fácil a tipificação do ilícito, o que a sintética, lacônica redação anterior não permitia.

Agora é mais simples identificar, no caso concreto, se a situação encontrada nas investigações e fiscalizações deve ser enquadrada como trabalho em condições análogas à de escravo ou não, o que garante maior segurança para as condutas a adotar[19]. Maior mas não total segurança, pois ainda resta por fazer um esforço maior para identificar, com precisão, as condutas que caracterizam os modos de execução.

Já chegaremos lá, pois é preciso ainda voltar à discussão inicial, da caracterização genérica do tipo penal.

Nesse aspecto é preciso dizer que, por mais que se queira, às vezes com algum sucesso, relacionar o tipo lá descrito a antecedentes históricos como a escravidão dos negros, que conhecemos no Brasil até os momentos finais do século XIX, ou à servidão, presente na Europa alguns séculos antes, pensamos que, se há antecedente a relacionar, esse deve ser mesmo o plágio dos Romanos, e que claramente inspirou o legislador penal, como visto, embora, como adverte Bitencourt, em citação mais acima, não haja total correspondência.

Assim, o que temos, no crime de redução da pessoa à condição análoga à de escravo é, claramente, a subjugação do ser humano, que é naturalmente livre, a uma condição que lhe impõe, por outrem, uma relação de domínio extremado, e que atenta contra a sua condição de pessoa. Isso permite, desde logo, duas conclusões.

A primeira, de que o crime em comento é uma violação direta ao principal atributo do ser humano, que é sua dignidade, pois qualquer das condutas descritas no art. 149 é a negação desse atributo, reduzindo a pessoa à condição de coisa.

Isso vai acontecer tanto quando ao ser humano é imposto o trabalho forçado ou uma jornada exaustiva de trabalho, como quando lhe são reservadas condições degradantes de trabalho, ou ainda nas demais hipóteses catalogadas no artigo, como no caso da restrição à locomoção por dívida contraída.

Essa é a conclusão mais importante, mas não a única. É que, como dissemos, não é o fato de considerar que a dignidade da pessoa humana é o bem jurídico principalmente tutelado que vai fazer com que não se leve em consideração o aspecto da liberdade.

---

(19) Cabe relembrar aqui Cezar Roberto Bitencourt, para quem "agora há limitação estrita aos modos de execução, que estão vinculados", o que produz "uma *abolitio criminis* em relação a todo e qualquer outro modo ou forma de conduta que não seja abrangido pela relação *numerus clausus* da nova definição legal (*Tratado de direito penal*. 9. ed. São Paulo: Saraiva, 2009. p. 406. 2: Parte especial: dos crimes contra a pessoa). Minha discordância do defendido pelo autor, nesse caso, tem um viés pragmático: a enumeração das hipóteses, embora possa, em tese, restringir o tipo penal, por outro lado permite enquadramento mais preciso, além do fato de que abriu espaço para algumas condutas que poderiam até ser deduzidas, mas não eram consideradas, uma delas a que discutimos neste texto.

Ocorre que não é a liberdade no sentido tradicional vinculado à antiga escravidão, de o escravo acorrentado e vigiado 24 horas por dia, com restrições à sua livre locomoção, que deve ser visualizada em todas as hipóteses ou modos de execução, embora isso possa ocorrer.

Na verdade, o que deve ser observado é o grau de domínio que exerce o tomador dos serviços em relação ao trabalhador; a sujeição que o primeiro impõe ao segundo. Nos casos em que habitualmente se denuncia a prática do trabalho escravo, no Brasil, isso fica claro.

São trabalhadores migrantes, como nas plantações de cana-de-açúcar e nas fazendas de gado, e às vezes imigrantes, como é o caso dos bolivianos que trabalham na indústria de confecção; arregimentados em local distante de onde vai haver a prestação de serviços; sem perspectiva de realizar outra atividade que garanta sua sobrevivência; sem o grau de conhecimento mínimo que lhes permita questionar, ainda que intimamente, as péssimas condições de trabalho que lhes são oferecidas.

Mais. Por conta de todas essas condições, são altamente influenciáveis e, no mais das vezes, levados a crer que o que lhes é exigido é permitido por lei. Tudo isso leva a estado em que sua vontade é anulada, "criando" situação de sujeição tal que não se pode, sob qualquer pretexto, falar em outra condição que não a de clara violação à sua liberdade.

A segunda conclusão, então, para caracterizar o trabalho em condições análogas à de escravo, é que deve haver a sujeição do trabalhador ao tomador de serviços, e que se vai materializar, em graus variados, em todas as hipóteses de redução da pessoa à condição análoga à de escravo.

Isso, pensamos, deve ser perfeitamente identificado nos relatórios apresentados tanto pela autoridade administrativa do trabalho, como pela autoridade policial, assim como deve ser de indicação obrigatória nas ações, penais ou trabalhistas, propostas pelo Ministério Público.

Por fim, é preciso considerar o fato de que, para ocorrer qualquer hipótese do art. 149 do Código Penal, ou seja, para que se identifique o trabalho escravo como conhecemos no Brasil, na atualidade, é preciso que se esteja diante de uma relação de trabalho[20] — realizada ao arrepio da legislação que a rege, e tipificada como um ilícito penal, mas, ainda assim, uma relação de trabalho.

Passeando rapidamente pelos autores, Nucci afirma que o sujeito ativo do delito é, como regra, o empregador e seus prepostos e, o sujeito passivo, somente a pessoa "vinculada a uma relação de trabalho"[21]. Bitencourt, de sua parte, ensina que, a partir

---

(20) Observe-se que, pouco importa se esta relação está mascarada, encoberta, formalizada como, por exemplo, um (falso) contrato de arrendamento ou de parceria. Há relação de trabalho quando um ser humano presta serviços a outrem em troca de um bem com expressão econômica. A relação jurídica de trabalho, assim como a relação jurídica de emprego, é baseada na realidade dos fatos, não na forma.
(21) NUCCI, Guilherme de Souza. *Código Penal comentado.* 9. ed. São Paulo: Revista dos Tribunais, 2008. p. 690.

da alteração do art. 149, só pode ser sujeito passivo quem for trabalhador, devendo haver o que denomina de "relação de prestação de serviço"[22]. Greco, por fim, segue na mesma linha, ao entender que, a partir da Lei n. 10.803/03, "foram delimitados os sujeitos ativo e passivo do delito [...], devendo, agora, segundo entendemos, existir entre eles relação de trabalho"[23].

Pode-se dizer então que, qualquer que seja o meio de execução, o crime de reduzir alguém à condição análoga à de escravo ocorre em relação de trabalho mantida entre o trabalhador e o tomador de seus serviços, com violação da dignidade e da liberdade do primeiro[24].

3. Caracterização jurídica da restrição de locomoção por dívida contraída

Feita essa caracterização genérica do tipo penal do art. 149 do Código Penal, cumpre discutir o meio de execução em estudo, que é a restrição à locomoção do trabalhador, por qualquer meio, em razão de dívida contraída com o empregador ou preposto.

Essa prática ilícita também é conhecida, ou melhor, é mais conhecida como servidão por dívida.

Ela é definida na Convenção Suplementar Relativa à Abolição da Escravatura, do Tráfico de Escravos e das Instituições e Práticas análogas à Escravatura, de 1956, da organização das Nações Unidas[25], como:

> o estado ou a condição resultante do fato de que um devedor se haja comprometido a fornecer, em garantia de uma dívida, seus serviços pessoais ou os de alguém sobre o qual tenha autoridade, se o valor desses serviços não for equitativamente avaliado no ato da liquidação de dívida ou se a duração desses serviços não for limitada nem sua natureza definida (art. 1º, letra *a*).

Talvez por isso seja comum explicar esse meio de execução fazendo analogia com o modelo de servidão próprio do feudalismo, no período da Idade Média[26].

Não creio que seja preciso ir tão longe, buscando modelo que não se ajusta de forma precisa ao meio de execução em discussão. Na verdade, o meio reflete a necessidade de repressão a comportamento comum na Amazônia, e que vem desde o

---

(22) *Tratado de direito penal*. 9. ed. São Paulo: Saraiva, 2009. p. 400. 2: parte especial: dos crimes contra a pessoa.
(23) GRECO, Rogério. *Curso de direito penal*: parte especial. 5. ed. Niterói: Impetus, 2008. v. 2, p. 545.
(24) A esse respeito, Ela Wiecko de Castilho, tratando genericamente das formas de prestação de serviços que possam caracterizar o trabalho em condições análogas à de escravo, e depois de descrever algumas práticas específicas, afirma que deve ser considerada "toda outra situação, qualquer que seja seu nome e independentemente da aparência que possa apresentar, que equivalha, ou se assemelhe, à escravidão ou à servidão, isto é, que negue ou menospreze a dignidade e a liberdade essencial da pessoa individual", enfatizando a violação aos princípios fundamentais que aludimos acima (Em busca de uma definição jurídico-penal de trabalho escravo, na coletânea *Trabalho escravo no Brasil contemporâneo*. São Paulo: Loyola; Goiânia: Comissão Pastoral da Terra, 1999. p. 84).
(25) Promulgada pelo Presidente da República, no Brasil, por meio do Decreto n. 58.563, de 1º de junho de 1966.
(26) E que se aproxima mais da hipótese definida no art. 1º, letra *b*, da Convenção mencionada.

Ciclo da Borracha, sendo consequência do que se conhece como "aviamento" ou "sistema de Aviamento", na parte em que esse sistema ditava a relação entre seringalistas e seringueiros[27].

Comum na relação entre seringueiros e seringalistas, e também chamado de "sistema de barracão", consistia em um sistema de "financiamento compulsório" da atividade dos primeiros pelos últimos.

Os seringueiros, nesse sistema, eram obrigados a entregar o resultado de sua atividade aos seringalistas e, em contrapartida, obrigados também a adquirir todos os produtos necessários à atividade e à própria sobrevivência nos barracões dos últimos.

Ocorre que, como explica Violeta Refkalefsky Loureiro,

> Os preços cobrados por esses artigos eram exorbitantes e os preços pagos pelas bolas de borracha muito baixos. No final, o seringueiro estava sempre devendo ao barracão[28].

E o que impedia o seringueiro de, percebendo essa dívida perpétua, abandonar o trabalho? Como explica a mesma autora, o fato de que "Os seringais eram cuidadosamente controlados por vigias armados, que atiravam naqueles que tentavam fugir deixando dívidas", além do fato de que os outros seringais só recebiam seringueiro que comprovasse estar quite com o dono do seringal anterior[29].

Como afirma Samuel Benchimol, "Administrar um seringal era tarefa bastante difícil e complexa" e, entre as múltiplas funções dos seringalistas, uma delas era a de "justiçar" seringueiros fujões[30].

O Seringueiro, então, no sistema do aviamento, pela "dívida" que não era capaz de pagar, e pelo fato de que, por esse motivo, não podia deixar o garimpo, era claramente pessoa reduzida à condição análoga à de escravo.

Como diz Márcio Souza, o seringueiro,

> Era aparentemente livre, mas a estrutura concentracionária do seringal o levava a se tornar um escravo econômico e moral do patrão. Endividado, não conseguia mais escapar. Se tentava fuga, isto podia significar a morte ou castigos corporais rigorosos[31].

Da mesma forma Roberto Santos, que explica que nos seringais havia guarda armada para impedir que os seringueiros "em débito" fugissem, colaborando a polícia

---

(27) Mas não só na Amazônia e em razão do aviamento, pois, conforme Neide Esterci, ainda no período da escravidão isso ocorreu no colonato, no Sudeste, nas fazendas de café, e na morada, no Nordeste, nos engenhos de açúcar (A dívida que escraviza, na coletânea *Trabalho escravo no Brasil contemporâneo*. São Paulo: Loyola; Goiânia: Comissão Pastoral da Terra, 1999. p. 101).
(28) *Amazônia*: estado, homem, natureza. 2. ed. Belém: Cejup, 2004. p. 38.
(29) A história social e econômica da amazônia. In: *Estudos e problemas amazônicos*: história social e econômica e temas especiais. Belém: Instituto do Desenvolvimento Econômico-Social do Pará (IDESP), 1989. p. 19.
(30) *Amazônia* — formação social e cultural. Manaus: Valer; Editora da Universidade do Amazonas, 1999. p. 142-143.
(31) *O empate contra Chico Mendes*. São Paulo: Marco Zero, 1990. p. 48.

oficial com essa prática, remetendo de volta os que capturasse. Ensina ainda que a contabilidade nas relações entre as partes era controlada pelo seringalista, que "detinha a possibilidade de fazer os números dançarem ao compasso de seus interesses"[32].

Vejamos agora o que diz José Carlos Aragão Silva:

> A vigilância permanente tinha como objetivo evitar a fuga de peões, manter a disciplina, assim como instaurar a sensação de constante controle sobre o empregado, como se ele se encontrasse numa fábrica do século XVIII, onde, do alto, os patrões vigiavam tudo, instalando a sensação de visão panóptica referida por Foucault (1989).

Contudo, além dos "onipresentes pistoleiros" (SUTTON, 1994) existiam outros mecanismos mais eficientes que prendiam os trabalhadores de Presidente Dutra na Fazenda Santo Antônio do Indaiá, e que ainda continuam a aprisionar peões no sul do Pará. Trata-se das correntes invisíveis da dívida, as quais, no caso aqui estudado, haviam sido estabelecidas a partir do momento em que os peões receberam o "abono" do empreiteiro[33].

Esse relato, praticamente idêntico aos anteriores, relativos ao Ciclo da Borracha, que inicia no século XIX, é de situação vivida por trabalhadores maranhenses no final de 1990.

Isso revela que o meio de execução que no art. 149 do Código Penal é denominado de "Reduzir alguém a condição análoga à de escravo, [...] restringindo, por qualquer meio, sua locomoção em razão de dívida contraída com o empregador ou preposto" está claramente inspirado na necessidade de reprimir uma prática que é secular na Amazônia; que, conforme vimos com Esterci, ocorreu em outros locais do País; e que se traduz na retirada do direito do trabalhador de cessar o trabalho e deixar o local em que o serviço é prestado, somente pelo fato de ter contraído dívida com o tomador dos serviços, ou, como é bastante comum, com seus prepostos, com destaque para os "gatos"[34], desde o aliciamento.

A prática, já nefasta por si só, agrava-se pelo fato de que a "dívida", via de regra, é artificialmente criada, quer porque os valores cobrados dos trabalhadores estão muito acima do preço usual, quer porque o tomador dos serviços, que tem o risco da atividade, transfere parte desse risco cobrando dos trabalhadores até pelos instrumentos de trabalho, necessários à execução da atividade e, portanto, de inteira responsabilidade do primeiro.

---

(32) *História econômica da Amazônia*: 1800-1920. São Paulo: T. A. Queiroz, 1980. p. 165-166.
(33) Conversa bonita: o aliciamento e os caminhos que levam à escravidão por dívida. In: CERQUEIRA, Gelba Cavalcante de e outros (org.). *Trabalho escravo contemporâneo no Brasil*: contribuições críticas para sua análise e denúncia. Rio de Janeiro: UFRJ, 2008. p. 213.
(34) "Gato" deve ser entendido como o indivíduo que, a mando do tomador dos serviços, alicia os trabalhadores para o trabalho nas fazendas, sob sua direção ou não, e que é o responsável, via de regra, por fazer o primeiro adiantamento em dinheiro para que os trabalhadores deixem com suas famílias ou saldem suas dívidas.

Em relação a esse último aspecto, Ricardo Rezende Figueira narra a situação na qual trabalhadores, na fazenda Flor da Mata, no sul do Pará, em 1997, são levados pelo "gato" fogoió e por peões armados a "fazer a cantina", ou seja "adquirir a comida e os instrumentos de trabalho do próprio *gato*"[35].

No plano do Direito, segundo Fernando Capez, trata-se de cercear, obstar a liberdade de ir e vir da pessoa. Para o autor,

> A vítima se encontra obrigada a trabalhar sem permissão para deixar o local até a quitação total da dívida contraída com o patrão ou preposto. Neste último caso, geralmente não há pagamento em dinheiro, mas mediante compensação de débito, quase sempre de difícil quitação[36].

Essa difícil quitação, a propósito, é de fácil compreensão, bastando que lembremos de Roberto Santos, citado acima falando do aviamento na época da borracha, quando este indica que a controle da dívida pertencia ao tomador dos serviços, permitindo a este fazê-la "dançar" (leia-se aumentar) conforme seus interesses.

É como diz Pierangeli, a respeito da dívida:

> Uma dívida que nunca fica saldada, que mensalmente aumenta por meio de expedientes ilícitos, inclusive da fraude ou incidência de juros extorsivos, não obstante o trabalho desempenhado pela vítima por todo o mês[37].

Feita essa exposição a respeito de como ocorre a conduta no modo de execução em discussão, de seus antecedentes, e da visão doutrinária a respeito, cabe indicar os elementos que caracterizam, em conjunto, a restrição de locomoção do trabalhador, por qualquer meio, em razão de dívida contraída: 1. a existência de uma relação de trabalho; 2. a existência de uma dívida de qualquer natureza, lícita ou ilicitamente constituída, que tenha o trabalhador para com o tomador de seus serviços ou com seus prepostos; 3. o impedimento ao direito do trabalhador de deixar o trabalho, por meio da coação, que pode ser física ou moral, ou por qualquer outro meio que impossibilite o seu deslocamento[38], em razão da dívida referida no item 2.

Nesse sentido, acreditamos que a restrição de locomoção do trabalhador, por qualquer meio, em razão de dívida contraída, para os fins do art. 149 do Código Penal, deve ser definida como:

> A restrição ao direito do trabalhador de deixar o trabalho, por coação ou qualquer outro meio, em razão de dívida, lícita ou ilicitamente constituída, deste para com o tomador de seus serviços ou com seus prepostos.

---

(35) *Pisando fora da própria sombra*: a escravidão por dívida no Brasil contemporâneo. Rio de Janeiro: Civilização Brasileira, 2004. p. 174.
(36) *Curso de direito penal*. 9. ed. São Paulo: Saraiva, 2009. p. 346. 2: Parte especial.
(37) PIERANGELI, José Henrique. *Manual de direito penal brasileiro*. 2 ed. São Paulo: Revista dos Tribunais, 2007. p. 160. v. 2: Parte especial.
(38) A esse respeito, Luiz Regis Prado ensina que "o agente pode se utilizar da ameaça, violência, fraude, desde que idôneos à sujeição do sujeito passivo ao seu domínio" (*Direito penal*: parte especial — arts. 121 a 196. São Paulo: Revista dos Tribunais, 2008. p. 64).

É que, na definição acima, pensamos, estão presentes os elementos básicos desse meio de execução, que é a presença da relação de trabalho, indispensável hoje para a caracterização do tipo penal, e o fato de que o trabalhador tem o seu direito de deixar o trabalho obstado, em razão da "obrigação" que teria para com o tomador de seus serviços ou com os prepostos deste, em razão de dívida.

A propósito da dívida, embora tenhamos visto mais acima que o normal é inflá--la a partir da cobrança de preços abusivos, bem como cobrar o que não é devido, como os instrumentos para o trabalho e outros bem necessários à realização da atividade, todos de responsabilidade, no tocante ao fornecimento, do tomador dos serviços, é preciso ressaltar sempre que pouco importa sua origem lícita ou ilícita, pois não é possível obstar, em qualquer hipótese, a liberdade de locomoção do trabalhador em razão de dívida contraída em relação de trabalho.

Para encerrar, é preciso repisar, aqui especificamente em relação a esse meio de execução, a observação que fizemos genericamente mais ao norte, neste ensaio: o responsável pela investigação, ao se deparar com situação que implique na restrição de locomoção em razão de dívida contraída deve indicá-la de forma analítica, ou seja, indicando a presença de todos os elementos que caracterizam o meio em comento.

Fazê-lo de forma genérica, como às vezes pode ocorrer, gera o risco de a situação não ficar devidamente caracterizada, o que é importante para a obtenção de uma decisão de condenação, especialmente em matéria penal.

Trabalho em Condição Análoga à de Escravo: um Conceito para os Tempos Pós-Modernos

Carina Rodrigues Bicalho[*]

1. Introdução: o trabalho escravo como tema. Por quê?

O Estado Brasileiro comprometeu-se, internacionalmente, com as metas do milênio ao ratificar a Declaração do Milênio aprovada por meio da Resolução n. A/55/L.2 da Assembleia Geral das Nações Unidas em 18 de setembro de 2000, documento que reúne os planos de todos os Estados-membros da ONU para melhorar a vida dos habitantes do planeta no século XXI.

Por meio desse documento, foram definidos alvos e metas concretos, como reduzir para a metade a porcentagem de pessoas que vivem na pobreza extrema, fornecer água potável e educação a todos, conter a propagação do *HIV/Aids* e alcançar outros objetivos no domínio do desenvolvimento.

Dentre as **metas** estão a redução pela metade, entre 1990 e 2015, da proporção da população com renda inferior a 1 (um) dólar PPC por dia (algo em torno de R$ 40,00/mês); **alcançar o emprego pleno e produtivo e o trabalho decente para todos**, incluindo mulheres e jovens; promover a igualdade entre os sexos e a autonomia das mulheres, considerando que, no Brasil, em 2005, a proporção de homens trabalhando com carteira assinada era de 35%, contra 26,7% das mulheres.[1]

Alcançar o trabalho decente, como meta do milênio, traduz-se, no mínimo, em erradicar o trabalho escravo[2] no Brasil e promover a inclusão social por meio do trabalho decente até 2015.

---

[*] Procuradora do Trabalho (MPT da 1ª Região). Mestre em Direito pela UFMG. Ex-Juíza do Trabalho do TRT da 3ª Região.
[1] Íntegra do documento disponível em:< http://www.pnud.org.br/odm/>.
[2] Este trabalho utiliza o termo reduzido "trabalho escravo" para fazer referência ao termo legal "trabalho em condições análogas a de escravo".

O Plano Nacional para a Erradicação do Trabalho Escravo, lançado pelo Governo Federal em 2003, exige ações concretas das instituições governamentais relacionadas ao trabalho para alcançar a meta de erradicação do trabalho escravo.

Erradicar o trabalho escravo: é esse um dos desafios que está entregue aos Poderes Públicos e à sociedade.

Ao par, ou em razão desses compromissos, observa-se uma tentativa de restringir o conceito de trabalho em condições análogas à de escravo, por meio da alteração da lei ou da interpretação pela fixação de critérios rígidos, ao argumento da incerteza gerada pela suposta vagueza do texto legal.

Insiste-se na elaboração de um "marco regulatório" quando este, na verdade, já existe. Ouve-se mesmo a sugestão de que se evite a expressão "trabalho escravo" nas ações civis públicas trabalhistas para que não sejam discrepantes os números de sentenças trabalhistas que reconhecem o trabalho escravo se comparadas às sentenças penais condenatórias, como se não houvesse, na esfera trabalhista, consequências diversas entre o reconhecimento do trabalho em condições análogas à de escravo e outras formas de superexploração do trabalho.[3]

Essa tentativa já foi denunciada por José Cláudio Monteiro de Brito Filho (2004: 86), que afirma: "Não há sentido, então, na tentativa que se vem fazendo de descaracterizar o trabalho em condições degradantes, como se este não pudesse ser indicado como espécie de trabalho escravo".

A finalidade deste artigo é, portanto, demonstrar que a textura aberta da linguagem é uma característica do Direito que se coaduna com o nosso tempo, com a estrutura pós-moderna de organização dos meios de produção e com a exigência de efetivação dos Direitos sociais querida pela CF/88. Demonstrar que o conceito legal de trabalho em condições análogas à de escravo adota termos abertos, sendo essa uma característica necessária à estratégia de erradicação de trabalho escravo e a melhoria das condições de trabalho e vida do homem-trabalhador, que é, em si, uma das finalidades do Direito do Trabalho e do próprio Estado Brasileiro. Pontuar as estratégias atuais de combate ao trabalho em condições análogas à de escravo que concretizam o conceito, com destaque para a Lista Suja, indicando a estreita relação entre este instrumento e a pós-modernidade. E, por fim, afastar os argumentos pela restrição do conceito legal de trabalho escravo, fincados na textura aberta da linguagem e na distinção entre o número de condenações trabalhistas e penais por submissão a trabalho em condições análogas às de escravo no Brasil.

A escolha do tema passou, ademais, pela oportunidade de, com essa abordagem, parabenizar os Magistrados do Tribunal Regional do Trabalho da 8ª Região e sua Associação de classe — AMATRA 8, que completa 30 anos, por se fazerem Juízes-

---

(3) Brito Filho (2004:69) Piores formas de superexploração do trabalho: trabalho forçado; trabalho em condições degradantes; trabalho com discriminação e/ou exclusão; o trabalho infantil; o trabalho intermediado (trabalho precário).

-cidadãos, em Varas itinerantes ou locais, na luta pela erradicação do Trabalho Escravo, conscientes do papel crucial do Poder Judiciário na efetivação dos direitos fundamentais do homem-trabalhador.

2. O TEMA EM CONTEXTO: A PÓS-MODERNIDADE E O ESTADO DESENHADO PELA CONSTITUIÇÃO DE 1988

A sociedade pós-moderna é a sociedade da informação, da velocidade, da tecnologia. Uma sociedade pós-industrial baseada em informações instantâneas para transformações rápidas. Uma empresa enxuta, robotizada e com trabalhadores altamente especializados. Um povo individualista e consumista, que, no rosto traz, porém, um misto de fascinação e desassossego.

O paradigma da pós-modernidade rompeu com todo binarismo (bem/mal, branco/preto, civilizado/bárbaro) e, assim, teve o condão de libertar as sociedades de dominações totalitárias a partir de um único tipo de exercício de razão.

A razão, como prometia o ideário iluminista, não trouxe todas as respostas e não emancipou o homem. O Direito — interventor, estatal e como solução racional única — não está sendo capaz de ordenar uma sociedade complexa e mutante como a contemporânea.

Diz Bauman (1998:156): "O mundo de leis duras, severas e ostensivamente inabaláveis, que deixa ao indivíduo exclusivamente o dever de se ajustar e se conformar" já não é mais experimentado pelos homens e mulheres pós-modernos. Os homens e mulheres pós-modernos trocaram segurança por liberdade:

> Os mal-estares da modernidade provinham de uma espécie de segurança que tolerava uma liberdade pequena demais na busca da felicidade individual. Os mal-estares da pós-modernidade provêm de uma espécie de liberdade de procura do prazer que tolera uma segurança individual pequena demais. (BAUMAN, 1998:10)

É esse o cenário do esgotamento da modernidade e o esvaziamento de suas instituições. Mas há um preço a ser pago: **a incerteza é uma característica da pós--modernidade** a que Bauman (1998:37) se refere quando diz do *viver sob condições de esmagadora e autoeternizante incerteza é uma experiência inteiramente distinta da de uma vida subordinada à tarefa de construir a identidade e vivida num mundo voltado para a constituição da ordem*, esse mundo moderno já ultrapassado.

No entanto, o discurso da pós-modernidade, ao exacerbar o pluralismo e a tolerância a tudo, desde que o indivíduo se sinta bem (digo, consuma bem), afasta-se de qualquer horizonte utópico, do sentido da vida e do lugar comum do social. (BOFF, 2004: 17/20)

Alerta Boff, sobre o descompromisso com a ética desencadeado pelo relativismo total, desinteresse professado por uma humanidade melhor e completa ausência de solidariedade defendidas pelo paradigma da pós-modernidade: "Esse tipo de pluralismo e a tolerância-aceptância descompromissada com qualquer verdade tornam extremamente pesada a vida e a causa de 2/3 da população mundial. Os empobrecidos do mundo têm perversidades a denunciar em nome de verdades e de causas pelas quais vale lutar". (BOFF, 2004: 17/20)

Se, de um lado, vive uma sociedade pós-industrial globalizada e fascinada pela tecnologia, porém desconfortada pelas incertezas, de outro, está um exército de excluídos, reclamando apoio para causas pelas quais vale a pena lutar, como o direito de viver com os filhos melhor do que os animais e de comer, no mínimo, uma vez ao dia.

Além de desencadear um aumento do desemprego mundial estrutural e a precariedade nas condições de trabalho e do valor da mão de obra, a sociedade do trabalho no pós-moderno convive com seu oposto: a superexploração do trabalho humano, nos subsistemas plurais.

Para Viana (2006:1), observando-se detidamente, será possível ver que o *progresso* vale-se de seu contrário e, "mais do que uma anomalia, o fenômeno do trabalho escravo aponta para todo um corpo doente; é parte integrante de um novo modelo".

A superexploração do trabalho humano, observa o sociólogo José de Souza Martins, foi incorporada pelo sistema atual de organização do trabalho com meio de aumentar o acúmulo de capital sem investir em capital constante:

> Na dinâmica própria de uma economia crescentemente globalizada, virtualidades do processo de exploração do trabalho, ainda da fase da chamada acumulação primitiva, tornaram-se novamente reais e ressurgiram adaptadas à racionalidade do capital moderno, como mostro nas reflexões sobre as formas contemporâneas de escravidão. Não só porque a intensificação da globalização, que é própria do processo do capital, fez com que o capital se reencontrasse com formas de exploração pré-capitalistas de trabalho, das quais aparentemente se divorciara há muito. Mas também porque encontrou-se com valores, mentalidades e concepções da vida e do trabalho muito frágeis em face do poder destrutivo e de sujeição do capital globalizado. (MARTINS, 2002:17)

O paradigma da pós-modernidade, que se coloca como a-ético e a-jurídico em um contexto de Estado Poiético[4] estaria apto a construir, com eficácia, soluções aos problemas emergentes ou pretende negar a existência da "sujeira" do próprio sistema

---

(4) Expressão do Prof. Joaquim Carlos Salgado referindo-se a uma ruptura do Estado Ético Contemporâneo, o Estado Poiético, que é abertamente a-ético e a-jurídico, no qual há a prevalência do econômico, que fixa e estabelece regras determinando o afastamento do homem como fim em si mesmo para entendê-lo como um instrumento e, como tal, passível de exploração. In: SALGADO, Joaquim Carlos. O Estado ético e o Estado poiético. *Revista do Tribunal de Contas do Estado de Minas Gerais.* Belo Horizonte, v. 27, n. 2, p. 37-68, abr./jul. 98. Disponível em: <www.tce.mg.gov.br/revista>.

e entregar a solução dos problemas coletivos (à exemplo da sobrevivência da população mundial) à sorte individual?

Os homens e mulheres pós-modernos e as empresas globais pugnam por um Estado econonicista, desregulamentador, que reduza tributos ao tempo em que os protege, com eficiência e a baixos custos, dos excluídos do sistema. Bauman (1998:24/25) aponta duas exigências contraditórias dirigidas ao Estado:

> Uma é a exigência (...): privatizar-se o uso dos recursos privados, desmantelando as coações politicamente impostas, cortando tributos e despesas públicas. Outra exigência (...) é sobre a prevenção do protesto igualmente desregulamentado e privatizado das vítimas da desregulamentação e privatização. Aqueles que a expansão da liberdade do consumidor privou das habilidades e poderes do consumidor precisam ser detidos e mantidos em xeque. Como são um sorvedouro dos fundos públicos e por isso, indiretamente, do 'dinheiro dos contribuintes', eles precisam ser detidos e mantidos em xeque ao menor custo possível. (...). Se é mais barato excluir e encarcerar os consumidores falhos para evitar-lhe o mal, isso é preferível ao restabelecimento de seu *status* de consumidores através de uma previdente política de emprego conjugada com provisões ramificadas de previdência.

Atente-se para a conclusão de que **é mais barato** — e é essa a tônica do Estado Poiético e, portanto, é **preferível: utilizar a pobreza,** pela superexploração do trabalho que representa diminuição de custos, enquanto puder ser útil ao sistema, ou **incriminar a pobreza** e encarcerá-la **do que investir em uma política de emprego digno** permeada por assistência na hipótese de desemprego. E, veremos, que a tônica do Estado poiético é que, de fato, sustenta o discurso da restrição do conceito de trabalho escravo.

Foi essa, no entanto, a opção da Constituição de 1988?

O Estado Brasileiro, em 1988, assentou-se sobre a soberania, a cidadania, a dignidade da pessoa humana, os valores sociais do trabalho e da livre iniciativa e o pluralismo político (art. 1º, incisos I a V) e destacou que o titular do poder político (o povo) o exerce indiretamente, por meio de seus representantes, e diretamente, nos termos desta Constituição (parágrafo único, do art. 1º) declarando que a República Federativa do Brasil constitui-se em Estado Democrático de Direito.

Como fundamento do Estado,

> [...] a dignidade da pessoa humana traduz, na Constituição Federal de 1988, a ideia de que o valor central da sociedade está na pessoa, centro convergente dos direitos fundamentais. Considerada referida perspectiva constitucional é que se qualifica a dignidade como princípio fundamental de todo o ordenamento jurídico brasileiro (DELGADO, 2006: 79-80).

Como consequência da centralidade do homem e de sua dignidade, a centralidade dos direitos fundamentais.

Nesse conceito, está ínsita a ideia de igualdade material enquanto igualdade de oportunidades para a autorrealização, qual seja, igualdade de chances de gozar efetivamente das liberdades (negativas ou positivas) constitucionalmente garantidas, donde se extrai a necessidade de ações estatais dirigidas a criar condições efetivas para a concreção dessa igualdade de oportunidades, corrigindo distorções na distribuição de poder e recursos[5].

A Constituição da República Federativa do Brasil que se estabelece como Estado Democrático de Direito é, para além de um instrumento de organização de poderes e competências, um plano normativo-material, inspirado axiologicamente pelos direitos fundamentais, que determina tarefas, programas e fins do Estado hierarquicamente superior às demais normas sobre as quais irradia seu conteúdo e seus valores.

Assim defende a agora Ministra Carmen Lúcia Antunes Rocha:

> Verifica-se que todos os verbos utilizados na expressão normativa — construir, erradicar, reduzir, promover — são de ação, vale dizer, designam um comportamento ativo. O que se tem, pois, é que os objetivos fundamentais da República Federativa do Brasil são definidos em termo de obrigações transformadoras do quadro social e político retratado pelo constituinte quando da elaboração do texto constitucional. (ROCHA, 1996: 285).

A noção de Constituição como um construir, como constituinte, fica evidente quando confrontada com a realidade a qual se propõe regular: uma realidade brasileira, de modernidade tardia, na qual não foram realizadas as promessas da modernidade, na qual não foram efetivados direitos sociais, sequer, os mínimos.

Portanto, para realizar as promessas não cumpridas pelo Estado Social, "o Estado Democrático de Direito teria a característica de *ultrapassar* não só a formulação do Estado Liberal de Direito, como também a do Estado Social de Direito — vinculado ao *welfare state* neocapitalista — impondo à ordem jurídica e à atividade estatal um conteúdo utópico de *transformação da realidade*" (STRECH; MORAIS, 2008: 99).

É essa a finalidade e a razão de existir do Estado Democrático do Direito desenhado pela Constituição de 1988: **transformar a realidade social, realizando a justiça social e, para isso, os direitos sociais, utilizando-se de instrumentos democráticos.**

O contexto em que se insere o debate sobre o conceito de trabalho escravo (ou o seu marco regulatório) é de uma realidade pós-moderna de empresas globais com trabalhadores superqualificados convivendo com superexplorados em subsistemas

---

(5) Baldassarre (2001), ao analisar os fundamentos normativos gerais dos "Direitos Sociais": o princípio da dignidade humana e da igualdade, conclui que a dignidade da pessoa humana é o fundamento axiológico tanto dos direitos de liberdade como os direitos sociais. Contudo, agrega à dignidade da pessoa humana um conteúdo de igualdade, não no sentido formal, mas no sentido substancial (*equal liberty*) como igualdade de chances de gozar efetivamente das liberdades (negativas ou positivas) constitucionalmente garantidas.

plurais, indivíduos egoístas e consumistas inseridos em uma atmosfera de incerteza reinante e um Estado Poiético que quer destruir a promessa Constitucional de transformação da realidade social e efetivação de direitos sociais.

3. A TEXTURA ABERTA DA LINGUAGEM: AS LIÇÕES DE HART PARA A ANÁLISE DO CONCEITO

O que é "trabalho escravo"?

Quando essa pergunta vem à tona, a remissão ao art. 149 do Código Penal é imediata. Indubitavelmente, é o art. 149 do CP que externa a opção brasileira de *abolição da escravidão em direito*[6], criminalizando a conduta, o que o torna, portanto, a principal regra que veda a superexploração do trabalho sob a forma de trabalho escravo, razão pela qual será, a partir dela, que se fará a análise do conceito.

Entretanto, convém recordar que o arcabouço jurídico que sustenta a atuação nas esferas trabalhista e administrativa de erradicação do trabalho escravo forma-se a partir da Constituição da República de 1988, passando pelo art. 149 do CP e sustentando-se, ainda, nas Convenções Internacionais ratificadas pelo Brasil dentre as quais as Convenções ns. 29 e 105 da OIT, a Convenção sobre a Escravatura de 1926 (Decreto n. 58.563/66), a Convenção Suplementar sobre a Abolição da Escravatura, do Tráfego de Escravos e das Instituições e Práticas análogas à Escravatura de 1956 e a Convenção Americana sobre Direitos Humanos (Decreto n. 678/92) por meio das quais o Brasil compromete-se a adotar medidas legislativas e de outra natureza para erradicar o trabalho escravo.

O art. 149 do CP foi substancialmente modificado pela Lei n. 10.803/03. Antes da nova redação, a conduta típica era: reduzir alguém à condição análoga à de escravo. Necessário seria recorrer à analogia e, à vista das condições de trabalho e vida imposta aos escravos do Brasil escravocrata, verificar se as condições impostas às vítimas eram análogas às dos escravos brasileiros.

Pela ideia do que era vida dos escravos brasileiros, a que se pode alcançar pela literatura em geral e pelos livros de história, apoiava-se o tipo na necessária *restrição à liberdade*.

Para a análise do tipo penal de 1940, avultava-se a importância da privação da liberdade e do completo estado de sujeição, que seriam, no entender do Juiz Federal Carlos Henrique Borlindo Haddad (2008:5), as marcas da escravidão pré-republicana.

O que se evidencia pela alteração legal é que, além de melhor delinear o tipo penal especificando condutas que o preenche, os bens jurídicos tutelados são a liberdade

---

(6) A expressão é de Pétrè-Grenouilleau. Diz: "No geral, como se vê, seria no mínimo ingênuo acreditar que 'os progressos da civilização' vieram automaticamente acompanhados da erradicação da escravidão, ou mesmo de sua extinção gradativa. No entanto, seria injusto subestimar o avanço sem igual na história da humanidade que foi a *abolição da escravidão em direito* em todos os países do mundo e no direito internacional. Já é um passo considerável que a escravidão seja universalmente reconhecida como inaceitável, se não em fato, ao menos em princípio, e que nenhuma pessoa sensata pense em justificá-la moralmente." (2009:101)

e dignidade do homem-trabalhador, avultando-se de importância ambos os valores, concomitantemente.

Agora, o tipo penal é: "Reduzir alguém a condição análoga à de escravo, **quer** submetendo-o a **trabalhos forçados** ou à **jornada exaustiva**, **quer** sujeitando-o a **condições degradantes** de trabalho, **quer restringindo**, por qualquer meio, sua **locomoção** em razão de dívida contraída com o empregador ou preposto".

O recurso legislativo de indicar condutas que preenchem o tipo (quer submetendo a jornadas exaustivas, quer...) é feito por meio de elementos normativos e, portanto, não lhe retira abertura.

Trata-se de um tipo penal aberto, como tantos no código penal e, logo, cabe ao Ministério Público e ao Magistrado preenchê-lo, quando da análise do tipo penal; ao Auditor Fiscal do Trabalho, quando aplica o conceito no âmbito administrativo e ao Juiz do Trabalho, quando analisa as consequências da situação de trabalho escravo na esfera cível-trabalhista, observando as características de cada tipo de procedimento.

Preencheriam o tipo penal a privação ou restrição da liberdade, a submissão a trabalhos forçados, à jornada exaustiva, a condições degradantes de trabalho, em **caráter alternativo**. Somente quanto ao primeiro, é imprescindível a restrição da liberdade de locomoção; quanto aos demais, não há qualquer alusão ao cerceamento da liberdade de locomoção. (HADDAD, 2008:5) E, em especial, quando se refere a "condições degradantes de trabalho", acolhe a dignidade da pessoa humana como bem jurídico tutelado.

O que são o "trabalho forçado", a "jornada exaustiva" e as "condições degradantes de trabalho"?

Estaria comprometida a capacidade do Direito de comunicar padrões de conduta capazes de orientar o indivíduo, com algum grau de segurança, sobre seu próprio proceder pela clara opção legislativa, quando da prescrição do tipo penal do art. 149, em adotar elementos normativos ou termos abertos?

Hart analisa a relação entre a filosofia da linguagem e a filosofia do direito para responder qual o papel da linguagem na constituição e na operacionalização do direito e reconhece que nenhum cânone interpretativo seria capaz de eliminar, por total, as incertezas das normas e dos precedentes em razão de uma incompletude essencial das descrições empíricas, e, portanto, inerente à linguagem, a qual impossibilita a descrição do conjunto total de situações em que uma palavra se aplica ou não. Hart aponta duas possibilidades de lacunas: a) quando não há lei aplicável ao caso concreto; b) quando há textura aberta[7] da linguagem: ocorre em termos, sentenças e regras, quando há uma penumbra de dúvida sobre a aplicação ou não do conceito[8]. (STRUCHINER, 2002:120).

---

(7) Textura aberta: palavras que sempre comportam novos significados.
(8) Struchiner traz as lições do filósofo da linguagem Wasimann, que primeiro analisa o conceito de textura aberta da linguagem, para quem "nenhuma linguagem está preparada para todas as possibilidades" para, então, analisar a aplicação da textura aberta ao Direito, fazendo uma análise crítica dessa e de sua contribuição na aplicação do Direito, tendo Hart como marco teórico.

Ainda assim, reconhecendo que não é possível saber, de antemão, todas as hipóteses de incidência da norma, já que as próprias palavras que compõem a regra ou o precedente podem ter uma zona de incerteza, o Direito é possível, enquanto instrumento de controle social, porque toda regra tem um núcleo de certeza, no qual a maioria dos casos é encontrado. E, para os casos de incerteza, há técnicas jurídicas como a prescrição de regras gerais aliadas ao poder regulamentar ou como a possibilidade de valer-se o Direito de *juízos comuns sobre o que é razoável* no caso concreto.

Diz Hart (1961:157/8), que haverá casos óbvios, que aparecem constantemente em contextos similares, nos quais as expressões gerais são claramente aplicáveis. Mas haverá casos em que não se sabe se o conceito se aplica ou não. Esses últimos são situações de fato que a natureza ou a criatividade humana apresentam e que só exigem algumas das características dos casos óbvios e outras, não. Os casos claros em que parece não ser necessária a interpretação e o reconhecimento dos exemplos parece ser automático são apenas aqueles mais familiares que se repetem mais constantemente no mesmo contexto e a respeito dos quais existe um acordo geral sobre a aplicabilidade dos termos classificatórios.

Tornou-se comum a história de trabalhadores recrutados em municípios pobres, mediante adiantamento de valores em dinheiro, levados a locais de trabalhos distantes de quaisquer vilarejos, alojados em barracas de lona preta, bebendo água de riachos e alimentando-se precariamente, com comida comprada de seu agenciador (gato) que anotava os débitos em uma cadernetinha. Esses tornaram-se casos familiares em relação aos quais se formou um acordo geral sobre a aplicação do conceito de trabalho escravo.

Entretanto, toda regra pode apresentar uma zona de penumbra, de incerteza ou zona gris, impossível de eliminar, porque é inerente ao processo de comunicação, diante da indeterminação humana de propósitos e, ainda, pela imprevisibilidade dos fatos futuros a serem alcançados pela finalidade da norma, casos em que cabe ao aplicador exercer seu poder discricionário (racional e fundamentado) e, assim, também tornar a regra menos vaga para os casos futuros (HART, 1961: 160).

O formalismo jurídico busca minimizar ou encobrir a necessidade dessa eleição entre aplicações possíveis e igualmente justa da normas, uma vez que a regra jurídica está previamente estabelecida. Uma maneira de fazer isso é congelar o significado de uma regra de forma que os termos gerais tenham o mesmo significado em todas as suas aplicações e isso se faz se agarrando a determinadas características do caso óbvio/familiar que, uma vez presentes, determinaria a aplicação da regra, independente das demais características do caso concreto e das consequências sociais da aplicação da regra dessa maneira. Assim, assegura-se um grau de certeza e previsibilidade, no entanto, ao preço de prejudicar cegamente o que se poderia fazer em casos futuros cuja composição ignoramos (HART, 1961: 161).

Voltando ao exemplo acima do caso familiar de trabalho escravo, digo que, atualmente, muitos gatos e fazendeiros não anotam os débitos na cadernetinha e, se o fazem, deixam-na fora da propriedade rural para falsear a realidade; trocaram as lonas pretas por outra forma de abrigo, para não chamar atenção. Se tivéssemos engessado o conceito agarrando-nos a determinadas características do caso óbvio/familiar, como quer o formalismo, teríamos, agora, dificuldades de aplicação do conceito. Ou se o engessássemos dizendo que o conceito está presente se, e somente se, descumpridas tais e quais normas regulamentadoras (NRs), da mesma forma, poderíamos prejudicar a aplicação a casos futuros aos quais seria necessário aplicar o conceito para preservar a finalidade de norma de tutelar o bem jurídico liberdade/dignidade do homem trabalhador.

Todos os sistemas jurídicos devem conciliar, por um lado, as necessidades sociais de segurança jurídica e, de outro, de prévia regulamentação de situações não antecipadas pela criatividade humana. "A textura aberta da linguagem é vantajosa, porque incorpora essa oscilação entre dois extremos: a necessidade de certeza e a de deixar certas questões em aberto para serem apreciadas no tempo adequado" (STRUCHINER, 2002:122).

Para regular situações de fato individualmente variáveis, porém inseridas em contextos socialmente importantes mais imprevisíveis, de forma a impedir a criação de regras uniformes destinadas a serem aplicadas em cada caso, o poder legislativo traça padrões gerais e delega a um corpo técnico a capacidade de editar normas adaptadas as necessidades especiais. É a hipótese de normas de saúde e segurança no trabalho que variam de acordo com o segmento econômico.

Para regular situações de fato nas quais é impossível identificar uma categoria de ações específicas a serem realizadas ou omitidas uniformemente e torná-las objeto de uma regra simples, embora a série de circunstâncias, ainda que muito variadas, cubra aspectos familiares da experiência comum, a técnica de que se vale o direito é recorrer a *juízos comuns sobre o que é razoável*.

Essa técnica deixa aos indivíduos, embora sujeita a uma retificação pelo tribunal, a tarefa de ponderar e obter um equilíbrio razoável entre as pretensões sociais que surgem em formas variadas insusceptíveis de serem apreendidas antecipadamente. Neste caso, exige-se dos cidadãos que ajam em conformidade com um padrão razoável, porém, variável, antes que tenha sido oficialmente definido e podem ser informados por um tribunal só *ex post facto*, quando o tenham violado. Os precedentes, no entanto, contribuirão para esclarecer condutas futuras. É essa a técnica utilizada, por exemplo, quando se apura a responsabilidade civil, pois não é possível prever quais as condutas devem ser observadas, em todas as circunstâncias e combinações possíveis, para que seja um cidadão diligente e não cause dano a outrem (HART, 1961: 164/165).

O que se pode concluir, da análise das lições de Hart, é que o formalismo jurídico, fincado na tese da completude do sistema jurídico, do qual se pode derivar uma única resposta correta para todos os casos individuais mais se aproxima de conceitos da modernidade que já não conseguem regular uma sociedade complexa e mutante como a contemporânea e sequer, responde à questão da textura aberta da linguagem. Ademais, Hart demonstra que a textura aberta da linguagem é inerente à padronização de condutas, quer através das leis ou dos precedentes, sendo mesmo desejável para que se alcance a finalidade da norma, diante das limitações humanas:

> A textura aberta do direito significa que há, na verdade, **áreas de conduta em que muitas coisas devem ser deixadas para serem desenvolvidas pelos aplicadores de direito,** os quais devem determinar o equilíbrio, a luz das circunstâncias, entre os interesses conflitantes que variam em peso, de caso para caso, afinal o mundo jurídico não está fechado e é necessário dar dinamismo ao direito. Negritei (HART, 1961:168).

Aliás, a utilização de "conceitos jurídicos indeterminados"[9] é uma técnica legislativa aplicável e necessária a toda espécie de normatização, seja no âmbito do direito privado ou público, que consiste na referência conceitual a uma esfera da realidade cujos limites não aparecem bem precisos em seu enunciado, mas em todo caso está claro que se esta referindo a um aspecto da realidade que, não obstante a indeterminação do conceito, admite ser precisado no momento da aplicação (GARCIA DE ENTERRIA; FERNANDEZ, 1977: 270-275). Essa técnica é, há muito, utilizada pelo Direito, inclusive pelo Direito penal que a tem como elemento normativo do tipo.

Tomando as lições de Hart, temos que a capacidade do Direito de comunicar padrões de conduta capazes de orientar o indivíduo não está comprometida pela adoção de termos abertos que comportarão novos significados ao longo do tempo, pois esses são inerentes à própria linguagem e o Direito, a bem da verdade, já está habituado a esses, valendo-se de técnicas para garantir que a finalidade da norma não se perca.

4. TRABALHO ESCRAVO: O CONCEITO EM ANÁLISE

Em recente estudo sobre a História da Escravidão, Pétrè-Grenouilleau (2009:38/39) indica que houve escravos de todos os tipos, que a escravidão não é natural, não está naturalmente diluída na economia e na ideia de exploração, não corresponde a um sistema de produção. Houve escravos na economia antiga, na época medieval, no capitalismo comercial, na época industrial e, ainda hoje, na pós-industrial. Conclui que, para definir a escravidão, é necessário que se recorra a um pequeno número de fatores e que se aceite a ideia de que, por vezes, esses fatores se combinam de maneiras diferentes, em função do lugar e da época.

---

(9) Gárcia de Enterria aproxima-se de Hart na medida em que ambos reconhecem que a realidade precisa ser cuidada, por vezes, por termos abertos. Defende Enterria que na estrutura do conceito jurídico indeterminado é identificável um núcleo fixo ou zona de certeza configurado por dados precisos e seguros; uma zona intermediária, mais ou menos imprecisa e uma zona de certeza negativa, segura quanto à exclusão do conceito. A dificuldade de apontar a solução justa se concentra na zona de imprecisão. Admite-se a dificuldade na interpretação dos conceitos jurídicos indeterminados, o que, porém, não lhes afasta a característica de técnica legislativa através da qual, pelo interpretativo, é possível extrair uma única solução — como a melhor possível — para o caso concreto. São essas as lições de Garcia de Enterria, corroboradas em terras brasileiras por Eros Grau (GARCIA DE ENTERRIA; FERNANDEZ, 1977: 270-275).

Viana (2006:11) também diz, com a poesia que lhe é própria, que embora a escravidão tenha sido marcada pela pobreza e indignidade, havia escravos com poucos e muitos direitos e qualificações, nus e luxuosamente vestidos, com e sem perspectiva de vida para concluir que "o conceito de escravidão sempre foi amplo, ligando-se sobretudo à falta de liberdade".

O que, atualmente, define o trabalho escravo no Brasil? Relaciona-se, apenas, com a falta de liberdade de ir e vir?

Da análise do art. 149, modificado em 2003, é possível concluir que há duas espécies de trabalho em condições análogas à de escravo: a) trabalho forçado; b) trabalho em condições degradantes. O trabalho em condições degradantes, pela leitura do art. 149, é espécie do gênero trabalho em condição análoga à de escravo, sendo que podem valer-se os exploradores quer de jornada exaustiva, quer de restrição de locomoção em razão de dívida ou outros meios para garantir o trabalho forçado ou em condições degradantes.

Há, ainda, trabalho em condição análoga à de escravo por equiparação (incorrem nas mesmas penas) que se verifica quando há: a) cerceio dos meios de transporte b) mantém vigilância ostensiva no local de trabalho; c) apodera-se de documentos e objetos pessoais do trabalho, tudo com o fim de retê-lo no local de trabalho.

As hipóteses de majoração da pena são: a prática contra criança e por motivo de preconceito de raça, cor, etnia, religião ou origem.

Com base no art. 2º, item 1, Convenção n. 29 da OIT, entendo que trabalho forçado ou obrigatório é todo trabalho ou serviço exigido de um indivíduo sob ameaça de qualquer penalidade e para o qual ele não se ofereceu de espontânea vontade. Destacam-se: ameaça e vontade. Ataca-se, com essa conduta, a liberdade e a capacidade de autodeterminação.

Portanto, quando o trabalhador não pode decidir, espontaneamente, pela aceitação do trabalho, ou então, a qualquer tempo, em relação à sua permanência no trabalho, pois, ainda que inicialmente consentido, poderá ser considerado forçado se, durante a execução do trabalho, passa a ser imposto por meio de coação moral, psicológica ou física (BRITO FILHO, 2004:75).

Vincula-se o trabalhador ao explorador pela antecipação pecuniária no momento do recrutamento, dando início à dívida, seguindo-se o endividamento para adquirir equipamentos de trabalho (ferramentas) e/ou bens indispensáveis para a sobrevivência do trabalhador (dívida ilícita) e, assim, esse ardil é utilizado como instrumento de coação psicológica para que o trabalhador não se desvincule do trabalho.

Esse círculo vicioso de endividamento daqueles que passaram a ser chamados peões de trecho é reconhecidamente difícil de romper, como afirma a OIT:

> Apanhados num ciclo de servidão por dívida, perdem o contato com suas famílias e passam a viver em trânsito constante de uma situação de exploração do trabalho para outra. (...) Romper o ciclo do peão de trecho

tem sido particularmente difícil. Muitos trabalhadores resgatados de situações de trabalho forçado não tiveram outra alternativa senão a de voltar às hospedarias e aceitar semelhantes ofertas dos fatos. (OIT, 2001:27 *apud* BRITO FILHO, 2004:76.)

Romper o círculo vicioso é um desafio. De fato, há inúmeros relatos de AFT e Procuradores que, por vezes, deparam-se com os mesmos trabalhadores outrora resgatados.

Aqui, nasce um discurso que questiona o "caro" sistema de garantias criado para erradicar o trabalho escravo: o seguro-desemprego do resgatado e as operações do GEFM — Grupo Especial de Fiscalização Móvel. Ouve-se: *Ora, se são os mesmos os "resgatados" é porque há consentimento, são malandros que aprenderam a "utilizar" o sistema e querem viver de "seguro-desemprego". Esse sistema não funciona.*

Esse discurso, proferido pelos mesmos que defendem a restrição do conceito de trabalho escravo, está em perfeita sintonia com a finalidade pós-modernidade de **incriminar a pobreza** e **diminuir as despesas públicas com os excluídos do sistema**. É esse o País que queremos? É esse o País desenhado pela CF/88? Ademais, olvida-se da **ética do provedor** que é, de fato, o mote do círculo vicioso.

Não se pode dizer que há consentimento à situação de exploração, ainda que se perceba certo conformismo do trabalhador superexplorado diante da realidade de falta de opções de trabalho digno. Como ilustra um AFT: "se for colocar uma placa em uma determinada fazenda oferecendo trabalho escravo, podem ter certeza de que, infelizmente, haverá candidatos" (VIANA, 2006:26).

É a **ética do provedor** o que justifica a inserção e reinserção do trabalhador no círculo vicioso da superexploração. É, pois, a necessidade de sustentar a si e à família com o "suor do próprio rosto" tendo, diante do grupo social, o *status* de trabalhador independente da natureza da atividade a que se vincula. É o que conclui Alba Zaluar após aprofundados estudos sobre o contexto de vida de grupos sociais marginalizados em trabalho de campo realizado na "Cidade de Deus", comunidade do Rio de Janeiro, afirmando que:

> o trabalho tem seu valor moral vinculado ao status do trabalhador como "ganha-pão" do grupo doméstico e não à execução da atividade propriamente dita (ZALUAR, 1985: 120 *apud* DELGADO, 2008: 58).

A preocupação do trabalhador é tão somente com a sobrevivência. Diz Gabriela Delgado:

> O que se observa é que os trabalhadores pobres e com baixa qualificação laboral e que se inserem em ocupações manifestamente precárias, sem a proteção dos direitos trabalhistas, se preocupam apenas e tão somente na busca pelo direito à vida, no sentido de direito à manutenção da sobrevivência mínima. Por essa razão, o trabalho em si não é capaz de promover dignidade, o que impossibilita sua caracterização como um trabalho digno.

Em outras palavras, a forma de realização do trabalho pode não ser digna, especialmente se cercear a liberdade de ir e vir do sujeito trabalhador (como, por exemplo, no caso dos trabalhos realizados em condições análogas à de escravo) ou se desrespeitar os direitos mínimos de proteção ao trabalho (como no caso dos trabalhos degradantes) (DELGADO, 2008:58).

A preocupação pós-moderna, por outro lado, é com a redução dos custos, com a desestruturação de um Estado que se preocupe e invista no aperfeiçoamento social, entregando ao indivíduo, isolado, a responsabilidade por seu aperfeiçoamento e sua sobrevivência e, caso não se amolde, será taxado de vagabundo, preguiçoso ou criminoso. São essas as reflexões trazidas por Bauman no capítulo III que entitula "Os estranhos da era do consumo: do estado de bem-estar à prisão" (BAUMAN, 1998: 49/61).

O trabalho, como "fonte de vida para o trabalhador e de riqueza para a sociedade", relaciona-se intrinsecamente com a dignidade da pessoa humana, pois é por meio do trabalho que o homem desenvolve suas potencialidades, formando seu caráter e personalidade como elemento útil à sociedade, para, assim, desenvolver sua capacidade de autodeterminação (liberdade material) (SALGADO, 1996: 44, 47).

Buscando uma conceituação que atende para as diversas facetas da dignidade da pessoa humana (relacional, defensiva e prestacional), bem como uma perspectiva ontológica e instrumental, define-a Sarlet (2004: 59-60), sob o ponto de vista do direito, como:

> [...] qualidade intrínseca e distintiva reconhecida em cada ser humano que o faz merecedor do mesmo respeito e consideração por parte do Estado e da comunidade, implicando, neste sentido, um complexo de direitos e deveres fundamentais que assegurem a pessoa tanto contra todo e qualquer ato de cunho degradante e desumano, como venham a lhe **garantir as condições mínimas para uma vida saudável, além de propiciar e promover sua participação ativa e corresponsável nos destinos da própria existência e da vida em comunhão com os demais seres humanos** (grifo nosso).

A dignidade é uma **qualidade intrínseca** ao ser humano. Logo, não se lhe retira pelo trabalho em condições degradantes, mas, aquele que explora o trabalho nessas condições, em verdade, não reconhece no outro trabalhador o **respeito e a consideração** por parte do Estado e da comunidade que se exige sejam reconhecidos no ambiente de trabalho. O trabalhador é coisificado, instrumentalizado e igualado aos demais instrumentos de produção.

Considerando o conceito de dignidade da pessoa humana e sua relação com o trabalho como instrumento de construção das potencialidades do homem, a oferta de trabalho a ser executado sem as condições mínimas para um trabalho saudável, que não será "fonte de vida", mas fonte de adoecimento (físico e psicológico) compromete a formação da personalidade do sujeito trabalhador como elemento útil à sociedade e sua capacidade de autodeterminação.

Portanto, se o trabalho é desenvolvido em condições degradantes pressupõe-se viciada a capacidade de autodeterminação. Por essas razões, é que defendo que o bem jurídico tutelado pelo art. 149 do CP não é apenas a liberdade, mesmo enquanto liberdade pessoal ou liberdade de autodeterminação, como entende o Juiz Federal Carlos Henrique Borlindo Haddad (2008:5), mas que a tutela se estende à dignidade do homem trabalhador como elemento necessário ao exercício da liberdade e no interesse da sociedade.

Ou seja, ainda que haja consentimento do trabalhador para a superexploração (já visto que tal consentimento está viciado), uma vez comprometida a dignidade, é no interesse social e do Estado, que tem na dignidade da pessoa humana o princípio nuclear, que deve ser afastado do trabalho, pois à sociedade (e não apenas ao trabalhador) interessa que **sempre o trabalho seja digno**: "fonte de vida para o trabalhador e de riqueza para a sociedade".

Defende Delgado (2008:59): "Todas as vezes que o trabalho afrontar a dignidade do ser humano ele deverá ser repelido do ordenamento jurídico, mesmo que tenha sido prestado com anuência do próprio trabalhador. (...). Em síntese, nem mesmo o direito à autodeterminação ou ao trabalho podem prevalecer quando implicarem em atentado à dignidade da pessoa humana."

Trabalho em condições degradantes é aquele em que não são respeitados os direitos mínimos para o resguardo da dignidade do trabalhador. Há falta de garantias mínimas de saúde e segurança, além da ausência de condições mínimas de trabalho, de moradia, higiene, respeito e alimentação, em conjunto, de forma que a falta de um desses elementos impõe o reconhecimento do trabalho em condições degradantes (BRITO FILHO, 2004:80).

A nota característica do conceito será sempre a **dignidade do homem--trabalhador**, termo de textura aberta, com sua zona de certeza e o espaço para o sentir, à luz dos fatos e do contexto e, dessa incerteza não se escapa, mesmo porque a incerteza é característica da contemporaneidade.

Inúmeras normas regulamentares (NRs) informam quais as condições de trabalho devem ser observadas. As condições de moradia, de alimentação e segurança no campo, por exemplo, estão na NR-31 do MTE. Inúmeros casos de resgate de trabalhadores nos quais atuou o GEFM servem de precedentes a ilustrar o que, atualmente, é tido como condições degradantes, servindo de guia aos interessados em não transgredir a norma.

Não há quaisquer lacunas de lei ou de reconhecimento que impeçam a orientação do empregador interessado em efetivamente oferecer trabalho digno, ainda que as condições do trabalho ofertado sejam duras, pesadas.

Como dito acima, há uma zona de certeza positiva do conceito de condições de trabalho degradante, ainda que se admita que esse é um termo com textura aberta, a qual é frequentemente esclarecida pelos casos constatados e julgados, o que orienta o empregador interessado em cumprir a norma.

Ora, se não quer o empregador estar na zona gris ou de incerteza do conceito, que ofereça sempre condições de trabalho dignas, abstenham-se de cobrar pela alimentação farta e sadia, quando é esse um instrumento de trabalho ou observe os limites legais para o desconto, ofereça abrigo seguro, entregue equipamentos de proteção, registre o contrato de trabalho abstendo-se de intermediários em sua atividade-fim, pague o salário, nunca inferior ao mínimo, até o 5º dia útil posterior ao mês da prestação. É muito? Por fim, observe as normas regulamentares. Esse grau de incerteza deve servir para incentivar o empregador a oferecer, sempre, melhores condições de trabalho.

É importante tirarmos as máscaras: restringir o conceito aberto de trabalho escravo trazido pelo art. 149 do CP, o que é característico da contemporaneidade, ou deixar de carimbar como trabalho escravo a situação de trabalho forçado e/ou degradante nas lides trabalhistas que somente atende aos interesses de um Estado Poiético, economicista e que pretende, uma vez de erradicar a pobreza e reduzir as desigualdades (art. 3º, III da CF/88), incriminar a pobreza e entregar os trabalhadores submetidos a condição análoga à de escravo à sorte individual em um sistema que se organiza para utilizar-se, enquanto encontrar com ideias frágeis do valor trabalho, de mão de obra mais barata possível.

5. TRABALHO ESCRAVO: O CONCEITO EM AÇÃO

O Estado Brasileiro, por meio de inúmeras Convenções Internacionais, dentre as quais cito a Convenção sobre a Escravatura de 1926 (Decreto n. 58.563/66), a Convenção Suplementar sobre a Abolição da Escravatura, do Tráfego de Escravos e das Instituições e Práticas Análogas à Escravatura de 1956 e a Convenção Americana sobre Direitos Humanos (Decreto n. 678/92), compromete-se a adotar "**todas as medidas, legislativas e de outra natureza**, que sejam viáveis e necessárias, para obter progressivamente e logo que possível" a abolição da servidão por dívidas, a servidão, a escravidão, o tráfico de escravo, o tráfico de mulher e para tornar efetivos os direitos e liberdades.

Submeter alguém a trabalho em condição análoga à de escravo é conduta vedada pelo ordenamento jurídico, com consequências nas esferas administrativa, civil/trabalhista e penal, sendo a regra a independência entre as instâncias administrativa, trabalhista e penal, de forma que podem os processos ter curso concomitantemente.

Nem mesmo as hipóteses de absolvição do réu no juízo criminal são capazes de, por si sós, encerrar os demais processos nos quais se analisa a responsabilidade trabalhista ou administrativa, mas somente quando reconhece a inexistência do fato (art. 935 CC) ou existir circunstância que exclua o crime ou isente o réu de pena (art. 65 do CCP). Quando a absolvição ocorre por falta de provas ou por não haver infração penal, podem prosseguir os demais processos, pois a caracterização do ilícito administrativo e trabalhista não exige o rigor e a tipicidade estrita do ilícito penal.

O Ministério do Trabalho e Emprego, por meio da inspeção do trabalho e, em especial, do Grupo Especial de Fiscalização Móvel, no exercício de seu poder de polícia, tem o poder-dever de reconhecer a situação de trabalho em condição análoga à de escravo e, nessa hipótese, fazer incidir a consequência administrativa.

A primeira consequência administrativa é a lavratura de autos de infração que, em seu conjunto, retratem a situação de trabalho escravo como a falta de registro do contrato de trabalho, violações à proteção salarial, induzir empregado a utilizar-se de armazém ou serviços mantidos pela empresa (art. 462, § 2º da CLT), deixar de fornecer, gratuitamente, equipamentos de proteção, fornecer áreas de vivência que não possuam paredes de alvenaria, madeira ou material equivalente, deixar de disponibilizar instalações sanitárias e água potável, entre outros.

Após decisão administrativa final relativa aos autos de infração lavrados em decorrência da ação fiscal em que tenha sido constatado trabalho escravo, é **poder--dever** o Ministério do Trabalho e Emprego incluir os nomes dos empregadores autuados em cadastro que será atualizado semestralmente e do qual se dará ciência a determinados órgãos (Portaria n. 540, de 15 de outubro de 2004). Trata-se, portanto, de ato vinculado.

Essa Portaria n. 540, conjugada com a Portaria n. 1.150 do Ministério da Integração social, que criam o cadastro de pessoas físicas e jurídicas que exploram o trabalho "em condição análoga à de escravo" e recomenda aos órgãos financeiros que se abstenham de financiar os que constam desse cadastro. Cria-se, apenas, um eficaz mecanismo de informação.

A ideia é sim valer-se o Estado, visando a finalidade de prevenção geral das normas, dos mesmos instrumentos da empresa pós-moderna: a informação rápida e em "rede" e, assim, buscar atingir um bem imaterial (como imaterial foi o bem atingido da sociedade do trabalho e do trabalhador) que a sociedade pós-moderna tanto prestigia: a imagem. E, por fim, propicia meios para evitar que o Estado, ao mesmo tempo em que combata o trabalho escravo, concomitantemente, financie, por meio de empréstimos, esses mesmos empregadores.

"São regras simples, quase telegráficas. Não obstante, exatamente porque se utilizam de elementos da própria globalização, mostram um potencial de efetividade superior aos das próprias normas penais; e abrem espaço para ações de múltiplos atores. No entanto, exatamente por serem efetivas, transitam em campo minado", afirma Viana (2006:2).

Em síntese, são essas as consequências administrativas da conduta de reduzir alguém à condição análoga à de escravo.

Se não quiser ser exposto, o empregador possui várias alternativas, todas elas passando pelo planejamento de seu negócio por meio da análise, inclusive, do que são condições dignas de trabalho, pelo estudo da lei e das decisões (judiciais e administrativos) quanto a este tema, sem que se opte diminuir custos à custa do trabalhador, que escolha oferecer sempre condições de trabalho que não venham a se encaixar na zona gris do conceito de degradância.

É esse o "conselho" dado em decisão judicial proferida nos autos do Processo n. 717.2995.006.10.00 pela Juíza Odélia França Noleto: "Não quisesse a reclamante passar por escravocrata em público, não tivesse ela adotado a praxe em seu estabelecimento. Aliás, agindo dessa forma, a reclamante expôs internacionalmente o nome do País, que levou a pecha de não coibir essa praxe vil, apesar de ter ratificado Convenção da OIT" (VIANA, 2006:22).

A inclusão de empregadores na chamada "lista suja" oferece uma resposta positiva à sociedade na luta pela erradicação do trabalho escravo. Conta-se, ainda, com o compromisso firmado por cerca de 200 empresas e associações com faturamento total de 20% do PIB, na esteira do que se chama Responsabilidade Social, de não manterem relações comerciais com empresas que exploram trabalho escravo em sua cadeia produtiva no chamado Pacto Nacional pela erradicação do trabalho escravo. Esse compromisso, aliado aos efeitos da "lista suja", tem o condão de acarretar prejuízos consideráveis aos empregadores que assumirem o risco de manter, diretamente ou em sua cadeia produtiva, a exploração de trabalho escravo.

A responsabilização civil trabalhista pelo dano causado à sociedade pela conduta do empregador de submeter pessoa à condição análoga à de escravo está a cargo do Ministério Público do Trabalho, a quem a CF/88 entrega a tutela dos interesses sociais do trabalho, ou seja, a defesa da concretização do direito ao trabalho como instrumento para construção de uma sociedade democrática, para a garantia da ordem pública e dos interesses individuais indisponíveis.

Portanto, o MPT poderá ajuizar, na hipótese de não pagamento voluntário dos trabalhadores resgatados, as medidas judiciais necessárias à garantia desse pagamento, tais como ações cautelares e ações civis coletivas e, ainda, poderá ajuizar ação civil pública, visando a tutela inibitória do ilícito e a condenação ao pagamento de indenização por danos morais coletivos pela lesão moral à sociedade do trabalho.

Importa, no entanto, que a situação de trabalho escravo seja narrada e subsumida ao conceito de trabalho escravo, pois essa constatação, pelo Juiz do Trabalho, importa para a fixação do *quantum* da indenização por danos morais coletivos, que se orienta pela natureza do ilícito e pela culpabilidade de seu autor. Ademais, se a situação de trabalho escravo não foi constatada pela inspeção do trabalho, mas, ao final de processo judicial trabalhista, foi comprovada, não seria hipótese de determinar a inclusão desse empregador na "lista suja" do Ministério do Trabalho?

Uma vez verificada a independência entre as instâncias, não se sustenta a recomendação de não se apor o epíteto de trabalho escravo sobre os fatos da ação civil pública trabalhista que visa a responsabilidade trabalhista do escravocrata e, portanto, não há lógica jurídica haver incoerência entre os números de sentenças trabalhistas que reconhecem trabalho escravo sejam maiores que as penais. Não seria, apenas, porque o processo trabalhista é mais célere? Ou, porque, a estrita tipicidade do direito penal, ainda que preenchida por elementos normativos, não se aplica ao direito do trabalho? O que não se pode admitir é o mascaramento da realidade ou a tendência em não incluir como trabalho escravo o trabalho em condições degradantes, quando a norma assim o faz.

Todas as consequências do ilícito de que tratamos, administrativa, trabalhista e penal, referem-se à atitude repressiva do Estado face ao empregador-escravocrata contemporâneo.

No entanto, os números crescentes de "libertação" de trabalhadores em situação análoga à de escravo, a verificação de um círculo vicioso de exploração que não se tem conseguido vencer, conduz, não ao questionamento do sistema de garantias já implementado, mas a pensar propostas que se somem ao trabalho desenvolvido.

Em muitos momentos, o órgão do Ministério Público do Trabalho depara-se com situações em que não basta uma atuação repressiva sobre empregador escravocrata.

Para que a sua atuação altere, de fato, a realidade e influa positivamente sobre o mercado de trabalho, concretizando o valor que deve tutelar: o trabalho digno, é necessária uma postura ativa do Estado para o concretizar da Constituição transformando a realidade social. Não bastam a repressão que se pretenderá com o pleito por indenização pela lesão moral coletiva e a tutela que iniba a perpetuação do ilícito.

É preciso construir um programa que altere aquela realidade fática que foi diagnosticada pelo Ministério Público do Trabalho e/ou pela Inspeção do Trabalho, como, por exemplo, o aliciamento de trabalhadores e o trabalho escravo. Muitas vezes, o descumprimento da lei trabalhista já está arraigado naquela cultura que ainda não se desprendeu da herança recente do escravagismo e que o Estado já não tolera.

Pensar em políticas públicas de erradicação do trabalho escravo a partir do diagnóstico já descrito nas inúmeras inspeções do GEFM que se somam ao seguro-desemprego do resgatado é uma estratégia de atuação que precisa ser desenvolvida pelos atores sociais envolvidos com o tema e, se for o caso, caberá ao Ministério Público do Trabalho ajuizar ação visando a implementação dessas políticas públicas, cuja previsão, em tese, está no II Plano Nacional para a Erradicação do Trabalho Escravo, a fim de impor ao Estado o cumprimento das tarefas e metas a que se propôs. Mas esse é tema para outro artigo.

O que se quer evidenciar, para o momento, é que se mostra imprescindível, para que não se perca a luta pela erradicação do trabalho escravo, que a textura aberta do conceito seja mantida, pois é a técnica apropriada para abarcar uma realidade em constante modificação e que não pode ser totalmente capturada no momento da elaboração da norma e que a fiscalização perdure e se amplie, tanto para orientar condutas (pois suas decisões atualizam e esclarecem o conceito) quanto para incutir nos empregadores fiscalizados e naqueles que ainda não o foram (prevenção geral das normas) a ideia de que o trabalho ofertado deve ser sempre digno.

Conclusão

No clássico poema *O navio negreiro*, Castro Alves fala de guerreiros ousados que combatem a solidão, que foram simples, fortes e bravos e hoje são míseros escravos, e remete-me à ética do provedor, pois o trabalhador ousado, desafiando a solidão do chefe de família frente ao dever de nutrir e de não abandonar materialmente os seus, se faz escravo, sem luz, sem ar, sem razão em qualquer lugar que lhe dê o pão.

Entretanto, o trabalhador não se faz escravo "por vocação" ao trabalho. Insere-se em um sistema que aprendeu a conviver com seus opostos, tendo como uma das engrenagens a superexploração do trabalho humano.

Sonho com um país que afasta a tendência à aceitação das propostas de um Estado Poiético em detrimento da transformação da realidade social pela efetivação progressiva dos direitos sociais determinada pela Constituição de 1988.

Esse País se faz pela luta para a erradicação do trabalho escravo como meta internacional assumida pelo Estado Brasileiro, o que passa pela justificação teórica acima defendida de um conceito de trabalho escravo com textura aberta, a qual é inerente à linguagem e que se define com uma técnica necessária e vantajosa porque incorpora a oscilação entre duas necessidades sociais: a necessidade de certeza e a de deixar certas questões em aberto para serem apreciadas no tempo adequado, nos tempos incertos da pós-modernidade.

A textura aberta da linguagem, sem comprometer a tarefa do direito de orientar a conduta dos cidadãos, incentiva o empregador interessado em cumprir a norma a manter-se atento tanto aos julgados que esclarecem o termo aberto quanto à necessidade de manter-se fora da zona gris ou de certeza de aplicação do conceito de trabalho escravo, e, assim, buscará propiciar, sempre, melhores condições de trabalho.

A definição legal de trabalho escravo não comporta ser restringida por interpretação, sob pena de afrontar o princípio fonte da Constituição, que é o princípio da dignidade da pessoa humana e o princípio do não retrocesso social, pois o bem jurídico tutelado pelo art. 149 do CP não é apenas a liberdade, mesmo enquanto liberdade pessoal ou liberdade de autodeterminação, mas se estende à dignidade do homem trabalhador como elemento necessário ao exercício da liberdade e no interesse da sociedade.

Restringir o conceito acatando a ideia de retirar-lhe o trabalho em condição degradante como trabalho em condição análoga à de escravo não pode ser a solução para enfrentar o problema social ou atingir metas.

Essa ideia somente atenderia as propostas de um Estado Poiético e em perfeita sintonia com a finalidade pós-modernidade de **incriminar a pobreza** e **diminuir as despesas públicas com os excluídos do sistema**. É esse o País que queremos? É esse o País desenhado pela CF/88?

Encerrar o círculo vicioso que já se delineou em torno do trabalho em condição análoga à de escravo, o qual é possível compreender sob a ótica da **ética do provedor**, é um desafio que se enfrenta com repressão e prevenção.

A repressão faz-se com fiscalização, em torno de um conceito aberto, e responsabilização dos empregadores em todas as esferas: penal, administrativa e cível/trabalhista, valendo-se o Estado, sempre que possível, dos mesmos instrumentos da empresa global e pós-moderna: um quê de incerteza, tecnologia, imagem, responsabilidade social, informação e transformação rápidas.

A prevenção se faz pela possibilidade de fiscalização (finalidade de prevenção geral da norma) caracterizada por um aparato estatal equipado para essa finalidade e políticas públicas efetivas.

Encerro este artigo em 12 de maio de 2010. Ao perceber a coincidência, comemoro-a. Já não há, no mundo civilizado, digo, moderno, sociedade ou pessoa que, abertamente, justifique a escravidão. Comemoro o avanço que significa abolir-se a *escravidão em direito* no mundo civilizado.

Contudo, ainda há desafios a vencer para que motivos encontremos para comemorarmos os dias 12 de maio futuros, quando se poderá dizer que não há, no mundo pós-moderno, a tolerância à superexploração do trabalho, à coisificação do homem, à entrega do trabalhador superexplorado à sorte individual ou à prisão.

BIBLIOGRAFIA

BALDASSARRE, Antonio. *Los derechos sociales*. Bogotá: Universidad Externado de Colômbia, 2001.

BAUMAN, Zygmunt. *O mal-estar da pós-modernidade*. Trad. Mauro Gama e Cláudia Martinelli Gama. Rio de Janeiro: Jorge Zahar, 1998.

BOFF, Leonardo. *A voz do arco-íris*. Rio de Janeiro: Sextante, 2004.

BRITO FILHO, José Cláudio Monteiro de. *Trabalho decente*: análise jurídica da exploração do trabalho, trabalho forçado e outras formas de trabalho indigno. São Paulo: LTr, 2004.

DELGADO, Gabriela Neves. *Direito fundamental ao trabalho digno*. São Paulo: LTr, 2006.

_____. A centralidade do trabalho digno na vida pós-moderna. In: HENRIQUE, Carlos Augusto Junqueira. *Trabalho e movimentos sociais*. Belo Horizonte: Del Rey, 2008.

MARTINS, José de Souza. *A sociedade vista do abismo*: novos estudos sobre exclusão, pobreza e classes sociais. Petrópolis: Vozes, 2002.

PÉTRÉ-GRENOUILLEAU, Olivier. *A história da escravidão*. Trad. Mariana Echalar. São Paulo: Boitempo, 2009.

ROCHA, C. L. A. Ação afirmativa — o conteúdo democrático do princípio da igualdade jurídica. *Revista de Informação Legislativa do Senado Federal*, n. 131, p. 283-295, jul./set. 1996.

SALGADO, Joaquim Carlos. Os direitos fundamentais. *Revista Brasileira de Estudos Políticos*, Belo Horizonte, v. 82, p. 15-69, jan. 1996.

STRECK, Lenio Luiz; MORAIS, José Luis Bolzan de. *Ciência política e teoria do estado*. 6. ed. Porto Alegre: Livraria do Advogado, 2008.

STRUCHINER, Noel. Uma análise da textura aberta da linguagem e sua aplicação ao direito. *R. CEJ*, Brasília, n. 17, p. 120-124, abr./jun. 2002.

VIANA, Márcio Tulio. *Trabalho escravo e "lista suja"*: um modo original de se remover uma mancha. I Encontro dos Agentes Públicos Responsáveis pelo Combate ao Trabalho Escravo. Brasília, 2006.

Trabalho da Mulher:
Igualdade Moderna

Xerxes Gusmão[(*)]

Introdução

Durante algum tempo, a mulher foi vista como o sexo frágil, a ser protegida no mercado de trabalho. Nesse sentido, diversas medidas eram adotadas em sua proteção, dentre as quais se destacavam a proibição das horas extras ou do trabalho noturno.

Com a promulgação da Constituição Federal de 1988, contudo, a tendência a esta proteção exacerbada viu-se fortemente atenuada, em razão da consagração do princípio da igualdade entre os sexos, previsto no inciso I do art. 5º da Carta Magna, como um dos princípios fundamentais da nossa República.

Sucede que a igualdade entre homens e mulheres no mercado de trabalho deve ser entendida à luz do moderno conceito de isonomia, que garante a igualdade dentro das mesmas condições de trabalho, o tratamento da mulher tornando-se desigual, em caso de diversidade de condições, tendo em vista a reparação desta desigualdade.

Dito de outro modo, a mulher continua sendo protegida no mercado de trabalho, não mais como regra, mas somente quando necessário para superar desigualdades.

Igualdade de Condições

A regra passa a ser, desse modo, a igualdade de condições entre homens e mulheres no mercado de trabalho, possuindo a mulher total autonomia para celebrar o contrato de trabalho, sem qualquer restrição em relação ao homem, como prevê o inciso XXX do art. 7º da Constituição Federal de 1988.

(*) Juiz Federal do Trabalho da 8ª Região. Mestre e Doutor em Direito do Trabalho e Previdenciário pela Université de Paris 1 — Panthéon-Sorbonne. Professor universitário de graduação e pós-graduação em Direito do Trabalho, Processual do Trabalho e Previdenciário.

Não satisfeito com esta previsão genérica, o legislador ordinário[1] fez questão de detalhar esta igualdade entre os sexos, estabelecendo, de modo preciso, a garantia de igualdade em todas as fases da relação de trabalho: no anúncio de emprego, na contratação, na promoção, na remuneração e na dispensa.

Nada que impedisse, todavia, a continuidade da proteção ao trabalho da mulher, uma vez mais repisada pelo legislador, ainda que sob nova forma.

Proteção Objetiva ao Trabalho da Mulher

A proteção ao trabalho da mulher, nesta concepção moderna, reveste-se, antes de qualquer outra, da forma objetiva: sempre que objetivamente se verificarem, no mercado de trabalho, condições desiguais entre os sexos, é permitida a discriminação positiva em favor da mulher.

Exemplo típico destas medidas, previstas no parágrafo único do art. 373-A e no art. 390-E, ambos inseridos na CLT pela já mencionada Lei n. 9.799/99, são os setores do mercado de trabalho com reduzida presença feminina na força de trabalho: nesse caso, é possível a criação de estímulos diversos para a inserção da mulher nestes setores do mercado.

Proteção Física ao Trabalho da Mulher

Além da proteção objetiva, o trabalho da mulher é objeto de proteção tendo por base a diversidade física decorrente da diferente compleição biológica entre os sexos. Ainda que não mais se possam admitir concepções machistas indicando a mulher como sexo frágil, o fato é que o corpo feminino, em média, possui um potencial físico inferior ao masculino, donde a proteção física ao seu trabalho, a qual abrange dois aspectos: o período de descanso da mulher e o peso permitido no exercício do trabalho.

No que atine ao descanso da mulher, apesar de ser objeto de inúmeros questionamentos judiciais, sempre tendo por base a suposta incompatibilidade destas medidas com o princípio constitucional da igualdade entre os sexos, tem prevalecido, na jurisprudência do TST[2], a posição de que a mulher continua fazendo jus às duas medidas de proteção física previstas na CLT: a garantia de 15 minutos de repouso antes das horas extras, conforme previsão do art. 384 da CLT, e a garantia de repouso semanal remunerado aos domingos de duas em duas semanas, segundo estipulado pelo art. 386 da CLT[3].

---

(1) Por meio da Lei n. 9.799/99, que inseriu o art. 373-A à CLT.
(2) Convém destacar, nesse sentido, a decisão do C. TST no bojo do IIN-RR n. 1540/2005-046-12-00-5, em que foi amplamente discutida esta controvérsia, tendo prevalecido a posição de que o art. 384 da CLT não viola a previsão constitucional de igualdade entre os sexos.
(3) Nota-se, especialmente com relação a este segundo artigo, a permissão da jurisprudência de uma distinção no tratamento entre homens e mulheres, sempre com o intuito de superar desigualdades presentes na origem: além

Quanto ao peso limite a ser suportado pelo empregado no seu trabalho, enquanto o homem tem como limite o elevado indicador de 60 quilos[4], a mulher pode suportar, no máximo, 20 quilos, de modo contínuo, ou 25 quilos, de modo intermitente[5].

PROTEÇÃO À INTIMIDADE E À PRIVACIDADE DA MULHER

Atenção particular é dispensada pelo legislador à intimidade e à privacidade da mulher na sua relação de emprego, desafortunadamente desrespeitadas com frequência na história desta relação.

Nesse sentido, corroborando o princípio constitucional que garante a indenização por danos materiais e morais em caso de violação da intimidade e da privacidade da pessoa humana[6], o legislador ordinário vedou a revista íntima da empregada[7], assim como qualquer interferência do empregador nas opções da empregada quanto ao matrimônio e à gravidez[8].

Cumpre salientar, no que concerne à gravidez, um cuidado especial do legislador[9], que considera como crime qualquer prática do empregador visando ao controle da esterilidade e da gravidez da empregada, questões consideradas de foro íntimo da mulher, impassíveis, portanto, da ingerência patronal.

Observa-se, portanto, que vasta é a proteção garantida ao trabalho da mulher, abrangendo os mais diversos aspectos da sua relação de trabalho. No entanto, o ponto nevrálgico desta proteção ao trabalho da mulher continua sendo, apesar da evolução da questão, a maternidade.

PROTEÇÃO À MATERNIDADE: A ESTABILIDADE DA EMPREGADA

Mantendo a intenção de evitar a intervenção do empregador em questão de foro íntimo da empregada, a sua gravidez, é garantida estabilidade à empregada grávida, desde o momento da confirmação desta gravidez até cinco meses após o parto[10], independente do conhecimento deste estado gravídico pelo empregador[11].

---

dos 15 minutos de intervalo antes das horas extras, garantido somente às mulheres, é de se observar a disparidade entre as garantias de repouso semanal remunerado aos domingos, de duas em duas semanas para a mulher, de sete em sete semanas para o homem (segundo a previsão do art. 2°, *b* da Portaria n. 417/66 do Ministério do Trabalho e Emprego).
(4) Segundo previsão do art. 198 da CLT.
(5) Conforme previsão do art. 390 da CLT.
(6) Conforme previsão do art. 5º, X da Constituição Federal de 1988.
(7) Conforme previsão do art. 373-A, VI da CLT. Interessante observar que esta previsão legal, de início dirigida à mulher, vem sendo aplicada pela jurisprudência, analogicamente, ao homem.
(8) Consoante previsão do art. 391 da CLT.
(9) Segundo previsão dos arts. 373-A, IV CLT e 2° da Lei n. 9.029/95.
(10) Conforme estipulado pelo art. 10, II, *b*, ADCT.
(11) Consoante previsão da Súmula n. 244, I do TST.

Questão que vem ganhando relevância na doutrina e jurisprudência trabalhistas é a da dispensa da empregada já grávida, mas ainda não tendo confirmado a sua gravidez pelo exame médico. Tem predominado a posição de que, apesar da previsão constitucional em sentido contrário, o marco inicial desta estabilidade seria a concepção do feto, já se garantindo, portanto, o emprego à empregada grávida, mas não tendo a confirmação do seu estado gravídico.

Outra questão que suscita alguma cizânia doutrinária e jurisprudencial é a da forma como o pedido da gestante dispensada deve ser apresentado, numa ação judicial: apesar de alguns casos em que a gestante apresenta, diretamente, o pedido de indenização do período estabilitário, o entendimento majoritário tem indicado a necessidade do pedido principal de reintegração ao emprego, com um pedido somente subsidiário de indenização do período estabilitário, de acordo com o entendimento do juízo[12]. A base para esta posição majoritária é o próprio fundamento da garantia da gestante: o que se garante é o emprego, e não a indenização do período de estabilidade.

Por derradeiro, cumpre destacar a posição jurisprudencial hoje sedimentada[13], dando conta da ausência de abuso de direito no caso de pedido de reintegração apresentado na via judicial após o término do período estabilitário, desde que respeitado o marco prescricional.

Proteção à maternidade: a licença-maternidade

Objeto de algumas alterações recentes, a licença-maternidade segue sendo um dos principais instrumentos de proteção ao trabalho da mulher.

Duração da licença-maternidade

A duração normal da licença-maternidade, fixada pela Constituição Federal de 1988, é de 120 dias[14], com garantia do salário integral da empregada neste período, a ser pago pelo INSS[15].

Sucede que esta duração ordinária, de 120 dias, sofreu acréscimo de 60 dias, com a promulgação da Lei n. 11.770/08.

Este acréscimo deve ser analisado, contudo, à luz das novas regras criadas por esta lei modificadora: a empregada pode optar ou não pelo acréscimo, isto somente nas empresas que hajam optado pelos 60 dias adicionais de licença[16].

---

(12) Que pode, escoimado no art. 496 da CLT e na Súmula n. 396 do TST, decidir, com base nas circunstâncias do caso concreto, pela indenização em vez da reintegração, mesmo no caso de ausência de pedido de indenização, mas somente de reintegração.
(13) Conforme previsão da recente OJ n. 399 da SDI-1 do TST, de 4.8.10.
(14) Segundo previsão do art. 7º, XVIII da CF/88.
(15) Conforme estipulado pelo art. 393 da CLT.
(16) Consoante previsão do art. 1º, *caput* e § 1º da Lei n. 11.770/08, que prevê esta opção das empresas e da empregada, no bojo do programa denominado Empresa Cidadã.

No caso de empregadas da Administração Pública, cabe a cada ente regular, de maneira autônoma, a questão[17], tendo a União, logo após a promulgação da lei, regulado o acréscimo para as servidoras federais[18].

Mantém-se, para a empregada licenciada, a garantia da remuneração integral[19], a qual passa a ser paga, todavia, com recursos oriundos do Imposto sobre o Lucro da empresa[20], e não mais pelas receitas previdenciárias, como ocorre para o prazo ordinário de 120 dias.

A empregada licenciada, para fazer jus ao acréscimo de 60 dias, deve, entretanto, manter-se afastada do mercado de trabalho, não podendo, tampouco, manter o seu filho em creche ou instituição similar[21].

Cumpre destacar, por derradeiro, que esta duração acrescida da licença-maternidade passou a ser aplicada a partir do início do ano de 2010[22].

Abrangência da licença-maternidade

Além da cizânia envolvendo a duração da licença-maternidade, alterações recentes ensejaram significativa polêmica acerca da abrangência da licença-maternidade, notadamente no que concerne à empregada que vem a perder o seu bebê e à mãe adotiva.

Licença-maternidade em caso de perda do filho

Primeiro ponto a ser destacado, comumente envolto em dúvidas, é o da licença concedida à empregada que vem a perder o seu feto, de maneira espontânea[23].

Apesar da previsão do art. 395 da CLT de um período de duas semanas, a legislação previdenciária tradicionalmente previu uma duração normal, de 120 dias, para a gestante que viesse a perder o feto a partir do 6º mês de gravidez.

Esta posição tradicional[24] veio a ser reiterada na norma previdenciária mais recente, a Instrução Normativa INSS/PRES n. 45, de 6 de agosto de 2010, a qual corroborou o fato de que, em caso de aborto espontâneo, o prazo da licença-maternidade é de duas semanas, mas, em caso de parto, o prazo é de 120 dias.

---

(17) De acordo com o art. 2º da Lei n. 11.770/08.
(18) Por meio do Decreto n. 6.690/08.
(19) Segundo o art. 3º da Lei n. 11.770/08.
(20) Conforme previsão do art. 5º da Lei n. 11.770/08.
(21) Na forma do art. 4º da Lei n. 11.770/08.
(22) Consoante a previsão do art. 8º da Lei n. 11.770/08 e do Decreto n. 7.052/09, que estipularam esta *vacatio legis* especial, superior a um ano.
(23) De maneira espontânea pois a legislação não prevê benefício para os casos de aborto provocado pela mãe.
(24) Raramente conhecida em sedes doutrinária e jurisprudencial trabalhistas, apesar de já tradicional na seara previdenciária.

Ocorre que, para a legislação previdenciária, o conceito de parto não engloba somente o tradicional evento do nascimento da criança, conforme prevê o art. 294, §§ 3º a 5º da mencionada IN n. 45/10, *in verbis*:

Art. 294. (...)

§ 3º Para fins de concessão do salário-maternidade, considera-se parto o evento ocorrido a partir da vigésima terceira semana (sexto mês) de gestação, inclusive em caso de natimorto.

§ 4º Em caso de aborto não criminoso, comprovado mediante atestado médico com informação do CID específico, a segurada terá direito ao salário-maternidade correspondente a duas semanas.

§ 5º Tratando-se de parto antecipado ou não, ainda que ocorra parto de natimorto, este último comprovado mediante certidão de óbito, a segurada terá direito aos cento e vinte dias previstos em lei, sem necessidade de avaliação médico-pericial pelo INSS.

Apesar de uma aparente contradição entre os §§ 3º e 4º da Instrução Normativa do INSS, entendemos que a interpretação mais correta dos mesmos é no sentido de se garantir os 120 dias de licença em caso de perda espontânea do filho a partir do 6º mês de gravidez, independente da forma como essa perda se der, sendo devidas as duas semanas de licença somente no caso de perda do filho até o 5º mês de gravidez, quando este evento não poderá, ainda, ser considerado como parto, na forma da legislação previdenciária.

Nesse sentido é a interpretação de um dos mais renomados doutrinadores da área, o ilustre Ivan Kertzman:

> Para fins de concessão de salário-maternidade, considera-se parto o evento ocorrido a partir da 23ª semana (6º mês) de gestação, inclusive em caso de natimorto, ou seja, caso a segurada perca o feto a partir deste prazo, ser-lhe-á garantido o recebimento do benefício integral de 120 dias.
>
> Em caso de aborto não criminoso, considerado para tanto o evento ocorrido antes da 23ª semana de gestação, comprovado mediante atestado médico, a segurada terá direito ao salário-maternidade correspondente a duas semanas[25].

Fixa-se, desse modo, um marco divisor entre as duas licenças da empregada que perde o filho, de modo espontâneo: se ocorrida a perda até o 5º mês de gestação, o prazo é de duas semanas; se ocorrida a perda a partir do 6º mês de gestação, o prazo da licença passa a ser de 120 dias.

LICENÇA-MATERNIDADE EM CASO DE ADOÇÃO

Pode-se observar, do supraexposto, que diversas são as controvérsias concernentes à licença-maternidade. Dentre elas, a mais acirrada tem sido, ultimamente, a que envolve a licença-maternidade da mãe adotiva.

---

(25) KERTZMAN, Ivan. *Curso prático de direito previdenciário*. Salvador: Juspodivm, 2007. p. 252/253.

Inicialmente previsto em prazos variáveis, em função da idade da criança adotada[26], a duração da licença-maternidade da mãe adotiva teria sofrido uma aparente alteração, decorrente da aprovação, em 3 de agosto de 2009, da nova Lei de Adoção, a Lei n. 12.010/09.

Quase unânime foi a interpretação, quando da aprovação desta lei, de que haviam terminado os prazos diferenciados da licença-maternidade da mãe adotiva, em razão da revogação, pela Lei de Adoção, dos §§ 1º a 3º do art. 392-A da CLT, que previam, justamente, estes prazos diferenciados, em razão da idade da criança adotada.

Uma leitura mais atenta desta lei, contudo, não conduz, necessariamente, a esta interpretação, por não haver, na mesma, menção expressa ao fato de que os prazos de licença-maternidade da mãe adotiva teriam desaparecido.

É bem verdade que a revogação dos parágrafos do artigo celetista citado conduziria, naturalmente, a esta conclusão, ainda que de modo tácito. Sucede que este não foi o entendimento adotado pelo legislador desde então, que manteve posição no sentido dos prazos diferenciados.

Primeiramente por meio da promulgação do Decreto n. 7.052, de 23 de dezembro de 2009[27], data posterior, portanto, à da promulgação da nova Lei de Adoção, no qual há previsão expressa[28] de concessão do prazo suplementar da licença-maternidade, à mãe adotiva, de acordo com aqueles prazos originais da licença, a saber: para a mãe adotando criança de até 1 ano de idade, aos 120 dias normais se acrescem 60 dias; para a mãe adotando criança entre 1 e 4 anos, aos 60 dias ordinários seriam acrescidos 30 dias; para a mãe adotando criança entre 4 e 8 anos, aos 30 dias ordinários seriam acrescidos 15 dias.

Ainda mais significativa, todavia, foi a manutenção destes prazos diferenciados da licença-maternidade pela recentíssima Instrução Normativa INSS/PRES n. 45, de 6 de agosto de 2010, a qual os previu, de modo expresso, no seu art. 295:

> Art. 295. A segurada que adotar ou obtiver guarda judicial para fins de adoção de criança, e em decorrência desse evento se afastar de suas atividades, fará jus ao salário-maternidade a partir de 16 de abril de 2002, data da publicação da *Lei n. 10.421, de 15 de abril de 2002*, de acordo com a idade da criança, conforme segue:
>
> I — até um ano completo, por cento e vinte dias;
>
> II — a partir de um ano até quatro anos completos, por sessenta dias; e
>
> III — a partir de quatro anos até completar oito anos, por trinta dias.

---

(26) Segundo previsão do art. 392-A da CLT, a qual era fortemente criticada pela doutrina especializada, que apontava a desvantagem de se estimular, pela via legislativa, a adoção de crianças mais novas, as preferidas pelos candidatos à adoção.

(27) Decreto que veio regular a Lei n. 11.770/08, que criou, conforme supraexposto, o prazo adicional de 60 dias da licença-maternidade.

(28) Contida no art. 2º do Decreto n. 7.052/09.

Como é o INSS que paga o salário-maternidade à empregada que tenha adotado filho, com base na legislação previdenciária[29], a conclusão evidente destas alterações normativas posteriores à Lei de Adoção é a de que, apesar do intuito provável do legislador quando da promulgação desta lei, mantém-se intacto o entendimento dos órgãos responsáveis pelo pagamento da licença da mãe adotiva de que os prazos diferenciados continuam em vigor.

Dito de outro modo, quando for postular o seu benefício junto à referida autarquia federal, a empregada que tenha adotado criança com idade superior a um ano de idade terá direito a licença inferior a 120 dias, quiçá a nenhum prazo de licença, se esta idade for superior a 8 anos.

É bem verdade que sempre restará, à mãe adotiva insatisfeita, o direito fundamental do acesso ao Judiciário, para buscar, na via judicial, a concessão do prazo integral da sua licença-maternidade.

Ocorre que, mesmo nesta via, não há garantia de que logrará a mãe adotiva obter os 120 dias de licença, isso porque, conforme acabamos de demonstrar, não é tão evidente[30] a interpretação de que esta lei teria revogado os prazos diferenciados de licença da mãe adotiva.

Urge destacar, em tempo, que entendemos ser esta a interpretação mais razoável da nova Lei de Adoção, ao ter revogado os parágrafos do art. 392-A da CLT, indicando a sua intenção de suprimir os prazos diferenciados. Isto independente do nosso entendimento de que estes prazos diferenciados representam uma verdadeira violação do princípio fundamental da isonomia, conforme previsto no *caput* do art. 5º da Constituição Federal de 1988, por estabelecer discriminação em função da idade do filho adotado.

No entanto, seria desonesto intelectualmente não mencionarmos que esta não tem sido a interpretação única existente sobre o tema, pelo contrário: a cizânia, após a promulgação desta nova Instrução Normativa do INSS, certamente irá recrudescer.

Independente desta cizânia, dois detalhes podem ser mencionados, à guisa de conclusão do tema: continua não existindo, na esfera privada, licença-maternidade para casais formados por pessoas do mesmo sexo[31]; em caso de mais de um filho adotado, somente uma licença é concedida[32].

---

(29) Especialmente nas suas instruções normativas, sublinhe-se em tempo, apesar do seu peso normativo inferior ao das Leis ns. 8.212 e 8.213/91 e mesmo do Decreto n. 3.048/99.
(30) Como pareceu a alguns intérpretes mais precipitados, quando da promulgação da nova Lei de Adoção, que passaram a anunciar, de modo peremptório, que os prazos diferenciados haviam sido extintos.
(31) Os casos recentes, noticiados inclusive na imprensa, referem-se a servidores públicos, regidos pelo Regime Próprio de Previdência Social do seu respectivo ente, e não pelo Regime Geral de Previdência Social, o regime gerido pelo INSS e aplicável aos trabalhadores da iniciativa privada.
(32) Posição tradicional sobre o tema, reiterada pelo § 3º do art. 295 da IN n. 45/10 do INSS.

Conclusão

Com base nas observações e posições mencionadas neste artigo, nota-se que a igualdade moderna entre os sexos, na relação de trabalho, vem evoluindo com o tempo: de uma concepção original da mulher como sexo frágil, afastada pela Carta Magna de 1988, passou-se a garantir uma igualdade no sentido isonômico do termo, sem afastar, portanto, medidas pontuais de proteção ao trabalho da mulher, tendo em vista o objetivo maior, de suprimir, definitivamente, todas as desigualdades do mercado de trabalho.

Ocorre que esta evolução suscita diversas polêmicas, referentes à justa medida desta proteção a que a mulher deveria, hodiernamente, fazer jus.

De todo modo, é possível concluirmos que a realidade do mercado de trabalho atual é bem mais favorável às mulheres do que era há vinte anos, e mesmo há dez anos, uma evolução permanente podendo ser observada sobre o tema.

Vivemos, portanto, uma realidade de uma igualdade parcial, mas cada vez mais próxima de uma igualdade real. Que esta caminhada rumo à igualdade material continue firme, apesar dos inevitáveis sobressaltos do caminho.

Bibliografia

BARROS, Alice M. de. *Curso de direito do trabalho*. São Paulo: LTr, 2010.

CASSAR, Vólia B. *Direito do trabalho*. Niterói: Impetus, 2008.

CASTRO, Carlos A. P.; LAZZARI, João B. *Manual de direito previdenciário*. São Paulo: LTr, 2006.

DELGADO, Mauricio G. *Curso de direito do trabalho*. São Paulo: LTr, 2010.

KERTZMAN, Ivan. *Curso prático de direito previdenciário*. Salvador: Juspodivm, 2007.

TAVARES, Marcelo L. *Direito previdenciário*. Rio de Janeiro: Lumen Juris, 2008.

Direito Processual

Efetividade da Justiça nas Relações Individuais e Coletivas do Trabalho(*)

Mauricio Godinho Delgado(**)

I — Introdução

A reflexão e o debate acerca da efetividade do Direito do Trabalho e Direito Processual do Trabalho, ao lado da efetividade da Justiça nas relações individuais e coletivas do trabalho, supõem uma abordagem, ainda que rápida, sobre o sistema trabalhista brasileiro e sua caracterização.

Em seguida, cabe se realizar a abordagem sobre a estrutura, a caracterização e o papel da Justiça do Trabalho no sistema trabalhista e judicial do país.

Finalmente, é preciso proceder-se à análise dos elementos convergentes no tocante à busca da efetividade da Justiça nas relações individuais e coletivas do trabalho.

É o que será feito, mesmo sinteticamente, logo a seguir.

II — Sistema trabalhista brasileiro: caracterização

O sistema trabalhista brasileiro, com se sabe, foi estruturado essencialmente nas décadas de 1930 e 1940, durante as distintas fases do Governo Vargas.

Não obstante o esforço propagandístico da época no sentido de firmar a imagem da criação espontânea da ordem jurídica trabalhista pelo novo Governo Federal, a verdade é que traduziu, em importante medida, um resultado direto da Revolução de

---
(*) Palestra proferida em 27.3.10, em Angra dos Reis/RJ, no *III Simpósio Nacional de Direito do Trabalho*, estruturado sob o título "A efetividade do direito e processo do trabalho".
(**) Ministro do Tribunal Superior do Trabalho. Doutor em Direito (UFMG: 1994) e Mestre em Ciência Política (UFMG: 1980). Professor do Doutorado/Mestrado em Direito do Trabalho da PUC-Minas (disciplina virtual) e dos Cursos de Direito Material e Processual do Trabalho do IESB-Brasília. Autor de *Curso de direito do trabalho* (9. ed. São Paulo: LTr, 2010) e outros livros e artigos jurídicos.

30 e consequente derrubada da hegemonia excludente agroexportadora, com o recente peso relativo mais importante dos novos segmentos urbanos vinculados ao mundo do trabalho. Nessa medida, a novel ordem jurídica trabalhista é também expressão de conquista democrática pelos trabalhadores urbanos que, pela primeira vez na História, conseguiram alcançar a construção de políticas públicas incorporando seus interesses.

Inegavelmente a política trabalhista da época também traduz uma significativa dimensão da inovadora política macroeconômica implementada, com o redirecionamento do país em favor da industrialização e urbanização, em detrimento do exclusivismo rural interno e externo até então vigorante.

Porém, sem dúvida, é também expressão de racional estratégia política de reforçar segmentos sociais e institucionais distintos das velhas oligarquias agrárias, especialmente a agroexportadora de café, de modo a contrabalançar sua força política recém-combatida e derribada.

Nesse quadro, incorporaram o novo sistema jurídico os diplomas trabalhistas oriundos do período pré-30 — que não traduziam ainda um conjunto jurídico sistemático, largo e diversificado, reconheça-se —, alargando-lhes a amplitude para todo o segmento *urbano* das relações empregatícias (menos a fração doméstica, como se sabe).

Em tal contexto multifacetado produziu-se na época obra normativa variada e sistematizada, que daria origem a um conjunto jurídico e institucional claramente diferenciado.

O sistema jurídico trabalhista tinha alguns pilares fundamentais:

> a) uma ordem jurídica legal instituidora e regulamentadora de direitos sociais, que normatizava os contratos trabalhistas entre empregadores e empregados — além das relações avulsas portuárias —, constitutivos da face mais nova, emergente e avançada da economia do país. O seu Direito Individual do Trabalho era, pois, claramente regulado pela norma jurídica estatal.
>
> b) um sistema sindical também estruturado normativamente, porém com fortes controles e laços em face do aparelho de Estado. Esses controles se manifestavam no poder interventivo incisivo e permanente do Ministério do Trabalho na vida sindical, ao passo que os laços estavam presentes quer na organização previdenciária então estruturada, quer pela presença leiga na estrutura da recém-criada Justiça do Trabalho.
>
> c) um sistema judicial de solução de conflitos, seja no plano das relações individuais (as chamadas *reclamações trabalhistas*), seja no plano das relações coletivas (*dissídio coletivo*).
>
> d) uma estrutura previdenciária fundada nas categorias profissionais, com institucionalizada participação dos dirigentes sindicais no interior de suas direções.

e) um Ministério do Trabalho, órgão do Poder Executivo Federal, com o papel dirigente do conjunto do sistema, em especial com respeito à estrutura e dinâmica do sindicalismo no país.

Não obstante o caráter autoritário do novo sistema fosse manifesto, em especial pelo controle rigoroso que instituía sobre o sindicalismo, ele também representava, por outro lado, a primeira fórmula sistematizada de participação e integração das classes trabalhadoras urbanas na vida institucional do país, de sua integração e participação nos objetivos e resultados das políticas públicas e nas vantagens materiais e imateriais do sistema econômico em construção no Brasil. Havia, portanto, uma dimensão também *includente* nesse novel sistema jurídico trabalhista — e não apenas uma dimensão autocrática e unilateral.

A Constituição de 1946, após extinta a ditadura, manteve intato o sistema, porém reposicionando a Justiça do Trabalho em direção a seu *locus* próprio, o Poder Judiciário.

Na década de 60, com as reformas previdenciárias então realizadas (entre os anos de 1960 e 1966), o sistema trabalhista do país sofreu sua primeira grande transformação. Os antigos Institutos de Aposentadorias e Pensões, de matriz profissional e sindical, foram unificados em um órgão único de caráter público federal, o então INPS (hoje INSS). Com isso eliminaram-se os laços de participação dos dirigentes sindicais na estrutura do organismo previdenciário unificado, que passou a se reestruturar sob diretriz estritamente técnica e burocrática, como qualquer órgão específico do Estado[1].

A Constituição de 1988, entretanto, é que trouxe as mudanças mais significativas no sistema trabalhista do país.

Em primeiro lugar, elevou o *status* jurídico dos direitos trabalhistas, enquadrando--os como *direitos sociais fundamentais*, de fundo normativo e, até mesmo, constitucional. Nessa linha também erigiu *princípios constitucionais nucleares à estruturação do Estado, da sociedade e da economia*, vários deles acentuando a relevância do trabalho e do emprego na vida real e institucional.

Conferiu, em suma, *status* constitucional ao Direito Individual do Trabalho, ratificando, soberanamente, a escolha histórica precedente pelo direito legislado na seara trabalhista — de resto à semelhança do que ocorre nos demais segmentos jurídicos existentes no Brasil.

No plano do Direito Coletivo, eliminou o papel do Ministério do Trabalho como órgão dirigente e controlador do conjunto do sistema trabalhista, em especial da estrutura e dinâmica do sindicalismo no país, proibindo sua intervenção nos sindicatos brasileiros.

---

(1) A Lei Orgânica da Previdência Social (n. 3.807 — LOPS), que inicia o processo de mudanças previdenciárias, unificando a legislação dos IAPs, é de 1960. Contudo a unificação dos próprios Institutos de Aposentadorias e Pensões em uma única instituição pública federal — INPS, extirpando-se também a participação sindical em seu interior, seria consumada apenas em 1966, com o Decreto-Lei n. 72.

Extinguiu também, onze anos depois de 1988 (com a EC n. 24, de 1999), um importante laço restante do sindicalismo com a estrutura estatal, a chamada representação classista na Justiça do Trabalho.

Reforçou, ainda, desde seu texto original de 5.10.88, a negociação coletiva trabalhista, alargando caminho ainda pouco trilhado pela ordem justrabalhista na tradição jurídica das décadas precedentes.

Começou, ademais, tendência de restrição aos processos de dissídios coletivos, inicialmente exigindo a prévia tentativa conciliatória extrajudicial quanto a seu ajuizamento (texto original de 1988); em seguida, incrementou a restrição, firmando o difícil requisito do prévio consenso (*mútuo acordo*) relativamente à propositura judicial dessa ação coletiva (EC n. 45, de 2004).

É bem verdade que, neste plano juscoletivo, a Constituição decidiu manter traços da precedente estrutura sindical que se mostrariam incompatíveis ou contraditórios com o contexto democrático que ela própria sedimentou (ilustrativamente, unicidade sindical por categorias profissionais e mantença da contribuição sindical obrigatória). Essa escolha política e jurídica evidenciou-se malfazeja, favorecendo a pulverização e o enfraquecimento do sindicalismo nas duas décadas seguintes a 1988. Apesar disso não se pode negar o avanço que as demais medidas implementadas na área juscoletiva propiciaram no Direito brasileiro.

O fato é que, estabelecido o balanço equilibrado e sem juízos preconcebidos de toda essa trajetória histórica, cultural e institucional do país, não se pode desconhecer que o sistema trabalhista do Brasil — agora com a direção sistematizada da Carta de 88 e suas emendas — consolidou na realidade um sistema normativo do tipo legislado, que se combina com um significativo espaço franqueado à negociação coletiva trabalhista.

Evidentemente que a negociação coletiva, no sistema da Constituição, não tem poderes para eliminar ou diminuir regras e direitos resultantes da normatividade heterônoma do Estado (excetuadas as hipóteses permissivas oriundas das próprias regras estatais). Cabe a ela produzir a adequação setorial negociada quer nos silêncios das regras constitucionais e legais imperativas, quer nas linhas permissivas que estas regras franqueiam à negociação, quer no sentido instaurador de patamar mais favorável do que o heteronomamente fixado.

III — A JUSTIÇA DO TRABALHO NO SISTEMA TRABALHISTA E JUDICIAL BRASILEIRO: CARACTERIZAÇÃO

O Poder Judiciário, nos sistemas jurídicos constitucionais contemporâneos, ocupa posição singular: tem o papel de *solucionar conflitos surgidos no âmbito da sociedade civil e do Estado* e, ao mesmo tempo, *fixar parâmetros relativamente claros acerca do sentido da ordem jurídica imperante nessas realidades sociais e institucionais.*

Enquanto o primeiro papel lida com o conflito concreto já instaurado, o segundo realiza-se por meio das decisões repetidas nos litígios judicialmente propostos, inferindo linhas normativas gerais a partir da interpretação maturada da norma jurídica. Os dois papéis — cada um à sua maneira — cumprem o estratégico objetivo de cimentar as balizas de atuação dos distintos atores estatais e sociais, prevenindo, em vista do espontâneo cumprimento das normas jurídicas, a própria existência de futuros conflitos no cenário do Estado e da sociedade.

Em ordens jurídicas legalmente reguladas, como a brasileira, esse papel do Poder Judiciário ainda mais se destaca.

A Constituição de 1988, mais uma vez, com grande sabedoria criou as condições estruturais para que a Justiça do Trabalho bem cumprisse esses dois papéis fundamentais.

Sua primeira medida estratégica foi generalizar a estrutura judicial trabalhista para todos os rincões do Brasil, suplantando a anterior inserção desse aparato público apenas nos grandes centros urbanos do país. A generalização fez-se não somente em primeiro grau — o que é mais relevante, do ponto de vista jurídico, institucional e econômico —, como também no plano dos tribunais regionais do trabalho.

Desse modo o número de varas trabalhistas passou de, aproximadamente, 490 em 1988 para mais de 1.370 no ano de 2009, uma expansão de cerca de 180% em duas décadas[2]. Além disso procurou-se implementar a presença de igual número de Juízes Substitutos em correspondência a cada Vara do Trabalho e Juiz Titular existentes, inaugurando-se, tempos depois de 1988, a partir da experiência de São Paulo (2ª Região), até mesmo a designação de dois Juízes Substitutos por Juiz Titular e Vara do Trabalho existentes. Há no país, nesta época (2009), mais de 2300 Juízes do Trabalho, entre titulares e substitutos, uma expansão de mais de 130% perante 1988, se considerados exclusivamente os juízes togados de primeira instância.

Ora, a estruturação de um aparelho judiciário de 1ª Instância diversificado em todos os mais significativos rincões do país, com corpo técnico e administrativo concursado, garantindo notável capilaridade ao sistema judicial trabalhista, é elemento decisivo ao bom funcionamento de um modelo legislado de ordem jurídica.

Essa generalização do Judiciário do Trabalho fez-se também por meio da criação de vários novos TRTs em distintos estados brasileiros, até atingir a marca de um Tribunal Regional por estado relativamente populoso, assegurando-se, em consequência, condições de celeridade e efetividade à prestação jurisdicional no âmbito de toda a denominada *instância ordinária* (1º e 2º Graus).[3]

---

(2) Até 1999 o Judiciário Trabalhista de 1ª Instância organizava-se nas *Juntas de Conciliação e Julgamento*, com um Juiz do Trabalho e dois representantes paritários classistas sindicais. Extinta a representação classista paritária sindical pela EC n. 24, de dezembro de 1999, os Juízes do Trabalho, titulares e substitutos, passaram a atuar, monocraticamente, nas respectivas Varas Trabalhistas resultantes.

(3) Antes da Constituição de 1988 existiam 15 TRTs instalados em todo o país (São Paulo, excepcionalmente, possuía dois: o TRT da 2ª Região, abrangendo a Capital, área metropolitana e outros municípios próximos, ao lado

No plano do Tribunal Superior do Trabalho, finalmente, restaurou-se a composição plenária clássica da instituição, com a reposição das 10 vagas de Ministro resultantes da extinção da representação classista naquela Corte.[4]

IV — EFETIVIDADE DA JUSTIÇA NAS RELAÇÕES INDIVIDUAIS E COLETIVAS DO TRABALHO: ELEMENTOS CONVERGENTES

Qual o papel do Judiciário na Democracia, em especial o papel de um ramo judicial com as características e objetivos da Justiça do Trabalho?

Conforme já exposto, não só *solucionar conflitos surgidos no âmbito da sociedade civil e do Estado*, como ainda, ao mesmo tempo, *fixar parâmetros relativamente claros acerca do sentido da ordem jurídica imperante nessas realidades sociais e institucionais.*

Os dois papéis — cada um à sua maneira — cumprem o estratégico objetivo de *cimentar as balizas de atuação dos distintos atores estatais e sociais*, assegurando a *efetividade* da ordem jurídica de Direito Material e, simultaneamente, garantindo *segurança* às relações sociais, econômicas e culturais existentes na realidade concreta do país. Com isso estimulam o cumprimento espontâneo das normas jurídicas materiais de todos os campos do Direito, prevenindo, nessa dinâmica, a própria existência de futuros conflitos no cenário do Estado e da sociedade.

Para isso é necessário que as decisões judiciais sejam céleres, objetivas e razoavelmente harmônicas, elaboradas sempre em estrita conformidade com os comandos maiores da Constituição da República.

Esse desafio foi enfatizado a partir da Constituição de 1988: o sistema judicial, o Ministério Público, particularmente o Ministério Público do Trabalho, a Advocacia, todos jamais tiveram papel tão importante no sistema institucional brasileiro, principalmente na democracia brasileira. A responsabilidade do sistema judicial, o qual engloba essas três grandes instituições (Magistratura, Ministério Público, Advocacia), é muito grande, podendo ser ainda muito aperfeiçoada em seu cumprimento.

Boa parte dos problemas que as nossas instituições têm, hoje, não passam mais — ao contrário do que muito se diz — pela iniciativa do Parlamento, mas, sim, pela interpretação conferida pela ordem jurídica pelo Judiciário. Cabe ao Judiciário produzir interpretações que assegurem real efetividade à ordem constitucional, sob pena de graves problemas não serem jamais solucionados, sob pena, em suma, de os avanços

---

do TRT da 15ª Região, com sede em Campinas e competência territorial sobre centenas de municípios do interior do estado). A partir da nova Carta Magna, foram instalados 9 novos Tribunais Regionais (expansão de 60%), de modo que, hoje, apenas quatro estados com escassa população não possuem tribunal trabalhista próprio (no caso, somente Acre, Amapá, Roraima e Tocantins, os quais estão abrangidos por outros tribunais regionais sediados em estados maiores e próximos, respectivamente 14ª Região, 8ª Região, 11ª Região e 10ª Região).
(4) A EC n. 45, de 2004, é que determinou a reposição dessas 10 vagas, as quais somente tiveram seu provimento completado no final de 2007, restaurando-se o montante de 27 cargos de magistrados naquela Corte.

institucionais, sociais e culturais previstos pela Carta Magna serem desenganadamente frustrados.

Temos uma Constituição que incorpora, de modo muito bem definido, um projeto de Estado de Bem-estar Social. Embora haja problemas tópicos aqui e ali, trata-se de claro projeto de construção de um Estado de Bem-estar Social no país — único meio historicamente comprovado de fazer respeitar os *fundamentos* da República (soberania, cidadania, dignidade da pessoa humana, valores sociais do trabalho e da livre iniciativa, pluralismo político — art. 1º, CF) e permitir concretizar seus *objetivos fundamentais* de construir uma sociedade livre, justa e solidária no país, que garanta o desenvolvimento nacional, erradique a pobreza e a marginalização, além de reduzir as desigualdades sociais e regionais, promovendo o bem de todos sem preconceitos (art. 3º, CF).

Em função dessa estrutura e projeto constitucionais é que o Judiciário, o Ministério Público e a Advocacia se tornaram tão importantes. Isso muitas vezes não tem se refletido nas interpretações jurisprudenciais — com efeitos devastadores no aperfeiçoamento de nossas instituições, economia e sociedade. Se a jurisprudência não perceber essa linha de direcionamento e atuação da Constituição, evidentemente que não há reforma legislativa que possa aperfeiçoar o país. A jurisprudência não pode ser um obstáculo à concretização da bela matriz constitucional hoje vigorante, cuja eficiência institucional, econômica, social e cultural está historicamente comprovada.

Nesse processo de interpretação parece-me fundamental que a jurisprudência passe a dar valor efetivo aos princípios. Os princípios são realmente normativos; tal concepção é conquista de mais de sessenta anos na história do Direito e na cultura jurídica ocidental. É preciso que se passe, de fato, a reconhecer aos princípios efetiva força normativa. Não é tolerável mais que vejamos certo modestíssimo artigo de lei, certo modestíssimo parágrafo ou inciso de texto de lei inviabilizando, esterilizando, frustrando comandos firmes, lógicos, transparentes, diretos de toda uma gama impressionante de princípios jurídicos constitucionais, tal como diuturnamente ainda temos assistido em certas decisões jurisprudenciais. Notem que graves problemas enfrentados pela República desde 1988 não são solucionados exatamente porque o Judiciário insiste em dar validade a certos insensatos, antissociais e corporativistas preceitos infraconstitucionais que vicejam em situação de manifesta agressão a diversos princípios e regras da Constituição.

O Judiciário é fundamental na Democracia; grande parte das grandes decisões no mundo ocidental que foram fundamentais no desenvolvimento dos povos civilizados foram decisões do Judiciário. Na Democracia, o poder político parlamentar tem relevância exponencial; porém, de maneira geral, o Direito é muito mais amplo do que a simples construção parlamentar. Além disso, no regime de império da Constituição, esta, evidentemente, há de prevalecer sobre o labor mais cotidiano de construção e divulgação normativas infraconstitucionais. As leis, é claro, como se sabe, devem ser lidas em conformidade com a Carta Magna — e não o inverso.

Temos uma Constituição extremamente rica em princípios, além de regras e institutos jurídicos, todos com caráter normativo. Ela tem um sistema de organização das instituições muito claro, lógico, progressista. Porém o que instiga e viabiliza o bom funcionamento de tais instituições são, em boa medida, decisões judiciais adequadas e lógicas, na linha do espírito da Constituição — sob pena de as instituições não aperfeiçoarem seu funcionamento, ou o fazerem somente após décadas de retardo e sofrimento.

Feitas essas observações gerais, está muito claro no corpo e no espírito da Constituição que o sistema judicial estrutura-se em dois grandes níveis, intercomunicados, que realizam, cada um à sua maneira, os dois papéis acima já enfatizados. No caso trabalhista, a chamada *instância ordinária* (Juízos de 1º e 2º graus), ao lado dos tribunais superiores, ou seja, TST e STF.

A função da instância ordinária é dar solução aos litígios trazidos a seus exame, quer por meio da imprescindível conciliação judicial, quer por meio da decisão prolatada (sentença ou acórdão). Solução célere, pronta, rápida; solução eficaz e que confira efetividade à ordem jurídica.

A função constitucional precípua dos tribunais superiores é racionalizar e uniformizar a leitura da ordem jurídica, em suas matrizes legais e constitucionais, permitindo que a instância ordinária entregue a solução judicial concreta que lhe cabe a partir de parâmetros normativos relativamente harmônicos em toda a República e Federação. Essa função racionalizadora e uniformizadora também tem de ser cumprida de maneira célere, pronta, rápida, para que se permita conferir o máximo de eficácia e efetividade à ordem jurídica do país.

Quais os instrumentos colocados à disposição da instância ordinária para que bem cumpra o seu papel? Aqueles que já são classicamente próprios à Justiça do Trabalho, incorporados os avanços que a Constituição de 1988 trouxe à sua estrutura e dinâmica operacional.

São basicamente os seguintes: a) estrutura institucional bem distribuída ao longo de todo o país — respeitada a modulação segundo o critério populacional, evidentemente; b) composição de Varas do Trabalho e Tribunais Regionais com corpos técnicos e administrativos concursados, aptos a conferir a máxima eficiência ao funcionamento de todo o sistema; c) permanente dinamismo das Escolas da Magistratura e dos órgãos internos de capacitação dos servidores; d) permanente publicidade dos dados operativos de todo o sistema, em todos os seus níveis; e) alcance e manutenção de prazos objetivos e razoavelmente mínimos na tramitação dos processos (Programa Justiça Rápida); f) permanente manejo e aperfeiçoamento dos mecanismos assecuratórios da efetividade das decisões judiciais, como, ilustrativamente, o convênio BACEN-JUD e a incorporação interpretativa das inovações processuais civis, com as adequações cabíveis.

Quais os instrumentos colocados à disposição do Tribunal Superior do Trabalho para que bem cumpra o seu papel? Aqueles já existentes no conjunto do sistema, quer na tradição própria à Justiça do Trabalho, considerados os avanços que a Constituição de 1988 trouxe à sua estrutura e dinâmica operacional, assim como os instrumentos processuais já incorporados na legislação processual trabalhista e processual civil, prontos para serem efetivados na dinâmica operacional da Corte Superior.

Na qualidade de tribunal uniformizador do Direito do Trabalho e Direito Processual do Trabalho no âmbito da República e da Federação — a par dos ramos jurídicos conexos —, o essencial, no âmbito de seus processos, é que a Corte Superior realize, com o máximo de celeridade possível, essa sua função uniformizadora.

Não é o TST, evidentemente, suposto terceiro grau de jurisdição, destinado a realizar a justiça do caso concreto, como se tratasse de suposta terceira chance aberta ao jurisdicionado. A sua função constitucional, republicana e federativa, é outra, de interesse da ordem jurídica, de interesse da República e da Federação — não sendo mais apenas um mecanismo de solução de litígios concretos ocorridos na vida real.

A imensa gama de processos oriundos dos mais diversos rincões do país (são 24 tribunais regionais, afinal) permitem à Corte Superior ter privilegiada visão do conjunto da sociedade, da economia, da cultura, das instituições e da Federação, principalmente uma visão privilegiada das distintas interpretações formuladas pela inteligência jurídica trabalhista nacional, de modo a construir, democraticamente, pelo cotejo dessas visões e interpretações jurídicas, a racional e uniformizadora interpretação hegemônica acerca da ordem jurídica.

Para que sua decisiva função macroprocessual seja bem e eficazmente realizada (racionalização e uniformização da jurisprudência) é necessário que os mecanismos microprocessuais criados pela legislação processual trabalhista e civil sejam manejados à exaustão, desobstruindo as pautas e atualizando, firmemente, a agenda processual da Corte. Trata-se, ilustrativamente, do caminho franqueado às decisões monocráticas simplificadas denegatórias de seguimento a recursos, a serem prolatadas pelo Ministro Relator nos casos de pressupostos processuais extrínsicos ou até mesmo envolvendo decisões recorridas que estejam em consonância com jurisprudência pacífica do TST (art. 896, § 5º, da CLT e, similarmente, art. 544, §§ 3º e 4º, do CPC). Ou, ilustrativamente, o manejo do mesmo instrumento pelo Presidente da Corte Superior. Ou ainda, por exemplo, a criação de rápido e prévio juízo conciliatório centralizado na Presidência ou Vice-Presidência da Corte Superior Trabalhista.

O pronto e hábil manejo, pela Corte Superior, desses instrumentos processuais consagrados (alguns deles já existentes há mais de uma década na ordem jurídica), em cenário institucional estruturado com as mais modernas conquistas da Democracia e da Ciência (servidores concursados; organização administrativa e operacional dos Gabinetes segundo critérios garantidores da máxima eficiência determinada pela Constituição à Administração Pública; informatização contínua; formação inicial e continuada eficaz das equipes; permanente publicidade dos dados operativos de todo o sistema e outras medidas convergentes), tudo seguramente propiciará a necessária celeridade e efetividade no exercício das funções precípuas da Corte Superior Trabalhista, centradas na racionalização e uniformização jurisprudenciais na República e Federação brasileiras.

CONCLUSÃO

A efetividade do Direito e Processo do Trabalho — tema deste III° Simpósio Nacional de Direito do Trabalho —, que se concretiza no debate sobre a efetividade da Justiça nas relações individuais e coletivas do trabalho — tema desta exposição — remetem-nos, uma vez mais, à semelhança de toda pesquisa e diálogo sobre o Direito no Brasil contemporâneo, à linha diretora estabelecida pela Constituição de 1988.

Os caminhos traçados pela Constituição da República têm de ser concretamente realizados.

No plano do Direito e do sistema judicial, em particular, isso se traduz na busca da celeridade e efetividade no exercício e entrega da jurisdição, objetivo que se torna ainda mais decisivo em face do caráter de direito legislado que tem a ordem jurídica em nossa tradição antiga e moderna.

Os caminhos estão, clara e objetivamente, traçados. Resta-nos, com humildade e exação, cumpri-los.

Obrigado.

Fundo de Garantia das
Execuções Trabalhistas[*]

Vicente José Malheiros da Fonseca[**]

Merecem apoio todas as medidas que visam a imprimir celeridade ao processo trabalhista, como a prolação de *sentenças líquidas*, procedimento implementado, em caráter pioneiro, no âmbito do TRT-8ª Região, na época em que exerci a Presidência desta Egrégia Corte Regional, conforme o Provimento Conjunto n. 4/00 (art. 12).

A prática agiliza bastante o processo, porque evita impugnações, embargos do devedor e recursos em torno do *quantum debeatur*.

Embora o Provimento Regional faça alusão ao procedimento sumaríssimo (Lei n. 9.957/00), atualmente a prolação de sentenças líquidas, na Justiça do Trabalho da 8ª Região, independe do valor da causa.

O sistema recursal também precisa ser drasticamente enxugado.

Além dos eficientes mecanismos oferecidos pela informática, como o sistema de penhora *on line* (SISBACEN) e outros, a execução carece de aperfeiçoamentos.

De fato, a eficácia das sentenças trabalhistas é tema de grande preocupação. Não raro o sucesso, na fase de conhecimento, transforma-se em autêntica vitória de Pyrro, na fase de execução.

Por isso, gostaria de tecer ligeiras considerações sobre o *Fundo de garantia das execuções trabalhistas*.

(*) Artigo em homenagem aos 30 anos de fundação da Associação dos Magistrados da Justiça do Trabalho da 8ª Região (AMATRA-8), da qual o autor foi fundador e seu primeiro Secretário.
(**) Desembargador Federal do Trabalho, ex-Presidente e Decano do Tribunal Regional do Trabalho da 8ª Região; membro do Conselho Consultivo e de Programas da Escola Judicial da Justiça do Trabalho da 8ª Região (biênio 2009-2011); fundador da Associação Nacional dos Magistrados da Justiça do Trabalho (ANAMATRA); ex-Presidente da Associação dos Magistrados da Justiça do Trabalho da 8ª Região (AMATRA-8); ex-Coordenador do Colégio de Presidentes e Corregedores dos Tribunais Regionais do Trabalho do Brasil — COLEPRECOR (1998-2000); Professor de Direito do Trabalho e Direito Processual do Trabalho na Universidade da Amazônia (UNAMA), inclusive em curso de pós-graduação. Compositor, autor do *Hino da Justiça do Trabalho*, oficializado pelo TRT-8ª Região e pelo COLEPRECOR.

A Emenda Constitucional n. 45/04, que dispõe sobre a Reforma do Poder Judiciário, aprovou um importante mecanismo para tornar o processo trabalhista mais eficiente e célere.

Estabelece o art. 3º da EC n. 45 que "a lei criará o Fundo de Garantia das Execuções Trabalhistas, integrado pelas multas decorrentes de condenações trabalhistas e administrativas oriundas da fiscalização do trabalho, além de outras receitas".

A sociedade brasileira e os magistrados trabalhistas, em especial, alimentam a esperança de que a regulamentação do FUNGET, por via de lei ordinária, seja implementada com as cautelas necessárias para não se desviar dos propósitos que justificam a criação do novo modelo processual trabalhista.

A ideia originária do FUNGET, por mim concebida há 30 anos, tem sido debatida e aprovada em conclaves jurídicos, inclusive no XII Congresso Nacional de Magistrados da Justiça do Trabalho (2004).

Tramitam no Congresso Nacional três Projetos de Leis para regulamentar a matéria (PL n. 4.597/04, PLS n. 246/05 e PL n. 6.541/06), daí a necessidade de conciliar divergências no sentido de encontrar a fórmula capaz de efetivar o comando constitucional, tal como foi idealizado.

Atualmente, os três projetos estão anexados.

É aconselhável defender a aprovação do Projeto de Lei n. 246/05, de autoria da Senadora Ana Júlia Carepa (PT-PA) — atual Governadora do Estado do Pará —, que difere em muitos pontos do PL n. 6541/06, proposto pela Comissão Especial Mista de Regulamentação da EC n. 45/04, inclusive quanto à gestão do Conselho Curador do FUNGET, que deverá ser presidido por representante da Justiça do Trabalho e administrado pelo Ministério Público do Trabalho, órgãos que melhor se adequam a tarefas de gerenciamento do sistema.

Afinal, o processo trabalhista foi concebido para ser simples, informal, concentrado, oral e célere, em todas as etapas, jamais um fim em si mesmo.

Mas se a sentença ou a conciliação não for cumprida, segue-se a fase de execução, um dos "calcanhares de Aquiles" na Justiça do Trabalho.

No momento crucial do processo, a efetividade do título executivo é quase nenhuma, porque quase nada obedece aos princípios basilares do processo moderno.

Desde o momento histórico em que o devedor deixou de responder com o seu próprio corpo pelas dívidas civis (salvo ação de alimentos e depositário infiel), essa responsabilidade transferiu-se para o seu patrimônio, em caso de execução. Daí a penhora sobre bens do devedor, para efeito de alienação, em praça ou leilão, e posterior pagamento para satisfação do direito do credor, como assegurado no título executivo judicial ou extrajudicial.

Acontece que esse sistema complexo de execução, desde o direito romano, já não atende às expectativas do credor trabalhista, geralmente hipossuficiente e desempregado.

O que fazer?

Após ouvir conferência proferida por Manuel Alonso Olea, em São Paulo, no ano de 1976, que fez breve referência ao Fondo de Garantía Salarial, na Espanha, sustentei a tese de criação de um *Fundo de Garantia das Execuções Trabalhistas*, que tenho defendido desde o final da década de 70 do século XX, aprovada em diversos congressos jurídicos.

Escrevi sobre a matéria, pela primeira vez, na *Revista* n. 22, jul./dez. 1979, do TRT-8ª Região. O tema foi incluído no livro *Reforma da Execução Trabalhista e Outros Estudos* (São Paulo: LTr, 1993), ao qual novamente fiz referência no livro *Em Defesa da Justiça do Trabalho e Outros Estudos* (São Paulo: LTr, 2001).

Na Espanha, adota-se, com sucesso, o *Fondo de Garantía Salarial*. O precedente espanhol funciona assim: se houver recurso da empresa contra condenação a título de salários, pode, o trabalhador, levantar de imediato o valor correspondente, perante o *Fondo*. Improvido o apelo, o obreiro já teve antecipado o seu pagamento. Provido o recurso patronal, o *Fondo* se incumbe de cobrar do trabalhador e ressarcir o empregador.

A fim de adaptar à realidade nacional, o Fundo somente poderá ser movimentado após o trânsito em julgado da decisão. Se houver recurso, a execução poderá estar garantida com o depósito recursal. Não havendo pagamento, o juiz determinará a movimentação do FUNGET — que se destina a assegurar qualquer crédito trabalhista, e não apenas os salários, como na Espanha —, para pagamento imediato ao credor, que terá satisfeito, de modo rápido, o seu direito. Em seguida, o Fundo, sub-rogando--se no crédito do trabalhador, passa a executar o devedor, perante a Justiça do Trabalho, mediante sanções severas, inclusive as *astreintes* (dia-multa), para evitar a sua movimentação constante e inevitável descapitalização.

Conforme o art. 2º do PLS n. 246/05 "o FUNGET é constituído pelos depósitos a que se refere esta lei, pelas multas impostas por sentenças ou ajustadas em acordos nos processos trabalhistas, e ainda pelas multas administrativas resultantes da fiscalização do trabalho, além de outros recursos a ele incorporados, devendo ser aplicados com atualização monetária e juros, de modo a assegurar a cobertura de suas obrigações".

A Justiça do Trabalho proporciona expressiva arrecadação de custas, contribuições previdenciárias e imposto de renda, além dos depósitos recursais efetuados na conta vinculada do FGTS. Há sentenças que determinam o recolhimento de multas e indenizações — como é o caso de dano moral coletivo resultante do trabalho escravo ou degradante — para o Fundo de Amparo ao Trabalhador — FAT, que poderão doravante reverter para o FUNGET.

Haverá uma pequena contribuição patronal para o Fundo, cujo custeio não decorre de verbas públicas. Em compensação, as empresas poderão utilizar-se, eventualmente, do Fundo, para aplicação em programas que tragam benefícios diretos ou indiretos aos trabalhadores e seus familiares (creches, escolas, qualificação profissional, lazer etc.), desde que não causem a movimentação dos depósitos durante certo tempo. Os empregadores adimplentes com o Fundo ainda receberão incentivos fiscais.

A ideia, fundada nos princípios da seguridade e que tem como premissa a função social da empresa, nas relações trabalhistas, atende aos pressupostos jurídicos da responsabilidade civil objetiva. A mesma tese que justifica o instituto do seguro prévio para garantir os infortúnios humanos, que não se limitam aos eventos da morte, do acidente, do incêndio, da doença e da aposentadoria, para os quais existem fundos que asseguram a cobertura de compensações para dependentes e segurados. Merecem ainda atenção os riscos decorrentes das relações de emprego, especialmente em favor dos desempregados e seus familiares, excluídos de uma vida mais digna, vítimas da crueldade que a sociedade vem se acostumando a assistir, quase insensível, senão indiferente.

Foi, pois, pensando nas agruras do credor trabalhista, que espera "até não sei quando" o final do processo de execução, qual Pedro Pedreiro, do Chico Buarque de Hollanda, que concebi a ideia do Fundo de Garantia das Execuções Trabalhistas, com vistas a agilizar e tornar realmente efetiva uma das fases mais demoradas e penosas do processo do trabalho, ao lado do sistema recursal, que também precisa de aperfeiçoamentos. O processo civil tem sofrido diversas mudanças. Guardo, ainda, a esperança de que o processo executório trabalhista possa ser dotado da efetividade de que tanto necessita.

Não é suficiente que o crédito do trabalhador, reconhecido por sentença judicial, conserve o seu poder aquisitivo. Impõe-se que o empregador sofra as consequências severas por mora no cumprimento das obrigações resultantes da *res judicata,* proporcionalmente à gravidade social da sua atitude.

Daí justificar-se a adoção do sistema francês das *astreintes.* Garante-se, assim, na execução da sentença trabalhista, o pagamento da dívida principal acrescida das sanções pecuniárias, impostas pelo juiz, à parte responsável pelo atraso na quitação das verbas reconhecidas pela decisão judicial, sem prejuízo dos juros e correção monetária.

Nesse sentido, os arts. 652, alínea *d*; 832, § 1º; 835 e 880, da CLT, que hoje podem ser interpretados com o auxílio da regra disposta, por exemplo, no art. 475-J, do CPC (art. 769, da CLT), com a redação dada pela Lei n. 11.232, de 22.12.2005.

Não basta "dizer" o direito (*jurisdictio*); impõe-se realizá-lo, concretamente (*judex executione*).

Todavia, a tese de criação do Fundo de Garantia das Execuções Trabalhistas constitui uma reformulação profunda e corajosa no nosso Direito Processual do Trabalho, pois é medida capaz de imprimir uma verdadeira *antecipação* da garantia das execuções trabalhistas, inclusive com apoio nos princípios da seguridade social.

Consagrada a ideia na Emenda Constitucional n. 45/04 (art. 3º), quiçá seja logo editada a necessária regulamentação, por legislação ordinária, a fim de que o Brasil possa dispor de um sistema de pagamento imediato, efetivo e atualizado dos créditos decorrentes do trabalho humano, resultantes de sentença judicial.

Trata-se, na verdade, de autêntica reforma ampla e eficaz da execução trabalhista.

Diz a lenda que Tétis, a ninfa marinha, segurou, pelo calcanhar, seu filho Aquiles, para mergulhá-lo no rio Estige, que o tornaria imortal e invencível. Queria contrariar um oráculo, segundo o qual o jovem morreria na guerra de Troia. Numa batalha, porém, Aquiles, bravo lutador e herói da mitologia grega, foi alvejado por uma flecha, justamente em seu único ponto vulnerável, o calcanhar, que não havia sido banhado por sua mãe.

Metáforas à parte, o *Fundo de Garantia das Execuções Trabalhistas* salva o processo trabalhista de um de seus pontos mais frágeis, a execução, sem o que de nada vale a prestação jurisdicional efetiva e célere, como exigem a sociedade e a Lei Fundamental.

Não é tudo.

O passo seguinte, com os calcanhares protegidos, deverá ser o enxugamento do sistema recursal na Justiça do Trabalho, sem o que o processo trabalhista, que se caracteriza pela celeridade na solução das demandas, continuará sujeito às delongas por diversos graus de jurisdição, longe, portanto, de atender aos seus objetivos jurídicos e sociais. Mas isso é assunto para outro momento.

A Constituição Federal estabelece, no tópico dos princípios fundamentais, em seu art. 1º, que a República Federativa do Brasil, formada pela união indissolúvel dos Estados e Municípios e do Distrito Federal, constitui-se em *Estado Democrático de Direito* e tem como fundamentos: I — a soberania; II — a cidadania; III — a *dignidade da pessoa humana*; IV — *os valores sociais do trabalho e da livre iniciativa*; e V — o pluralismo político.

A Carta Magna, em seu art. 3º, dispõe que constituem objetivos fundamentais da República Federativa do Brasil: I — construir uma sociedade livre, justa e solidária; II — garantir o desenvolvimento nacional; III — erradicar a pobreza e a marginalização e reduzir as desigualdades sociais e regionais; e IV — promover o bem de todos, sem preconceitos de origem, raça, sexo, cor, idade e quaisquer outras formas de discriminação.

Se a legislação ordinária já preconiza que "os Juízos e Tribunais do Trabalho terão ampla liberdade na direção do processo e velarão pelo andamento rápido das causas, podendo determinar qualquer diligência necessária ao esclarecimento delas" (art. 765, da CLT), hoje constitui garantia constitucional "a razoável duração do processo e os meios que garantam a celeridade de sua tramitação" (art. 5º, LXXVIII, da Constituição Federal).

Enfim, a real eficácia dos Direitos Humanos na Justiça do Trabalho somente estará concretizada quando o cumprimento ou a execução da sentença judicial ou da conciliação puder contar com mecanismos de acesso e efetividade à prestação jurisdicional rápida e justa, como o *Fundo de Garantia das Execuções Trabalhistas*, que venho propondo há três décadas.

O SEGUNDO PROCESSO

Márcio Túlio Viana[(*)]

> *Non si parla solo colla lingua al mondo,*
> *ma con gli occhi, coi gesti, col passo:*
> *tutto è parola, tutto è verbo*
> (Constantino Maes, 1885)

1. INTRODUÇÃO

Nas escolas de Direito, o processo nos é mostrado como um produto da razão; uma invenção lógica, metódica, inteira, quase perfeita. Aqui ou ali, num ponto ou noutro, pode até receber algumas críticas. Mas mesmo as críticas mais fortes — como as ligadas ao tempo — são antes de forma que de fundo. Alguns recursos a menos, alguma efetividade a mais, e tudo estaria resolvido.

Exatamente por parecer racional, o processo nos é mostrado também como expressão de democracia. Afinal, quem é *parte* — ensinava o grande Cunha Campos — é quem *participa* da construção da sentença, por meio das técnicas do contraditório.

O processo nos parece tão firme, sólido e concreto, que é a ele que nos referimos quando temos os autos nas mãos. "Quero levar este processo", ou "vim dar baixa neste processo" — dizemos ao servidor da Vara, mostrando aquela pilha de folhas. Tal como os outros objetos, o processo tem peso, cor, idade e até cheiro — de novo ou (conforme o caso) de mofo.

Nesse processo racional, democrático, igualitário, concreto e até perceptível pelos sentidos, só entra o que a lei filtra, seleciona e ficha. O que ela quer não é a verdade pura e simples, mas a verdade revelada *segundo certos critérios*. Esta é a razão pela qual o que não está nos autos não estaria no mundo. O que importa, no final das contas, é apenas o pedaço de mundo que os autos contêm.

(*) Desembargador Federal do Trabalho (aposentado) (TRT da 3ª Região). Pós-Doutor pela Universidade de Roma. Professor da UFMG e da PUC-Minas.

Protegido das outras dimensões da vida, o processo se mostra neutro, autossuficiente, alheio a influências. E essa qualidade acentua a sua imagem justa e técnica, como se fosse uma verdadeira máquina de fazer sentenças — à semelhança de tantas outras máquinas que acompanharam a sua própria evolução a partir do século XVIII.

Aliás, até a estrutura da sentença seria a prova dessa racionalidade: no relatório, o juiz mostra que estudou os autos, contando a *história relevante*[1] do processo; nos fundamentos, prepara as premissas de seu silogismo, dialogando consigo mesmo e com as partes, interpretando a prova e o direito, e encontrando o que lhe parece ser a verdade; na conclusão, decide de forma quase necessária num certo sentido, que é também o único correto — despejando então o seu produto final, como um pão saído do forno, pronto para ser consumido.

Até onde, porém — eu pergunto — este processo ideal corresponde à vida real do processo? Até que ponto não esconde elementos de seu contrário? São questões como essas que tentarei apenas *começar* a responder, de forma breve e simples, e no limite de minhas fracas possibilidades.

2. O PROCESSO INVISÍVEL

Se, em teoria, o processo é tudo aquilo que acabamos de ver, não é bem essa — pelo menos por inteiro — a *prática* do processo. Como já observei em outro singelo artigo, "há uma gama quase infinita de variáveis que escapa à regulação. O modo de falar, o jeito de olhar, a forma de vestir, um pequeno silêncio, o soldado na porta, a fila do elevador, um gesto de impaciência, um lapso de memória, uma observação irônica — tudo isso e muita coisa mais podem afetar o raciocínio, o argumento, a convicção, a segurança, as simpatias e antipatias das partes, das testemunhas e do juiz".[2]

Até os objetos falam. Uma cadeira mais alta, por exemplo, transmite poder: desde tempos imemoriais valorizamos os tamanhos, como se percebe pelo uso de pronomes como "Vossa Alteza" e expressões como "alta qualidade" ou (em sentido contrário) "baixo calão". Até uma simples xícara de café, na mesa do juiz, pode fazê-lo parecer mais humano e mais próximo das pessoas. Do mesmo modo, a nossa aparência exterior é também uma forma de conversa; ela pode indicar, por exemplo, se somos advogados de sucesso ou fracassados; se somos desleixados ou rigorosos...

Como também já notei certa vez, todos esses infinitos e pequenos detalhes "formam, em seu conjunto, uma espécie de processo paralelo, selvagem, incontrolado, que se infiltra pelos poros do processo formal, *passando a fazer parte dele*. Esse segundo processo influi em graus variáveis na produção da prova, e por extensão na sentença,

---

(1) A expressão não é nossa; escapa-nos o nome do autor.
(2) VIANA, Márcio Túlio. Aspectos curiosos da prova testemunhal: sobre verdades, mentiras e enganos. In: *Revista do TRT da 3ª Região*, Belo Horizonte, n. 78, 2009.

seja reforçando, seja — ao contrário — relativizando e até invertendo o princípio do contraditório e o ideal de democracia".[3]

Vejamos, para começar, alguma coisa da linguagem escrita.

2.1. As invisibilidades no texto escrito

Quando eu era juiz — ainda no tempo das máquinas de escrever — havia um advogado de sucesso, elegante e respeitável, que gostava de grafar com letras coloridas cada linha de suas petições. Se não me falha a memória, esses arrazoados multicores se estendiam por longas páginas, enquanto que os espaços entre as linhas eram estreitos.

O que ele queria, provavelmente, era despertar a nossa atenção, para em seguida nos convencer de seus motivos. Mas o resultado era uma certa preguiça, um certo cansaço. É claro que tanto eu como os colegas tentávamos prestar toda a atenção naquelas letras coloridas. Mas até que ponto — eu pergunto — o sucesso daquele advogado não teria sido maior se tivesse aumentado os espaços e descolorido as palavras? Ou não será possível, ao contrário, que por qualquer razão misteriosa, aqueles modos de escrever — apesar do cansaço — nos seduzisse?

Sabemos que toda ciência tem as suas palavras e expressões técnicas. Para nós, leigos em Medicina, é tão difícil saber o que significa "hipospadia glândica" quanto, para os médicos, será entender que "operou-se a preclusão" ou que "a contumácia foi elidida". No entanto, para além do tecnicismo, nós, bacharéis em Direito, sempre nos encantamos com os enfeites, com os jeitos chiques de falar. Quanto menos coloquial o palavreado, melhor será. Ao invés de "surge", "exsurge"; de "distinto", "conspícuo"; de "reunir", "adunar"; de "apoio", "espeque"; de "pedido inicial", "peça exordial" ou até "proemial". A última moda, segundo me contaram, é "juízo primevo"...[4]

Esse costume, naturalmente, torna ainda mais hermética a linguagem jurídica — impedindo o acesso aos não iniciados, e reforçando a imagem do advogado-sacerdote, que detém o conhecimento das palavras sagradas, e a do juiz-deus, que as acolhe ou rejeita. O palavreado barroco passa a compor informalmente o próprio rito, permitindo que os atores se reconheçam, se identifiquem e às vezes até se admirem mutuamente.

O hermetismo linguístico é também uma tentativa de valorizar a Justiça, dando-lhe um *status* superior, como se ela própria — apesar de sua figura feminina — usasse terno e gravata... Nesse sentido, reforça a sua imagem de entidade neutra e imparcial, pairando nas nuvens, acima dos homens, e por isso mesmo — e ainda uma vez — divina.

---

(3) Idem.
(4) Além de expressões latinas, o *juridiquês* contém outras tantas pérolas, especialmente na Justiça Comum, como "nédio", "paracleta", "perleúdos desembargadores", "declarações coalescidas" etc. O juiz de cuja sentença se recorre pode ser também "primacial"; o homem condenado à prisão vai para o "ergástulo"... Disponível em: <http://www.soleis.adv.br/juridiques.htm>.

Mas a linguagem empolada pode ser também um modo de proteger a Justiça contra os ataques dos mortais; pois como compreender (para em seguida criticar) as suas razões de decidir, se é tão difícil decifrar, por vezes, até *o que foi decidido*? Naturalmente, o efeito pode ser inverso: do ponto de vista do perdedor (e de seus parentes e amigos), é sempre mais difícil aceitar o ininteligível. Nesse caso, a explicação corriqueira é a de que o juiz é venal, a menos que seja imbecil.

Assim, desde os tempos de faculdade, o jovem bacharel se esforça para aprender essa espécie de dialeto, tão ao contrário do linguajar próprio de sua idade e de seus outros ambientes — posto que rígido, padronizado e envelhecido. Esse aprendizado passa pelos livros de doutrina e até pelas salas de aula, onde ganha o reforço do terno--e-gravata dos professores. Felizmente, de uns tempos para cá, alguns colegas têm tentado ser mais simples; alguns chegam a sentenciar até em versos, embora ainda metrificados...

Mas uma coisa é ser compreendido apenas pelos iniciados, e outra, bem diferente, é não ser entendido sequer por estes. Pode acontecer, de fato, que o advogado simplesmente não saiba escrever de forma clara; não consiga expor o seu raciocínio. Nesse caso, ainda que o juiz acabe entendendo o que ele diz, não será possível que esse *trabalho extra* o predisponha negativamente?

De igual modo, se o advogado é repetitivo; ou se *copia e cola* razões intermináveis, cheias de coisas banais. Falhas no Português — erros de concordância, em especial — podem passar a ideia de despreparo jurídico, de descaso com a Justiça, e também causar uma certa irritação no juiz. Nesses momentos, ele pode se lembrar de seu próprio esforço com os estudos, e repreender silenciosamente o advogado que não se preocupou tanto com isso. Até que ponto — eu pergunto — pequenos detalhes como esses também não influirão na sentença?

Modos agressivos de falar, seja na inicial ou na defesa, podem tanto ajudar a convencer, como — talvez mais usualmente — provocar antipatias. E o risco aumenta quando se trata de razões de recurso, e o advogado se esquece da sentença para atacar o juiz; ou então se serve dela como pretexto para ofendê-lo. Nesses casos, podem entrar em cena a solidariedade de classe, o corporativismo, ou quando nada o especial apreço que as pessoas das classes mais abastadas costumam dar às artes cavalheirescas, à elegância de modos.

É claro que um exercício de autocrítica constante pode minimizar essas influências — embora até a autocrítica possa ser enganosa ou extemporânea. Meu pai me contava a história de um velho professor, que aceitou presidir um concurso do qual participava um amigo íntimo — iam juntos à igreja, diariamente, para comungar. Aquele professor se sentia tranquilo porque, de um lado, só votaria em caso de empate; e, de outro, estava seguro de sua imparcialidade. Mas o destino quis que os candidatos empatassem; e ele acabou decidindo contra o amigo, que se tornou então seu inimigo. Tempos depois, confessava a meu pai: "talvez eu tenha tentado ser tão justo, mas tão justo, que acabei fazendo injustiça; pois vejo agora que a melhor tese era a dele". Eu mesmo, certa vez, creio ter agido mais ou menos assim.

De qualquer modo, o fato é que as petições e os arrazoados contêm elementos informais, como se fossem palavras ocultas ou frases não ditas, que podem afetar — muito ou pouco — o convencimento do juiz. Ao peticionar, o advogado não fala apenas do cliente ou da causa, mas de si mesmo. E o que ele diz pode ser bem ou mal interpretado, bem ou mal aceito. No inconsciente do juiz, simpatias ou antipatias se deslocam, às vezes, dos advogados para as partes, ou vice e versa.

Vejamos agora o que se passa com a palavra falada.

2.2. AS INVISIBILIDADES NA LINGUAGEM ORAL

Pode parecer estranho, mas — segundo uma pesquisa — a palavra pura e simples é responsável por apenas 7% da construção de significados. Outros 38% vêm dos modos da voz e 55% dos gestos e expressões corporais.[5]

Uma ligeira modulação, o acento maior ou menor numa sílaba ou palavra, a rapidez ou lentidão na fala — tudo isso, e muito mais, pode sinalizar ao reclamante, por exemplo, que o juiz é complacente ou impaciente; ou que a causa está quase ganha; ou que tudo está perdido; ou até mesmo, quem sabe, que corre o risco de ser preso...

Naturalmente, o modo de perceber essas infinitas variações da fala depende das circunstâncias do próprio receptor. Se se trata, por exemplo, de pessoa simples, pouco afeita àqueles ambientes, um modo de dizer *mais forte* pode valer como ameaça; se, ao contrário, o depoente se aproxima — em termos culturais, sociais ou econômicos — do próprio juiz, saberá por certo se defender melhor dos medos, ainda que o faça em silêncio, intimamente, dizendo a si próprio que não há riscos, que está tudo caminhando bem.

Às vezes, até sem notar, o juiz sugestiona a testemunha; outras vezes, assume uma postura tão temível, que a testemunha tenta responder *o que acha que ele quer ouvir*. Algumas vezes, ainda, o juiz emite conceitos jurídicos na pergunta, induzindo o depoente a erro. É o que acontece, por exemplo, quando indaga se o reclamante *era empregado*, condição muitas vezes confundida com a de *trabalhador com carteira assinada*.

Por outro lado, pode o juiz, na sentença, valorizar esta ou aquela frase, esta ou aquela palavra, para fundamentar a decisão que intimamente já tomou. Aliás, é o que também faz em relação aos métodos supostamente científicos de interpretação da lei: como, muitas vezes, a gramática aponta para um lado, e o sistema ou a teleologia para

---

(5) NEUBURGER, Luisella de Cataldo. I fattori comunicazionali all'interno del processo. In: FORZA, Antonio (org.). *Il processo invisibile*: le dinamiche psicologiche nel processo penale. Veneza: Marsílio, 1997.

o outro, é preciso que ele escolha — e ao fazê-lo privilegia um método em detrimento do outro.

Naturalmente, as variáveis estão longe de terminar aqui. Mas analisemos um pouco a linguagem corporal.

2.3. A LINGUAGEM INVISÍVEL DO CORPO

Como vimos, a linguagem não verbal produz até mais significados do que a verbal. Por isso, quando uma contrasta com a outra, privilegiamos intuitivamente a primeira. A proporção, segundo Argyle, chega a ser de 5 por 1:

> Quando nos encontramos de frente a uma pessoa, tendemos a avaliar se é sincera ou falsa, se fala sério ou se brinca, e (...) valorizamos o tipo de afirmação(...) não só daquilo que diz, mas também como o diz.[6]

Tal como a voz e a escrita, todo o corpo transmite significados. Alguns deles são fáceis de identificar. A face descontraída de alguém, ao encontrar um amigo, indica a sua alegria; virar a cabeça para um lado e para o outro, em resposta a uma pergunta, significa um *não*.

Outros gestos são menos óbvios, como uma perna cruzada, cotovelos na mesa ou mãos que se fecham. Uns são fruto de uma determinada cultura, como a forma japonesa de saudar, curvando o corpo; outros — como a testa franzida — parecem universais e inatos. Alguns, como o sorriso, estão presentes até em nossos irmãos chimpanzés, e com significados análogos.[7]

Por outro lado, a linguagem do corpo, com frequência, foge ao controle da razão. Enquanto, no texto escrito, podemos guiar grande parte das nossas palavras, o *texto corporal* parece o veículo preferido do inconsciente. Tal como acontece com os famosos "atos falhos", que Freud detectou na linguagem verbal, o corpo está sempre ávido por revelar os nossos mais ocultos segredos.

Assim, por exemplo, as crianças costumam tapar a boca com as mãos quando contam mentirinhas — como se quisessem evitar que as palavras saíssem. Segundo os autores de um curioso *best-seller*[8], até nós, adultos, repetimos esse gesto, disfarçado sob a forma de dedos tocando o nariz ou roçando de leve os lábios.

Observam os autores, ainda, que a linguagem corporal — do mesmo modo que a escrita — tem pontos, vírgulas, palavras e frases; para apreender os seus significados, tal como fazemos ao ler um texto, devemos analisar as frases, e não apenas as palavras, e sem nos esquecermos do tema, ou seja, do contexto.

---

(6) FORZA, Antonio. Introduzione. In: FORZA, Antonio (org.). *Il processo invisibile*: le dinamiche psicologiche nel processo penale. Veneza: Marsílio, 1997. p. 94.
(7) Segundo PEASE, Allan; PEASE, Barbara. *Desvendando os segredos da linguagem corporal*. Rio de Janeiro: Sextante, 2005, *passim*.
(8) PEASE, Allan; PEASE, Barbara. *Op. cit., passim*.

Essa linguagem corporal influi sobretudo na coleta da prova, e em vários sentidos. De um lado, pode reforçar a linguagem verbal, ajudando a convencer o juiz; de outro, pode destoar dela, causando efeito oposto. Pode passar despercebida ou não; ser bem ou mal interpretada; ser espontânea ou provocada; ou até ser encoberta, intencionalmente, por outro gesto, como na hipótese em que uma testemunha, para disfarçar seu nervosismo, finge um acesso de tosse.

Para se ter uma ideia de até aonde vão essas influências, basta dizer que, segundo pesquisas nos EUA, os advogados que sorriem ao fazer as suas defesas têm mais sucesso que os carrancudos[9] — do mesmo modo que os promotores que fazem perguntas mais detalhadas convencem melhor os jurados.[10]

Um dado interessante é que a relação causa-efeito pode se inverter. Outra pesquisa, também nos EUA, reuniu dois grupos para ouvir a mesma palestra. Pediu-se aos participantes de um deles que ficassem de braços cruzados; e os do outro, em posição normal. Resultado: além de reter 38% a menos de informação, o primeiro grupo mostrou uma opinião sempre mais crítica sobre o palestrante. A explicação seria a de que braços cruzados, protegendo as partes vitais do corpo, expressariam simbolicamente uma tendência à recusa, uma postura de resistência. E mais ainda: esse gesto *reforçaria* uma predisposição interior, tornando-se causa, sem deixar de ser efeito. Por isso mesmo, alguns *experts* em RH aconselham as empresas a só usar cadeiras *com braços* em seus centros de treinamento...[11]

Naturalmente, quanto melhor o juiz perceber esses elementos informais, mais próximo estará da verdade — se é que se pode falar em verdade no processo.

Vejamos, por fim, como falam as coisas do mundo.

2.4. A LINGUAGEM INVISÍVEL DOS OBJETOS E AMBIENTES

Conta um sociólogo[12] que, em torno dos anos 40, nos subúrbios paulistas, as famílias operárias começaram a incorporar pequenos jardins em suas casas, imitando as mansões dos bairros chiques. Era um modo que aquelas famílias tinham não só de dizer o que queriam ser, mas o que — em pequena escala — *já eram*, exibindo um *status* em ascensão. Além disso, para a mulher, aqueles pequenos jardins anunciavam, simbolicamente, um começo de libertação das quatro paredes do lar; e sutilmente sugeriam para a vizinhança todos os cuidados e caprichos que certamente existiriam *também* nos interiores.

---

(9) *Ibidem*, p. 57.
(10) NEUBURGER, Luisella de Cataldo. I fattori comunicazionali all'interno del processo. In: FORZA, Antonio (org.). *Op. cit.*, p. 110.
(11) PEASE, Allan; PEASE, Barbara. *Op. cit.*, p. 71.
(12) MARTINS, José de Souza. *A aparição do demônio na fábrica:* origens sociais do eu dividido no subúrbio operário. São Paulo: Editora 34, 2008. p. 75.

De modo análogo, o macacão cheio de graxa do operário mostrava e mostra uma vida de trabalho, e por isso honrada; mas também pode indicar, segundo outros olhares, um trabalho apenas manual e monótono, subordinado e mal pago, desgastante e sujo, e por isso sem tanto valor. Nesse último sentido, a organização do jardim, como a limpeza da casa, seriam também um modo de negar ou pelo menos compensar — contrastando — a própria condição operária.

Esses pequenos exemplos nos mostram, mais uma vez, que os objetos e ambientes também falam. Aliás, não é essa uma das razões que nos levam a consumir? Quando compramos um automóvel, uma roupa ou até uma simples caneta podemos estar revelando quem somos, o que queremos e o que somos capazes de fazer; podemos atrair amizades ou repelir estranhos; construir uma bela imagem ou suprir nossas carências, inclusive de identidade.[13]

A influência dos objetos talvez seja ainda mais pesada onde as relações de poder são menos iguais, como acontece na sala de audiências. Ali, uma conjunção de elementos como bandeira, toga, ternos, estrado, livros e autos sobre a mesa pode potencializar as diferenças não só entre as partes, como entre as suas testemunhas e até entre os seus advogados — os do reclamante, por exemplo, costumam ser mais jovens e menos experientes.

3. Concluindo

É claro que muitas outras variáveis informais penetram nos poros do processo formal. Uma delas é a própria interpretação do Direito, que varia ao sabor não só da cultura jurídica, mas do próprio cotidiano do juiz, de sua interação com os ambientes, de sua história pessoal, de sua formação política, de seu modo de ver a vida.

Nós, juízes, disfarçamos muito bem essa realidade, acreditando ou fingindo acreditar que há sempre uma interpretação puramente lógica — e por isso fatal — tanto da lei como da prova. Mas na verdade, eu quero crer, o que há é antes invenção do que descoberta; muito mais escolha que imposição. Até os princípios jurídicos, de certo modo, tocam as fronteiras desse mundo informal, na medida em que a todo momento oferecem escapes à letra formal das regras, acenando com possibilidades sempre novas de criação.

Mas não me atrevo a falar de Hermenêutica, nem o espaço comportaria outros exemplos. Basta frisar, ainda uma vez, que se há um processo visível, regulado, sobre o qual há muitos anos se constroem teorias, aquele *segundo processo* tem-lhe servido sempre de companhia. É claro que não se trata de um *verdadeiro* processo, em sentido técnico; mas como ele segue a sorte do primeiro, mesclando-se com ele, acaba por se adequar até mesmo ao seu rito. Seria mais ou menos como uma canoa sem canoeiro,

---

(13) A propósito, cf. PRAT, Joan Torres i. *Consumo, luego existo:* poder, mercado y publicidad. Barcelona: Içaria Madera, 2005.

solta nas águas, e que vai batendo nos barrancos, rodopiando nas corredeiras, mas percorrendo, afinal, os mesmos caminhos do rio.

Domar esse *segundo processo,* selvagem, irreverente e desinquieto, é completamente impossível. Seria preciso disciplinar os tons de voz, o franzir das testas, os bocejos, os suspiros e os sorrisos; proibir que as mesas, cadeiras, bandeiras e xícaras silenciassem os seus significados, e que o juiz se transformasse num autômato com botões — ou talvez nos próprios botões. Por fim, seria preciso até que vivêssemos em outro sistema, pois é próprio do capitalismo ser desigual, opressivo, como também é de sua essência penetrar em todos os lugares, contaminando todos os ambientes.

Ainda assim, alguma coisa é possível.

De um lado, podem e devem os atores jurídicos — especialmente o juiz — aprofundar-se nesse ramo de conhecimentos, a fim de instruir melhor a causa. Nesse sentido, aliás, é importante notar como a revisão da prova, pelo tribunal, é apenas parcial e precária — já que ele não tem acesso a essa verdadeira *paralinguagem* das partes e testemunhas, que pode ter reforçado mas também atenuado ou desmentido as palavras escritas na ata. E o juiz deve também tentar se conhecer melhor, o que demanda, em princípio, um apoio psicanalítico.

De outro lado — mesmo abstraindo-se de uma melhor capacitação do juiz — é possível controlar ao menos uma pequena parte daqueles significantes e significados, no que eles podem ter de negativo. Em palavras mais claras, seria preciso que a Justiça — especialmente a do Trabalho — tentasse corrigir um pouco as desigualdades que ela própria ajuda a reproduzir.(14)

Isso significaria uma Justiça menos pomposa, despojada ao máximo de seus símbolos de autoridade, falando uma língua mais próxima do povo. Uma Justiça tão simples que o reclamante não se sentiria — como em geral se sente — de novo um empregado diante do patrão, mesmo estando num tribunal e não numa oficina; e igualitária a ponto de impedir, entre outras coisas, que as testemunhas do autor se sentissem menos à vontade ou mais temerosas que as do réu, como em regra também acontece.

Cappelletti e Garth nos ensinam que, na Austrália, em causas de menor valor, o juiz às vezes se assenta com as partes, à mesa de café, e em meio às conversas pega o telefone e chama, ele mesmo, a testemunha referida por uma delas.(15) No mesmo sentido, há alguns anos, o caro colega e mestre Antônio Álvares da Silva me falava de uma Justiça ambientada nas periferias, arranjando-se como pudesse em garagens ou galpões.

Uma Justiça assim — ou, quando nada, *um pouco* assim — não seria menos digna ou respeitável. Ao contrário. Poderia ser melhor entendida, menos temida e

---

(14) Não custa notar que, apesar de tudo, a Justiça do Trabalho é bem mais simples e menos formal do que a Justiça Comum, seja estadual ou federal.
(15) CAPPELLETTI, M.; GARTH, Bryant. *Acesso à justiça.* Porto Alegre: Fabris, 1995.

bem mais amada. Em outras palavras — e como me dizia o também colega Gustavo Fontoura Vieira, de Santa Maria/RS — é perfeitamente possível (e necessário) trocar a legitimação antiga, produzida pela distância, por uma nova legitimação, construída pela proximidade.

BIBLIOGRAFIA

CAMPOS, Ronaldo Cunha. Garantias processuais. In: TEIXEIRA, Salvio de Figueiredo (coord.). *Mandados de segurança e de injunção*. São Paulo: Saraiva, 1990.

FORZA, Antonio. Introduzione. In: FORZA, Antonio (org.). *Il processo invisibile:* le dinamiche psicologiche nel processo penale. Veneza: Marsílio, 1997.

MARTINS, José de Souza. *A aparição do demônio na fábrica:* origens sociais do eu dividido no subúrbio operário. São Paulo: Editora 34, 2008.

NEUBURGER, Luisella de Cataldo. I fattori comunicazionali all´interno del processo. In: FORZA, Antonio (org.). *Il processo invisibile:* le dinamiche psicologiche nel processo penale. Veneza: Marsílio, 1997.

PEASE, Allan; PEASE, Barbara. *Desvendando os segredos da linguagem corporal*. Rio de Janeiro: Sextante, 2005.

PRAT, Joan Torres i. *Consumo, luego existo: poder, mercado y publicidad*. Barcelona: Içaria/Más Madera, 2005.

VIANA, Márcio Túlio. Aspectos curiosos da prova testemunhal: sobre verdades, mentiras e enganos. In: *Revista LTr*, São Paulo, n. 10, ano 73, out. 2009.

O Direito Processual do Trabalho no Contexto da Teoria Geral do Processo e do Direito Processual Constitucional

Gustavo Filipe Barbosa Garcia[*]

1. Introdução

O presente estudo tem como objetivo o exame do Direito Processual do Trabalho, em especial quanto aos seus institutos fundamentais, relativos à jurisdição, à ação, à defesa, ao processo e ao procedimento, levando em conta a inserção da matéria na Teoria Geral do Processo e no Direito Processual Constitucional.

Para a devida compreensão do tema, é relevante, primeiramente, analisar aspectos introdutórios, com o objetivo de situar as questões abrangidas no Direito como um todo.

Efetivamente, para que possam ser entendidas noções como as de processo e de procedimento, aplicando-as ao processo trabalhista, há necessidade de retomar conceitos ligados ao Direito e, mais especificamente, ao Direito Processual, sua função e seus institutos fundamentais.

Com esse intuito, vejamos, primeiramente, a relação entre os conflitos sociais e o Direito, em seus aspectos material e processual.

2. Os conflitos sociais e o direito

Cabe destacar que a vida em sociedade revela a existência de conflitos entre os indivíduos e grupos.

---

[*] Doutor em Direito pela Faculdade de Direito da Universidade de São Paulo. Procurador do Trabalho do Ministério Público do Trabalho da 2ª Região. Ex-Juiz do Trabalho das 2ª, 8ª e 24ª Regiões. Ex-Auditor Fiscal do Trabalho. Professor Universitário em cursos de graduação e pós-graduação em Direito.

É certo que existem teorias e doutrinas, como a do corporativismo, defendendo a integração e a absorção de toda a vida em sociedade para a esfera estatal. Entretanto, revela-se mais adequado e coerente com a realidade o entendimento de que os conflitos sociais são naturais e esperados, justamente em razão dos diversos interesses envolvidos, servindo para a própria evolução da humanidade.

As pessoas e grupos se relacionam, de modo que nem sempre as posições e os interesses defendidos são coincidentes. O próprio pluralismo de ideias e concepções, presente no Estado Democrático de Direito, resulta na previsibilidade dos conflitos sociais.

Cabe ao Direito, assim, regular os diferentes interesses presentes na vida em sociedade, fixando normas de conduta e de organização, de modo a se alcançar a harmonia das relações intersubjetivas.

Mesmo com a presença do Direito material, disciplinando as relações sociais, há certos conflitos que não são evitados ou solucionados apenas em razão das normas jurídicas materiais.

Efetivamente, podem surgir situações em que certas pretensões legítimas e devidas não são satisfeitas por aqueles que assim deveriam agir. Há casos, ainda, em que a satisfação voluntária da pretensão é vedada, como quanto à pretensão punitiva do Estado.

Desse modo, mesmo havendo preceitos jurídicos que regulam as condutas em sociedade, os conflitos podem surgir.

Embora se entenda que as controvérsias sejam inerentes à vida em sociedade, os objetivos voltados ao desenvolvimento e à paz sociais resultam na necessidade de que elas sejam devidamente solucionadas ou administradas.

Observam-se, assim, diferentes formas de solução de conflitos, as quais podem ser classificadas em autotutela, autocomposição e heterocomposição[1].

Nas sociedades mais primitivas, essa solução ocorria por meio da autotutela, em que uma das partes impõe a solução do conflito à outra.

Na atualidade, a autotutela é admitida apenas em hipóteses específicas, previstas excepcionalmente no ordenamento jurídico, como é o caso da legítima defesa.

No âmbito dos conflitos coletivos de trabalho, faz-se menção à greve, entendida como um direito dos trabalhadores, exercido de forma coletiva, como forma de pressionar o empregador, grupo de empregadores ou organização de empregadores, a aceitarem as condições de trabalho pretendidas pelos trabalhadores, normalmente representados por sua organização sindical.

---

(1) Cf. GARCIA, Gustavo Filipe Barbosa. *Curso de direito do trabalho*. 4. ed. Rio de Janeiro: Forense, 2010. p. 1255--1262.

Assim, na realidade, a greve acaba direcionando e possibilitando a solução do conflito coletivo de trabalho, obtida por meio de norma coletiva negociada (convenção e acordo coletivo de trabalho), sentença arbitral ou sentença normativa proferida pela Justiça do Trabalho.

Na autocomposição, por sua vez, as próprias partes alcançam a pacificação do conflito, chegando a um consenso, como ocorre na conciliação e na transação.

A negociação coletiva de trabalho, dando origem a instrumentos normativos, como a convenção coletiva e o acordo coletivo, significa a autocomposição no âmbito de conflitos coletivos trabalhistas.

Já na heterocomposição, um terceiro impõe a decisão, a qual deve ser observada pelas partes.

A principal modalidade de heterocomposição refere-se à jurisdição, a qual, portanto, é uma forma de solução dos conflitos sociais, em que o Estado-juiz impõe a decisão. Pode-se mencionar, ainda, a arbitragem.

No plano histórico, cabe observar que, conforme o Estado foi se organizando e se afirmando, progressivamente, conseguiu impor a sua autoridade aos indivíduos e grupos.

Mesmo no Direito Romano arcaico (século II a.C.), a organização pública da época já exercia a atividade de solucionar conflitos de interesses. Nesse sentido, as pessoas compareciam perante o pretor, comprometendo-se a aceitar o que viesse a ser decidido. Esse compromisso era chamado de *litiscontestatio*[2].

Com a organização do Estado e a concentração do poder, como se verifica principalmente no Estado Moderno, há o fortalecimento da jurisdição como forma de pacificação social.

Na jurisdição, os juízes agem em substituição às partes, as quais não podem fazer justiça direta e pessoalmente.

Registre-se que, na atualidade, ganham destaque formas alternativas de solução de conflitos, como aquelas pertinentes à autocomposição, com a possibilidade de aplicação da mediação, e à arbitragem.

No campo das relações de trabalho, entende-se que a autocomposição é a forma ideal de solução dos conflitos, pois os próprios interessados é que fixam as disposições a serem observadas.

Nesse enfoque, a negociação coletiva exerce papel fundamental na pacificação de conflitos coletivos de trabalho, sendo exercida no espaço da chamada autonomia privada coletiva, dando origem a normas jurídicas negociadas.

---

(2) Cf. CINTRA, Antonio Carlos de Araújo; GRINOVER, Ada Pellegrini; DINAMARCO, Cândido Rangel. *Teoria geral do processo*. 11. ed. São Paulo: Malheiros, 1995. p. 22.

3. DIREITO MATERIAL E DIREITO PROCESSUAL

Observados os aspectos acima, pode-se concluir pela existência do Direito material e do Direito processual[3].

O primeiro refere-se ao conjunto de normas que disciplinam as relações jurídicas, estabelecendo disposições sobre os bens e questões presentes na vida em sociedade, como ocorre com o Direito Civil e o Direito do Trabalho, apenas exemplificando.

O Direito processual, por sua vez, cuida das relações jurídicas processuais, ou seja, disciplina o processo judicial como relevante instrumento para a pacificação social, por meio da jurisdição[4].

Desse modo, a jurisdição, como forma de solução de conflitos, é exercida de acordo com as normas processuais.

Pode-se dizer que o Direito processual deve ser enfocado como instrumento do Direito material, uma vez que tem como objetivo assegurar a ordem jurídica e a paz social[5].

Efetivamente, as normas jurídicas de natureza processual têm como escopo não apenas a aplicação do Direito material, mas a própria pacificação social, contribuindo para a harmonia e o desenvolvimento da sociedade.

O Direito processual, assim, está voltado a assegurar o chamado "acesso à justiça"[6], entendido não apenas como o direito de se ajuizar a ação perante o Poder Judiciário, mas de se obter a "ordem jurídica justa", satisfazendo a pretensão da parte que tem razão.

Disso decorre a necessidade de *efetividade* do processo e da jurisdição, a ser exercida de forma tempestiva e de acordo com as disposições que integram o ordenamento jurídico.

Verifica-se, portanto, a relevante ligação entre o Direito material e o Direito processual, em que este procura assegurar a observância do primeiro.

4. INSTITUTOS FUNDAMENTAIS DO DIREITO PROCESSUAL

Conforme analisado acima, o Direito processual é o ramo do Direito que disciplina a jurisdição, entendida como forma de solução de conflitos, a qual é exercida por meio do processo judicial.

---

(3) Cf. DINAMARCO, Cândido Rangel. *Instituições de direito processual civil*. São Paulo: Malheiros, 2001. v. 1, p. 39--43; GRECO FILHO, Vicente. *Direito processual civil brasileiro*. 21. ed. São Paulo: Saraiva, 2009. v. 1, p. 30-35.
(4) Cf. GARCIA, Gustavo Filipe Barbosa. *Introdução ao estudo do direito*: teoria geral do direito. São Paulo: Método, 2010. p. 195.
(5) Cf. DINAMARCO, Cândido Rangel. *A instrumentalidade do processo*. 11. ed. São Paulo: Malheiros, 2003. p. 324-335.
(6) Cf. CAPPELLETTI, Mauro; GARTH, Bryant. *Acesso à justiça*. Tradução e revisão: Ellen Gracie Northfleet. Porto Alegre: Sergio Antonio Fabris, 2002.

Logo, o Direito processual regula o exercício da jurisdição, da ação e da defesa, bem como estabelece a organização do Poder Judiciário, fixando a competência de seus diversos órgãos.

Desse modo, há institutos considerados fundamentais no Direito Processual, quais sejam, a jurisdição, a ação, a defesa e processo. Instituto, no caso, pode ser entendido como o conjunto de normas referentes a certa matéria, dando origem a temas específicos e próprios.

Conforme o ângulo de análise, a jurisdição pode ser definida como poder, função e atividade do Estado[7].

Como poder do Estado, a jurisdição significa a capacidade de decidir imperativamente e impor suas decisões. Como função estatal, tem o encargo de pacificar os conflitos, por meio da aplicação do Direito material. A jurisdição, como atividade, refere-se ao conjunto de atos para a solução dos conflitos sociais com justiça.

De acordo com o art. 5º, XXXV, da Constituição Federal de 1988, a lei não excluirá da apreciação do Poder Judiciário lesão ou ameaça a direito. Esse mandamento corresponde ao direito à jurisdição, ou seja, ao exercício da jurisdição, o que é feito por meio do direito de ação.

A ação, desse modo, é entendida como o poder ou o direito de exercício da jurisdição, por meio do qual aquele que entende ser titular de um direito pleiteia ao Poder Judiciário um provimento, ou seja, uma decisão que lhe conceda e assegure o bem jurídico devido.

É com o ajuizamento da demanda que o processo judicial tem início. Pode-se entender, assim, que a ação provoca a jurisdição, ou seja, a atividade jurisdicional, a qual é exercida no âmbito do processo.

Na atualidade, sabe-se que o direito de ação é autônomo perante o direito subjetivo material. Tanto é assim que, mesmo sendo exercido o direito de ação, o pedido formulado pode vir a ser julgado improcedente. Nesse caso, o direito de ação existiu e foi exercido, embora a decisão tenha concluído que o autor não era titular do direito subjetivo material postulado.

Logo, entende-se que o direito de ação é um direito público subjetivo, exercido contra o Estado, podendo produzir efeitos na esfera jurídica do demandado. Há entendimento, no entanto, de que a pretensão, em si, formulada por meio da demanda, é dirigida em face do réu, cabendo ao Estado disciplinar e garantir o seu exercício[8].

A doutrina processual vem destacando, ainda, o enfoque do direito de ação como direito à *tutela jurisdicional*. Esta pode ser entendida, conforme José Roberto dos

---

(7) Cf. DINAMARCO, Cândido Rangel. *Instituições de direito processual civil*, cit., v. 1, p. 294.
(8) Cf. GRECO FILHO, Vicente. *Direito processual civil brasileiro*. 21. ed. São Paulo: Saraiva, 2009. v. 1, p. 81-82.

Santos Bedaque, como "a proteção que se dá a determinado interesse, por via jurisdicional, assegurando direitos ou a integridade da esfera jurídica de alguém"[9].

A tutela jurisdicional, desse modo, liga-se a um conjunto de medidas estabelecidas pelo Direito processual, a fim de proteger direitos amparados pelo ordenamento jurídico.

A parte tem o direito de receber a tutela jurisdicional, sendo assegurado, portanto, o exercício do direito de ação.

A demanda, ligada a esse enfoque de tutela jurisdicional, indica que o direito de ação não se resume ao simples acesso ao Poder Judiciário, mas abrange o direito de ter satisfeita a pretensão, ou seja, de receber o provimento jurisdicional que ampare e proteja aquele que é o efetivo titular do direito subjetivo pleiteado[10].

A defesa, por sua vez, refere-se à resposta que o demandado tem o ônus de apresentar em juízo, contrapondo-se à pretensão formulada pelo demandante (autor).

A defesa, assim, é um direito do réu, decorrente da cláusula do devido processo legal e do próprio sistema do contraditório (art. 5º, LIV e LV, da Constituição Federal de 1988).

O quarto instituto fundamental do Direito Processual, como já mencionado, é o processo, o qual corresponde ao instrumento para a solução jurisdicional do conflito.

A jurisdição, portanto, opera por meio do processo, o qual é iniciado pelo exercício do direito de ação.

5. Direito processual e direito processual do trabalho

O Direito processual já foi analisado acima, quanto ao seu conceito e institutos fundamentais.

Por ser o Direito processual o ramo do Direito que disciplina o processo judicial, a doutrina menciona a possibilidade da sua divisão em setores específicos.

Nesse sentido, o Direito processual é tradicionalmente dividido em Direito Processual Penal, o qual é aplicado às questões criminais, e Direito Processual Civil, aplicado a questões não criminais. No entanto, além desses dois ramos, tem-se a presença do Direito Processual do Trabalho.

Quanto à denominação, anteriormente, utilizava-se a expressão "Direito Judiciário do Trabalho". No entanto, esta pode ser considerada superada na atualidade, pois o Direito Processual do Trabalho não se refere apenas a regras referentes ao juiz, mas abrange todo o sistema processual trabalhista.

---

(9) BEDAQUE, José Roberto dos Santos. *Direito e processo*: influência do direito material sobre o processo. 2. ed. São Paulo: Malheiros, 2001. p. 30.
(10) Cf. DINAMARCO, Cândido Rangel. *Fundamentos do direito processual civil moderno*. 3. ed. São Paulo: Malheiros, 2000. t. 2, p. 797-800.

O Direito Processual do Trabalho, de acordo com Sergio Pinto Martins, é "o conjunto de princípios, regras e instituições destinado a regular a atividade dos órgãos jurisdicionais na solução dos dissídios, individuais ou coletivos, pertinentes à relação de trabalho"[11].

Isso significa que o processo trabalhista forma um sistema devidamente organizado, formado de princípios, regras e instituições.

Há definições nem sempre idênticas a respeito de princípios no Direito, como no sentido de proposições genéricas, alicerces ou preceitos fundamentais, merecendo destaque o entendimento de que princípios são "mandamentos de otimização", devendo ser satisfeitos no grau máximo das condições de fato e jurídicas[12].

As regras, por sua vez, são disposições normativas que, quando em conflito com outras regras, fazem com que uma delas seja considerada inválida.

De todo modo, há diversos princípios e regras pertinentes ao Direito Processual do Trabalho, regulando aspectos variados do processo aplicado na Justiça do Trabalho.

As instituições, no caso, referem-se aos entes que aplicam o Direito Processual do Trabalho.

Nesse sentido, destaca-se a Justiça do Trabalho, dela fazendo parte o Tribunal Superior do Trabalho, os Tribunais Regionais do Trabalho e as Varas do Trabalho.

Quanto ao Ministério Público do Trabalho, embora não seja órgão que integre o Poder Judiciário, é instituição essencial à atividade jurisdicional (art. 127 da Constituição da República).

O Direito Processual do Trabalho, como mencionado, regula a atividade dos órgãos jurisdicionais, na solução dos dissídios individuais e coletivos trabalhistas.

Pode-se entender o dissídio como o conflito que tem a sua solução encaminhada, a ser realizada pela jurisdição.

Os conflitos individuais envolvem pessoas determinadas, sendo referentes a interesses individuais.

Os conflitos coletivos envolvem grupos ou pessoas não determinadas, sendo ligados a interesses coletivos, ou seja, comuns aos membros do grupo. Nesse sentido, são possíveis conflitos envolvendo categorias de trabalhadores e de empregadores, representados pelos respectivos sindicatos, conflitos envolvendo greve, bem como entre a empresa e seus empregados, representados pelo sindicato profissional.

Além desse aspecto, no âmbito das relações de trabalho, também existem direitos de natureza metaindividual, pertinentes aos direitos difusos, coletivos e individuais homogêneos, alcançando um grupo de trabalhadores envolvidos.

---

(11) MARTINS, Sergio Pinto. *Direito processual do trabalho*. 28. ed. São Paulo: Atlas, 2008. p. 18.
(12) Cf. ALEXY, Robert. *Teoria dos direitos fundamentais*. Tradução de Virgílio Afonso da Silva. São Paulo: Malheiros, 2008. p. 87-94.

Nesses casos, o sistema de tutela jurisdicional dos direitos transindividuais é aplicável, na Justiça do Trabalho, para a solução dos conflitos, por meio de ações civis públicas e ações civis coletivas, dando origem ao processo coletivo do trabalho, o que se diferencia do tradicional dissídio coletivo.

Como se verifica, o Direito Processual do Trabalho, o qual é aplicado na Justiça do Trabalho, refere-se às questões relativas às relações de trabalho.

Observados os aspectos acima, discute-se a respeito da autonomia do Direito Processual do Trabalho, principalmente em face do Direito Processual Civil[13].

De acordo com a teoria monista, o Direito processual é um só, pois os princípios e métodos são os mesmos.

Já a teoria dualista defende a autonomia do Direito Processual do Trabalho, havendo aqueles que entendem haver uma independência total perante o processo civil, e outros que destacam ser uma independência relativa, pois são aplicadas subsidiariamente as normas do processo civil ao processo do trabalho.

No entanto, deve-se registrar que essa aplicação subsidiária de normas de outro ramo do Direito não torna relativa a autonomia. Tanto é assim que o Direito comum (entendido como o Direito Civil e mesmo Comercial) é previsto como subsidiariamente aplicável ao Direito (material) do Trabalho, na forma do art. 8º da CLT. Entretanto, o Direito do Trabalho é cientificamente autônomo.

Na realidade, as divisões do Direito Processual apresentam caráter essencialmente didático. Do mesmo modo que a jurisdição (como poder do Estado) é una, o Direito processual, como a disciplina do exercício da jurisdição, também é uno. Por isso, a divisão deste "corresponde apenas a exigências pragmáticas relacionadas com o tipo de normas jurídico-substanciais a atuar"[14].

Assim, para efeitos científicos, pode-se entender que o Direito Processual do Trabalho apresenta autonomia, pois sua matéria é vasta, apresentando princípios, institutos e peculiaridades próprias.

No Brasil, o Direito Processual do Trabalho também é aplicado em ramo do Poder Judiciário especial, referente à Justiça do Trabalho, o que significa a existência de autonomia jurisdicional, como um efeito da autonomia do Direito Processual do Trabalho.

6. TEORIA GERAL DO PROCESSO E DIREITO PROCESSUAL DO TRABALHO

Mesmo entendendo-se o Direito Processual do Trabalho como ramo próprio, diverso dos demais, isso não afasta a existência da chamada Teoria Geral do Processo,

---

(13) Cf. MARTINS, Sergio Pinto. *Direito processual do trabalho*. 28. ed. São Paulo: Atlas, 2008. p. 20-21.
(14) CINTRA, Antonio Carlos de Araújo; GRINOVER, Ada Pellegrini; DINAMARCO, Cândido Rangel. *Teoria geral do processo*, cit., p. 48.

a qual tem por objeto o estudo científico do Direito processual como um todo, tendo em vista princípio e aspectos que são comuns aos diversos ramos.

Desse modo, os institutos fundamentais do Direito Processual, sistematizados na Teoria Geral do Processo, são aplicados também no Direito Processual do Trabalho.

Sendo assim, cabe aqui retomar as noções de processo e procedimento, aplicando--as ao processo trabalhista.

7. Processo e procedimento e o processo do trabalho

O processo, também no âmbito trabalhista, é o meio para a solução jurisdicional do conflito, no caso, pertinente às relações de trabalho.

Quanto à natureza jurídica, entende-se, na atualidade, que o processo em seu aspecto interno, é uma relação jurídica processual.

São sujeitos dessa relação o Estado-juiz, o demandante e o demandado, a quem são atribuídos diversos poderes, direitos, faculdades, deveres, obrigações, sujeições e ônus.

As partes da relação jurídica processual, por sua vez, são o demandante (autor) e o demandado (réu). O juiz, por sua vez, é o sujeito imparcial, decidindo a controvérsia.

O objeto do processo pode ser entendido, assim, como a pretensão, ou seja, o pedido relativo à pretensão, ou seja, o pedido relativo à prestação da tutela jurisdicional.

Como se nota, não mais se entende o processo como um instituto privado (como um contrato). Para o processo ter início, não há que se falar em contrato entre as partes, pois ele decorre do exercício do direito público de ação.

Essa devida compreensão do processo, como é evidente, também se aplica ao processo trabalhista. Neste, as partes na demanda são normalmente chamadas de "reclamante" e "reclamado", nos dissídios individuais, e de "suscitante" e "suscitado", nos dissídios coletivos de trabalho. O juiz do trabalho é quem figura como o sujeito imparcial da relação jurídica processual trabalhista.

Frise-se que, com a Emenda Constitucional n. 45/04, a competência da Justiça do Trabalho foi ampliada, passando a decidir a respeito de diferentes matérias, previstas na atual redação do art. 114 da Constituição Federal.

Assim, as partes no processo trabalhista, ou seja, na relação jurídica processual trabalhista, serão aquelas envolvidas no conflito a ser decidido pela Justiça do Trabalho.

Por exemplo, em ações sobre representação sindical (art. 114, III), figuram os entes sindicais que disputam a representação sindical. Da mesma forma, em ações oriundas da relação de trabalho (art. 114, I), o processo trabalhista terá como partes aqueles que figuram no conflito de trabalho a ser solucionado por meio da jurisdição.

Ademais, o processo, em sua manifestação extrínseca, pode ser entendido como procedimento, ou seja, conjunto de atos coordenados que se sucedem, e que se realizam em contraditório[15].

O *contraditório*, como garantia constitucional, impõe que as partes sejam informadas a respeito dos atos processuais praticados ou a serem praticados, possibilitando a reação ou participação.

Desse modo, exige-se que as partes sejam cientificadas a respeito dos diversos atos processuais, os quais, em conjunto, formam o procedimento. Além disso, deve-se permitir que as partes participem do processo, o que é assegurado pelas garantias da ampla defesa e do devido processo legal.

Essa noção de processo, como procedimento realizado em contraditório, também é perfeitamente aplicável ao processo trabalhista.

Os diferentes atos processuais são praticados pelos sujeitos da relação processual trabalhista, com o fim de que a decisão seja proferida, pacificando-se o conflito de trabalho.

Destaque-se que o procedimento no processo trabalhista apresenta certos aspectos próprios.

Nesse sentido, pode-se dizer que há três procedimentos distintos, quais sejam, o ordinário, o sumaríssimo (valor da causa até 40 salários mínimos) e o sumário (valor da causa até dois salários mínimos, conforme previsão na Lei n. 5.584/70).

Mesmo assim, o procedimento trabalhista caracteriza-se por enfatizar a simplicidade, a oralidade e a concentração dos atos processuais em audiência, evitando-se formalismos desnecessários.

Observa-se, ainda, a tentativa de conciliação, procurando fazer com que as próprias partes cheguem a um consenso, no caso, dando origem a acordo a ser homo-logado pelo juiz, pois aqui estamos tratando do conflito que foi encaminhado ao Poder Judiciário para ser solucionado.

O procedimento trabalhista também se destaca pelo objetivo de ser célere, tendo em vista a natureza do direito material normalmente ali discutido.

Efetivamente, o direito envolvido, decorrendo da relação de trabalho, muitas vezes apresenta caráter alimentar. Disso decorre a necessidade de se ter um rito célere e eficaz, que solucione o conflito trabalhista de forma adequada e assegure ao titular do direito a tutela jurisdicional.

Ainda quanto ao procedimento trabalhista, deve-se destacar que, em razão da já mencionada Emenda Constitucional n. 45/04, que ampliou a competência da Justiça

---

(15) Cf. CINTRA, Antonio Carlos de Araújo; GRINOVER, Ada Pellegrini; DINAMARCO, Cândido Rangel. *Teoria geral do processo*, cit., p. 285-286.

do Trabalho, discutiu-se a respeito de qual seria o procedimento a ser aplicado às ações que passaram para a competência do referido órgão do Poder Judiciário. Seria possível entender que para essas "novas" ações, o procedimento aplicável seria aquele previsto no Código de Processo Civil, pois o que ocorreu foi a alteração quanto à competência, mas não quanto ao procedimento a ser seguido.

Entretanto, o Tribunal Superior do Trabalho, conforme Instrução Normativa n. 27/05, fixou o entendimento de que as ações ajuizadas na Justiça do Trabalho devem tramitar pelo rito previsto na CLT, excepcionando-se, apenas, as ações que, por disciplina legal expressa, estejam sujeitas a rito especial, tais como o mandado de segurança, *habeas corpus*, *habeas data*, ação rescisória, ação cautelar e ação de consig-nação em pagamento.

Cabe esclarecer, por fim, que o rito, em si, é a forma como o procedimento se desenvolve no processo.

8. DIREITO PROCESSUAL DO TRABALHO NO CONTEXTO DO DIREITO PROCESSUAL CONSTITUCIONAL

O processo, inclusive trabalhista, no âmbito do Estado Democrático de Direito e inserido na ordem dos direitos fundamentais, tem o relevante papel de assegurar a tutela jurisdicional *justa, adequada, tempestiva* e *efetiva*. Ou seja, há necessidade de se garantir o chamado "processo justo"[16].

O "modelo constitucional de processo", inserido no campo dos direitos e garantias constitucionais e fundamentais, passa a ser entendido como "conjunto de princípios e regras constitucionais que garantem a legitimidade e a eficiência da aplicação da tutela"[17].

Nesse âmbito, é imperiosa a efetiva participação das partes, bem como o diálogo com o juiz, no curso da relação processual, possibilitando-lhes influenciar e contribuir, legitimamente, na formação do convencimento e da decisão judicial a ser proferida[18].

Com isso, a garantia do contraditório passa a abranger não apenas o direito de ser informado a respeito dos atos processuais, o direito de se defender e apresentar posicionamentos relativos às diversas questões de fato e de direito (processual e material) envolvidas, mas também o direito de que essas alegações e defesas possam ser consideradas pelo juiz ao decidir.

---

(16) Cf. THEODORO JÚNIOR, Humberto. *Processo justo e contraditório dinâmico*. Disponível em: <http://www.editoramagister.com/doutrina_ler.php?id=601> Acesso em: 2.6.10.

(17) THEODORO JÚNIOR, Humberto; NUNES, Dierle José Coelho. Uma dimensão que urge reconhecer ao contraditório no direito brasileiro: sua aplicação como garantia de influência, de não surpresa e de aproveitamento da atividade processual. *Revista de Processo*, São Paulo: RT, v. 34, n. 168, p. 108, fev. 2009.

(18) Cf. THEODORO JÚNIOR, Humberto. *Processo justo e contraditório dinâmico*. Disponível em: <http://www.editoramagister.com/doutrina_ler.php?id=601> Acesso em: 2.6.10.

Ressalte-se que o direito ao processo, intimamente ligado ao direito à jurisdição e à tutela jurisdicional, é garantia de natureza fundamental (art. 5º, XXXV, da CF/1988), por se tratar de *indispensável meio de realização da justiça*.

Logo, o processo deve ser efetivo, justo e célere (art. 5º, LXXVIII, da CF/88), em sintonia com os preceitos jurídicos, fundamentais e constitucionais. Para isso, deve-se assegurar às partes a possibilidade de ampla defesa de seus direitos, bem como, ao juiz, os meios para se alcançar a verdade real.

O devido processo legal (art. 5º, LIV, da CF/88), assim, exige não apenas a observância formal de regras procedimentais, mas garantias voltadas ao juiz natural (art. 5º, XXXVII, da CF/88), ao juiz competente (art. 5º, LIII, da CF/88), ao acesso à justiça (art. 5º, XXXV, da CF/88), à ampla defesa e ao contraditório (art. 5º, LV, da CF/88) à duração razoável (art. 5º, LXXVIII, da CF/88), e à fundamentação das decisões judiciais (art. 93, IX, da CF/88).

O devido processo legal, no enfoque do processo justo, deve observar as normas constitucionais e as garantias fundamentais; deve produzir resultados efetivos e em consonância com as previsões do Direito material, concretizando-as, dando origem ao "devido processo legal substancial"[19].

Destaca-se a relevante função do processo, inclusive trabalhista, bem como da tutela jurisdicional por meio dele proferida, no sentido de realizar e efetivar os preceitos constitucionais e os direitos fundamentais inerentes ao Estado Democrático de Direito.

O provimento jurisdicional, produzido mediante o devido processo legal, deve estar em sintonia com o Direito, aplicado e interpretado em harmonia com as disposições constitucionais e os direitos fundamentais. Nesse aspecto, além do devido processo legal voltado ao aspecto do procedimento, o qual exige o contraditório e a ampla defesa, impõe-se o *devido processo legal substancial*, no sentido de garantir a realização e a efetividade dos direitos fundamentais, fazendo prevalecer as normas constitucionais.

A *tutela jurisdicional justa*, assim, é entendida como aquela que concretiza os mandamentos do Direito material, aplicados e interpretados em conformidade com a Constituição Federal e os direitos fundamentais.

Para tanto, cabe aos sujeitos do processo, no curso da relação jurídica processual e de seu procedimento, observar os preceitos voltados à ética, à lealdade e à boa-fé.

O contraditório, na linha da constitucionalização das garantias processuais, não mais se restringe à oitiva das partes, formal quanto aos diversos atos processuais, mas passa a também exigir, de modo dinâmico e dialético, o efetivo diálogo e participação, possibilitando que a tutela jurisdicional a ser proferida alcance os objetivos da efetividade, celeridade e justiça. Ou seja, deve-se garantir o debate e o direito de "influenciar na formação da decisão", isto é, no resultado do processo, em consonância com a "democratização" do sistema jurisdicional. Logo, cabe ao juiz provocar o debate das diversas questões envolvidas, evitando os chamados "julgamentos surpresa"[20].

---

(19) Idem.
(20) Cf. THEODORO JÚNIOR, Humberto. *Processo justo e contraditório dinâmico*. Disponível em: <http://www.editoramagister.com/doutrina_ler.php?id=601> Acesso em: 2.6.10.

Conclusão

Como se verifica da análise dos temas aqui abordados, o processo é instituto de destaque, ao lado da jurisdição, como relevante forma de pacificação dos conflitos sociais, o que também é plenamente aplicável ao âmbito trabalhista.

Apesar de não se confundir o processo trabalhista com o processo civil, a Teoria Geral do Processo estabelece conceitos aplicáveis a todos os ramos do Direito processual.

Desse modo, a noção de processo, seja como relação jurídica processual, seja como procedimento realizado em contraditório, é aplicável ao processo trabalhista, como instrumento para a solução dos conflitos de trabalho.

Da mesma forma, na atualidade, o processo do trabalho deve ser examinado e aplicado sempre à luz dos preceitos e garantias constitucionais, sabendo-se que a tutela jurisdicional efetiva é considerada direito de natureza fundamental, essencial para a concretização da dignidade da pessoa humana e dos objetivos do Estado Democrático de Direito.

Bibliografia

BEDAQUE, José Roberto dos Santos. *Direito e processo*: influência do direito material sobre o processo. 2. ed. São Paulo: Malheiros, 2001.

CAPPELLETTI, Mauro; GARTH, Bryant. *Acesso à justiça*. Tradução e revisão: Ellen Gracie Northfleet. Porto Alegre: Sergio Antonio Fabris, 2002.

CINTRA, Antonio Carlos de Araújo; GRINOVER, Ada Pellegrini; DINAMARCO, Cândido Rangel. *Teoria geral do processo*. 11. ed. São Paulo: Malheiros, 1995.

DINAMARCO, Cândido Rangel. *A instrumentalidade do processo*. 11. ed. São Paulo: Malheiros, 2003.

_____ . *Instituições de direito processual civil*. São Paulo: Malheiros, 2001. v. 1.

_____ . *Fundamentos do direito processual civil moderno*. 3. ed. São Paulo: Malheiros, 2000. t. 2.

GRECO FILHO, Vicente. *Direito processual civil brasileiro*. 21. ed. São Paulo: Saraiva, 2009. v. 1.

GARCIA, Gustavo Filipe Barbosa. *Curso de direito do trabalho*. 4. ed. Rio de Janeiro: Forense, 2010.

_____ . *Introdução ao estudo do direito*: teoria geral do direito. São Paulo: Método, 2010.

MARTINS, Sergio Pinto. *Direito processual do trabalho*. 28 ed. São Paulo: Atlas, 2008.

THEODORO JÚNIOR, Humberto. *Processo justo e contraditório dinâmico*. Disponível em: <http://www.editoramagister.com/doutrina_ler.php?id=601> Acesso em: 2.6.10.

THEODORO JÚNIOR, Humberto; NUNES, Dierle José Coelho. Uma dimensão que urge reconhecer ao contraditório no direito brasileiro: sua aplicação como garantia de influência, de não surpresa e de aproveitamento da atividade processual. *Revista de Processo*, São Paulo: RT, v. 34, n. 168, fev. 2009.

Revisitando a Temática: Binômio Processo e Direito. Influência na Seara Trabalhista

Gisele Santos Fernandes Góes[*]

> *O valor, o mais precioso dos valores humanos,*
> *o atributo sine qua non de humanidade,*
> *é uma vida de dignidade,*
> *não a sobrevivência a qualquer custo"*
> Zygmunt Bauman

1. Algumas linhas acerca da globalização[1] e o direito do trabalho e processo do trabalho

No passado, o homem buscou incessantemente o desconhecido, o "novo", o "além-mar". Um dos decisivos componentes para solidificação dessa conquista foi a prata mexicana, descoberta pelos espanhóis, proporcionando o livre comércio entre Europa e Ásia e rompimento de fronteiras num processo denominado de mercantilismo.

Como resultante, houve formação de processos de colonização, exploração de terras habitadas por indígenas (caso do Brasil) e associação do binômio capital e trabalho e, lamentavelmente, inclusive, o labor escravo na sua forma mais degradante.

É interessante destacar que o fenômeno da globalização é anterior ao século XX, pois a constituição de empresas multinacionais emergiu, em decorrência da expansão

---

(*) Pós-doutoranda (Lisboa). Doutora (PUC/SP). Mestre (UFPA). Professora-adjunto da UFPA e Procuradora do Trabalho (8ª Região). Membro do IBDP e Instituto Ibero-americano de Derecho Procesal. Professora de Cursos de Pós-graduação — LFG e Juspodivm.

(1) O item teve como referências: <http://pt.wikipédia.org> — globalização; HUNT, E. K. *História do pensamento econômico*. Trad. José Ricardo Brandão Azevedo. 5. ed. Rio de Janeiro: Campus, 1987. caps. 1 e 2; DOBB, Maurice. *A evolução do capitalismo*. 7. ed. trad. por Manuel do Rêgo Braga. Rio de Janeiro: Guanabara, 1987. cap. V. p. 181 e ss.; IANNI, Octavio. *A era do globalismo*. Rio de Janeiro: Civilização Brasileira, 1996, *passim*; BAUMAN, Zygmunt. *Globalização* — as consequências humanas. Rio de Janeiro: Jorge Zahar, 1999.

imperialista colonial, como à guisa de exemplificação, cita-se a *English East India Company*, atuando em 1613, em Surat, Índia.

Todavia, nos séculos XVIII e XIX, observa-se o *boom* da globalização, em virtude de uma gama de invenções, como a máquina e navio a vapor; telégrafo; telefone... No Brasil, o "achado" do ouro foi uma das peças fundamentais para impulsionar a Revolução Industrial. E, acrescentando, o século XX alcançou o rádio, televisão...

A origem do termo "globalizar" é extremamente controversa e, According to the Oxford dictionary, the word globalization was first employed in the 1930. It entered the Merriam-Webster dictionary in 1951. It was widely used by economists and social scientists by the 1960s. Marshall McLuhan, a Canadian who analyzed the impact of mass media on society, coined the term "global village" in 1962 segundo o dicionário Oxford, a palavra globalização foi utilizada pela primeira vez em 1930. Foi amplamente divulgada pelos economistas e cientistas sociais da década de 1960. Em 1962, Marshall McLuhan, um canadense cunhou o termo de "aldeia global".

O "global" está empregado na economia com o mercado mundial num trânsito sem precedentes de fluxo de bens e serviços; e, primordialmente, no aspecto cultural, com difusão de experiências, ideias e produtos.

Qual a relação entre globalização e direito? Especificamente o direito do trabalho?

As relações entre capital e trabalho como esboçadas nesse intróito tornaram-se constantes a partir do século XV. O mercantilismo proporcionou a expansão do binômio que, com a Revolução Industrial, seguiu rumo sem volta, avançando com as metodologias do taylorismo, fordismo e toyotismo.

A historicidade do direito do trabalho é indiscutível! Trata-se de um ramo do direito, cujos pilares foram instituídos sob a lógica do capital e trabalho e, com a evolução das sociedades, está sempre sujeito aos influxos de novéis elementos, não somente os de ordem econômica, mas também política e cultural acima de tudo.

Num primeiro estágio, eram adotadas as práticas mercantilistas no setor econômico com os *burgos* e, politicamente, implantou-se a Monarquia Absolutista (Rei), estabelecendo-se paradoxo de classes que somente sobreviveria aproximadamente até o século XVIII, porque a relação capital — trabalho X poder político do Rei, impondo barreiras econômicas e altos impostos, não era mais conveniente à burguesia que passou a defender com o Iluminismo a queda do poder soberano divino no Rei[2] para o ingresso do Estado de Direito, por meio das Revoluções Burguesas, emergindo primados como a soberania do povo, princípio da separação dos poderes, Legalidade, jusnaturalismo, aportando a era do Liberalismo Econômico e Político.

De extrema importância no contexto foram as Declarações de Direitos, como o *Bill of Rights* na Inglaterra em 1689, a Declaração dos Direitos do Homem e do Cidadão na França em 1789 e o surgimento das primeiras Constituições, como a Federal dos

---

(2) *The king can do no wrong.*

Estados Unidos em 1787 e as da época da Revolução Francesa (1791, 1793, 1795), entre outras.[3]

O Estado mínimo[4] é o Estado Liberal em que a burguesia, detentora do "capital", tem total independência para trabalhar, como bem entender, submetendo seus obreiros a jornadas de trabalho como lhe aprouvesse, exercendo um meio ambiente de trabalho no domínio dos seus interesses. A marca registrada da época foi o indivi-dualismo possessivo.[5]

O capitalismo concorrencial subjuga o trabalhador, os direitos são ínfimos, prevalecem os deveres, e a legislação aclamada é a de direito material, visto que se firma como modelo o Código Civil Napoleônico.

Acontece que o sistema econômico capitalista se expande para uma versão oligopolística, com formação dos monopólios, assumindo a versão conjuntural do Estado Intervencionista.

O intervencionismo — *Welfare State* — desdobra-se sob a lógica assistencialista, paternalista, criando-se para o trabalhador uma preocupação previdenciária.

O Estado inativo não existe mais. Contudo, economicamente, agride-se com o Imperialismo, enquanto que, para o povo, a luta era voltada para os direitos sociais, tanto é que o marcos são as Declarações Universal dos Direitos do Homem de 1948, a dos Direitos do Povo Trabalhador e Explorado em 1918 e *Tratado de Versailles,* OIT.[6] A ação da Igreja também não se pode deixar de destacar, especialmente com a Encíclica *Rerum Novarum.*

Nesse quadro, se o Estado Liberal teve sua lógica individualista, preponderando apenas normas de cunho privado, essencialmente do seio familiar, sem aspectos procedimentais ou organizacionais ou de ordem pública, no Estado Intervencionista tudo se altera, aumenta-se a necessidade legiferante, vindo à tona as normas de ordem pública — leia-se direito do trabalho[7], tentando-se reduzir as desigualdades e níveis de exploração favorecidos pela independência a que se propunha o Estado Liberal.

O direito material que se destaca é o do trabalho, com carga imperativa e irrenunciável, com um reduzido número de dispositivos de ordem procedimental.

A globalização no aspecto do "capital x trabalho" tende a ser protecionista, numa visão de Estado Social, com algumas barreiras econômicas, em função do Imperialismo, Colonialismo e enfrentamento de 2 (duas) Guerras Mundiais de natureza "selvagem".

---

(3) GLISSEN, John. *Introdução histórica ao direito.* Lisboa: Calouste Gulbenkian, 1988. p. 366-367.
(4) Noção de estado mínimo de BOBBIO, Norberto. *O futuro da democracia*: uma defesa das regras do jogo. 3. ed. Rio de Janeiro: Paz e Terra, 1987. p. 114.
(5) MACPHERSON, C. B. *A teoria política do individualismo possessivo* — de Hobbes a Locke. Trad. de Nelson Dantas. Rio de Janeiro: Paz e Terra, 1979. p. 275 e ss.
(6) COMPARATO, Fábio Konder. *Para viver a democracia.* São Paulo: Brasiliense, 1989. p. 97-8.
(7) Apesar de ser ramo do Direito Privado...

O fenômeno de sistemas jurídicos trabalhistas é relativamente recente nessa "Aldeia Global", frisando-se Europa, Estados Unidos e Canadá, seja por meio de Códigos, seja por leis, mas todos convergem para a necessidade mínima de se legislar acerca de jornada de trabalho, férias, licença-maternidade e paternidade, auxílio-doença, dentre outros, em virtude do estágio histórico-social.

Mas e o processo do trabalho? Surge como um instrumento para a realização das normas de tutela do trabalhador e que, com efeito, deve apenas orquestrar o direito material com um mínimo de procedimento.

Nessa esteira, melhor exemplo não há do que a CLT brasileira que nasceu no afã do movimento social no Brasil na década de 1940 e o processo apenas foi dimensionado em prol de um mínimo organizacional para concretizar os direitos irrenunciáveis e imperativos e, como resultante, configurando-se a ordem pública trabalhista no bojo do Estado Social.

Hodiernamente, alguns países europeus, como é o caso de Portugal, possuem Códigos de Processo do Trabalho, mas outros como o Brasil, ao invés da autonomia, vincularam o aspecto processual ao direito material, com natureza subjacente. Seja na primeira ou segunda circunstância, o que devemos ressaltar e estimular é que a quantidade de dispositivos processuais deve cingir-se somente a poucas regras essenciais, atreladas aos institutos da jurisdição, ação, competência, provas, recursos e execução.

Mesmo que estejamos vivenciando a necessidade de maior liberdade para as relações trabalhistas no ambiente da globalização, como já é sedimentada nos Estados Unidos e Canadá, ainda assim, tem-se um mínimo de substrato material em sintonia com o direito processual, buscando-se segurança nas relações jurídicas.

Como afirma Vólia Bomfim Cassar, "a nossa Carta estabelece um Estado forte, intervencionista e regulador. A desregulamentação desmedida e a minimização dos direitos enfraquecem o Estado, único agente capaz de, através de políticas públicas, erradicar as desigualdades sociais que se avolumam em nosso país".[8]

O mínimo existencial se respalda no princípio da dignidade da pessoa humana que não encontra lugar numa postura de total desregulamentação por parte do Estado. A flexibilização pode e deve existir, mas com segurança, no modelo de flexissegurança ou *flexsecurité*.[9][10]

---

(8) *Direito do trabalho*. 4. ed. Niterói: Impetus, 2010. p. 24.
(9) Nesse direcionamento, PEDREIRA, Pinho. Um novo modelo social: a flexissegurança. *Revista LTr*, São Paulo, v. 69, n. 6, p. 645, jun. 2005; e OLIVEIRA, Christiana D'arc Damasceno. *O direito do trabalho contemporâneo*. São Paulo: LTr, 2010.
(10) Exemplifica-se com a OJ n. 372, SDI-1 do C. TST: "Minutos que antecedem e sucedem a jornada de trabalho. Lei n. 10.243, de 27.6.01. Norma Coletiva. Flexibilização. Impossibilidade". Trata-se de típica situação de indisponibilidade absoluta, expressão essa usada por DELGADO, Mauricio Godinho. *Curso de direito do trabalho*. São Paulo: LTr, 2002. p. 212 e ss.

2. BINÔMIO: PROCESSO E DIREITO DO TRABALHO

Pelo sintético contexto histórico trabalhado no item antecedente, o direito processual sobreveio na situação do Estado Social, em virtude do foco organizacional. A tutela do trabalhador, por intermédio de um Tribunal específico, diferenciando-se da Justiça Comum, implementando-se a Justiça Especializada do Trabalho, nos moldes de um paradigma empírico, sob o parâmetro da funcionalidade do procedimento decisório.[11]

Dessa maneira, os círculos procedimentais são os caminhos para a decidibilidade do conflito, entretanto, a decisão judicial deve sempre consistir na aplicação dos valores extraídos do Texto Constitucional e traduzidos em postulados normativos[12] e/ou regras e princípios do sistema jurídico.

O processo é interdisciplinar, não podendo ser caracterizado de modo insulado, dado que a tutela jurisdicional deve ser exercida, prevalecendo sempre a adaptabilidade da ritualística procedimental, de porte instrumental, com o intuito de realização de direitos. Como sustenta Manuel Atienza, é "a visão eminentemente instrumental, pragmática e dinâmica do direito que pressupõe, utiliza e, em certo modo, dá sentido às anteriores perspectivas teóricas e que conduz, em definitivo, a considerar o direito como argumentação".[13]

O problema é um *topos*[14] de argumentação[15], operacionalizando o sistema, via metodologia das técnicas procedimentais, promovendo articulação, cuja função é a complementação mútua[16] do fato — problema + método da sua resolução na visão sistêmica.

A função judicial deve desenvolver-se sem o apego à rigidez do padrão formal, visto que a técnica processual deve ser apenas o percurso à realização dos direitos[17], sem maiores consequências.

Como assevera José Roberto dos Santos Bedaque, "é preciso, portanto, eliminar do processo os formalismos inúteis, desconsiderando-se-os sempre que os objetivos

---

(11) Cf. FERRAZ JUNIOR, Tércio Sampaio. *Introdução ao estudo do direito. Técnica, decisão, dominação.* São Paulo: Atlas, 1989 e *Direito, retórica e comunicação:* subsídios para uma pragmática do discurso jurídico. 2. ed. São Paulo: Saraiva, 1997.
(12) ÁVILA, Humberto Bergman. *Teoria dos princípios.* 2. ed. São Paulo: Malheiros, 1993.
(13) *Derecho y argumentación.* Colombia: Universidad Externado, 1998. p. 23 (tradução nossa).
(14) O "pai" do pensamento tópico é Theodor Viehweg, para quem o problema busca uma única resposta como solução. As séries de deduções realizadas sobre o problema estão inseridas no sistema. *Tópica y jurisprudencia.* Trad. Luis Díez-Picazo Ponce de León. 1. reimp. Madrid: Taurus, 1986. p. 53 e ss.
(15) Visão de FERRAZ JÚNIOR, Tércio Sampaio. *Op. cit. passim.*
(16) CANARIS, Claus-Wilhelm. *Pensamento sistemático e conceito de sistema na ciência do direito.* 2. ed. Trad. A. Menezes Cordeiro. Lisboa: Calouste Gulbenkian, 1996. p. 277.
(17) Luiz Guilherme Marinoni sintetiza magistralmente a visão que se deve ter da(s) técnica(s) processual(is), no rumo de que "se as tutelas dos direitos (necessidades no plano do direito material) *são diversas*, as técnicas processuais devem a elas se adaptar. O procedimento, a sentença e os meios executivos, justamente por isso, *não são neutros* às tutelas (ou ao direito material), *e por esse motivo não podem ser pensados a sua distância.*" *Técnica processual e tutela dos direitos.* São Paulo: RT, 2004. p. 148.

almejados possam ser conseguidos independentemente deles. Na mesma medida em que o processo é instrumento de realização do direito material, a forma constitui instrumento destinado a que o processo alcance os objetivos dele esperados e que constituem sua razão de ser. A forma não é fim, é meio. E como tal deve ser tratada. Esta visão teleológica, finalista, é essencial à compreensão e correta aplicação da técnica processual".[18]

O binômio direito e processo, em verdade, como acesso à justiça, deveria ser, inversamente, processo e direito, para se cultivar psicologicamente que o par processo-procedimento deve desaguar **sempre** no provimento jurisdicional de extinção do processo com resolução de mérito e, mais ainda, de uma tutela de resultado, eficaz, efetiva e materializada.

A tendência da integração processo-direito é mundial, tanto é que a Convenção Americana de Direitos Humanos[19] prevê em seu art. 25, assim como o Brasil em seu Texto Constitucional, art. 5º, inciso XXXV.

Na lição de Mauro Cappelletti, acesso à justiça é: "de fato, o direito ao acesso efetivo tem sido progressivamente reconhecido como sendo de importância capital entre os novos direitos individuais e sociais, uma vez que a titularidade de direitos é destituída de sentido, na ausência de mecanismos para sua efetiva reivindicação. O acesso à justiça pode, portanto, ser encarado como o requisito fundamental — o mais básico dos direitos humanos — de um sistema jurídico moderno e igualitário que pretendia garantir, e não apenas proclamar os direitos de todos".[20][21]

---

(18) Como doutrina José Roberto dos Santos Bedaque, "é preciso, portanto, eliminar do processo os formalismos inúteis, desconsiderando-se-os sempre que os objetivos almejados possam ser conseguidos independentemente deles. Na mesma medida em que o processo é instrumento de realização do direito material, a forma constitui instrumento destinado a que o processo alcance os objetivos dele esperados e que constituem sua razão de ser. A forma não é fim, é meio. E como tal deve ser tratada. Esta visão teleológica, finalista, é essencial à compreensão e correta aplicação da técnica processual". *Efetividade do processo e técnica processual*. São Paulo: Malheiros, 2006. p. 91.
(19) Art. 25. Toda pessoa tem direito a um recurso simples e rápido ou a qualquer outro recurso efetivo, perante os juízes ou tribunais competentes, que a proteja contra atos que violem seus direitos fundamentais reconhecidos pela Constituição, pela lei ou pela presente Convenção, mesmo quando tal violação seja cometida por pessoas que estejam atuando no exercício de suas funções oficiais.
(20) CAPPELLETTI, Mauro; GARTH, Bryant. *Acesso à justiça*. Tradução e revisão Ellen Gracie Northfleet. Porto Alegre: Sergio Antonio Fabris, 1988. p. 11-12.
(21) Nesse mesmo sentido, diz José Carlos Barbosa Moreira "em trabalho que já conta mais de dez anos, mas em cuja substância, no particular, não nos pareceria necessário introduzir hoje alterações de monta, procuramos sintetizar em cinco itens algo que, sem excessiva pretensão de rigor, se poderia considerar como uma espécie de 'programa básico' da campanha em prol da efetividade. Escrevíamos então: a) o processo deve dispor de instrumentos de tutela adequados, na medida do possível, a todos os direitos (e outras posições jurídicas de vantagem) contemplados no ordenamento, quer resultem de expressa previsão normativa, quer se possam inferir do sistema; b) esses instrumentos devem ser praticamente utilizáveis, ao menos em princípio, sejam quais forem os supostos titulares dos direitos (e das outras posições jurídicas de vantagem) de cuja preservação ou reintegração se cogita, inclusive quando indeterminado ou indeterminável o círculo dos eventuais sujeitos; c) impende assegurar condições propícias à exata e completa reconstituição dos fatos relevantes, a fim de que o convencimento do julgador corresponda, tanto quanto puder, à realidade; d) em toda a extensão da possibilidade prática, o resultado do processo há de ser tal que assegure à parte vitoriosa o gozo pleno da específica utilidade a que faz jus segundo o ordenamento; e) cumpre que se possa atingir semelhante resultado com o mínimo de dispêndio de tempo e energias". Efetividade do processo e técnica processual. In: *Revista de Processo*, n. 77, São Paulo: RT, 1995. p. 168.

O par processo-direito do trabalho representa inquestionavelmente face do Estado Constitucional de elevadíssima envergadura, em função do dimensionamento na Carta Maior de 1988 dos direitos fundamentais sociais e, sobretudo, do aspecto jungido à dignidade do trabalhador; em sendo assim, a dimensão interpretativa das categorias procedimentais trabalhistas precisam ser interpretadas à luz dos postulados que compõem o acesso à justiça: a acessibilidade, operosidade, utilidade e proporcionalidade, com esteio no trabalho profícuo de Paulo Cezar Pinheiro Carneiro.[22]

A acessibilidade é traduzida pelo direito à informação, legitimação adequada e preocupação com as despesas processuais.

A operosidade é desvendada pela atuação ética dos advogados e juízes e pela utilização correta dos instrumentos e meios processuais.

A utilidade é verificada pelo binômio segurança-celeridade, tendo-se em vista o menor sacrifício para o vencido e o mais proveitoso resultado ao vencedor.

Invoca-se a proporcionalidade, nessa esteira, porque o processo trabalhista em comento é um genuíno instrumento ético, equitativo e não somente técnico, ainda mais grave por lidar no seu conteúdo com direitos do trabalhador...

Como ensinam Canotilho e Vital Moreira, "o significado básico da exigência de um processo equitativo é o da conformação do processo de forma materialmente adequada a uma tutela judicial efectiva".[23]

A tutela judicial efetiva deve traduzir-se na avaliação meritória dos direitos do trabalhador, sob o norteamento basilar do princípio da primazia da realidade.[24]

No Direito do Trabalho mais do que vivo está o princípio da primazia da realidade em que prevalecem os fatos reais sobre as formas constantes de documentos ou formulários pactuados entre as partes.[25]

Por conseguinte, não se permite que tal principiologia seja desconsiderada no processo do trabalho, pois o binômio processo-direito do trabalho não pode restar vinculado aos ditames formais, extinguindo-se o processo sem resolução de mérito como regra, visto que a proteção[26] também é traço fundamental do processo trabalhista, devendo-se sempre invocar um devido processo legal trabalhista razoável e proporcional.

---

(22) *Acesso à justiça:* juizados especiais cíveis e ação civil pública: uma nova sistematização da teoria geral do processo. Rio de Janeiro: Forense, 1999.
(23) CANOTILHO, J. J. Gomes; MOREIRA, Vital. *Constituição da República portuguesa anotada.* São Paulo: RT, 2007. v. 1, p. 415.
(24) RODRIGUEZ, Américo Plá. *Princípios do direito do trabalho.* 4. tir. Trad. Wagner Giglio. São Paulo: LTr, 1996. *passim.*
(25) À guisa de ilustração, tem-se a Súmula n. 301 do C. TST que prevê que " o fato de o empregado não possuir diploma de profissionalização de auxiliar de laboratório não afasta a observância das normas da Lei n. 3.999, de 15 de dezembro de 1961, uma vez comprovada a prestação de serviços na atividade."
(26) SARAIVA, Renato. *Curso de direito processual do trabalho.* 5. ed. São Paulo: Método, 2008. p. 47.

Os operadores do direito na seara juslaboral devem compreender que, seja como norma matriz-princípio, seja como postulado normativo[27] — a proporcionalidade deve ser o guia orientador do ponto de partida da argumentação, sendo fato que dispensa toda e qualquer forma de demonstração.

A trilogia que compõe a *ratio* da proporcionalidade — necessidade, adequação e ponderação tem conotação procedimental,[28] materializando as funções da proteção e da primazia da realidade, pois o Magistrado raciocinará sobre o patamar probatório e na relação custo-benefício preponderá a lógica do razoável no quesito da hipossuficiência do trabalhador.

Com efeito, somente por meio desse "formalismo valorativo",[29] que as técnicas processuais realizarão um tutela jurisdicional adequada e efetiva no domínio juslaboral.

REFERÊNCIAS BIBLIOGRÁFICAS

ÁVILA, Humberto Bergman. *Teoria dos princípios*. 2. ed. São Paulo: Malheiros, 1993.

ATIENZA, Manuel. *Derecho y argumentación*. Colombia: Universidad Externado, 1998.

BAUMAN, Zygmunt. *Globalização* — as consequências humanas. Rio de Janeiro: Jorge Zahar, 1999.

BEDAQUE, José Roberto dos Santos. *Efetividade do processo e técnica processual*. São Paulo: Malheiros, 2006.

BOBBIO, Norberto. *O futuro da democracia*: uma defesa das regras do jogo. 3. ed. Rio de Janeiro: Paz e Terra, 1987.

CANARIS, Claus-Wilhelm. *Pensamento sistemático e conceito de sistema na ciência do direito*. 2. ed. Trad. A. Menezes Cordeiro. Lisboa: Calouste Gulbekian, 1996.

CANOTILHO, J. J. Gomes; MOREIRA, Vital. *Constituição da República portuguesa anotada*. São Paulo: RT, 2007. v. 1.

CAPPELLETTI, Mauro; GARTH, Bryant. *Acesso à justiça*. Tradução e revisão Ellen Gracie Northfleet. Porto Alegre: Sergio Antonio Fabris, 1988.

---

(27) ÁVILA, Humberto Bergman. *Op. cit. passim*.
(28) É fundamental a transcrição pelo refinamento do pensamento: "O dever de proporcionalidade não é um princípio ou norma-princípio. Senão, vejamos: sua descrição abstrata não permite uma concretização em princípio gradual, pois a sua estrutura trifásica consiste na única possibilidade de sua aplicação; a aplicação dessa estrutura independe das possibilidades fáticas e normativas, já que o seu conteúdo normativo é neutro relativamente ao contexto fático; sua abstrata explicação exclui, em princípio, a sua aptidão e necessidade de ponderação, pois o seu conteúdo não irá ser modificado no entrechoque com outros princípios. Não bastasse, a proporcionalidade não determina razões às quais a sua aplicação atribuirá um peso, mas apenas uma estrutura formal de aplicação de outros princípios. Não sendo um princípio do modo como a teoria geral do Direito analisa hoje a questão, então pergunta-se: em que consiste o dever de proporcionalidade? Alexy, sem o enquadrar noutra categoria, o exclui, com razão, do âmbito dos princípios, já que não entra em conflito com outras normas-princípios, não é concretizado em vários graus ou aplicado mediante criação de regras de prevalência diante do caso concreto, e em virtude das quais ganharia, em alguns casos, a prevalência" (ÁVILA, Humberto Bergmann. *Op. cit.*, p. 169).
(29) OLIVEIRA, Carlos Alberto Alvaro de. *Do formalismo no processo civil*. São Paulo: Saraiva, 1997. *passim*.

CARNEIRO, Paulo Cezar Pinheiro. *Acesso à justiça*: juizados especiais cíveis e ação civil pública: uma nova sistematização da teoria geral do processo. Rio de Janeiro: Forense. 1999.

CASSAR, Vólia Bomfim. *Direito do trabalho*. 4. ed. Niterói: Impetus, 2010.

COMPARATO, Fábio Konder. *Para viver a democracia*. São Paulo: Brasiliense, 1989.

DELGADO, Mauricio Godinho. *Curso de direito do trabalho*. São Paulo: LTr, 2002.

DOBB, Maurice. *A evolução do capitalismo*. 7. ed. trad. por Manuel do Rêgo Braga. Rio de Janeiro: Guanabara, 1987.

FERRAZ JUNIOR, Tércio Sampaio. *Introdução ao estudo do direito. Técnica, decisão, dominação*. São Paulo: Atlas, 1989.

_____. *Direito, retórica e comunicação*: subsídios para uma pragmática do discurso jurídico. 2. ed. São Paulo: Saraiva, 1997.

GLISSEN, John. *Introdução histórica ao direito*. Lisboa: Calouste Gubelkian, 1988.

HUNT, E. K. *História do pensamento econômico*. 5. ed. Trad. José Ricardo Brandão Azevedo. Rio de Janeiro: Campus, 1987.

IANNI, Octavio. *A era do globalismo*. Rio de Janeiro: Civilização Brasileira, 1996.

MACPHERSON, C.B. *A Teoria política do individualismo possessivo* — de Hobbes a Locke. Trad. de Nelson Dantas. Rio de Janeiro: Paz e Terra, 1979.

MARINONI, Luiz Guilherme. *Técnica processual e tutela dos direitos*. São Paulo: RT, 2004.

MOREIRA, José Carlos Barbosa. Efetividade do processo e técnica processual. In *Revista de Processo*, São Paulo: RT, n. 77, 1995.

OLIVEIRA, Carlos Alberto Alvaro de. *Do formalismo no processo civil*. São Paulo: Saraiva, 1997.

OLIVEIRA, Christiana D'arc Damasceno. *O direito do trabalho contemporâneo*. São Paulo: LTr, 2010.

PEDREIRA, Pinho. Um novo modelo social: a flexissegurança. *Revista LTr*, São Paulo, v. 69, n. 6, p. 645, jun. 2005.

RODRIGUEZ, Américo Plá. *Princípios do direito do trabalho*. 4. tir. Trad. Wagner Giglio. São Paulo: LTr, 1996.

SARAIVA, Renato. *Curso de direito processual do trabalho*. 5. ed. São Paulo: Método, 2008.

VIEHWEG, Theodor. *Tópica y jurisprudencia*. 1. reimp. Trad. Luis Díez-Picazo Ponce de León. Madrid: Taurus, 1986.

SOBRE A EFETIVIDADE DAS TUTELAS JURISDICIONAIS DO TRABALHO(*)

Luciano Athayde Chaves(**)

> "Para uma revolução democrática da justiça, não basta a rapidez. É necessária, acima de tudo, uma justiça cidadã"[1]

1. MOROSIDADE COMO ENTRAVE À EFETIVIDADE

A efetividade dos direitos compreende um fenômeno multidimensional.

Num esforço para uma síntese, creio ser possível compreendê-lo a partir de, pelo menos, dois planos.

O primeiro diz respeito ao plano da eficácia dos direitos — os fundamentais e sociais em particular — pela simples observância por parte dos atores sociais. É dizer: o cumprimento voluntário e não judicializado dos direitos, em decorrência de um desenvolvimento sociocultural que viabilize tal nível de internalização — tanto no plano individual como coletivo — de direitos e deveres, de modo que se verifique uma baixa taxa de litigiosidade.

Esse quadro aponta uma das características das democracias de alta intensidade, institucionalizada por meio de um Estado de Direito forte e presente, onde a participação

---

(*) Texto elaborado como contribuição científica ao *III Simpósio Nacional de Direito do Trabalho*, realizado em Angra dos Reis, Rio de Janeiro, entre os dias 25 a 27 de março de 2010, sob a coordenação dos Ministros do Tribunal Superior do Trabalho Ives Gandra Martins Filho e Mauricio Godinho Delgado.
(**) Juiz do Trabalho da 21ª Região (RN). Mestre em Ciências Sociais pela Universidade Federal do Rio Grande do Norte. Professor de Direito Processual do Trabalho e de Hermenêutica e Teoria da Argumentação Jurídica da Universidade Federal do Rio Grande do Norte. Membro do Instituto Brasileiro de Direito Processual. Presidente da Associação Nacional dos Magistrados da Justiça do Trabalho (2009-2011). E-mail: luciano@anamatra.org.br.
(1) Cf. SANTOS, Boaventura de Sousa. *Para uma revolução democrática da justiça*. São Paulo: Cortez, 2007. p. 24.

do Poder Judiciário, no cenário político, deveria estar reservada a temas de maior relevância, com alto grau de complexidade.

Esse é um cenário ideal para se falar em efetividade de direitos: seus destinatários, mercê da violência simbólica (FERRAZ JR.) contida na ordem jurídica, cumprem suas obrigações e exigem seus direitos, independentemente da mediação do Estado para a concretização dessas realidades pensadas pelo plano jurídico.

A realidade, contudo, não se apresenta — de forma homogênea — com essas cores. Com fortes graus de variação, dependendo do recorte espacial adotado, a efetividade depende sobremaneira da atuação do poder jurisdicional do Estado, que funciona não somente no seu viés de solução dos conflitos concretos, mas também atua na própria formação de uma pedagogia dos direitos (*escopo pedagógico da jurisdição*).

Sucede que esse plano do problema da efetividade desnuda, por seu turno, os limites estruturais da jurisdição estatal, que nem sempre consegue atuar com a celeridade e eficiência desejadas.

Por isso, falar em efetividade da justiça nas relações individuais e coletivas do trabalho não seria possível sem antes analisarmos as evidências da morosidade processual que permeia o Poder Judiciário.

Tomo aqui como base as palavras de Boaventura de Sousa Santos, em seus relatórios sobre a ação executiva elaborados no *Observatório Permanente do Poder Judiciário*, que usa a expressão 'bloqueio' como corolário dos entraves à prestação jurisdicional.

Em sua obra *Para uma revolução democrática da justiça*, Boaventura faz uma análise da expressão "bloqueio", desdobrando-a, de forma analítica, no que denomina de *morosidade ativa* e *morosidade sistêmica*.

Para esse autor, o problema da morosidade, assim considerada, não é meramente dogmático, mas sofre influências sociais, políticas e econômicas, tornando-se, assim, um fenômeno mais complexo do que normalmente se concebe.

A propósito, é oportuno lembrar que também Mauro Cappelletti é protagonista de um esforço nessa direção. Com o seu Projeto Florença, mais adiante divulgado na obra *Acesso à justiça* (Porto Alegre: Fabris, 1988), Cappelletti trouxe à luz vários componentes do problema do exercício da jurisdição que normalmente são deixados de fora dos estudos processuais tradicionais. Temas como a ausência de "paridade de armas", decorrente da desigualdade econômica das partes; o obstáculo dos custos do processo; a falta de conhecimento sobre direitos, dentre outros, integram uma tessitura de preocupações que tenho como essenciais na formação de uma consciência democrática sobre a jurisdição, indispensável até mesmo para uma adequada hermenêutica processual.

Feito esse importante registro, retomemos o exame da morosidade, segundo a leitura de Boaventura de S. Santos, que tem a *morosidade ativa* como consequência das atitudes dos atores sociais presentes no cenário judiciário: "São casos de processo na gaveta, de intencional não decisão, em decorrência dos conflitos de interesse em que estão envolvidos". Nestes, "é natural que as partes e os responsáveis por encaminhar uma decisão utilizem todos os tipos de escusas protelatórias possíveis". (SANTOS, 2007, p. 43).

Dentro dessa análise da *morosidade ativa*, há várias situações que lhe servem de ilustração.

A primeira tem lugar quando *não há interesse da parte, especialmente do réu, na efetividade do processo*, utilizando-se quer dos privilégios processuais (no caso, por exemplo, do Poder Público), quer de manobras protelatórias ou chicanas, muitas delas pretensamente legitimadas por uma tessitura de regras processuais que, no afã de emprestar aparente segurança, acaba por projetar uma ideologia a apontar para um procedimento necessariamente cheio de incidentes e ineficaz (cf. CHAVES, Luciano Athayde. *Estudos de direito processual do trabalho*. São Paulo: LTr, 2009. p. 254).

Para combatê-la, creio que devemos reforçar os mecanismos de *contempt of court* disponíveis na legislação vigente, reforçando e exigindo a eticidade processual das partes como valor indispensável ao desenvolvimento democrático e justo do processo.

Uma segunda situação de morosidade ativa repousa na constatação de que *a efetividade processual ainda não é um valor presente na práxis dos atores sociais* que fazem atuar a vontade do Estado-Juiz, é dizer: os Juízes e o aparelho Judiciário considerado em sua organicidade e dinâmica (CHAVES, 2009, p. 255).

Aqui, o problema está no "modo de agir coletivo que, em geral, reproduz ideologias procedimentais muito formalistas e tradicionais, além da baixa capacidade de sintonia com o caráter instrumental do processo e a necessidade de se buscar o resultado concreto das demandas, num prazo e em condições tais que atendam aos postulados mais elevados da ciência processual" (CHAVES, 2009, p. 255).

Além das diversas e conhecidas manifestações de apego formal aos atos processuais, também identifico aqui a limitada capacidade de atuação dos integrantes do Poder Judiciário na fase de materialização da tutela jurisdicional aperfeiçoada na chamada fase de conhecimento. Tenho denominado, pois, de 'mito da cognição' o descompasso entre o tempo dedicado a essa fase e ao cumprimento da sentença (antes da Lei n. 11.232/05, conhecida apenas por fase ou processo de execução).

Parece-me ser essencial se estabelecer um equilíbrio entre as diversas fases do processo (inclusive, ainda que seja eventual, a recursal), pois uma jurisdição materialmente completa se projeta no meio social com mais eficiência pedagógica do que uma incompleta e ineficaz, a qual ainda pode — e quase sempre o faz — traduzir a indesejada ideia de que as causas no Poder Judiciário justificam o bordão: "ganha--se, mas não se leva".

Por isso, tenho sustentado a necessidade de um debate em torno da especialização das atividades jurisdicionais, em especial a executiva (cf. CHAVES, 2009, p. 257 e ss.).

Em recente pronunciamento (*Habeas Corpus* n. 88660-CE), o Supremo Tribunal Federal assentou que a especialização de Varas por ato do próprio Poder Judiciário não fere a Constituição Federal, tampouco a transferência de processos já em curso em Varas não-especializadas para a Vara temática.

No Direito Comparado, observa-se a mesma tendência de especialização. O Código de Processo Civil de Portugal, com a redação dada pelo Decreto-Lei n. 38/03, prevê a criação de juízos especializados para cumprir a tarefa executiva, como indicam os seguintes dispositivos:

Art. 96. ...

1. Podem ser criadas as seguintes varas e juízos de competência específica:

...

g) Juízos de execução.

Art. 102-A. Compete aos Juízos de Execução exercer, no âmbito do processo de execução, as competências previstas neste Código de Processo Civil.

Ora, a atividade executiva carece de um conjunto de saberes específicos, de vocação para um fazer jurisdicional criativo e de um tempo necessário para perceber as necessidades de cada execução em particular. Por essa razão, "parece-me que o caminho da especialização da atividade executiva não pode ser deixado de lado. Precisa ser, pois, considerado no conjunto de iniciativas que busquem superar os bloqueios da jurisdição trabalhista" (CHAVES, 2009, p. 258).

Uma segunda análise dos bloqueios, ainda de acordo com Boaventura Santos, pode ser feita, examinando-se a denominada *morosidade sistêmica*, que "é aquela que decorre da burocracia, do positivismo e do legalismo" (SANTOS, 2007, p. 42).

Também sob esse aspecto, diversos entraves à prestação jurisdicional podem ser apontados: rigidez formal como corolário da ideia de segurança jurídica; a falta de atualização das regras processuais trabalhistas (bloqueio normativo, de acordo com Boaventura), e a negação da justiça pelo privilégio de formas.

Quanto ao primeiro aspecto, o da compreensão crítica da relação rigidez *versus* segurança jurídica, tenho que se tratam de valores que não guardam uma relação direta e necessária, pelo menos na visão tradicional assentada na dogmática tradicional, fundada em grande medida no formalismo procedimental.

Ora, a própria noção de que os direitos fundamentais se aplicam ao terreno processual é capaz de oferecer ao intérprete e aplicador de suas normas a abertura necessária para a densificação de preceitos fundamentais, como o acesso à justiça e duração razoável do processo, diante de casos concretos.

Sobre esse tema, argumentei, em outro lugar:

> Assim, é possível admitir a ductibilidade procedimental em homenagem a essa relação entre direitos fundamentais (inclusive os processuais, como o acesso à justiça, o direito de efetivação da tutela jurisdicional em tempo

razoável, dentre outros) sem que, com essa tomada de posição, comprometa-se a segurança jurídica, pois esta ideia, no panorama de um sistema jurídico-processual orientado por valores (CANARIS, Claus-Wilhelm. *Pensamento sistemático e conceito de sistema na ciência do direito*. 3. ed. Lisboa: Calouste Gulbenkian, 2002) e princípios, não pode ter a mesma feição de rigidez inerente ao positivismo jurídico, recorte metódico do Direito do qual a sociedade atual vem guardando cada dia mais distância.

A complexidade das relações sociais de nosso tempo e a moderna metodologia do Direito sugerem que "a segurança jurídica deixa de ser estática, para conviver com um direito mais flexível e menos rígido [...] não se cuida mais de um genérico direito ao processo, assentado em direitos estáticos" (OLIVEIRA, Carlos Alberto Alvaro de. Os direitos fundamentais à efetividade e à segurança em perspectiva dinâmica. In: *Revista de Processo*, São Paulo: Revista dos Tribunais, n. 155, p. 21, 2008).

Modelos estáticos de procedimentos não concorrem, necessariamente, para o exercício de uma atividade jurisdicional cercada de segurança jurídica. Esse conceito, tomado de forma monolítica, pode implicar justamente o efeito que pretende coibir: a injustiça (CHAVES, Luciano Athayde. *Curso de processo do trabalho*. São Paulo, 2009. p. 26-7).

Recente pronunciamento do Superior Tribunal de Justiça, porém anterior à vigência da Lei n. 12.008/09, apresenta, em vivas cores, as possibilidades desse método, mercê do largo catálogo de direitos garantidos na Carta Republicana. Na espécie, o *preceito fundamental da dignidade da pessoa humana*, dentre outros, foi tomado como bastante para admitir o alargamento da hipótese de tramitação processual preferencial de que tratava a redação original do art. 1.211-A do Código de Processo Civil. Eis a ementa:

DIREITO CIVIL E PROCESSUAL CIVIL. RECURSO ESPECIAL. TRAMITAÇÃO PRIORITÁRIA. DECISÃO INTERLOCUTÓRIA. PORTADOR DO VÍRUS HIV. 1. Mostra-se imprescindível que se conceda a pessoas que se encontrem em condições especiais de saúde, o direito à tramitação processual prioritária, assegurando-lhes a entrega da prestação jurisdicional em tempo não apenas hábil, mas sob regime de prioridade, máxime quando o prognóstico denuncia alto grau de morbidez. 2. Negar o direito subjetivo de tramitação prioritária do processo em que figura como parte uma pessoa com o vírus HIV, seria, em última análise, suprimir, em relação a um ser humano, o princípio da dignidade da pessoa humana, previsto constitucionalmente como um dos fundamentos balizadores do Estado Democrático de Direito que compõe a República Federativa do Brasil, no art. 1º, inc. III, da CF. 3. Não há necessidade de se adentrar a seara da interpretação extensiva ou da utilização da analogia de dispositivo legal infraconstitucional de cunho processual ou material, para se ter completamente assegurado o direito subjetivo pleiteado pelo recorrente. 4. Basta buscar nos fundamentos da República Federativa do Brasil o princípio da dignidade da pessoa humana que, por sua própria significância, impõe a celeridade necessária peculiar à tramitação prioritária do processo em que figura parte com enfermidade como o portador do vírus HIV, tudo isso pela particular condição do recorrente, em decorrência de sua moléstia. 5. Recurso especial conhecido e provido

(REsp 1026899/DF, Rel. Ministra Nancy Andrighi, Terceira Turma, julgado em 17.4.08, DJ 30.4.08, p. 1).

Disso tudo resulta a necessidade de compreender que as regras processuais não constituem um fim em si mesmas. Carecem ser tomadas, interpretadas e aplicadas tendo em conta as relações substanciais envolvidas e os postulados mais elevados da ordem jurídica.[2]

Essa ideia torna-se ainda mais relevante se considerarmos que as regras processuais tradicionais foram construídas em cima de uma separação muito grande entre os planos do Direito Material e Processual (fase autonomista), método que vem sendo duramente criticado pelo movimento instrumentalista do processo e por outros ainda mais contemporâneos, que sustentam a necessidade de uma nova ordem metodológica para o processo, mais afinada com seus escopos e os desafios que se descortinam diante da atividade jurisdicional.

Sobre o tema, é preciosa a síntese de José Roberto dos Santos Bedaque:

> A partir do momento em que se aceita a natureza instrumental do direito processual, torna-se imprescindível rever seus institutos fundamentais, a fim de adequá-los a essa nova visão. Isso porque toda a construção científica desse ramo do Direito se deu na fase denominada autonomista, em que, devido à necessidade de afirmação da independência do Direito Processual, valorizou-se demasiadamente a técnica. Passou-se a conceber o instrumento pelo instrumento, sem a necessária preocupação com os seus objetivos, cuja identificação é feita à luz de elementos externos ao processo [...] A técnica adotada pelo legislador, visando o adequado desenvolvimento do método por ele criado para a solução dos litígios (processo équo e justo), é simples meio. Em nenhum instante pode o processualista esquecer-se de

---

(2) Em outra importante decisão, o Supremo Tribunal Federal, pela relatoria da min. Cármen Lúcia, admitiu que decisão de Juízo Trabalhista que violara o decidido da Corte Suprema na Medida Cautelar na Ação Declaratória de Constitucionalidade n. 11 (que trata do prazo para oposição de embargos na Fazenda Pública) deveria, nada obstante, ser mantida, tendo em vista razões que repousam no direito fundamental a uma jurisdição célere, plena e eficaz, invocando-se expressamente, no voto condutor, o contido no art. 5º, LXXVIII, da Constituição. Afora isso, o precedente também exorta o influxo do preceito da dignidade da pessoa humana, para concluir pela procedência da reclamação, de modo a se determinar o prosseguimento da marcha processual, outrora suspensa pelo próprio STF em função da controvérsia estabelecida na ADC n. 11, ainda não julgada. O acórdão do Tribunal Pleno está assim vazado: "RECLAMAÇÃO. EMBARGOS À EXECUÇÃO TRABALHISTA. INTEMPESTIVIDADE. DESCUMPRIMENTO DA AÇÃO DECLARATÓRIA DE CONSTITUCIONALIDADE N. 11-MC/DF. EXEQUENTE EM IDADE AVANÇADA. PRINCÍPIOS DA JURISDIÇÃO E DA DIGNIDADE DA PESSOA HUMANA. IMPOSSIBILIDADE DE SUSPENSÃO DA EXECUÇÃO TRABALHISTA ATÉ O JULGAMENTO DEFINITIVO DA AÇÃO PARADIGMA. PROCESSAMENTO IMEDIATO DOS EMBARGOS. RECLAMAÇÃO JULGADA PROCEDENTE. 1. A decisão que deixa de receber embargos à execução trabalhista opostos no prazo legal, afastando a aplicação do art. 1º-B da Lei n. 9.494/97, descumpre a decisão proferida na Ação Declaratória de Constitucionalidade n. 11-MC/DF. 2. A prestação jurisdicional é uma das formas de se concretizar o princípio da dignidade humana, o que torna imprescindível seja ela realizada de forma célere, plena e eficaz. Não é razoável que, diante das peculiaridades do caso e da idade avançada da exequente, se determine suspensão da execução trabalhista e se imponha à parte que aguarde o julgamento definitivo da ação apontada como paradigma nesta Reclamação. 3. Reclamação julgada procedente para se determinar o imediato processamento dos embargos à execução opostos pela União" (Rcl 5758, Rel. Min. Cármen Lúcia, Tribunal Pleno, julgado em 13.5.09).

que as questões internas do processo devem ser solucionadas de modo a favorecer os resultados pretendidos, que são exteriores a ele (BEDAQUE, J. R. dos Santos. *Direito e processo:* a influência do direito material sobre o processo. 5. ed. São Paulo: Malheiros, 2009. p. 15).

Assim, seja pelo influxo dos direitos fundamentais e dos valores no plano processual, seja pela própria característica instrumental de suas regras, creio que há muito que se (re)pensar sobre a rigidez procedimental, pois não é possível que a ordem jurídica, a despeito de observar, de forma absoluta, nessa rigidez homenagem ao devido processo legal, ofereça ao jurisdicionado, não raras vezes, a segurança à injustiça, decorrente da manifesta ineficiência instrumental do processo.

Por certo que essa necessária releitura da noção de rigidez como corolário de segurança jurídica (e, por consequência, de *devido processo legal*) não implica desprezar a importância de uma adequada modernização das regras processuais trabalhistas. O quadro, contudo, não aponta para essa realidade no curto prazo. Não temos até em tramitação no Congresso Nacional projetos de reforma que conduzam o Processo Trabalhista à superação de pontuais bloqueios normativos que merecem ser superados, como, por exemplo: a limitação ao avanço na execução provisória; a eliminação da superfetação de atos processuais, como a citação por mandado na fase de cumprimento da sentença; a eliminação de atos ineficazes já eliminados no processo comum, como a indicação de bens pelo devedor; a introdução de meios expropriatórios mais eficazes; dentre tantos outros.

E esse bloqueio normativo não será levantado facilmente. É que o processo político que envolve propostas alusivas ao mundo do trabalho expõe, frente a frente, atores sociais e políticos muito bem definidos (representantes do capital, do trabalho e do Estado, nesta última categoria também incluídos os atores judiciários, como juízes, advogados, membros do Ministério Público), com atuações bem articuladas no Parlamento. Não raro, essas posições refletem conflitos que deságuam na falta de consensos, sem os quais as possibilidades de aprovação são sensivelmente reduzidas.

Nem mesmo a criação da Secretaria de Reforma do Poder Judiciário, junto ao Ministério da Justiça, e a quem compete uma importante articulação junto a esses atores com o fito de facilitar os consensos, tem sido garantia de avanço nessa área, pois a concessão de ferramentas mais eficazes para a tutela jurisdicional trabalhista recebe, em contrafluxo, a resistência dos discursos desenvolvimentistas e da livre iniciativa, normalmente usados como escudos para a intangibilidade patrimonial dos negócios, ainda que em desapreço a direitos sociais fundamentais da classe trabalhadora.

Quanto ao privilégio das formas, tenho que a própria crítica aqui já assinalada ao baixo teor instrumental do método processual indica a necessidade de se avançar no terreno das formalidades processuais que escapam ao razoável.

Nesse particular, já temos avanços. A autenticação de documentos oferecidos em cópia nos autos já cedeu lugar a uma mera declaração do advogado, inclusive no processo trabalhista (cf. Lei n. 11.925/09). Mas ainda sobrevivem muitos entraves, especialmente no campo recursal, que dificultam a obtenção de uma tutela materialmente justa.

Também não poderia falar de morosidade sem citar os inúmeros conflitos de competência pelos quais passam diversos processos em tramitação no Judiciário.

Um bom exemplo desse problema foi trazido pelo *Jornal do Brasil*, ainda em 2007, e tratava, especificamente, de como o conflito de competência entre a Justiça do Trabalho e a Justiça Comum em questões sobre o trabalho escravo atrasava os julgamentos dos casos envolvendo as denúncias dessa prática.

De acordo com a reportagem, ocasião em que não havia sequer um proprietário de terra condenado e preso pela prática, o grande problema da impunidade era do próprio "Poder Judiciário, que levou 11 anos para decidir qual das suas esferas tem competência para julgar os acusados de recorrerem ao trabalho escravo"[3]. O jornal, acertadamente, referiu-se que apenas em novembro daquele ano o Supremo Tribunal Federal — STF decidiria que a competência, em casos penais, era da Justiça Federal.

Outro exemplo também foi noticiado pela grande imprensa. O jornal *O Estado de S. Paulo*, em outubro de 2009, trouxe levantamento do Conselho Nacional de Justiça — CNJ, durante o esforço coletivo pela efetivação do Planejamento Estratégico para o Poder Judiciário. Disse o jornal: "o pente-fino nos arquivos ajudou numa descoberta impressionante: 5 milhões de processos estavam julgados em definitivo, mas engordavam a estatística da morosidade do Judiciário, pois ainda não haviam recebido baixa. Além desses, havia 5,2 milhões de ações anteriores à espera de julgamento há mais de quatro anos"[4].

Exemplos como esses mostram que a morosidade, seja ela *ativa* ou *sistêmica*, denota situações que, em conflitos de relações individuais ou coletivas, consistem em entraves para a efetividade da prestação jurisdicional, o que acaba por ferir o princípio constitucional da duração razoável do processo, tão bem definido pela primeira etapa da Reforma do Judiciário.

2. RUMO À EFETIVIDADE

Em que pesem os diversos bloqueios e entraves à efetivação da prestação jurisdicional, é inegável o reconhecimento da comunidade jurídica de que a jurisdição trabalhista tem revelado grande efetividade.

Exemplo disso são os números divulgados pelo Conselho Nacional de Justiça em junho de 2009. De acordo com o estudo "Justiça em Números", as menores taxas de congestionamento foram verificadas na Justiça do Trabalho[5]. A taxa medida pelo

---

(3) Cf. *Jornal do Brasil*, Rio de Janeiro, 1º.5.07.
(4) Cf. Jornal *O Estado de S. Paulo*, São Paulo, 19.10.09.
(5) Disponível em: <www.cnj.jus.br> Acesso em: 13.11.09. Vale ressaltar que a iniciativa do CNJ com o "Justiça em Números" é louvável. A partir de estatísticas confiáveis, contribui-se sobremaneira para se definir políticas de governo do Judiciário.

CNJ levou em conta o total de casos novos que ingressaram na justiça, os julgados e os pendentes.

Na Justiça do Trabalho, a efetividade pode ser observada de forma clara no primeiro grau, onde a entrega da tutela jurisdicional vem sendo conduzida de forma muito positiva, em especial pela existência de diversos mecanismos eletrônicos à disposição do juiz do Trabalho.

Entre esses mecanismos está o sistema eletrônico de bloqueio de ativos do Banco Central (*BacenJud*) e, mais recentemente, o *Renajud*, sistema no qual os magistrados acessam as informações do Registro Nacional de Veículos (Renavam), podendo registrar a penhora de automóveis para o pagamento de dívidas trabalhistas, bem como impedir a sua transferência, circulação e licenciamento.

Mas, para contribuir para que essa efetividade perpetue cada vez mais, gostaria de lançar algumas reflexões que julgo poderem contribuir para diminuir os bloqueios e entraves à entrega jurisdicional. Em outras palavras, são reflexões de enfrentamento do que denomino de "pontos de estrangulamento" da jurisdição trabalhista.

Na seara da morosidade ativa, acredito ser necessário, em um primeiro momento, um maior rigor no exame dos atos processuais pelas partes, de modo a oferecer, por meio do escopo pedagógico da jurisdição, limites de eticidade. Isso talvez reduza a prática, por exemplo, das impugnações meramente procrastinatórias, contribuindo para um processo mais célere e instrumental.

Os arts. 14, 17 e 600 do Código de Processo Civil estampam a possibilidade de aplicação do chamado *contempt of court* nas hipóteses de lesão à ordem jurídico--processual por ato da parte que apresenta deficiência no espírito de colaboração com o Judiciário e com a tramitação razoável do processo. Aplicar tal instituto, porém, é o grande desafio que demanda toda a sociedade.

Registro também a necessidade de um maior rigor quando ao recebimento de embargos e agravo de petição na fase de execução forçada da sentença. Exemplo dessa necessidade também pode ser notada no "Justiça em Números", que traz a Justiça do Trabalho como a que possui maior taxa de recorribilidade, em torno de 50%.

A coletivização das tutelas, e a consequente sinergia entre o Ministério Público e o Judiciário, também contribuiria sobremaneira para a efetividade da prestação jurisdicional, como bem inserto no art. 7º da Lei da Ação Civil Pública, que estabelece: "se, no exercício de suas funções, os juízes e tribunais tiverem conhecimento de fatos que possam ensejar a propositura da ação civil, remeterão peças ao Ministério Público para as providências cabíveis".

Ainda quanto à morosidade ativa, clamo por uma maior observância, por parte do juiz, das condições socioeconômicas nas propostas de conciliação. Essa conduta de confronto dos quadros tem por objetivo final evitar a tramitação, infrutífera, de um processo pelas vias ordinárias.

Observo ainda a necessidade de um equilíbrio do juiz quanto à divisão de sua carga de trabalho — novos processos e decisões em fase de execução. A realidade em que vivemos é aquela em que a efetividade pode ser bem observada na fase de conhecimento, mas não da mesma forma na fase de execução.

Essa prática, comum na prestação jurisdicional trabalhista, e sobre a qual já me referi acima, costumo denominar de "mito da cognição"[6].

Ainda nessa seara da efetividade, é necessário que pensemos no desenvolvimento de instrumentos mais modernos e ágeis, que emprestem uma maior efetividade ao cumprimento das sentenças.

Dou como exemplos a *desnecessidade do mandado de citação para o cumprimento das decisões judiciais*, e o *manejo de instrumentos expropriatórios diversos da hasta pública para fazer a satisfação do crédito obrigacional* devido à parte vitoriosa na demanda.

Ambos os instrumentos (a citação e a expropriação) são tratados de forma muito mais adequada, razoável e compatível com o atual espírito constitucional (como estabelece o preceito da duração razoável do processo, art. 5º, LXXVIII, CF), em estatutos como a Lei n. 9.099/95 e o reformado Código de Processo Civil, em especial após o advento das Leis ns. 11.232/05 e 11.382/06.

Nos relatos dos Juízos trabalhistas que já adotam essas técnicas, mediante o eficaz método do *diálogo das fontes*, percebe-se uma animadora renovação no princípio da colaboração das partes com a solução rápida dos litígios, inclusive — e principalmente — no incremento dos casos de cumprimento voluntário das decisões, aspecto que até aqui se apresentava — à luz do Direito Comparado — inexplicavelmente baixo na experiência jurisdicional brasileira.

Quanto aos entraves da denominada morosidade sistêmica, primeiramente precisamos aperfeiçoar, pelas vias legislativas, o Processo do Trabalho. Não que essa seja a única forma de progresso do Direito Processual trabalhista. Em Karl Larenz podemos nos apoiar para dizer dos progressos em curso — e muitos deles silenciosos —, com base na ideia de desenvolvimento aberto do Direito, no caso o processual laboral, seja ele imanente à lei ou superador desta, nos limites e nas hipóteses admitidas pela metodologia do Direito.

Também é necessário, nesse movimento, buscar a preservação do protagonismo da jurisdição social (em função da natureza privilegiada da tutela), aliado a uma renovação do processo trabalhista, tornando-o mais célere e efetivo.

Aqui, louvo a iniciativa da Secretária da Reforma do Judiciário, no âmbito do Ministério da Justiça, pela criação de uma comissão que reune diversos atores sociais, jurídicos e políticos, entre eles representantes da Anamatra, "visando o aprimoramento e modernização da legislação material e processual do trabalho"[7].

---

(6) Cf., sobre esse tema, CHAVES, Luciano Athayde. O processo de execução e o desafio da efetividade processual. *Revista LTr*, São Paulo, v. 65, n. 12, 2002.

(7) Cf. Portaria do Ministro da Justiça n. 840, *Diário Oficial da União* de 12.5.08.

A referida Comissão tem se reunido periodicamente com o objetivo comum de apresentar ao Poder Executivo anteprojetos de lei que preencham lacunas na legislação trabalhista e que proponham melhorias no subsistema procedimental do trabalho.

Destaco, entre esses anteprojetos em estudo, o que dispõe sobre a reforma da execução trabalhista, a assistência jurídica gratuita, o aprimoramento das regras de interposição do agravo de instrumento e a possibilidade de tramitação mais célere dos casos envolvendo matéria de direito ou que tenham o Poder Público no polo passivo.

Ainda que saibamos das dificuldades do processo político de aprovação dessas propostas, a sua construção já é motivo de grande relevo. É que, quando temos ambientes políticos mais propícios a esses avanços, não raro nos faltam boas propostas. Pensá-las já é, ao meu sentir, um importante progresso para todos que atuam na área trabalhista.

Também devemos considerar, e tenho repetido isso em algumas oportunidades, a possibilidade e necessidade do aproveitamento das inovações da Teoria Geral do Processo, levadas a efeito no Código de Processo Civil, naquilo que não contrarie os princípios fundamentais do Direito Processual do Trabalho.

Como já assinalei neste texto, precisamos possibilitar que os subsistemas processuais dialoguem entre si e com a Teoria Geral do Processo, pois constituem um só espírito instrumental do processo.

Nesse novo ambiente, "a segurança jurídica deixa de ser estática, para conviver com um direito mais flexível e menos rígido (...) não se cuida mais de um genérico direito ao processo, assentado em direitos estáticos" (OLIVEIRA, Carlos Alberto Alvaro de. Os direitos fundamentais à efetividade e à segurança em perspectiva dinâmica. *Revista de Processo*, São Paulo: Revista dos Tribunais, n. 155, 2008. p. 21).

Outros exemplos, além dos já assinalados neste texto, podem nos auxiliar na demonstração desse diálogo. Refiro-me, agora, à possibilidade de aplicação de dispositivos do Código de Processo Civil que dispõem sobre a execução provisória (art. 475-O), que apresenta avanços significativos em relação ao tratamento dado ao instituto pela vetusta redação do art. 899 da Consolidação das Leis do Trabalho — CLT. São regras mais próximas do princípio do resultado, que deve orientar o aplicador do Direito do Trabalho, máxime quando autoriza a liberação de crédito ao exequente, ainda que dentro de certos e aceitáveis parâmetros.

Como já tive oportunidade de afirmar, na Justiça do Trabalho, "[...] as normas do Código, que deverão ser adotadas por supletividade, dão um alento à jurisdição executiva, que poderá avançar um pouco mais" (CHAVES, Luciano Athayde. *A recente reforma do processo comum*: reflexos no direito judiciário do trabalho. São Paulo: LTr, 2006. p. 48).

Por fim, devemos pensar em um avanço mais efetivo no que tange o conhecimento da metodologia do Direito e da natureza do processo judicial (Benjamim Cardozo), em especial no que diz respeito à observância dos direitos fundamentais, uma vez que "a supremacia do direito fundamental, hoje reconhecida de forma praticamente unânime pela doutrina e pela jurisprudência, acarreta inúmeras consequências no domínio no processo de natureza civil" (OLIVEIRA, 2008, p. 12).

Ainda sobre os direitos fundamentais, destaco enunciado aprovado na 1ª Jornada de Direito Material e Processual na Justiça do Trabalho (Brasília, 2007), promovido pela Associação Nacional dos Magistrados da Justiça do Trabalho:

DIREITOS FUNDAMENTAIS. INTERPRETAÇÃO E APLICAÇÃO. Os direitos fundamentais devem ser interpretados e aplicados de maneira a preservar a integridade sistêmica da Constituição, a estabilizar as relações sociais e, acima de tudo, a oferecer a devida tutela ao titular do direito fundamental. No Direito do Trabalho, deve prevalecer o princípio da dignidade da pessoa humana.[8]

Por fim, ainda na perspectiva do combate à morosidade sistêmica, defendo que seja estimulada e efetivada a *dinamização da execução forçada*, a exemplo da realização de audiências em execução e também da coletivização da execução.

Não menos importante é a necessidade urgente de superarmos formalidades, que têm contribuído para a morosidade processual. Acredito que um grande passo nesse último quesito é o *processo eletrônico* (Lei n. 11.419/09) em curso nas diversas esferas do Poder Judiciário.

Precisamos, enfim, pensar em um Judiciário comprometido com a efetivação dos direitos individuais e coletivos, não deixando de lado a qualidade da prestação jurisdicional, que não pode nunca se tornar refém de uma busca insensata pela rapidez na entrega da jurisdição.

O desafio é procurarmos o equilíbrio levando, ao fim e ao cabo, a justiça a todos. Ouso aqui parafrasear Rui Barbosa para quem "justiça tardia é manifesta injustiça". Para mim, uma justiça rápida, mas desqualificada, expõe o mesmo sentimento de injustiça.

3. PLANEJAMENTO ESTRATÉGICO

Às reflexões lançadas até aqui, e que dizem respeito à efetividade do ponto de vista da tutela jurisdicional propriamente dita, gostaria de adicionar um aspecto pouco tratado nos textos processuais, mas que julgo ser pertinente nos propósitos e finalidades nos quais se orienta o presente estudo.

Tratar de celeridade, com qualidade e eficiência operacional, da prestação jurisdicional invoca, num olhar contemporâneo, a necessidade de examinar a capacidade de planejamento e criatividade das instituições judiciárias.

Habitualmente tratada de forma tradicional e quase que imune ao diálogo e ao planejamento de mais longo prazo, a administração judiciária vem passando por uma

---

[8] Disponível em: <www.anamatra.org.br> Acesso em 14.11.09.

importante mudança de foco, notadamente a partir da Resolução n. 70 do Conselho Nacional de Justiça, de 18 de março de 2009.

Trata-se de uma norma inovadora, pois trata da necessidade de implementação, por parte de todos os tribunais, de Planejamento e de Gestão Estratégica no âmbito do Poder Judiciário.

Todos os tribunais deverão, até 31 de dezembro de 2009, aprovar seu planejamento estratégico, com prazo não inferior a cinco anos, o que denota uma mudança de eixo nesse campo. Até então, os planejamentos eram, em sua maioria, de curto prazo, observando o caráter bianual das administrações, de acordo com o prazo máximo de mandato indicado na Lei Orgânica da Magistratura.

Além disso, nessa Resolução, ficou determinada "a participação efetiva de serventuários e de magistrados de primeiro e segundo graus, indicados pelas respectivas entidades de classe, na elaboração e na execução de suas propostas orçamentárias e planejamentos estratégicos" (Resolução CNJ n. 70/09, art. 2º, § 4º).

Essa garantia de maior e mais democrática participação também é fundamental, pois creio que somente com o engajamento de todos os atores envolvidos no processo de administração judiciária é possível estabelecer metas e colher resultados.

Até aqui, o que pude perceber é a baixa efetividade de modelos de gestão que não foram precedidos de debate e/ou não contaram com uma adesão significativa dos atores envolvidos. Sem essa participação, é muito difícil planejar e executar metas.

Recente pronunciamento do próprio Conselho Nacional de Justiça reafirmou essa necessidade de *efetiva* participação. Por unanimidade, na sessão do dia 13 de outubro de 2009, o plenário do CNJ ratificou uma liminar concedida pelo conselheiro Jefferson Kravchychyn, em face do Tribunal de Justiça do Estado do Mato Grosso. A decisão veio após requerimento da Associação Mato-Grossense de Magistrados ao Conselho. Segundo a entidade, o referido tribunal não vinha cumprindo a Resolução n. 70 do CNJ, que prevê a participação "democrática e efetiva" dos membros indicados pelas associações.

Esse novo modelo de planejamento (e, quiçá, de gestão), democrático permitirá o acompanhamento por representantes dos magistrados e servidores formalmente integrados a instâncias deliberativas das cortes, tanto na programação quanto na execução dos orçamentos e dos programas de médio e longo prazos dos tribunais.

Nesse sentido, e com o objetivo de corroborar para um melhor conhecimento da área de orçamento, a Anamatra vem realizando cursos na área de orçamento público para magistrados trabalhistas, em especial aqueles que estão funcionando junto às administrações dos tribunais na forma da Resolução n. 70. A intenção é dar subsídio para que os juízes possam colaborar em seus respectivos tribunais de forma qualificada.

Com bases administrativas democraticamente planejadas e eficientemente orientadas, tenho que os bloqueios da jurisdição trabalhista possam ser superados, pois uma boa gestão de pessoas e um adequado e estratégico manejo dos recursos materiais podem ser elementos facilitadores dos escopos da jurisdição.

Com uma administração científica, o Judiciário pode contribuir para a construção de um ambiente de maior efetividade de suas tutelas e, por conseguinte, de um maior sentimento de justiça no seio da sociedade brasileira.

CONTEMPT OF COURT NO PROCESSO DO TRABALHO: ALTERNATIVA PARA A EFETIVIDADE

Guilherme Guimarães Feliciano[*]

1. INTRODUÇÃO

Não é de hoje que juízes do Trabalho, advogados trabalhistas e cidadãos em geral queixam-se da efetividade do processo trabalhista. É certo que, de acordo com os números do Conselho Nacional de Justiça, a Justiça do Trabalho constitui-se no mais célere e produtivo ramo do Poder Judiciário brasileiro[1]. Mas, ainda assim, fatores como a mora processual, a resistência maliciosa e a impunidade processual representam importantes gargalos para a pronta e plena satisfação dos direitos subjetivos reconhecidos em sentença trabalhista — o que ganha cores especialmente fortes quando se toma em consideração o fato de que os créditos exequendos, nesse caso, geralmente têm natureza alimentar.

Com efeito, a questão da efetividade da jurisdição não perfaz, a rigor, um drama circunscrito à Justiça do Trabalho. No plano internacional, o art. 25 da Convenção Interamericana sobre Direitos Humanos consagra, para todos os casos, o direito de acesso à jurisdição ou à tutela judicial **efetiva**[2]. Isso significa que não basta aos Estados

---

[*] Doutor e Livre-Docente em Direito pela Universidade de São Paulo. Juiz Titular da 1ª Vara do Trabalho de Taubaté/SP. Professor Associado do Departamento de Direito do Trabalho e de Seguridade Social da Faculdade de Direito da Universidade de São Paulo (USP). Professor-Assistente Doutor do Departamento de Ciências Jurídicas da Universidade de Taubaté (UNITAU). Vice-Presidente da Associação dos magistrados da Justiça da 15ª Região (Amatra XV).

(1) Taxa de congestionamento no 1º grau de jurisdição, para 2008, em **47,5%**, contra 76,1% na Justiça Federal comum e 79,6% nas Justiças Estaduais (cf. *Justiça em números 2008*: variáveis e indicadores do poder judiciário. Brasília: CNJ, 2009. Disponível em: <http://www.cnj.jus.br/images/imprensa/justica_em_numeros_2008.pdf> Acesso em 15.7.10). No 2º grau, a vantagem é igualmente impressionante: **25,2%** (JT) contra 59,8% (JF) e 42,5% (JE).

(2) *In verbis*: "Art. 25. Proteção judicial. 1. Toda pessoa tem direito a um recurso simples e rápido ou a qualquer outro recurso efetivo, perante os juízes ou tribunais competentes, que a proteja contra atos que violem seus direitos fundamentais reconhecidos pela Constituição, pela lei ou pela presente Convenção, mesmo quando tal violação seja cometida por pessoas que estejam atuando no exercício de suas funções oficiais. 2. Os Estados-partes comprometem-se: a) a assegurar que a autoridade competente prevista pelo sistema legal do Estado decida sobre os direitos de toda pessoa que interpuser tal recurso; b) a desenvolver as possibilidades de recurso judicial; e c) a

Democráticos de Direito organizarem sistemas judiciários que formalmente distribuam justiça. É preciso mais: é preciso prover **jurisdição efetiva**. Na dicção de Gomes e Mazzuoli,

> O acesso à jurisdição, na visão da Corte Interamericana de Direitos Humanos, constitui um dos pilares básicos do Estado de Direito democrático. Mas *não basta que os recursos existam formalmente, ao contrário, devem ser efetivos* (*Caso Canto*, Sentença de 28.11.02, § 52). Não se trata de um direito absoluto, de qualquer modo é certo que as restrições devem ser razoáveis. No *Caso Las Palmeiras* (Sentença de 6.12.01, da Corte Interamericana) sublinhou-se que não é suficiente a existência formal dos recursos, senão que eles devem ser eficazes, ou seja, devem dar resultados ou respostas às violações dos direitos humanos.[3]

Adiante:

> As decisões judiciais, uma vez que conquistem firmeza (ou seja: o efeito da imodificabilidade definitiva), não constituem, evidentemente, "meras declarações de intenções". Logo, *a tutela judicial somente se efetiva concretamente com a real execução da decisão que transitou em julgado*. Somente assim, aliás, resulta satisfeita a pretensão deduzida em juízo, pondo-se fim ao conflito de interesses que foi objeto da decisão. [4]

Nada obstante, quando estão em causa créditos de natureza potencialmente alimentar — como em regra se dá no processo laboral —, a satisfação da pretensão diz com a própria subsistência do trabalhador e de sua família; logo, com o valor maior da República Federativa do Brasil, que é a dignidade da pessoa humana (arts. 1º, III, e 4º, II, da CRFB), em seu núcleo irredutível[5]. Naturalmente, potencializa-se a relevância do binômio celeridade-efetividade na satisfação desses interesses, considerando-se os danos possíveis que a mora ou a própria inadimplência representam para o titular do direito subjetivo. Daí se inferir, até mesmo intuitivamente, que o "tempo razoável" do processo comum geralmente será excessivo no processo do trabalho.

Justificada, portanto, a grita. O processo do trabalho é, de fato, o mais célere no binômio jurisdição/satisfação; mas nem sempre isso basta. Resta buscar saídas.

---

assegurar o cumprimento, pelas autoridades competentes, de toda decisão em que se tenha considerado procedente o recurso."
(3) Cf. GOMES, Luiz Flávio; MAZZUOLI, Valerio de Oliveira. *Comentários à convenção americana sobre direitos humanos: Pacto de San José da Costa Rica*. 2. ed. São Paulo: Revista dos Tribunais, 2009. p. 172 (g. n.). A expressão "recursos", aqui, não é utilizada em acepção estrita (= meio processual de impugnação de decisões judiciais não transitadas), mas em acepção lata (i.e., como qualquer mecanismo de acesso ao Poder Judiciário, em qualquer grau de jurisdição).
(4) *Ibidem*, p. 176 (grifo nosso).
(5) Ideia tributária do art. 19, 2, da Lei Fundamental alemã (*Grundgesetz für die Bundesrepublik Deutschland*): "In keinem Falle darf ein Grundrecht in *seinem Wesensgehalt* angetastet werden" ("Em nenhum caso se pode atentar contra um direito fundamental *em sua essência*" — grifo nosso).

2. A AUTORIDADE DO JULGADO E A CHICANA. SOLUÇÕES DE LEGE LATA E DE LEGE FERENDA

Já sustentei, ao dissecar o conteúdo semântico da cláusula constitucional do *devido processo legal procedimental* (art. 5º, LIV, da CRFB), que o intérprete deve reconhecer, ao lado de ideias-força como as de ampla defesa, de contraditório ou de publicidade dos atos, a de **tutela jurisdicional efetiva** (que se liga diretamente à **fase executiva** do processo). Reproduzindo Marinoni,

> a norma constitucional que afirma a ação institui o direito fundamental à tutela jurisdicional efetiva, e, dessa forma, confere a devida oportunidade da prática de atos capazes de influir sobre o convencimento judicial, assim como a possibilidade do *uso das técnicas processuais adequadas à situação conflitiva concreta.* [...] O direito fundamental à tutela jurisdicional efetiva obriga o juiz a garantir todos os seus corolários, como o *direito ao meio executivo capaz de permitir a tutela do direito,* além de obrigar o legislador a desenhar os procedimentos e as técnicas processuais adequadas às diferentes situações de direito substancial. [...] *As novas técnicas processuais, partindo do pressuposto de que o direito de ação não pode ficar na dependência de técnicas processuais ditadas de maneira uniforme para todos os casos ou para alguns casos específicos,* incorporam normas abertas, *isto é, normas voltadas para a realidade, deixando claro que* a ação pode ser construída conforme as necessidades do caso conflitivo.[6]

Nesse encalço, temos concluído que **(a)** o binômio processo/procedimento deve se adequar às necessidades de satisfação do direito material *in concreto* (em especial quando dotado de jusfundamentalidade), não o contrário; e **(b)** o conceito de **jurisdição** passa a se erguer sobre três pilares:

(b.1) revalorização do sentido de *função de tutela* **da atividade jurisdicional** (especialmente em relação aos *direitos fundamentais* do cidadão e à respectiva dimensão da *eficácia*, em sentido vertical e horizontal);

(b.2) reconhecimento do *princípio da efetividade da jurisdição* **como corolário do devido processo legal** (art. 5º, LIV, *in fine*, CRFB);

(b.3) reconhecimento da jurisdição como espaço público legítimo para o *diálogo social legitimador do fenômeno jurídico* (transigindo — como já é inevitável na pós-modernidade — com a ideia habermasiana de *Direito como agir comunicativo*[7].

---

(6) MARINONI, Guilherme. *Teoria geral do processo.* 3. ed. São Paulo: Malheiros, 2008. v. I, p.285-291 (grifo nosso).

(7) Cf., por todos, HABERMAS, Jürgen. *Direito e democracia*: entre facticidade e validade. Trad. Flávio Beno Siebeneichler. Rio de Janeiro: Tempo Brasileiro, 1997. v. I. *passim* (em especial na contraposição entre as concepções "procedimentalista" e "substancialista" do Direito). Ainda: HABERMAS, Jürgen. *Era das transições.* Trad. Flávio Beno Siebeneichler. Rio de Janeiro: Tempo Brasileiro, 2003. p. 53 (quanto às "práticas interssubjetivas de entendimento" legitimadoras do processo de criação normativa).

Assim compreendida a função mesma da técnica processual (na dimensão sistêmico-teleológica), e sendo certo que tal compreensão tanto deve informar a atividade do juiz como também a atividade do legislador, resulta indiscutível que as relações processuais não podem ser instrumentalizadas para *obstar* a própria consecução do bem da vida, como amiúde se vê. O processo não pode ser inimigo dos seus próprios escopos, nem suas funções podem simplesmente se neutralizar (i.e., o escopo formal de segurança jurídica não pode induzir soma zero com o escopo material de tutela).

Atento a isso, o legislador pátrio municiou os magistrados com alguns recursos de força tendentes a reprimir a chicana e reconduzir o processo ao seu curso natural. Pode-se atualmente reconhecer, no plano da legislação processual civil (subsidiariamente aplicável ao processo do trabalho, *ex vi* do art. 769 da CLT), três hipóteses fundamentais:

(1) as sanções por **ato atentatório ao exercício da jurisdição** (art. 14, parágrafo único, do CPC);

(2) as sanções por **litigância de má-fé** (no processo de conhecimento — arts. 17 a 18 do CPC);

(3) as sanções por **ato atentatório à dignidade da Justiça** (no processo de execução — arts. 600 e 601 do CPC).

Na verdade, todas essas sanções reduzem-se a um único tipo de reprimenda (aquela de natureza *econômica*), perfazendo *multas* e/ou *indenizações* que serão suportadas por partes ou terceiros que violarem os deveres processuais descritos nos preceitos primários ou incorrerem em algumas das condutas ali proibidas.

No primeiro caso, a multa deve variar de acordo com a gravidade da conduta, mas não pode ser superior a 20% (vinte por cento) do valor da causa. Aplica-se às partes e a terceiros auxiliares ou intervenientes no processo — i.e., a "todos aqueles que de qualquer forma participam do processo" (art. 14, *caput*) —, caso violem sensivelmente quaisquer dos deveres processuais positivados no próprio *caput* do art. 14, em geral associados ao chamado *princípio da cooperação processual*[8]. A ver:

• o dever de expor os fatos em juízo conforme a verdade (não se aplicando ao processo civil e trabalhista o brocardo *nemo tenetur se detegere*, exceto naquilo que possa consubstanciar infração típico-penal);

• o dever de lealdade e boa-fé processual (que se espraia, ainda, por todo o art. 17);

• o dever de não formular pretensões e de não alegar defesa sabidamente destituída de fundamento (outro traço deontológico inerente ao princípio da cooperação processual);

---

(8) Sobre isso, cf., de nossa lavra, *Direito à prova e dignidade humana*: cooperação e proporcionalidade em provas condicionadas à disposição física da pessoa humana (abordagem comparativa). São Paulo: LTr, 2007. *passim*.

• o dever de não produzir provas e de não praticar atos inúteis ou desnecessários à declaração ou defesa do direito (o que tem a ver com o princípio da cooperação, mas também com o próprio princípio da instrumentalidade processual);

• o dever de cumprir com exatidão os provimentos mandamentais e de não criar embaraços à efetivação de provimentos judiciais, sejam eles de natureza antecipatória ou final.

Violados quaisquer desses deveres, o "responsável" pode ser diretamente sancionado com a multa sobredita, até o valor de 20% do valor da causa, independentemente de sumário de culpa ou contraditório prévio ou autonomizado. Mas o texto legal estatui dois limites, um *subjetivo* e outro *objetivo*. Quanto ao *sujeito passivo* da multa, exclui-se o advogado, "que se sujeita exclusivamente aos estatutos da OAB" (o que significa que eventual sanção deve ser objeto de procedimento administrativo disciplinar[9], no âmbito dos conselhos disciplinares, ou de processo judicial próprio). A restrição estende-se, ademais, aos *advogados públicos* sujeitos a regime estatutário próprio (*e.g.*, procuradores de Estado e da Procuradoria Geral Federal), consoante interpretação conforme que o Excelso Pretório deu ao parágrafo único do art. 14 do CPC, sem redução de texto, por conta dos princípios da isonomia e da inviolabilidade no exercício da profissão (ADI n. 2.652, rel. Min. Maurício Corrêa, TP, j. 8.5.03, in DJ 14.11.03, p. 12, e RF 372/24). Quanto ao *modo de execução*, por outro lado, estatui-se que "a multa será inscrita sempre como dívida ativa da União ou do Estado" (art. 14, parágrafo único), o que significa que, em tese e princípio, não poderia ser executada nos próprios autos em que foi aplicada. Não é incomum, todavia, que os julgados flexibilizem esses limites, sobretudo no primeiro grau de jurisdição, para impor penalidades pessoais a advogados e/ou executá-las nos próprios autos, quando a peculiaridade do caso concreto assim parece exigir (v., *e. g.*, 2ª VF/RJ, Proc. n. 2004.02.01.008155-1).

No segundo caso (arts. 17 e 18 do CPC), discriminam-se atos que indicam "má-fé objetiva"[10] de uma das partes (i.e., atos que *objetivamente* permitem reconhecer a deslealdade processual ou a disposição anticooperativa da parte). Uma vez identificada,

---

(9) Para esse fim, juízes expedem ofícios, comunicando às seções e subseções da OAB as faltas ético-disciplinares praticadas nos processos que presidem. São raras, todavia, as sanções efetivamente aplicadas a advogados, no âmbito das comissões de ética e disciplina da Ordem dos Advogados do Brasil, por conta de reclamações judiciais. Ocorrem, mas dependem da insistência e da multiplicidade das comunicações judiciais no decurso do tempo. São mais raras, aliás, do que aquelas aplicadas, p. ex., a servidores e juízes no âmbito das corregedorias dos tribunais e, mais recentemente, no âmbito do próprio Conselho Nacional de Justiça (no qual aliás têm assento e voto dois advogados, indicados pelo Conselho Federal da OAB, além de dois representantes da sociedade civil, indicados pelo Senado e pela Câmara Federal, geralmente oriundos igualmente dos quadros da OAB; para mais — e não bastasse —, hoje ainda tem assento e voz, no mesmo CNJ, o próprio Presidente do Conselho Federal da OAB).

(10) Na verdade, a expressão "má-fé objetiva", que extraímos de NERY JR.; NERY, Andrade (*Código de Processo Civil comentado*. 2. ed. São Paulo: Revista dos Tribunais, 1996. p. 363), não é muito feliz. Isso porque, no plano do Direito Civil, cria dificuldades na distinção entre *boa-fé subjetiva* (à qual se contrapõe a noção civilista de *má-fé*) e *boa-fé objetiva* (tratada no art. 422 do NCC e vinculada a *comportamentos e expectativas sociais*, para a qual não existe uma antípoda conceitual). De todo modo, parece-nos que o esclarecimento subsequente, no texto principal (*supra*), resolve essa questão.

a litigância de má-fé pode gerar uma *multa*, fixada pelo juiz em montante não excedente de 1% (um por cento) sobre o valor da causa, e também uma *indenização*, fixada pelo juiz em favor da parte contrária (para fazer frente aos prejuízos sofridos pelo abuso processual e também para abater os honorários advocatícios e despesas que efetuou), em montante preestabelecido não excedente de 20% sobre o valor da causa (exceto se o *quantum debeatur* for liquidado *a posteriori*, por arbitramento). Não se requer necessariamente o pedido, pois as penas por litigância de má-fé admitem imposição judicial *ex officio* (art. 18, *caput*). Admite-se, ademais, a sua imposição em regime de condenação *parciária*, "na proporção do respectivo interesse na causa", ou de condenação solidária, em relação àqueles "que se coligaram para lesar a parte contrária" (art. 18, § 1º, do CPC; v., ainda, a hipótese do art. 87, parágrafo único, do CDC).

Nos termos do art. 17 do CPC, configura litigância de má-fé todo ato processual que implicar:

- dedução de pretensão ou defesa contra texto expresso de lei ou fato incontroverso (*e. g.*, no processo laboral, negar horas extras confessadas pelo preposto — art. 17, inciso I);

- alteração dolosa da verdade dos fatos (*e. g.*, no processo laboral, declarar falsamente o não pagamento de prêmios ou gratificações que foram sabidamente depositados em conta-salário — art. 17, inciso II);

- uso do processo para conseguir objetivo ilegal (*e. g.*, no processo laboral, o ajuizamento de ação "casada" para obter homologação de acordo que permita a liberação de parcelas de seguro-desemprego em favor de empregado incontroversamente demissionário — art. 17, inciso III);

- oposição injustificada ao andamento do processo (*e. g.*, no processo laboral, as sucessivas petições "atravessadas" para pedir diligências inúteis e impedir a prolação de sentença após a colheita de provas orais desfavoráveis em audiência com razões finais orais ou remissivas — art. 17, inciso IV);

- conduta temerária em qualquer incidente ou ato do processo (*e. g.*, no processo laboral, a alteração de estado de fato anterior à perícia técnica de periculosidade designada[11] — art. 17, inciso V);

- provocação de incidentes manifestamente infundados (*e. g.*, no processo laboral, a arguição de falsidade material de anotação de CTPS, constatando-se depois que a assinatura era de preposto autorizado da empresa — art. 17, inciso VI).

Em todas as hipóteses do art. 17, dispensa-se mais uma vez qualquer sumário de culpa, diferindo-se o contraditório (normalmente para um eventual pedido de reconsideração ou para a instância recursal). Nestas situações, porém, a doutrina

---

(11) O que autoriza, ademais, o manejo da **ação cautelar de atentado** no âmbito da Justiça do Trabalho (arts. 879 a 881 do CPC c.c. art. 769 da CLT).

dominante compreende que a norma processual alcança apenas *as partes litigantes* (e não os terceiros), nos estritos lindes do *processo de conhecimento* (o que atualmente incluiria também a fase de *cumprimento de sentença*, mercê das modificações introduzidas pela Lei n. 11.232/05)[12]. É certo, ademais, tratar-se de norma de natureza *sancionatória*, a desafiar interpretação restritiva; por isso mesmo, doutrina e jurisprudência têm sido parcimoniosas na sua aplicação. Leia-se, por todos:

> A litigância de má-fé prevista pelo presente art. 17 se expressa por atitudes ilícitas diferentes, mas todas *demandam do juiz extremo cuidado* no que concerne à sua caracterização e reconhecimento para que não se comprometa o direito que as partes têm de sustentar sem temor suas razões em juízo.[13]

Por fim, emerge dos arts. 600 e 601 do CPC o último elemento do "tripé" que atualmente reprime, na ordem jurídico-processual civil, a conduta processual desleal e anticooperativa. Tais preceitos também cuidam de atos de litigância de má-fé[14], mas agora em fase de execução (i. e., durante os procedimentos de excussão patrimonial). Configura "ato atentatório à dignidade da Justiça" toda conduta que fraudar a execução, que a ela se opuser maliciosamente empregando ardis ou meios artificiosos e, bem assim, a que resistir injustificadamente às ordens judiciais ali emanadas (art. 600, incisos I a III). Além disso, a Lei n. 11.382/06 incluiu no rol de atos atentatórios mais uma hipótese, a saber, a do executado que, "intimado, não indica ao juiz, em 5 (cinco) dias, quais são e onde se encontram os bens sujeitos à penhora e seus respectivos valores" (inciso IV). Incorrendo em tais faltas, o devedor responde por multa que o juiz fixará em montante não superior a 20% (vinte por cento) do valor atualizado do débito em execução, em favor do credor, sem prejuízo de outras sanções de natureza processual ou material que acaso sejam cabíveis (art. 601, *caput*). Mas a pena pode ser relevada, a critério do juiz (= discricionariedade judicial), "se o devedor se comprometer a não mais praticar qualquer dos atos definidos no artigo antecedente e der fiador idôneo, que responda ao credor pela dívida principal, juros, despesas e honorários advocatícios" (art. 601, parágrafo único).

Originalmente, o diploma processual civil ainda previa, além das tradicionais sanções de natureza patrimonial, a súbita **perda da palavra nos autos**[15]. A Lei n. 8.953/94 afastou semelhante restrição, recebendo os encômios de Cândido Rangel

---

(12) O que não afasta, porém, a sua aplicação na fase de excussão patrimonial ou mesmo nas ações executivas de títulos extrajudiciais, em caráter subsidiário-sistemático, nos termos do próprio art. 598 do CPC ("*Aplicam-se subsidiariamente à execução as disposições que regem o processo de conhecimento*"). A esse respeito, aliás, veja-se, adiante, o escólio de Vicente Greco Filho.
(13) MACHADO, Antônio Cláudio da Costa. *Código de Processo Civil interpretado e anotado*: artigo por artigo, parágrafo por parágrafo. 2. ed. Barueri: Manole, 2008. p. 276 (grifo nosso).
(14) MACHADO. *Op. cit.*, p. 17.
(15) *In verbis*: "... o juiz, por decisão, *lhe proibirá que daí por diante fale nos autos*. Preclusa esta decisão, *é defeso ao executado requerer, reclamar, recorrer, ou praticar no processo quaisquer atos*, enquanto não lhe for relevada a pena" (grifo nosso). Draconiana, de fato. Em sentido contrário (entendendo, à época, que "a gravidade dos fatos justifica o rigor da pena"), cf. GRECO FILHO, Vicente. *Direito processual civil brasileiro*. 8. ed. São Paulo: Saraiva, 1994. v. 3, p. 15.

Dinamarco[16] e de praticamente toda a doutrina de antanho, mercê da otimização do princípio constitucional do contraditório e da ampla defesa (art. 5º, LV, da CRFB). Apesar disso, questiona-se ainda hoje a equaniminidade das regras dos arts. 600 e 601 do CPC, na medida em que apenas o *devedor* — ou melhor, o "executado" (redação da Lei n. 11.382/06) — sujeitar-se-ia àquelas penas (quase como se apenas ele, devedor, pudesse perpetrar atos "atentatórios à dignidade da Justiça")[17]. Entretanto, a aparente desigualdade bem se resolve com uma interpretação sistemática e integrativa do Código de Processo Civil, como tem sugerido Vicente Greco Filho:

> Tais atos [os do art. 600], por serem maliciosos e fraudulentos, são considerados pela lei como antiéticos e antijurídicos, não se aceitando sua prática pelo devedor. Não são eles considerados como resistência justificável à pretensão executiva do credor que tem a seu favor o título. O Código refere-se, na execução, apenas a atos atentatórios à dignidade da justiça do devedor, nada cominando ao *credor*. Este, porém, *não está livre de ser considerado também litigante de má-fé se vier a praticar uma das condutas relacionadas no art. 17,* como, por exemplo, se deduzir pretensão cuja falta de fundamento não possa razoavelmente desconhecer. [...] Além disso, o credor ressarcirá ao devedor os danos que este sofreu, quando sentença passada em julgado declarar inexistente, no todo ou em parte, a obrigação que deu lugar à execução (art. 574).[18]

Ademais, a nosso sentir, justifica-se em sede executiva a positivação de uma casuística inspirada na figura do *executado*, já que nessa fase interessará essencialmente a ele — o executado — opor resistências ao andamento célere do processo (muitas vezes de modo desleal e fraudulento).

Está claro, por outro lado, que a sanção de natureza econômica não raro será inútil. Pense-se, por exemplo, na nova hipótese do inciso IV do art. 600 (introduzida pela Lei n. 11.382/06): se o devedor executado consegue esquivar-se do Estado-juiz, ocultando seu patrimônio de modo tão eficiente que nem o credor e nem os oficiais de justiça conseguem localizá-lo, de que adiantará multá-lo por não indicar, em cinco dias, quais são e onde se encontram os seus bens sujeitos à penhora? Acaso adiantará acrescer em 20% um montante exequendo que o devedor sabe de antemão inexequível, por conta de suas manobras de desvio e ocultação patrimonial? Evidentemente que não. Da mesma forma, se um depositário judicial desvia, aliena ou perde os bens penhorados que lhe foram confiados sob compromisso, e já não tendo mais bens ou dinheiros localizáveis, de que valerá aplicar-lhe a multa por ato atentatório à dignidade da Justiça (que de fato houve, mercê do art. 600, II, do CPC, ante o emprego de ardil

---

(16) Cf. DINAMARCO, Cândido Rangel. *A reforma do Código de Processo Civil.* 5. ed. São Paulo: Malheiros, 2001. *passim.*
(17) Nesse sentido, Machado: "Malgrado a completa modificação do presente dispositivo [art. 601] pela Reforma de 1994, *este art. 601 continua significando exceção ao princípio da igualdade,* posto que institui pesada sanção econômica aplicável ao executado que pratique quaisquer dos atos definidos pelo artigo anterior [art. 600] como atentatório à dignidade da justiça" (*Op. cit.*, p. 1088 — *grifo nosso*).
(18) *Op. cit.*, v. 3, p. 14 (grifo nosso).

para resistir maliciosamente à execução), se nem mesmo o *quantum debeatur* principal poderá ser satisfeito?

Por essas e outras, a realidade forense brasileira nos autoriza dizer que, para a prevenção e a repressão das condutas desleais e anticooperativas no processo civil e trabalhista, aquele "tripé" legal-positivo (art. 14 e parágrafos, arts. 17/18, arts. 600/601) não é suficiente. O emprego de "laranjas" e interpostas pessoas na movimentação de recursos financeiros e nos esquemas de destinação e fruição patrimonial é cada vez mais encontradiça, como resposta sociológica de um estrato social de sonegadores convictos às potentes ferramentas da "família JUD" (em especial o BACENJUD, o INFOJUD e o RENAJUD[19]). A pessoa jurídica — em especial nas sociedades por ações — segue funcionando como escudo defensivo contra a *longa manus* do Estado--juiz, ocultando as ações e o patrimônio de pessoas que enriquecem às custas da subtração dos direitos alheios (notadamente os chamados *direitos sociais stricto sensu*, como são os do art. 7º da CRFB, porque a condição média de vulnerabilidade do trabalhador brasileiro não lhe tem permitido uma reação judicial imediata[20]). Enfim, parece claro que o nível de chicana e de resistência identificável nos processos judiciais (em especial nas fases de cumprimento de sentença e de execução), aliado à constatação de que muitas vezes o efeito-sanção é insuficiente ou não alcança a esfera patrimonial do verdadeiro responsável, revela a embaraçosa tibieza daqueles remédios. E, pelas mesmas razões antes expostas na introdução, este quadro torna-se particularmente nefasto no âmbito da Justiça do Trabalho.

O que fazer então? O que se pode alvitrar *de lege lata*?

---

(19) Em apertada síntese, o BACENJUD permite bloquear contas bancárias em qualquer ponto do Brasil, por intermédio do Banco Central, transferindo-se depois os valores bloqueados para contas judiciais, até o limite dos créditos exequendos (embora a atual versão — 2.0 — permita efetuar o bloqueio num único dia, conforme a data da requisição eletrônica, e já não indefinidamente, como ocorria na versão 1.0). O INFOJUD permite a quebra controlada do sigilo fiscal do devedor, dando ao magistrado acesso às respectivas declarações de patrimônio para efeito de ajuste anual de imposto de renda. O RENAJUD permite ao juiz bloquear a transferência e a própria circulação de veículos automotores por intermédio dos respectivos números de RENAVAM. Todos são acionáveis unicamente pela via remota (eletrônica), mediante senhas pessoais oferecidas aos juízes após os competentes convênios interinstitucionais. Com isso, simplificam-se intensamente os trâmites da execução, a ponto de tornar *obsoletas* algumas medidas judiciais que ainda hoje são referidas pela doutrina. Assim, *e.g.*, a expedição de ofícios aos órgãos da Receita Federal — referida, *e. g.*, por MACHADO (*Op. cit.*, p.1089), *ex* art. 399, I, CPC —, que perde a razão de ser diante do INFOJUD. O mesmo se aplica aos ofícios ao BACEN e ao DETRAN (AASP 2.253/2.158), diante do BACENJUD e do RENAJUD. Restam apenas, de úteis, os ofícios aos cartórios de registro de imóveis e às empresas concessionárias de telefonia, para identificação de eventuais imóveis ou linhas telefônicas em nome dos executados, respectivamente. E mesmo esses tendem a ser abolidos, no futuro, por conta daqueles mesmos convênios interinstitucionais (assim, p. ex., quanto aos registros imobiliários, veja-se notícia de termo de cooperação para penhora *on line*, no âmbito da 15ª Região do Trabalho. Disponível em: <http://www.trt15.jus.br/noticias/noticias/not_20100503_02.html> Acesso em: 15.7.10).

(20) As estatísticas demonstram que a Justiça do Trabalho é acionada sobretudo por trabalhadores *desempregados*, o que sugere uma litigiosidade fortemente reprimida entre os trabalhadores empregados (sobretudo por medo do desemprego, à mercê de intempestivas demissões sem justa causa — uma vez que a garantia de emprego do art. 7º, I, da CRFB ainda não foi regulamentada, passados já vinte anos da promulgação da Constituição de 1988 —, mas também por temor reverencial, esperança em "acertos" finais, receio de comprometimento da imagem no mercado de trabalho, etc.). Sobre esse tema, v., de nossa coordenação, a obra coletiva *Fênix: por um novo processo do trabalho* (São Paulo: LTr, 2010 — no prelo), no capítulo em que desenvolvemos a proposta da **ação promocional trabalhista**.

Alternativa incensada em alguns nichos de doutrina tem sido a **regulamentação do inciso LXXVIII do art. 5º da CRFB** (= *princípio da duração razoável do processo*), positivado recentemente pela EC n. 45/04[21]. Cumpriria, porém, concretizar o princípio não apenas em relação ao Estado (como fez a Itália com a *Legge Pinto*[22]), mas também em relação aos **particulares** — partes e terceiros — que se valem de ardis e meios artificiosos para obstar a satisfação judicial dos créditos reconhecidos por sentença transitada em julgado.

Para isso já se anteveem, todavia, dois obstáculos. O primeiro, vamos encontrá-lo no plano da *efetividade*. Se a matéria for regulada nos termos da *Legge Pinto*, retornaríamos ao gargalo inicial: tratando-se de executado que logre desviar ou ocultar eficientemente seus dinheiros e bens, de que adiantaria impor-lhe, por isso, uma indenização adicional para reparar danos materiais e/ou extrapatrimoniais sofridos pelo credor em razão da demora processual? A mesma dificuldade em se conseguir a satisfação do crédito principal comunicar-se-ia para a indenização adicional, sem quaisquer ganhos em termos de efetividade da jurisdição. O segundo obstáculo, podemos vê-lo já no plano da *política legislativa*: a exemplo de outros tantos direitos individuais e sociais que ainda pendem de regulamentação legal, é possível que se passem décadas sem que o Poder Legislativo federal (art. 22, I, da CRFB) decida regulamentar o preceito. Isso é ainda mais verdadeiro se considerarmos que a positivação de mais uma fonte de despesas para a Fazenda da União e dos Estados — por conta da *equa riparazione* que haveriam de pagar nos casos de excessiva mora processual não imputável a atos de partes ou terceiros — não interessa, em absoluto, nem ao Poder Executivo federal, nem aos governadores de Estado. E, por fim, a matéria sequer admite judicialização (quanto à sua *regulamentação legislativa*, entenda-se bem), ao menos no entender do Excelso Pretório. A judicialização, com efeito, foi a bom tempo tentada (2005), mas depois rechaçada pelo Supremo Tribunal Federal, a partir de voto da lavra do Min. Celso de Mello, que não entendeu de pronto necessária uma lei *específica* para a prevenção, a repressão e a reparação civil em tema de mora processual injustificada ou proposital. A emenda foi exarada nos seguintes termos:

> Mandado de injunção. Alegação (inconsistente) de inércia da União Federal na regulação normativa do direito à celeridade no julgamento dos processos, sem indevidas dilações (CF, art. 5º, inciso LXXVIII). Emenda Constitucional n. 45/04. Pressupostos constitucionais do mandado de injunção (RTJ 131/963 — RTJ 186/20-21). Direito subjetivo à legislação/dever estatal de legislar (RTJ 183/818-819). Necessidade de ocorrência de mora legislativa (RTJ 180/442). *Critério de configuração do estado de inércia legiferante: superação excessiva de prazo razoável* (RTJ 158/375). Situação inocorrente no caso em exame. Ausência de *inertia agendi vel deliberand* do Congresso Nacional. *Pacto de*

---

(21) *In verbis*: "a todos, no âmbito judicial e administrativo, são assegurados a razoável duração do processo e os meios que garantam a celeridade de sua tramitação".
(22) Trata-se da *Legge* n. 89/01 — assim batizada em homenagem ao senador Michele Pinto —, que regula o direito de o cidadão haver uma *reparação equânime* (*equa riparazione*) pelos danos patrimoniais e/ou extrapatrimoniais sofridos em razão da duração não razoável de um processo judicial (por contrariar o disposto no art. 6º, 1, da Convenção Europeia para a Salvaguarda dos Direitos do Homem e das Liberdades Fundamentais — Roma, 1950).

Estado em favor de um Poder Judiciário mais rápido e republicano. O direito individual do cidadão ao julgamento dos litígios sem demora excessiva ou dilações indevidas: uma prerrogativa que deve ser preservada (RTJ 187/933-934). Doutrina. Projetos de lei já remetidos ao congresso nacional, objetivando a adoção dos meios necessários à implementação do inciso LXXVIII do art. 5º da Constituição (EC n. 45/04). Consequente inviabilidade do presente mandado de injunção."[23]

Outra solução usualmente alvitrada diz com a criação de uma cultura judiciária de rigorosa repressão à deslealdade processual, substituindo o pendor hermenêutico restritivo (*supra*) por uma leitura mais abrangente dos dispositivos legais em vigor (arts. 14, 17, 18, 600 e 601, entre outros), para engendrar uma espécie de "política judicial de tolerância zero" no âmbito do processo. Por esse caminho passaria, inclusive, o uso mais frequente da *antecipação dos efeitos da tutela de mérito* na hipótese do art. 273, II, do CPC ("antecipação-sanção"), intensificando-se as constrições preparatórias (= cautelares) e mesmo as satisfações antecipadas de crédito (pela via do art. 475-O, III e § 2º, do CPC) antes mesmo da prolação da sentença, isso nos casos de verossimilhança do direito associada à *prática de atos de litigância de má-fé* por parte dos réus[24]. Outra vez, porém, apresentam-se os limites do possível: de que vale antecipar ou intensificar constrições, liberações ou reprimendas, se a dificuldade está em localizar patrimônio exequível? Para além do peso institucional e moral da decisão judicial que reprime, nada mais se cria em prol da efetividade da jurisdição. Além disso, lançar mão de uma ética de resultados para flexibilizar interpretações que se naturalmente plantam no plano dos princípios (cooperação e lealdade processual) é algo que atenta contra a boa Hermenêutica: *benigna amplianda*, **odiosa restringenda**.

Há, porém, uma terceira alternativa, amiúde lembrada pela doutrina e vez por outra tangida pelo legislador brasileiro: a introdução, no Brasil, do instituto do *contempt of court*; ou, ainda, a sua introdução em moldes mais próximos aos do modelo anglo-saxão (já que alguns autores identificam a figura do "contempt" nas hipóteses mesmas dos arts. 14, 17 e/ou 600 do CPC, tal como acima descritas).

A essa alternativa — que acreditamos *preferir* às outras todas — dedicamos o presente estudo. Examinemo-la, a partir da consideração daquele que é o *mais grave* entre todos os atos atentatórios à dignidade da Justiça no ambiente jurídico-forense

---

(23) STF, MI n. 715, rel. Min. Celso de Mello, in DJ 4.3.05 (grifo nosso). Entre os argumentos expendidos, o i. Ministro considerou que o Poder Legislativo federal já estava fazendo a sua parte, em vista dos inúmeros projetos de lei que então tramitavam com vistas à otimização de um processo mais célere (alguns dos quais já foram, de fato, convertidos em lei): o PL n. 4.723/04 (sobre a uniformização de jurisprudência no âmbito dos Juizados Especiais Cíveis e Criminais), o PL n. 4.724/04 (sobre a forma de interposição de recursos), o PL n. 4.725/04 (a possibilitar a realização de inventário, partilha, separação consensual e divórcio consensual por via administrativa), o PL n. 4.726/04 (sobre incompetência relativa, meios eletrônicos, prescrição, distribuição por dependência, exceção de incompetência, revelia, carta precatória e rogatória, ação rescisória e vista dos autos), o PL n. 4.727/04 (sobre agravo de instrumento e agravo retido), o PL n. 4.728/04 (sobre a racionalização do julgamento de processos repetitivos), o PL n. 4.729/04 (sobre o julgamento de agravos) e os Projetos de Lei ns. 4.730/04, 4.731/04, 4.732/04, 4.733/04, 4.734/04 e 4.735/04 (que haveriam de conferir celeridade à tramitação dos processos trabalhistas).
(24) Porque, com efeito, "os ilícitos aqui previstos [art. 17] podem dar ensejo à aplicação da tutela antecipada do art. 273, II, deste Código" (MACHADO. *Op. cit.*, p.276).

nacional: o **desvio, ocultação** e/ou **perdimento de bens** confiados ao executado, na condição de **depositário judicial**[25].

3. Prisão civil do depositário infiel economicamente capaz: contempt of court no direito brasileiro? Origens, conceito, tipologia e contextualização nacional do contempt

Talvez o melhor exemplo disponível para ilustrar a necessidade e a conveniência de se lançar mão do instituto do *contempt of court* — em moldes superiores, para além da mera imposição de sanções econômicas — com vistas à garantia da autoridade do julgado e do binômio lealdade/cooperação seja mesmo o do **depositário infiel economicamente capaz.**

É que nos casos de depositários *judiciais* (i.e., daqueles que consensualmente aceitam bens ou dinheiros em depósito, no curso de processo judicial e na forma do art. 665, IV, do CPC), a infidelidade não configura *apenas* a inadimplência creditícia. Consubstancia também — e sobretudo — **ato atentatório à autoridade do juiz e à dignidade do Poder Judiciário**, desafiando, a par da prisão civil chancelada pelo art. 5º, LXVII, da CRFB[26], a sanção processual do art. 601 do CPC (multa não superior a 20% do débito atualizado em execução), "sem prejuízo de outras sanções de natureza processual ou material", como há pouco estudado. A isso realmente corresponde, no direito anglo-saxônico, a figura do *contempt of court*.

Daí porque sustentamos, alhures[27], que a prisão civil do depositário infiel, tal como prevista no art. 5º, LXVII, *in fine*, **não é**, no caso de depósitos judiciais assumidos consensualmente por sujeito economicamente capaz, uma *mera* prisão civil por dívidas. Tutela também a *autoridade do magistrado* e a *dignidade do Poder Judiciário*, que dizem com o próprio *princípio da segurança jurídica* (art. 5º, *caput*, CRFB). Afinal, não é à toa que a **autoridade dos julgados** é um dos *princípios sensíveis* da Carta Constitucional de 1988 e de todo e qualquer *Estado de Direito* (a ponto de *autorizar*, entre nós, a *intervenção federal* e *estadual*, nos termos dos arts. 34, VI, e 35, IV, da CRFB).

Noutras palavras — e sem cogitar dos méritos e deméritos da SV n. 25 —, parece-nos possível, razoável e necessário entrever, na prisão civil do depositário judicial infiel economicamente capaz, **hipótese assemelhada à prisão por** *contempt of court*, assim como admitida, com grande liberalidade, pela pátria-mãe das democracias

---

(25) Sobre isso, a propósito, já nos pronunciamos em outro texto doutrinário. Confira-se: FELICIANO, G. G. A prisão civil do depositário judicial infiel economicamente capaz: um outro olhar. In: *Revista do Tribunal Regional do Trabalho da 15ª Região*, Campinas: Escola Judicial, jul./dez. 2009, n. 35, p. 109-135. Ali, criticávamos a amplitude do enunciado que viria a compor a Súmula Vinculante n. 25 do C.STF ("*É ilícita a prisão civil do depositário* infiel, qualquer que seja a modalidade de depósito"). Já no presente texto, resgatamos os elementos daquele primeiro estudo para desenvolver a tese da *compatibilidade* e da *conveniência* do instituto do *contempt of court* — nos moldes anglo-saxônicos — em plagas brasileiras.
(26) E agora *desautorizada* pela SV n. 25 do STF.
(27) *A prisão civil...*, *passim*.

republicanas (os Estados Unidos da América) e por vários outros Estados Democráticos de Direito (como adiante demonstraremos) — que, sobre serem democráticos (e antes mesmo disso), são também **de Direito**. Isso nos obriga a um breve olhar sobre o instituto do *contempt*, para melhor entendimento[28].

A origem mais remota do *contempt of court* radica no direito romano, possivelmente entre os institutos que ganharam força durante a *cognitio extraordinaria*. Mais tarde, a partir do próprio direito romano, o instituto migrou para o direito inglês medieval. Na Inglaterra do século XIII, a ciência jurídica ainda incipiente e empírica engendrava um *writ* para cada espécie de violação de direitos dos súditos, seguindo de perto o modelo romano das *legis actiones*. Por esse caminho, chegar-se-ia em 1679 ao *Habeas Corpus Amendment Act*, que influenciaria todo o direito moderno e contemporâneo, tanto nas famílias jurídicas de tradição anglo-saxônica como nas famílias jurídicas de tradição romano-germânica (veja-se, *e. g.*, o art. 5º, LXVIII, da CRFB). Entretanto, quando não havia um *writ* para determinado caso, não restava ao súdito senão reclamar a clemência do rei, fazendo-o perante os órgãos da *Chancery* (que, segundo Lima Guerra, atuavam como "cortes de consciência"[29]). Provia-se rudimentarmente, por esse meio, a **tutela específica das obrigações**, podendo-se mesmo conduzir o réu à prisão caso se recusasse a cumprir o que lhe determinava o *chancellor* (estando o réu, nesse caso, *in contempt of court*, na condição de *contemnor*[30]); e ali permaneceria, sob a autoridade do rei, até que resolvesse obedecer à ordem emanada. Pode-se bem dizer que essas ações de afirmação de autoridade das cortes desempenharam um papel relevante, senão *vital*, na construção, entre os ingleses medievais, da ideia germinal de um genuíno "poder" judiciário (que, no futuro, viria a amealhar garantias de independência em face da própria Coroa: *Act of Settlement*, 1701).

Em Portugal — e, por extensão, no Brasil —, as *Ordenações Filipinas* já previam, entre nós, instituto com efeitos semelhantes (Livro V, Título 128). Eram as famosas "cartas de segurança", a ensaiar entre nós os primeiros laivos de uma *jurisdição mandamental*: se acaso desobedecidas, o destinatário sujeitava-se à prisão. Mas o legislador republicano abdicou da tradição das "cartas de segurança" sob pena de prisão, sobretudo por influência do direito francês. O que não significa que a prisão por *contempt of court* possa ser considerada absolutamente *estranha* ao nosso sistema processual hodierno: não é, nem histórica, nem positivamente. Voltaremos a isso.

---

(28) Cf., no particular, BORTOLUZZI, Roger Guardiola. Sanção por descumprimento de ordem judicial. In: TESHEINER, José Maria; MILHORANZA, Mariângela (orgs.). *Páginas de direito*. Porto Alegre, [s.e.], 2009. Disponível em: <http://www.tex.pro.br/> <wwwroot/06de2003/sancaopordescumprimentodeordemjudicial_roger.htm> ISSN 1981-1578 (Acesso em: 23.7.09). Cf. ainda, ASSIS, Araken de. O *contempt of court* no direito brasileiro. In: *Revista Jurídica*, Porto Alegre: Notadez, 2004. v. 318, p. 7-23.
(29) GUERRA, Marcelo Lima. *Execução indireta*. São Paulo: Revista dos Tribunais, 1998. p. 87-89.
(30) Para o dado histórico e a terminologia, cf., por todos, DUDLEY JR., Earl C. *Contempt power*, judicial. In: *Encyclopedia of the American Constitution*, Woodbridge: Macmillan Reference, 2000. p. 671-672. Para uma visão menos técnica (e acidamente crítica), v. SCARCE, Rik. *Contempt of court*: a scholar's battle for free speech from behind bars. Walnut Creek: Altamira, 2005. *passim*.

Antes, porém, interessa afinal *conceituar* o instituto. Seguindo Cruz e Tucci[31], que se reporta a Hozard e M. Taruffo,

> a expressão *contempt of court* designa em termos gerais *a recusa em acatar a ordem emitida por uma corte de justiça*. Como consequência desse comportamento, o destinatário da ordem pode sofrer *uma sanção pecuniária ou restritiva de liberdade*, dependendo da gravidade do *contempt*, sempre com o intuito de constranger a parte a cumprir a determinação judicial [...].

É sanção processual que, diga-se, não se limita às partes. O próprio Cruz e Tucci esclarece que a responsabilização pelo *contempt of court* pode recair sobre o litigante "ou outro integrante do processo", razão pela qual se exige "uma ordem que imponha especificamente a quem é dirigida uma obrigação de fazer ou de abster-se de fazer"[32]. Nesse particular, a figura aproxima-se mais da sistemática do art. 14, parágrafo único, do CPC que das hipóteses anteriormente versadas pelo legislador brasileiro (arts. 17/18 e 600/601), o que talvez revele uma inflexão nos rumos da legislação nacional em tema de repressão à desobediência judicial. Mas isso o tempo dirá.

No que toca à sua *tipologia*, a doutrina norte-americana conhece duas modalidades de *contempt of court*: o *civil contempt of court* (que é praticado por litigante ou terceiro em detrimento de uma das partes no processo) e o *criminal contempt of court* (que é mais grave, praticado por litigante ou terceiro em detrimento da própria autoridade judiciária). Distingue-se ainda entre o *contempt of court* **direto** (praticado na presença da autoridade, durante os procedimentos judiciais) e o *contempt of court* **indireto** (a que corresponde o descumprimento de ordens judiciais fora das dependências da própria corte e/ou sem a presença da autoridade judiciária)[33].

E no Brasil hodierno, à luz da legislação em vigor e da própria Constituição de 1988, admite-se a figura da prisão por *contempt of court*? Não temos dúvidas de que **sim** — ainda que de modo casuístico.

Isso porque, do ponto de vista principiológico, há uma indiscutível compatibilidade do instituto com os **princípios estruturantes** da República Federativa do Brasil — notadamente o *princípio do Estado de Direito*[34] (como visto) — e também

---

(31) TUCCI, José Rogério Cruz e. *Lineamentos da nova reforma do CPC*. 2. ed. São Paulo: Revista dos Tribunais, 2002. p. 19-20 (grifo nosso).
(32) *Idem*.
(33) Cf., para a distinção, o sistema *Wex* do *Legal Information Institute* (LII) da *Cornell University Law School* (<http://topics.law.cornell.edu/wex/contempt_of_court_indirect>   <http://topics.law.cornell.edu/wex/contempt_of_court_direct> Acesso em: 23.7.09).
(34) Pode-se enunciar o *princípio do Estado de Direito* (*Rechtsstaat*) como o estado de *soberania das leis*, não da vontade das partes (João Paulo II, *Centesimus Annus*, n. 44); mas entre as suas dimensões essenciais geralmente se destacam os princípios da *segurança jurídica* e da *proteção da confiança dos cidadãos*, o que inclui, em relação aos atos jurisdicionais, a **estabilidade** ou **eficácia** *ex post* dos julgados. Ou, como decidiu o Supremo Tribunal Administrativo de Portugal em 13.11.07 (Ac. n. 0164-A/04), "o princípio do Estado de Direito concretiza-se através de elementos retirados de outros princípios, designadamente, o da segurança jurídica e da proteção da confiança dos cidadãos, [...] Os citados princípios da segurança jurídica e da proteção da confiança assumem-se como princípios classificadores do Estado de Direito Democrático, e que implicam *um mínimo de certeza e segurança nos direitos das pessoas e nas expectativas juridicamente criadas* a que está imanente uma ideia de *proteção da confiança dos cidadãos e da comunidade na ordem jurídica e na atuação do Estado*" (<http://jurisprudencia.vlex.pt/vid/29199184> <http://www.dgsi.pt/jsta.nsf> Acesso em: 24.7.09 — grifo nosso). Em suma, não há Estado de Direito onde as decisões jurisdicionais do Estado--juiz não se cumprem ou podem ser facilmente rechaçadas por expedientes extrajudiciais.

com **princípios instrumentais** de seu ordenamento processual, como o *princípio da cooperação* (de que é corolário o *dever de lealdade*), referido no tópico anterior, e o próprio *princípio do acesso à justiça* (em sentido material[35]). Assim, fará bem o legislador brasileiro se transformar em ato o que já está em potência no sistema, editando **lei ordinária federal que disponha, com autonomia, sobre os atos de desobediência judicial** (*contempt of court*)[36] e as suas respectivas sanções, econômicas e não econômicas, nas três ordens processuais (cível, trabalhista e penal).

Por outro lado, é possível reconhecer *de lege lata* a pré-positivação do instituto, em versão abrandada, tanto no art. 600 do CPC (atos atentatórios à dignidade da Justiça) — notadamente em seu inciso III (resistência injustificada às ordens judiciais) —, com as sanções do art. 601[37], como também, agora mais recentemente (Lei n. 10.358/01), no art. 14, parágrafo único, do mesmo diploma, que sanciona precisamente os vários modos de se frustrar o dever de cooperação processual (por *partes* ou *terceiros*, nos termos dos arts. 340 e 341 do CPC). Tudo isso já estudamos *supra*, com vagar.

Mas não é só. Em casos muito específicos, houve mesmo a previsão legal de **restrições de liberdade** em detrimento de quantos desafiem a autoridade do juiz ou as suas obrigações legais diretas (sem que jamais se tenha arguido seriamente qualquer inconstitucionalidade a tal respeito). São (ou foram), sem dúvida, hipóteses especiais de *prisão por contempt of court* que a Constituição da República de 1988 recepcionou. Vejamos:

(i) a *prisão civil* de emitente, sacado ou aceitante que se recusar a restituir título requisitado judicialmente, desde que haja prova da efetiva entrega do título e da recusa de devolução (arts. 885[38] e 886 do CPC);

(ii) a *prisão civil por resistência à ordem de constrição vazada em mandado*, prevista no art. 662 do CPC[39];

---

(35) Sobre as dimensões formal e material do princípio de acesso à justiça, cf., por todos, CAPPELLETTI, Mauro; GARTH, Bryant. *Acesso à justiça*. Trad. Ellen Gracie Northfleet. Porto Alegre: Sergio Antonio Fabris, 1988. *passim*.

(36) Temos privilegiado a expressão "atos de desobediência judicial" para escapar, por um lado, dos estrangeirismos (mesmo porque a técnica legislativa brasileira tem evitado — com razão — recorrer a expressões características de idiomas estrangeiros, como *astreintes*, *class actions* etc.); e, por outro, da plena identificação com os casos estudados no tópico anterior (litigância de má-fé, atos atentatórios ao exercício da jurisdição e à dignidade da Justiça), já que a ideia seria inaugurar um *novo modelo*, mais próximo da tradição anglo-saxônica e por isso mesmo mais ambicioso.

(37) Nesse sentido, identificando hipótese de *contempt of court* na norma doa art. 600 do Código de Processo Civil, veja-se, por todos, DINAMARCO, Cândido Rangel. *Execução civil*. 4. ed. São Paulo: Malheiros, 1994. p. 178. Ainda, do mesmo autor, v. *A reforma...*, *passim* (comentando, à época, a alteração do art. 601 pela Lei n. 8.953/94).

(38) *In verbis*: "O juiz poderá ordenar a apreensão de título não restituído ou sonegado pelo emitente, sacado ou aceitante; mas só *decretará a prisão de quem o recebeu para firmar aceite ou efetuar pagamento*, se o portador provar, com justificação ou por documento, a entrega do título e a recusa da devolução" (grifo nosso). É, de todos os exemplos infraconstitucionais, o mais eloquente a fundar a tese.

(39) *In verbis*: "Sempre que necessário, o juiz requisitará força policial a fim de auxiliar os oficiais de justiça na penhora dos bens e *na prisão de quem resistir à ordem*" (grifo nosso). Veja-se que não se trata necessariamente de *prisão em flagrante delito* (art. 302 do CPP), até porque não se referem as demais hipóteses legais desse tipo de prisão cautelar (incisos II a IV), nem tampouco se discriminam entre pessoas capazes ou incapazes. A melhor exegese, portanto, é a de que a prisão é *civil* e tem por objetivo *permitir a penhora e/ou a apreensão dos bens*, neutralizando a ação contrária do recalcitrante (logo, seria melhor a expressão "detenção" e não "prisão"). Ao depois, lavrado o auto de resistência pelos oficiais de justiça (art. 663, 1ª parte) e feita a entrega da pessoa à autoridade policial (art.

(iii) a *prisão civil* (ou *administrativa*[40]) do falido ou do síndico resistente ao cumprimento de ordens judiciais (arts. 35, 37, 60, § 1º e 69, § 5º, todos do DL n. 7.661/45, em vigor até dezembro de 2004, mas abolidos com a Lei n. 11.101/05, que manteve apenas a hipótese do art. 99, VII[41]).

Nada obstava, portanto, a que se reconhecesse, para o processo judicial em geral — e, muito particularmente, para o **processo do trabalho** (dada a recorrente *natureza alimentar* dos créditos exequendos) —, a possibilidade jurídica da **prisão civil do depositário judicial infiel economicamente capaz,** *ex vi* do art. 5º, LXVII, da CRFB e do art. 666, § 3º, do CPC, pelo qual "a prisão de depositário judicial infiel será decretada no próprio processo, independentemente de ação de depósito". Houve aqui uma **opção legislativa inconteste**, ulterior à ratificação do Pacto de San José da Costa Rica (art. 7º, 7) e não circunscrita à hipótese de "prisão por dívida" (porque a natureza jurídica é **bifronte**, açambarcando a defesa da autoridade pública e da dignidade do Poder Judiciário). Além disso, tratava-se de uma opção formal e substancialmente **coerente** com o permissivo constitucional em vigor (art. 5º, LXVII, *in fine*). Logo, uma opção **inafastável**, à vista do próprio art. 2º da CRFB ("poderes independentes e

---

663, *in fine*), caberá a esta proceder conforme a lei: **(a)** se houver crime que admita a prisão processual penal em flagrante delito (como, *e. g.*, no delito de coação no curso do processo, *ut* art. 344 do CP), ouvirá o detido, o condutor e as testemunhas (art. 304 do CPP), lavrará o auto de prisão em flagrante, recolherá a pessoa e encaminhará o auto à autoridade judicial (podendo arbitrar a fiança, nos delitos punidos com detenção; do contrário, aguardará que a autoridade judicial criminal o faça, *ut* art. 322, par. único, CPP); **(b)** se se tratar de infração penal de menor potencial ofensivo (art. 61 da Lei n. 9.099/95) — modalidade que hoje abarca todas as *fattispecies* em que o réu se livra solto (art. 321 do CPP) —, como ocorre na desobediência (art. 330 do CP), no desacato (art. 331 do CP) e na própria resistência simples (art. 329 do CP), o delegado lavrará o termo circunstanciado, colherá o compromisso de comparecimento perante a autoridade judicial criminal e liberará o detido; **(c)** no caso de menor ou incapaz, convocará os pais ou responsáveis e lhes confiará o detido, documentando o fato.

(40) Dizia-se, antes de 1988, que a "prisão administrativa" do falido, com o declarado propósito de "compelir o paciente ao cumprimento de obrigações" legais (cf. STF, RHC 60142/SP, rel. Min. RAFAEL MAYER, j.03.09.1982). Sob a égide da Constituição de 1967/1969, chegou-se mesmo a *afastar* uma arguição de inconstitucionalidade desse tipo de prisão (STF, RHC 54694/RJ, rel. Min. Thompson Flores, j. 27.8.76). E, mesmo após a promulgação da Carta de 1988, o Supremo seguiu admitindo-a em tese, nos termos do Decreto-lei n. 7.661/45, como se constata na seguinte ementa (julgamento de 24.5.94): "Falência de instituição financeira precedida de liquidação extrajudicial pelo Banco Central: inadmissibilidade da prisão administrativa do ex-liquidante, com base nos arts. 35 e 34, V, da Lei de Falências, porque supostamente equiparado ao falido, por força do art. 191 daquele diploma ou do art. 25 e parágrafos da Lei n. 7.492/86. **1.** São figuras inconfundíveis a do liquidante, órgão de sociedade comercial em liquidação e, por isso, equiparado ao falido pelo art. 91 da Lei de Falências, e a do liquidante, órgão do Banco Central na liquidação extrajudicial de instituições financeiras, que o art. 34 da Lei n. 6.024/74 adequadamente equipara, não ao falido, mas ao síndico da falência. **2.** Também no art. 25, parágrafo único, da Lei n. 7.492/86, para o efeito de atribuir-lhes responsabilidade penal pelos crimes nela definidos, o que se contém é a assimilação, logicamente congruente, do liquidante das financeiras ao síndico, não a sua equiparação ao falido, substancialmente arbitrária; por outro lado, a regra é de incidência restrita à lei penal extravagante em que inserida e à imputação das infrações criminais nela definidas, campo normativo que não cabe estender ao problema, de todo diverso, da atribuição ao liquidante administrativo de instituição financeira de crimes falimentares próprios do falido ou a *imposição de deveres e sanções processuais a ele, falido, também exclusivamente dirigida*" (STF, HC 70743/DF, Min. Sepúlveda Pertence, j. 24.5.94 — grifo nosso). Afastou-se, pois, a constrição, porque não se tratava propriamente de falido, mas de ex-liquidante de instituição financeira; mas admitiu-se, em tese, a figura da prisão administrativa como "sanção processual", sem qualquer dúvida de recepção ou constitucionalidade.

(41) O preceito utiliza a expressão "prisão preventiva" e se refere a *crimes falimentares*, mas **(a)** não exige todos os requisitos do art. 312 do CPP (= prisão preventiva "típica"), pois basta que haja "provas da prática de crime definido nesta Lei"; e — mais relevante — **(b)** a prisão é decretada pelo juiz cível (i.e., pelo juiz prolator "da sentença que decretar a falência do devedor", nos termos do art. 99, *caput*).

harmônicos entre si"). Mas, como sabemos, assim não compreendeu o Supremo Tribunal Federal (SV n. 25)[42].

4. A PRISÃO POR CONTEMPT OF COURT NO DIREITO COMPARADO E A SUA CONVENCIONALIDADE (À LUZ DA CADH E DO PIDCP). A IMPRESSÃO DO PARLAMENTO BRASILEIRO

Não fossem suficientes os argumentos já expendidos, o pragmatismo extrassistemático e até mesmo um olhar detido sobre a experiência alienígena podem bem demonstrar a convencionalidade, a constitucionalidade e a conveniência, em casos extremos, de curtas restrições de liberdade por *contempt of court*. Com efeito, fosse a prisão civil do depositário judicial infiel inteiramente *infensa* às normas do art. 7º, § 7º, da Convenção Americana sobre Direitos Humanos e do art. 11 do Pacto Internacional sobre Direitos Civis e Políticos, como crê o Supremo Tribunal Federal (cf. Proc. PSV n. 31-81/827), os países signatários de tais convenções internacionais — notadamente aqueles de tradição jurídica anglo-saxônica — não admitiriam, em seus ordenamentos, a figura da prisão civil por *contempt of court* (que, diga-se de passagem, não teve igual acolhida em nenhuma outra carta constitucional, seja nessa hipótese — depositário judicial infiel —, seja em qualquer outra). Mas o fato é que a admitem. Vejamos.

No caso do **Pacto de San José da Costa Rica**, são signatários, desde 6.1.77, os **Estados Unidos da América**. Ora, tanto a legislação (*e. g.*, art. 56, g, das *Federal Rules of Civil Procedure*[43]) como a jurisprudência norte-americana admitem amplamente as sanções por *contempt of court*, importando-se da sua prática judiciária a célebre dicotomia há pouco referida (*direct contempts* vs. *indirect contempts*). Os primeiros (*direct contempts*) ocorrem na presença do juiz presidente — i. e., *in facie curiae* — e autorizam reação sumária: o juiz desde logo notifica a parte ou o terceiro de que a sua conduta desrespeitou o tribunal e comprometeu a administração da Justiça. Após a resposta do interessado (= contraditório sumário), na própria audiência, o juiz pode impor-lhe imediatamente a sanção processual. Já os *indirect contempt*, como visto, dão-se fora dos tribunais, configurando-se pela desobediência deliberada a uma ordem prévia da corte (como seria, no caso brasileiro, o desvio ou perdimento deliberado de coisa que o sujeito deveria preservar, em função do compromisso judicial assumido e da consequente ordem de guarda e zelo). Nesse caso, abre-se breve instrução para que a parte ou o terceiro acusado refute as acusações e apresente provas. **Tudo de acordo com as naturais exigências de contraditório e ampla defesa** (art. 5º, LV, CRFB), como bem se constata.

---

(42) Basicamente escorada em tais argumentos, a Associação Nacional dos Magistrados da Justiça do Trabalho (ANAMATRA) planeja apresentar ao STF **pedido de revisão parcial** da SV n. 25, nos termos dos arts. 2º e 3º, VIII, 2ª parte, da Lei n. 11.417/06, conforme deliberado por sua Diretoria, após trabalhos realizados no âmbito de sua "Comissão de Defesa da Manutenção da Competência da Justiça do Trabalho" (de que é membro originário este Autor).

(43) *Summary judgment (Rule 56), Affidavits submitted in bad faith (g)*. Versão de 2008.

Atente-se a que, no sistema norte-americano, as hipóteses de *contempt of court* usualmente **não configuram infrações penais** (*criminal offences*), apesar das graves sanções que podem deflagrar (de advertências à prisão civil, passando pelas multas). Tudo a demonstrar que essa modalidade de sanção restritiva de liberdade não precisa necessariamente se inserir no campo do processo penal (prisões cautelares). A própria figura do *desacato*, nas cortes norte-americanas, resolve-se por essa via (enquanto no Brasil, hoje, o desacato perfaz *crime de menor potencial ofensivo,* consoante art. 331 do Código Penal c.c. art. 61 da Lei n. 9.099/95 — razão pela qual não admite sequer a prisão em flagrante delito, mesmo quando o desacato é perpetrado em audiência, em altos brados, contra a pessoa do juiz[44]).

A prisão civil decorrente de *contemp of court*, ainda no caso norte-americano, é reservada aos casos mais graves, de desobediência contumaz às ordens do tribunal. E — a exemplo da prisão civil do depositário judicial infiel no Brasil — a restrição termina tão logo a parte ou o terceiro dê cumprimento à ordem dimanada pelo juiz. Por isso mesmo, tendo o sujeito detido plenas condições de liberar-se por si mesmo (*hold the keys*), não se exige para essa espécie o *procedural due process* típico do processo penal. Basta, para a ordem de constrição, a evidência cabal da desobediência (*preponderance of the evidence*), a critério do juiz. Tal modelo poderia ser trasladado para o sistema processual brasileiro, nesses mesmos termos, sem maiores dificuldades (ao menos do ponto de vista constitucional-principiológico). E, para fazer frente aos consequentes riscos de abuso, os remédios de sempre: impetração de *habeas corpus* (art. 5º, LXVIII, da CRFB) e indenização à conta do Estado (arts. 5º, LXXV, e 37, § 6º, da CRFB), com possibilidade de regresso contra a autoridade judiciária em caso de dolo ou fraude (art. 133, I, do CPC).

Mas voltemos ao direito internacional e comparado. Se nos debruçarmos agora sobre o **Pacto Internacional de Direitos Civis e Políticos** (XXI Sessão da Assembleia--Geral das Nações Unidas, 16.12.66), veremos que estão sob sua égide, entre outros, os próprios **Estados Unidos da América** (que o subscreveram em 5.10.77 e o ratificaram em 8.6.92), o **Canadá** (que a ele acedeu em 19.5.76), a **Austrália** (que o subscreveu em 18.12.72 e o ratificou em 13.8.80) e o **Reino Unido** (que o subscreveu em 16.9.68 e o ratificou em 20.5.76), quando ainda tinha **Hong Kong** entre os seus territórios. Em todos esses países, está em pleno vigor, sem quaisquer reservas, o art. 11 do PIDCP, segundo o qual "ninguém poderá ser preso apenas por não poder cumprir com uma obrigação contratual". E, nada obstante, **todos eles conhecem a figura da prisão civil por** *contempt of court*, sem maiores questionamentos de ordem constitucional ou convencional.

Com efeito, a par do que já se pontuou para o caso norte-americano, é certo que, também no **Canadá** — que convive inclusive com a raiz romano-germânica (província de Quebec), mesma do Brasil —, viceja largamente a figura do *contempt of court* como

---

[44] Outra coisa, temos sustentado, é a **condução coercitiva à autoridade policial competente para lavratura de termo circunstanciado (TCO)**, inclusive como forma de garantir a segurança e a ordem em audiência (art. 445, I, II e III, do CPC).

única *offence* de natureza civil remanescente do sistema de *common law* (paralelamente às *criminal offences*, encontradiças no *Criminal Code of Canada*). Na hipótese canadense, há previsão de sanções por *contempt of court* para comportamentos os mais diversos, de partes ou terceiros (*private individuals*) e também de agentes públicos, como adotar uma atitude desrespeitosa na corte, deixar de guardar silêncio, recusar ou negligenciar obediência a comandos de natureza probatória (*subpoena*[45]), desobedecer voluntariamente ordens do tribunal (situação símile à infidelidade depositária voluntária de devedor solvente), interferir com a administração da Justiça ou arrostar a autoridade ou a dignidade da corte, falhar de modo inescusável com seus deveres (para oficiais da corte), não dar execução ou resposta oportuna a um *writ* concedido judicialmente (para autoridades públicas, como o *sheriff* ou o *bailiff*) etc.

Nos termos do *Tax Court of Canada Act*, a pessoa que incorrer em *contempt* perante a *Tax Court* canadense sujeita-se a multa ou prisão civil por até dois anos (exclusive), o que supera sensivelmente o limite legal previsto no Brasil para a própria infidelidade depositária (prisão não excedente a um ano, *ut* arts. 652 do NCC e 902, §1º, CPC). Já perante a *Federal Court of Appeal*, nos termos da seção 472 das *Federal Court Rules*, cominam-se restrições civis ainda mais severas:

> Where a person is found to be in contempt, a judge may order that
>
> (*a*) the person be *imprisoned for a period of less than five years or until the person complies with the order;*
>
> (*b*) the person be imprisoned for a period of less than five years if the person fails to comply with the order;
>
> (*c*) the person pay a fine;
>
> (*d*) the person do or refrain from doing any act;
>
> (*e*) in respect of a person referred to in rule 429, the person's property be sequestered; and
>
> (*f*) the person pay costs.

O instituto foi recepcionado, ademais, também nos procedimentos das *provincial courts*, tal como estatui o *Provincial Court Act Jurisdiction of Justice*.

Na **Austrália**, da mesma forma, é bem conhecido o instituto do *contempt of court*, diante do qual pode o juiz impor multas, determinar a prisão do ofensor por tempo breve ou ainda colocá-lo "à disposição de Sua Majestade" (*hold a person at the pleasure of Her Majesty*[46]), quando houver de sua parte um ato sincero de contrição. A doutrina australiana encontra os fundamentos ético-jurídicos do instituto na *independência dos tribunais* (*freedom from interference*) e na *dignidade da Justiça*

---

(45) Como seria no Brasil, *mutatis mutandi*, a constrição da liberdade da testemunha que se recusa a depor (a chamada "condução coercitiva", que é objeto de expressa autorização legal e sem qualquer laivo de inconstitucionalidade, *ut* art. 412, *caput, in fine*, do CPC, art. 218 do CPP e art. 825, parágrafo único, da CLT). Não por outra razão, aliás, tem-se admitido o remédio do *habeas corpus* para combater essa medida.

(46) Por força da tradição, o povo australiano ainda se considera "súdito" da monarquia britânica, a despeito de sua independência política, econômica e cultural.

(*maintenance of courts' dignity*), o que nos remete outra vez às hipóteses dos arts. 14 e 600 do CPC brasileiro. De resto, nem mesmo o salutar comedimento hermenêutico que advogamos *supra* é da praxe jurídica australiana: a legislação e a jurisprudência local têm reconhecido *contempt of court* nas mais diversas hipóteses: *any publication which prejudices the course of justice, interference with witnesses or officers of the court, outrages on judges in court, insolence to the court, any publication which offends the dignity of the court, willful disobedience of court orders* — o que serviria bem para os casos de infidelidade depositária —, *failure to comply with court judgments, disobeying a subpoena* etc.

No **Reino Unido**, onde o instituto tem a sua origem moderna (na tradição da *common law*, como visto no tópico anterior), a matéria mereceu amplo e minucioso tratamento no *Contempt of Court Act* de 1981, admitindo-se as figuras do *civil contempt of court* e do *criminal contempt of court*, já reportadas *supra*. No último caso, a sanção processual por *contempt* pode chegar à prisão civil por um máximo de dois anos (nas cortes superiores). Assim, nos termos da *section 14* (*Penalties for contempt and kindred offences*), tem-se que

> (1) In any case *where a court has power to commit a person to prison for contempt of court* and (apart from this provision) no limitation applies to the period of committal, the committal shall (without prejudice to the power of the court to order his earlier discharge) be for a fixed term, and that term shall not on any occasion *exceed two years in the case of committal by a superior court,* or *one month in the case of committal by an inferior court.*
>
> (2) In any case where an inferior court has power to fine a person for contempt of court and (apart from this provision) no limit applies to the amount of the fine, the fine shall not on any occasion exceed. […] (grifo nosso).

Reconhece-se o *direct contempt* em todo comportamento tumultuoso, desdenhoso ou insolente contra o juiz ou a sua autoridade, tendente a interromper o curso normal de uma audiência ou qualquer outro procedimento judicial em andamento. Já o *indirect contempt* abrange, mais genericamente, todas as condutas de partes e terceiros que voluntariamente descumprem ordens legais da corte (como seria, entre nós, a infidelidade do depositário judicial instado a apresentar o bem ou, podendo, a caucionar com valor equivalente em dinheiro). Como visto acima, o *Contempt of Court Act* 1981 tanto dá poderes repressivos aos juízes das cortes superiores, notadamente a *Crown Court* (que compõe, juntamente com a *High Court of Justice* e a *Court of blow Appeal*, o conjunto das *Senior Courts of England and Wales*), como àqueles juízes das *Magistrates' Courts* (cortes inferiores). Em casos de publicações de qualquer natureza (falada, escrita, televisionada) que causem risco substancial de prejuízo ou obstaculização aos procedimentos judiciais em curso, o *contempt of court* rege-se pela chamada *strict liability* (= responsabilidade objetiva), i.e., sanciona-se o responsável independentemente de aferição de suas intenções (*section 2*).

Enfim, também em **Hong Kong** — mesmo após a sua devolução territorial à **China** (que, a propósito, é igualmente signatária do PIDCP, desde 5.10.98) —, viceja o instituto do *contempt of court*, cujas sanções vão de multas a até seis meses de prisão civil (cfr. HK Laws, Chap. 227 — *Magistrates Ordinance* —, Section 99). O instrumento tanto serve aos juízes da *Court of Final Appeal*, à *High Court* e às *District Courts*, como também aos membros de tribunais menores e ainda aos membros da chamada *Coroner´s Court* (espécie de juízo de instrução para a investigação de mortes civis). A legislação admite a imposição imediata de sanções processuais a partes e terceiros em diversos casos, a exemplo dos seguintes: insultos dirigidos ao juiz, ao Poder Judiciário, às testemunhas ou aos oficiais da corte; interrupções em procedimentos judiciais e atos de obstrução à Justiça; mau procedimento em audiência (como, p. ex., quando durante a sessão se utilizam telefones celulares ou gravadores sem autorização judicial); ausência não autorizada de jurados; desobediência ao teor de sentenças ou ordens judiciais (outra vez o paradigma extensível ao depositário judicial infiel); violação de deveres impostos aos advogados pelos regimentos das cortes; e assim sucessivamente.

Esse estado de coisas não é desconhecido, ademais, do Parlamento e da Magistratura nacional. Com efeito, tramita no Congresso Nacional o **PLS n. 132/04**, que institucionaliza a **prisão processual civil dissuasória por ato atentatório ao exercício da jurisdição**. Tal projeto "modifica o art. 14 da Lei n. 5.869, de 11 de janeiro de 1973 — Código de Processo Civil e dá outras providências" e ousa bem mais do que a tímida previsão da parte final do inciso LXVII do art. 5º da CRFB. De autoria do Senador Pedro Simon (PMDB-RS), o projeto de lei foi originalmente elaborado pelos quadros internos da Associação dos Magistrados Brasileiros — AMB, com o propósito primeiro de aprimorar e agilizar a prestação jurisdicional, na linha da sua *Campanha pela efetividade da justiça*. De fato, convergindo para tudo o que foi exposto neste tópico e no anterior, lê-se na sua exposição de motivos:

> [...] a fim de alcançar o resultado pretendido pelo legislador e para dar maior eficácia à prestação jurisdicional, mormente no que diz respeito aos *provimentos de natureza mandamental* [tal como a ordem de exibição de bem depositado judicialmente], sugerimos a *cominação de prisão como sanção para o seu descumprimento*. E vale lembrar que *não há incompatibilidade com a ordem constitucional vigente*. O art. 5º, LXVII, da Constituição Federal, determina que "não haverá prisão civil por dívida, salvo a do responsável pelo inadimplemento voluntário e inescusável de obrigação alimentícia e a do depositário infiel" [...]. Nos termos da proposta de alteração legislativa que segue, *a prisão não advém do inadimplemento de uma obrigação, mas sim do descumprimento de uma ordem judicial*.
>
> Optou-se pela criação de um *mecanismo próprio do processo civil para a solução do problema do descumprimento dos provimentos mandamentais, ao invés de criminalizar a conduta do desobediente*, até porque a prisão sugerida apresenta-se como *meio de coerção e não como pena, razão pela qual deverá cessar tão logo o provimento seja cumprido*.
>
> Atentou-se para a necessidade de respeitar as garantias constitucionais do contraditório e da ampla defesa, facultando-se ao desobediente a apresentação de justificativa. Todavia, como *o incidente que se instaura deve ser decidido de forma rápida*, sob pena de frustrar a eficácia do novel instituto, sugere-se a fixação de prazos exíguos. [...] (grifo nosso).

Pela proposta, o art. 14 do Código de Processo Civil — que já estudamos *supra* — ganharia um § 2º, pelo qual, "se as circunstâncias do caso evidenciarem que a multa prevista no parágrafo anterior será ineficaz ou, ainda, em caso de renitência e sem prejuízo da cobrança daquela, *poderá o juiz decretar a prisão das pessoas enumeradas no caput pelo prazo de até 60 (sessenta) dias*" (grifo nosso)[47]. Os demais parágrafos a acrescer seriam de mero procedimento.

Pois bem. O PLS n. 132/04 encontra-se desde 6.2.08 na Comissão de Constituição, Justiça e Cidadania do Senado Federal, mas já com **voto favorável** do relator, Senador Demóstenes Torres (DEM-GO), que encaminha a sua aprovação, com emendas. Conclui-se, portanto, que

(a) o entendimento do relator da matéria, na Comissão de Constituição do Senado da República, é pela **constitucionalidade** da prisão civil dissuasória por descumprimento de ordem judicial (e, portanto, também pela sua **convencionalidade**, *ex vi* do art. 5º, § 2º, *in fine*, da CRFB); e que

(b) o projeto de lei não faz mais que **generalizar**, no campo do processo civil, uma figura que já existia setorialmente (CPC, arts. 662, 885, 886 etc.) e que já era contemplada pelo próprio ordenamento constitucional brasileiro (para o específico caso do descumprimento voluntário de ordem judicial de exibição de bem depositado judicialmente).

Nessa perspectiva, é forçoso convir, quanto à prisão civil do depositário que *sponte sua* elide a jurisdição, desfazendo-se dos bens depositados e recusando-se — podendo — a depositar o respectivo valor em substituição, não haver ali mera "prisão por dívidas"; e tanto conviremos se entendermos que, a exemplo do direito alienígena e mercê dos argumentos aqui alinhavados, tal constrição serve primeiramente à *salvaguarda da própria autoridade judiciária*. Por isso mesmo, não há estrita colisão ou relação de prejudicialidade com as normas dos arts. 7º, § 7º, da CADH e/ou 11 do PIDCP, como revela o direito comparado. Repetindo Grinover[48], e especialmente quando estão em jogo créditos de natureza alimentar, a questão passa a ser bem outra:

a origem do *contempt of court* está associada à ideia de que *é inerente à própria existência do Poder Judiciário a utilização dos meios capazes de tornar eficazes as decisões emanadas.* É inconcebível que o Poder Judiciário, destinado à solução de litígios, não tenha o condão de fazer valer os seus julgados. Nenhuma utilidade teriam as decisões, sem cumprimento ou efetividade. *Negar instrumentos de força ao Judiciário é o mesmo que negar a sua existência.* (grifo nosso)

---

(47) Atualmente, o parágrafo único do art. 14 do CPC — que passaria a ser o § 1º reza que, "ressalvados os advogados que se sujeitam exclusivamente aos estatutos da OAB, a violação do disposto no inciso V deste artigo [deveres gerais de cooperação de partes e terceiros] constitui ato atentatório ao exercício da jurisdição, podendo o juiz, sem prejuízo das sanções criminais, civis e processuais cabíveis, aplicar ao responsável multa em montante a ser fixado de acordo com a gravidade da conduta e não superior a vinte por cento do valor da causa; não sendo paga no prazo estabelecido, contado do trânsito em julgado da decisão final da causa, a multa será inscrita sempre como dívida ativa da União ou do Estado" (redação da Lei n. 10.358/01).

(48) GRINOVER, Ada Pellegrini. Ética, abuso do processo e resistência às ordens judiciárias: o *contempt of court*. In: *Revista de Processo,* São Paulo: Revista dos Tribunais, abr./jun. 2001, v. 26, n. 102, p. 219-227.

Ao mais, se isso é verdadeiro para o caso da infidelidade depositária de réu ou terceiro economicamente capaz — como acreditamos ser —, haverá de sê-lo também para casos igualmente graves de desobediência judicial ou arrostamento da autoridade judiciária (como, *e. g.*, o desacato perpetrado contra juiz em audiência). A diferença é que, para o primeiro caso, *já tínhamos norma* (art. 5º, LXVII, CRFB; art. 666, §3º, do CPC), até a contraordem institucional exarada, de modo tão geral e com eficácia quase legislativa (*erga omnes*), pelo Supremo Tribunal Federal (SV n. 25). Para o mais — em especial no quesito "desacato" —, exigir-se-á a edição de lei federal (quiçá o PLS n. 132/04), por exigência da própria Constituição (art. 5º, II). Que venha a lume! E, amanhã, oxalá não se diga ser também essa uma norma inconstitucional. Porque a técnica e as boas razões demonstram precisamente o contrário.

5. À GUISA DE CONCLUSÃO

Pelo quanto demonstrado, resta concluir este estudo. Talvez mais para exortar, menos para convencer.

Já não se pode duvidar que a *efetividade da jurisdição* — e, como seu corolário, a *efetividade da execução* — é cláusula indissociável da garantia constitucional de *procedural due process of law* nos Estados Democráticos de Direito. Não pode ser diferente no Brasil, mercê da norma do art. 5º, LIV, da CRFB. A SV n. 25, ao declarar ilícita a prisão civil do depositário infiel em todo caso, "qualquer que seja a modalidade de depósito", baseou-se em razões de decidir mais ou menos discrepantes, oriundas de arestos que se distribuíam num amplo espectro teorético (desde a mera legalidade até a supraconstitucionalidade das normas do Pacto de San José da Costa Rica). As teses ali esgrimidas não consideraram, ademais, as especificidades da prisão do depositário infiel *judicial*. E, com isso, neutralizou-se no Brasil, prematura e indevidamente, o que talvez fosse a principal manifestação de repúdio jurídico-positivo ao chamado *contempt of court*.

Com efeito, a prisão civil do depositário judicial infiel economicamente capaz, sobre estar autorizada pela norma do art. 5º, LXVII, *in fine*, da CRFB, não se resumia à mera "prisão civil por dívidas". É o que assertava, outrora, até mesmo o insuperável Pontes de Miranda, ainda sob a égide da Constituição de 1967/1969[49]. Essa restrição de liberdade tem incontestável *natureza bifronte*: protege créditos, é certo; mas, antes disso, consubstancia *medida de defesa da autoridade pública e da dignidade do Poder Judiciário*, à própria maneira do *contempt of court* de raiz anglo-saxônica (não rechaçado como tal pelo Pacto de San José da Costa Rica ou pelo Pacto Internacional dos Direitos Civis e Políticos).

---

(49) "Sempre que se trata de dívida, no sentido estrito, *e não de entrega do bem alheio*, a prisão por dívida é constitucionalmente proibida. Salvo por dívida de alimentos" (MIRANDA, Francisco Cavalcanti Pontes de. *Comentários à Constituição de 1967*: com a Emenda n. I, de 1969. 2. ed. São Paulo: Revista dos Tribunais, 1971. t. V. p. 265 — grifo nosso).

Para mais, deve-se compreender que, nas execuções e nas cautelares trabalhistas, a *natureza alimentar* de que geralmente se revestem os títulos exequendos ou acautelandos reforça a possibilidade jurídica de restrição de liberdade em caso de oposição maliciosa à satisfação dos créditos (art. 600, II, do CPC), uma vez que essa natureza alimentar goza de reconhecimento constitucional indireto (art. 100, § 1º, da CRFB), a ponto de aproximar, pela relativa identidade ontológica, a prisão do depositário infiel economicamente capaz da figura mesma da prisão civil do alimentante inadimplente (art. 7º, n. 7, do Pacto de San José da Costa Rica). Urge, pois, *rever* a Súmula Vinculante n. 25, para excetuar de seus rigores aquele primeiro caso (se não em geral, ao menos no âmbito do processo do trabalho).

A par dessa hipótese, que já contemplava uma específica figura de *contempt of court* no direito brasileiro, é imperativo reconhecer, inclusive para o efeito de generalizá-la no sistema processual civil pátrio (*de iure constituto*), que vários países signatários da Convenção Americana dos Direitos Humanos e/ou do Pacto Internacional dos Direitos Civis e Políticos regularam, nos respectivos ordenamentos jurídicos, a figura da prisão civil por *contempt of court*, que sequer se circunscreve à restrita situação do depositário infiel em juízo. Antes, espraia-se para outros diversos casos, como os desacatos, os atos de desobediência em geral, a difamação institucional etc.

Nessa linha, com cores bem menos fortes que as dos paradigmas estrangeiros, tramita no Congresso Nacional o PLS n. 132/04, que quer positivar a "prisão processual civil dissuasória por ato atentatório ao exercício da jurisdição", aumentando o rigor da sanção civil nos casos mais graves de violação aos consectários do princípio da cooperação processual (art. 14 do CPC). Virá sem dúvida em bom momento. Mas é mister atentar, a uma, para a necessidade de aparelhá-la, sempre, com algum procedimento contraditório, de caráter formal e efetivo (ainda que sumário ou diferido), a bem da norma do art. 5º, LV, da CRFB; e, a seu modo, o PLS n. 132 o prevê. A duas, conviria tornar o novel mecanismo algo mais abrangente, inclusive para alcançar os casos mais graves de litigância de má-fé (art. 17) e os supostos do próprio desacato, quando a imposição de multas for inútil ou insuficiente. Nesse ponto, o projeto ainda poderia avançar.

De todo modo, fixadas tais balizas, dar-se-á ao juiz brasileiro um novo e esplêndido instrumento para a garantia de acatamento dos seus julgados, como também para a preservação da autoridade e da dignidade judiciárias. Porque, afinal, não apenas *a razão*, mas *a razão e a autoridade* é que compõem, na tradição jurídica secular, as "luzes mais claras do mundo" (Sir Edward Coke, 1552-1634). Guiemo-nos, a bem da Justiça, por uma *e* outra.

BIBLIOGRAFIA

ASSIS, Araken de. *O contempt of court* no direito brasileiro. In: *Revista Jurídica*, Porto Alegre: Notadez, 2004, v. 318, p. 7-23.

BORTOLUZZI, Roger Guardiola. Sanção por descumprimento de ordem judicial. In: TESHEINER, José Maria; MILHORANZA, Mariângela (orgs.). *Páginas de direito*. Porto Alegre, [s.e.], 2009. Disponível em: <http://www.tex.pro.br/wwwroot/06de2003/sancaopordescumprimentodeordemjudicial_roger.htm> Acesso em: 23.7.09.

CAPPELLETTI, Mauro; GARTH, Bryant. *Acesso à justiça*. Trad. Ellen Gracie Northfleet. Porto Alegre: Sergio Antonio Fabris, 1988.

DINAMARCO, Cândido Rangel. *A reforma do Código de Processo Civil*. 5. ed. São Paulo: Malheiros, 2001.

_____. *Execução civil*. 4. ed. São Paulo: Malheiros, 1994.

DUDLEY JR., Earl C. *Contempt power*, judicial. In: *Encyclopedia of the American Constitution*. Woodbridge: Macmillan Reference, 2000.

FELICIANO, Guilherme Guimarães. A prisão civil do depositário judicial infiel economicamente capaz: um outro olhar. In: *Revista do Tribunal Regional do Trabalho da 15ª Região*, Campinas: Escola Judicial, jul./dez. 2009, n. 35, p. 109-135.

_____. *Direito à prova e dignidade humana*: cooperação e proporcionalidade em provas condicionadas à disposição física da pessoa humana (abordagem comparativa). São Paulo: LTr, 2007.

GOMES, Luiz Flávio; MAZZUOLI, Valerio de Oliveira. *Comentários à convenção americana sobre direitos humanos*: Pacto de San José da Costa Rica. 2. ed. São Paulo: Revista dos Tribunais, 2009.

GRECO FILHO, Vicente. *Direito processual civil brasileiro*. 8. ed. São Paulo: Saraiva, 1994. v. 3.

GRINOVER, Ada Pellegrini. Ética, abuso do processo e resistência às ordens judiciárias: o *contempt of court*. In: *Revista de Processo*. São Paulo: Revista dos Tribunais, abr./jun. 2001, v. 26, n. 102, p. 219-227.

GUERRA, Marcelo Lima. *Execução indireta*. São Paulo: Revista dos Tribunais, 1998.

HABERMAS, Jürgen. *Direito e democracia*: entre facticidade e validade. Trad. Flávio Beno Siebeneichler. Rio de Janeiro: Tempo Brasileiro, 1997. v. I.

_____. *Era das transições*. Trad. Flávio Beno Siebeneichler. Rio de Janeiro: Tempo Brasileiro, 2003.

MACHADO, Antônio Cláudio da Costa. *Código de Processo Civil interpretado e anotado*: artigo por artigo, parágrafo por parágrafo. 2. ed. Barueri: Manole, 2008.

MARINONI, Guilherme. *Teoria geral do processo*. 3. ed. São Paulo: Malheiros, 2008. v. I.

MIRANDA, Francisco Cavalcanti Pontes de. *Comentários à Constituição de 1967*: com a Emenda n. 1, de 1969. 2. ed. São Paulo: Revista dos Tribunais, 1971. t. V.

NERY JR., Nelson; NERY, Rosa Maria Andrade. *Código de Processo Civil comentado*. 2. ed. São Paulo: Revista dos Tribunais, 1996.

SCARCE, Rik. *Contempt of court*: a scholar's battle for free speech from behind bars. Walnut Creek: Altamira, 2005.

TUCCI, José Rogério Cruz e. *Lineamentos da nova reforma do CPC*. 2. ed. São Paulo: Revista dos Tribunais, 2002.

A Assunção de Competência como Mecanismo Efetivo de Uniformização de Jurisprudência e de Acesso à Justiça

Carlos Henrique Bezerra Leite[*]

Além do incidente de uniformização de jurisprudência, previsto nos arts. 476 a 479 do CPC, a legislação processual brasileira prevê outro importante mecanismo de prevenção ou composição de divergência jurisprudencial: a assunção de competência.

Trata-se de incidente processual previsto no § 1º do art. 555 do CPC que, a nosso sentir, é aplicável no processo do trabalho, seja pela existência de lacuna normativa, seja pela compatibilidade de tal instituto com a principiologia que informa o sistema justrabalhista de acesso à justiça.

Na verdade, esse novel incidente processual já vinha sendo adotado no Superior Tribunal de Justiça com arrimo no regimento interno, segundo o qual a Turma pode submeter à Seção ou à Corte Especial, ou a Seção à Corte Especial, os feitos da respectiva competência, "quando convier pronunciamento [...] em razão da relevância da questão, e para prevenir divergência entre as Turmas da mesma Seção" (art. 14, II) ou "entre as Seções" (art. 16, IV). Em ambos os casos, a remessa independerá da lavratura de acórdão, nos termos dos parágrafos únicos dos arts. 14, 16 e 100 do § 1º do art. 127 do RISTJ.

O novel art. 555 do CPC, portanto, estendeu a técnica aos tribunais de segundo grau. O procedimento guarda semelhança com o incidente de uniformização da jurisprudência previsto nos arts. 476 a 479 do CPC, "de limitadíssimo emprego em nossa

---

[*] Mestre e Doutor em Direito das Relações Sociais (PUC/SP). Professor Adjunto do Departamento de Direito (UFES). Professor de Direitos Metaindividuais do Mestrado (FDV). Desembargador Federal do Trabalho do Tribunal Regional do Trabalho da 17ª Região/ES. Ex-Procurador Regional do Ministério Público do Trabalho/ES. Diretor da Escola de Magistratura do Trabalho no Estado do Espírito Santo. Membro da Academia Nacional de Direito do Trabalho. Medalha do Mérito Judiciário do Trabalho (Comendador). Ex-coordenador Estadual da Escola Superior do MPU/ES.

prática forense", visando, contudo, superá-lo, "com grande vantagem técnica e operacional[1].

Trata-se de um "mecanismo destinado a compor dissídios jurisprudenciais internos de um dado tribunal, função equivalente ao do incidente de uniformização de jurisprudência"[2], porém, "ainda mais eficiente na prevenção ou composição dos dissídios"[3], pois, ao contrário do incidente de uniformização em que ocorre uma cisão de competência funcional para apreciar uma questão incidental, limitando-se o Pleno a adotar tese jurídica a ser aplicada, no instituto ora focalizado, há uma assunção da competência do Pleno (ou órgão regimental equivalente) para julgar por inteiro o recurso.

Importa assinalar que o relator exerce monocraticamente o juízo de oportunidade e conveniência para submeter à Turma a sua proposta de transferência de competência para o Pleno. Essa conveniência:

> pode ter por objeto prevenir ou compor divergência. Os dois termos têm, cada qual, seu sentido. Prevenir indica a inexistência prévia de decisões divergentes sobre o tema, ao contrário de compor, que remete à ideia de já haver soluções díspares anteriores[4].

A lei aprimorou a técnica em relação à uniformização da jurisprudência (art. 476 e segs.), ao empregar esses dois verbos, já que o primeiro deles não faz parte da disciplina do incidente de uniformização.

Com efeito, no julgamento de apelação ou de agravo, a decisão será tomada, na câmara ou turma, pelo voto de 3 (três) juízes, mas, nos termos do § 1º do art. 555 do CPC, se ocorrer:

> relevante questão de direito, que faça conveniente prevenir ou compor divergência entre câmaras ou turmas do tribunal, poderá o relator propor seja o recurso julgado pelo órgão colegiado que o regimento indicar; reconhecendo o interesse público na assunção de competência, esse órgão colegiado julgará o recurso.

Transplantando tal norma para o processo do trabalho, podemos inferir que no julgamento do recurso ordinário ou do agravo (de petição, de instrumento ou interno), poderá o relator, verificando que a adoção de tese jurídica acerca da questão de direito discutida no processo é conveniente para prevenir ou compor divergência jurisprudencial, propor ao órgão fracionário ao qual pertence o deslocamento da competência funcional para o Pleno ou órgão equivalente julgar o recurso.

---

(1) JULIANI, Cristiano Reis. *A nova redação do art. 555, do CPC e a uniformização de jurisprudência*. Disponível em: <http://www.planalto.gov.br/ccivil_03/revista/Rev_73/artigos/Cristiano_rev73.htm> Acesso em: 12.3.10.
(2) CÂMARA, Alexandre Freitas. *Lições de direito processual civil*. 16. ed. Rio de Janeiro: Lumen Juris, 2008. v. II, p. 47.
(3) CÂMARA, Alexandre Freitas. *Op. cit.*, mesma página.
(4) JULIANI, Cristiano Reis. *A nova redação do art. 555, do CPC e a uniformização de jurisprudência*. Disponível em: <http://www.planalto.gov.br/ccivil_03/revista/Rev_73/artigos/Cristiano_rev73.htm> Acesso em: 12.3.10.

Se na Turma for acolhida a proposta do relator, será lavrada simples certidão pela Secretaria, sendo os autos encaminhados ao Tribunal Pleno (ou órgão equivalente previsto no regimento interno). Tal decisão turmária é irrecorrível, mormente no processo do trabalho (CLT, art. 893, § 1º).

No Tribunal Pleno, será relator do feito o relator originário da Turma[5]. Se o Tribunal Pleno reconhecer a relevância da questão jurídica e o interesse público na assunção da competência para um julgamento de maior latitude, processará e julgará o recurso, lavrando-se o correspondente acórdão, sendo que o "resultado do julgamento constituirá jurisprudência dominante do Tribunal"[6]. No processo do trabalho, a decisão plenária que admite a assunção de competência e julga o restante do recurso é suscetível de ataque por meio de recurso de revista, nos termos do art. 896 da CLT.

Caso não seja admitida a assunção de competência pelo Tribunal Pleno, os autos retornam à Turma para prosseguir no julgamento do recurso, sendo que tal decisão plenária irrecorrível.

Não se considerando habilitado a proferir imediatamente seu voto, a qualquer magistrado é facultado pedir vista do processo, devendo devolvê-lo no prazo de 10 (dez) dias, contados da data em que o recebeu; o julgamento prosseguirá na 1ª (primeira) sessão ordinária subsequente à devolução, dispensada nova publicação em pauta (CPC, art. 555, § 2º).

Não devolvidos os autos no prazo, nem solicitada expressamente sua prorrogação pelo juiz, o presidente do órgão julgador requisitará o processo e reabrirá o julgamento na sessão ordinária subsequente, com publicação em pauta (CPC, art. 555, § 3º).

Diferentemente do incidente de uniformização de jurisprudência, as partes e o MPT não têm legitimidade para provocar a assunção de competência, pois não se trata de recurso, e sim de mero incidente que somente pode ser instaurado por iniciativa exclusiva do relator, como se infere da literalidade do § 1º do art. 555 do CPC.

Creio que a técnica de assunção de competência, por ser mais simples que o incidente de uniformização de jurisprudência, pode contribuir eficazmente para a racionalização e celeridade da prestação jurisdicional e, consequentemente, para a efetividade do acesso à justiça.

---

(5) O RISTJ (art. 118, § 3º), ao disciplinar a distriubição no caso da uniformização da jurisprudência, dispõe que "o relator, ainda que não integre a Corte Especial, dela participará no julgamento do incidente, excluindo-se o Ministro mais moderno". Parece-nos que tal regra pode ser adotada analogicamente à espécie.
(6) MARINONI, Luiz Guilherme; MITIDIERO, Daniel. *Código de processo Civil comentado artigo por artigo*. São Paulo: Revista dos Tribunais, 2008. p. 580.

O Processo do Trabalho e o Concurso de Credores

Raimundo Itamar Lemos Fernandes Júnior[*]

1. Introdução

O tema do concurso de credores no processo do trabalho é ainda pouco esclarecido na doutrina e na jurisprudência, carecendo de uma análise mais detida, sobretudo quanto a aspectos relevantes acerca das modalidades cabíveis e da competência para processar e julgar o concurso.

As implicações da matéria são tantas, que não se quer, neste estudo, analisar o tema com a detença que se reconhece necessária, mas apenas trazer à lume algumas considerações a respeito, sem pretender esgotá-lo.

Destarte, neste sucinto artigo, faz-se a análise, mesmo perfunctória, dos dois aspectos sobreditos: modalidades e competência, incursionando-se, de soslaio, no modo de proceder, no caso de concurso de credores, em especial o particular, na Justiça do Trabalho ou até fora dela, como se verá a seguir.

Antes, firmar-se-á a premissa principiológica que norteia o raciocínio jurídico esboçado e se dará especial ênfase para o caráter privilegiado do crédito trabalhista.

2. O processo do trabalho

Este item, de viés principiológico, como mencionado, é necessário para que se definam algumas premissas de nosso estudo, que influenciam a interpretação que se segue.

(*) Juiz Federal do Trabalho do TRT da 8ª Região (PA/AP). Titular da 16ª Vara do Trabalho de Belém (PA). Mestre em Direito pela Universidade da Amazônia (UNAMA). Professor do Curso de Direito da Universidade da Amazônia (UNAMA). Professor Colaborador da Escola Judicial do TRT da 8ª Região. Vice-Presidente da Amatra 8 no biênio 2007-2009. Autor do livro: *O direito processual do trabalho à luz do princípio constitucional da razoável duração: A aplicação da reforma do CPC ao processo do trabalho*. São Paulo: LTr, 2008.

Não resta dúvida, que o pensamento científico vive a época da pós-modernidade, em que o paradigma da modernidade — o objetivo de se ter uma única certeza, pronta e acabada — dá espaço para um saber mais questionador e propenso a admitir várias certezas, que se superam ou convivem no tempo. Em Direito, fala-se em pós--positivismo, em face de uma visão de que o Direito não tem apenas uma fonte, mas várias, diferente da perspectiva anterior, arraigada unicamente na lei. O pluralismo de fontes vem acompanhado do pluralismo das normas: princípios e regras —, e mais, o pluralismo exige normas plásticas, propensas a permitir a ponderação, não mais somente a mera subsunção.

Outrossim, não resta dúvida que o Direito do Trabalho e o Processo do Trabalho, há longas datas, no Brasil, enquadram-se como disciplinas pós-modernas[1] e pós--positivistas, precursoras da visão que chegou tarde nos outros campos do Direito brasileiro, por meio do Direito Constitucional Americano ou Alemão, a do neoconstitucionalismo.

Acerca do tema, destaca-se que "cabe aos operadores do Direito aplicarem a visão pós-moderna do processo, utilizando-se de expressão de Pinheiro Castelo, ou pós-positivista"[2]. Esta visão enfatiza a importância dos princípios, em especial os da razoabilidade e da proporcionalidade. Em Direito do Trabalho, no Brasil, a razoabilidade é um princípio basilar desde antes da Carta Constitucional de 1988[3].

Os princípios no Direito do Trabalho e, por conseguinte, no processo do Trabalho, sempre foram essenciais, tendo, em verdade, dominado, há muito, a hermenêutica trabalhista, pós-moderna, deste modo. Pensar a partir dos princípios, v. g., o da norma mais favorável, é pensar de modo trabalhista. O mesmo, guardadas as devidas proporções, dá-se no Direito Processual do Trabalho, em que o pensador raciocina a partir dos princípios da razoável duração, efetividade e celeridade, para chegar às suas conclusões. Este é o pensar trabalhista, quando se fala em processo.

Assim, razoável duração, celeridade, simplicidade, informalismo e instrumentalidade sempre nortearam o processo do trabalho, haja vista que a visão instrumental do processo do trabalho — o processo não é um fim em sim mesmo, mas objetiva a realização de um fim, a saber, a reparação do direito violado (efetivando-o) — também é de mais de cinquenta anos atrás, bastando ver que o processo do trabalho está no mesmo estatuto legal do Direito Material do Trabalho, visando tutelá-lo em caso de ameaça ou violação.

Direito do Trabalho e Direito Processual do Trabalho sempre andaram bem juntos — o que só agora se dá com o processo comum em relação ao Direito Comum, por

---

(1) Sobre a definição do Direito do Trabalho e do Processo do Trabalho como disciplinas pós-modernas: CASTELO, Jorge Pinheiro. *O direito material e processual do trabalho e a pós-modernidade*. São Paulo: LTr, 2003. Acerca do tema da pós-modernidade, ver, também: MARANHÃO, Ney Stany Moraes. *Responsabilidade civil objetiva pelo risco da atividade*. Coleção prof. Rubens Limongi França. São Paulo: Método, 2010. v. 7.
(2) FERNANDES JÚNIOR, Raimundo Itamar Lemos. *O direito processual do trabalho à luz do princípio constitucional da razoável duração*. São Paulo: LTr, 2008. p. 228.
(3) *Op. cit.*, p. 67-228, sobre uma visão principiológica do Direito Processual do Trabalho e as décadas de importância dos princípios para o Direito do Trabalho e Processual do Trabalho.

imposição constitucional (inciso XXXV do art. 5º) —, bastando ver, como preceitua Mauricio Godinho Delgado[4], que, em uma acepção amplíssima, o Direito do Trabalho açambarca o Direito Processual do Trabalho.

Estes princípios, de Direito Processual do Trabalho, por certo, norteiam a visão que se seguirá do concurso de credores no processo do trabalho.

Mas antes, há que se colocar um grão de sal de Direito Material do Trabalho, haja vista que o processo não tem razão de ser, senão a de concretizá-lo.

3. O PRIVILÉGIO DO CRÉDITO TRABALHISTA

O crédito trabalhista é privilegiado, pois imprescindível. Em verdade, desde longas datas esta visão se concretiza. É cediço dizer que trabalho sem paga é trabalho escravo, ou, eufemisticamente, no mínimo, degradante, daí a importância de valorizar o valor do trabalho, inclusive sob o ponto de vista do pagamento, um de seus aspectos mais importantes. Ademais, certamente, trabalhador sem emprego ou renda também é reduzido a uma condição análoga à de escravo, embora não se esteja, aqui, dando rigor terminológico a esta expressão, nos termos do Direito vigente. Trabalhador que não tem fonte de renda não é livre, na verdade, é escravo de uma ordem econômica e social que o relega a peias insuperáveis, sendo certo que nem liberdade de ir e vir o obreiro nestas condições tem.

No *Texto Sagrado*, na parábola dos Trabalhadores na vinha, Jesus Cristo fala a respeito da importância do emprego e do salário (Mt 20. 1-16)

> Com efeito, o Reino do Céu é semelhante a um proprietário que saiu ao romper da manhã, a fim de contratar trabalhadores para a sua vinha. Ajustou com eles um denário por dia e enviou-os para a sua vinha. Saiu depois, pelas nove horas, viu outros na praça, que estavam sem trabalho, e disse-lhes: Ide também para a minha vinha e tereis o salário que for justo. E eles foram. Saiu de novo por volta do meio-dia e das três da tarde, e fez o mesmo. Saindo pelas cinco da tarde, encontrou ainda outros que ali estavam e disse-lhes: Por que ficais aqui todo o dia sem trabalhar? Responderam-lhe: É que ninguém nos contratou. Ele disse-lhes: Ide também para a minha vinha. Ao entardecer, o dono da vinha disse ao capataz: Chama os trabalhadores e paga-lhes o salário, começando pelos últimos até aos primeiros. Vieram os das cinco da tarde e receberam um denário cada um. Vieram, por seu turno, os primeiros e julgaram que iam receber mais, mas receberam, também eles, um denário cada um. Depois de o terem recebido, começaram a murmurar contra o proprietário, dizendo: Estes últimos só trabalharam uma hora e deste-lhes a mesma paga que a nós, que suportamos o cansaço do dia e o seu calor. O proprietário respondeu a um deles: Em

---

(4) DELGADO, Mauricio Godinho. *Curso de direito do trabalho*. 6. ed. São Paulo: LTr, 2007. p. 64.

nada te prejudico, meu amigo. Não foi um denário que nós ajustamos? Leva, então, o que te é devido e segue o teu caminho, pois eu quero dar a este último tanto como a ti. Ou não me será permitido dispor dos meus bens como eu entender? Será que tens inveja por eu ser bom? Assim, os últimos serão os primeiros e os primeiros serão os últimos. Porque muitos são os chamados, mas poucos os escolhidos.

Em verdade, o Filho de Deus veio para "pregar as boas novas aos pobres..., para proclamar liberdade aos cativos..., para libertar os oprimidos..." (Lc 4. 18-19).

Este pensamento cristão demonstra a preocupação do Criador e do Salvador com a liberdade humana, quanto ao corpo e demais elementos do ser, e enfoca a importância do trabalho e de sua paga, para a dignidade humana. O pensar bíblico conduz ao pleno emprego já previsto constitucionalmente como um dos princípios da ordem econômica e financeira brasileira (art. 170, VIII), mas ainda não realizado em nosso país, que foi proclamado como necessário por Jesus há milênios.

Como se pode constatar, há uma sensação de injustiça social quando um trabalhador não tem emprego ou ocupação. *A fortiori*, mais injusto ainda é o que trabalhou não receber o que lhe é devido, que é fonte de alimentos, de sobrevivência, para a família do obreiro que despendeu a sua energia em prol do tomador de seus serviços.

Certamente, esta é a razão de ser angular do privilégio do crédito trabalhista, assim definido na ordem jurídica brasileira.

Basta ler-se alguns dispositivos para se ter este conhecimento e convicção: arts. 449, § 1º, da CLT, 186 do CTN, 30 da Lei n. 6.830/90 (889 da CLT) e 1.422, parágrafo único, do Código Civil em vigor[5].

Assim, em face do princípio constitucional processual da efetividade (inciso XXXV do art. 7º da CF), objetiva-se, com o processo do trabalho, concretizar o direito do trabalhador violado — crédito trabalhista não quitado, por meio de mecanismos que

---

(5) Dispõe o § 1º do art. 449 da CLT: "Na falência, constituirão créditos privilegiados a totalidade dos salários devidos ao empregado e a totalidade das indenizações a que tiver direito". O art. 186 do CTN prescreve: "O crédito tributário prefere a qualquer outro, seja qual for sua natureza ou o tempo de sua constituição, ressalvados os créditos decorrentes da legislação do trabalho ou do acidente de trabalho. Parágrafo único. Na falência: I — o crédito tributário não prefere aos créditos extraconcursais ou às importâncias passíveis de restituição, nos termos da lei falimentar, nem aos créditos com garantia real, no limite do valor do bem gravado; II — a lei poderá estabelecer limites e condições para a preferência dos créditos decorrentes da legislação do trabalho; e III — a multa tributária prefere apenas aos créditos subordinados". O art. 30 da Lei n. 6.830/80 dispõe: "Sem prejuízo dos privilégios especiais sobre determinados bens, que sejam previstos em lei, responde pelo pagamento da dívida ativa da Fazenda Pública a totalidade dos bens e das rendas, de qualquer origem ou natureza, do sujeito passivo, seu espólio ou sua massa, inclusive os gravados por ônus real ou cláusula de inalienabilidade ou impenhorabilidade, seja qual for a data da constituição do ônus ou da cláusula, excetuados unicamente os bens e rendas que a lei declara absolutamente impenhoráveis". Assevera o art. 1.422 do Código Civil: "O credor hipotecário e o pignoratício têm o direito de excutir a coisa hipotecada ou empenhada, e preferir, no pagamento, a outros credores, observada, quanto à hipoteca, a prioridade no registro. Parágrafo único. Excetuam-se da regra estabelecida neste artigo as dívidas que, em virtude de outras leis, devam ser pagas precipuamente a quaisquer outros créditos".

o satisfaçam, inclusive quando houver concurso de credores, para a percepção de valores devidos por devedor comum: concurso de credores.

O crédito trabalhista é privilegiado, pois, o que exige que o Direito Processual do Trabalho seja adequado, para que haja a devida tutela deste direito (inciso XXXV do art. 7º da CF), sob pena dele não ser satisfeito diante de outros créditos de menor urgência na satisfação, por razões óbvias.

Não obstante o crédito trabalhista sofra restrições, a nosso ver injustas, no juízo falimentar (Lei n. 11.101/05)[6], no qual é privilegiado quanto aos demais até o valor de 150 salários mínimos, estas não elidem a classificação dos créditos trabalhistas como privilegiados, como acima mencionado, uma vez que a falência é uma exceção, sendo certo que em todos os demais concursos, não há qualquer restrição ao privilégio mencionado. Vale a parêmia: a exceção confirma a regra.

Dito isto, inicia-se o estudo específico do tema proposto.

4. MODALIDADES DE CONCURSOS DE CREDORES

Etimologicamente, a palavra concurso advém do latim *concursare,* que significa "correr de uma para outra parte, correr daqui para ali, chocar-se mutuamente" (Cf. SOUSA: 199).

---

(6) Art. 54. O plano de recuperação judicial não poderá prever prazo superior a 1 (um) ano para pagamento dos créditos derivados da legislação do trabalho ou decorrentes de acidentes de trabalho vencidos até a data do pedido de recuperação judicial.
Parágrafo único. O plano não poderá, ainda, prever prazo superior a 30 (trinta) dias para o pagamento, até o limite de 5 (cinco) salários mínimos por trabalhador, dos créditos de natureza estritamente salarial vencidos nos 3 (três) meses anteriores ao pedido de recuperação judicial.
Art. 83. A classificação dos créditos na falência obedece à seguinte ordem:
I — os créditos derivados da legislação do trabalho, limitados a 150 (cento e cinqüenta) salários mínimos por credor, e os decorrentes de acidentes de trabalho;
II — créditos com garantia real até o limite do valor do bem gravado;
III — créditos tributários, independentemente da sua natureza e tempo de constituição, excetuadas as multas tributárias;
IV — créditos com privilégio especial, a saber:
[...]
VI — créditos quirografários, a saber:
a) aqueles não previstos nos demais incisos deste artigo;
b) os saldos dos créditos não cobertos pelo produto da alienação dos bens vinculados ao seu pagamento;
c) os saldos dos créditos derivados da legislação do trabalho que excederem o limite estabelecido no inciso I do *caput* deste artigo;
Parágrafo único. O plano não poderá, ainda, prever prazo superior a 30 (trinta) dias para o pagamento, até o limite de 5 (cinco) salários mínimos por trabalhador, dos créditos de natureza estritamente salarial vencidos nos 3 (três) meses anteriores ao pedido de recuperação judicial.
Art. 151. Os créditos trabalhistas de natureza estritamente salarial vencidos nos 3 (três) meses anteriores à decretação da falência, até o limite de 5 (cinco) salários mínimos por trabalhador, serão pagos tão logo haja disponibilidade em caixa.
Art. 161. O devedor que preencher os requisitos do art. 48 desta Lei poderá propor e negociar com credores plano de recuperação extrajudicial.
§ 1º Não se aplica o disposto neste Capítulo a titulares de créditos de natureza tributária, derivados da legislação do trabalho ou decorrentes de acidente de trabalho, assim como àqueles previstos nos arts. 49, § 3º, e 86, inciso II do *caput,* desta Lei.

No léxico, concurso significa "ato ou efeito de concorrer" (Cf. HOLANDA: 448). Trata-se, portanto, de disputa por algo.

Juridicamente, o significado da expressão é o mesmo de sua acepção vernacular e destina-se à obtenção de algo, por meio, v. g., de disputa de conhecimento entre candidatos a cargo ou emprego ou de propostas, para a escolha da melhor, mediante a participação em certame: concurso de provas ou de provas e títulos; concurso de credores etc. (Cf. NAUFEL: 17-18).

Assim é que concurso de credores judicial é a disputa ou concorrência que se estabelece entre credores visando à satisfação de créditos que se têm em relação a um determinado devedor, pessoa física ou jurídica, internalizada em um processo judicial.

Este concurso, em uma ação judicial, de modo geral, pode se dar, sobretudo, em três hipóteses: a) contra devedor pessoa física ou jurídica solvente; b) contra devedor não empresário (nem sociedade empresária) insolvente; c) contra devedor empresário (ou sociedade empresária) falido.

Na primeira hipótese, fala-se em concurso particular de credores, em que alguns credores com execução, sobretudo com penhora, contra o mesmo devedor participam, em face da venda de um bem ou saldo dela nos autos de uma execução singular; nas outras duas, em concurso universal, em que todos os credores do devedor podem participar, objetivando os valores da venda dos bens do devedor comum arrecadados.

Especificamente, a **lei** traz a expressão concurso de credores para designar o procedimento da execução coletiva contra devedor pessoa física ou jurídica não empresário (nem sociedade empresária) insolvente.

É o que dispunha o art. 1.554 do Código Civil de 1916: "**procede**-se ao concurso de credores, toda vez que as dívidas excedam à importância dos bens do devedor'". No Novo Código Civil — Lei n. 10.406, con**jugando**-se o disposto nos arts. 955 e 956, chega-se à mesma conclusão do Código Civil anterior, de que a concorrência ou discussão entre os credores se dá em relação ao conjunto de bens do devedor, em caso de sua insolvência. No mesmo sentido, o CPC, que dispõe o concurso universal de credores em caso de insolvência, que se dá (art. 748) "...toda vez que as dívidas excederem à importância dos bens do devedor".

Todavia, além do concurso universal de credores contra devedor insolvente pessoa física ou jurídica não submetido às normas de Direito Comercial — não empresário e que não seja uma sociedade empresária, procedimento realizado na forma disposta no art. 612 endos arts. 758 a 786-A do Código de Processo Civil —, há o concurso, também universal (todos os credores e em relação a todos os bens do devedor, em tese), de credores, que se dá em razão de **declaração** de falência de devedor empresário ou sociedade empresária, regido pela Lei n. 11.101, de 9.2.2005. Assim é que o art. 126 da lei precitada define: "nas relações patrimoniais não reguladas expressamente nesta Lei, o juiz decidirá o caso atendendo à unidade, à universalidade do concurso e à igualdade de tratamento dos credores, observado o disposto no art. 75 desta Lei".

Aliás, expressão que denota a disputa entre credores estava estampada no regramento anterior da falência: Decreto-lei n. 7.661 (antiga lei de falências), de 21.6.1945, que dispunha no parágrafo único do art. 126: "concorrendo credores privilegiados em igualdade de condições [...]". Por sua vez, o *caput* do art. 128 da antiga lei de falências definia que "concorrendo na falência *credores sociais* e credores particulares [...]".

Assim, a rigor, tanto na falência como na execução contra devedor insolvente não empresário, inclusive o espólio de pessoa física falecida, ou pessoa jurídica que não seja uma sociedade empresária, haverá concurso de credores, sob o viés universal, embora a terminologia processual mais própria exija que a expressão concurso de credores se dê em execução contra devedor não empresário, ou que não seja sociedade empresária, insolvente.

Ambas as hipóteses — falência ou insolvência civil — levam a um concurso universal, o qual conduz à arrecadação, em princípio, de todos os bens do devedor, e que leva ao seu polo ativo, em regra, todos os credores, empresário ou não. Nestes dois casos a execução tem natureza coletiva — todos os credores são chamados a concorrer — e universal — todo o patrimônio do devedor, em princípio, submete-se ao processo.

A expressão concurso universal de credores é empregada nos arts. 612 e 777 do CPC, sendo certo que o art. 126 da Lei de Falências, como mencionado, dá este mesmo caráter de universal à *falência*.

Além destes dois concursos, de natureza universal, há o concurso particular de credores, previsto nos arts. 711, 712 e 713 do Código de Processo Civil.

Prescreve o art. 711 do CPC:

Concorrendo vários credores, o dinheiro ser-lhes-á distribuído e entregue consoante a ordem das respectivas prelações; não havendo título legal à preferência, receberá em primeiro lugar o credor que promoveu a execução, cabendo aos demais concorrentes direito sobre a importância restante, observada a anterioridade de cada penhora.

In casu, o concurso não é coletivo, como na falência ou na insolvência civil. Não se trata de execução contra falido ou mesmo de feito em que, inicialmente, declarou-se a insolvência do devedor, mas de execução, em princípio, contra devedor solvente, sem coletividade de credores no polo ativo. Há, assim, a execução por um número determinado de credores, em relação a um número também determinado de títulos, judicial ou extrajudicial, e não de todos os credores ou em relação a todos os títulos executivos de um devedor comum.

5. COMPETÊNCIA DA JUSTIÇA DO TRABALHO NO TOCANTE A CONCURSOS DE CREDORES

Em processo do trabalho, não há como se admitir o processo falimentar (insolvência do empresário ou sociedade empresária) ou o concurso universal de credores (insolvência civil) ajuizado no foro trabalhista, por vedação expressa dos arts. 109, I, e 114 da *Lex Legum*, que inadmitem tais ações na Justiça do Trabalho, uma Justiça Especializada, em princípio, no processamento e julgamento de causas trabalhistas, enquanto os concursos referidos, envolvendo a declaração de insolvência ou de falência, são matéria de Direito comum ou comercial (empresarial) por excelência, segundo os ditames da teoria da empresa ou aspectos da insolvência do devedor, processados na Justiça Comum. A declaração, em si, de falência ou insolvência, que integram fases do processo falimentar e do concurso universal de credores (insolvência civil), é, estritamente, de natureza comercial (Direito Empresarial) ou civil. Não há dúvidas, na jurisprudência e na doutrina, quanto a esta conclusão, o que conduz à competência quanto ao juízo universal à Justiça comum, mais adequada a tal tramitar, ante à competência residual e geral que lhe é dada pela Constituição Federal.

Não se está definindo, aqui, que as ações individuais de empregados — reclamações trabalhistas — não devam ser ajuizadas na Justiça do Trabalho, pleiteando o reconhecimento de parcelas devidas por devedor insolvente ou falido, uma vez que a competência em razão da matéria, neste caso — art. 114 da CF, é da Justiça do Trabalho, pois os créditos que se pretende sejam reconhecidos são de natureza trabalhista, não importando que, no polo passivo, encontre-se a massa falida ou o devedor insolvente. Aliás, a Lei n. 11.101/05 — lei de falências e recuperação judicial — assim dispõe, em seus arts. 6º e 76[7]. A incompetência acima definida é em relação ao processo falimentar em si e suas fases, inclusive o concurso entre os credores do falido, que segue à declaração de quebra.

Qualquer ação, que inicie pela fase de conhecimento, individual ou plúrima, sem qualquer dúvida, até a liquidação dos créditos, que envolva créditos trabalhistas,

---

(7) Art. 6º A decretação da falência ou o deferimento do processamento da recuperação judicial suspende o curso da prescrição e de todas as ações e execuções em face do devedor, inclusive aquelas dos credores particulares do sócio solidário.
§ 1º Terá prosseguimento no juízo no qual estiver se processando a ação que demandar quantia ilíquida.
§ 2º É permitido pleitear, perante o administrador judicial, habilitação, exclusão ou modificação de créditos derivados da relação de trabalho, mas as ações de natureza trabalhista, inclusive as impugnações a que se refere o art. 8º desta Lei, serão processadas perante a justiça especializada até a apuração do respectivo crédito, que será inscrito no quadro-geral de credores pelo valor determinado em sentença.
§ 3º O juiz competente para as ações referidas nos §§ 1º e 2º deste artigo poderá determinar a reserva da importância que estimar devida na recuperação judicial ou na falência, e, uma vez reconhecido líquido o direito, será o crédito incluído na classe própria.
§ 4º Na recuperação judicial, a suspensão de que trata o *caput* deste artigo em hipótese nenhuma excederá o prazo improrrogável de 180 (cento e oitenta) dias contado do deferimento do processamento da recuperação, restabelecendo-se, após o decurso do prazo, o direito dos credores de iniciar ou continuar suas ações e execuções, independentemente de pronunciamento judicial.
§ 5º Aplica-se o disposto no § 2º deste artigo à recuperação judicial durante o período de suspensão de que trata o § 4º deste artigo, mas, após o fim da suspensão, as execuções trabalhistas poderão ser normalmente concluídas, ainda que o crédito já esteja inscrito no quadro-geral de credores.
[...]
Art. 76. O juízo da falência é indivisível e competente para conhecer todas as ações sobre bens, interesses e negócios do falido, ressalvadas as causas trabalhistas, fiscais e aquelas não reguladas nesta Lei em que o falido figurar como autor ou litisconsorte ativo.
Parágrafo único. Todas as ações, inclusive as excetuadas no *caput* deste artigo, terão prosseguimento com o administrador judicial, que deverá ser intimado para representar a massa falida, sob pena de nulidade do processo.

é movida na Justiça do Trabalho, não importando que este devedor esteja com a falência decretada ou a insolvência declarada. A discussão se dá, de início, quanto à competência relacionada à execução do crédito contra devedor — fase executiva ou ação de execução (título executivo judicial ou extrajudicial) — que leve a concurso de credores — universal (devedor insolvente não empresário) ou particular — qualquer devedor, desde que não declarado falido. Esta execução prossegue ou não na Justiça do Trabalho?

Quanto ao concurso universal de credores, que envolve o devedor insolvente não empresário e que não seja sociedade empresária, há que se concluir que a competência é da Justiça do Trabalho para as execuções de créditos trabalhistas em tais situações. O que se está aqui a dizer é que, mesmo quando haja declaração de insolvência civil, contra devedor não empresário ou que não seja sociedade empresária, a execução de tal crédito prosseguirá na Justiça do Trabalho, até a completa satisfação do crédito exequendo.

É que não há dispositivo, em processo do trabalho, que defina o contrário, como o prescrito no art. 768 da CLT quanto à falência, que dispõe que a execução, em caso de falência do devedor, prosseguirá no Juízo falimentar.

Assim, no que se refere à execução de crédito trabalhista contra devedor insolvente não empresário e que não seja sociedade empresária, a competência é da Justiça do Trabalho, nos termos do art. 114 da CF, prosseguindo a execução na Justiça Especializada até o seu final, com a satisfação do crédito do trabalhador, independentemente do concurso universal de credores não trabalhistas, que correrá na Justiça Comum.

Observe-se que a CF retirou, expressamente, o tramitar da execução na Justiça do Trabalho contra pessoa física empresário, ou sociedade empresária, declarado falido, ao definir que, com a falência, a competência é da Justiça Comum (art. 109, I). Trata-se de exclusão de competência quanto à matéria trabalhista — execução de crédito trabalhista contra devedor falido, a qual foi feita pelo Legislador Constituinte, de modo expresso, não havendo como se fazer, por interpretações extensivas ou analógicas, outras exclusões de competência.

Assim, a competência para as execuções contra devedor insolvente não empresário ou que não seja uma sociedade empresária é da Justiça do Trabalho.

Ressalte-se que este mesmo raciocínio se aplica ao processo de recuperação judicial de devedor empresário ou sociedade empresária, em que ainda não há falência. Neste caso, a competência quanto às execuções deveria permanecer na Justiça do Trabalho, pois ainda não há falência, exceção única do texto constitucional, que retira competência quanto à matéria trabalhista da Justiça do Trabalho. Contudo, o art. 6º da Lei n. 11.101/05 impõe restrições inaceitáveis ao processo do trabalho de execução, no caso de recuperação judicial, o que aflige a Constituição, que não fez tal exceção nesta hipótese. Todavia, a jurisprudência e a doutrina admitem esta supressão de competência, o que não é a melhor escolha, havendo prejuízo do credor trabalhista, quanto ao seu crédito privilegiado.

No que tange à falência, esta pode ser decretada já havendo um processo do trabalho em curso ou sê-la decretada mesmo antes da relação jurídico-processual trabalhista estar instaurada.

Com efeito, já se disse quanto à reclamação trabalhista, havendo decretação de falência do devedor anterior ao seu ajuizamento, deverá ser intentada na Justiça do Trabalho.

Proposta a ação trabalhista, esta prossegue contra a massa, caso a falência já tenha sido decretada à época do ajuizamento, até o trânsito em julgado da sentença que julgou a reclamação, liquidando-se na Justiça do Trabalho, em caso de procedência, os créditos definidos **no** julgado. A seguir, a execução será realizada **no** juízo falimentar.

É o que dispõe o art. 768 da CLT : "Terá preferência em todas as fases processuais o dissídio cuja decisão tiver de ser executada perante o juízo falimentar".

Com a arrecadação de todos os bens do falido ou do devedor insolvente pelo juízo universal, não há como prosseguir na execução trabalhista ainda não aparelhada, havendo que se aplicar a regra do art. 768 da CLT, pois a arrecadação do bem dá azo a que o Juízo falimentar proceda a venda dos bens do devedor, sem prejuízo do superprivilégio do crédito trabalhista, que deve ser apresentado para execução no juízo universal.

Caso haja declaração de falência ou insolvência **no** curso da ação judicial trabalhista, esta continuará seus trâmites normais, como acima delineado, sendo que a execução correrá, com espeque também no art. 768, no juízo falimentar.

Em princípio, caso haja penhora nos autos da ação trabalhista antes da decretação de falência, não se deveria falar em execução no juízo universal, pois a arrecadação não açambarcaria o bem sujeito à execução trabalhista, em razão do superprivilégio e da apreensão do bem ser anterior. Dever-se-ia, por isso, não se admitir a arrecadação deste bem, em especial.

É o mesmo raciocínio, que deve ser observado quanto ao crédito trabalhista, veiculado na Súmula n. 44 do antigo Tribunal federal de Recursos, quando trata de crédito não submetido ao mesmo privilégio que o trabalhista, no caso o fiscal. A súmula mencionada ensina: "ajuizada a execução fiscal anteriormente à falência, com penhora realizada antes desta, não ficam os bens penhorados sujeitos à arrecadação do juízo falimentar [...]".

Assim, neste caso, a execução deveria prosseguir, com a venda do bem e os pagamentos subsequentes, no Juízo trabalhista.

Todavia, mesmo neste caso, o Supremo Tribunal Federal já definiu, há tempos, a sujeição do crédito trabalhista ao concurso universal, embora considerando o seu superprivilégio, como se vê no seguinte aresto:

CONFLITO DE COMPETÊNCIA. EXECUÇÃO TRABALHISTA E SUPERVENIENTE DECLARAÇÃO DE FALÊNCIA DA EMPRESA EXECUTADA. COMPETÊNCIA DESTE

SUPREMO TRIBUNAL PARA JULGAR O CONFLITO, À LUZ DA INTERPRETAÇÃO FIRMADA NO DISPOSTO NO ART. 102. I, O, DA CF. Com a manifestação expressa do TST pela competência do Juízo suscitado, restou caracterizada a existência de conflito entre uma Corte Superior e um Juízo de primeira instância, àquela não vinculado, sendo deste Supremo Tribunal a competência para julgá-lo. Precedentes: CC ns. 7.025. Rel. Min. Celso de Mello, 7.027, e Rel. Min. Marco Aurélio. ALEGAÇÃO DE COISA JULGADA MATERIAL. INEX1STÊNCIA. Tendo o referido mandamus como objeto a declaração do direito líquido e certo da massa falida em habilitar nos autos da falência o crédito do interessado, as teses suscitadas quanto à natureza privilegiada do crédito trabalhista, quanto à anterioridade da penhora em relação à declaração da falência e quanto à competência da Justiça Trabalhista para dar seguimento à execução, são todas razões de decidir, não alcançadas, segundo o disposto no art. 469, I, do CPC, pela coisa julgada material. Ausência de identidade entre os elementos da ação mandamental impetrada e do conflito de competência. Quanto ao mérito, tenho por competente o Juízo suscitante, uma vez que a natureza privilegiada do crédito trabalhista, conferida por força de lei, somente pode ser concebida no próprio âmbito do concurso dos credores habilitados na falência. O processo falimentar é uma execução coletiva, abarcando, inclusive, credores da mesma hierarquia, que não podem ser preteridos, uns pelos outros, pelo exaurimento do patrimônio da massa falida nas execuções individuais, impedindo-se, assim, o justo rateio entre seus pares, na execução falimentar. Conflito conhecido para declarar a competência do suscitante, o Juízo de Direito da 3ª Vara Cível da Comarca de Americana — SP. (CC 7116/SP. Rel. Min. Ellen Gracie)

Assim sendo, mesmo que já haja bem penhorado nos autos da execução trabalhista, este será arrecadado ao juízo universal da falência, prosseguindo-se nele a execução do crédito trabalhista[8].

Definidas as competências quanto a crédito trabalhista devido por devedor declarado insolvente, contudo, a dificuldade competencial, todavia, exsurge quanto ao concurso particular de credores ou concurso de preferências, no curso de uma execução trabalhista.

A priori, frise-se, tem-se admitido o concurso particular de credores, no curso de uma execução trabalhista, mesmo sem formalidades, como deve acontecer em processo do trabalho. É o que se chama, de uma forma costumeira, de "abandamentos". Os pedidos de "abandamento", que se sucedem nas execuções trabalhistas, feitos entre as Varas do Trabalho, de ofício, em razão do disposto no art. 878 da CLT, são comumente realizados. O concurso, entre os pedidos de "abandamento" formulados pelos juízos, como não poderia deixar de ser, também pode ser requerido diretamente pelo credor trabalhista — art. 878 da CLT, desde que esteja com execução em curso em seu favor, objetivando penhora, ou substituição da existente pelo valor a ser abandonado.

O mesmo se diga quanto às contribuições sociais decorrentes das decisões em processo do trabalho, que devem ser executadas de ofício nas Varas Trabalhistas, em razão do disposto no inciso VIII do art. 114 da Constituição Federal, em relação às

---

(8) Em verdade, a jurisprudência se pacificou no sentido de que até a liberação dos depósitos recursais realizados antes da quebra deve ser resolvida no juízo falimentar, v. g., CC 108192, de 4.12.2009, Rel. Min. Sidnei Beneti.

quais, também, pede-se "abandamento", respeitando-se, é claro, o privilégio dos créditos trabalhistas típicos — devidos diretamente ao empregado.

Assim sendo, é comum, em execução trabalhista, a realização de concurso particular de credores trabalhistas, ou, v. g., previdenciário — hipótese acima, contra o mesmo devedor, empresário ou não, que é processado e definido pelo juiz da execução em que o bem penhorado é vendido.

Destarte, havendo concurso particular de credores trabalhistas, ou, v. g., de crédito previdenciário decorrente de decisão da Justiça do Trabalho, a disputa por valores relacionados a bens de devedor comum vendidos na Justiça do Trabalho ou mesmo de saldos de valores em execuções contra devedor comum, não resta dúvida, este concurso se enquadra na definição competencial da Justiça do Trabalho tratada no art. 114 da CF.

Deste modo, quanto ao concurso particular de credores trabalhistas, ou previdenciário, na hipótese já mencionada, estando todos com execuções em curso, não há dúvida alguma da possibilidade de sua realização, o que, aliás, é feito, corriqueiramente, pelas Varas do Trabalho.

Com efeito, havendo a venda de uma bem de um devedor comum, em uma determinada execução, todos os credores, em processo do trabalho, costumam ter os seus créditos habilitados nos autos em que ocorreu a venda, para disputarem, entre si, os valores decorrentes da alienação do bem ou dos bens.

Os exequentes participantes de concursos especiais envolvendo credores na Justiça do Trabalho contra devedor comum são muitos e podem ser sintetizados, sem qualquer critério que não o de uma mera exemplificação, nos seguintes: a) exequentes fulcrados em créditos salariais ou relativos a indenizações trabalhistas típicas ou decorrentes de acidente de trabalho; b) exequentes trabalhadores avulsos; c) exequentes pequenos empreiteiros; d) exequentes com créditos devidos por acordo por "mera liberalidade"; e) advogado credor de honorários de advogado reconhecido por decisão trabalhista, que tem o mesmo devedor comum; f) parcelas devidas em razão de condenações na Justiça do Trabalho de devedores comuns quanto a créditos não decorrentes de relação de emprego, em face da ampliação da competência da Justiça do Trabalho (EC n. 45/10); g) exequente INSS referente a débitos previdenciários provenientes de sentenças trabalhistas contra o mesmo devedor.

Repita-se, quando o concurso particular é realizado entre credores que têm seu título fulcrado em sentença trabalhista ou em títulos judiciais reconhecidos como trabalhistas (art. 876 da CLT), a competência é, claramente, da Justiça do Trabalho e a liberação dos valores será feita na forma que se exporá no item seguinte.

No entanto, faz-se necessário definir acerca da competência da Justiça do Trabalho para processar e julgar concurso de credores suscitado por credor não trabalhista, ou não previdenciário (art. 114, VIII), sem amparo em título judicial ou extrajudicial trabalhista, em relação ao qual é preciso formular considerações específicas, para a definição competencial.

São várias as hipóteses de "habilitação" de crédito requerida no curso da execução trabalhista, para que, em caso de sobejar valores, sejam liberados em favor dos credores que se credenciam nos autos. Não se irá, aqui, examinar, uma a uma, todas as hipóteses. Lembrando que muitas hipóteses podem ocorrer, ensejando o concurso particular de credores.

Todavia, em todas elas, pode-se estabelecer um concurso sobre valores que vierem a remanescer nos autos, em torno de crédito que resultar da venda de bem *em* execução trabalhista em que foi satisfeito integralmente o crédito exequendo. Pleiteiam, neste caso, a aplicação dos arts. 711 e 712 do Código de Processo Civil.

É preciso que se diga que, em princípio, em razão do disposto no art. 710 do CPC, é direito do executado receber de volta os valores que sobejarem em um determinado processo, após alienação de bem e pagamento do crédito exequendo, *verbis*: "Estando o credor pago do principal, juros, custas e honorários, a importância que sobejar será restituída ao devedor".

Este direito, todavia, é mitigado pelas normas dos arts. 711 a 713 do CPC, que definem a possibilidade de concurso sobre o crédito que sobejar em execução, o concurso particular ou especial de credores.

Não se trata, na espécie, repita-se, de hipótese em que o devedor é insolvente, uma vez que, se isto se configurar, os valores a serem devolvidos estariam sujeitos à arrecadação do juízo universal — concurso universal de credores (com a ressalva acima feita, quando se tratar de credores fulcrados em título trabalhista, que disputam o valor da venda ou o sobejante nos autos da execução trabalhista) ou falência. Trata-se, sim, de concurso particular nos próprios autos da execução trabalhista.

O devedor, em tese, é solvente, pois trata-se de execução por quantia certa contra devedor solvente que não tenha sido declarado insolvente ou falido no juízo universal, todavia, como o bem penhorado, naquela execução específica, já foi vendido, estando os valores nos autos, havendo o concurso, pugna-se que, para se evitar maiores delongas nas outras execuções, suprimindo-se etapas, verificando-se a qual ou a quais dos concorrentes se deve repassar os valores remanescentes — art. 712 do CPC, este ou estes venham a recebê-los, sem a liberação dos valores ao devedor.

Ab initio, cabe registrar que o concurso de credores deve ser suscitado após a venda do bem penhorado e, em princípio, com o pagamento de todos os débitos resultantes dos autos, quando todos os credores não têm título legal de preferência, ou seja, quando o crédito tem o mesmo valor ontológico no sistema jurídico, desde que sobejem valores. Assim, o prazo para a proposição do concurso particular de credores se estende do momento em que se tem a convicção de que valores sobejaram nos autos até antes da liberação dos valores remanescentes ao executado.

Assim, o terceiro, que não é parte no processo de execução em que o bem foi vendido, deve suscitar o conflito neste prazo, que não é fixo, mas varia em cada processo e depende, por certo, das contingências processuais.

Caso suscitado antes, o concurso não será admitido, por inoportuno, haja vista que ainda não se sabe se haverá ou não valores a disputar. Há, também, em um outro viés interpretativo, a possibilidade de se deixar o incidente nos autos, por meio do despacho: "aguarde-se o momento oportuno, fazendo-se conclusão nos autos, para exame do pedido".

Com efeito, sobejando valores, refaz-se a pergunta: há competência para o processamento e julgamento do concurso entre credores não trabalhistas no processo do trabalho? Mais especificamente: após quitados todos os credores com execução na Justiça do Trabalho, é admissível, em concurso na Justiça do Trabalho, destinar valores a outros credores com execuções na Justiça Comum, Federal ou Estadual, contra o mesmo devedor?

Para o deslinde da questão, há a necessidade de analisar-se o disposto no art. 114 da Constituição Federal, que dispõe:

Art. 114. Compete à Justiça do Trabalho processar e julgar:

I — as ações oriundas da relação de trabalho, abrangidos os entes de direito público externo e da administração pública direta e indireta da União, dos Estados, do Distrito Federal e dos Municípios;

II — as ações que envolvam exercício do direito de greve;

III — as ações sobre representação sindical, entre sindicatos, entre sindicatos e trabalhadores, e entre sindicatos e empregadores;

IV — os mandados de segurança, *habeas corpus* e *habeas data*, quando o ato questionado envolver matéria sujeita à sua jurisdição;

V — os conflitos de competência entre órgãos com jurisdição trabalhista, ressalvado o disposto no art. 102, I, *o*;

VI — as ações de indenização por dano moral ou patrimonial, decorrentes da relação de trabalho;

VII — as ações relativas às penalidades administrativas impostas aos empregadores pelos órgãos de fiscalização das relações de trabalho;

VIII — a execução, de ofício, das contribuições sociais previstas no art. 195, I, *a*, e II, e seus acréscimos legais, decorrentes das sentenças que proferir;

IX — outras controvérsias decorrentes da relação de trabalho, na forma da lei.

§ 1º Frustrada a negociação coletiva, as partes poderão eleger árbitros.

§ 2º Recusando-se qualquer das partes à negociação coletiva ou à arbitragem, é facultado às mesmas, de comum acordo, ajuizar dissídio coletivo de natureza econômica, podendo a Justiça do Trabalho decidir o conflito, respeitadas as disposições mínimas legais de proteção ao trabalho, bem como as convencionadas anteriormente.

§ 3º Em caso de greve em atividade essencial, com possibilidade de lesão do interesse público, o Ministério Público do Trabalho poderá ajuizar dissídio coletivo, competindo à Justiça do Trabalho decidir o conflito.

O que se nota, de início, é que a disputa entre credores não trabalhistas em torno do que sobejar nos autos, finda a execução, não é um conflito entre trabalhador e empregador, ou entre tomador e prestador de serviços (relação de trabalho). Outrossim, não se trata de uma controvérsia decorrente de relação de trabalho prevista na Constituição Federal ou em leis regedoras do processo do trabalho como sujeitas, em caso de ação judicial, à competência da Justiça do Trabalho, como é o caso dos dissídios resultantes de contrato de empreitada, em que o empreiteiro seja operário ou artífice, que a CLT — art. 652, II, expressamente, e nos termos da Constituição, definiu que a Justiça do Trabalho é competente para conciliar e julgar.

Ademais, não se trata de litígio que tenha origem no cumprimento de suas próprias sentenças, inclusive coletivas, haja vista que a decisão judicial, no momento em que sobejar valor — oportunidade na qual pode ser suscitado o concurso, já se cumpriu completamente, estando *satisfeito o crédito exequendo, não havendo mais execução ou cumprimento de sentença,* uma vez que os ditames desta já foram inteiramente atendidos. Não se enquadra, pois, o concurso particular de credores não trabalhistas em qualquer das hipóteses de competência previstas no art. 114 da Constituição Federal. Em suma, tal relação jurídico-processual não enseja qualquer das hipóteses previstas na CF, como matéria da competência da Justiça do Trabalho, especializada, portanto, em matéria trabalhista, não em conflito entre empresários ou entre pessoas que não discutem qualquer relação de trabalho.

O conflito (concurso), pois, em relação ao recebimento de crédito que sobejar (após quitados todos os créditos em execução na Justiça do Trabalho contra o devedor comum), nestas hipóteses, não é da competência da Justiça do Trabalho, mas da Justiça Comum, devendo nela ser disciplinado e requerida, caso o valor ainda não tenha sido liberado, a remessa ao juízo em que o concurso esteja sendo realizado, nos autos de alguma execução contra o mesmo devedor, que nesta altura já não mais será devedor na esfera trabalhista.

Aliás, o TRT da 8ª Região já, há bastante tempo, tem se pronunciado a respeito desta matéria neste sentido, como se vê no seguinte aresto:

> CONCURSO DE CREDORES. COMPETÊNCIA. A Justiça do Trabalho é incompetente para processar e julgar concurso entre credores, objetivando concorrerem quanto a crédito que remanescer em processo trabalhista, oportunidade em que não haverá mais litígio trabalhista, fugindo tal conflito de natureza não trabalhista (concurso) da incidência do *caput* do art. 114 da Constituição Federal. (Acórdão 00606-1997-006-08-00-1; 3ª T./AP 6053/2002; Belém. 5.2.2003)

Em razão da incompetência material, não há como processar o concurso na Justiça do Trabalho, e os valores devem ser liberados ao seu titular, no caso o executado, nos termos do art. 710 do Código de Processo Civil, sendo este artigo compatível com o processo do trabalho (art. 769 da CLT) e à regra de competência prevista no art. 114 da CF, acima citada, a não ser que haja solicitação da Justiça Comum de remessa dos valores.

Em verdade, os credores não garantidos por título em execução no processo do trabalho devem, como já se disse, na Justiça Comum, executar os seus títulos e, alcançando-se a fase de penhora, recaindo sobre o bem vendido na Justiça do Trabalho, caso queiram, para suprimir etapas, podem suscitar, nos autos da execução na Justiça Comum, com penhora sobre o mesmo bem vendido na Justiça do Trabalho, o concurso particular de credores, a ser dirimido pelo Juízo Cível, que solicitará, à Vara do Trabalho em que o bem foi vendido, a remessa do valor remanescente, para que, após solucionado o concurso, faça-se o pagamento a cada credor não trabalhista, de acordo com a ordem de suas prelações ou com a anterioridade de cada penhora — arts. 711, 712 e 713 do CPC.

Sobejando valor nos autos da execução trabalhista, havendo solicitação da Justiça Comum em razão de concurso de credores pendente, os valores serão remetidos, sendo os autos do processo trabalhista arquivados.

Com efeito, até mesmo em relação ao pedido individual de "habilitação" de crédito em relação ao que sobejar (não havendo concurso, mas apenas um pretendente), também fenece competência à Justiça do Trabalho, pelos mesmos fundamentos acima, pois resultará o litígio em torno do crédito remanescente entre um empregador e um terceiro, credor do devedor trabalhista. Também neste caso, para não liberação do crédito ao ex-executado no processo do trabalho, deve haver solicitação da Justiça Comum, em favor de liberação do valor ao credor não trabalhista ou de remessa dos valores sobejantes àquele juízo, até que se dirima a controvérsia, geralmente, entre empresários. Não havendo solicitação do Juízo da Justiça Comum ao da Justiça Especializada, o valor sobejante será liberado àquele que, como executado, já quitou o crédito em execução na Justiça do Trabalho.

Contudo, há um outro ponto relevante na análise competencial. É o caso da execução cível ter avançado, em situações concretas, por diversas razões, quando comparada à trabalhista. Assim, embora haja execução ou execuções na Justiça do Trabalho contra um certo devedor, poderá haver execução de títulos judiciais ou extrajudiciais não trabalhistas na Justiça Comum que estejam com a marcha mais adiantada, com a penhora de um determinado bem e até a venda do mesmo.

In casu, os credores trabalhistas, com execução na Justiça do Trabalho, não têm conhecimento de outros bens do devedor comum aos credores trabalhistas e a outros credores não trabalhistas, que também está sendo executado na Justiça Ordinária.

Nesta hipótese, o credor trabalhista deve suscitar o concurso na Justiça Comum, na Vara em que o bem foi vendido, concorrendo quanto ao produto da venda e expondo o seu privilégio, por ser seu crédito privilegiado, como definido alhures.

Observe-se que tais incidentes, no curso das ações que correm na Justiça Comum, podem ser os mais variados, de maneira que os credores trabalhistas exerçam as suas preferências e não sejam prejudicados em seus direitos.

Em verdade, a matéria está pacificada na jurisprudência do STJ, como se pode ver no seguinte aresto:

> PROCESSUAL CIVIL. CONCURSO DE CREDORES. ARREMATAÇÃO DO BEM PENHORADO PELO PRÓPRIO CREDOR TRABALHISTA. PREFERÊNCIA SOBRE OS DEMAIS CRÉDITOS. DISPENSA DE EXIBIR O PREÇO NOS TERMOS DO ART. 690, § 2º, DO CPC.
>
> 1. A arrematação é ato de natureza processual, que busca a obtenção de recursos suficientes à satisfação do credor. A jurisprudência consolidou-se, no sentido de que o exequente poderá concorrer com os estranhos e arrematar os bens levados a hasta pública, sendo-lhe permitido, ainda, por ocasião da segunda praça ou no segundo leilão, oferecer preço inferior ao da avaliação, se licitação maior não houver. (REsp n. 159.833, Rel. Min. Nilson Naves, DJ de 13.9.1999)
>
> 2. É assente, em sede doutrinária e jurisprudencial, que por força da natureza jurídica de seus créditos, o arrematante, credor trabalhista, à luz do que dispõe o art. 690, § 2º, do CPC, está dispensado de exibir o preço, salvo se exceder ao crédito, porquanto é exequente de crédito trabalhista que, *a fortiori*, goza de preferência legal sobre os demais créditos, inclusive o tributário. (Precedentes: REsp n. 172.195, Rel. Min. Nancy Andrigui, DJ de 11.9.2000; REsp n. 445.341, Rel. Min. Vicente Leal, DJ de 11.11.2002; REsp n. 193.233, Rel. Min. José Delgado, DJ de 26.4.1999; REsp n. 21.341, Rel. Min. Humberto Gomes de Barros, DJ de 24.8.1992).
>
> 3. Mercê de o crédito tributário preferir a qualquer outro, seja qual for a natureza do mesmo ou o momento de sua constituição, submete-se, em hipótese de concurso, à primazia dos créditos decorrentes da relação de trabalho (arts. 186 e 187, do CTN c.c. art. 7º, da Lei de Falências e art. 29, da Lei de Execução Fiscal).
>
> 4. A exegese do art. 186 do Código Tributário Nacional preconiza a supremacia do crédito trabalhista (*necessarium vitae*) em relação ao tributário e a deste em relação aos demais.
>
> 5. A natureza privilegiada do crédito trabalhista tem fundamento nos arts. 449, § 1°, da CLT, 186 do CTN, 30 da Lei n. 6.830/80 e 759, parágrafo único, do Código Civil de 1916, agora com a redação mais abrangente e precisa do art. 1.422, parágrafo único, do Novo Código Civil, instituído pela Lei n. 10.406, de 10.1.2002.
>
> 6. Recurso especial improvido.
>
> (Acórdão: Recurso Especial n. 687.686-SC (2004/0098711-2). Relator: Ministro Luiz Fux. Data da decisão: 1º.9.2005.)

Assim, caso a execução trabalhista esteja em fase anterior, não havendo ainda a venda ou mesmo a possibilidade dela nos autos da execução trabalhista, o credor trabalhista deve suscitar o incidente do concurso especial de credores na Justiça Comum, que é competente em situações que tais.

6. O PROCEDIMENTO DO CONCURSO DE CREDORES NO PROCESSO DO TRABALHO

Em razão do número maior de casos, nos autos em que se processam execuções trabalhistas, faz-se mister examinar a hipótese de penhora sobre bem sujeito à garantia real da hipoteca, nos quais são aviados pedidos de concurso particular de credores, ou mesmo pedido individual do credor hipotecário de que lhe seja entregue, após a venda do bem, o que sobejar, para pagamento do crédito hipotecário ou ainda que se retenha do valor da arrematação o que lhe cabe em razão do importe devido, garantido pelo gravame, sendo, neste caso, solicitado que se destine ao exequente apenas o que ultrapassar o valor da garantia.

Quanto a este último raciocínio, cabe refutá-lo, uma vez que o crédito hipotecário, como registrado alhures, não prefere ao trabalhista, sendo que este deve ser quitado integralmente, sem qualquer reserva para pagamento do hipotecário, em razão do disposto no art. 186 do Código Tributário Nacional, que dá caráter superprivilegiado ao crédito do trabalhador[9], e do disposto no art. 187, que retira o crédito tributário, e, *a fortiori,* o trabalhista, de qualquer concurso com outros credores, que não outro trabalhista, em princípio, salvo previsão legal expressa em contrário, como ocorre na falência, acima já explicitado (*v. g.,* art. 83 da Lei n. 10.101/05).

Com isso está a se definir que, não se tratando de devedor declarado judicialmente falido, todo devedor é considerado, por presunção, solvente e, neste caso, a preferência do crédito trabalhista predomina sem limitação.

Com efeito, no caso de venda do bem hipotecado, e pagamento, com o valor da venda, do crédito trabalhista, sem sobra de valores, o credor hipotecário permanece com o direito de, no foro competente, prosseguir na execução ou executar o seu crédito e conservar a preferência advinda da garantia em relação a outros devedores sem garantia real, no caso de concurso particular de credores, mas não em relação aos créditos trabalhistas, que não estão sujeitos a concurso (art. 187 do CTN), salvo na hipótese já referida — falência (art. 83 da Lei n. 10.101/05).

Da mesma forma, o bem arrematado na Justiça do Trabalho não permanece com o gravame, haja vista que o art. 1.499, VI, do Novo Código Civil estipula que a arrematação extingue a hipoteca. Faz-se a ressalva que, se algum dispositivo legal pertinente a execução que tenha por objeto bem hipotecado for descumprido, a arrematação não será eficaz (art. 619 do CPC), e pode ser desconstituída pelo próprio arrematante — art. 694, § 1º, III, do CPC:

§ 1º A arrematação poderá, no entanto, ser tornada sem efeito:

[...]

III — quando o arrematante provar, nos 5 (cinco) dias seguintes, a existência de ônus real ou de gravame (art. 686, inciso V) não mencionado no edital.

É que, não havendo a menção à intimação do credor hipotecário, a arrematação não extingue o gravame, que continua acompanhando o bem.

Quanto ao crédito hipotecário, ou a outro com garantia real — pignoratício ou anticrético, pode-se discutir, em razão do raciocínio *supra,* a aplicação ou não, no

---

(9) No mesmo sentido o art. 449 da CLT, acima já transcrito, em nota de rodapé.

processo do trabalho, dos dispositivos do Código de Processo Civil – arts. 615, II, 619, 685, V, 698 e 1.047, II.

Em suma, os dispositivos mencionados definem que: a) é obrigatória a intimação do credor com garantia real quando a penhora recair sobre bem gravado, sendo ineficaz quanto a tal credor a alienação realizada sem sua intimação; b) a praça do bem gravado somente será realizada com a comunicação do credor com garantia real com antecedência mínima de 10 dias: c) o credor com garantia real pode ajuizar embargos de terceiro para obstar a alienação judicial do bem gravado.

Por certo, todos os dispositivos processuais *supra* são aplicáveis ao processo do trabalho, tendo em vista que este é omisso sobre a matéria, com ligeiras compatibilizações.

Começando por analisar a terceira definição acima, é claro que o art. 1.047, II, é aplicável, em processo do trabalho, apenas no sentido de que o credor hipotecário, v. g., poderá ajuizar os embargos de terceiro no caso de não ter sido intimado na forma já prevista ou, no máximo, para indicar bens de mais fácil alienação do devedor comum, livres de qualquer ônus. Em princípio, se esta formalidade for cumprida, não há amparo para a procedência dos embargos em tela.

As intimações legais do terceiro com garantia real sobre o bem penhorado, em processo do trabalho, não se dão para que o credor hipotecário, *e.g.*, venha a suscitar qualquer concurso de credores, mas para que possa acompanhar os trâmites processuais, alegando e comprovando que o devedor comum possui outros bens livres e desembaraçados, exercendo preferência apenas na compra do bem na alienação judicial (desde que não tenha sido exercida pelo credor trabalhista, que lhe suplanta) e, se quiser, cobre (execute) o seu crédito, de imediato, no foro competente, para que este solicite, se for o caso, à Justiça do Trabalho, a remessa de valores que sobejarem. Tudo isso se conclui do disposto no art. 698 do Código de Processo Civil. Ademais, registre--se, havendo penhora do bem gravado por hipoteca, o credor hipotecário, caso a dívida não esteja vencida, poderá cobrá-la de imediato no foro competente, de acordo com o que prescreve o art. 333, II, do Código Civil. A propósito, transcreve-se a norma em comento:

> Art. 333. Ao credor assistirá o direito de cobrar a dívida antes de vencido o prazo estipulado no contrato ou marcado neste Código:
>
> [...]
>
> II — Se os bens, hipotecados, empenhados, ou dados em anticrese, forem penhorados em execução por outro credor.

Ora, trata-se de cobrança. E como se faz a cobrança? Por meio de uma ação própria no foro competente, uma vez que o concurso particular de credores, em processo civil, somente é admissível quando a ação do credor hipotecário já esteja na fase de execução, com penhora sobre um determinado bem, em relação ao qual haverá disputa sobre os valores da venda. Forçoso é concluir que não se admite concurso de credores, *in casu*, suscitado sem espeque em uma outra ação judicial, movida pelo credor hipotecário na Justiça Comum, já em fase de execução ou representada por uma execução forçada, fulcrada em título executivo extrajudicial ou judicial. Havendo esta ação, o credor hipotecário, desde que o concurso seja na Justiça Ordinária, por força do disposto no art. 114 da Constituição Federal, nos autos da execução em que foi penhorado e vendido o bem hipotecado, poderá suscitar o concurso e pleitear a reserva do seu crédito, expondo sobre a preferência advinda, *v. g.*, da hipoteca que lhe dá garantia.

Caso a venda ocorra primeiro na Justiça do Trabalho, estando o bem penhorado na Justiça Comum, esta solucionará o concurso de credores não trabalhistas, oficiando à Justiça do Trabalho para pagamento do credor vencedor do concurso ou para a remessa do que sobejar para a Justiça Comum, e pagamento de acordo com o que for decidido no incidente de concurso especial de credores nela formulado.

Contudo, faz-se necessário, repita-se, para o concurso especial na Justiça Comum, obrigatoriamente, que o crédito esteja submetido à execução, com penhora sobre o bem objeto da alienação judicial. A respeito da matéria, o Superior Tribunal de Justiça tem há muito se manifestado neste sentido, como se vê na seguinte ementa de acórdão que teve como relator o Ministro César Asfor Rocha:

PROCESSUAL CIVIL. (1) NULIDADE SEM DEMONSTRAÇÃO DE PREJUÍZO. (2) EXECUÇÃO. PENHORA. CREDOR HIPOTECÁRIO. INEXISTÊNCIA DE PRÉVIA EXECUÇÃO. NÃO CONHECIMENTO. (1) Por regra geral do Código de Processo Civil, não se dá valor à nulidade se dela não resultou prejuízo para as partes, pois aceitou, sem restrições, o velho princípio: "pas de nulitté sans grief". Por isso, para que se declare a nulidade, é necessário que a parte alegue oportunamente e demonstre o prejuízo que ela lhe causa. (2) O concurso de credores previsto nos arts. 711 e 712 do CPC pressupõe execução e penhora do credor que alega preferência, já que não basta por si só o fato de ser credor hipotecário. A escritura de garantia hipotecária e a sua inscrição no registro público não são suficientes para preservar a prelação do credor hipotecário em execução promovida por terceiro, pois a sua preferência só se impõe se existirem prévias execuções por ele aforadas e penhora sobre o bem. Falece a quem não demonstra tais pressupostos aptidão para pretender a satisfação do crédito, que alegar possuir contra o executado. Recurso não conhecido. (REsp 32881/SP, Rel. Ministro Cesar Asfor Rocha, Quarta Turma, julgado em 2.12.1997, DJ 27.4.1998 p. 166)

Subjaz do exposto, o entendimento no sentido de que o atravessar da petição no curso da execução trabalhista de credor hipotecário, *v. g.*, sem a comprovação da ação própria no foro competente, de plano, não deve ser conhecida, antes mesmo de se ferir a questão da competência, que somente se declarará se houver demonstração de ser o suscitante do concurso de credores autor em ação própria de cobrança, na qual, já em execução, houve penhora sobre o mesmo bem objeto da penhora em execução trabalhista.

Feitas estas ponderações, e partindo-se da premissa de que a competência da Justiça do Trabalho é apenas para processar e julgar o concurso particular de credores trabalhistas (com título judicial ou extrajudicial em execução na Justiça do Trabalho — art. 876 da CLT), resta definir como se dá o processamento deste.

Ab initio, cabe frisar que o processo do trabalho é norteado por princípios processuais bastante salutares, em especial os da simplificação e informalidade.

Assim é que, havendo a venda do bem, presentes nos autos os pedidos de "abandamento" formulados a partir das execuções de créditos em processo do trabalho ao juízo da execução em que for vendido o bem penhorado, este deverá fazer o pagamento para os créditos trabalhistas típicos em rateio.

Não se aplicam, em processo do trabalho, de forma linear, os dispositivos previstos nos arts. 711 a 712 do CPC. O art. 711 define que, concorrendo vários credores, o dinheiro ser-lhes-á distribuído e entregue consoante a ordem das respectivas prelações. Ocorre que, entre os credores trabalhistas não há ordem de prelação, não havendo título legal de preferência entre os créditos, sendo todos privilegiados, de caráter alimentar. Pagar, todo o valor ao credor que primeiro moveu a execução, como manda o CPC, no art. 711, em não havendo ordem de prelação nem título legal ou de preferência entre os créditos, é uma regra incompatível com o processo do trabalho. O benefício em favor do que foi mais ágil, mais esperto, mais "sortudo", em ter podido mover primeiro a execução é tangível nas relações comerciais ou empresariais, em que predomina o lucro, sendo este mesmo espírito adotado pelo processo comum, hoje com alguns comedimentos.

Da mesma forma não predomina a regra de anterioridade da penhora, que também não se revela compatível com o processo do trabalho, pelos mesmos fundamentos já mencionados.

Na verdade, nem se realiza, normalmente, penhora sobre o mesmo bem, mas apenas se formula pedido de abandamento ao Juízo que vai alienar o bem, sem que, necessariamente, tenha havido penhora sobre o mesmo no processo que originou o pedido de abandamento.

Assim, o que há, em processo do trabalho, é um rateio entre os pretendentes ao crédito resultante da venda do bem, os quais dirigem, por intermédio do Juiz de cada execução, pedidos de abandamento de valores, ao Juízo que procedeu a alienação judicial. Este rateio deve ser isonômico, observando-se os créditos de cada exequente e as forças dos valores apurados com a venda.

Em verdade, há que se aprimorar os mecanismos, permitindo a comunicação de existência de valores entre as Varas de mesma competência da que alienará o bem, para a formulação dos pedidos de abandamento.

A seguir, o Juízo de execução solicitante do abandamento penhorará os valores solicitados, nos autos da sua execução, haja vista que nestes autos, em princípio, ainda não existirá penhora. Observe-se, *in casu*, que a situação parece demonstrar uma incongruência com o incidente do concurso particular de credores mencionado, por ainda não haver penhora, não obstante admitir-se a participação de qualquer credor trabalhista com execução aparelhada no mesmo.

Em verdade, não há que se falar em ajuste ao incidente do concurso particular de credores, que se dá, no processo comum, entre os credores com penhora sobre o bem vendido. É que predomina, como mencionado nas premissas deste tópico, o informalismo e a simplificação. Objetiva-se, pois, com esta definição, admitindo-se o abandono por parte dos credores trabalhistas que não têm, em seus processos, penhora sobre o bem vendido, simplificar, em tese, todas as execuções.

Assim, o próprio concurso de credores, em sua feição comum, no que tange ao mesmo bem penhorado, também é simplificado, procedendo-se a venda somente em um dos processos.

Em seguida ao rateio — isonômico entre credores empregados e avulsos —, caso haja crédito remanescente nos autos, dar-se-á prioridade, observando-se os mesmos critérios acima, no pagamento dos créditos trabalhistas devidos a credores não empregados ou a eles equiparados — pequenos empreiteiros, inclusive honorários de todos os matizes; depois previdenciários oriundos de processo trabalhista etc.

Não há que se falar, quanto aos procedimentos acima, em penhora no rosto dos autos, que se dá nos moldes do art. 674 do CPC: "quando o direito estiver sendo pleiteado em juízo, averbar-se-á no rosto dos autos a penhora que recair nele e na ação que lhe corresponder, a fim de se efetivar nos bens que forem adjudicados ou vierem a caber ao devedor". É que a penhora no rosto dos autos se realiza quando o devedor, que não garantiu a execução, é credor em outro processo no qual é autor. Deste modo, pode o seu credor solicitar ao juízo em que corre a execução contra este devedor, que determine a penhora no rosto dos autos do processo em que o seu devedor é autor e há a possibilidade de ser a este atribuído valor ou bem.

Conclusão

À guisa de conclusão, faz-se necessário registrar que a Justiça do Trabalho é incompetente, nos termos do art. 114 da Constituição Federal, para processar e julgar qualquer concurso de credores, mesmo o particular ou de preferência, que não envolva credor que tenha título executivo consubstanciado em sentenças trabalhistas ou em título definido no art. 876 da CLT.

O concurso particular de credores, não fulcrado em título executável na Justiça do Trabalho, deve ser promovido na Justiça Comum, que solicitará à Justiça do Trabalho a remessa de valores que sobejarem de suas execuções e que sejam devidos a credor não escorado em título executivo trabalhista.

Este concurso, caso formulado na Justiça do Trabalho, por credor com fundamento em execução aparelhada na Justiça Comum, ou antes da certeza de haver valor remanescente nos autos trabalhistas, não deve ser admitido. Mesmo o credor hipotecário, ou outro credor com garantia real, deve mover a ação de execução respectiva na Justiça Comum, que, no momento processual próprio — após a penhora do mesmo bem a ser vendido na Justiça do Trabalho —, solicitará a remessa de valores, porventura, sobejantes em execução trabalhista, para resolução do incidente na Justiça Comum.

Na Justiça do Trabalho, é admissível o concurso particular de credores consubstanciados em título executável na Justiça do Trabalho, devendo haver um rateio isonômico entre os participantes. O concurso particular, conhecido e veiculado, em processo do trabalho, por "pedidos de abandonamento", dá-se na forma dos arts. 711 e 712 do CPC, com adaptações ou compatibilizações ao processo trabalhista.

Contudo, o crédito trabalhista não está sujeito ao concurso universal de credores (art. 748 e seguintes do CPC) contra não empresário ou que não seja sociedade empresária, pois não há norma constitucional que assim o defina, sendo a competência em razão da matéria, mesmo que declarada a insolvência do devedor na Justiça Comum, a firmada no art. 114 da CF, ou seja, da Justiça do Trabalho, prosseguindo-se, pois, as execuções trabalhistas, não havendo qualquer repercussão do concurso universal de credores em tal hipótese, quanto aos feitos trabalhistas. Por outro lado, o Supremo Tribunal Federal definiu que o crédito trabalhista está sujeito, em caso de falência, a concurso universal, no Juízo falimentar.

Aliás, esta é a única limitação do superprivilégio do crédito trabalhista no sistema brasileiro, que define, mesmo na hipótese de falência, a prioridade de pagamento do crédito até 150 salários mínimos, sendo considerado como quirografário valor a maior. Todavia, até os 150 salários mínimos na falência, e, no mais, quanto a qualquer outro valor, em qualquer concurso, o crédito trabalhista é privilegiado.

O privilégio do crédito trabalhista, alimentar por excelência, leva à conclusão de que o concurso particular de credores trabalhistas deve ser pautado no rateio isonômico entre credores trabalhistas com execução aparelhada, sendo desnecessárias sucessivas penhoras sobre o mesmo bem, para a participação no concurso. Após a venda do bem, os valores devem ser rateados, isonômica e proporcionalmente, entre todos os credores trabalhistas com crédito em execução, observando-se as forças do bem vendido. Apenas o que sobejar é remetido para o concurso de credores na Justiça Comum.

Certamente, o princípio da dignidade da pessoa humana exige que se privilegie tal crédito, sem o qual o homem não atinge o patamar de ser considerado digno. Trabalhador sem salário, e, por conseguinte, sem suas verbas trabalhistas, na sua intimidade, família ou grupo social, é considerado em situação de indignidade. Privilegiar o crédito trabalhista é fundamental para concretizar o princípio constitucional da dignidade da pessoa humana, pedra angular do sistema constitucional brasileiro. No dizer bíblico, nas palavra de Jesus Cristo: "digno é o trabalhador de seu salário" (Lc 10. 7).

Aspectos Polêmicos e Atuais da Prova no Processo do Trabalho à Luz da Moderna Teoria Geral do Processo

Mauro Schiavi[*]

1. Do conceito de prova no processo do trabalho

Não é tarefa das mais fáceis elaborar um conceito de prova no processo, diante da complexidade do tema e de sua repercussão prática.

A palavra prova é originária do latim *probatio*, que, por sua vez, emana do verbo *probare*, com o significado de examinar, persuadir, demonstrar[1].

Para *Giuseppe Chiovenda*[2]:

> Provar significa formar a convicção do juiz sobre a existência ou não de fatos relevantes do processo.

Diante da importância da prova para o processo, *Carnelutti* chegou a afirmar que as provas são *o coração do processo*, pois é por meio delas que se definirá o destino da relação jurídica processual.

No nosso sentir, provas são os instrumentos admitidos pelo Direito como idôneos, a demonstrar um fato ou um acontecimento, ou, excepcionalmente o direito, que interessa à parte no processo, destinados à formação da convicção do órgão julgador da demanda.

(*) Juiz do Trabalho na 2ª Região. Mestre em Direito das Relações Sociais pela PUC/SP. Doutorando em Direito do Trabalho pela PUC/SP. Professor do Complexo Jurídico Damásio de Jesus. Professor Convidado do Curso de Pós-Graduação da PUC/SP (Cogeae). Autor, dentre outros, dos livros *Manual de direito processual do trabalho*. 3. ed. São Paulo: LTr, 2010, e *Provas no processo do trabalho*. São Paulo: LTr, 2010.

(1) MINHARRO, Erotilde Ribeiro Santos. In: MACHADO, Costa; ZAINAGHI, Domingos Sávio (coords.). *CLT interpretada*. Artigo por artigo, parágrafo por parágrafo. Barueri: Manole, 2007. p. 771.

(2) CHIOVENDA, Giuseppe. *Instituições de direito processual civil*. 3. ed. Campinas: Bookseller, 2002. v III, p. 109.

Nem o Código de Processo Civil, tampouco a CLT definem o conceito de prova. Entretanto, o art. 332 do CPC menciona quais meios são destinados à prova das alegações em juízo. Assevera o referido dispositivo legal:

> Todos os meios legais, bem como os moralmente legítimos ainda que não especificados neste Código, são hábeis para provar a verdade dos fatos, em que se funda a ação ou defesa.

Desse modo, além dos meios legais de prova elencados no Código de Processo Civil, há a admissão de qualquer meio moralmente legítimo de prova, vale dizer: o meio probatório que não atente contra a moral e os bons costumes. Com isso, nota-se a amplitude probatória que consagra o Código de Processo Civil, a fim de facilitar o acesso do cidadão à Justiça e a possibilidade de demonstrar a veracidade de suas alegações em juízo.

Além disso, diante da constante mudança dos costumes da sociedade, da evolução da tecnologia e da própria ciência processual, a cada dia surgem novos instrumentos e meios de prova que podem ser utilizados em processos, mas que não estão catalogados na lei processual.

Os meios de prova são os instrumentos legais ou admissíveis em Direito para se demonstrar a veracidade das alegações em juízo, como exemplos o depoimento pessoal, a confissão, a perícia etc.

As fontes da prova são os fatos naturais ou humanos que tenham relevância na esfera jurídica, bem como as coisas corpóreas ou incorpóreas existentes na natureza ou criadas pelo homem, das quais se originam os meios de prova.

Objeto da prova significa o que se pretende demonstrar em juízo e também o que é possível de demonstração no processo.

O objeto da prova são os fatos, pois o Direito deve ser conhecido pelo Juiz (*juria novit curia*), exceto as exceções do art. 337 do CPC.

De outro lado, não são todos os fatos que devem ser provados no processo. Somente os fatos que se relacionam com a lide e sobre eles haja controvérsia. Vale dizer: se provam os fatos pertinentes e controvertidos.

O fato a ser provado deve ser relevante e pertinente ao esclarecimento do processo, ou seja, que possa influir na convicção do Juiz. Além disso, há necessidade de que haja controvérsia sobre sua existência. Vale dizer: que o fato seja afirmado por uma parte e contestado pela outra.

O fato probando controvertido é o afirmado por uma parte e contestado pela parte contrária. Os fatos não controvertidos, como regra geral, não são objeto da prova, pois admitidos como verdadeiros no processo. Não obstante, situações há em que mesmo o fato não contestado pode ser objeto de prova, por exemplo: os fatos que não parecem verossímeis segundo o que ordinariamente acontece ou fora do padrão médio da sociedade, e também os fatos impossíveis ou pouco prováveis.

2. DA VERDADE PARA FINS DO PROCESSO DO TRABALHO: A SUPERAÇÃO DOS CONCEITOS DE VERDADE REAL E FORMAL

A obtenção da verdade é o motivo e a finalidade última da prova no processo. Nesse sentido é expressivo o art. 332, do CPC, quando assevera: Todos os meios legais, bem como os moralmente legítimos, ainda que não especificados neste Código, são hábeis para provar *a verdade dos fatos*, em que se funda a ação ou a defesa (o destaque é nosso).

No dizer de Mittermaier, a verdade é a concordância entre um ato ocorrido na realidade sensível e a ideia que fazemos dele.

Na clássica visão de Carrara, *a certeza está em nós; a verdade está nos fatos*.

Pensamos que a definição de verdade para fins processuais significa: *acontecimento que ocorreu na realidade, o qual não fora objeto de alteração por vontade humana ou alterado em razão de erro na sua percepção*.

A doutrina clássica costuma realizar uma divisão da verdade em *real* (também chamada substancial) e *formal* (também chamada processual ou verossimilhança). Verdade real é aquilo que aconteceu na realidade, independentemente da vontade humana. Verdade formal é a verossimilhança, ou seja, a verdade que se extrai dos autos do processo.

Como bem observa Carlos Zangrando[3], "a verdade material é factual, ou real. Depreende aquilo que efetivamente acontece ou aconteceu. É fato imutável e independe da observação do agente. Por verdade formal se entenda aquela indagação baseada nas formas, que se busca mediante normas jurídicas e não apenas pela lógica, e unicamente em virtude dessas normas jurídicas substitui a verdade material".

Durante muito tempo, a doutrina defendeu que no processo penal se persiga a verdade real (ou substancial), pois os interesses envolvidos são indisponíveis. Já no processo civil, que lida, em regra, com interesses disponíveis (patrimoniais), é suficiente ao julgamento a verdade formal. Desse modo, na esfera cível, o Juiz poderá julgar com base em regra de ônus da prova, presunções, sem a necessidade de investigação mais profunda da verdade.

Tanto o processo civil como o trabalhista lidam com direitos fundamentais do cidadão como o patrimônio e muitas vezes os próprios direitos da personalidade, o que justifica também a busca da verdade real.

A obtenção da verdade real, inegavelmente, atende aos princípios de justiça e efetividade do processo, sendo, portanto, um dos escopos da jurisdição que é pacificar o conflito com justiça. Desse modo, a moderna doutrina defende a tese da superação da diferenciação entre verdade real e formal, dizendo que a verdade é uma só, a real, mas esta é praticamente impossível de ser atingida. Não obstante, todos que atuam no

---

(3) *Processo do trabalho*. São Paulo: LTr, 2009. v. 1, p. 680.

processo, principalmente o julgador, devem envidar esforços para se chegar ao acertamento mais próximo da realidade (verdade substancial).

Nesse sentido bem adverte Daniel Amorim Assumpção Neves[4]:

> O melhor resultado possível do processo — que se entende mais apto a ocorrer com a ampla produção de prova — diz respeito a qualquer processo, seja ele penal ou cível, considerando-se que a qualidade da prestação jurisdicional será sempre o valor supremo a ser buscado em todo o processo judicial, independentemente do direito substancial que se está debatendo em juízo. A verdade alcançável no processo será sempre uma só, nem material nem formal, mas processual, ou seja, aquele que decorrer da mais ampla instrução probatória possível, o que deve ocorrer independentemente da natureza do processo ou ainda da espécie de direito substancial debatido.

No mesmo sentido argumentam Luiz Guilherme Marinoni e Sérgio Cruz Arenhart[5]:

> A ideia de verdade formal é, portanto, absolutamente inconsistente e, por essa razão, foi (e tende a ser cada vez mais), paulatinamente, perdendo seu prestígio no seio do processo civil. A doutrina mais moderna nenhuma referência mais faz a esse conceito, que não apresenta qualquer utilidade prática, sendo mero argumento retórico a sustentar a posição de inércia do juiz na reconstrução dos fatos e a frequente dissonância do produto obtido no processo com a realidade fática.

De outro lado, diante do princípio da inafastabilidade da jurisdição e da necessidade de se proferir uma decisão no processo, pois o atual sistema constitucional não admite o chamado *non liquet*, não é possível que o processo fique aguardando a obtenção da verdade real. Caso tal fosse autorizado, comprometeria a duração razoável do processo e inviabilizaria a tomada de decisão. Além disso, diante das divergências dos fatos invocados no processo pela partes, das vicissitudes que enfrenta o processo e da falibilidade humana na interpretação dos fatos, é tarefa das mais difíceis para o julgador apurar a verdade real. De outro lado, o próprio julgador realiza valoração subjetiva dos fatos e da realidade.

Como bem adverte Gildo dos Santos[6]:

> É evidente que essa busca da verdade real nem sempre atinge seu desiderato. As mais das vezes nos processos se encontra não a verdade real, porém a verdade que as partes conseguem trazer para os autos. Uma vez estabelecida a coisa julgada, chama-se, a essa certeza que a Justiça fixa, de verdade legal, isto é, a verdade que o direito quer que seja respeitada como tal, por razões de necessidade da própria ordem jurídica e social. Afinal, a busca

---
(4) *Manual de direito processual civil*. São Paulo: Método, 2009. p. 355.
(5) *Prova*. São Paulo: RT, 2009. p. 33.
(6) *A prova no processo civil*. 3. ed. São Paulo: RT, 2009. p. 25.

incessante e interminável da verdade real levaria os processos a se eternizarem, constituindo esse aspecto um fator de denegação de justiça pela falta de solução dos conflitos de interesse. Nem mesmo essa eternização, se possível, garantiria que se encontrasse a verdade real. Também não somos pessimistas. Muitas vezes a verdade que está nos autos é a verdade real. O que desejamos registrar é que o direito processual busca a verdade real, todavia contenta-se com a verdade formal, principalmente nas causas patrimoniais.

Diante do exposto, conclui-se:

a) a finalidade da jurisdição é a obtenção da verdade real;

b) está superada a diferenciação entre verdade real e formal;

c) devem ser envidados esforços no processo para se obter a verdade real ou substancial;

d) diante da necessidade da decisão, da tramitação do processo em tempo razoável, e da subjetividade que envolve a interpretação da realidade, o julgador deve julgar em compasso com a melhor verdade possível de ser obtida no processo.

3. Direito à prova como expressão do direito fundamental ao acesso à justiça

A Constituição Federal não consagra expressamente o direito à prova como um direito fundamental, entretanto, inegavelmente, ela está inserida na cláusula do devido processo legal, como expressão do princípio do acesso à justiça, e dos contraditório e ampla defesa, previstos no art. 5º, da Constituição.

Além disso, o direito à prova transcende o aspecto individual para adquirir feição publicista, pois não interessa somente às partes do processo, mas também a toda a sociedade que os fatos discutidos em juízo sejam esclarecidos.

Como bem adverte José Roberto dos Santos Bedaque[7]:

> O direito à prova é componente inafastável do princípio do contraditório e do direito de defesa. O problema não pode ser tratado apenas pelo ângulo do ônus (art. 333 do CPC). Necessário examiná-lo do ponto de vista da garantia constitucional ao instrumento adequado à solução das controvérsias, dotado de efetividade suficiente para assegurar ao titular de um interesse juridicamente protegido em sede material a tutela jurisdicional.

Portanto, o direito à prova constitui garantia fundamental processual e também um direito fundamental da cidadania para efetividade do princípio do acesso à justiça e, acima de tudo, o acesso a uma ordem jurídica justa.

---

(7) *Poderes instrutórios do juiz*. 4. ed. São Paulo: RT, 2009. p. 23.

Com efeito, dispõe o art. 5º, XXXV, da Constituição Federal:

a lei não excluirá da apreciação do Poder Judiciário lesão ou ameaça a direito.

4. DA VALORAÇÃO DA PROVA NO PROCESSO DO TRABALHO

O Juiz, como destinatário da prova, tem ampla liberdade para valorá-las, segundo o princípio da persuasão racional, ou livre convencimento motivado, que vigora em sede processual civil, *ex vi*, do art. 131, do CPC, *in verbis*:

O juiz apreciará livremente a prova, atendendo aos atos e circunstâncias constantes dos autos, ainda que não alegados pelas partes; mas deverá indicar, na sentença, os motivos que lhe formaram o convencimento.

Diante do que dispõe o referido dispositivo legal, o Juiz pode firmar sua convicção com qualquer elemento de prova constante dos autos, ainda que não alegado na inicial ou na contestação. Por isso, qualquer prova constante dos autos é apta a firmar a convicção do Juiz. De outro lado, por mandamento constitucional (art. 93, IX, da CF), e da lei processual civil, deve o julgador mencionar na fundamentação da sentença, qual ou quais provas existentes nos autos lhe formaram a convicção.

No aspecto, destacamos as seguintes ementas:

Juiz — Apreciação das provas — Valoração — Princípio da persuasão racional — Inteligência do art. 131 do CPC. O Juiz, ao apreciar os pedidos valorando as provas, tem ampla liberdade de verificar sua pertinência, principalmente no processo laboral, cujo objetivo maior é alcançar a verdade real. Cabe-lhe, sim, inclusive por expressa disposição legal, conforme o art. 131 do CPC, de aplicação subsidiária no processo laboral, restringir--se aos elementos existentes nos autos, inclusive para aquilatar a qualidade da prova, a coerência intrínseca com os fatos alegados, em conformidade com o art. 818 da CLT e art. 333 e incisos, do CPC. Ora, o objetivo desta não é senão outro do que formar a convicção do Órgão Julgador, sempre, repita-se, fulcrado no princípio da persuasão racional. (TRT 15ª R. — 2ª T. — Rel. Des. Luís Carlos Cândido M. S. da Silva — DJ n. 222 — 28.11.08 — p. 36 — RO n. 417/2007.081.15.00-0) (RDT n. 3 — março de 2009).

Valoração da prova — Princípio do livre convencimento motivado do juiz. A lei assegura ao magistrado ampla liberdade na direção do processo (art. 765 da CLT) devendo, no exercício da função jurisdicional, sopesar os elementos probantes trazidos aos autos para a formação de seu convencimento e analisar os fatos dentro de um contexto e segundo critérios de razoabilidade crítica, na forma do art. 131 do CPC. (TRT 10ª R. — 1ª T. — RO n. 1228/2007.017.10.00-9 — Relª Juíza Maria Regina M. Guimarães — DJ 23.5.08 — p. 434) (RDT n. 7 — julho de 2008)

Valoração das provas — Princípio do livre convencimento. O Juiz é livre para firmar sua convicção sobre o valor das provas. Consagra-se o princípio pelo art. 131 do CPC e implicitamente pelos arts. 765 e 832 da CLT. Nesta linha, as alegações das partes não são suficientes para demonstrar a verdade ou não de determinado fato, devendo ser levados ao conhecimento do magistrado e provados, conforme dicção da melhor doutrina "fatos não provados são inexistentes no processo" (LEITE, Carlos Henrique Bezerra. *Curso de direito processual do trabalho*. 3. ed. São Paulo: LTr, p. 415). Há ainda a problemática sobre quem deve provar, simplificada no art. 818 da CLT, que estabelece: "o ônus de provar as alegações incumbe à parte que as fizer"; coube ao CPC sanar a lacuna legal, determinando que o autor cuida dos fatos constitutivos e o réu dos impeditivos, extintivos e modificativos (art. 333). Assim, se o autor não se desincumbe de provar aquilo que pretende, seja pela fragilidade das provas ou pela ineficácia da tentativa, resta o desprovimento do apelo. (TRT 3ª R. — 8ª T. — RO n. 138/2007.055.03.00-5 — Rel. Paulo Maurício R. Pires — DJ 1º.9.07 — p. 21) (RDT n. 10 – out. 2007).

Valoração das provas. Inexiste no processo do trabalho a pré-tarifação das provas, sendo o julgador livre para apreciá-las na formação de seu convencimento dentro da flexibilização que lhe autoriza a lei, observado o princípio da persuasão racional, mediante fundamentação da decisão, como exigem o inc. IX, art. 93 da Constituição da República e o art. 131 do CPC. (TRT 3ª R. — 2ª T. — RO n. 46/2007.045.03.00-8 — Rel. Marcio Flavio S. Vidigal — DJ 8.8.07 — p . 7) (RDT n. 9 — set. 2007).

Não há, no ordenamento jurídico processual vigente, uma regra preestabelecida para valoração da prova pelo Juiz. Entretanto, o magistrado deve considerar a prova existente nos autos. Não havendo prova nos autos, ainda que o juiz possa estar convencido da veracidade de algum fato, não poderá julgar com base em convicção íntima ou pessoal.

De outro lado, pensamos deva o Juiz valorar a prova no conjunto, considerando o ônus de cada parte, a verossimilhança das alegações, a dificuldade probatória, a razoabilidade e o que ordinariamente acontece. Outrossim, a prova se valora pela qualidade e não pela quantidade.

Como já assinalado, deve o Juiz sopesar todas as circunstâncias dos autos, principalmente o Juiz do Trabalho que lida, preponderantemente, com matéria fática e analisa provas orais.

5. DO COMPORTAMENTO DAS PARTES E TESTEMUNHAS NO PROCESSO DO TRABALHO COMO ELEMENTO DE VALORAÇÃO DA PROVA E FORMAÇÃO DO CONVENCIMENTO JUDICIAL

No processo do trabalho, diante do princípio da oralidade, que determina que as provas sejam produzidas em audiência e que há preponderância da matéria fática em razão da própria essência da relação de trabalho que tem como um dos vetores o princípio da primazia da realidade, a prova oral tem papel essencial.

Não há no ordenamento jurídico processual, uma regra específica sobre a influência do comportamento das partes e testemunhas na formação do convencimento das partes, não obstante o referido art. 131 do CPC assevera que "O juiz apreciará livremente a prova, atendendo aos *atos e circunstâncias constantes dos autos*, ainda que não alegados pelas partes", o que, certamente, inclui a avaliação do comportamento das partes no processo.

O comportamento das partes no processo, e em audiência pode influir, significativamente, na convicção do Juiz do Trabalho. Desse modo, a personalidade, o grau de humildade ou arrogância, a cooperação com a justiça, a firmeza no depoimento, a segurança ou insegurança ao depor, a boa-fé, a honestidade dos litigantes, dentre outros comportamentos, devem ser consideradas pelo órgão julgador.

Atualmente, diante do atual panorama do Judiciário Trabalhista, com um número enorme de processos e, muitos deles com pretensões fora da realidade, ou abuso no direito de defesa, a lealdade da parte pode influir, decisivamente, na convicção do julgador sobre os fatos do processo, e até mesmo no deferimento ou indeferimento da pretensão.

Como destaca Isolde Favaretto[8]:

> Pode o juiz se apropriar não só do que contém o corpo processual, mas, sobretudo, daquilo que é a essência para este convencimento e que não está escrito, mas foi percebido pelo julgador através de suas observações quanto às manifestações e comportamentos das partes não traduzidas no papel que se poderia chamar de *fumus* processual. Está inserida nesta linha uma sensibilidade de quem julga, cujo teor é mais de aplicabilidade prática do que pelo conhecimento da teoria.

No mesmo sentido sustenta Marcos Destefenni[9]:

> O tema, contudo, nos parece bastante complexo e suscita um estudo multidisciplinar, pois o comportamento da parte pode ser analisado de diferentes perspectivas. De lembrar que a lei já valora várias situações do comportamento da parte. Podem citar, por exemplo, o fato de a parte se negar a depor. Essa inércia é valorada juridicamente, pois da negativa em depor é possível extrair-se uma *confissão ficta*. A doutrina costuma lembrar, também, da relevância do comportamento processual da parte que nega submeter-se à inspeção judicial. Não há, no caso, tecnicamente, uma confissão. Mas, com toda certeza, trata-se de situação que deve ser considerada e valorada pelo juiz no momento da decisão. Outro aspecto recentemente disciplinado pela lei, referente ao comportamento da parte como meio de prova, está no art. 232 do CC, que determina o juiz a valoração da recusa à perícia médica. Como se vê, o comportamento da parte deve ser valorado pelo julgador.

O comportamento da testemunha deve ser sopesado pelo Juiz como elemento de prova. Como bem destaca Luciane Cardoso[10]:

> O comportamento processual das partes deve ser visto como meio de prova. As atividades das partes possuem relevância como elementos aptos a formar a convicção do juiz, ou seja, como instrumentos instrutórios especialmente

---

(8) *Comportamento processual das partes como meio de prova*. Porto Alegre: Acadêmica, 1993. p. 53.
(9) *Curso de processo civil*. São Paulo: Saraiva, 2009. v. 1, t. II, p. 113.
(10) CARDOSO, Luciane. *Prova testemunhal*: uma abordagem hermenêutica. São Paulo: LTr, 2001. p. 132.

no que dizem respeito à licitude ou não de tal comportamento. O comportamento processual das partes deve ser expressão do dever de veracidade que corresponde a um princípio do processo relacionado ao Estado e às partes. O primeiro, através do juiz, pode coibir a má-fé, e as partes, pelo princípio dispositivo, devem dispor de suas armas com boa-fé. Baseia-se na *exceptio doli*, espécie de cláusula geral do processo que inadmite a conduta contrária à boa-fé. O sistema oral coloca uma nítida possibilidade de contato do Juiz com a parte na audiência, no momento do interrogatório da própria parte e das testemunhas.

Por isso, estamos convencidos de que o princípio da identidade física do juiz deve ser implementado e impulsionado no processo do trabalho para que a valoração da prova seja realizada com efetividade e a decisão reflita justiça e realidade.

6. DA APLICAÇÃO DO PRINCÍPIO IN DUBIO PRO OPERARIO NA VALORAÇÃO DA PROVA PELO JUIZ DO TRABALHO

O princípio protetor é o fundamento e a finalidade última do Direito Material do Trabalho, pois há necessidade de se conferir proteção jurídica do trabalhador para compensar as desigualdades reais que este apresenta em face do empregador.

Ensina Américo Plá Rodriguez: o fundamento do princípio protetor está ligado à própria razão de ser do Direito do Trabalho. Historicamente, o Direito do Trabalho surgiu como consequência de que a liberdade de contrato entre pessoas com poder e capacidade econômica desiguais conduzia a diferentes formas de exploração. Inclusive oas mais abusivas e iníquas. O legislador não pôde mais manter a ficção de igualdade existente entre as partes do contrato de trabalho e inclinou-se para uma compensação dessa desigualdade econômica desfavorável ao trabalhador com uma proteção jurídica a ele favorável. O Direito do Trabalho responde fundamentalmente ao propósito de nivelar desigualdades.

Como dizia Couture: o procedimento lógico de corrigir desigualdades é o de criar outras desigualdades.

O princípio protetor se desdobra em três regras básicas: a) regra da norma mais benéfica: no choque entre duas normas que regulamentam a mesma matéria, deve-se prestigiar a regra que favoreça o empregado; b) regra da condição mais benéfica ou de direito adquirido do empregado: Segundo Plá Rodriguez, trata-se de um critério pelo qual a aplicação de uma nova norma trabalhista nunca deve servir para diminuir as condições mais favoráveis em que se encontrava um trabalhador. Nosso Direito do Trabalho encampou esta regra no art. 468, da CLT e no Enunciado n. 51 do C. TST; c) regra do *in dubio pro operario*: quando a norma propiciar vários sentidos de interpretações possíveis, deve-se prestigiar a interpretação mais favorável ao empregado. Segundo a doutrina dominante, esse critério não se aplica no terreno processual, devendo o juiz, em caso de dúvida, julgar contra o litigante que detinha o ônus probatório. A doutrina alinha outros princípios fundamentais do Direito do Trabalho, como os princípios da primazia da realidade, da continuidade da relação de emprego, da irrenunciabilidade de direitos, da irredutibilidade de salários, da boa-fé, da razoabilidade, da dignidade da pessoa humana, da justiça social e da equidade.

Nesse sentido é a posição de Trueba Urbina quando assevera que tanto as normas substantivas como as processuais são essencialmente protecionistas e tutelares dos trabalhadores.

Para Couture o primeiro princípio fundamental do processo trabalhista é relativo ao fim a que se propõe, como "procedimento lógico de corrigir as desigualdades" criando outras desigualdades. O Direito Processual do Trabalho é elaborado totalmente com o propósito de evitar que o litigante mais poderoso possa desviar e entorpecer os fins da Justiça.

Como mencionado anteriormente, o Juiz do Trabalho é livre para apreciar a prova, segundo o princípio do livre convencimento motivado ou da persuasão racional (arts. 765, da CLT e 131 do CPC). Diante deste princípio, o juiz pode firmar o seu convencimento tomando em consideração qualquer elemento de prova que exista no processo, mas deve sempre mencionar qual prova ou provas que o levaram a tal convicção.

Situações existem em que o Juiz se depara com a chamada prova dividida, ou "empatada", que não possibilita ao julgador saber qual versão está realmente verossímil.

Alguns autores asseveram que o Juiz nunca se encontrará na referida situação de dúvida, pois sempre terá subsídios para firmar o convencimento e poderá distinguir qual prova foi superior, tanto no aspecto qualitativo como quantitativo.

Efetivamente, acreditamos, inclusive por experiência própria, que há situações em que o juiz se encontra diante da chamada prova dividida e em dúvida sobre qual prova é melhor, necessitando adotar critérios para o "desempate", uma vez que, por dever de ofício, deve proferir a decisão.

A doutrina costuma apontar alguns critérios para a decisão do juiz quando ele se encontra em dúvida sobre a matéria probatória produzida nos autos.

Podemos elencar, segundo a melhor doutrina, os seguintes critérios que nortearão o Juiz na situação de dúvida sobre a valoração da prova ou diante da chamada prova dividida:

  a) aplicação do princípio *in dubio pro operario* ao Processo do Trabalho;

  b) impossibilidade de aplicação do princípio *in dubio pro operario* ao Processo do Trabalho, devendo o juiz decidir contra quem detinha o ônus da prova;

  c) aplicação pura e simples do Princípio da Persuasão Racional (art. 131 do CPC).

Defendendo a aplicação do princípio *in dubio pro operário* na valoração da prova, temos a posição de Cesarino Júnior[11] quando assevera:

> Na dúvida, isto é, quando militam razões pró e contra, é razoável decidir a favor do economicamente fraco, num litígio que visa, não a satisfazer ambições, mas a prover as necessidades imediatas da vida. Isto é humano, isto atende ao interesse social, ao bem comum. Nada tem de ousado, ou de classista. Classista seria sempre decidir a favor do empregado, com dúvidas ou sem dúvidas, com a lei, sem a lei ou contra a lei.

Defendendo a inaplicabilidade do princípio *in dúbio pro misero* na valoração da prova temos a posição de Francisco Ferreira Jorge Neto e Jouberto de Quadros Pessoa Cavalcante[12]:

> Na avaliação da prova, o juiz não deve aplicar o princípio *in dúbio pro operario*. O direito processual do trabalho é um dos ramos do Direito Público, onde se tem extrema aplicação do princípio da legalidade (o operador do direito só pode aplicar o que é permitido pelo ordenamento jurídico). As regras processuais informadoras do ônus probatório devem ser observadas pelo juiz, sob pena de violação do devido processo legal. Na dúvida, o juiz deve sentenciar ou despachar de acordo com o ônus probatório.

No nosso sentir, o critério para valoração da prova deve ser discricionariamente avaliado pelo Juiz, não podendo a doutrina ou a jurisprudência tarifar um critério para o Juiz se nortear quando estiver diante de dúvida.

A própria existência da dúvida já se torna um elemento de valoração da prova, que é pessoal do Juiz. Por isso, mesmo em caso de dúvida, deve o Juiz aplicar o critério de valoração que entenda correto, segundo as circunstâncias do caso concreto.

Não obstante, em caso de dúvida, o Juiz do Trabalho deva procurar a melhor prova, inclusive se baseando nas regras de experiência do que ordinariamente acontece, intuição, indícios e presunções. Somente se esgotados todos os meios de se avaliar qual foi a melhor prova, aí sim poderá optar pelo critério de aplicabilidade ou não do princípio *in dubio pro operario* como razão de decidir.

Como destaca com propriedade Estêvão Mallet[13]:

> A possibilidade da livre apreciação da prova, um dos cânones do vigente sistema processual brasileiro, constitui máxima antiga e bem conhecida, mencionada no art. 131 do CPC, e largamente proclamada pela jurisprudência trabalhista, tendo em vista, sobretudo, o princípio da primazia da realidade, que impõe particular cautela na atribuição de valor a documentos e a atos formais.

---

(11) In: TEIXEIRA FILHO, Manoel Antonio. *A prova no processo do trabalho*. 8. ed. São Paulo: LTr, 2003. p. 151.
(12) *Direito processual do trabalho*. 4. ed. Rio de Janeiro: Lumen Juris, 2009. p. 696.
(13) MALLET, Estêvão. *Procedimento sumaríssimo trabalhista*. São Paulo: LTr, 2002. p. 60.

Reconhecemos, no entanto, que é predominante na doutrina e jurisprudência, que não se aplica a regra in dubio pro operario no campo probatório, devendo o Juiz do Trabalho, em caso de prova dividida, decidir o caso contra quem detinha o ônus da prova.

Nesse sentido, destacam-se as seguintes ementas:

> Prova dividida. Apresentando-se a prova dividida, a decisão deverá pautar-se pela distribuição do ônus da prova, segundo critérios legais ditados pelos arts. 818 da CLT e 333, I e II, do CPC. (TRT 9ª R. — 4ª T. — Ac. n. 2261/98 — Rela. Juíza Rosemarie Pimpão — DJPR 30.0.98 — p. 165).

> Justiça do Trabalho — Princípio da proteção do trabalhador — Ônus da prova — Inaplicabilidade. Na Justiça do Trabalho, o princípio da proteção ao trabalhador está restrito à interpretação das normas legais, não se aplicando, quanto à distribuição do ônus da prova, o preceito in dubio pro misero, sob pena de afronta ao dever de imparcialidade do juiz. (TRT 15ª R. — 1ª T. — RO n. 1775/2001.016.15.00-5 — Rel. Eduardo Benedito de O. Zanella — DJSP 10.9.04 — p. 19) (RDT n. 10 outubro de 2004)

> Prova testemunhal — Valoração. Nos casos em que a prova testemunhal restar dividida, deve prevalecer o posicionamento adotado pelo Juiz a quo, que se encontra em melhores condições de valorar os depoimentos testemunhais, com base no estado de ânimo dos depoentes no momento em que a prova foi produzida. (TRT 12ª R. — 3ª T. — RO-V n. 7496/03 — Rela. Sandra M. Wambier — DJSC 7.8.03 — p. 175) (RDT n. 9 — set. 2003)

7. DOS PODERES INSTRUTÓRIOS DO JUIZ DO TRABALHO EM BUSCA DA VERDADE

A doutrina denomina a expressão *poderes instrutórios do juiz* como a possibilidade de o juiz determinar, de ofício, a produção das provas que entende necessárias ao seu convencimento sobre os fatos da causa.

Doutrina e jurisprudência divergem quanto à possibilidade da iniciativa probatória do Juiz. A matéria é polêmica e tem gerado acirradas discussões na doutrina e jurisprudência.

A doutrina clássica se mostrou contrária à iniciativa probatória do Juiz. Nesse sentido Moacyr Amaral Santos[14]:

> Dá-se, assim, no processo probatório, uma perfeita interdependência de atribuições das partes e do juiz. Apenas aquelas não podem ter ingerência na função específica deste, de emitir provimentos relativos a qualquer dos atos probatórios e de avaliar e estimular as provas, porque, então seria transformarem-se em juízes das próprias alegações. Por sua vez, o juiz não pode, a não ser dentro do critério legal e com o propósito de esclarecer a verdade,

---

(14) SANTOS, Moacyr Amaral. *Prova judiciária no cível e comercial*. São Paulo: Saraiva, 1983. v. I, p. 259-260.

objetivo de ordem pública, assumir a função de provar fatos não alegados ou de ordenar provas quando as partes delas descuidam ou negligenciam.

Para outros doutrinadores, a iniciativa probatória possível ao Juiz é aquela de natureza complementar, em sede de excepcionalidade, por exemplo, quando a prova testemunhal restou neutralizada (entre prova e contraprova por igual número de testemunhas), tendo o juiz de primeiro grau dispensado uma testemunha de uma das partes. Em acontecendo a hipótese, haverá a possibilidade de ouvir aquela testemunha dispensada para complementar prova e firmar convicção.

No nosso sentir, diante dos princípios constitucionais do acesso à Justiça, da efetividade e dos princípios infraconstitucionais do livre convencimento do juiz e da busca da verdade, devem ser deferidos ao magistrado amplos poderes instrutórios.

Com efeito, há muito o Juiz deixou de ser um convidado de pedra na relação jurídica processual. Na moderna teoria geral do processo, ao Juiz cabe zelar pela dignidade do Processo, pela busca da verdade real e por uma ordem jurídica justa.

Isso não significa dizer que o juiz está negando vigência ao art. 844 da CLT, ou ao princípio de igualdade de tratamento às partes (art. 125 do CPC), está apenas garantindo a dignidade da justiça, da aplicação justa e equânime da lei e uma ordem jurídica justa. O entendimento acima ganha corpo no Direito Processual do Trabalho, tem o princípio do inquisitivo no que tange à iniciativa probatória do Juiz (art. 765 da CLT).

Como pondera Júlio César Bebber[15]:

> A imparcialidade que se exige do juiz é objetiva (CPC, arts. 134 e 135; CLT, art. 801), e não subjetiva, podendo ser resumida na ausência de interesse particular na causa. Imparcialidade não significa indiferença axio-lógica, e juiz imparcial não é sinônimo de juiz insensível e inerte, mas sim, de juiz que dirige o processo sem interesse pessoal. É juiz comprometido com os ideais de justiça; de juiz que procede movido pela consciência de sua responsabilidade; de juiz que não se deixa influenciar por fatores estranhos aos seus conhecimentos jurídicos, e dá ao caso desfecho que corresponde ao justo. O juiz resguardará sua imparcialidade, se ao determinar de ofício a produção de alguma prova, submeter a mesma ao contraditório, permitindo às partes que sobre ela se manifestem.

Para o Juiz do Trabalho, não há preclusão na esfera probatória, conforme o já citado art. 765 da CLT. A livre convicção do Juiz é uma garantia da cidadania, do devido processo legal e do Estado Democrático de Direito.

O juiz da atualidade não pode mais fechar os olhos diante de uma regra processual, ou vendar os olhos e prolatar uma sentença sem estar convicto (julgamento no escuro). Por isso, o juiz não pode se omitir, negligenciando a produção de alguma prova

---

(15) BEBBER, Júlio César. *Princípios do processo do trabalho*. São Paulo: LTr, 1997. p. 445.

necessária. É melhor pecar por excesso do que por omissão. O Juiz que se omite é mais nocivo que o Juiz que julga mal. Não se nega que a postura acima pode gerar risco de o Juiz se envolver subjetivamente à lide, mas, como adverte Marinoni: *não há efetividade processual sem riscos*.

Sob outro enfoque, cumpre destacar que a finalidade do processo é a justa composição da lide, aproximando-se da realidade, e dar a cada um o que é seu.

Nesse sentido, ensina Jorge Luiz Souto Maior[16]:

> É verdade que, sob o ponto de vista teórico, o direito processual tem avançado muito em direção à busca da produção de resultados concretos e justos na realidade. Essa mudança vem desde o início do movimento denominado movimento em prol do acesso à Justiça, encabeçada por Mauro Capelletti, tendo atingido, mais recentemente, a fase da busca pela plena efetividade da prestação jurisdicional, que pode ser traduzida pela conhecida frase de Chiovenda: "o processo deve dar, a quem tem um direito, tudo aquilo e precisamente aquilo que ele tem o direito de obter". Mas, o processo deve almejar mais, pois um processo despreocupado com a justiça das suas decisões pode simplesmente dar a cada um o que é seu, ou seja: ao rico, sua riqueza, ao pobre, sua pobreza.

De outro lado, no nosso sentir, a efetividade do processo não significa apenas decisão rápida, mas também uma decisão justa e que se aproxime da verdade real, embora esta praticamente seja inatingível.

Como adverte com propriedade Jorge Pinheiro Castelo[17]:

> O estabelecimento da verdade absoluta como correspondência total do acertamento à realidade, apenas em termos de uma função de valor-limite, possibilita que no âmbito do processo se possa falar em verdade (relativa) dos fatos como aproximação da realidade. Como já dito, o problema da possibilidade de se conhecer a verdade absoluta não é relevante para o processo. Porém, é importante a hipótese teórica da verdade absoluta como correspondência do acertamento judicial aos fatos do mundo real, visto que ela serve para estabelecer conceitualmente uma perspectiva, na qual o problema do acertamento judicial se coloca racionalmente em termos de modalidade e técnica para realizar a melhor verdade relativa, ou seja, a melhor aproximação do acertamento à realidade.

No aspecto, relevante destacar as seguintes ementas:

PODER INSTRUTÓRIO DO JUIZ NA PRODUÇÃO DA PROVA. Prova — Poder instrutório do juiz. O juiz pode se utilizar do poder instrutório que lhe conferem as normas processuais da lei adjetiva civil, de aplicação subsidiária ao processo do trabalho, e determinar a

---

(16) MAIOR, Jorge Luiz. *Temas de processo do trabalho*. São Paulo: LTr, 2000. p. 170.
(17) CASTELO, Jorge Pinheiro. *Tutela antecipada na teoria geral do processo*. São Paulo: LTr, 1999. v. I, p. 269.

confecção de prova que entenda necessária ao deslinde da controvérsia, ou que propicie a formação do seu convencimento para proferir a decisão, a teor dos arts. 130 e 131 do CPC. (TRT — 12ª R. — 3ª T. — Ac. n. 11741/99 — Rel. Juiz Osvaldo Sousa Olinger — DJSC 17.11.99 — p. 115).

PODER DIRETIVO NA PRODUÇÃO DA PROVA. Produção de provas — Poder diretivo — Nulidade da decisão — Não ocorrência. Ao julgador é conferida ampla liberdade na direção do processo, cabendo-lhe determinar quais provas são necessárias à solução da lide (art. 765 da CLT c/c art. 130 do CPC). Não há, pois, que se falar em nulidade da sentença por cerceamento de produção de provas quando o juiz, por verificar que nos autos já existem elementos suficientes para dirimir a controvérsia, indefere provas inúteis. Trabalhador autônomo — Conceito. "Trabalhador autônomo é o que exerce, habitualmente e por conta própria, atividade profissional remunerada. Não é empregado. A autonomia da prestação de serviço confere-lhe uma posição de empregador em potencial: explora, em proveito próprio, a própria força de trabalho". (MARANHÃO, Délio. *Direito do trabalho*. 16. ed. Rio de Janeiro: Fundação Getúlio Vargas, 1992. p. 51). O ônus de provar o labor autônomo, quando admitida a prestação de serviços mas negado o vínculo empregatício, é do beneficiário da força de trabalho despendida. Contudo, havendo confissão real da reclamante, em depoimento pessoal, de ausência de subordinação, deixando clara a natureza autônoma da prestação de serviços, automaticamente a reclamada se desobriga do ônus probatório que detinha. (TRT 10ª R — 1ª T — RO n. 1041.2003.009.10.00-7 — Rel. Pedro Luis V. Foltran — DJDF 12.3.04 — p. 14) RDT n. 4 — abr. 2004.

De outro lado, como bem adverte Flávio Luiz Yarshell[18]: "(...)não será demasiado lembrar que, para além do contraditório, também a publicidade da prova é fator que inibe a prática de atos arbitrários no exercício do poder de instrução pelo juiz, garantindo a tranquilidade das partes e afastando possíveis desconfianças que rondam atividades secretas ou furtivas, aptas a propiciar ilegalidades. Além disso tudo, para que rigorosamente o contraditório seja observado, quando se cogita de produção de provas por determinação oficial do juiz deve ser assegurada às partes a possibilidade de produzirem novas provas, em função daquelas determinadas de ofício pelo magistrado, e, finalmente, de se manifestarem sobre o resultado das diligências oficiais".

No mesmo sentido é o recente art. 156 do Código de Processo Penal:

A prova da alegação incumbirá a quem a fizer, sendo, porém, facultado ao juiz de ofício: I — ordenar, mesmo antes de iniciada a ação penal, a produção antecipada de provas consideradas urgentes e relevantes, observando a necessidade, adequação e proporcionalidade da medida; II — determinar, no curso da instrução, ou antes de proferir sentença, a realização de diligências para dirimir dúvida sobre ponto relevante.

O inciso III do art. 156 do CPP, de aplicação subsidiária do processo do trabalho (art. 769, da CLT), possibilita ao Juiz do Trabalho determinar, de ofício, a produção de provas para firmar sua convicção ou para dirimir dúvida sobre ponto relevante.

---

(18) *Antecipação da prova sem o requisito da urgência e direito autônomo à prova*. São Paulo: Malheiros, 2009. p. 135-36.

Pelo exposto, concluímos que:

> Os poderes instrutórios do Juiz do Trabalho são amplos devendo sempre ser observados os princípios do livre convencimento motivado, do contraditório, da razoabilidade e proporcionalidade.

BIBLIOGRAFIA

BEBBER, Júlio César. *Princípios do processo do trabalho*. São Paulo: LTr, 1997.

BEDAQUE, José Roberto dos Santos. *Poderes instrutórios do juiz*. 4. ed. São Paulo: RT, 2009.

CASTELO, Jorge Pinheiro. *Tutela antecipada na teoria geral do processo*. São Paulo: LTr, 1999. v. I.

CARDOSO, Luciane. *Prova testemunhal*: uma abordagem hermenêutica. São Paulo: LTr, 2001.

CHIOVENDA, Giuseppe. *Instituições de direito processual civil*. 3. ed. Campinas: Bookseller, 2002. v. III.

DESTEFENNI, Marcos. *Curso de processo civil*. São Paulo: Saraiva, 2009. v. 1. t. II.

FAVARETTO, Isolde. *Comportamento processual das partes como meio de prova*. Porto Alegre: Acadêmica, 1993.

JORGE NETO, Francisco Ferreira; CAVALCANTI, Jouberto de Quadros Pessoa. *Direito processual do trabalho*. 4. ed. Rio de Janeiro: Lumen Juris, 2009.

MAIOR, Jorge Luiz Souto. *Temas de processo do trabalho*. São Paulo: LTr, 2000.

MALLET, Estêvão. *Procedimento sumaríssimo trabalhista*. São Paulo: LTr, 2002.

MARINONI, Luiz Guilherme; ARENHART, Sérgio Cruz. *Prova*. São Paulo: RT, 2009.

MINHARRO, Erotilde Ribeiro Santos. In: MACHADO, Costa; ZAINAGHI, Domingos Sávio (coords.). *CLT interpretada*. Artigo por artigo, parágrafo por parágrafo. Barueri: Manole, 2007.

NEVES, Daniel Amorim Assumpção. *Manual de direito processual civil*. São Paulo: Método, 2009.

SANTOS, Gildo dos. *A prova no processo civil*. 3. ed. São Paulo: RT, 2009.

SANTOS, Moacyr Amaral. *Prova judiciária no cível e comercial*. São Paulo: Saraiva, 1983. v. 1.

SCHIAVI, Mauro. *Manual de direito processual do trabalho*. 3. ed. São Paulo: LTr, 2010.

_____ . *Provas no processo do trabalho*. São Paulo: LTr, 2010.

TEIXEIRA FILHO, Manoel Antonio. *A prova no processo do trabalho*. 8. ed. São Paulo: LTr, 2003.

YARSHELL, Flávio Luiz. *Antecipação da prova sem o requisito da urgência e direito autônomo à prova*. São Paulo: Malheiros, 2009.

ZANGRANDO, Carlos. *Processo do trabalho*. São Paulo: LTr, 2009. v. 1.

DA LEGITIMIDADE DOS SINDICATOS PARA AS AÇÕES COLETIVAS

Thereza Cristina Nahas[(*)]

1. DOS SINDICATOS E SUA FINALIDADE

Somente se pode apreender a legitimidade dos sindicatos para representação de interesses a partir da compreensão da associação em si e que tem seu marco de nascimento pela necessidade que o ser humano tem de se unir, de se associar para a busca de um fim comum. Costuma-se identificar nas corporações de ofício, surgidas na Idade Média, o início da associação sindical. Todavia, tais entidades tinham suas próprias leis profissionais, recebiam privilégios dos reis que queriam enfraquecer o poderio dos senhores da terra e prestavam serviços de arrecadação ao erário, o que afasta a ideia de formação de uma entidade para melhoria de condição de vida dos membros que a compõem.

Foi na Revolução Francesa (1789) que sobreveio a *Loi Le Chapelier* de 14 de julho de 1791 passando a existir legislativamente o sindicalismo. Foi naquele marco histórico que a posição dos sindicatos se firmou como associação necessária e essencial à busca por melhores condições de vida ao trabalhador. Graças a luta de classes se logrou à conquista por direitos mínimos, inseridos, posteriormente, em diplomas internacionais como fundamentais.

A história Constitucional do sindicalismo no Brasil passou por uma evolução para se chegar à liberdade, mas isso não significa dizer que hoje temos a garantia da liberdade sindical, o que se reflete na representatividade destas associações.

A Constituição Imperial de 1824 aboliu as corporações de ofícios, o que faz presumir que efetivamente existiram, e assegurou a liberdade de trabalho; facultou,

---

[(*)] Juíza Federal do Trabalho (TRT da 2ª Região). Titular da 61ª Vara do Trabalho de São Paulo (SP). Mestra em Direito Processual Civil pela Pontifícia Universidade Católica de São Paulo (PUC-SP). Doutora em Direito do Trabalho pela Pontifícia Universidade Católica de São Paulo (PUC-SP). Especialista em Direito do Trabalho pela Universidade de Lisboa (Lisboa-Portugal); Pesquisador, Master e doutoranda pela Universidade Espanhola Castilla de La Mancha (Espanha). Professora de Direito do Trabalho na Fundação Álvares Penteado, nos cursos de pós-graduação da FGVlaw e PUC-SP-COGEAE, Professora no Curso de Mestrado na Fundação Eurípedes Soares da Rocha — UNIVEM-Marília/SP.

só de modo implícito, o direito a associação, mesmo porque esta decorre inevitavelmente de uma derivação histórica.

Não obstante durante o Brasil Império não houvesse ambiente propício para o desenvolvimento de sindicatos, face a situação do desenvolvimento industrial nacional, foram fundadas algumas entidades, como, por exemplo, a Liga Operária (1870) e a União Operária (1880), que tinham por finalidade a congregação e defesa dos trabalhadores. Fato curioso dessas organizações é que delas participavam pessoas alheias à atividade profissional.

No século XX passou-se a meditar sobre a significação social do sindicalismo e importância dos movimentos operários.[1]

A primeira lei sindical brasileira veio em 19.3.31 por meio do Decreto n. 19.770. Depois, diversos atos legislativos foram aprovados sobre organização sindical e, em 1934, sobreveio a Constituição Federal que impôs a adoção do princípio da pluralidade sindical, mas a regulamentação seria efetuada pelo legislador ordinário.[2] Em 10.12.37 a nova Constituição Federal impôs a adoção do princípio da unicidade sindical, subordinando os sindicatos ao Ministério do Trabalho. Esta última orientação foi fielmente seguida pelo legislador da Consolidação das Leis do Trabalho, em 1943.

Desde 1937 todas as Constituições Federais que se seguiram conservaram o princípio da unicidade sindical, de modo a não se permitir a criação de mais de um sindicato por categoria dentro da mesma base territorial.

A finalidade cardeal dos sindicatos é a defesa dos direitos e interesses dos trabalhadores, visando à sua melhor qualidade de vida. A coalisão de várias pessoas para defesa indiretamente pessoal de seus direitos e interesses, e diretamente para a defesa daqueles direitos e interesses da coletividade se faz de forma mais célere, econômica e eficaz.

A Constituição da República de 1988, no art. 8º assegura a liberdade de associação profissional ou sindical; consagra a autonomia dos sindicatos, mantendo a vinculação ao princípio do monopólio sindical de representação da categoria; e, no inciso III dispõe que caberá aos sindicatos a defesa dos direitos e interesses coletivos ou individuais da categoria.

Certamente que a leitura do dispositivo constitucional, após a maturidade a que já se chegou, leva à conclusão de que o princípio da liberdade sindical é utópico e, quiçá, não atingirá os objetivos propostos pela OIT e pela melhor doutrina acerca de direito coletivo. Mas a garantia da representatividade sindical mostra-se como um avanço. É certo que, por ser o direito de associação fundamental, assegurado nas principais cartas internacionais, ratificadas pelo Brasil, sequer necessitaria daquela previsão legislativa. Todavia, a nossa história em busca da democracia justifica a inserção

---

(1) Foram criadas várias associações de classe, como por exemplo: União dos Operários Estivadores (1903), Sociedade União dos Foguistas (1903), Associação de Resistência dos Cocheiros, Carroceiros e Classes Anexas (1906), União dos Operários em Fábricas de Tecidos (1917), Confederação Geral dos Trabalhadores (1920), entre outros.

(2) Curioso assinalar que, pouco antes da promulgação da Constituição Federal de 1934, o Decreto n. 24.694, de dezembro de 2007 do mesmo ano, previu a pluralidade sindical, mas limitou o número de sindicatos a três da mesma categoria na mesma base territorial. Entende-se por base territorial aquela dentro de um mesmo Município.

de tal garantia, esperando-se que, quando tivermos a certeza da liberdade sindical na sua forma mais pura, não necessitaremos de tantos regras para tutelar tal direito.

2. DOS INTERESSES E DIREITOS INDIVIDUAIS A TRANSINDIVIDUAIS

Importa ter em mente que vivemos sob o regime das *categorias*. Isso significa, que não há necessidade de ser o empregado ou empregador associado ao seu sindicato para que seja por ele *representado*. Tampouco por o trabalhador, ou empregador, buscar a entidade sindical que melhor represente seus interesses. A categoria concerne à profissão exercida, isto é, o trabalhador está atrelado ao objetivo social do seu empregador e, caso haja trabalhadores de profissões diferentes no mesmo local, pertencerão ao que se denomina categoria diferenciada, criando-se, assim, uma repartição interna no grupo, por imposição de lei, sendo possível que trabalhem no mesmo setor trabalhadores que pertencem à categoria do seu empregador, por exemplo, o bancário; trabalhadores que pertencem a categorias diferenciadas, por exemplo, o vigia; e trabalhadores que pertencem a empresa distinta e se encontram no mesmo ambiente em razão de um contrato de trabalho descentralizado, v. g., o faxineiro. Todos eles com representações distintas, realidades de vidas diferentes e em posições completamente divorciadas sendo causa de desagregação, fragilidade de representação sindical e motivo que coloca em crise o modelo sindical atual.

Assim define o legislador (CLT):

Art. 511. É lícita a associação para fins de estudo, defesa e coordenação dos seus interesses econômicos ou profissionais de todos os que, como empregadores, empregados, agentes ou trabalhadores autônomos ou profissionais liberais exerçam, respectivamente, a mesma atividade ou profissão ou atividades ou profissões similares ou conexas.

§ 1º A solidariedade de interesses econômicos dos que empreendem atividades idênticas, similares ou conexas, constitui o vínculo social básico que se denomina categoria econômica.

§ 2º A similitude de condições de vida oriunda da profissão ou trabalho em comum, em situação de emprego na mesma atividade econômica ou em atividades econômicas similares ou conexas, compõe a expressão social elementar compreendida como categoria profissional.

§ 3º Categoria profissional diferenciada é a que se forma dos empregados que exerçam profissões ou funções diferenciadas por força de estatuto profissional especial ou em consequência de condições de vida singulares.

§ 4º Os limites de identidade, similaridade ou conexidade fixam as dimensões dentro das quais a categoria econômica ou profissional é homogênea e a associação é natural.

Todavia, ainda que reconhecidamente enfraquecido o modelo atual, é no sindicato que podemos encontrar o respaldo ao trabalhador e é ele, por excelência, o legítimo representante dos direitos e interesses coletivos, difusos e individuais homogêneos. Não obstante o modelo nacional limitar a representação à categoria, é ele o detentor do que se pode chamar de *representação adequada,* isto é, a representação que assegura eficazmente o acesso à justiça, encarado este como "...o requisito fundamental — o mais básico dos direitos humanos — de um sistema jurídico moderno e igualitário que pretenda garantir, e não apenas proclamar o direito de todos" (CAPPELETTI: 1988, 12); e o devido processo legal, caracterizado pelo trinômio vida-liberdade--propriedade; "vale dizer, tem-se o direito de tutela àqueles bens da vida em seu sentido mais amplo e genérico. Tudo o que disser respeito à tutela da vida, liberdade ou propriedade está sob a proteção do *due process clause*" (NERY: 1996, 31).

Para atuar a *representação adequada*, necessária se faz a distinção entre direitos e interesses individuais e coletivos.[3]

Barbosa Moreira, explicando a distinção que se deve fazer, assevera que "...dada a relativa imprecisão do conceito, importa caracterizar, por suas notas essenciais, as categorias que ... suscitam uma série de problemas processuais específicos e merecem, por isso, a particular consideração dos estudiosos. Os traços básicos são: primeiro, a existência de uma pluralidade de titulares, em número indeterminado e, ao menos para fins práticos, indeterminável; segundo, a indivisibilidade de objeto do interesse, cuja satisfação necessariamente aproveita em conjunto a todos, e cuja postergação a todos em conjunto prejudica..." (1984: 98-99).

O critério a ser utilizado para diferenciar o direito coletivo do individual, é aquele que considera "...o direito subjetivo específico que foi violado" (GIDI: 1995, 21). Entretanto, não só basta voltar os olhos para o *direito subjetivo específico violado*, mas, também, considerar os principais traços supramencionados lembrados por Barbosa Moreira, bem como a inviabilidade, por razões óbvias, de se permitir a propositura conjunta em listisconsórcio, facultativo ou necessário, de determinada demanda.

Não devemos, no entanto, fazer a leitura da Constituição Federal quando se refere a direitos coletivos em sentido estrito. A imprecisão do conceito, certamente, deriva do vício que se criou em razão da representatividade sindical se fazer por categorias, mas isso não pode servir de empecilho para que se faça a leitura adequada e se entenda que a representatividade deve ser referir à defesa de direitos e interesses metaindividuais. Este não deve ser visto como um feixe de interesses individuais. O essencial para caracterizar o interesse como metaindividual é que *essencialmente ele seja metaindividual* de qualquer ângulo que se veja.

Waldirio Bulgarelli aponta importante ponto que vai caracterizar o direito e interesse metaindividual, observando que o vínculo que liga os membros do grupo nos interesses coletivos diz respeito ao homem socialmente vinculado, e não ao homem isoladamente considerado ... É o homem enquanto "membro de grupos autônomos e juridicamente definidos, tais como o associado de um Sindicato, o membro de uma família, o profissional vinculado a uma corporação, o acionista de uma grande

---

(3) Entenda-se direitos e interesses metaindividuais, pois coletivos são espécies daqueles, nos quais encontramos os individuais homogêneos e difusos. Esta classificação surgiu com o Código de Defesa do Consumidor, decorrente da necessidade, imposta pela realidade social, de se regulamentar as relações das sociedades de massas.

sociedade anônima, o condômino de um edifício de apartamentos"... Seriam, assim, tais interesses "afetos a vários sujeitos não considerados individualmente, mas sim por sua qualidade de membro de comunidades menores ou grupos intercalares, situados entre o indivíduo e o Estado" (1984, 44-45).

Portanto, quando nos reportamos ao direito individual puro, observamos a relação entre indivíduos considerados isoladamente, ainda que haja mais de um sujeito a ser tutelado ele não deixará de ser individual. Quando nos referimos ao direito individual vemos o indivíduo como um centro produtor de conhecimento e de escolha própria. Cada indivíduo tem a sua vontade baseada no seu conhecimento. Nos interesses metaindividuais o direito e o interesse devem ir além do indivíduo como centro da situação. Devemos considerar o *além do indivíduo*, o grupo como centro produtor de conhecimento e de direitos a serem tutelados. Torna-se necessário que se perca a noção do *eu*, para se considerar o *todo*. Não importará se um, ou alguns sujeitos no grupo, se sintam prejudicados por uma ação conjunta. Deve-se considerar que o coletivo necessariamente existirá além dos problemas isolada e egoisticamente considerados.

O direito do trabalho, por excelência, compreende melhor esta acepção em razão de sua própria natureza. O direito do trabalho nasce de um impulso coletivo e se forma sobre tais raízes. Foi pela ação do metaindividual, que se logrou a tutela de interesses individuais e, assim, a ciência de forma dividida basicamente em três ramos normativos: das condições de trabalho; do contrato de trabalho (direito individual) e do direito coletivo, em que o papel dos sindicatos representa o cerne da matéria.

Portanto, a representação de tais interesses pelas entidades sindicais e o respeito por essa ação deve ser vista como uma forma legítima e garantida pela Constituição Federal, inserida no âmbito da liberdade fundamental de formação e atuação de entes que têm por missão a tutela de direitos e interesses dos trabalhadores e que servirão para reequilibrar a relação individual que em seu nascimento é naturalmente desigual.

3. DA LEGITIMIDADE PARA AS AÇÕES INDIVIDUAL E COLETIVA – LEGITIMIDADE ORDINÁRIA E EXTRAORDINÁRIA

A comunhão de todos aqueles motivos faz com que o legislador reconheça a legitimidade de determinados entes para a propositura da ação coletiva, visando à defesa de interesses e direitos metaindividuais. E isso por evidentes motivos, pois o que se busca é a celeridade e economia processuais, bem como uma prestação jurisdicional mais eficaz. Observe-se, contudo, que o tipo de *tutela jurisdicional pretendida*, necessariamente será diversa daquele que se busca no âmbito da ação individual.

No âmbito coletivo, assim como no individual, distingue-se a legitimidade para a causa e para o processo: ... a legitimação *ad processum* diz respeito estritamente *à pessoa da parte, à sua capacidade de agir* em todo e qualquer processo; ao passo que a legitimação *ad causam* decorre de uma vinculação entre a parte e o *objeto da causa*, isto é, entre a parte e a *prestação jurisdicional pretendida* "naquele processo"... A legitimação *ad processum* é um *pressuposto processual*, ou seja, um requisito de *validade do processo;* a legitimação *ad causam* é condição de *exercício regular da ação*" (CARNEIRO: 2003, 28).

O direito processual tradicional serve a soluções conflituosas de natureza individual, resultando daí a clássica diferenciação entre legitimação ordinária e extraordinária. A regra é que aquele que busca a tutela estatal atue como parte (passiva ou ativa) e em defesa de direito seu, postulando em nome próprio. Daí ser a legitimidade ordinária. Poderá ocorrer, no entanto, que não haja coincidência entre aquele que afirma possuir o direito ou aquele em face de quem se faz esta afirmação, e aí se diz que ocorre a *legitimidade extraordinária*.

A autorização para que um terceiro possa pleitear direitos que não são seus em nome próprio está admitida pelo art. 6º do Código de Processo Civil e poderá ocorrer de duas formas: *representação processual e substituição processual*. O instituto é excepcional. "Isso em razão de, no polo ativo, alguém vir a juízo, em seu próprio nome, exercendo direito de ação de outrem e agindo no processo por ele, postulando sua afirmação de direito, alcançando a decisão da lide e a autoridade da coisa julgada material que sobre ela recai, atingindo exatamente aquele que, normalmente, não está presente no processo. No polo passivo, o legitimado extraordinário só não exerce o direito de ação do "legitimante", mas por ele defende-se da pretensão do autor, por ele atua no processo, onde será proferida decisão de mérito, sobre a qual pesará a coisa julgada material alcançando aquele por quem atuou" (ALVIM: 1996, 91-92).

Diz-se que há substituição processual quando aquele que a lei assim permite possa agir em nome próprio defendendo interesse do substituído. Já o representante age em nome alheio, no interesse alheio. Portanto, ambos os institutos não se confundem.[4]

A matéria não vem assim especificada na CLT, o que nos força a ir ao direito processual civil buscar tais institutos, os quais naturalmente são vivenciados no processo do trabalho.

Por muito tempo se quis imprimir ao processo coletivo as regras havidas no âmbito do CPC e, equivocadamente, se tentou solucionar questões coletivas com regras atinentes ao processo individual. Certamente a adaptação não foi positiva, sacrificando-se, muitas vezes, o processo coletivo que acabava por não atingir a finalidade ambicionada por seu âmbito de atuação. O processo coletivo não de adequa ao individual. Seus objetivos, perspectivas, finalidades e âmbito de aplicação são absolutamente distintos. Deve-se pensar no além do indivíduo para que a tutela seja adequada.

Daí ter que se entender a legitimidade para ações coletivas como *autônoma* e própria daquelas pessoas indicadas pela lei como únicas legitimadas para agir

---

(4) "O substituto processual *é parte*, age em juízo *em nome próprio*, defende em nome próprio interesse do substituído... Nos casos de representação, *parte* em juízo *é o representado, não o representante*. Assim, o pai ou o tutor representa em juízo o filho ou o tutelado, mas *parte* na ação é o representado..." (CARNEIRO, 1996, 36).

ordinariamente no interesse que se pretende tutelar. Isto ocorre com os legitimados para a ação civil pública e coletiva assim reguladas pelos arts. 5º e 82 das Leis ns. 7.347/85 e 8.078/90, respectivamente.

4. Os sindicatos nas ações coletivas

É equivocado se referir às pessoas elencadas nas leis que regulam ações coletivas como legitimados extraordinários concorrentes. Na verdade **são legitimados ordinários concorrentes para as ações coletivas,** de sorte que, se alguém individualmente propuser ação coletiva estará impedida por ausência de um pressuposto processual, qual seja, a legitimidade *ad processum*.

Os direitos trabalhistas de natureza coletiva poderão ser tutelados pela atuação dos sindicatos, além de outros legitimados como, por exemplo, o Ministério Público do Trabalho. Não olvidemos que nosso ordenamento jurídico, a CLT, se divide em dois campos, sendo um destinado ao direito individual e o outro ao direito coletivo. Naquele primeiro objetivam-se principalmente direitos ou interesses individuais e regulamentação do contrato individual do trabalho. No segundo, pressupõe-se uma relação coletiva de trabalho, ou seja, "... aquela relação entre sujeitos de direito, em que a participação dos indivíduos é, também, considerada, não, porém, como tais, e sim *como membros de uma determinada coletividade*" (MAZZONI in: MARANHÃO: 1996, 09).

O direito coletivo do trabalho tem em mira a visão dos trabalhadores como *coletividade* e não considerados individualmente[5], sendo oportuno questionarmos sobre a inadequação de se tratar de direitos coletivos por via da ação individual, situação jurídica que assistimos diariamente nas ações propostas individualmente e nas quais se pleiteia a nulidade de cláusulas que foram estabelecidas em negociação coletiva.

O sindicato, nas ações coletivas de natureza trabalhista, possui legitimidade própria das ações coletivas, à semelhança do que ocorre nas ações civil pública e prevista no Código de Proteção ao Consumidor[6].

A ação será qualificada como *coletiva* não pelo cúmulo subjetivo que se encontrar em seu polo ativo ou passivo, mas sim por se pretender com ela alcançar uma dimensão que ultrapassa a pessoa individualmente considerada. O universo a ser atingido quando transitar em julgado a sentença é metaindividual, refletindo na dimensão de interesses difusos, ou em certos grupos em que se aglutinam interesses coletivos, ou, ainda, em grupos constituídos por origem comum[7].

Importa dizer que as ações coletivas existem para beneficiar e não para reduzir a tutela de direitos, de modo que não excluem o agir individual. Caso o sujeito prefira

---

(5) Frise-se que isto não quer dizer que se exclua a proteção de certos direitos de ordem individual.
(6) Os legitimados para ações coletivas possuem legitimação autônoma, tratada nas leis que regulamentam direitos coletivos.
(7) V. MANCUSO, Rodolfo de Camargo. *Ação popular*. 2. ed. São Paulo: RT, 1996. v. 1.

agir individualmente simplesmente não será beneficiado pela decisão proferida em ação coletiva. É o sujeito livre para decidir a respeito da tutela que pretende buscar.

Não age o sindicato, em ações desta natureza, na qualidade de substituto processual. Sua ação não se confunde com os casos trazidos na lei em que, no processo individual, se permite que venha pleitear em nome próprio a defesa de direito alheio, como ocorre, por exemplo, com as questões relacionadas a pedidos de diferenças de FGTS, em que a lei autoriza a substituição processual, situação jurídica esta que será regrada pelo processo individual.

No âmbito individual, portanto, o sindicato poderá agir como legitimado extraordinário naquelas situações que a lei autoriza, quais sejam, mandado de segurança coletivo (art. 5º, LXX, *b*, da Constituição Federal); ação de cumprimento (art. 872, parágrafo único da CLT); delimitação da insalubridade (art. 195, § 2º, da CLT); aplicação da lei salarial (Lei n. 8.073/90, art. 3º); e recolhimento de depósitos fundiários (art. 25, da Lei n. 8.036/90).

No âmbito coletivo é legitimado ordinário, e somente ele o é, para as ações coletivas trabalhistas, conforme dispõe o art. 8º, III, da Constituição da República.

Devemos aplicar, como fonte formal do direito, a Lei n. 8.078/90 quando quisermos perscrutar o que são interesses coletivos, difusos e individuais homogêneos, como também, como forma de resguardo do direito individual de agir (frise-se, que não será prejudicado pelo agir coletivo); e, ainda, quanto ao alcance das decisões e coisa julgada.

Os sindicatos existem para proteger direitos coletivos, para atuar em nome da coletividade. Sempre que determinada ação ofender direitos ou interesses da coletividade é evidente que o legitimado natural para sua defesa será o sindicato. Tal entendimento não só diz diretamente com a formação dos sindicatos e fins por eles perseguidos, como também com o direito coletivo do trabalho e com a celeridade e economia processuais.

Numa época em que se busca a maior eficiência possível na realização dos direitos, pois o retardamento das demandas acaba por ferir o princípio do devido processo legal, é incoerente que se exija que os sindicatos tenham que agir como *substitutos processuais* em questões que tenham caráter eminentemente transindividuais.

O Enunciado n. 310 do E. TST, cancelado após tantas discussões a seu respeito, não teve a intenção de disciplinar a questão quanto à legitimação dos sindicatos para ações coletivas, tanto é verdade que o inciso I iniciava esclarecendo que o art. 8º, III da Constituição Federal não assegurava a substituição processual de forma indiscriminada. Evidentemente que não.

Tal dispositivo constitucional apenas previu que o sindicato teria legitimidade para ações individuais e coletivas. Nas primeiras, necessário se faz aplicar as normas do processo ortodoxo à respeito. Nas segundas, prevendo o legislador constitucional a legitimidade ordinária dos sindicatos para as ações coletivas, nada mais resta a fazer senão aplicar subsidiariamente as normas existentes dentro do mundo jurídico que não forem incompatíveis. E, assim, valemo-nos das disposições sobre direitos e interesses difusos, coletivos e individuais homogêneos, coisa julgada, litispendência e normas procedimentais existentes no Código de Defesa do Consumidor e Lei de Ação Civil Pública, adequando-as ao processo trabalhista. Trata-se da adequação do processo civil ao do trabalho, possibilitando uma visão mais aberta e moderna, e, quiçá, um desafogamento das ações judiciais com objetos idênticos, distribuídas em diversas ações judiciais, ou então compostas de litisconsórcios multitudinários.

5. Da defesa pelos sindicatos de direitos metaindividuais (individuais homogêneos, coletivos e difusos)

Poder-se-ia indagar, ainda, se teria o sindicato legitimidade para a defesa de direitos individuais homogêneos, coletivos e difusos, ou tão somente os coletivos, tendo em vista o enunciado no art. 8º da Constituição da República.

Tem-se por coletivos os direitos ou interesses metaindividuais, aqueles que são comuns a uma coletividade, e somente a ela, e que repousam em um vínculo jurídico definido.

Os ditos difusos são aqueles que concernem a uma série indeterminada de sujeitos, sendo que o bem protegido não comporta divisão, justamente por pertencer a todos. Desta forma, a lesão a um direito difuso importará em lesão à coletividade.

Os individuais homogêneos concernem àqueles direitos e interesses que possuem origem comum, ou seja, são individuais e podem ser objeto de ação coletiva, nos termos previstos no art. 81, III do Código de Defesa do Consumidor. Homogêneos são porque uniformes, sendo desprezadas qualitativamente quaisquer diferenças quantitativas no seu início, e, por isso, viabiliza-se o agir coletivo. "São esses interesses ou direitos defensáveis a título coletivo, porque devem ser desprezadas e necessariamente desconsideradas as peculiaridades agregadas à situação pessoal e diferenciada de cada consumidor, exatamente porque refogem tais aspectos da homogeneidade, e, por essa razão, se assim não tivesse previsto, inviabilizariam praticamente um pedido a título coletivo, no bojo de uma ação coletiva, no processo de conhecimento" (ALVIM, 1994, 380).

Diferenciam-se, basicamente, direitos e interesses difusos e coletivos pelo âmbito de sua abrangência, ou seja, naqueles primeiros os titulares do direito são indetermináveis; nos segundos são determináveis, mas, para efeitos práticos sua determinação, *ab initio,* é prescindível. Os objetos em ambos são indivisíveis. Já os individuais homogêneos são interesses ou direitos *individuais*, de sorte que seu objeto é divisível e os titulares do direito plenamente identificáveis. Ocorre que, por possuírem uma dimensão coletiva, assumem relevância social e estão protegidos pela tutela coletiva.

Não há dúvidas de que o sindicato possui legitimação para defesa dos direitos metaindividuais, sejam coletivos, difusos ou individuais homogêneos. O fato de o legislador constituinte ter se referido somente a direitos coletivos, não quer dizer que o âmbito de sua atuação ficou restringido. O art. 5º, XVII, XVIII, XIX, XX e XXI nos dá conta de que a pretensão é incentivar a criação de associações, uma vez que são as legitimadas naturais para a defesa dos direitos e interesses de seus membros. Não se pode, portanto, interpretar a norma constitucional isoladamente, mas sim em consonância com as demais, considerando a finalidade de cada um dos institutos, entre eles, a das próprias entidades de classe.

Direitos coletivos, a que se refere o art. 8º, III, da Constituição da República, são, portanto, os transindividuais. É esta e não outra a intenção do legislador constituinte. Outra interpretação nos levaria a voltar no tempo, num momento em que o que se busca é a satisfação eficaz dos direitos e uma prestação jurisdicional mais célere e econômica.

Quanto ao procedimento a ser seguido, será, evidentemente, o previsto na legislação respectiva já mencionada. Não se pode olvidar que quando da propositura da ação, o sindicato terá que se valer daquela que for adequada, isto é, *identificar-se como legitimado ordinário para ação coletiva trabalhista*; a causa de pedir e o pedido devem ser fundados, também, no direito coletivo, difuso ou individual homogêneo.

O Ministério Público, necessariamente, atuará na qualidade de *custus legis* (art. 92 do CDC).

A coisa julgada operará nos termos previstos no art. 103 do CDC. Se o direito ou interesse discutido for de natureza difusa, o caso julgado será *erga omnes*, exceto se o pedido for julgado improcedente por insuficiência de provas, hipótese em que a ação poderá ser novamente intentada. Ou seja, não se produzirá a coisa julgada material nesta hipótese.

Se o direito ou interesse discutido for coletivo, a coisa julgada se produzirá *ultra partes*, limitada ao grupo, categoria ou classe, exceto se houver improcedência por insuficiência de provas. Valem aqui os mesmos argumentos utilizados para as situações de interesses ou direitos difusos.

De tudo que se disse, forçoso concluir que aplicar subsidiariamente as regras e procedimentos desta ação ao da ação trabalhista, significa dizer respeitar o procedimento especial. Não é crível que se imprima à ação coletiva o rito estabelecido na CLT aos processos individual e coletivo, pois são com eles incompatíveis.

A competência originária para conhecer e julgar a ação, ao contrário do que se dá com o dissídio coletivo é do juiz de 1ª Instância. Importa fazermos algumas considerações acerca do art. 93 do CDC, o qual reza que, ressalvada a competência da Justiça Federal, caberá à Justiça do lugar onde ocorreu ou deva ocorrer o dano, a competência para o processamento e julgamento de ações de âmbito local; ou, se o dano for de âmbito nacional ou regional, a competência será do foro da capital do Estado ou do Distrito Federal. Se houve concorrência de competência as normas aplicáveis serão aquelas existentes no Código de Processo Civil.

A primeira observação que se deve fazer é quanto à localização da norma no Código. O legislador a inseriu no capítulo que trata dos interesses individuais homogêneos. Todavia, a simples leitura do texto nos permite aplicar o entendimento a todas as situações jurídicas a serem defendidas em ações coletivas, entendimento este pacífico na doutrina e jurisprudência coletiva.

Concluído que a norma deve aplicar-se a questões que envolvam direitos e interesses difusos, coletivos e individuais homogêneos, cabe-nos a análise da questão enfocada pelo Tribunal Superior.

O objeto da ação envolve direitos coletivos e individuais homogêneos, sendo perfeitamente admissível a cumulação de ações em razão da compatibilidade de pedidos, procedimentos e identidade de competência.

O Tribunal Superior entendeu, ao julgar o conflito de competência entre a 17ª Vara do Trabalho de Curitiba (PR) e a 71ª Vara do Trabalho do Rio de Janeiro (RJ), que todas as vezes que a questão tratar de danos que estariam ocorrendo em âmbito nacional a competência deveria ser de uma das Varas do Trabalho do Distrito Federal. Naquela ação, entendeu por solucionar o conflito de competência deste modo, determinando que o processo fosse distribuído a uma das Varas do Distrito Federal e afastou a competência tanto do Juízo onde a ação foi proposta como daquele para o qual foi remetido.

Naqueles autos, o Ministério Público do Trabalho propôs a ação na cidade do Rio de Janeiro entendendo o MM. Juiz da Vara para a qual foi distribuída a ação remeter os autos à distribuição a uma das Varas de Curitiba, sob o argumento de que a competência para apreciar a ação seria do Juízo onde o dano estava ocorrendo. O Juízo paranaense entendeu por suscitar o conflito negativo entendeno que o Juízo carioca teria competência já que o dano seria de âmbito nacional e não somente local, o que importaria na competência do Juízo carioca.

Entendemos que a razão estaria com o Juízo paranaense. O art. 93 do Código de Defesa do Consumidor especifica que a competência para conhecer de ações cujo dano seja nacional ou regional será da Capital do Estado ou do Distrito Federal. Observe-se que o legislador não estabeleceu critério de competência exclusiva do Distrito Federal, mas sim concorrente. Tanto é verdade que subordina a aplicação das normas do Código de Processo Civil às situações em que se verificar a concorrência de competência.

Portanto, imaginemos que a ação coletiva fosse proposta pelo Sindicato na Capital do Paraná e pelo Ministério Público do Trabalho na Capital do Rio de Janeiro. Teríamos a caracterização de conexão de ações, devendo a reunião ser decidida pela prevenção do Juízo que primeiro realizou a citação válida, aplicando-se as disposições do art. 219 do Código de Processo Civil.

Não teremos, em matéria trabalhista, a discussão sobre ser a competência do Juiz Estadual ou Federal, já que a Justiça do Trabalho é de âmbito federal, com competência Constitucional regulada pelo art. 114. Assim, decidindo-se pela competência da justiça do trabalho por envolver o conflito relação de trabalho, a discussão se restringira à competência do local de propositura da ação.

Na análise do art. 93 do Código de Defesa do Consumidor tem-se que a intenção do legislador não foi a de estabelecer de forma absoluta que a competência para apreciar a questão seria do Distrito Federal, mas sim de se permitir que a ação possa ser proposta tanto naquele local como na Capital do Estado, todas as vezes que o dano for de âmbito nacional ou regional. O que definirá a competência será a garantia do direito de defesa e cumprimento do devido processo legal.

Imaginemos uma situação em que o dano se estenda para todos os Estados da Região norte do Brasil. Não nos parece adequado que as partes devam se deslocar de sua região a fim de estabelecer o contraditório no Distrito Federal, quando a própria lei autoriza que a ação possa se processar na Capital do Estado.

Portanto, entender-se a regra de forma absoluta é ignorar a disposição legal. O juiz, quando decidir por sua competência, deverá ter o bom senso na aplicação da norma, não devendo obrigar o deslocamento das partes de uma região para outra quando na verdade não é essa a intenção da norma. Dessa forma, a decisão do C. TST parece contrariar o próprio fundamento e disposição do art. 93, embasador de sua conclusão, não podendo servir de orientação absoluta a todos os casos de ações coletivas de âmbito nacional ou regional que venham a ser processadas no Juízo Trabalhista.

O legislador estabelece, entendemos nós, um caso de competência concorrente, cuja fixação se fará de modo a garantir o acesso à justiça e realização do devido processo legal.

Conclusão

Por fim, se o interesse ou direito for de natureza individual homogênea, só produzirá coisa julgada *erga omnes* em se tratando de procedência do pedido, ou, se o resultado for de improcedência, somente atingirá aqueles que tenham participado do processo na condição de litisconsortes.

Não obstante nosso sistema de ações coletivas ter por espelho o sistema das *class actions* norte-americano, é certo que dele se diferencia por ser mais benéfico, pois, em nenhum momento o agir coletivo impede ou prejudica o individual. Ninguém é obrigado a submeter-se aos resultados da ação coletiva, mas pode deles se beneficiar.

Se determinado trabalhador valer-se da ação individual e obtiver decisão desfavorável, entendo que não poderá se aproveitar do agir coletivo — pois esbarrará na coisa julgada —, salvo se o fundamento da ação coletiva intentada for diverso. Entendendo que os fundamentos da decisão servem à delimitação do âmbito da coisa julgada e, nos termos dispostos no Código de Processo Civil, somente haverá coisa julgada quando a ação que se repetir for idêntica à anterior, ou seja, tiver as mesmas partes, causa de pedir e pedido (art. 301, §§ 2º e 3º).

Poderá, também, o empregado que interpôs ação individual paralelamente à ação coletiva, requerer o sobrestamento do feito até o julgamento da ação coletiva, com vistas a beneficiar-se do seu resultado. Todavia, deverá fazer o requerimento nos trinta dias subsequentes à ciência da ação coletiva (art. 104, do CDC).

Enfim, entendo que é chegada a hora de se dar ao direito coletivo do trabalho, material e processual, a dimensão merecida e necessária, não só para a melhor defesa de interesses e direitos que concernem a uma coletividade de trabalhadores, como também a prestação da tutela jurisdicional.

A utilidade da ação coletiva é muito valiosa ao direito do trabalho, pois, além de não excluir o agir individual, não prejudica, em hipótese alguma o empregado. Não se olvide que a coisa julgada somente se produzirá para beneficiar os titulares do direito ou interesse que está sendo ameaçado ou foi violado.

Tendo-se que os sindicatos somente podem agir como substitutos processuais nos casos previstos em lei, evidente que a defesa de direitos metaindividuais fica muito limitada. Já no âmbito da ação coletiva, basta a caracterização do direito como transindividual para fazer o sindicato legitimado ordinário para sua defesa, sem que isto prejudique o agir individual, possuindo contornos de economia e celeridade, reduzindo-se assim o número de ações individuais, pois, à falta destas características podemos ver o afogamento da máquina judicial e, consequentemente, uma prestação jurisdicional deficitária capaz de violar o princípio do *due process of law*.

BIBLIOGRAFIA

ALVIM, Arruda; ALVIM, Thereza. *Código do consumidor comentado*. 2. ed. São Paulo: RT, 1994.

ALVIM, Thereza. *O direito processual de estar em juízo*. 1. ed. São Paulo: RT, 1996. v. 34.

CAPPELLETTI, Mauro; GARTH, Bryant. *Acesso à justiça*. 1. ed. Porto Alegre: Sergio Antonio Fabris, 1988.

CARNEIRO, Athos Gusmão. *Intervenção de terceiros*. 11. ed. São Paulo: Saraiva, 2003.

CARRION, Valentin. *Comentários à Consolidação das Leis do Trabalho*. 20. ed. São Paulo: Saraiva, 1995.

GIDI, Antonio. *Coisa julgada e litispendência nas ações coletivas*. 1. ed. São Paulo: Saraiva, 1995.

GRINOVER, Ada Pellegrini e outros autores. *A tutela dos interesses difusos*. 1. ed. São Paulo: Max Limonad, 1984. Coordenação da Professora Ada Pellegrini Grinover.

_____ . *O processo em evolução*. 1. ed. Rio de Janeiro: Forense Universitária, 1996.

MANCUSO, Rodolfo Camargo. Ação civil pública. *Synthesis — Direito do Trabalho e Processual*, São Paulo, 24/97.

_____ . *Ação popular*. 2. ed. São Paulo. RT. 1996. v. 1.

MARANHÃO, Délio; CARVALHO, Luiz Inácio B. *Direito do trabalho*. 17. ed. Rio de Janeiro, Forense, 1993.

MAZZILLI, Hugo Nigro. *A defesa dos interesses difusos em juízo*. 4. ed. São Paulo: RT, 1992.

NAHAS, Thereza Christina. *Legitimidade ativa dos sindicatos* — defesa de direitos e interesses individuais homogêneos no processo do trabalho — processo de conhecimento. São Paulo: Atlas, 2001.

NERY JR., Nelson. *Princípios do processo civil na Constituição federal*. 3. ed. São Paulo: RT, 1996.

PASSARELLI, Francesco Santoro. *Nozioni di diritto del lavoro*. 1. ed. Napoli: Eugenio Jovene, 1995.

PINTO, Raymundo A. Carneiro. *Enunciados do TST comentados*. 3. ed. São Paulo: LTr, 1996.

RAMOS, Alexandre. A substituição processual e a litispendência. *Legislação do Trabalho*, São Paulo, 58-02/176, v. 58, fev. 1994.

RUSSOMANO, Mozart Victor. *Princípios gerais de direito sindical*. 2. ed. Rio de Janeiro: Forense, 1995.

SÜSSEKIND, Arnaldo; MARANHÃO, Délio; VIANNA, Segadas. *Instituições de direito do trabalho*. 13. ed. São Paulo: LTr, 1993.

Execução de Título Provisório: Instrumento de Efetividade e Tempestividade Processuais

Júlio César Bebber[*]

1. Considerações iniciais

A vida se transforma veloz e continuamente e impõe, por isso, novas dinâmicas. As pessoas têm pressa e exigem soluções adequadas e úteis para os seus problemas. Por isso, em tempos de pós-modernidade, é preciso mais que apenas aplicar a lei e a legitimidade da jurisdição, em razão dessa circunstância, passa a repousar na eficiência e na tempestividade de seus pronunciamentos.

O sistema legal autoriza a execução *imediata* e *completa* de obrigação por quantia certa fixada em título judicial provisório (CLT, 899; CPC, 475-I, § 1º). A ausência de compreensão de que a efetividade e a tempestividade processuais são direitos constitucionais fundamentais protegidos pela (denominada) *execução provisória*,[1] e a interpretação preconceituosa e exagerada dos ônus e limitações impostos nos arts. 899 da CLT e 475-O do CPC, entretanto, desestimulam a utilização desse valioso instrumento processual e encorajam a prática de atos tendentes a retardar o cumprimento da obrigação.

Novas atitudes dos órgãos judiciários, portanto, são imprescindíveis para que acompanhem a atual realidade jurídica, que pode ser resumida como a da busca de um *processo de resultados justos*. Daí o interesse e a importância de estudar o presente tema, ainda que sucintamente, com vista ao debate e à reflexão.

(*) Juiz Federal do Trabalho (TRT da 24ª Região). Doutor em Direito pela USP.
(1) A execução imediata e completa da sentença é fator "imprescindível para realização do direito constitucional à tempestividade da tutela jurisdicional, necessária para a realização concreta do direito de ação, assegurado pelo art. 5º, XXXV, da Constituição da República" (MARINONI, Luiz Guilherme. A execução imediata da sentença. In: MARINONI, Luiz Guilherme; DIDIER JR., Fredie. *A segunda etapa da reforma processual civil*. São Paulo: Malheiros, 2002. p. 15).

2. EFETIVIDADE E TEMPESTIVIDADE PROCESSUAIS

A *efetividade* e a *tempestividade* processuais são garantias constitucionais (CF, 5º, XXXV e LXXVIII) e:

a) enunciam:

(i) o afastamento do processo do plano meramente conceitual e técnico, a fim de torná-lo instrumento (político, social e jurídico) destinado a produzir transformações positivas e concretas no mundo empírico.[2] O processo, então, deve ostentar capacidade de propiciar àquele que tiver razão uma situação mais vantajosa do que possuía anteriormente ao ingresso em juízo.[3] Deve, pois, servir à realização da justiça substancial, assegurando o maior grau de utilidade possível;[4]

(ii) que o processo, embora exija certa duração no tempo, não deve permanecer pendente além do necessário, do essencial e do justo.[5] A demora excessiva na duração do processo torna a justiça inoperante.

b) como direitos fundamentais, vinculam o Estado (eficácia vertical) e os particulares (eficácia horizontal) e não podem ser ignorados. Em outras palavras: a efetividade e a tempestividade processuais são normas constitucionais que ostentam supremacia[6] e revitalizam todas as normas processuais infraconstitucionais que têm de ser interpretadas segundo o espírito constitucional.[7]

---

(2) O processo vale pelos resultados positivos que concretamente é capaz de produzir no mundo das pessoas. "O centro das preocupações da moderna ciência processual é, indiscutivelmente, a realização concreta da justiça" (BEDAQUE, José Roberto dos Santos. *Direito e processo.* 3. ed. São Paulo: Malheiros, 2003. p. 49).
(3) A ideia de efetividade consiste "na consciência de que o valor de todo sistema processual reside na capacidade, que tenha, de propiciar ao sujeito que tiver razão uma situação melhor do que aquela em que se encontrava antes do processo" (DINAMARCO, Cândido Rangel. *Instituições de direito processual civil.* São Paulo: Malheiros, 2001. v. I, p. 108).
(4) Essa ideia é comumente representada pela assertiva de Chiovenda de que "il processo deve dare per quanto è possibile praticamente a chi há un diritto tutto quello e proprio quello ch'egli há diritto di conseguire".
(5) "Tanto é inaceitável um processo extremamente demorado como aquele injustificadamente rápido e precipitado, no qual não há tempo hábil para produção de provas e alegações das partes, com total cerceamento de defesa" (HOFFMAN, Paulo. *Razoável duração do processo.* São Paulo: Quartier Latin, 2006. p. 41).
(6) A "supremacia da Constituição é tributária da ideia de superioridade do poder constituinte sobre as instituições jurídicas vigentes. Isso faz com que o produto do seu exercício, a Constituição, esteja situado no topo do ordenamento jurídico, servindo de fundamento de validade de todas as demais normas". Em nível dogmático e positivo, "traduz-se em uma supralegalidade formal e material. A supralegalidade *formal* identifica a Constituição como a fonte primária da produção normativa, ditando competências e procedimentos para a elaboração dos atos normativos inferiores. E a supralegalidade *material* subordina o conteúdo de toda a atividade normativa estatal à conformidade com os princípios e regras da Constituição. A inobservância dessas prescrições formais e materiais deflagra um mecanismo de proteção da Constituição, conhecido na sua matriz norte-americana como *judicial review*, e batizado entre nós de 'controle de constitucionalidade'" (BARROSO, Luís Roberto. *Interpretação e aplicação da Constituição.* 7. ed. São Paulo: Saraiva, 2009. p. 168).
(7) "As normas consagradoras de direitos fundamentais afirmam valores, os quais incidem sobre a totalidade do ordenamento jurídico e servem para iluminar as tarefas dos órgãos judiciários, legislativos e executivos. Nesse sentido, é possível dizer que tais normas implicam em uma valoração de ordem objetiva. A norma de direito fundamental, independentemente da possibilidade de sua subjetivação, sempre contém valoração. O valor nela contido, revelado de modo objetivo, espraia-se necessariamente sobre a compreensão e a atuação do ordenamento

Como as normas processuais infraconstitucionais (especialmente a CLT) ainda não assimilaram integralmente as garantias constitucionais, nem tampouco há condições para que isso ocorra em curto prazo, essa falha no sistema legal tem de ser suprida interpretativamente pelos juízes, cujo dever é o de implementar os desejos da Constituição. Esse dever, como ressaltado pelo Tribunal Constitucional da Espanha, "não é apenas moral. Trata-se de um dever jurídico-constitucional, uma vez que os juízes e tribunais têm a (...) obrigação de proteção eficaz do direito fundamental".[8]

3. Execução de título definitivo e provisório

A execução pode ser fundada em título *definitivo* ou *provisório*. Daí a razão das expressões usualmente utilizadas: *execução definitiva* e *execução provisória*. Não é a execução, porém, que é definitiva ou provisória, mas o título que a embasa. São:

a) *definitivos* os títulos sobre os quais não há discussão sobre a *certeza da obrigação*, que somente poderá ser atingida por meio de ação autônoma (*v. g.*: ação rescisória). São eles, entre outros: os títulos extrajudiciais (CLT, 876, segunda parte); os acordos homologados judicialmente (CLT, 876, primeira parte); a sentença condenatória imutável — sentença com trânsito em julgado (CLT, 876, primeira parte);[9]

b) *provisórios* os títulos sobre os quais há discussão sobre a *certeza da obrigação*, que poderá ser atingida por meio de recurso. São eles: a sentença e o acórdão condenatórios impugnados por recurso recebido sem efeito suspensivo (CLT, 899).

Adequadas seriam, então, as expressões: *execução fundada em título definitivo* e *execução fundada em título provisório*.

4. Execução completa e incompleta

A execução pode ser *completa* ou *incompleta*, segundo a possibilidade de esgotamento dos seus atos. Será:

a) *completa* a execução quando houver permissão para o esgotamento dos atos destinados à satisfação da obrigação retratada no título executivo, seja

---

jurídico. Atribui-se aos direitos fundamentais, assim, uma eficácia irradiante" (MARINONI, Luiz Guilherme. *Técnica processual e tutela dos direitos*. São Paulo: RT, 2004. p. 167-8).
(8) BERNAL, Francisco Chamorro. *La tutela judicial efectiva — derechos y garantias procesales derivados del art. 24.1 de la Constitución*. Barcelona: Bosch, 1994. p. 329.
(9) "Em regra, as sentenças são exequíveis quando transitadas em julgado porque só então terão adquirido a imutabilidade garantidora da certeza do título executivo mas, no caso de ser o recurso recebido somente no efeito devolutivo, podem, por exceção, ser executadas ainda na incerteza de serem, ou não, confirmadas em instância superior. Em determinadas circunstâncias, pode haver maior dano em respeitar-se o princípio de ser imutável a sentença exequível, do que em permitir-se a imediata execução de um julgado reformável, e então ordena-se que o recurso seja recebido apenas em efeito devolutivo (art. 520)" (CASTRO, Amílcar de. *Comentários ao Código de Processo Civil*. 3. ed. São Paulo: RT, 1983. v. VIII, p. 64).

ele *definitivo* ou *provisório*. Ex.: execução de sentença condenatória impugnada por recurso recebido sem efeito suspensivo em que o exequente presta caução (CPC, 475-O, III — segunda parte), ou em que a caução é dispensada (CPC, 475-O, § 2º);

b) *incompleta* a execução quando não houver permissão para o esgotamento dos atos destinados à satisfação da obrigação retratada no título executivo, seja ele *definitivo* ou *provisório*. Nesse caso, veda-se a prática de atos que abranjam o levantamento de depósito em dinheiro e alienação de domínio (CPC, 475-O, III — primeira parte). Ex.: execução de sentença condenatória transitada em julgado suspensa para processamento de impugnação (CPC, 475-M).

Não se deve confundir nem identificar, portanto, *execução completa* com *execução definitiva* e *execução incompleta* com *execução provisória*. A execução, como ressaltado acima, pode ser completa (esgotar todos os seus atos), mesmo fundada em título provisório,[10] e incompleta, mesmo fundada em título definitivo.

5. EXECUÇÃO DE TÍTULO PROVISÓRIO NO PROCESSO DO TRABALHO

A execução fundada em título provisório no processo do trabalho está prevista no art. 899 da CLT, que assim dispõe: "os recursos serão interpostos por simples petição e terão efeito meramente devolutivo (...), *permitida a execução provisória até a penhora*".

Trata-se de regra autossuficiente?

Duas são as principais correntes existentes:

a) a primeira, que sustenta que a regra do art. 899 da CLT é autossuficiente e nega, por isso, a aplicação subsidiária do art. 475-O do CPC (que julga incompatível com o sistema processual trabalhista);[11]

---

(10) "No direito vigente, a execução provisória é uma execução potencialmente *completa*, capaz realmente de outorgar ao exequente o bem da vida desejado" (DINAMARCO, Cândido Rangel. *Instituições de direito processual civil*. São Paulo: Malheiros, 2004. v. IV, p. 762).

(11) ART. 475-O DO CPC. INAPLICABILIDADE AO PROCESSO DO TRABALHO. O fato juridicizado pelo art. 475-O do CPC possui disciplina própria no âmbito do processo do trabalho — art. 899 da CLT —, que limita a execução provisória à penhora. Assim, na espécie, não há falar em aplicação da norma processual comum. Precedentes (TST-RR-89000-67.2009.5.03.0137, 8ª T., Rel. Min. Maria Cristina Irigoyen Peduzzi, DJ 11.6.10). EXECUÇÃO PROVISÓRIA. LEVANTAMENTO DE VALOR DEPOSITADO ATÉ O LIMITE DE SESSENTA SALÁRIOS MÍNIMOS. ART. 475-O, III, § 2º, I, DO CPC. (...) Existindo previsão expressa na CLT acerca da execução provisória até a penhora, a aplicação subsidiária do art. 475-O do CPC, no sentido de ser autorizado o levantamento de valores depositados, implica contrariedade aos princípios da legalidade e do devido processo legal e respectiva ofensa ao art. 5º, II e LIV, da Carta Magna. Recurso de revista conhecido e provido (TST-RR-10200-33.2009.5.03.0005, 3ª T., Rel. Min. Alberto Luiz Bresciani de Fontan Pereira, DJ 11.6.10). EXECUÇÃO PROVISÓRIA. APLICAÇÃO SUBSIDIÁRIA AO PROCESSO DO TRABALHO DO ART. 475-O DO CPC. NÃO CABIMENTO. INTELIGÊNCIA DO ART. 769 DA CLT. (...) revela-se juridicamente inviável cogitar-se da aplicação subsidiária do art. 475-O e seus parágrafos do CPC, sequer com o intuito de imprimir celeridade à execução trabalhista. É que esse mero intuito ou simples voluntarismo jurídico não pode se contrapor aos preceitos legais que a regulam, a fim de se prevenir a indesejável consequência de ela convolar-se numa ordem jurídica

b) a segunda, que sustenta que a regra do art. 899 da CLT é insuficiente, sendo, por isso, suprível pela aplicação subsidiária do art. 475-O do CPC (absolutamente compatível com o sistema processual trabalhista).[12]

Em nome de um legalismo (formalismo) injustificável e extremado, a corrente que sustenta a autossuficiência do art. 899 da CLT produz um comportamento contemplativo e gera estancamento, uma vez que revela exclusiva preocupação com a questão dogmática (conformação com a sistematização exegética), deixando de lado o novo sistema constitucional (que informa e fundamenta o direito processual), a mudança de paradigmas (processo de resultados justos), a realidade e a angústia das pessoas.

Não se deve ignorar a autonomia do direito processual do trabalho. Essa autonomia, entretanto, não pode ter função meramente científica, sob pena de refrear o desenvolvimento. Embora autônomo, o direito processual do trabalho não constitui um reino independente. E, por isso mesmo, a generalidade do art. 899 da CLT autoriza a utilização de algumas *regras* e *parâmetros objetivos* do art. 475-O do CPC.

6. EXECUÇÃO DE TÍTULO PROVISÓRIO — REGRAS E PARÂMETROS OBJETIVOS

À execução de sentença (e acórdão) condenatória impugnada por recurso recebido sem efeito suspensivo (título provisório) aplicam-se as mesmas disposições da execução de título definitivo (CPC, 475-O, *caput*). Como, porém, a existência de recurso importa em pendência da declaração de *certeza da obrigação*, o sistema legal estabelece algumas regras. São elas:

1ª regra: *a execução de título provisório deve ser iniciada de ofício, a despeito da literalidade do art. 475-O, I, do CPC.*

Apesar de o inc. I do art. 475-O do CPC dizer que a execução de título provisório corre por iniciativa do exequente, deverá o juiz, de ofício, dar início a ela (CLT, 878), uma vez que representa mecanismo para atingir a efetividade e a tempestividade processuais, que são direitos fundamentais (CF, 5º, XXXV e LXXVIII) com *eficácia vertical*. Vale dizer: obrigam o Estado, que tem o dever de atuar para sua concretização. A iniciativa na execução de título provisório, portanto, não constitui prerrogativa da

---

fragmentada e desconexa, inteiramente descompromissada com o novo paradigma do Direito do Trabalho, que se irradia para o Processo do Trabalho, de preservação da empresa como fonte de renda e de emprego (TST-RR-76000-12.2008.5.03.0112, 4ª T., Rel. Min. Antônio José de Barros Levenhagen, DJ 28.5.10).
RECURSO DE REVISTA (...). INAPLICABILIDADE DO ART. 475-0 DO CPC AO PROCESSO DO TRABALHO. (...) A CLT dispõe expressamente sobre execução provisória nos arts. 897 e 899, não existindo razão para a aplicação subsidiária do art. 475-O, III, § 2º, I, do CPC ao processo do trabalho (TST-RR-113600-34.2005.5.03.0060, 7ª T., Rel. Min. Maria Doralice Novaes, DJ 11.6.10).
(12) AGRAVO DE INSTRUMENTO. EXECUÇÃO PROVISÓRIA. APLICAÇÃO SUBSIDIÁRIA DO ART. 475-O DO CÓDIGO DE PROCESSO CIVIL AO PROCESSO DO TRABALHO. Não viola o art. 5º, inciso LIV, da Constituição da República, decisão mediante a qual se dá a aplicação, no processo do trabalho, do art. 475-O, § 2º, inciso II, do Código de Processo Civil, visto que manifesta sua compatibilidade com os dispositivos que regem a execução no processo do trabalho. Agravo de Instrumento a que se nega provimento (TST-AIRR-216141-71.2006.5.03.0138, 1ª T., Rel. Min. Lelio Bentes Corrêa, DJ 17.4.09).

parte. Há, entretanto, quem objete a iniciativa oficial,[13] tendo em vista que o exequente se obriga:

a) a reparar os danos que o executado vier a sofrer caso a sentença seja reformada ou anulada, cabendo a ele, por isso, decidir se deseja correr o risco.[14] O fato de o exequente responder objetivamente pelos prejuízos causados ao executado não retira do juiz a possibilidade de atuar de ofício. O autor também responde objetivamente pelos danos que a medida cautelar causar ao réu (CPC, 811, I) e, mesmo assim, faculta-se a atuação oficial do juiz (CPC, 798);

b) a apresentar as peças processuais indispensáveis à formação de autos suplementares (CPC, 475-O, § 3º). Embora também já tenha feito essa afirmação,[15] simples reflexão lógica revelou-me a concluir pela sua incorreção, uma vez que nada impede (e tudo recomenda) que o juiz determine ao interessado ou à secretaria que apresente ou extraia as peças processuais necessárias à formação de autos suplementares.

2ª regra: *o exequente se obriga, se a sentença for reformada, a reparar os danos que o executado haja sofrido (CPC, 475-O, I).*[16]

Duas observações são necessárias:

a) a responsabilidade do exequente pelos prejuízos causados com a execução de título provisório é objetiva,[17] uma vez que resulta "do simples fato do dano e do nexo de causalidade entre o ato executório e esse fato";[18]

---

(13) LEITE, Carlos Henrique Bezerra. *Curso de direito processual do trabalho*. 3. ed. São Paulo: LTr, 2005. p. 715.
(14) A "faculdade que a lei (CLT, art. 878, *caput*, atribui ao juiz para promover, *ex officio*, a execução (definitiva) tem vigência também no caso de execução provisória? Acreditamos que não. Embora se pudesse argumentar que quem pode o mais (execução definitiva) pode o menos (execução provisória), não podemos deixar de pôr à frente o fato de que esta última entra na *conveniência* exclusiva do credor; destarte, eventual iniciativa do juiz em promovê-la poderia colidir com algum interesse (ou conveniência) do credor, a quem seria preferível, talvez, aguardar o trânsito em julgado da sentença, para realizar definitivamente a execução. Devemos lembrar que o risco de o credor ser condenado, pela Justiça Comum, a reparar os danos causados ao devedor, em virtude da execução provisória encetada, representa um argumento a mais em prol do ponto de vista que há pouco expendemos acerca do assunto. Demais, a incoação do juiz, quanto à execução provisória, pode ser interpretada, pelo devedor, como imprudente quebra do dever de neutralidade, a que o submete a lei (CPC, art. 125, I); por esse motivo, é recomendável que o juiz deixe a critério do credor a conveniência de promover execução provisória ou não" (TEIXEIRA FILHO, Manoel Antonio. *Execução no processo do trabalho*. 7. ed. São Paulo: LTr, 2001. p. 205-6).
(15) BEBBER, Júlio César. *Cumprimento da sentença no processo do trabalho*. 2. ed. São Paulo: LTr.
(16) "Tornada sem efeito a execução provisória, ou por ser nula a sentença exequenda (falta processual) ou por ser injusta (falta substancial), deve ser restituído ao executado aquilo que lhe houver sido tomado, mas além disso, essa execução inoperante ocasiona prejuízos, e estes por alguém devem ser suportados. A nossa lei considera mais justo que os suporte o exequente, e não o executado. Vale dizer, a execução provisória faz-se sempre por conta e responsabilidade do exequente" (CASTRO, Amílcar de. *Comentários ao Código de Processo Civil*. 3. ed. São Paulo: RT, 1983. v. VIII, p. 64-5).
(17) "Trata-se de responsabilidade objetiva, segundo a opinião comum: ou seja, o dever de indenizar surge tão só do fato de o provimento excutido sofrer reforma, total ou parcial (...), através do julgamento do recurso pendente. Não se cogitará, portanto, da culpa do exequente (ASSIS, Araken de. *Comentários ao Código de Processo Civil*. Rio de Janeiro: Forense, 1999. v. 6, p. 196).
(18) GRECO, Leonardo. *O processo de execução*. Rio de Janeiro: Renovar, 1999. v. 1, p. 203.

b) apesar de o inc. I do art. 475-O do CPC fixar a responsabilidade do exequente unicamente para a hipótese de sentença reformada, ela também persiste na hipótese de sentença anulada (CPC, 475-O, II).

3ª regra: *fica sem efeito a execução de título provisório sobrevindo acórdão que modifique ou anule a sentença objeto da execução, restituindo-se as partes ao estado anterior (CPC, 475-O, II).*

Duas observações são necessárias:

a) se a sentença executada for modificada ou anulada *apenas em parte*, somente nessa parte ficará sem efeito a execução (CPC, 475-O, § 1º), limitada a ela, também, a restituição das partes ao estado anterior (CPC, art. 475-O, II);

b) a repercussão da decisão tomada no recurso (efeito expansivo) atinge apenas os *atos interdependentes*. Não atinge os *atos autônomos* (como é o caso da arrematação — CPC, 694). Por isso, inclusive, que a lei utiliza a expressão *restituindo-se as partes ao estado anterior* (ao invés de restituindo--se *as coisas* ao estado anterior),[19] que "significa a restituição ao devedor do valor do bem que lhe tenha sido alienado em praça", "ou a reposição do *quantum* que tenha sido levantado".[20] O retorno à situação prévia nem sempre será viável fática ou juridicamente. Embora deva ser o mais específico possível, há situações em que o retorno *in natura* terá de converter-se em prestação de equivalente em dinheiro.

4ª regra: *os prejuízos causados na execução de sentença (ou acórdão) reformada ou anulada serão liquidados nos mesmos autos, por arbitramento (CPC, 475-O, II).*

Quatro são as observações necessárias relativamente aos prejuízos, que devem ser:

a) provados pelo executado. O simples fato de se tratar de execução de título provisório, em si, não enseja a presunção do prejuízo, como bem adverte José Carlos Barbosa Moreira (RJTJSP 128/308);

---

(19) Realizada "a arrematação do bem penhorado, o eventual provimento do recurso não repercutirá na esfera jurídica do terceiro que tenha participado da hasta pública" (WAMBIER, Luiz Rodrigues; WAMBIER, Teresa Arruda Alvim; MEDINA, José Miguel Garcia. *Breves comentários à nova sistemática processual civil*. 2. ed. São Paulo: RT, 2006. p. 181).
Perante o arrematante, a operação de aquisição da propriedade será definitiva. Entre as partes, se houver cassação ou reforma da sentença exequenda, a solução será a indenização de perdas e danos. Não repercutirá, portanto, sobre o direito adquirido, pelo terceiro arrematante. Ainda, pois, que a arrematação ocorra em execução provisória, o arrematante terá título definitivo para transcrição no Registro Imobiliário. Não se aplicará, *in casu*, a regra do art. 259 da Lei n. 6.015, de 1973, que veda o cancelamento de assentamentos no aludido Registro com base em 'sentença sujeita a recurso'. É que, na espécie, o que está sujeito a recurso é o processo executivo, não o ato de transferência dominial. Este é definitivo, em relação ao terceiro adquirente" (THEODORO JÚNIOR, Humberto. *Comentários ao CPC*. 2. ed. Rio de Janeiro: Forense, 2003. v. IV, p. 213-4).
(20) WAMBIER, Luiz Rodrigues; WAMBIER, Teresa Arruda Alvim; MEDINA, José Miguel Garcia. *Breves comentários à nova sistemática processual civil*. 2. ed. São Paulo: RT, 2006. p. 184.

b) liquidados por arbitramento (CPC, 475-O, II). Provado o prejuízo, o juiz arbitrará o seu valor. Não é possível, porém, excluir outra forma de liquidação, como, *v. g.*, a liquidação por artigos caso haja necessidade de provar fato novo. O escopo da lei, na verdade, é a de que "sempre que possível, o juiz *arbitre* o valor da indenização";[21]

c) liquidados nos autos da execução (CPC, 475-O, II),[22] desde que não haja nenhum outro ato a ser neles praticado — detendo a Justiça do Trabalho competência material para tanto (CF, art. 114).[23] Busca-se, com isso, "recompor o equilíbrio entre os interesses das partes, agilizando em favor do executado os danos que a execução provisória lhe possa ter causado";[24]

d) executados segundo a disciplina do art. 475-J do CPC.

5ª regra: *o levantamento de depósito em dinheiro e a prática de atos que importem alienação de propriedade ou dos quais possa resultar grave dano ao executado dependem de caução suficiente e idônea, arbitrada de plano pelo juiz e prestada nos próprios autos (CPC, 475-O, III).*

Quatro são as observações necessárias:

a) a liberação dos atos de disposição mediante caução *decorre da ideologia da execução de título provisório* e, por isso, dispensa previsão legal. Diante da provisoriedade do título, busca-se harmonizar os interesses antagônicos das partes com a autorização para a prática de atos destinados à satisfação do crédito, vedando-se, ao mesmo tempo, a realização de atos de disposição, com o escopo de preservar o patrimônio do executado. Se o exequente (ou terceiro), porém, prestar caução idônea (apta, capaz) e suficiente para cobrir danos ao patrimônio do executado,[25] liberada estará a prática de atos de disposição, uma vez que haverá garantia de restituição das partes ao estado anterior;[26]

---

(21) No mesmo sentido: WAMBIER, Luiz Rodrigues; WAMBIER, Teresa Arruda Alvim; MEDINA, José Miguel Garcia. *Breves comentários à nova sistemática processual civil*. 2. ed. São Paulo: RT, 2006. p. 189; BUENO, Cassio Scarpinella. *A nova etapa da reforma do Código de Processo Civil*. São Paulo: Saraiva, 2006. p. 151.
(22) Terá "no polo ativo aquele que na execução provisória figurara como executado e, no passivo, o ex-exequente" (DINAMARCO, Cândido Rangel. *A reforma da reforma*. São Paulo: Malheiros, 2002, p. 259-60).
(23) Em sentido contrário: "Na hipótese de a execução provisória acarretar danos ao devedor, a este caberá formular, perante a Justiça Comum, o correspondente pedido de reparação, dada a incompetência *ratione materiae* da Justiça do Trabalho para isso" (TEIXEIRA FILHO, Manoel Antonio. *Execução no processo do trabalho*. 7. ed. São Paulo: LTr, 2001. p. 204).
(24) DINAMARCO, Cândido Rangel. *A reforma da reforma*. São Paulo: Malheiros, 2002. p. 259.
(25) "Deve o juiz ser rigoroso na aferição da garantia, para evitar situações de falsa caução, em que, por exemplo, se ofereça título cambiário subscrito pelo próprio exequente ou fiança de quem não tenha patrimônio compatível com o valor da execução" (THEODORO JÚNIOR, Humberto. *Comentários ao CPC*. 2. ed. Rio de Janeiro: Forense, 2003. v. IV, p. 213).
(26) Como na "execução encontram-se em conflito os interesses do exequente e do executado, e os atos executivos operam mudanças no estado de fato, a lei procura cercar de garantias a execução provisória, visando a possibilidade de ser tudo reposto em seu lugar, na hipótese de ser alterada a sentença exequenda; e sobretudo estabelece,

b) o art. 899 da CLT, apesar da redação diversa,[27] diz exatamente o mesmo que o inciso III do art. 475-O do CPC.[28] Ou seja: em princípio, a execução fundada em título provisório permite apenas a prática de *atos conservativos e instrutórios* (penhora e depósito — CPC, 664). Esse limite, entretanto, não significa que a realização da penhora é o ato final e a execução, a partir dela, deverá ser paralisada. Isso importaria em atribuir efeito suspensivo ao recurso (pendente) que não o possui (CLT, 899). A expressão *até a penhora* do art. 899 da CLT compreende, em si, a noção de que a execução fundada em título provisório prossegue somente quanto aos atos *conservativos e instrutórios*. Por isso, se processa para solução de todos os atos que digam respeito à penhora e sua correção (impugnação, embargos — com conteúdo pleno — e recursos), vedando-se, unicamente, a prática de *atos de disposição* (expropriação dos bens penhorados e entrega do dinheiro ao exequente);[29]

c) se a liberação dos atos de disposição mediante caução decorre da ideologia da execução de título provisório, essa possibilidade está presente no processo do trabalho, entendendo-se, ou não, aplicável subsidiariamente o art. 475--O do CPC, cuja invocação é feita apenas como forma de adotar um parâmetro objetivo;

---

expressamente, que a execução provisória é feita por conta e *responsabilidade do credor*" (CASTRO, Amílcar de. *Comentários ao Código de Processo Civil*. 3. ed. São Paulo: RT, 1983. v. VIII, p. 64).

(27) "(...) permitida a execução provisória até a penhora".

(28) "O levantamento de depósito em dinheiro e a prática de atos que importem alienação de propriedade ou dos quais possa resultar grave dano ao executado dependem de caução suficiente e idônea, arbitrada de plano pelo juiz e prestada nos próprios autos".

(29) "Entenda-se que o limite imposto à execução 'até a penhora' não significa que, realizada a apreensão de bens, estanca-se o andamento processual. Por *penhora* deve ser entendido o ato judicial escoimado de dúvidas ou vícios, isto é, penhora aperfeiçoada pelo julgamento dos embargos que visem a sua declaração de sua insubsistência" (GIGLIO, Wagner D. *Direito processual do trabalho*. 13. ed. São Paulo: Saraiva, 2003. p. 503).

Como bem ressalta José Augusto Rodrigues Pinto, salta à vista o fato de que "a orientação acertada é a do processo comum, pois o único cuidado a tomar-se, diante da possibilidade de alterações da sentença pendente de recurso, é com a preservação do patrimônio do devedor, cuja alienação prematura será capaz de causar-lhe prejuízos de difícil ou mesmo impossível reparação. Dissentindo, então, de Isis de Almeida, Campos Batalha, Délio Maranhão e Antônio Lamarca, que se apegam à literalidade do texto consolidado, sustenta o culto jurista: "por aplicação subsidiária da lei formal comum, inteiramente compatível com a índole trabalhista, também na execução provisória de sentenças proferidas em dissídios individuais se deve ir até o último dos atos de constrição, a sentença que julga a execução, vedada apenas a prática de atos processuais de alienação do patrimônio do devedor" (RODRIGUES PINTO, José Augusto. *Execução trabalhista*. 6. ed. São Paulo: LTr, 1994. p. 42).

"A norma quer dizer que os atos processuais na execução provisória têm como ponto-limite a penhora dos bens do devedor, razão pela qual concordamos com a tese de que a execução provisória possa implicar outros atos posteriores à penhora, ainda que com ela tenham alguma relação, como os embargos à penhora (...), o agravo de petição que visa tornar insubsistente a penhora etc." (LEITE, Carlos Henrique Bezerra. *Curso de direito processual do trabalho*. 3. ed. São Paulo: LTr, 2005. p. 715). E conclui: "Noutro falar, a execução provisória limita-se apenas a atos de constrição, e não de expropriação" (LEITE, Carlos Henrique Bezerra. *Curso de direito processual do trabalho*. 3. ed. São Paulo: LTr, 2005. p. 716).

No mesmo sentido: COSTA, Coqueijo. *Direito processual do trabalho*. 4. ed. Rio de Janeiro: Forense, p. 603. Esse parece ser, também, o entendimento de TEIXEIRA FILHO, Manoel Antonio. *Execução no processo do trabalho*. 7. ed. São Paulo: LTr, 2001. p. 204; TEIXEIRA FILHO, Manoel Antonio. *Curso de direito processual do trabalho*. São Paulo: LTr, 2009. v. III, p. 1960).

d) a caução poderá ser real ou fidejussória e não é imperativa.[30] Não pode, por isso, ser exigida *ex officio*. É necessário, sempre, requerimento do executado, uma vez que essa é "a técnica imposta pela disciplina geral das cauções, que no sistema atuam como elemento de compensação e equilíbrio de riscos (contracautelas), sendo natural deixar a cargo do adversário os riscos que aceita assumir e aqueles dos quais pretende precaver-se pelo modo mais seguro".[31]

6ª regra: *situações objetivas especiais permitem a prática de atos de disposição com dispensa da caução (CPC, 475-O, § 2º).*

Como ressaltado acima, a execução de título provisório permite a prática de atos de disposição, desde que seja prestada caução suficiente e idônea (CPC, 475-O, III). Certas situações objetivas especiais, porém, autorizam a prática de atos de disposição com dispensa da caução. São elas:

a) execução de título provisório de crédito de natureza alimentar ou decorrente de ato ilícito, até o limite de 60 (sessenta) vezes o valor do salário mínimo, sempre que o exequente demonstrar (basta simples declaração)[32] situação de necessidade (CPC, 475-O, § 2º, I);

Duas observações são necessárias:

(i) prestigia-se, no caso, a *dignidade da pessoa do exequente* (CF, 1º, III). A situação de necessidade deste, que tem em seu favor ao menos um pronunciamento judicial favorável, ostenta primazia sobre o direito de propriedade do executado (CF, 5º, *caput* e XXII);[33]

---

(30) Para Leonardo Greco, porém, a caução é obrigatória "porque protege o limite a que pode alcançar a execução provisória. Na execução provisória não devem ser praticados atos irreversíveis. Para que o credor levante o dinheiro que tem para receber com a execução provisória, deve oferecer garantia de que, em caso de anulação dessa execução, o dinheiro será devolvido ao devedor" (GRECO, Leonardo. *O Processo de Execução*. Rio de Janeiro: Renovar, 1999, v. 1, p. 204-5).
No mesmo sentido: Também: CARMONA, Carlos Alberto. In: MARCATO Carlos Alberto (coord.). *Código de Processo Civil interpretado*. São Paulo: Atlas, 2005. p. 1.743.
(31) DINAMARCO, Cândido Rangel. *A reforma da reforma*. São Paulo: Malheiros, 2002. p. 258.
(32) Basta declaração do exequente para cumprir o requisito legal, não se lhe exigindo comprovação, sob pena de descaracterizar o intuito humanitário da disposição legal (TST-OJ-SBDI-1 n. 304 — aplicação analógica).
(33) "Dignidade da pessoa humana expressa um conjunto de valores civilizatórios incorporados ao patrimônio da humanidade. O conteúdo jurídico do princípio vem associado aos direitos fundamentais, envolvendo aspectos dos direitos individuais, políticos e sociais. Seu núcleo material elementar é composto do *mínimo existencial*, locução que identifica o conjunto de bens e utilidades básicas para a subsistência física e indispensável ao desfrute da própria liberdade. Aquém daquele patamar, ainda quando haja sobrevivência, não há dignidade. O elenco de prestações que compõem o mínimo existencial comporta variação conforme a visão subjetiva de quem o elabore, mas parece haver razoável consenso de que inclui: renda mínima, saúde básica e educação fundamental. Há, ainda, um elemento instrumental, que é o acesso à justiça, indispensável para a exigibilidade e efetivação dos direitos" (BARROSO, Luís Roberto. *Interpretação e aplicação da Constituição*. 7. ed. São Paulo: Saraiva, 2009. p. 337).

(ii) se o fundamento de base que justifica a liberação dos atos de disposição encontra assento no princípio constitucional da *dignidade da pessoa humana* (CF, 1º, III), essa possibilidade está presente no processo do trabalho, entendendo-se, ou não, aplicável subsidiariamente o art. 475--O, § 2º, I, do CPC, cuja invocação é feita apenas como forma de adotar um parâmetro objetivo.[34]

b) execução de título provisório em que penda agravo de instrumento junto ao STF, salvo quando a dispensa da caução possa manifestamente resultar risco de grave dano, de difícil ou incerta reparação ao patrimônio do executado (CPC, 475-O, § 2º, II).

Três observações são necessárias:

(i) a prática de atos de disposição com dispensa de caução na execução de título provisório representa um risco de dano ao patrimônio do executado. Esse risco, porém, pode ser mensurado objetivamente. Valendo-se de um juízo de ponderação do trinômio *certezas, probabilidades* e *riscos*, o sistema legal prestigia a efetiva (CF, 5º, XXXV) e tempestiva (CF, 5º, LXXVIII) satisfação do crédito e autoriza a prática de atos de disposição com dispensa de caução diante de situação de risco mínimo. Vale dizer: há situações em que vale a pena correr o risco para atingir a efetividade e a tempestividade processuais. Como a possibilidade de provimento de AI em RE é remota, optou-se por prestigiar a efetividade e tempestividade processuais, outorgando-lhes primazia sobre o direito de propriedade do executado (CF, 5º, *caput* e XXII);

(ii) se o fundamento de base que justifica a liberação dos atos de disposição encontra assento nos princípios constitucionais da efetividade e da tempestividade processuais (CF, 5º, XXXV e LXXVIII), essa possibilidade:

---

(34) RECURSO ORDINÁRIO EM AÇÃO CAUTELAR. ATRIBUIÇÃO DE EFEITO SUSPENSIVO A AGRAVO DE PETIÇÃO. EXECUÇÃO PROVISÓRIA. APLICABILIDADE DO ART. 475-O, § 2º, DO CPC NO PROCESSO TRABALHISTA. O art. 899 da CLT, única norma que, no processo do trabalho, trata da execução provisória, foi editado em época em que o paradigma jurídico-constitucional vigente ainda não contemplava a necessidade de se conferir celeridade e efetividade ao processo. A normatividade desses princípios constitucionais impede que se empreste caráter absoluto à prescrição do art. 899 da CLT, a ponto de se desprezar o avanço alcançado na evolução da regra geral por apego a um fragmento da regra especial que já não atende ao fim social inspirador de sua existência. Se o art. 475-O, § 2º, I, do CPC assegura o levantamento de dinheiro, em execução provisória, — nos casos de crédito de natureza alimentar (...) até o limite de sessenta vezes o valor do salário mínimo —, desde que o exequente demonstre situação de necessidade —, a instância ordinária, perante a qual se processa a execução, pontuou a subsunção da hipótese dos autos nessa regra, incabível, em princípio, redarguir que ao juiz do trabalho seria vedado concretizar a vontade constitucional, regulamentada pela norma geral das execuções, a pretexto de existir um dispositivo na regra especial ainda não adaptado à nova ordem jurídica. Como se pode extrair das assertivas de Norberto Bobbio, em excerto reproduzido no voto condutor, a regra consolidada de natureza processual somente haverá de prevalecer enquanto representar um momento inelimável do desenvolvimento do processo trabalhista, com vistas à efetividade do direito social. Inexistindo a plausibilidade da tese invocada no agravo de petição ao qual se pretende atribuir efeito suspensivo, dou provimento ao recurso ordinário, para julgar improcedente a pretensão cautelar, por não haver demonstração do *fumus boni iuris*. Recurso ordinário conhecido e provido (TST-RO-99301-63.2009.5.15.0000, 6ª T., Rel. Min. Augusto César Leite de Carvalho, 28.5.10).

— está presente no processo do trabalho, entendendo-se, ou não, aplicável subsidiariamente o art. 475-O, § 2º, II, do CPC, cuja invocação é feita apenas como forma de adotar um parâmetro objetivo;

— transcende a hipótese do art. 475, § 2º, II, do CPC. Diante de um equilibrado juízo de ponderação do trinômio *certezas, probabilidades* e *riscos*, pode-se autorizar a prática de atos de disposição com dispensa da caução como, por exemplo, na execução de título provisório estando pendente recurso manifestamente inadmissível (v. g., Súmula TST n. 126); fundamentado em lei declarada inconstitucional ou na inconstitucionalidade de lei declarada constitucional pelo STF; fundamentado em tese contrária à súmula do STF ou do TST, à orientação jurisprudencial do TST, à jurisprudência do plenário do STF e do TST, à jurisprudência das Turmas do STF (desde que haja identidade de entendimentos entre esses órgãos fracionários), à jurisprudência das Turmas e da SDI do TST (desde que não se identifiquem entendimentos divergentes entre esses órgãos fracionários).

(iii) não se dará a dispensa da caução se isso acarretar manifesto risco de grave dano de difícil ou incerta reparação ao patrimônio do executado. A fim de não comprometer a efetividade e a tempestividade processuais desejadas, o sistema legal qualificou o risco e o dano, de modo que não basta a possibilidade ou potencialidade de suas ocorrências. O risco deverá ser *manifesto*, ou seja, terá de ser concreto, notório, flagrante, patente, claro, real, imediato; e o dano deverá ser *grave*, ou seja, terá de ser importante, sério, relevante, ponderoso.

7ª regra: *se o juiz não tiver determinado o processamento do recurso por instrumento, a execução provisória será processada em autos suplementares (carta de sentença), cabendo ao exequente fornecer as cópias das peças processuais necessárias (CPC, 475-O, § 3º).*

A execução de título provisório será processada nos próprios autos, caso o juiz, diante das particularidades do caso, determine o processamento do recurso por instrumento (CLT, 765), ou em autos suplementares (carta de sentença), caso o recurso seja processado nos próprios autos.

Processada a execução de título provisório em autos suplementares, estes serão formados com cópias autenticadas (ou declaradas autênticas — CLT, 830) da sentença (ou acórdão) exequenda, da certidão de interposição do recurso destituído de efeito suspensivo, das procurações outorgadas pelas partes, da decisão de habilitação, se for o caso, e de outras peças processuais necessárias (CPC, art. 475-O, § 3º, I a V).

Caberá ao exequente fornecer as cópias das peças processuais necessárias (CPC, 475-O, § 3º), não havendo impedimento algum, porém, para que o juiz determine a sua extração pela secretaria do juízo.

CONSIDERAÇÕES FINAIS

Enquanto não for modificada ou anulada, a sentença é um ato legítimo e justo. Não há motivo para que seja "considerada apenas um projeto da decisão".[35] Por isso, deve ostentar capacidade para realizar direitos e "interferir na vida das pessoas".[36]

A execução de título provisório é um dos instrumentos que o sistema legal põe à mão para alcançar a efetividade e a tempestividade processuais, com reflexos reais na vida das pessoas. Precisamos, apenas, compreender e aplicar adequadamente as suas regras, destituídos de preconceitos e desprendidos do dogmatismo meramente acadêmico.

---

(35) MARINONI, Luiz Guilherme. A execução imediata da sentença. In: MARINONI, Luiz Guilherme. DIDIER JR., Fredie (coord.). *A segunda etapa da reforma processual civil*. São Paulo: Malheiros, 2002. p. 14.
(36) *Idem*.